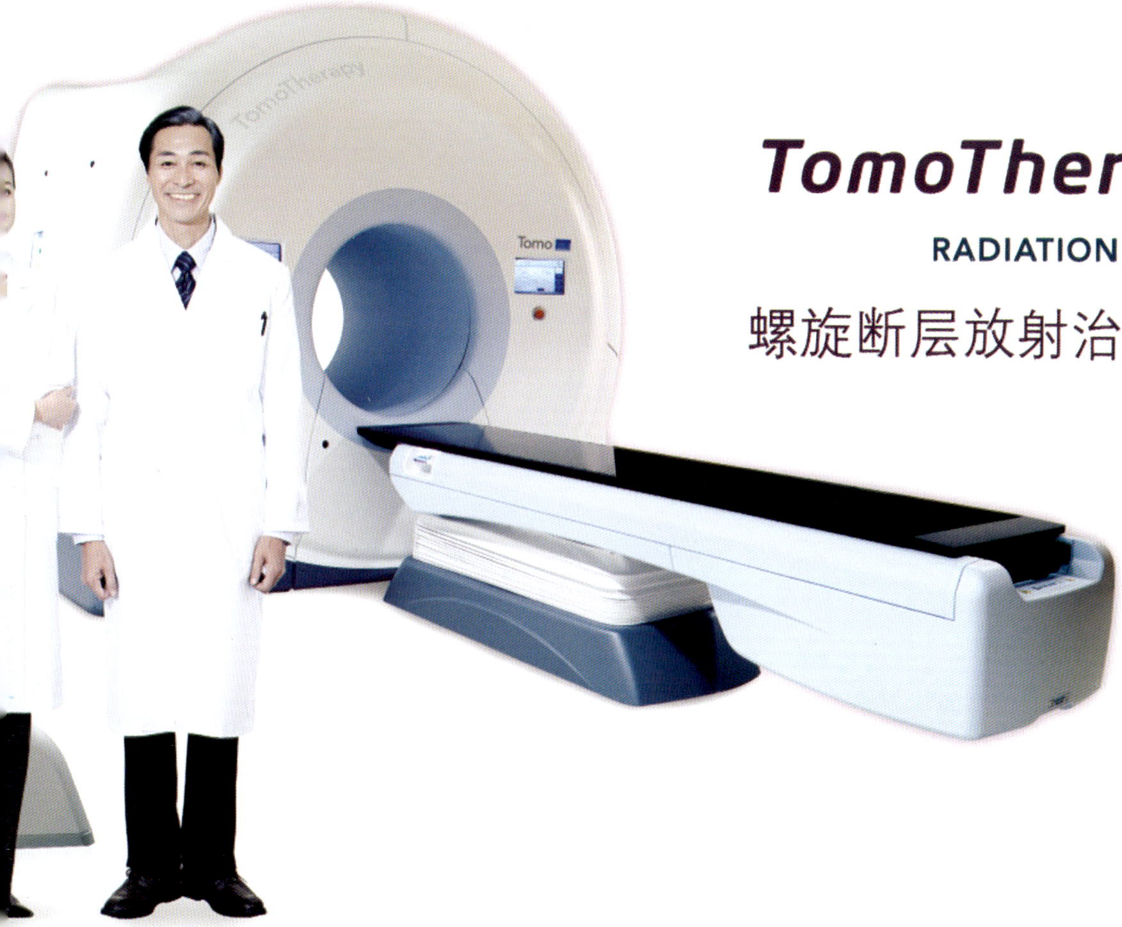

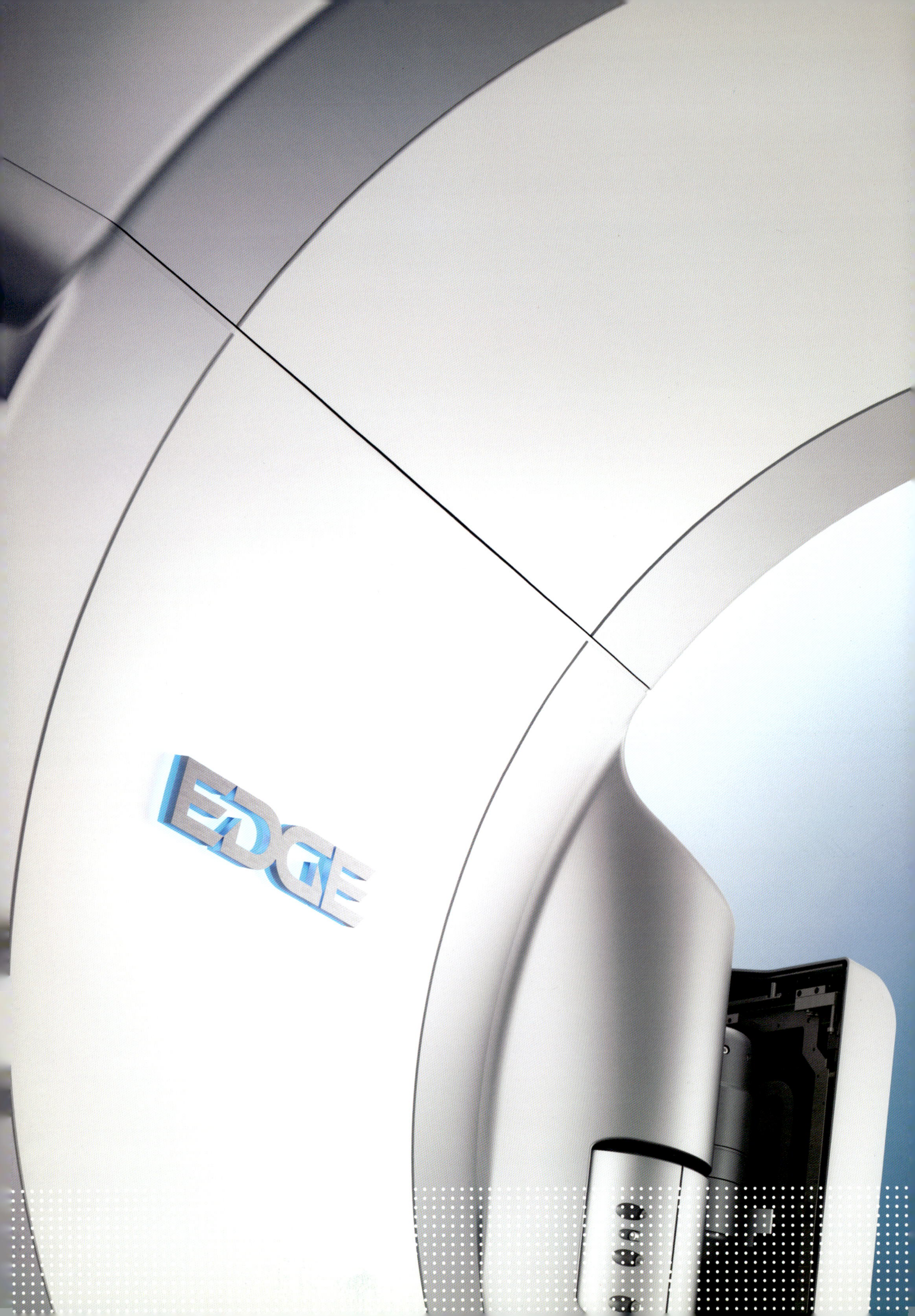
EDGE

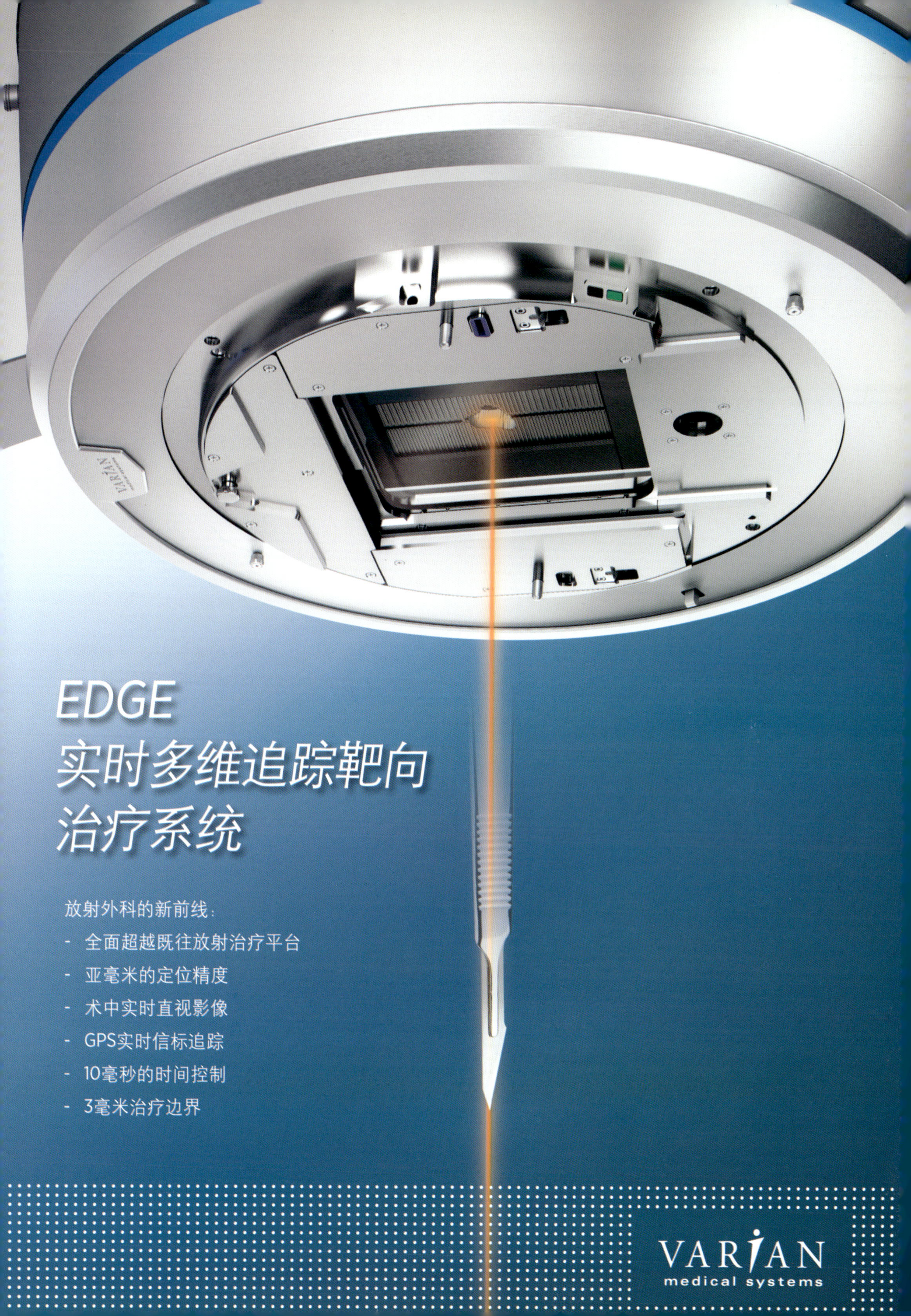
EDGE
实时多维追踪靶向
治疗系统
放射外科的新前线：
- 全面超越既往放射治疗平台
- 亚毫米的定位精度
- 术中实时直视影像
- GPS实时信标追踪
- 10毫秒的时间控制
- 3毫米治疗边界
VARIAN
medical systems

企业定位：

**我们只专注**

**临床护理产品及服务**

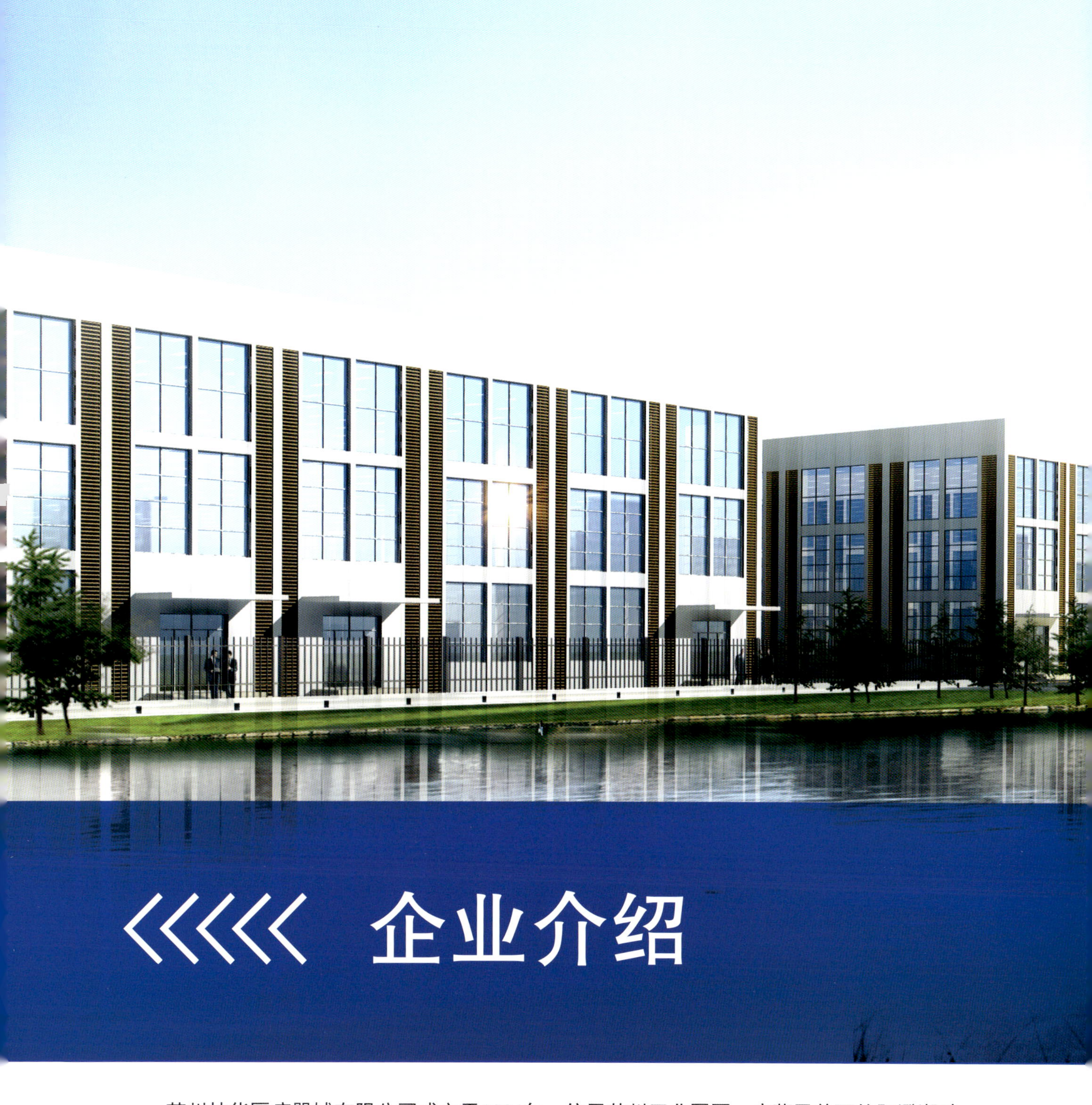

# 企业介绍

苏州林华医疗器械有限公司成立于1996年，位于苏州工业园区，座落于美丽的阳澄湖畔，工厂占地面积8万平方米，其中十万级净化车间有2万平方米，拥有员工千余人，距离上海虹桥机场只需40分钟车程，距离苏州园区城铁站仅5分钟车程。

2008年林华医疗采用美国创新技术支撑中国“防堵管”留置针领导品牌，将国际先进理念与中国临床实践相结合，在国内首先成功投入临床推广使用，并成为该领域的领军人。

林华医疗多年来与国内大型医院、中华护理学会、美国INS、美国迈阿密大学等长期合作，致力于为临床提供优质的产品、先进的护理理念与国际化学术支持。

# 华留置针

放心 护士省心

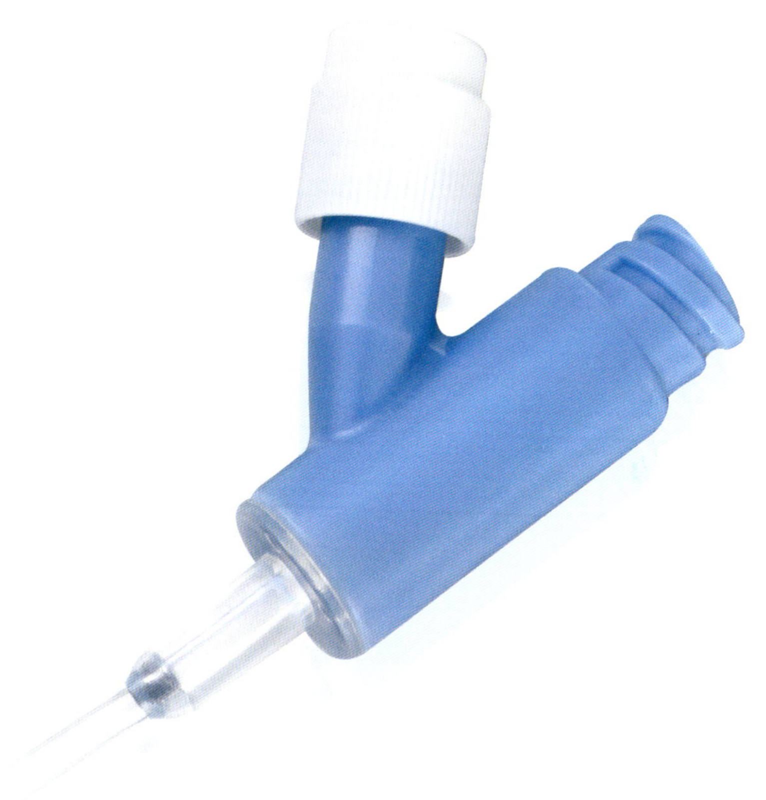

**发明专利:**

专利号: ZL 2013 1 0033332.5

专利号: ZL 2013 1 0033061.3

# 江苏新无限医疗设备股份有限公司

公司成立于2011年1月，是江苏华恒昌集团投资500万成立的全资子公司之一。公司致力于成为国内领先的“专业化、规范化、系统化、国际化”的医疗设备综合管理服务提供商。

今年5月，江苏新无限在新三板“上海股交中心”正式挂牌，股票代码100209。成为国内首家以医疗器械服务挂牌的公众公司。

市场大势瞬息万变，新无限在顺利完成第一个三年战略规划之后，将顺应国内医疗行业的大势，为第二个三年做全方位战略布局：加速提升管理与技术服务水平，力争在2016年实现创业板上市。

针对当前医疗维修服务行业的现况，新无限将利用自身的技术实力、布局全国的规模效应、世界领先的管理服务等核心竞争力，通过连锁加盟强强合作，力争到2017年实现全国覆盖，形成绝对的垄断优势，成为医疗设备服务行业的“苏宁/国美”。

主营业务：

针对“五大类医疗设备”提供一站式设备托管服务（设备全生命周期管理、整体保修规划方案、检测、安装、保养、维修、升级与淘汰置换、租赁等）；

竞争优势：

■渠道优势：国内最具规模的备品备件库，国内唯一整合国内国际备品备件渠道资源的平台；

■技术优势：一流的技术服务团队、专业的高级技术人才以及可持续的技术团队培养措施、全品牌多品类的产品线覆盖能力、覆盖全国的技术精英储备库；

■管理优势：具有中国首创的医疗设备服务大数据平台实现了对医院、设备厂家、备品备件厂家、第三方维修公司、工程师团队的全面整合；独特的CRM/ERP管理系统；

■服务优势：透明的客户服务流程、标准统一的连锁品牌经营模式、提供7*24小时400-777-1229电话接听服务以及半小时电话相应24小时现场服务。

2011年9月23日，新无限公司参加在安徽黄山举办的“中华临床医学工程及医疗信息化大会暨中华医学会医学工学分会第十二次学术年会”，在医疗设备维修及售后服务论坛展示。

2013年12月9日，江苏新无限医疗设备股份有限公司应邀出席“江苏省医疗器械发展高层论坛暨江苏省第六届生物医学光子年会”。

江苏新无限董事长朱华先生与总经理戴跃跃先生在上股交挂牌仪式上

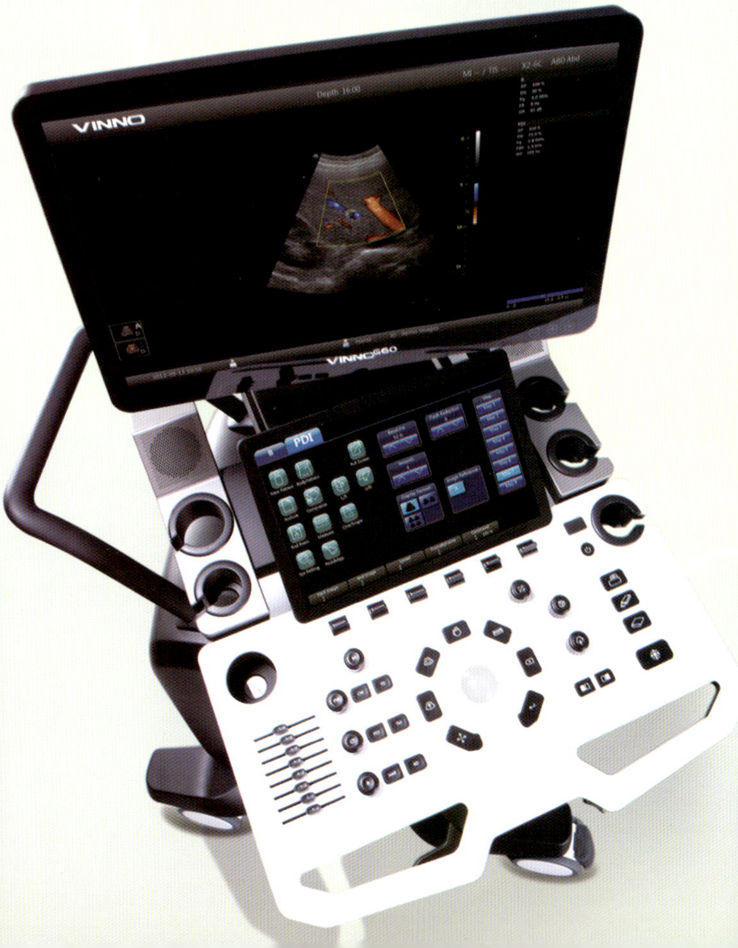

**飞依诺由经验丰富、世界一流的超声专家团队创建，致力于超声技术的研发，旨在为用户、患者带来持续创新的医疗体验。公司通过长期不断的投入以保持世界领先水平的技术研发，不断为用户提供先进性能的产品。**

## 飞依诺独有技术

• **独有的RF平台** 飞依诺（VINNO）独有（原创）的RF元数据平台传输了所有需要处理的射频数据，是常规超声40倍数据处理量，解决了常规超声在预处理和信号解调（中处理）而产生信息损失问题，是获得高质量图像的基础。

• **VTissue组织速度特征成像** 采用RF平台，能够侦测到由于组织特征不同引发回声信号的差异性进行图像处理，特别对如结石等高回声的组织有其特异性，分辨率更高。

• **高性能的浅表图像** 世界领先高达22MHZ的高清线性探头，可以实现高分辨率浅表图像,精细到指纹、指尖血管等细微结构。

• **弹性成像** 飞依诺（VINNO）的弹性成像功能是通过扑捉人体的自身搏动来计算组织弹性信息，所以具有高灵敏度，重复性好等特性。

• **独特的STIC成像功能**飞依诺（VINNO）的STIC成像功能具有图像清晰、操作简单、方便诊断。并能自动展现胎儿心脏各个切面，达到一次容积扫查，全方位诊断的效果。飞依诺（VINNO）高性能的3D/4D技术是此优异功能的保证。

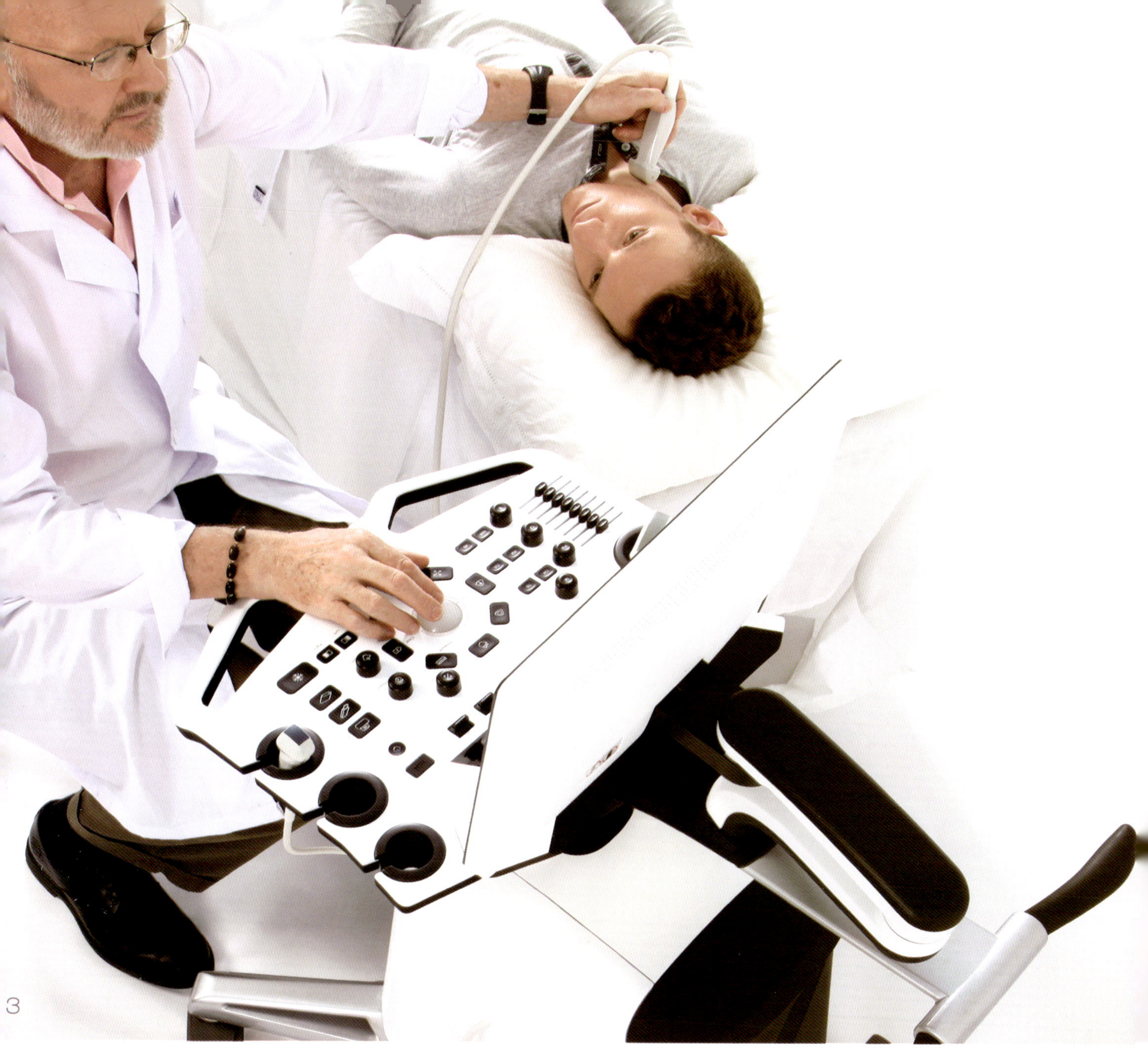

3

## VINNO全身型应用型产品值得您信赖

VINNO先进的RF平台可以根据各种患者的具体情况，为您提供精湛的图像质量。其直观的用户界面和快速的反应能够提高您扫查的便利性。

- 无损的RF数据信息，改善了微小的细节、图像对比度和边界清晰度
- 顶尖的多通道技术，大大提高了图像的分辨率和穿透深度
- 特殊的后处理算法，保证了图像的清晰度
- 多种性能和工具，是您诊断的好帮手
- 友好的用户界面以及快速的反应，简化了您的日常工作

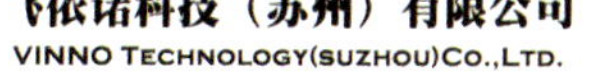

公司地址：苏州工业园区星湖街218号C8栋4F、5F
电话TEL: 4008873806 网址:http://www.vinno.com

中国医学装备协会

# 中国医学装备年鉴

## （2014版）

朱庆生　主编

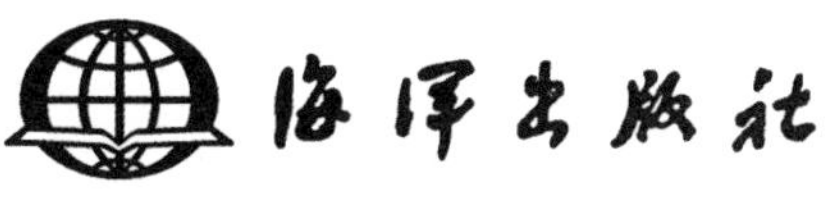

2015年·北京

**图书在版编目(CIP)数据**

中国医学装备年鉴/朱庆生主编. —北京: 海洋出版社, 2015.7
ISBN 978-7-5027-9206-0

Ⅰ. ①中… Ⅱ. ①朱… Ⅲ. ①卫生设备-中国-年鉴
Ⅳ. ①R197.38-54

中国版本图书馆 CIP 数据核字(2015)第 153638 号

责任编辑: 杨海萍 张 欣
责任印制: 赵麟苏
海洋出版社 出版发行

http://www.oceanpress.com.cn
北京市海淀区大慧寺路 8 号 邮编:100081
北京宝旺印务有限公司印刷 新华书店北京发行所经销
2015 年 8 月第 1 版 2015 年 8 月第 1 次印刷
开本:889 mm×1194 mm 1/16 印张:28.75
字数:762 千字 定价:480.00 元
发行部:010-62216517 总编室:010-62216625

# 2014版《中国医学装备年鉴》编委会

# 前 言

2014年，是中国医学装备的发展历程中具有里程碑意义的一年。

这一年，党和政府对我国医学准备的发展给予了前所未有的高度关注和大力支持。5月24日，习近平主席亲临上海联影医疗科技有限公司考察。要求有关方面做 好政策引导、组织协调、行业管理等工作，加快现代医疗设备国产化步伐，使我们自己的先进产品能推得开、用得上、有效益，让我们的民族品牌大放光彩。根据习近平主席的重要指示和国家推动医疗器械产业的发展的有关政策，国家卫生计生委规划与信息司委托中国医学装备协会启动了第一批优秀国产医疗设备产品遴选工作。12月15日，中国医学装备协会公示了首批《优秀国产医疗设备产品遴选结果》。优秀国产医疗设备产品的遴选，对于落实习近平主席的重要指示，推进国产医疗设备发展应用,促进相关产业转型升级、拉动经济增长，降低医疗成本，缓解人民群众“看病难、看病贵”的问题，具有重要意义。

这一年，是中国医学准备行业的名副其实的“政策法规年”。历时多年修订完成的行业母法《医疗器械监督管理条例》由国务院颁布，各类相应的政策、部门规章和行业标准密集出台，规范市场秩序，严厉打击违法违规行为的“五整治”行动雷厉风行。《条例》的修订和相关的政策措施的实行，体现了党中央国务院关于建立最严格的覆盖全过程的监管制度、深化行政审批制度改革和推进政府职能转变的精神，也彰显了新任行业监管者的执法力度和执政新理念，标志着我国医疗器械监督管理体系的更加完善，为我国医学装备行业未来发展奠定了良好的基础。

这一年，又是我国医学装备行业亮点纷呈的一年。“新常态”下继续保持较快的发展速度，年销售规模达2556亿，同比增长20.06%，成为仅次于美国的全球第二大医疗器械市场；医改的深入促使基层医疗公益性、保基本的方向性回归，使得中低端产品市场爆发式增长；创新驱动激励核心技术攻关，一批具有自主知识产权的大型高端设备和创新型产品相继问世；家用医疗器械、健康可穿戴设备异军突起，为医疗器械市场提供了广阔空间和巨大的商机；区域产业集群初具规模，市场集中度不断提高；高端医疗设备融资租赁悄然兴起；互联网销售方兴未艾。我们相信，在我国经济“新常态”下，医学装备行业一定能够以创新驱动发展，逐步走向辉煌。

28/6

目

录

# 一、医学装备政策法规

# 中华人民共和国国务院令

（第650号）

《医疗器械监督管理条例》已经2014年2月12日国务院第39次常务会议修订通过，现将修订后的《医疗器械监督管理条例》公布，自2014年6月1日起施行。

总理　李克强

2014年3月7日

# 医疗器械监督管理条例

## 第一章　总则

**第一条**　为了保证医疗器械的安全、有效，保障人体健康和生命安全，制定本条例。

**第二条**　在中华人民共和国境内从事医疗器械的研制、生产、经营、使用活动及其监督管理，应当遵守本条例。

**第三条**　国务院食品药品监督管理部门负责全国医疗器械监督管理工作。国务院有关部门在各自的职责范围内负责与医疗器械有关的监督管理工作。

县级以上地方人民政府食品药品监督管理部门负责本行政区域的医疗器械监督管理工作。县级以上地方人民政府有关部门在各自的职责范围内负责与医疗器械有关的监督管理工作。

国务院食品药品监督管理部门应当配合国务院有关部门，贯彻实施国家医疗器械产业规划和政策。

**第四条**　国家对医疗器械按照风险程度实行分类管理。

第一类是风险程度低，实行常规管理可以保证其安全、有效的医疗器械。

第二类是具有中度风险，需要严格控制管理以保证其安全、有效的医疗器械。

第三类是具有较高风险，需要采取特别措施严格控制管理以保证其安全、有效的医疗器械。

评价医疗器械风险程度，应当考虑医疗器械的预期目的、结构特征、使用方法等因素。

国务院食品药品监督管理部门负责制定医疗器械的分类规则和分类目录，并根据医疗器械生产、经营、使用情况，及时对医疗器械的风险变化进行分析、评价，对分类目录进行调整。制定、调整分类目录，应当充分听取医疗器械生产经营企业以及使用单位、行业组织的意见，并参考国际医疗器械分类实践。医疗器械分类目录应当向社会公布。

**第五条**　医疗器械的研制应当遵循安全、有效和节约的原则。国家鼓励医疗器械的研究与创新，发挥市场机制的作用，促进医疗器械新技术的推广和应用，推动医疗器械产业的发展。

**第六条**　医疗器械产品应当符合医疗器械强制性国家标准；尚无强制性国家标准的，应当符合医疗器械强制性行业标准。

一次性使用的医疗器械目录由国务院食品药品监督管理部门会同国务院卫生计生主管部门制定、调整并公布。重复使用可以保证安全、有效的医疗器械，不列入一次性使用的医疗器械目录。对因设计、生产工艺、消毒灭菌技术等改进后重复使用可以保证安全、有效的医疗器械，应当调整出一次性使用的医疗器械目录。

**第七条** 医疗器械行业组织应当加强行业自律，推进诚信体系建设，督促企业依法开展生产经营活动，引导企业诚实守信。

## 第二章 医疗器械产品注册与备案

**第八条** 第一类医疗器械实行产品备案管理，第二类、第三类医疗器械实行产品注册管理。

**第九条** 第一类医疗器械产品备案和申请第二类、第三类医疗器械产品注册，应当提交下列资料：

（一）产品风险分析资料；

（二）产品技术要求；

（三）产品检验报告；

（四）临床评价资料；

（五）产品说明书及标签样稿；

（六）与产品研制、生产有关的质量管理体系文件；

（七）证明产品安全、有效所需的其他资料。

医疗器械注册申请人、备案人应当对所提交资料的真实性负责。

**第十条** 第一类医疗器械产品备案，由备案人向所在地设区的市级人民政府食品药品监督管理部门提交备案资料。其中，产品检验报告可以是备案人的自检报告；临床评价资料不包括临床试验报告，可以是通过文献、同类产品临床使用获得的数据证明该医疗器械安全、有效的资料。

向我国境内出口第一类医疗器械的境外生产企业，由其在我国境内设立的代表机构或者指定我国境内的企业法人作为代理人，向国务院食品药品监督管理部门提交备案资料和备案人所在国（地区）主管部门准许该医疗器械上市销售的证明文件。

备案资料载明的事项发生变化的，应当向原备案部门变更备案。

**第十一条** 申请第二类医疗器械产品注册，注册申请人应当向所在地省、自治区、直辖市人民政府食品药品监督管理部门提交注册申请资料。申请第三类医疗器械产品注册，注册申请人应当向国务院食品药品监督管理部门提交注册申请资料。

向我国境内出口第二类、第三类医疗器械的境外生产企业，应当由其在我国境内设立的代表机构或者指定我国境内的企业法人作为代理人，向国务院食品药品监督管理部门提交注册申请资料和注册申请人所在国（地区）主管部门准许该医疗器械上市销售的证明文件。

第二类、第三类医疗器械产品注册申请资料中的产品检验报告应当是医疗器械检验机构出具的检验报告；临床评价资料应当包括临床试验报告，但依照本条例第十七条的规定免于进行临床试验的医疗器械除外。

**第十二条** 受理注册申请的食品药品监督管理部门应当自受理之日起3个工作日内将注册申请资料转交技术审评机构。技术审评机构应当在完成技术审评后向食品药品监督管理部门提交审评意见。

**第十三条** 受理注册申请的食品药品监督管理部门应当自收到审评意见之日起20个工作日内作出决定。对符合安全、有效要求的，准予注册并发给医疗器械注册证；对不符合要求的，不予注册并书面说明理由。

国务院食品药品监督管理部门在组织对进口医疗器械的技术审评时认为有必要对质量管理体系进行核查的，应当组织质量管理体系检查技术机构开展质量管理体系核查。

**第十四条** 已注册的第二类、第三类医疗器械产品，其设计、原材料、生产工艺、适用范围、使用方法等发生实质性变化，有可能影响该医疗器械安全、有效的，注册人应当向原注册部门申请办理变更注册手续；发生非实质性变化，不影响该医疗器械安全、有效的，应当将变化情况向原注册部门备案。

**第十五条** 医疗器械注册证有效期为5年。有效期届满需要延续注册的，应当在有效期届满6个月前向原注册部门提出延续注册的申请。

除有本条第三款规定情形外，接到延续注册申请的食品药品监督管理部门应当在医疗器械注册证有效期届满前作出准予延续的决定。逾期未作决定的，视为准予延续。

有下列情形之一的，不予延续注册：

（一）注册人未在规定期限内提出延续注册申请的；

（二）医疗器械强制性标准已经修订，申请延续注册的医疗器械不能达到新要求的；

（三）对用于治疗罕见疾病以及应对突发公共卫生事件急需的医疗器械，未在规定期限内完成医疗器械注册证载明事项的。

**第十六条** 对新研制的尚未列入分类目录的医疗器械，申请人可以依照本条例有关第三类医疗器械产品注册的规定直接申请产品注册，也可以依据分类规则判断产品类别并向国务院食品药品监督管理部门申请类别确认后依照本条例的规定申请注册或者进行产品备案。

直接申请第三类医疗器械产品注册的，国务院食品药品监督管理部门应当按照风险程度确定类别，对准予注册的医疗器械及时纳入分类目录。申请类别确认的，国务院食品药品监督管理部门应当自受理申请之日起20个工作日内对该医疗器械的类别进行判定并告知申请人。

**第十七条** 第一类医疗器械产品备案，不需要进行临床试验。申请第二类、第三类医疗器械产品注册，应当进行临床试验；但是，有下列情形之一的，可以免于进行临床试验：

（一）工作机理明确、设计定型，生产工艺成熟，已上市的同品种医疗器械临床应用多年且无严重不良事件记录，不改变常规用途的；

（二）通过非临床评价能够证明该医疗器械安全、有效的；

（三）通过对同品种医疗器械临床试验或者临床使用获得的数据进行分析评价，能够证明该医疗器械安全、有效的。

免于进行临床试验的医疗器械目录由国务院食品药品监督管理部门制定、调整并公布。

**第十八条** 开展医疗器械临床试验，应当按照医疗器械临床试验质量管理规范的要求，在有资质的临床试验机构进行，并向临床试验提出者所在地省、自治区、直辖市人民政府食品药品监督管理部门备案。接受临床试验备案的食品药品监督管理部门应当将备案情况通报临床试验机构所在地的同级食品药品监督管理部门和卫生计生主管部门。

医疗器械临床试验机构资质认定条件和临床试验质量管理规范，由国务院食品药品监督管理部门会同国务院卫生计生主管部门制定并公布；医疗器械临床试验机构由国务院食品药品监督管理部门会同国务院卫生计生主管部门认定并公布。

**第十九条** 第三类医疗器械进行临床试验对人体具有较高风险的，应当经国务院食品药品监督管理部门批准。临床试验对人体具有较高风险的第三类医疗器械目录由国务院食品药品监督管理部门制定、调整并公布。

国务院食品药品监督管理部门审批临床试验，应当对拟承担医疗器械临床试验的机构的设备、专业人员等条件，该医疗器械的风险程度，临床试验实施方案，临床受益与风险对比分析报告等进行综合分析。准予开展临床试验的，应当通报临床试验提出者以及临床试验机构所在地省、自治区、直辖市人民政府食品药品监督管理部门和卫生计生主管部门。

## 第三章　医疗器械生产

**第二十条**　从事医疗器械生产活动，应当具备下列条件：

（一）有与生产的医疗器械相适应的生产场地、环境条件、生产设备以及专业技术人员；

（二）有对生产的医疗器械进行质量检验的机构或者专职检验人员以及检验设备；

（三）有保证医疗器械质量的管理制度；

（四）有与生产的医疗器械相适应的售后服务能力；

（五）产品研制、生产工艺文件规定的要求。

**第二十一条**　从事第一类医疗器械生产的，由生产企业向所在地设区的市级人民政府食品药品监督管理部门备案并提交其符合本条例第二十条规定条件的证明资料。

**第二十二条**　从事第二类、第三类医疗器械生产的，生产企业应当向所在地省、自治区、直辖市人民政府食品药品监督管理部门申请生产许可并提交其符合本条例第二十条规定条件的证明资料以及所生产医疗器械的注册证。

受理生产许可申请的食品药品监督管理部门应当自受理之日起30个工作日内对申请资料进行审核，按照国务院食品药品监督管理部门制定的医疗器械生产质量管理规范的要求进行核查。对符合规定条件的，准予许可并发给医疗器械生产许可证；对不符合规定条件的，不予许可并书面说明理由。

医疗器械生产许可证有效期为5年。有效期届满需要延续的，依照有关行政许可的法律规定办理延续手续。

**第二十三条**　医疗器械生产质量管理规范应当对医疗器械的设计开发、生产设备条件、原材料采购、生产过程控制、企业的机构设置和人员配备等影响医疗器械安全、有效的事项作出明确规定。

**第二十四条**　医疗器械生产企业应当按照医疗器械生产质量管理规范的要求，建立健全与所生产医疗器械相适应的质量管理体系并保证其有效运行；严格按照经注册或者备案的产品技术要求组织生产，保证出厂的医疗器械符合强制性标准以及经注册或者备案的产品技术要求。

医疗器械生产企业应当定期对质量管理体系的运行情况进行自查，并向所在地省、自治区、直辖市人民政府食品药品监督管理部门提交自查报告。

**第二十五条**　医疗器械生产企业的生产条件发生变化，不再符合医疗器械质量管理体系要求的，医疗器械生产企业应当立即采取整改措施；可能影响医疗器械安全、有效的，应当立即停止生产活动，并向所在地县级人民政府食品药品监督管理部门报告。

**第二十六条**　医疗器械应当使用通用名称。通用名称应当符合国务院食品药品监督管理部门制定的医疗器械命名规则。

**第二十七条**　医疗器械应当有说明书、标签。说明书、标签的内容应当与经注册或者备案的相关内容一致。

医疗器械的说明书、标签应当标明下列事项：

（一）通用名称、型号、规格；

（二）生产企业的名称和住所、生产地址及联系方式；

（三）产品技术要求的编号；

（四）生产日期和使用期限或者失效日期；

（五）产品性能、主要结构、适用范围；

（六）禁忌症、注意事项以及其他需要警示或者提示的内容；

（七）安装和使用说明或者图示；

（八）维护和保养方法，特殊储存条件、方法；

（九）产品技术要求规定应当标明的其他内容。

第二类、第三类医疗器械还应当标明医疗器械注册证编号和医疗器械注册人的名称、地址及联系方式。

由消费者个人自行使用的医疗器械还应当具有安全使用的特别说明。

**第二十八条** 委托生产医疗器械，由委托方对所委托生产的医疗器械质量负责。受托方应当是符合本条例规定、具备相应生产条件的医疗器械生产企业。委托方应当加强对受托方生产行为的管理，保证其按照法定要求进行生产。

具有高风险的植入性医疗器械不得委托生产，具体目录由国务院食品药品监督管理部门制定、调整并公布。

## 第四章 医疗器械经营与使用

**第二十九条** 从事医疗器械经营活动，应当有与经营规模和经营范围相适应的经营场所和贮存条件，以及与经营的医疗器械相适应的质量管理制度和质量管理机构或者人员。

**第三十条** 从事第二类医疗器械经营的，由经营企业向所在地设区的市级人民政府食品药品监督管理部门备案并提交其符合本条例第二十九条规定条件的证明资料。

**第三十一条** 从事第三类医疗器械经营的，经营企业应当向所在地设区的市级人民政府食品药品监督管理部门申请经营许可并提交其符合本条例第二十九条规定条件的证明资料。

受理经营许可申请的食品药品监督管理部门应当自受理之日起30个工作日内进行审查，必要时组织核查。对符合规定条件的，准予许可并发给医疗器械经营许可证；对不符合规定条件的，不予许可并书面说明理由。

医疗器械经营许可证有效期为5年。有效期届满需要延续的，依照有关行政许可的法律规定办理延续手续。

**第三十二条** 医疗器械经营企业、使用单位购进医疗器械，应当查验供货者的资质和医疗器械的合格证明文件，建立进货查验记录制度。从事第二类、第三类医疗器械批发业务以及第三类医疗器械零售业务的经营企业，还应当建立销售记录制度。

记录事项包括：

（一）医疗器械的名称、型号、规格、数量；

（二）医疗器械的生产批号、有效期、销售日期；

（三）生产企业的名称；

（四）供货者或者购货者的名称、地址及联系方式；

（五）相关许可证明文件编号等。

进货查验记录和销售记录应当真实，并按照国务院食品药品监督管理部门规定的期限予以保存。国家鼓励采用先进技术手段进行记录。

**第三十三条** 运输、贮存医疗器械，应当符合医疗器械说明书和标签标示的要求；对温度、湿度等环境条件有特殊要求的，应当采取相应措施，保证医疗器械的安全、有效。

**第三十四条** 医疗器械使用单位应当有与在用医疗器械品种、数量相适应的贮存场所和条件。

医疗器械使用单位应当加强对工作人员的技术培训，按照产品说明书、技术操作规范等要求使用医疗器械。

**第三十五条** 医疗器械使用单位对重复使用的医疗器械，应当按照国务院卫生计生主管部门制定的消毒和管理的规定进行处理。

一次性使用的医疗器械不得重复使用，对使用过的应当按照国家有关规定销毁并记录。

**第三十六条** 医疗器械使用单位对需要定期检查、检验、校准、保养、维护的医疗器械，应当按照产品说明书的要求进行检查、检验、校准、保养、维护并予以记录，及时进行分析、评估，确保医疗器械处于良好状态，保障使用质量；对使用期限长的大型医疗器械，应当逐台建立使用档案，记录其使用、维护、转让、实际使用时间等事项。记录保存期限不得少于医疗器械规定使用期限终止后5年。

**第三十七条** 医疗器械使用单位应当妥善保存购入第三类医疗器械的原始资料，并确保信息具有可追溯性。

使用大型医疗器械以及植入和介入类医疗器械的，应当将医疗器械的名称、关键性技术参数等信息以及与使用质量安全密切相关的必要信息记载到病历等相关记录中。

**第三十八条** 发现使用的医疗器械存在安全隐患的，医疗器械使用单位应当立即停止使用，并通知生产企业或者其他负责产品质量的机构进行检修；经检修仍不能达到使用安全标准的医疗器械，不得继续使用。

**第三十九条** 食品药品监督管理部门和卫生计生主管部门依据各自职责，分别对使用环节的医疗器械质量和医疗器械使用行为进行监督管理。

**第四十条** 医疗器械经营企业、使用单位不得经营、使用未依法注册、无合格证明文件以及过期、失效、淘汰的医疗器械。

**第四十一条** 医疗器械使用单位之间转让在用医疗器械，转让方应当确保所转让的医疗器械安全、有效，不得转让过期、失效、淘汰以及检验不合格的医疗器械。

**第四十二条** 进口的医疗器械应当是依照本条例第二章的规定已注册或者已备案的医疗器械。

进口的医疗器械应当有中文说明书、中文标签。说明书、标签应当符合本条例规定以及相关强制性标准的要求，并在说明书中载明医疗器械的原产地以及代理人的名称、地址、联系方式。没有中文说明书、中文标签或者说明书、标签不符合本条规定的，不得进口。

**第四十三条** 出入境检验检疫机构依法对进口的医疗器械实施检验；检验不合格的，不得进口。

国务院食品药品监督管理部门应当及时向国家出入境检验检疫部门通报进口医疗器械的注册和备案情况。进口口岸所在地出入境检验检疫机构应当及时向所在地设区的市级人民政府食品药品监督管理部门通报进口医疗器械的通关情况。

**第四十四条** 出口医疗器械的企业应当保证其出口的医疗器械符合进口国（地区）的要求。

**第四十五条** 医疗器械广告应当真实合法，不得含有虚假、夸大、误导性的内容。

医疗器械广告应当经医疗器械生产企业或者进口医疗器械代理人所在地省、自治区、直辖市人民政府食品药品监督管理部门审查批准，并取得医疗器械广告批准文件。广告发布者发布医疗器械广告，应当事先核查广告的批准文件及其真实性；不得发布未取得批准文件、批准文件的真实性未经核实或者广告内容与批准文件不一致的医疗器械广告。省、自治区、直辖市人民政府食品药品监督管理部门应当公布并及时更新已经批准的医疗器械广告目录以及批准的广告内容。

省级以上人民政府食品药品监督管理部门责令暂停生产、销售、进口和使用的医疗器械，在暂停期间不得发布涉及该医疗器械的广告。

医疗器械广告的审查办法由国务院食品药品监督管理部门会同国务院工商行政管理部门制定。

## 第五章　不良事件的处理与医疗器械的召回

**第四十六条**　国家建立医疗器械不良事件监测制度，对医疗器械不良事件及时进行收集、分析、评价、控制。

**第四十七条**　医疗器械生产经营企业、使用单位应当对所生产经营或者使用的医疗器械开展不良事件监测；发现医疗器械不良事件或者可疑不良事件，应当按照国务院食品药品监督管理部门的规定，向医疗器械不良事件监测技术机构报告。

任何单位和个人发现医疗器械不良事件或者可疑不良事件，有权向食品药品监督管理部门或者医疗器械不良事件监测技术机构报告。

**第四十八条**　国务院食品药品监督管理部门应当加强医疗器械不良事件监测信息网络建设。

医疗器械不良事件监测技术机构应当加强医疗器械不良事件信息监测，主动收集不良事件信息；发现不良事件或者接到不良事件报告的，应当及时进行核实、调查、分析，对不良事件进行评估，并向食品药品监督管理部门和卫生计生主管部门提出处理建议。

医疗器械不良事件监测技术机构应当公布联系方式，方便医疗器械生产经营企业、使用单位等报告医疗器械不良事件。

**第四十九条**　食品药品监督管理部门应当根据医疗器械不良事件评估结果及时采取发布警示信息以及责令暂停生产、销售、进口和使用等控制措施。

省级以上人民政府食品药品监督管理部门应当会同同级卫生计生主管部门和相关部门组织对引起突发、群发的严重伤害或者死亡的医疗器械不良事件及时进行调查和处理，并组织对同类医疗器械加强监测。

**第五十条**　医疗器械生产经营企业、使用单位应当对医疗器械不良事件监测技术机构、食品药品监督管理部门开展的医疗器械不良事件调查予以配合。

**第五十一条**　有下列情形之一的，省级以上人民政府食品药品监督管理部门应当对已注册的医疗器械组织开展再评价：

（一）根据科学研究的发展，对医疗器械的安全、有效有认识上的改变的；

（二）医疗器械不良事件监测、评估结果表明医疗器械可能存在缺陷的；

（三）国务院食品药品监督管理部门规定的其他需要进行再评价的情形。

再评价结果表明已注册的医疗器械不能保证安全、有效的，由原发证部门注销医疗器械注册证，并向社会公布。被注销医疗器械注册证的医疗器械不得生产、进口、经营、使用。

**第五十二条**　医疗器械生产企业发现其生产的医疗器械不符合强制性标准、经注册或者备案的产品技术要求或者存在其他缺陷的，应当立即停止生产，通知相关生产经营企业、使用单位和消费者停止经营和使用，召回已经上市销售的医疗器械，采取补救、销毁等措施，记录相关情况，发布相关信息，并将医疗器械召回和处理情况向食品药品监督管理部门和卫生计生主管部门报告。

医疗器械经营企业发现其经营的医疗器械存在前款规定情形的，应当立即停止经营，通知相关生产经营企业、使用单位、消费者，并记录停止经营和通知情况。医疗器械生产企业认为属于依照前款规定需要召回的医疗器械，应当立即召回。

医疗器械生产经营企业未依照本条规定实施召回或者停止经营的，食品药品监督管理部门可以责令其召回或者停止经营。

## 第六章　监督检查

**第五十三条**　食品药品监督管理部门应当对医疗器械的注册、备案、生产、经营、使用活动加强监督检查，并对下列事项进行重点监督检查：

（一）医疗器械生产企业是否按照经注册或者备案的产品技术要求组织生产；

（二）医疗器械生产企业的质量管理体系是否保持有效运行；

（三）医疗器械生产经营企业的生产经营条件是否持续符合法定要求。

**第五十四条**　食品药品监督管理部门在监督检查中有下列职权：

（一）进入现场实施检查、抽取样品；

（二）查阅、复制、查封、扣押有关合同、票据、账簿以及其他有关资料；

（三）查封、扣押不符合法定要求的医疗器械，违法使用的零配件、原材料以及用于违法生产医疗器械的工具、设备；

（四）查封违反本条例规定从事医疗器械生产经营活动的场所。

食品药品监督管理部门进行监督检查,应当出示执法证件，保守被检查单位的商业秘密。

有关单位和个人应当对食品药品监督管理部门的监督检查予以配合，不得隐瞒有关情况。

**第五十五条**　对人体造成伤害或者有证据证明可能危害人体健康的医疗器械，食品药品监督管理部门可以采取暂停生产、进口、经营、使用的紧急控制措施。

**第五十六条**　食品药品监督管理部门应当加强对医疗器械生产经营企业和使用单位生产、经营、使用的医疗器械的抽查检验。抽查检验不得收取检验费和其他任何费用，所需费用纳入本级政府预算。

省级以上人民政府食品药品监督管理部门应当根据抽查检验结论及时发布医疗器械质量公告。

**第五十七条**　医疗器械检验机构资质认定工作按照国家有关规定实行统一管理。经国务院认证认可监督管理部门会同国务院食品药品监督管理部门认定的检验机构，方可对医疗器械实施检验。

食品药品监督管理部门在执法工作中需要对医疗器械进行检验的，应当委托有资质的医疗器械检验机构进行，并支付相关费用。

当事人对检验结论有异议的，可以自收到检验结论之日起7个工作日内选择有资质的医疗器械检验机构进行复检。承担复检工作的医疗器械检验机构应当在国务院食品药品监督管理部门规定的时间内作出复检结论。复检结论为最终检验结论。

**第五十八条**　对可能存在有害物质或者擅自改变医疗器械设计、原材料和生产工艺并存在安全隐患的医疗器械，按照医疗器械国家标准、行业标准规定的检验项目和检验方法无法检验的，医疗器械检验机构可以补充检验项目和检验方法进行检验；使用补充检验项目、检验方法得出的检验结论，经国务院食品药品监督管理部门批准，可以作为食品药品监督管理部门认定医疗器械质量的依据。

**第五十九条** 设区的市级和县级人民政府食品药品监督管理部门应当加强对医疗器械广告的监督检查；发现未经批准、篡改经批准的广告内容的医疗器械广告，应当向所在地省、自治区、直辖市人民政府食品药品监督管理部门报告，由其向社会公告。

工商行政管理部门应当依照有关广告管理的法律、行政法规的规定，对医疗器械广告进行监督检查，查处违法行为。食品药品监督管理部门发现医疗器械广告违法发布行为，应当提出处理建议并按照有关程序移交所在地同级工商行政管理部门。

**第六十条** 国务院食品药品监督管理部门建立统一的医疗器械监督管理信息平台。食品药品监督管理部门应当通过信息平台依法及时公布医疗器械许可、备案、抽查检验、违法行为查处情况等日常监督管理信息。但是，不得泄露当事人的商业秘密。

食品药品监督管理部门对医疗器械注册人和备案人、生产经营企业、使用单位建立信用档案，对有不良信用记录的增加监督检查频次。

**第六十一条** 食品药品监督管理等部门应当公布本单位的联系方式，接受咨询、投诉、举报。食品药品监督管理等部门接到与医疗器械监督管理有关的咨询，应当及时答复；接到投诉、举报，应当及时核实、处理、答复。对咨询、投诉、举报情况及其答复、核实、处理情况，应当予以记录、保存。

有关医疗器械研制、生产、经营、使用行为的举报经调查属实的，食品药品监督管理等部门对举报人应当给予奖励。

**第六十二条** 国务院食品药品监督管理部门制定、调整、修改本条例规定的目录以及与医疗器械监督管理有关的规范，应当公开征求意见；采取听证会、论证会等形式，听取专家、医疗器械生产经营企业和使用单位、消费者以及相关组织等方面的意见。

## 第七章　法律责任

**第六十三条** 有下列情形之一的，由县级以上人民政府食品药品监督管理部门没收违法所得、违法生产经营的医疗器械和用于违法生产经营的工具、设备、原材料等物品；违法生产经营的医疗器械货值金额不足1万元的，并处5万元以上10万元以下罚款；货值金额1万元以上的，并处货值金额10倍以上20倍以下罚款；情节严重的，5年内不受理相关责任人及企业提出的医疗器械许可申请：

（一）生产、经营未取得医疗器械注册证的第二类、第三类医疗器械的；

（二）未经许可从事第二类、第三类医疗器械生产活动的；

（三）未经许可从事第三类医疗器械经营活动的。

有前款第一项情形、情节严重的，由原发证部门吊销医疗器械生产许可证或者医疗器械经营许可证。

**第六十四条** 提供虚假资料或者采取其他欺骗手段取得医疗器械注册证、医疗器械生产许可证、医疗器械经营许可证、广告批准文件等许可证件的，由原发证部门撤销已经取得的许可证件，并处5万元以上10万元以下罚款，5年内不受理相关责任人及企业提出的医疗器械许可申请。

伪造、变造、买卖、出租、出借相关医疗器械许可证件的，由原发证部门予以收缴或者吊销，没收违法所得；违法所得不足1万元的，处1万元以上3万元以下罚款；违法所得1万元以上的，处违法所得3倍以上5倍以下罚款；构成违反治安管理行为的,由公安机关依法予以治安管理处罚。

**第六十五条** 未依照本条例规定备案的，由县级以上人民政府食品药品监督管理部门责令限期改正；逾期不改正的，向社会公告未备案单位和产品名称，可以处1万元以下罚款。

备案时提供虚假资料的，由县级以上人民政府食品药品监督管理部门向社会公告备案单位和产品名称；情节严重的，直接责任人员5年内不得从事医疗器械生产经营活动。

**第六十六条** 有下列情形之一的，由县级以上人民政府食品药品监督管理部门责令改正，没收违法生产、经营或者使用的医疗器械；违法生产、经营或者使用的医疗器械货值金额不足1万元的，并处2万元以上5万元以下罚款；货值金额1万元以上的，并处货值金额5倍以上10倍以下罚款；情节严重的，责令停产停业，直至由原发证部门吊销医疗器械注册证、医疗器械生产许可证、医疗器械经营许可证：

（一）生产、经营、使用不符合强制性标准或者不符合经注册或者备案的产品技术要求的医疗器械的；

（二）医疗器械生产企业未按照经注册或者备案的产品技术要求组织生产，或者未依照本条例规定建立质量管理体系并保持有效运行的；

（三）经营、使用无合格证明文件、过期、失效、淘汰的医疗器械，或者使用未依法注册的医疗器械的；

（四）食品药品监督管理部门责令其依照本条例规定实施召回或者停止经营后，仍拒不召回或者停止经营医疗器械的；

（五）委托不具备本条例规定条件的企业生产医疗器械，或者未对受托方的生产行为进行管理的。

**第六十七条** 有下列情形之一的，由县级以上人民政府食品药品监督管理部门责令改正，处1万元以上3万元以下罚款；情节严重的，责令停产停业，直至由原发证部门吊销医疗器械生产许可证、医疗器械经营许可证：

（一）医疗器械生产企业的生产条件发生变化、不再符合医疗器械质量管理体系要求，未依照本条例规定整改、停止生产、报告的；

（二）生产、经营说明书、标签不符合本条例规定的医疗器械的；

（三）未按照医疗器械说明书和标签标示要求运输、贮存医疗器械的；

（四）转让过期、失效、淘汰或者检验不合格的在用医疗器械的。

**第六十八条** 有下列情形之一的，由县级以上人民政府食品药品监督管理部门和卫生计生主管部门依据各自职责责令改正，给予警告；拒不改正的，处5000元以上2万元以下罚款；情节严重的，责令停产停业，直至由原发证部门吊销医疗器械生产许可证、医疗器械经营许可证：

（一）医疗器械生产企业未按照要求提交质量管理体系自查报告的；

（二）医疗器械经营企业、使用单位未依照本条例规定建立并执行医疗器械进货查验记录制度的；

（三）从事第二类、第三类医疗器械批发业务以及第三类医疗器械零售业务的经营企业未依照本条例规定建立并执行销售记录制度的；

（四）对重复使用的医疗器械，医疗器械使用单位未按照消毒和管理的规定进行处理的；

（五）医疗器械使用单位重复使用一次性使用的医疗器械，或者未按照规定销毁使用过的一次性使用的医疗器械的；

（六）对需要定期检查、检验、校准、保养、维护的医疗器械，医疗器械使用单位未按照产品说明书要求检查、检验、校准、保养、维护并予以记录，及时进行分析、评估，确保医疗器械处于良好状态的；

（七）医疗器械使用单位未妥善保存购入第三类医疗器械的原始资料，或者未按照规定将大型医疗器械以及植入和介入类医疗器械的信息记载到病历等相关记录中的；

（八）医疗器械使用单位发现使用的医疗器械存在安全隐患未立即停止使用、通知检修，或者继续使用经检修仍不能达到使用安全标准的医疗器械的；

（九）医疗器械生产经营企业、使用单位未依照本条例规定开展医疗器械不良事件监测，未按照要求报告不良事件，或者对医疗器械不良事件监测技术机构、食品药品监督管理部门开展的不良事件调查不予配合的。

**第六十九条** 违反本条例规定开展医疗器械临床试验的，由县级以上人民政府食品药品监督管理部门责令改正或者立即停止临床试验，可以处5万元以下罚款；造成严重后果的，依法对直接负责的主管人员和其他直接责任人员给予降级、撤职或者开除的处分；有医疗器械临床试验机构资质的，由授予其资质的主管部门撤销医疗器械临床试验机构资质，5年内不受理其资质认定申请。

医疗器械临床试验机构出具虚假报告的，由授予其资质的主管部门撤销医疗器械临床试验机构资质，10年内不受理其资质认定申请；由县级以上人民政府食品药品监督管理部门处5万元以上10万元以下罚款；有违法所得的，没收违法所得；对直接负责的主管人员和其他直接责任人员，依法给予撤职或者开除的处分。

**第七十条** 医疗器械检验机构出具虚假检验报告的，由授予其资质的主管部门撤销检验资质，10年内不受理其资质认定申请；处5万元以上10万元以下罚款；有违法所得的，没收违法所得；对直接负责的主管人员和其他直接责任人员，依法给予撤职或者开除的处分；受到开除处分的，自处分决定做出之日起10年内不得从事医疗器械检验工作。

**第七十一条** 违反本条例规定，发布未取得批准文件的医疗器械广告，未事先核实批准文件的真实性即发布医疗器械广告，或者发布广告内容与批准文件不一致的医疗器械广告的，由工商行政管理部门依照有关广告管理的法律、行政法规的规定给予处罚。

篡改经批准的医疗器械广告内容的，由原发证部门撤销该医疗器械的广告批准文件，2年内不受理其广告审批申请。

发布虚假医疗器械广告的，由省级以上人民政府食品药品监督管理部门决定暂停销售该医疗器械，并向社会公布；仍然销售该医疗器械的，由县级以上人民政府食品药品监督管理部门没收违法销售的医疗器械，并处2万元以上5万元以下罚款。

**第七十二条** 医疗器械技术审评机构、医疗器械不良事件监测技术机构未依照本条例规定履行职责，致使审评、监测工作出现重大失误的，由县级以上人民政府食品药品监督管理部门责令改正，通报批评，给予警告；造成严重后果的，对直接负责的主管人员和其他直接责任人员，依法给予降级、撤职或者开除的处分。

**第七十三条** 食品药品监督管理部门及其工作人员应当严格依照本条例规定的处罚种类和幅度，根据违法行为的性质和具体情节行使行政处罚权，具体办法由国务院食品药品监督管理部门制定。

**第七十四条** 违反本条例规定，县级以上人民政府食品药品监督管理部门或者其他有关部门不履行医疗器械监督管理职责或者滥用职权、玩忽职守、徇私舞弊的，由监察机关或者任免机关对直接负责的主管人员和其他直接责任人员依法给予警告、记过或者记大过的处分；造成严重后果的，给予降级、撤职或者开除的处分。

**第七十五条** 违反本条例规定，构成犯罪的，依法追究刑事责任；造成人身、财产或者其他损害的，依法承担赔偿责任。

## 第八章　附则

**第七十六条**　本条例下列用语的含义：

医疗器械，是指直接或者间接用于人体的仪器、设备、器具、体外诊断试剂及校准物、材料以及其他类似或者相关的物品，包括所需要的计算机软件；其效用主要通过物理等方式获得，不是通过药理学、免疫学或者代谢的方式获得，或者虽然有这些方式参与但是只起辅助作用；其目的是：

（一）疾病的诊断、预防、监护、治疗或者缓解；

（二）损伤的诊断、监护、治疗、缓解或者功能补偿；

（三）生理结构或者生理过程的检验、替代、调节或者支持；

（四）生命的支持或者维持；

（五）妊娠控制；

（六）通过对来自人体的样本进行检查，为医疗或者诊断目的提供信息。

医疗器械使用单位，是指使用医疗器械为他人提供医疗等技术服务的机构，包括取得医疗机构执业许可证的医疗机构，取得计划生育技术服务机构执业许可证的计划生育技术服务机构，以及依法不需要取得医疗机构执业许可证的血站、单采血浆站、康复辅助器具适配机构等。

**第七十七条**　医疗器械产品注册可以收取费用。具体收费项目、标准分别由国务院财政、价格主管部门按照国家有关规定制定。

**第七十八条**　非营利的避孕医疗器械管理办法以及医疗卫生机构为应对突发公共卫生事件而研制的医疗器械的管理办法，由国务院食品药品监督管理部门会同国务院卫生计生主管部门制定。

中医医疗器械的管理办法，由国务院食品药品监督管理部门会同国务院中医药管理部门依据本条例的规定制定；康复辅助器具类医疗器械的范围及其管理办法，由国务院食品药品监督管理部门会同国务院民政部门依据本条例的规定制定。

**第七十九条**　军队医疗器械使用的监督管理，由军队卫生主管部门依据本条例和军队有关规定组织实施。

**第八十条**　本条例自2014年6月1日起施行。

# 国家食品药品监督管理总局令

第 8 号

《医疗器械经营监督管理办法》已于2014年6月27日经国家食品药品监督管理总局局务会议审议通过，现予公布，自2014年10月1日起施行。

局 长 张勇

2014年7月30日

# 医疗器械经营监督管理办法

## 第一章 总 则

第一条 为加强医疗器械经营监督管理，规范医疗器械经营行为，保证医疗器械安全、有效，根据《医疗器械监督管理条例》，制定本办法。

第二条 在中华人民共和国境内从事医疗器械经营活动及其监督管理，应当遵守本办法。

第三条 国家食品药品监督管理总局负责全国医疗器械经营监督管理工作。县级以上食品药品监督管理部门负责本行政区域的医疗器械经营监督管理工作。

上级食品药品监督管理部门负责指导和监督下级食品药品监督管理部门开展医疗器械经营监督管理工作。

第四条 按照医疗器械风险程度，医疗器械经营实施分类管理。

经营第一类医疗器械不需许可和备案，经营第二类医疗器械实行备案管理，经营第三类医疗器械实行许可管理。

第五条 国家食品药品监督管理总局制定医疗器械经营质量管理规范并监督实施。

第六条 食品药品监督管理部门依法及时公布医疗器械经营许可和备案信息。申请人可以查询审批进度和审批结果，公众可以查阅审批结果。

## 第二章 经营许可与备案管理

第七条 从事医疗器械经营，应当具备以下条件：

（一）具有与经营范围和经营规模相适应的质量管理机构或者质量管理人员，质量管理人员应当具有国家认可的相关专业学历或者职称；

（二）具有与经营范围和经营规模相适应的经营、贮存场所；

（三）具有与经营范围和经营规模相适应的贮存条件，全部委托其他医疗器械经营企业贮存的可以不设立库房；

（四）具有与经营的医疗器械相适应的质量管理制度；

（五）具备与经营的医疗器械相适应的专业指导、技术培训和售后服务的能力，或者约定由相关机构提供技术支持。

从事第三类医疗器械经营的企业还应当具有符合医疗器械经营质量管理要求的计算机信息管理系统，保证经营的产品可追溯。鼓励从事第一类、第二类医疗器械经营的企业建立符合医疗器械经营质量管理要求的计算机信息管理系统。

第八条　从事第三类医疗器械经营的，经营企业应当向所在地设区的市级食品药品监督管理部门提出申请，并提交以下资料：

（一）营业执照和组织机构代码证复印件；

（二）法定代表人、企业负责人、质量负责人的身份证明、学历或者职称证明复印件；

（三）组织机构与部门设置说明；

（四）经营范围、经营方式说明；

（五）经营场所、库房地址的地理位置图、平面图、房屋产权证明文件或者租赁协议（附房屋产权证明文件）复印件；

（六）经营设施、设备目录；

（七）经营质量管理制度、工作程序等文件目录；

（八）计算机信息管理系统基本情况介绍和功能说明；

（九）经办人授权证明；

（十）其他证明材料。

第九条　对于申请人提出的第三类医疗器械经营许可申请，设区的市级食品药品监督管理部门应当根据下列情况分别作出处理：

（一）申请事项属于其职权范围，申请资料齐全、符合法定形式的，应当受理申请；

（二）申请资料不齐全或者不符合法定形式的，应当当场或者在5个工作日内一次告知申请人需要补正的全部内容，逾期不告知的，自收到申请资料之日起即为受理；

（三）申请资料存在可以当场更正的错误的，应当允许申请人当场更正；

（四）申请事项不属于本部门职权范围的，应当即时作出不予受理的决定，并告知申请人向有关行政部门申请。

设区的市级食品药品监督管理部门受理或者不予受理医疗器械经营许可申请的，应当出具受理或者不予受理的通知书。

第十条　设区的市级食品药品监督管理部门应当自受理之日起30个工作日内对申请资料进行审核，并按照医疗器械经营质量管理规范的要求开展现场核查。需要整改的，整改时间不计入审核时限。

符合规定条件的，依法作出准予许可的书面决定，并于10个工作日内发给《医疗器械经营许可证》；不符合规定条件的，作出不予许可的书面决定，并说明理由。

第十一条　医疗器械经营许可申请直接涉及申请人与他人之间重大利益关系的，食品药品监督管理部门应当告知申请人、利害关系人依照法律、法规以及国家食品药品监督管理总局的有关规定享有申请听证的权利；在对医疗器械经营许可进行审查时，食品药品监督管理部门认为涉及公共利益的重大许可事项，应当向社会公告，并举行听证。

第十二条　从事第二类医疗器械经营的，经营企业应当向所在地设区的市级食品药品监督管理部门备案，填写第二类医疗器械经营备案表，并提交本办法第八条规定的资料（第八项除外）。

第十三条　食品药品监督管理部门应当当场对企业提交资料的完整性进行核对，符合规定的予以备案，发给第二类医疗器械经营备案凭证。

第十四条　设区的市级食品药品监督管理部门应当在医疗器械经营企业备案之日起3个月内，按照医疗器械经营质量管理规范的要求对第二类医疗器械经营企业开展现场核查。

第十五条　《医疗器械经营许可证》有效期为5年，载明许可证编号、企业名称、法定代表人、企业负责人、住所、经营场所、经营方式、经营范围、库房地址、发证部门、发证日期和有效期限等事项。

医疗器械经营备案凭证应当载明编号、企业名称、法定代表人、企业负责人、住所、经营场所、经营方式、经营范围、库房地址、备案部门、备案日期等事项。

第十六条　《医疗器械经营许可证》事项的变更分为许可事项变更和登记事项变更。

许可事项变更包括经营场所、经营方式、经营范围、库房地址的变更。

登记事项变更是指上述事项以外其他事项的变更。

第十七条　许可事项变更的，应当向原发证部门提出《医疗器械经营许可证》变更申请，并提交本办法第八条规定中涉及变更内容的有关资料。

跨行政区域设置库房的，应当向库房所在地设区的市级食品药品监督管理部门办理备案。

原发证部门应当自收到变更申请之日起15个工作日内进行审核，并作出准予变更或者不予变更的决定；需要按照医疗器械经营质量管理规范的要求开展现场核查的，自收到变更申请之日起30个工作日内作出准予变更或者不予变更的决定。不予变更的，应当书面说明理由并告知申请人。变更后的《医疗器械经营许可证》编号和有效期限不变。

第十八条　新设立独立经营场所的，应当单独申请医疗器械经营许可或者备案。

第十九条　登记事项变更的，医疗器械经营企业应当及时向设区的市级食品药品监督管理部门办理变更手续。

第二十条　因分立、合并而存续的医疗器械经营企业，应当依照本办法规定申请变更许可；因企业分立、合并而解散的，应当申请注销《医疗器械经营许可证》；因企业分立、合并而新设立的，应当申请办理《医疗器械经营许可证》。

第二十一条　医疗器械注册人、备案人或者生产企业在其住所或者生产地址销售医疗器械，不需办理经营许可或者备案；在其他场所贮存并现货销售医疗器械的，应当按照规定办理经营许可或者备案。

第二十二条　《医疗器械经营许可证》有效期届满需要延续的，医疗器械经营企业应当在有效期届满6个月前，向原发证部门提出《医疗器械经营许可证》延续申请。

原发证部门应当按照本办法第十条的规定对延续申请进行审核,必要时开展现场核查，在《医疗器械经营许可证》有效期届满前作出是否准予延续的决定。符合规定条件的，准予延续，延续后的《医疗器械经营许可证》编号不变。不符合规定条件的，责令限期整改；整改后仍不符合规定条件的，不予延续，并书面说明理由。逾期未作出决定的，视为准予延续。

第二十三条　医疗器械经营备案凭证中企业名称、法定代表人、企业负责人、住所、经营场所、经营方式、经营范围、库房地址等备案事项发生变化的，应当及时变更备案。

第二十四条　《医疗器械经营许可证》遗失的，医疗器械经营企业应当立即在原发证部门指定的媒体上登载遗失声明。自登载遗失声明之日起满1个月后，向原发证部门申请补发。原发证部门及时补发《医疗器械经营许可证》。

补发的《医疗器械经营许可证》编号和有效期限与原证一致。

第二十五条　医疗器械经营备案凭证遗失的，医疗器械经营企业应当及时向原备案部门办理补发手续。

第二十六条　医疗器械经营企业因违法经营被食品药品监督管理部门立案调查但尚未结案的，或者收到行政处罚决定但尚未履行的，设区的市级食品药品监督管理部门应当中止许可，直至案件处理完毕。

第二十七条　医疗器械经营企业有法律、法规规定应当注销的情形，或者有效期未满但企业主动提出注销的，设区的市级食品药品监督管理部门应当依法注销其《医疗器械经营许可证》，并在网站上予以公布。

第二十八条　设区的市级食品药品监督管理部门应当建立《医疗器械经营许可证》核发、延续、变更、补发、撤销、注销等许可档案和医疗器械经营备案信息档案。

第二十九条　任何单位以及个人不得伪造、变造、买卖、出租、出借《医疗器械经营许可证》和医疗器械经营备案凭证。

## 第三章　经营质量管理

第三十条　医疗器械经营企业应当按照医疗器械经营质量管理规范要求，建立覆盖质量管理全过程的经营管理制度，并做好相关记录，保证经营条件和经营行为持续符合要求。

第三十一条　医疗器械经营企业对其办事机构或者销售人员以本企业名义从事的医疗器械购销行为承担法律责任。医疗器械经营企业销售人员销售医疗器械，应当提供加盖本企业公章的授权书。授权书应当载明授权销售的品种、地域、期限，注明销售人员的身份证号码。

第三十二条　医疗器械经营企业应当建立并执行进货查验记录制度。从事第二类、第三类医疗器械批发业务以及第三类医疗器械零售业务的经营企业应当建立销售记录制度。进货查验记录和销售记录信息应当真实、准确、完整。

从事医疗器械批发业务的企业，其购进、贮存、销售等记录应当符合可追溯要求。

进货查验记录和销售记录应当保存至医疗器械有效期后2年；无有效期的，不得少于5年。植入类医疗器械进货查验记录和销售记录应当永久保存。

鼓励其他医疗器械经营企业建立销售记录制度。

第三十三条　医疗器械经营企业应当从具有资质的生产企业或者经营企业购进医疗器械。

医疗器械经营企业应当与供货者约定质量责任和售后服务责任，保证医疗器械售后的安全使用。

与供货者或者相应机构约定由其负责产品安装、维修、技术培训服务的医疗器械经营企业，可以不设从事技术培训和售后服务的部门,但应当有相应的管理人员。

第三十四条　医疗器械经营企业应当采取有效措施，确保医疗器械运输、贮存过程符合医疗器械说明书或者标签标示要求，并做好相应记录，保证医疗器械质量安全。

说明书和标签标示要求低温、冷藏的，应当按照有关规定，使用低温、冷藏设施设备运输和贮存。

第三十五条　医疗器械经营企业委托其他单位运输医疗器械的，应当对承运方运输医疗器械的质量保障能力进行考核评估，明确运输过程中的质量责任，确保运输过程中的质量安全。

第三十六条　医疗器械经营企业为其他医疗器械生产经营企业提供贮存、配送服务的，应当与委托方签订书面协议，明确双方权利义务，并具有与产品贮存配送条件和规模相适应的设备设施，具备与委托方开展实时电子数据交换和实现产品经营全过程可追溯的计算机信息管理平台和技术手段。

第三十七条　从事医疗器械批发业务的经营企业应当销售给具有资质的经营企业或者使用单位。

第三十八条　医疗器械经营企业应当配备专职或者兼职人员负责售后管理，对客户投诉的质量问题应当查明原因，采取有效措施及时处理和反馈，并做好记录，必要时应当通知供货者及医疗器械生产企业。

第三十九条　医疗器械经营企业不具备原经营许可条件或者与备案信息不符且无法取得联系的，经原发证或者备案部门公示后，依法注销其《医疗器械经营许可证》或者在第二类医疗器械经营备案信息中予以标注，并向社会公告。

第四十条　第三类医疗器械经营企业应当建立质量管理自查制度，并按照医疗器械经营质量管理规范要求进行全项目自查，于每年年底前向所在地设区的市级食品药品监督管理部门提交年度自查报告。

第四十一条　第三类医疗器械经营企业自行停业一年以上，重新经营时，应当提前书面报告所在地设区的市级食品药品监督管理部门，经核查符合要求后方可恢复经营。

第四十二条　医疗器械经营企业不得经营未经注册或者备案、无合格证明文件以及过期、失效、淘汰的医疗器械。

第四十三条　医疗器械经营企业经营的医疗器械发生重大质量事故的，应当在24小时内报告所在地省、自治区、直辖市食品药品监督管理部门，省、自治区、直辖市食品药品监督管理部门应当立即报告国家食品药品监督管理总局。

## 第四章　监督管理

第四十四条　食品药品监督管理部门应当定期或者不定期对医疗器械经营企业符合经营质量管理规范要求的情况进行监督检查，督促企业规范经营活动。对第三类医疗器械经营企业按照医疗器械经营质量管理规范要求进行全项目自查的年度自查报告，应当进行审查，必要时开展现场核查。

第四十五条　省、自治区、直辖市食品药品监督管理部门应当编制本行政区域的医疗器械经营企业监督检查计划，并监督实施。设区的市级食品药品监督管理部门应当制定本行政区域的医疗器械经营企业的监管重点、检查频次和覆盖率，并组织实施。

第四十六条　食品药品监督管理部门组织监督检查，应当制定检查方案，明确检查标准，如实记录现场检查情况，将检查结果书面告知被检查企业。需要整改的，应当明确整改内容以及整改期限，并实施跟踪检查。

第四十七条　食品药品监督管理部门应当加强对医疗器械的抽查检验。

省级以上食品药品监督管理部门应当根据抽查检验结论及时发布医疗器械质量公告。

第四十八条　有下列情形之一的，食品药品监督管理部门应当加强现场检查：

（一）上一年度监督检查中存在严重问题的；

（二）因违反有关法律、法规受到行政处罚的；

（三）新开办的第三类医疗器械经营企业；

（四）食品药品监督管理部门认为需要进行现场检查的其他情形。

第四十九条　食品药品监督管理部门应当建立医疗器械经营日常监督管理制度，加强对医疗器械经营企业的日常监督检查。

第五十条　对投诉举报或者其他信息显示以及日常监督检查发现可能存在产品安全隐患的医疗器械经营企业，或者有不良行为记录的医疗器械经营企业，食品药品监督管理部门可以实施飞行检查。

第五十一条　有下列情形之一的，食品药品监督管理部门可以对医疗器械经营企业的法定代表人或者企业负责人进行责任约谈：

（一）经营存在严重安全隐患的；

（二）经营产品因质量问题被多次举报投诉或者媒体曝光的；

（三）信用等级评定为不良信用企业的；

（四）食品药品监督管理部门认为有必要开展责任约谈的其他情形。

第五十二条　食品药品监督管理部门应当建立医疗器械经营企业监管档案，记录许可和备案信息、日常监督检查结果、违法行为查处等情况，并对有不良信用记录的医疗器械经营企业实施重点监管。

## 第五章　法律责任

第五十三条　有下列情形之一的，由县级以上食品药品监督管理部门责令限期改正，给予警告；拒不改正的，处5000元以上2万元以下罚款：

（一）医疗器械经营企业未依照本办法规定办理登记事项变更的；

（二）医疗器械经营企业派出销售人员销售医疗器械，未按照本办法要求提供授权书的；

（三）第三类医疗器械经营企业未在每年年底前向食品药品监督管理部门提交年度自查报告的。

第五十四条　有下列情形之一的，由县级以上食品药品监督管理部门责令改正，处1万元以上3万元以下罚款：

（一）医疗器械经营企业经营条件发生变化，不再符合医疗器械经营质量管理规范要求，未按照规定进行整改的；

（二）医疗器械经营企业擅自变更经营场所或者库房地址、扩大经营范围或者擅自设立库房的；

（三）从事医疗器械批发业务的经营企业销售给不具有资质的经营企业或者使用单位的；

（四）医疗器械经营企业从不具有资质的生产、经营企业购进医疗器械的。

第五十五条　未经许可从事医疗器械经营活动，或者《医疗器械经营许可证》有效期届满后未依法办理延续、仍继续从事医疗器械经营的，按照《医疗器械监督管理条例》第六十三条的规定予以处罚。

第五十六条　提供虚假资料或者采取其他欺骗手段取得《医疗器械经营许可证》的，按照《医疗器械监督管理条例》第六十四条的规定予以处罚。

第五十七条　伪造、变造、买卖、出租、出借《医疗器械经营许可证》的，按照《医疗器械监督管理条例》第六十四条的规定予以处罚。

伪造、变造、买卖、出租、出借医疗器械经营备案凭证的，由县级以上食品药品监督管理部门责令改正，并处1万元以下罚款。

第五十八条　未依照本办法规定备案或者备案时提供虚假资料的，按照《医疗器械监督管理条例》第六十五条的规定予以处罚。

第五十九条　有下列情形之一的，由县级以上食品药品监督管理部门责令限期改正，并按照《医疗器械监督管理条例》第六十六条的规定予以处罚：

（一）经营不符合强制性标准或者不符合经注册或者备案的产品技术要求的医疗器械的；

（二）经营无合格证明文件、过期、失效、淘汰的医疗器械的；

（三）食品药品监督管理部门责令停止经营后，仍拒不停止经营医疗器械的。

第六十条　有下列情形之一的，由县级以上食品药品监督管理部门责令改正，并按照《医疗器械监督管理条例》第六十七条的规定予以处罚：

（一）经营的医疗器械的说明书、标签不符合有关规定的；

（二）未按照医疗器械说明书和标签标示要求运输、贮存医疗器械的。

第六十一条　有下列情形之一的，由县级以上食品药品监督管理部门责令改正，并按照《医疗器械监督管理条例》第六十八条的规定予以处罚：

（一）经营企业未依照本办法规定建立并执行医疗器械进货查验记录制度的；

（二）从事第二类、第三类医疗器械批发业务以及第三类医疗器械零售业务的经营企业未依照本办法规定建立并执行销售记录制度的。

## 第六章　附　则

第六十二条　本办法下列用语的含义是：

医疗器械经营，是指以购销的方式提供医疗器械产品的行为，包括采购、验收、贮存、销售、运输、售后服务等。

医疗器械批发，是指将医疗器械销售给具有资质的经营企业或者使用单位的医疗器械经营行为。

医疗器械零售，是指将医疗器械直接销售给消费者的医疗器械经营行为。

第六十三条　互联网医疗器械经营有关管理规定由国家食品药品监督管理总局另行制定。

第六十四条　《医疗器械经营许可证》和医疗器械经营备案凭证的格式由国家食品药品监督管理总局统一制定。

《医疗器械经营许可证》和医疗器械经营备案凭证由设区的市级食品药品监督管理部门印制。

《医疗器械经营许可证》编号的编排方式为：XX食药监械经营许XXXXXXXX号。其中：

第一位X代表许可部门所在地省、自治区、直辖市的简称；

第二位X代表所在地设区的市级行政区域的简称；

第三到六位X代表4位数许可年份；

第七到十位X代表4位数许可流水号。

第二类医疗器械经营备案凭证备案编号的编排方式为：XX食药监械经营备XXXXXXXX号。其中：

第一位X代表备案部门所在地省、自治区、直辖市的简称；

第二位X代表所在地设区的市级行政区域的简称；

第三到六位X代表4位数备案年份；

第七到十位X代表4位数备案流水号。

第六十五条　《医疗器械经营许可证》和医疗器械经营备案凭证列明的经营范围按照医疗器械管理类别、分类编码及名称确定。医疗器械管理类别、分类编码及名称按照国家食品药品监督管理总局发布的医疗器械分类目录核定。

第六十六条　本办法自2014年10月1日起施行。2004年8月9日公布的《医疗器械经营企业许可证管理办法》（原国家食品药品监督管理局令第15号）同时废止。

## 国家食品药品监督管理总局令

第7号

《医疗器械生产监督管理办法》已于2014年6月27日经国家食品药品监督管理总局局务会议审议通过，现予公布，自2014年10月1日起施行。

局　长　张勇

2014年7月30日

# 医疗器械生产监督管理办法

## 第一章　总　则

第一条　为加强医疗器械生产监督管理，规范医疗器械生产行为，保证医疗器械安全、有效，根据《医疗器械监督管理条例》，制定本办法。

第二条　在中华人民共和国境内从事医疗器械生产活动及其监督管理，应当遵守本办法。

第三条　国家食品药品监督管理总局负责全国医疗器械生产监督管理工作。县级以上食品药品监督管理部门负责本行政区域的医疗器械生产监督管理工作。

上级食品药品监督管理部门负责指导和监督下级食品药品监督管理部门开展医疗器械生产监督管理工作。

第四条　国家食品药品监督管理总局制定医疗器械生产质量管理规范并监督实施。

第五条　食品药品监督管理部门依法及时公布医疗器械生产许可和备案相关信息。申请人可以查询审批进度和审批结果；公众可以查阅审批结果。

第六条　医疗器械生产企业应当对生产的医疗器械质量负责。委托生产的，委托方对所委托生产的医疗器械质量负责。

## 第二章　生产许可与备案管理

第七条　从事医疗器械生产，应当具备以下条件：

（一）有与生产的医疗器械相适应的生产场地、环境条件、生产设备以及专业技术人员；

（二）有对生产的医疗器械进行质量检验的机构或者专职检验人员以及检验设备；

（三）有保证医疗器械质量的管理制度；

（四）有与生产的医疗器械相适应的售后服务能力；

（五）符合产品研制、生产工艺文件规定的要求。

第八条　开办第二类、第三类医疗器械生产企业的，应当向所在地省、自治区、直辖市食品药品监督管理部门申请生产许可，并提交以下资料：

（一）营业执照、组织机构代码证复印件；

（二）申请企业持有的所生产医疗器械的注册证及产品技术要求复印件；

（三）法定代表人、企业负责人身份证明复印件；

（四）生产、质量和技术负责人的身份、学历、职称证明复印件；

（五）生产管理、质量检验岗位从业人员学历、职称一览表；

（六）生产场地的证明文件，有特殊生产环境要求的还应当提交设施、环境的证明文件复印件；

（七）主要生产设备和检验设备目录；

（八）质量手册和程序文件；

（九）工艺流程图；

（十）经办人授权证明；

（十一）其他证明资料。

第九条　省、自治区、直辖市食品药品监督管理部门收到申请后，应当根据下列情况分别作出处理：

（一）申请事项属于其职权范围，申请资料齐全、符合法定形式的，应当受理申请；

（二）申请资料不齐全或者不符合法定形式的，应当当场或者在5个工作日内一次告知申请人需要补正的全部内容，逾期不告知的，自收到申请资料之日起即为受理；

（三）申请资料存在可以当场更正的错误的，应当允许申请人当场更正；

（四）申请事项不属于本部门职权范围的，应当即时作出不予受理的决定，并告知申请人向有关行政部门申请。

省、自治区、直辖市食品药品监督管理部门受理或者不予受理医疗器械生产许可申请的，应当出具受理或者不予受理的通知书。

第十条　省、自治区、直辖市食品药品监督管理部门应当自受理之日起30个工作日内对申请资料进行审核，并按照医疗器械生产质量管理规范的要求开展现场核查。现场核查应当根据情况，避免重复核查。需要整改的，整改时间不计入审核时限。

符合规定条件的，依法作出准予许可的书面决定，并于10个工作日内发给《医疗器械生产许可证》；不符合规定条件的，作出不予许可的书面决定，并说明理由。

第十一条　开办第一类医疗器械生产企业的，应当向所在地设区的市级食品药品监督管理部门办理第一类医疗器械生产备案，提交备案企业持有的所生产医疗器械的备案凭证复印件和本办法第八条规定的资料（第二项除外）。

食品药品监督管理部门应当当场对企业提交资料的完整性进行核对，符合规定条件的予以备案，发给第一类医疗器械生产备案凭证。

第十二条　医疗器械生产许可申请直接涉及申请人与他人之间重大利益关系的，食品药品监督管理部门应当告知申请人、利害关系人依照法律、法规以及国家食品药品监督管理总局的有关规定享有申请听证的权利；在对医疗器械生产许可进行审查时，食品药品监督管理部门认为涉及公共利益的重大许可事项，应当向社会公告，并举行听证。

第十三条　《医疗器械生产许可证》有效期为5年，载明许可证编号、企业名称、法定代表人、企业负责人、住所、生产地址、生产范围、发证部门、发证日期和有效期限等事项。

《医疗器械生产许可证》附医疗器械生产产品登记表，载明生产产品名称、注册号等信息。

第十四条　增加生产产品的，医疗器械生产企业应当向原发证部门提交本办法第八条规定中涉及变更内容的有关资料。

申请增加生产的产品不属于原生产范围的，原发证部门应当依照本办法第十条的规定进行审核并开展现场核查，符合规定条件的，变更《医疗器械生产许可证》载明的生产范围，并在医疗器械生产产品登记表中登载产品信息。

申请增加生产的产品属于原生产范围，并且与原许可生产产品的生产工艺和生产条件等要求相似的，原发证部门应当对申报资料进行审核，符合规定条件的，在医疗器械生产产品登记表中登载产品信息；与原许可生产产品的生产工艺和生产条件要求有实质性不同的，应当依照本办法第十条的规定进行审核并开展现场核查，符合规定条件的，在医疗器械生产产品登记表中登载产品信息。

第十五条　生产地址非文字性变更的，应当向原发证部门申请医疗器械生产许可变更，并提交本办法第八条规定中涉及变更内容的有关资料。原发证部门应当依照本办法第十条的规定审核并开展现场核查，于30个工作日内作出准予变更或者不予变更的决定。医疗器械生产企业跨省、自治区、直辖市设立生产场地的，应当单独申请医疗器械生产许可。

第十六条　企业名称、法定代表人、企业负责人、住所变更或者生产地址文字性变更的，医疗器械生产企业应当在变更后30个工作日内，向原发证部门办理《医疗器械生产许可证》变更登记，并提交相关部门的证明资料。原发证部门应当及时办理变更。对变更资料不齐全或者不符合形式审查规定的，应当一次告知需要补正的全部内容。

第十七条　《医疗器械生产许可证》有效期届满延续的，医疗器械生产企业应当自有效期届满6个月前，向原发证部门提出《医疗器械生产许可证》延续申请。

原发证部门应当依照本办法第十条的规定对延续申请进行审查，必要时开展现场核查，在《医疗器械生产许可证》有效期届满前作出是否准予延续的决定。符合规定条件的，准予延续。不符合规定条件的，责令限期整改；整改后仍不符合规定条件的，不予延续，并书面说明理由。逾期未作出决定的，视为准予延续。

第十八条　因分立、合并而存续的医疗器械生产企业，应当依照本办法规定申请变更许可；因企业分立、合并而解散的医疗器械生产企业，应当申请注销《医疗器械生产许可证》；因企业分立、合并而新设立的医疗器械生产企业应当申请办理《医疗器械生产许可证》。

第十九条　《医疗器械生产许可证》遗失的，医疗器械生产企业应当立即在原发证部门指定的媒体上登载遗失声明。自登载遗失声明之日起满1个月后，向原发证部门申请补发。原发证部门及时补发《医疗器械生产许可证》。

第二十条　变更、补发的《医疗器械生产许可证》编号和有效期限不变。延续的《医疗器械生产许可证》编号不变。

第二十一条　第一类医疗器械生产备案凭证内容发生变化的，应当变更备案。

备案凭证遗失的，医疗器械生产企业应当及时向原备案部门办理补发手续。

第二十二条　医疗器械生产企业因违法生产被食品药品监督管理部门立案调查但尚未结案的，或者收到行政处罚决定但尚未履行的，食品药品监督管理部门应当中止许可，直至案件处理完毕。

第二十三条　医疗器械生产企业有法律、法规规定应当注销的情形，或者有效期未满但企业主动提出注销的，省、自治区、直辖市食品药品监督管理部门应当依法注销其《医疗器械生产许可证》，并在网站上予以公布。

第二十四条　省、自治区、直辖市食品药品监督管理部门应当建立《医疗器械生产许可证》核发、延续、变更、补发、撤销和注销等许可档案。

设区的市级食品药品监督管理部门应当建立第一类医疗器械生产备案信息档案。

第二十五条　任何单位或者个人不得伪造、变造、买卖、出租、出借《医疗器械生产许可证》和医疗器械生产备案凭证。

## 第三章　委托生产管理

第二十六条　医疗器械委托生产的委托方应当是委托生产医疗器械的境内注册人或者备案人。其中，委托生产不属于按照创新医疗器械特别审批程序审批的境内医疗器械的，委托方应当取得委托生产医疗器械的生产许可或者办理第一类医疗器械生产备案。

医疗器械委托生产的受托方应当是取得受托生产医疗器械相应生产范围的生产许可或者办理第一类医疗器械生产备案的境内生产企业。受托方对受托生产医疗器械的质量负相应责任。

第二十七条　委托方应当向受托方提供委托生产医疗器械的质量管理体系文件和经注册或者备案的产品技术要求，对受托方的生产条件、技术水平和质量管理能力进行评估，确认受托方具有受托生产的条件和能力，并对生产过程和质量控制进行指导和监督。

第二十八条　受托方应当按照医疗器械生产质量管理规范、强制性标准、产品技术要求和委托生产合同组织生产，并保存所有受托生产文件和记录。

第二十九条　委托方和受托方应当签署委托生产合同，明确双方的权利、义务和责任。

第三十条　委托生产第二类、第三类医疗器械的，委托方应当向所在地省、自治区、直辖市食品药品监督管理部门办理委托生产备案；委托生产第一类医疗器械的，委托方应当向所在地设区的市级食品药品监督管理部门办理委托生产备案。符合规定条件的，食品药品监督管理部门应当发给医疗器械委托生产备案凭证。

备案时应当提交以下资料：

（一）委托生产医疗器械的注册证或者备案凭证复印件；

（二）委托方和受托方企业营业执照和组织机构代码证复印件；

（三）受托方的《医疗器械生产许可证》或者第一类医疗器械生产备案凭证复印件；

（四）委托生产合同复印件；

（五）经办人授权证明。

委托生产不属于按照创新医疗器械特别审批程序审批的境内医疗器械的，还应当提交委托方的《医疗器械生产许可证》或者第一类医疗器械生产备案凭证复印件；属于按照创新医疗器械特别审批程序审批的境内医疗器械的，应当提交创新医疗器械特别审批证明资料。

第三十一条　受托生产第二类、第三类医疗器械的，受托方应当依照本办法第十四条的规定办理相关手续，在医疗器械生产产品登记表中登载受托生产产品信息。

受托生产第一类医疗器械的，受托方应当依照本办法第二十一条的规定，向原备案部门办理第一类医疗器械生产备案变更。

第三十二条　受托方办理增加受托生产产品信息或者第一类医疗器械生产备案变更时，除提交符合本办法规定的资料外，还应当提交以下资料：

（一）委托方和受托方营业执照、组织机构代码证复印件；

（二）受托方《医疗器械生产许可证》或者第一类医疗器械生产备案凭证复印件；

（三）委托方医疗器械委托生产备案凭证复印件；

（四）委托生产合同复印件；

（五）委托生产医疗器械拟采用的说明书和标签样稿；

（六）委托方对受托方质量管理体系的认可声明；

（七）委托方关于委托生产医疗器械质量、销售及售后服务责任的自我保证声明。

受托生产不属于按照创新医疗器械特别审批程序审批的境内医疗器械的，还应当提交委托方的《医疗器械生产许可证》或者第一类医疗器械生产备案凭证复印件；属于按照创新医疗器械特别审批程序审批的境内医疗器械的，应当提交创新医疗器械特别审批证明资料。

第三十三条　受托方《医疗器械生产许可证》生产产品登记表和第一类医疗器械生产备案凭证中的受托生产产品应当注明“受托生产”字样和受托生产期限。

第三十四条　委托生产医疗器械的说明书、标签除应当符合有关规定外，还应当标明受托方的企业名称、住所、生产地址、生产许可证编号或者生产备案凭证编号。

第三十五条　委托生产终止时，委托方和受托方应当向所在地省、自治区、直辖市或者设区的市级食品药品监督管理部门及时报告。

第三十六条　委托方在同一时期只能将同一医疗器械产品委托一家医疗器械生产企业（绝对控股企业除外）进行生产。

第三十七条　具有高风险的植入性医疗器械不得委托生产，具体目录由国家食品药品监督管理总局制定、调整并公布。

## 第四章　生产质量管理

第三十八条　医疗器械生产企业应当按照医疗器械生产质量管理规范的要求，建立质量管理体系并保持有效运行。

第三十九条　医疗器械生产企业应当开展医疗器械法律、法规、规章、标准等知识培训，并建立培训档案。

生产岗位操作人员应当具有相应的理论知识和实际操作技能。

第四十条　医疗器械生产企业应当按照经注册或者备案的产品技术要求组织生产，保证出厂的医疗器械符合强制性标准以及经注册或者备案的产品技术要求。出厂的医疗器械应当经检验合格并附有合格证明文件。

第四十一条　医疗器械生产企业应当定期按照医疗器械生产质量管理规范的要求对质量管理体系运行情况进行全面自查，并于每年年底前向所在地省、自治区、直辖市或者设区的市级食品药品监督管理部门提交年度自查报告。

第四十二条　医疗器械生产企业的生产条件发生变化，不再符合医疗器械质量管理体系要求的，医疗器械生产企业应当立即采取整改措施；可能影响医疗器械安全、有效的，应当立即停止生产活动，并向所在地县级食品药品监督管理部门报告。

第四十三条　医疗器械产品连续停产一年以上且无同类产品在产的，重新生产时，医疗器械生产企业应当提前书面报告所在地省、自治区、直辖市或者设区的市级食品药品监督管理部门，经核查符合要求后方可恢复生产。

第四十四条　医疗器械生产企业不具备原生产许可条件或者与备案信息不符，且无法取得联系的，经原发证或者备案部门公示后，依法注销其《医疗器械生产许可证》或者在第一类医疗器械生产备案信息中予以标注，并向社会公告。

第四十五条　医疗器械生产企业应当在经许可或者备案的生产场地进行生产，对生产设备、工艺装备和检验仪器等设施设备进行维护，保证其正常运行。

第四十六条　医疗器械生产企业应当加强采购管理，建立供应商审核制度，对供应商进行评价，确保采购产品符合法定要求。

第四十七条　医疗器械生产企业应当对原材料采购、生产、检验等过程进行记录。记录应当真实、准确、完整，并符合可追溯的要求。

第四十八条　国家鼓励医疗器械生产企业采用先进技术手段，建立信息化管理系统。

第四十九条　医疗器械生产企业生产的医疗器械发生重大质量事故的，应当在24小时内报告所在地省、自治区、直辖市食品药品监督管理部门，省、自治区、直辖市食品药品监督管理部门应当立即报告国家食品药品监督管理总局。

## 第五章　监督管理

第五十条　食品药品监督管理部门依照风险管理原则，对医疗器械生产实施分类分级管理。

第五十一条　省、自治区、直辖市食品药品监督管理部门应当编制本行政区域的医疗器械生产企业监督检查计划，确定医疗器械监管的重点、检查频次和覆盖率，并监督实施。

第五十二条　医疗器械生产监督检查应当检查医疗器械生产企业执行法律、法规、规章、规范、标准等要求的情况，重点检查《医疗器械监督管理条例》第五十三条规定的事项。

第五十三条　食品药品监督管理部门组织监督检查，应当制定检查方案，明确检查标准，如实记录现场检查情况，将检查结果书面告知被检查企业。需要整改的，应当明确整改内容及整改期限，并实施跟踪检查。

第五十四条　食品药品监督管理部门应当加强对医疗器械的抽查检验。

省级以上食品药品监督管理部门应当根据抽查检验结论及时发布医疗器械质量公告。

第五十五条　对投诉举报或者其他信息显示以及日常监督检查发现可能存在产品安全隐患的医疗器械生产企业，或者有不良行为记录的医疗器械生产企业，食品药品监督管理部门可以实施飞行检查。

第五十六条　有下列情形之一的，食品药品监督管理部门可以对医疗器械生产企业的法定代表人或者企业负责人进行责任约谈：

（一）生产存在严重安全隐患的；

（二）生产产品因质量问题被多次举报投诉或者媒体曝光的；

（三）信用等级评定为不良信用企业的；

（四）食品药品监督管理部门认为有必要开展责任约谈的其他情形。

第五十七条　地方各级食品药品监督管理部门应当建立本行政区域医疗器械生产企业的监管档案。监管档案应当包括医疗器械生产企业产品注册和备案、生产许可和备案、委托生产、监督检查、抽查检验、不良事件监测、产品召回、不良行为记录和投诉举报等信息。

第五十八条　国家食品药品监督管理总局建立统一的医疗器械生产监督管理信息平台，地方各级食品药品监督管理部门应当加强信息化建设，保证信息衔接。

第五十九条　地方各级食品药品监督管理部门应当根据医疗器械生产企业监督管理的有关记录，对医疗器械生产企业进行信用评价，建立信用档案。对有不良信用记录的企业，应当增加检查频次。

对列入“黑名单”的企业，按照国家食品药品监督管理总局的相关规定执行。

第六十条　个人和组织发现医疗器械生产企业进行违法生产的活动，有权向食品药品监督管理部门举报，食品药品监督管理部门应当及时核实、处理。经查证属实的，应当按照有关规定给予奖励。

## 第六章　法律责任

第六十一条　有下列情形之一的，按照《医疗器械监督管理条例》第六十三条的规定处罚：

（一）生产未取得医疗器械注册证的第二类、第三类医疗器械的；

（二）未经许可从事第二类、第三类医疗器械生产活动的；

（三）生产超出生产范围或者与医疗器械生产产品登记表载明生产产品不一致的第二类、第三类医疗器械的；

（四）在未经许可的生产场地生产第二类、第三类医疗器械的；

（五）第二类、第三类医疗器械委托生产终止后，受托方继续生产受托产品的。

第六十二条　《医疗器械生产许可证》有效期届满后,未依法办理延续，仍继续从事医疗器械生产的,按照《医疗器械监督管理条例》第六十三条的规定予以处罚。

第六十三条　提供虚假资料或者采取其他欺骗手段取得《医疗器械生产许可证》的，按照《医疗器械监督管理条例》第六十四条第一款的规定处罚。

第六十四条　从事第一类医疗器械生产活动未按规定向食品药品监督管理部门备案的，按照《医疗器械监督管理条例》第六十五条第一款的规定处罚；备案时提供虚假资料的，按照《医疗器械监督管理条例》第六十五条第二款的规定处罚。

第六十五条　伪造、变造、买卖、出租、出借《医疗器械生产许可证》的，按照《医疗器械监督管理条例》第六十四条第二款的规定处罚。

伪造、变造、买卖、出租、出借医疗器械生产备案凭证的，由县级以上食品药品监督管理部门责令改正，处1万元以下罚款。

第六十六条　有下列情形之一的，按照《医疗器械监督管理条例》第六十六条的规定处罚：

（一）生产不符合强制性标准或者不符合经注册或者备案的产品技术要求的医疗器械的；

（二）医疗器械生产企业未按照经注册、备案的产品技术要求组织生产，或者未依照本办法规定建立质量管理体系并保持有效运行的；

（三）委托不具备本办法规定条件的企业生产医疗器械或者未对受托方的生产行为进行管理的。

第六十七条　医疗器械生产企业的生产条件发生变化、不再符合医疗器械质量管理体系要求，未依照本办法规定整改、停止生产、报告的，按照《医疗器械监督管理条例》第六十七条的规定处罚。

第六十八条　医疗器械生产企业未按规定向省、自治区、直辖市或者设区的市级食品药品监督管理部门提交本企业质量管理体系运行情况自查报告的，按照《医疗器械监督管理条例》第六十八条的规定处罚。

第六十九条　有下列情形之一的，由县级以上食品药品监督管理部门给予警告，责令限期改正，可以并处3万元以下罚款：

（一）出厂医疗器械未按照规定进行检验的；

（二）出厂医疗器械未按照规定附有合格证明文件的；

（三）未按照本办法第十六条规定办理《医疗器械生产许可证》变更登记的；

（四）未按照规定办理委托生产备案手续的；

（五）医疗器械产品连续停产一年以上且无同类产品在产，未经所在地省、自治区、直辖市或者设区的市级食品药品监督管理部门核查符合要求即恢复生产的；

（六）向监督检查的食品药品监督管理部门隐瞒有关情况、提供虚假资料或者拒绝提供反映其活动的真实资料的。

有前款所列情形，情节严重或者造成危害后果，属于违反《医疗器械监督管理条例》相关规定的，依照《医疗器械监督管理条例》的规定处罚。

## 第七章　附　则

第七十条　生产出口医疗器械的，应当保证其生产的医疗器械符合进口国（地区）的要求，并将产品相关信息向所在地设区的市级食品药品监督管理部门备案。

生产企业接受境外企业委托生产在境外上市销售的医疗器械的，应当取得医疗器械质量管理体系第三方认证或者同类产品境内生产许可或者备案。

第七十一条　《医疗器械生产许可证》和第一类医疗器械生产备案凭证的格式由国家食品药品监督管理总局统一制定。

《医疗器械生产许可证》由省、自治区、直辖市食品药品监督管理部门印制。

《医疗器械生产许可证》编号的编排方式为：X食药监械生产许XXXXXXXX号。其中：

第一位X代表许可部门所在地省、自治区、直辖市的简称;第二到五位X代表4位数许可年份;

第六到九位X代表4位数许可流水号。

第一类医疗器械生产备案凭证备案编号的编排方式为：XX食药监械生产备XXXXXXXX号。其中：

第一位X代表备案部门所在地省、自治区、直辖市的简称；

第二位X代表备案部门所在地设区的市级行政区域的简称；

第三到六位X代表4位数备案年份；

第七到十位X代表4位数备案流水号。

第七十二条　本办法自2014年10月1日起施行。2004年7月20日公布的《医疗器械生产监督管理办法》（原国家食品药品监督管理局令第12号）同时废止。

## 国家食品药品监督管理总局令

第 6 号

《医疗器械说明书和标签管理规定》已于2014年6月27日经国家食品药品监督管理总局局务会议审议通过，现予公布，自2014年10月1日起施行。

局 长 张勇

2014年7月30日

# 医疗器械说明书和标签管理规定

第一条 为规范医疗器械说明书和标签，保证医疗器械使用的安全，根据《医疗器械监督管理条例》，制定本规定。

第二条 凡在中华人民共和国境内销售、使用的医疗器械，应当按照本规定要求附有说明书和标签。

第三条 医疗器械说明书是指由医疗器械注册人或者备案人制作，随产品提供给用户，涵盖该产品安全有效的基本信息，用以指导正确安装、调试、操作、使用、维护、保养的技术文件。

医疗器械标签是指在医疗器械或者其包装上附有的用于识别产品特征和标明安全警示等信息的文字说明及图形、符号。

第四条 医疗器械说明书和标签的内容应当科学、真实、完整、准确，并与产品特性相一致。

医疗器械说明书和标签的内容应当与经注册或者备案的相关内容一致。

医疗器械标签的内容应当与说明书有关内容相符合。

第五条 医疗器械说明书和标签对疾病名称、专业名词、诊断治疗过程和结果的表述，应当采用国家统一发布或者规范的专用词汇，度量衡单位应当符合国家相关标准的规定。

第六条 医疗器械说明书和标签中使用的符号或者识别颜色应当符合国家相关标准的规定；无相关标准规定的，该符号及识别颜色应当在说明书中描述。

第七条 医疗器械最小销售单元应当附有说明书。

医疗器械的使用者应当按照说明书使用医疗器械。

第八条 医疗器械的产品名称应当使用通用名称，通用名称应当符合国家食品药品监督管理总局制定的医疗器械命名规则。第二类、第三类医疗器械的产品名称应当与医疗器械注册证中的产品名称一致。

产品名称应当清晰地标明在说明书和标签的显著位置。

第九条 医疗器械说明书和标签文字内容应当使用中文，中文的使用应当符合国家通用的语言文字规范。医疗器械说明书和标签可以附加其他文种，但应当以中文表述为准。

医疗器械说明书和标签中的文字、符号、表格、数字、图形等应当准确、清晰、规范。

第十条 医疗器械说明书一般应当包括以下内容：

（一）产品名称、型号、规格；

（二）注册人或者备案人的名称、住所、联系方式及售后服务单位，进口医疗器械还应当载明代理人的名称、住所及联系方式；

（三）生产企业的名称、住所、生产地址、联系方式及生产许可证编号或者生产备案凭证编号，委托生产的还应当标注受托企业的名称、住所、生产地址、生产许可证编号或者生产备案凭证编号；

（四）医疗器械注册证编号或者备案凭证编号；

（五）产品技术要求的编号；

（六）产品性能、主要结构组成或者成分、适用范围；

（七）禁忌症、注意事项、警示以及提示的内容；

（八）安装和使用说明或者图示，由消费者个人自行使用的医疗器械还应当具有安全使用的特别说明；

（九）产品维护和保养方法，特殊储存、运输条件、方法；

（十）生产日期，使用期限或者失效日期；

（十一）配件清单，包括配件、附属品、损耗品更换周期以及更换方法的说明等；

（十二）医疗器械标签所用的图形、符号、缩写等内容的解释；

（十三）说明书的编制或者修订日期；

（十四）其他应当标注的内容。

第十一条　医疗器械说明书中有关注意事项、警示以及提示性内容主要包括：

（一）产品使用的对象；

（二）潜在的安全危害及使用限制；

（三）产品在正确使用过程中出现意外时，对操作者、使用者的保护措施以及应当采取的应急和纠正措施；

（四）必要的监测、评估、控制手段；

（五）一次性使用产品应当注明“一次性使用”字样或者符号，已灭菌产品应当注明灭菌方式以及灭菌包装损坏后的处理方法，使用前需要消毒或者灭菌的应当说明消毒或者灭菌的方法；

（六）产品需要同其他医疗器械一起安装或者联合使用时，应当注明联合使用器械的要求、使用方法、注意事项；

（七）在使用过程中，与其他产品可能产生的相互干扰及其可能出现的危害；

（八）产品使用中可能带来的不良事件或者产品成分中含有的可能引起副作用的成分或者辅料；

（九）医疗器械废弃处理时应当注意的事项，产品使用后需要处理的，应当注明相应的处理方法；

（十）根据产品特性，应当提示操作者、使用者注意的其他事项。

第十二条　重复使用的医疗器械应当在说明书中明确重复使用的处理过程，包括清洁、消毒、包装及灭菌的方法和重复使用的次数或者其他限制。

第十三条　医疗器械标签一般应当包括以下内容：

（一）产品名称、型号、规格；

（二）注册人或者备案人的名称、住所、联系方式，进口医疗器械还应当载明代理人的名称、住所及联系方式；

（三）医疗器械注册证编号或者备案凭证编号；

（四）生产企业的名称、住所、生产地址、联系方式及生产许可证编号或者生产备案凭证编号，委托生产的还应当标注受托企业的名称、住所、生产地址、生产许可证编号或者生产备案凭证编号；

（五）生产日期，使用期限或者失效日期；

（六）电源连接条件、输入功率；

（七）根据产品特性应当标注的图形、符号以及其他相关内容；

（八）必要的警示、注意事项；

（九）特殊储存、操作条件或者说明；

（十）使用中对环境有破坏或者负面影响的医疗器械，其标签应当包含警示标志或者中文警示说明；

（十一）带放射或者辐射的医疗器械，其标签应当包含警示标志或者中文警示说明。

医疗器械标签因位置或者大小受限而无法全部标明上述内容的，至少应当标注产品名称、型号、规格、生产日期和使用期限或者失效日期，并在标签中明确“其他内容详见说明书”。

第十四条　医疗器械说明书和标签不得有下列内容：

（一）含有“疗效最佳”、“保证治愈”、“包治”、“根治”、“即刻见效”、“完全无毒副作用”等表示功效的断言或者保证的；

（二）含有“最高技术”、“最科学”、“最先进”、“最佳”等绝对化语言和表示的；

（三）说明治愈率或者有效率的；

（四）与其他企业产品的功效和安全性相比较的；

（五）含有“保险公司保险”、“无效退款”等承诺性语言的；

（六）利用任何单位或者个人的名义、形象作证明或者推荐的；

（七）含有误导性说明，使人感到已经患某种疾病，或者使人误解不使用该医疗器械会患某种疾病或者加重病情的表述，以及其他虚假、夸大、误导性的内容；

（八）法律、法规规定禁止的其他内容。

第十五条　医疗器械说明书应当由注册申请人或者备案人在医疗器械注册或者备案时，提交食品药品监督管理部门审查或者备案，提交的说明书内容应当与其他注册或者备案资料相符合。

第十六条　经食品药品监督管理部门注册审查的医疗器械说明书的内容不得擅自更改。

已注册的医疗器械发生注册变更的，申请人应当在取得变更文件后，依据变更文件自行修改说明书和标签。

说明书的其他内容发生变化的，应当向医疗器械注册的审批部门书面告知，并提交说明书更改情况对比说明等相关文件。审批部门自收到书面告知之日起20个工作日内未发出不予同意通知件的，说明书更改生效。

第十七条　已备案的医疗器械，备案信息表中登载内容、备案产品技术要求以及说明书其他内容发生变化的，备案人自行修改说明书和标签的相关内容。

第十八条　说明书和标签不符合本规定要求的，由县级以上食品药品监督管理部门按照《医疗器械监督管理条例》第六十七条的规定予以处罚。

第十九条　本规定自2014年10月1日起施行。2004年7月8日公布的《医疗器械说明书、标签和包装标识管理规定》（原国家食品药品监督管理局令第10号）同时废止。

国家食品药品监督管理总局令

第 5 号

《体外诊断试剂注册管理办法》已于2014年6月27日经国家食品药品监督管理总局局务会议审议通过，现予公布，自2014年10月1日起施行。

局　长　张勇

2014年7月30日

# 体外诊断试剂注册管理办法

## 第一章　总　则

第一条　为规范体外诊断试剂的注册与备案管理，保证体外诊断试剂的安全、有效，根据《医疗器械监督管理条例》，制定本办法。

第二条　在中华人民共和国境内销售、使用的体外诊断试剂，应当按照本办法的规定申请注册或者办理备案。

第三条　本办法所称体外诊断试剂，是指按医疗器械管理的体外诊断试剂，包括在疾病的预测、预防、诊断、治疗监测、预后观察和健康状态评价的过程中，用于人体样本体外检测的试剂、试剂盒、校准品、质控品等产品。可以单独使用，也可以与仪器、器具、设备或者系统组合使用。

按照药品管理的用于血源筛查的体外诊断试剂和采用放射性核素标记的体外诊断试剂，不属于本办法管理范围。

第四条　体外诊断试剂注册是食品药品监督管理部门根据注册申请人的申请，依照法定程序，对其拟上市体外诊断试剂的安全性、有效性研究及其结果进行系统评价，以决定是否同意其申请的过程。

体外诊断试剂备案是备案人向食品药品监督管理部门提交备案资料，食品药品监督管理部门对提交的备案资料存档备查。

第五条　体外诊断试剂注册与备案应当遵循公开、公平、公正的原则。

第六条　第一类体外诊断试剂实行备案管理，第二类、第三类体外诊断试剂实行注册管理。

境内第一类体外诊断试剂备案，备案人向设区的市级食品药品监督管理部门提交备案资料。

境内第二类体外诊断试剂由省、自治区、直辖市食品药品监督管理部门审查，批准后发给医疗器械注册证。

境内第三类体外诊断试剂由国家食品药品监督管理总局审查，批准后发给医疗器械注册证。

进口第一类体外诊断试剂备案，备案人向国家食品药品监督管理总局提交备案资料。

进口第二类、第三类体外诊断试剂由国家食品药品监督管理总局审查，批准后发给医疗器械注册证。

香港、澳门、台湾地区体外诊断试剂的注册、备案，参照进口体外诊断试剂办理。

第七条　体外诊断试剂注册人、备案人以自己名义把产品推向市场，对产品负法律责任。

第八条　食品药品监督管理部门依法及时公布体外诊断试剂注册、备案相关信息。申请人可以查询审批进度和结果，公众可以查阅审批结果。

第九条　国家鼓励体外诊断试剂的研究与创新，对创新体外诊断试剂实行特别审批，促进体外诊断试剂新技术的推广与应用，推动医疗器械产业的发展。

## 第二章　基本要求

第十条　体外诊断试剂注册申请人和备案人应当建立与产品研制、生产有关的质量管理体系，并保持有效运行。

按照创新医疗器械特别审批程序审批的境内体外诊断试剂申请注册时，样品委托其他企业生产的，应当委托具有相应生产范围的医疗器械生产企业；不属于按照创新医疗器械特别审批程序审批的境内体外诊断试剂申请注册时，样品不得委托其他企业生产。

第十一条　办理体外诊断试剂注册或者备案事务的人员应当具有相应的专业知识，熟悉医疗器械注册或者备案管理的法律、法规、规章和技术要求。

第十二条　体外诊断试剂产品研制包括：主要原材料的选择、制备，产品生产工艺的确定，产品技术要求的拟订，产品稳定性研究，阳性判断值或者参考区间确定，产品分析性能评估，临床评价等相关工作。

申请人或者备案人可以参考相关技术指导原则进行产品研制，也可以采用不同的实验方法或者技术手段，但应当说明其合理性。

第十三条　申请人或者备案人申请注册或者办理备案，应当遵循体外诊断试剂安全有效的各项要求，保证研制过程规范，所有数据真实、完整和可溯源。

第十四条　申请注册或者办理备案的资料应当使用中文。根据外文资料翻译的，应当同时提供原文。引用未公开发表的文献资料时，应当提供资料所有者许可使用的证明文件。

申请人、备案人对资料的真实性负责。

第十五条　申请注册或者办理备案的进口体外诊断试剂，应当在申请人或者备案人注册地或者生产地址所在国家（地区）已获准上市销售。

申请人或者备案人注册地或者生产地址所在国家（地区）未将该产品作为医疗器械管理的，申请人或者备案人需提供相关证明文件，包括注册地或者生产地址所在国家（地区）准许该产品上市销售的证明文件。

第十六条　境外申请人或者备案人应当通过其在中国境内设立的代表机构或者指定中国境内的企业法人作为代理人，配合境外申请人或者备案人开展相关工作。

代理人除办理体外诊断试剂注册或者备案事宜外，还应当承担以下责任：

（一）与相应食品药品监督管理部门、境外申请人或者备案人的联络；

（二）向申请人或者备案人如实、准确传达相关的法规和技术要求；

（三）收集上市后体外诊断试剂不良事件信息并反馈境外注册人或者备案人，同时向相应的食品药品监督管理部门报告；

（四）协调体外诊断试剂上市后的产品召回工作，并向相应的食品药品监督管理部门报告；

（五）其他涉及产品质量和售后服务的连带责任。

## 第三章　产品的分类与命名

第十七条　根据产品风险程度由低到高，体外诊断试剂分为第一类、第二类、第三类产品。

（一）第一类产品

1.微生物培养基（不用于微生物鉴别和药敏试验）；

2.样本处理用产品，如溶血剂、稀释液、染色液等。

（二）第二类产品

除已明确为第一类、第三类的产品，其他为第二类产品，主要包括：

1.用于蛋白质检测的试剂；

2.用于糖类检测的试剂；

3.用于激素检测的试剂；

4.用于酶类检测的试剂；

5.用于酯类检测的试剂；

6.用于维生素检测的试剂；

7.用于无机离子检测的试剂；

8.用于药物及药物代谢物检测的试剂；

9.用于自身抗体检测的试剂；

10.用于微生物鉴别或者药敏试验的试剂；

11.用于其他生理、生化或者免疫功能指标检测的试剂。

（三）第三类产品

1.与致病性病原体抗原、抗体以及核酸等检测相关的试剂；

2.与血型、组织配型相关的试剂；

3.与人类基因检测相关的试剂；

4.与遗传性疾病相关的试剂；

5.与麻醉药品、精神药品、医疗用毒性药品检测相关的试剂；

6.与治疗药物作用靶点检测相关的试剂;

7.与肿瘤标志物检测相关的试剂;

8.与变态反应（过敏原）相关的试剂。

第十八条　第十七条所列的第二类产品如用于肿瘤的诊断、辅助诊断、治疗过程的监测，或者用于遗传性疾病的诊断、辅助诊断等，按第三类产品注册管理。用于药物及药物代谢物检测的试剂，如该药物属于麻醉药品、精神药品或者医疗用毒性药品范围的，按第三类产品注册管理。

第十九条　校准品、质控品可以与配合使用的体外诊断试剂合并申请注册，也可以单独申请注册。

与第一类体外诊断试剂配合使用的校准品、质控品，按第二类产品进行注册；与第二类、第三类体外诊断试剂配合使用的校准品、质控品单独申请注册时，按与试剂相同的类别进行注册；多项校准品、质控品，按其中的高类别进行注册。

第二十条　国家食品药品监督管理总局负责体外诊断试剂产品分类目录的制定和调整。

对新研制的尚未列入体外诊断试剂分类目录的体外诊断试剂，申请人可以直接申请第三类体外诊断试剂产品注册，也可以依据分类规则判断产品类别向国家食品药品监督管理总局申请类别确认后，申请产品注册或者办理产品备案。

直接申请第三类体外诊断试剂注册的，国家食品药品监督管理总局按照风险程度确定类别。境内体外诊断试剂确定为第二类的，国家食品药品监督管理总局将申报资料转申请人所在地省、自治区、直辖市食品药品监督管理部门审评审批；境内体外诊断试剂确定为第一类的，国家食品药品监督管理总局将申报资料转申请人所在地设区的市级食品药品监督管理部门备案。

第二十一条　体外诊断试剂的命名应当遵循以下原则：

体外诊断试剂的产品名称一般可以由三部分组成。第一部分：被测物质的名称；第二部分：用途，如诊断血清、测定试剂盒、质控品等；第三部分：方法或者原理，如酶联免疫吸附法、胶体金法等，本部分应当在括号中列出。

如果被测物组分较多或者有其他特殊情况，可以采用与产品相关的适应症名称或者其他替代名称。

第一类产品和校准品、质控品，依据其预期用途进行命名。

## 第四章　产品技术要求和注册检验

第二十二条　申请人或者备案人应当在原材料质量和生产工艺稳定的前提下，根据产品研制、临床评价等结果，依据国家标准、行业标准及有关文献资料，拟订产品技术要求。

产品技术要求主要包括体外诊断试剂成品的性能指标和检验方法，其中性能指标是指可进行客观判定的成品的功能性、安全性指标以及与质量控制相关的其他指标。

第三类体外诊断试剂的产品技术要求中应当以附录形式明确主要原材料、生产工艺及半成品要求。

第一类体外诊断试剂的产品技术要求由备案人办理备案时提交食品药品监督管理部门。第二类、第三类体外诊断试剂的产品技术要求由食品药品监督管理部门在批准注册时予以核准。

在中国上市的体外诊断试剂应当符合经注册核准或者备案的产品技术要求。

第二十三条　申请第二类、第三类体外诊断试剂注册，应当进行注册检验；第三类产品应当进行连续3个生产批次样品的注册检验。医疗器械检验机构应当依据产品技术要求对相关产品进行检验。

注册检验样品的生产应当符合医疗器械质量管理体系的相关要求，注册检验合格的方可进行临床试验或者申请注册。

办理第一类体外诊断试剂备案的，备案人可以提交产品自检报告。

第二十四条　申请注册检验，申请人应当向检验机构提供注册检验所需要的有关技术资料、注册检验用样品、产品技术要求及标准品或者参考品。

境内申请人的注册检验用样品由食品药品监督管理部门抽取。

第二十五条　有国家标准品、参考品的产品应当使用国家标准品、参考品进行注册检验。中国食品药品检定研究院负责组织国家标准品、参考品的制备和标定工作。

第二十六条　医疗器械检验机构应当具有医疗器械检验资质、在其承检范围内进行检验，并对申请人提交的产品技术要求进行预评价。预评价意见随注册检验报告一同出具给申请人。

尚未列入医疗器械检验机构承检范围的产品，由相应的注册审批部门指定有能力的检验机构进行检验。

第二十七条　同一注册申请包括不同包装规格时，可以只进行一种包装规格产品的注册检验。

## 第五章　临床评价

第二十八条　体外诊断试剂临床评价是指申请人或者备案人通过临床文献资料、临床经验数据、临床试验等信息对产品是否满足使用要求或者预期用途进行确认的过程。

第二十九条　临床评价资料是指申请人或者备案人进行临床评价所形成的文件。

体外诊断试剂临床试验（包括与已上市产品进行的比较研究试验）是指在相应的临床环境中，对体外诊断试剂的临床性能进行的系统性研究。

无需进行临床试验的体外诊断试剂，申请人或者备案人应当通过对涵盖预期用途及干扰因素的临床样本的评估、综合文献资料等非临床试验的方式对体外诊断试剂的临床性能进行评价。申请人或者备案人应当保证评价所用的临床样本具有可追溯性。

第三十条　办理第一类体外诊断试剂备案，不需进行临床试验。申请第二类、第三类体外诊断试剂注册，应当进行临床试验。

有下列情形之一的，可以免于进行临床试验：

（一）反应原理明确、设计定型、生产工艺成熟，已上市的同品种体外诊断试剂临床应用多年且无严重不良事件记录，不改变常规用途，申请人能够提供与已上市产品等效性评价数据的；

（二）通过对涵盖预期用途及干扰因素的临床样本的评价能够证明该体外诊断试剂安全、有效的。

免于进行临床试验的体外诊断试剂目录由国家食品药品监督管理总局制定、调整并公布。

第三十一条　同一注册申请包括不同包装规格时，可以只采用一种包装规格的样品进行临床评价。

第三十二条　第三类产品申请人应当选定不少于3家（含3家）、第二类产品申请人应当选定不少于2家（含2家）取得资质的临床试验机构，按照有关规定开展临床试验。临床试验样品的生产应当符合医疗器械质量管理体系的相关要求。

第三十三条　申请人应当与临床试验机构签订临床试验合同，参考相关技术指导原则制定并完善临床试验方案，免费提供临床试验用样品，并承担临床试验费用。

第三十四条　临床试验病例数应当根据临床试验目的、统计学要求，并参照相关技术指导原则确定。临床试验技术指导原则另行发布。

用于罕见疾病以及应对突发公共卫生事件急需的体外诊断试剂，要求减少临床试验病例数或者免做临床试验的，申请人应当在提交注册申报资料的同时，提出减免临床试验的申请，并详细说明理由。食品药品监督管理部门技术审评机构对注册申报资料进行全面的技术审评后予以确定，需要补充临床试验的，以补正资料的方式通知申请人。

第三十五条　申请进口体外诊断试剂注册，需要提供境外的临床评价资料。申请人应当按照临床评价的要求，同时考虑不同国家或者地区的流行病学背景、不同病种的特性、不同种属人群所适用的阳性判断值或者参考区间等因素，在中国境内进行具有针对性的临床评价。

第三十六条　临床试验机构完成临床试验后，应当分别出具临床试验报告。申请人或者临床试验牵头单位根据相关技术指导原则，对临床试验结果进行汇总，完成临床试验总结报告。

第三十七条　由消费者个人自行使用的体外诊断试剂，在临床试验时，应当包含无医学背景的消费者对产品说明书认知能力的评价。

第三十八条　申请人发现临床试验机构违反有关规定或者未执行临床试验方案的，应当督促其改正；情节严重的，可以要求暂停或者终止临床试验，并向临床试验机构所在地省、自治区、直辖市食品药品监督管理部门和国家食品药品监督管理总局报告。

第三十九条　参加临床试验的机构及人员，对申请人违反有关规定或者要求改变试验数据、结论的，应当向申请人所在地省、自治区、直辖市食品药品监督管理部门和国家食品药品监督管理总局报告。

第四十条　开展体外诊断试剂临床试验，应当向申请人所在地省、自治区、直辖市食品药品监督管理部门备案。接受备案的食品药品监督管理部门应当将备案情况通报临床试验机构所在地的同级食品药品监督管理部门和卫生计生主管部门。

国家食品药品监督管理总局和省、自治区、直辖市食品药品监督管理部门根据需要对临床试验的实施情况进行监督检查。

## 第六章　产品注册

第四十一条　申请体外诊断试剂注册，申请人应当按照相关要求向食品药品监督管理部门报送申报资料。

第四十二条　食品药品监督管理部门收到申请后对申报资料进行形式审查，并根据下列情况分别作出处理：

（一）申请事项属于本部门职权范围，申报资料齐全、符合形式审查要求的，予以受理；

（二）申报资料存在可以当场更正的错误的，应当允许申请人当场更正；

（三）申报资料不齐全或者不符合形式审查要求的，应当在5个工作日内一次告知申请人需要补正的全部内容，逾期不告知的，自收到申报资料之日起即为受理；

（四）申请事项不属于本部门职权范围的，应当即时告知申请人不予受理。

食品药品监督管理部门受理或者不予受理体外诊断试剂注册申请，应当出具加盖本部门专用印章并注明日期的受理或者不予受理的通知书。

第四十三条　受理注册申请的食品药品监督管理部门应当自受理之日起3个工作日内将申报资料转交技术审评机构。

技术审评机构应当在60个工作日内完成第二类体外诊断试剂注册的技术审评工作，在90个工作日内完成第三类体外诊断试剂注册的技术审评工作。

需要外聘专家审评的，所需时间不计算在内，技术审评机构应当将所需时间书面告知申请人。

第四十四条　食品药品监督管理部门在组织产品技术审评时可以调阅原始研究资料,并组织对申请人进行与产品研制、生产有关的质量管理体系核查。

境内第二类、第三类医疗器械注册质量管理体系核查，由省、自治区、直辖市食品药品监督管理部门开展，其中境内第三类医疗器械注册质量管理体系核查，由国家食品药品监督管理总局技术审评机构通知相应省、自治区、直辖市食品药品监督管理部门开展核查，必要时参与核查。省、自治区、直辖市食品药品监督管理部门应当在30个工作日内根据相关要求完成体系核查。

国家食品药品监督管理总局技术审评机构在对进口第二类、第三类体外诊断试剂开展技术审评时，认为有必要进行质量管理体系核查的，通知国家食品药品监督管理总局质量管理体系检查技术机构根据相关要求开展核查，必要时技术审评机构参与核查。

质量管理体系核查的时间不计算在审评时限内。

第四十五条　技术审评过程中需要申请人补正资料的，技术审评机构应当一次告知需要补正的全部内容。申请人应当在 1 年内按照补正通知的要求一次提供补充资料；技术审评机构应当自收到补充资料之日起60个工作日内完成技术审评。申请人补充资料的时间不计算在审评时限内。

申请人对补正资料通知内容有异议的，可以向相应的技术审评机构提出书面意见，说明理由并提供相应的技术支持资料。

申请人逾期未提交补充资料的，由技术审评机构终止技术审评，提出不予注册的建议，由食品药品监督管理部门核准后作出不予注册的决定。

第四十六条　受理注册申请的食品药品监督管理部门应当在技术审评结束后20个工作日内作出决定。对符合安全、有效要求的，准予注册，自作出审批决定之日起10个工作日内发给医疗器械注册证，经过核准的产品技术要求和产品说明书以附件形式发给申请人。对不予注册的，应当书面说明理由,并同时告知申请人享有申请复审和依法申请行政复议或者提起行政诉讼的权利。

医疗器械注册证有效期为5年。

第四十七条　体外诊断试剂注册事项包括许可事项和登记事项。许可事项包括产品名称、包装规格、主要组成成分、预期用途、产品技术要求、产品说明书、产品有效期、进口体外诊断试剂的生产地址等；登记事项包括注册人名称和住所、代理人名称和住所、境内体外诊断试剂的生产地址等。

第四十八条　对用于罕见疾病以及应对突发公共卫生事件急需的体外诊断试剂，食品药品监督管理部门可以在批准该体外诊断试剂注册时要求申请人在产品上市后进一步完成相关工作，并将要求载明于医疗器械注册证中。

第四十九条　对于已受理的注册申请，有下列情形之一的，食品药品监督管理部门作出不予注册的决定，并告知申请人：

（一）申请人对拟上市销售体外诊断试剂的安全性、有效性进行的研究及其结果无法证明产品安全、有效的；

（二）注册申报资料虚假的；

（三）注册申报资料内容混乱、矛盾的；

（四）注册申报资料的内容与申报项目明显不符的；

（五）不予注册的其他情形。

第五十条　对于已受理的注册申请，申请人可以在行政许可决定作出前，向受理该申请的食品药品监督管理部门申请撤回注册申请及相关资料，并说明理由。

第五十一条　对于已受理的注册申请，有证据表明注册申报资料可能虚假的，食品药品监督管理部门可以中止审批。经核实后，根据核实结论继续审查或者作出不予注册的决定。

第五十二条　申请人对食品药品监督管理部门作出的不予注册决定有异议的，可以自收到不予注册决定通知之日起20个工作日内，向作出审批决定的食品药品监督管理部门提出复审申请。复审申请的内容仅限于原申请事项和原申报资料。

食品药品监督管理部门应当自受理复审申请之日起30个工作日内作出复审决定，并书面通知申请人。维持原决定的，食品药品监督管理部门不再受理申请人再次提出的复审申请。

第五十三条　申请人对食品药品监督管理部门作出的不予注册的决定有异议，且已申请行政复议或者提起行政诉讼的，食品药品监督管理部门不受理其复审申请。

第五十四条　医疗器械注册证遗失的，注册人应当立即在原发证机关指定的媒体上登载遗失声明。自登载遗失声明之日起满1个月后，向原发证机关申请补发，原发证机关在20个工作日内予以补发。

第五十五条　体外诊断试剂上市后，其产品技术要求和说明书应当与食品药品监督管理部门核准的内容一致。注册人或者备案人应当对上市后产品的安全性和有效性进行跟踪，必要时及时提出产品技术要求、说明书的变更申请。

第五十六条　体外诊断试剂注册申请直接涉及申请人与他人之间重大利益关系的，食品药品监督管理部门应当告知申请人、利害关系人依照法律、法规以及国家食品药品监督管理总局的有关规定享有申请听证的权利；对体外诊断试剂注册申请进行审查时，食品药品监督管理部门认为属于涉及公共利益的重大许可事项，应当向社会公告，并举行听证。

第五十七条　注册申请审查过程中及批准后发生专利权纠纷的，应当按照有关法律、法规的规定处理。

## 第七章　注册变更

第五十八条　已注册的第二类、第三类体外诊断试剂，医疗器械注册证及其附件载明的内容发生变化，注册人应当向原注册部门申请注册变更，并按照相关要求提交申报资料。

注册人名称和住所、代理人名称和住所发生变化的，注册人应当向原注册部门申请登记事项变更；境内体外诊断试剂生产地址变更的，注册人应当在相应的生产许可变更后办理注册登记事项变更。

注册证及附件载明内容发生以下变化的，申请人应当向原注册部门申请许可事项变更：

（一）抗原、抗体等主要材料供应商变更的；

（二）检测条件、阳性判断值或者参考区间变更的；

（三）注册产品技术要求中所设定的项目、指标、试验方法变更的；

（四）包装规格、适用机型变更的；

（五）产品储存条件或者产品有效期变更的；

（六）增加预期用途，如增加临床适应症、增加临床测定用样本类型的；

（七）进口体外诊断试剂生产地址变更的；

（八）可能影响产品安全性、有效性的其他变更。

第五十九条　下列情形不属于本章规定的变更申请事项，应当按照注册申请办理：

（一）产品基本反应原理改变；

（二）产品阳性判断值或者参考区间改变，并具有新的临床诊断意义；

（三）其他影响产品性能的重大改变。

第六十条　登记事项变更资料符合要求的，食品药品监督管理部门应当在10个工作日内发给医疗器械注册变更文件。登记事项变更资料不齐全或者不符合形式审查要求的，食品药品监督管理部门应当一次告知需要补正的全部内容。

第六十一条　对于许可事项变更，技术审评机构应当重点针对变化部分及其对产品性能的影响进行审评，对变化后产品是否安全、有效作出评价。

受理许可事项变更申请的食品药品监督管理部门应当按照本办法第六章规定的时限组织技术审评。

第六十二条　医疗器械注册变更文件与原医疗器械注册证合并使用，其有效期与该注册证相同。取得注册变更文件后，注册人应当根据变更内容自行修改产品技术要求、说明书和标签。

第六十三条　许可事项变更申请的受理与审批程序，本章未作规定的，适用本办法第六章的相关规定。

## 第八章　延续注册

第六十四条　医疗器械注册证有效期届满需要延续注册的，注册人应当在医疗器械注册证有效期届满6个月前，向食品药品监督管理部门申请延续注册，并按照相关要求提交申报资料。

除有本办法第六十五条规定情形外，接到延续注册申请的食品药品监督管理部门应当在医疗器械注册证有效期届满前作出准予延续的决定。逾期未作决定的，视为准予延续。

第六十五条　有下列情形之一的，不予延续注册：

（一）注册人未在规定期限内提出延续注册申请的；

（二）体外诊断试剂强制性标准已经修订或者有新的国家标准品、参考品，该体外诊断试剂不能达到新要求的；

（三）对用于罕见疾病以及应对突发公共卫生事件急需的体外诊断试剂，批准注册部门在批准上市时提出要求，注册人未在规定期限内完成医疗器械注册证载明事项的。

第六十六条　体外诊断试剂延续注册申请的受理与审批程序，本章未作规定的，适用本办法第六章的相关规定。

## 第九章　产品备案

第六十七条　第一类体外诊断试剂生产前，应当办理产品备案。

第六十八条　办理体外诊断试剂备案，备案人应当按照《医疗器械监督管理条例》第九条的规定提交备案资料。

备案资料符合要求的，食品药品监督管理部门应当当场备案；备案资料不齐全或者不符合规定形式的，应当一次告知需要补正的全部内容，由备案人补正后备案。

对备案的体外诊断试剂，食品药品监督管理部门应当按照相关要求的格式制作备案凭证，并将备案信息表中登载的信息在其网站上予以公布。

第六十九条　已备案的体外诊断试剂，备案信息表中登载内容及备案的产品技术要求发生变化的，备案人应当提交变化情况的说明及相关证明文件，向原备案部门提出变更备案信息。备案资料符合形式要求的，食品药品监督管理部门应当将变更情况登载于变更信息中，将备案资料存档。

第七十条　已备案的体外诊断试剂管理类别调整的，备案人应当主动向食品药品监督管理部门提出取消原备案；管理类别调整为第二类或者第三类体外诊断试剂的，按照本办法规定申请注册。

第十章　监督管理

第七十一条　国家食品药品监督管理总局负责全国体外诊断试剂注册与备案的监督管理工作，对地方食品药品监督管理部门体外诊断试剂注册与备案工作进行监督和指导。

第七十二条　省、自治区、直辖市食品药品监督管理部门负责本行政区域的体外诊断试剂注册与备案的监督管理工作，组织开展监督检查，并将有关情况及时报送国家食品药品监督管理总局。

第七十三条　省、自治区、直辖市食品药品监督管理部门按照属地管理原则，对进口体外诊断试剂代理人注册与备案相关工作实施日常监督管理。

第七十四条　设区的市级食品药品监督管理部门应当定期对备案工作开展检查，并及时向省、自治区、直辖市食品药品监督管理部门报送相关信息。

第七十五条　已注册的体外诊断试剂有法律、法规规定应当注销的情形，或者注册证有效期未满但注册人主动提出注销的，食品药品监督管理部门应当依法注销，并向社会公布。

第七十六条　已注册的体外诊断试剂，其管理类别由高类别调整为低类别的，在有效期内的医疗器械注册证继续有效。如需延续的，注册人应当在医疗器械注册证有效期届满6个月前，按照改变后的类别向食品药品监督管理部门申请延续注册或者办理备案。

体外诊断试剂管理类别由低类别调整为高类别的，注册人应当依照本办法第六章的规定，按照改变后的类别向食品药品监督管理部门申请注册。国家食品药品监督管理总局在管理类别调整通知中应当对完成调整的时限作出规定。

第七十七条 省、自治区、直辖市食品药品监督管理部门违反本办法规定实施体外诊断试剂注册的，由国家食品药品监督管理总局责令限期改正；逾期不改正的，国家食品药品监督管理总局可以直接公告撤销该医疗器械注册证。

第七十八条 食品药品监督管理部门、相关技术机构及其工作人员，对申请人或者备案人提交的试验数据和技术秘密负有保密义务。

## 第十一章 法律责任

第七十九条 提供虚假资料或者采取其他欺骗手段取得医疗器械注册证的，按照《医疗器械监督管理条例》第六十四条第一款的规定予以处罚。

备案时提供虚假资料的，按照《医疗器械监督管理条例》第六十五条第二款的规定予以处罚。

第八十条 伪造、变造、买卖、出租、出借医疗器械注册证的，按照《医疗器械监督管理条例》第六十四条第二款的规定予以处罚。

第八十一条 违反本办法规定，未依法办理第一类体外诊断试剂变更备案或者第二类、第三类体外诊断试剂注册登记事项变更的，按照《医疗器械监督管理条例》有关未备案的情形予以处罚。

第八十二条 违反本办法规定，未依法办理体外诊断试剂注册许可事项变更的，按照《医疗器械监督管理条例》有关未取得医疗器械注册证的情形予以处罚。

第八十三条 申请人未按照《医疗器械监督管理条例》和本办法规定开展临床试验的，由县级以上食品药品监督管理部门责令改正，可以处3万元以下罚款；情节严重的，应当立即停止临床试验。

## 第十二章 附 则

第八十四条 体外诊断试剂的注册或者备案单元应为单一试剂或者单一试剂盒，一个注册或者备案单元可以包括不同的包装规格。

第八十五条 医疗器械注册证格式由国家食品药品监督管理总局统一制定。

注册证编号的编排方式为：

×1械注×2××××3×4××5××××6。其中：

×1为注册审批部门所在地的简称：

境内第三类体外诊断试剂、进口第二类、第三类体外诊断试剂为“国”字；

境内第二类体外诊断试剂为注册审批部门所在地省、自治区、直辖市简称；

×2为注册形式：

“准”字适用于境内体外诊断试剂；

“进”字适用于进口体外诊断试剂；

“许”字适用于香港、澳门、台湾地区的体外诊断试剂；

××××3为首次注册年份；

×4为产品管理类别；

××5为产品分类编码；

××××6为首次注册流水号。

延续注册的，××××3和××××6数字不变。产品管理类别调整的，应当重新编号。

第八十六条　第一类体外诊断试剂备案凭证编号的编排方式为：

×1械备××××2××××3号。

其中：

×1为备案部门所在地的简称：

进口第一类体外诊断试剂为“国”字；

境内第一类体外诊断试剂为备案部门所在地省、自治区、直辖市简称加所在地设区的市级行政区域的简称（无相应设区的市级行政区域时，仅为省、自治区、直辖市的简称）；

××××2为备案年份；

××××3为备案流水号。

第八十七条　体外诊断试剂的应急审批和创新特别审批按照国家食品药品监督管理总局制定的医疗器械应急审批程序和创新医疗器械特别审批程序执行。

第八十八条　根据工作需要，国家食品药品监督管理总局可以委托省、自治区、直辖市食品药品监督管理部门或者技术机构、相关社会组织承担体外诊断试剂注册有关的具体工作。

第八十九条　体外诊断试剂注册收费项目、收费标准按照国务院财政、价格主管部门的有关规定执行。

第九十条　本办法自2014年10月1日起施行。

# 国家食品药品监督管理总局令

第 4 号

《医疗器械注册管理办法》已于2014年6月27日经国家食品药品监督管理总局局务会议审议通过，现予公布，自2014年10月1日起施行。

局　长　　张勇

2014年7月30日

# 医疗器械注册管理办法

## 第一章　总　则

第一条　为规范医疗器械的注册与备案管理，保证医疗器械的安全、有效，根据《医疗器械监督管理条例》，制定本办法。

第二条　在中华人民共和国境内销售、使用的医疗器械,应当按照本办法的规定申请注册或者办理备案。

第三条　医疗器械注册是食品药品监督管理部门根据医疗器械注册申请人的申请，依照法定程序，对其拟上市医疗器械的安全性、有效性研究及其结果进行系统评价，以决定是否同意其申请的过程。

医疗器械备案是医疗器械备案人向食品药品监督管理部门提交备案资料，食品药品监督管理部门对提交的备案资料存档备查。

第四条　医疗器械注册与备案应当遵循公开、公平、公正的原则。

第五条　第一类医疗器械实行备案管理。第二类、第三类医疗器械实行注册管理。

境内第一类医疗器械备案，备案人向设区的市级食品药品监督管理部门提交备案资料。

境内第二类医疗器械由省、自治区、直辖市食品药品监督管理部门审查，批准后发给医疗器械注册证。

境内第三类医疗器械由国家食品药品监督管理总局审查，批准后发给医疗器械注册证。

进口第一类医疗器械备案，备案人向国家食品药品监督管理总局提交备案资料。

进口第二类、第三类医疗器械由国家食品药品监督管理总局审查，批准后发给医疗器械注册证。

香港、澳门、台湾地区医疗器械的注册、备案，参照进口医疗器械办理。

第六条　医疗器械注册人、备案人以自己名义把产品推向市场，对产品负法律责任。

第七条　食品药品监督管理部门依法及时公布医疗器械注册、备案相关信息。申请人可以查询审批进度和结果，公众可以查阅审批结果。

第八条　国家鼓励医疗器械的研究与创新，对创新医疗器械实行特别审批，促进医疗器械新技术的推广与应用，推动医疗器械产业的发展。

## 第二章　基本要求

第九条　医疗器械注册申请人和备案人应当建立与产品研制、生产有关的质量管理体系，并保持有效运行。

按照创新医疗器械特别审批程序审批的境内医疗器械申请注册时，样品委托其他企业生产的，应当委托具有相应生产范围的医疗器械生产企业；不属于按照创新医疗器械特别审批程序审批的境内医疗器械申请注册时，样品不得委托其他企业生产。

第十条　办理医疗器械注册或者备案事务的人员应当具有相应的专业知识，熟悉医疗器械注册或者备案管理的法律、法规、规章和技术要求。

第十一条　申请人或者备案人申请注册或者办理备案，应当遵循医疗器械安全有效基本要求，保证研制过程规范，所有数据真实、完整和可溯源。

第十二条　申请注册或者办理备案的资料应当使用中文。根据外文资料翻译的，应当同时提供原文。引用未公开发表的文献资料时，应当提供资料所有者许可使用的证明文件。

申请人、备案人对资料的真实性负责。

第十三条　申请注册或者办理备案的进口医疗器械，应当在申请人或者备案人注册地或者生产地址所在国家（地区）已获准上市销售。

申请人或者备案人注册地或者生产地址所在国家（地区）未将该产品作为医疗器械管理的，申请人或者备案人需提供相关证明文件，包括注册地或者生产地址所在国家（地区）准许该产品上市销售的证明文件。

第十四条　境外申请人或者备案人应当通过其在中国境内设立的代表机构或者指定中国境内的企业法人作为代理人，配合境外申请人或者备案人开展相关工作。

代理人除办理医疗器械注册或者备案事宜外，还应当承担以下责任：

（一）与相应食品药品监督管理部门、境外申请人或者备案人的联络；

（二）向申请人或者备案人如实、准确传达相关的法规和技术要求；

（三）收集上市后医疗器械不良事件信息并反馈境外注册人或者备案人，同时向相应的食品药品监督管理部门报告；

（四）协调医疗器械上市后的产品召回工作，并向相应的食品药品监督管理部门报告；

（五）其他涉及产品质量和售后服务的连带责任。

## 第三章　产品技术要求和注册检验

第十五条　申请人或者备案人应当编制拟注册或者备案医疗器械的产品技术要求。第一类医疗器械的产品技术要求由备案人办理备案时提交食品药品监督管理部门。第二类、第三类医疗器械的产品技术要求由食品药品监督管理部门在批准注册时予以核准。

产品技术要求主要包括医疗器械成品的性能指标和检验方法，其中性能指标是指可进行客观判定的成品的功能性、安全性指标以及与质量控制相关的其他指标。

在中国上市的医疗器械应当符合经注册核准或者备案的产品技术要求。

第十六条　申请第二类、第三类医疗器械注册，应当进行注册检验。医疗器械检验机构应当依据产品技术要求对相关产品进行注册检验。

注册检验样品的生产应当符合医疗器械质量管理体系的相关要求，注册检验合格的方可进行临床试验或者申请注册。

办理第一类医疗器械备案的，备案人可以提交产品自检报告。

第十七条　申请注册检验，申请人应当向检验机构提供注册检验所需要的有关技术资料、注册检验用样品及产品技术要求。

第十八条　医疗器械检验机构应当具有医疗器械检验资质、在其承检范围内进行检验，并对申请人提交的产品技术要求进行预评价。预评价意见随注册检验报告一同出具给申请人。

尚未列入医疗器械检验机构承检范围的医疗器械，由相应的注册审批部门指定有能力的检验机构进行检验。

第十九条　同一注册单元内所检验的产品应当能够代表本注册单元内其他产品的安全性和有效性。

## 第四章　临床评价

第二十条　医疗器械临床评价是指申请人或者备案人通过临床文献资料、临床经验数据、临床试验等信息对产品是否满足使用要求或者适用范围进行确认的过程。

第二十一条　临床评价资料是指申请人或者备案人进行临床评价所形成的文件。

需要进行临床试验的，提交的临床评价资料应当包括临床试验方案和临床试验报告。

第二十二条　办理第一类医疗器械备案，不需进行临床试验。申请第二类、第三类医疗器械注册，应当进行临床试验。

有下列情形之一的，可以免于进行临床试验：

（一）工作机理明确、设计定型，生产工艺成熟，已上市的同品种医疗器械临床应用多年且无严重不良事件记录，不改变常规用途的；

（二）通过非临床评价能够证明该医疗器械安全、有效的；

（三）通过对同品种医疗器械临床试验或者临床使用获得的数据进行分析评价，能够证明该医疗器械安全、有效的。

免于进行临床试验的医疗器械目录由国家食品药品监督管理总局制定、调整并公布。未列入免于进行临床试验的医疗器械目录的产品，通过对同品种医疗器械临床试验或者临床使用获得的数据进行分析评价，能够证明该医疗器械安全、有效的，申请人可以在申报注册时予以说明，并提交相关证明资料。

第二十三条　开展医疗器械临床试验，应当按照医疗器械临床试验质量管理规范的要求，在取得资质的临床试验机构内进行。临床试验样品的生产应当符合医疗器械质量管理体系的相关要求。

第二十四条　第三类医疗器械进行临床试验对人体具有较高风险的，应当经国家食品药品监督管理总局批准。需进行临床试验审批的第三类医疗器械目录由国家食品药品监督管理总局制定、调整并公布。

第二十五条　临床试验审批是指国家食品药品监督管理总局根据申请人的申请，对拟开展临床试验的医疗器械的风险程度、临床试验方案、临床受益与风险对比分析报告等进行综合分析，以决定是否同意开展临床试验的过程。

第二十六条　需进行医疗器械临床试验审批的，申请人应当按照相关要求向国家食品药品监督管理总局报送申报资料。

第二十七条　国家食品药品监督管理总局受理医疗器械临床试验审批申请后，应当自受理申请之日起3个工作日内将申报资料转交医疗器械技术审评机构。

技术审评机构应当在40个工作日内完成技术审评。国家食品药品监督管理总局应当在技术审评结束后20个工作日内作出决定。准予开展临床试验的，发给医疗器械临床试验批件；不予批准的，应当书面说明理由。

第二十八条　技术审评过程中需要申请人补正资料的，技术审评机构应当一次告知需要补正的全部内容。申请人应当在1年内按照补正通知的要求一次提供补充资料。技术审评机构应当自收到补充资料之日起40个工作日内完成技术审评。申请人补充资料的时间不计算在审评时限内。

申请人逾期未提交补充资料的，由技术审评机构终止技术审评，提出不予批准的建议，国家食品药品监督管理总局核准后作出不予批准的决定。

第二十九条　有下列情形之一的，国家食品药品监督管理总局应当撤销已获得的医疗器械临床试验批准文件：

（一）临床试验申报资料虚假的;

（二）已有最新研究证实原批准的临床试验伦理性和科学性存在问题的;

（三）其他应当撤销的情形。

第三十条　医疗器械临床试验应当在批准后3年内实施；逾期未实施的，原批准文件自行废止，仍需进行临床试验的，应当重新申请。

## 第五章　产品注册

第三十一条　申请医疗器械注册，申请人应当按照相关要求向食品药品监督管理部门报送申报资料。

第三十二条　食品药品监督管理部门收到申请后对申报资料进行形式审查，并根据下列情况分别作出处理：

（一）申请事项属于本部门职权范围，申报资料齐全、符合形式审查要求的，予以受理；

（二）申报资料存在可以当场更正的错误的，应当允许申请人当场更正；

（三）申报资料不齐全或者不符合形式审查要求的，应当在5个工作日内一次告知申请人需要补正的全部内容，逾期不告知的，自收到申报资料之日起即为受理；

（四）申请事项不属于本部门职权范围的，应当即时告知申请人不予受理。

食品药品监督管理部门受理或者不予受理医疗器械注册申请，应当出具加盖本部门专用印章并注明日期的受理或者不予受理的通知书。

第三十三条　受理注册申请的食品药品监督管理部门应当自受理之日起3个工作日内将申报资料转交技术审评机构。

技术审评机构应当在60个工作日内完成第二类医疗器械注册的技术审评工作，在90个工作日内完成第三类医疗器械注册的技术审评工作。

需要外聘专家审评、药械组合产品需与药品审评机构联合审评的，所需时间不计算在内，技术审评机构应当将所需时间书面告知申请人。

第三十四条　食品药品监督管理部门在组织产品技术审评时可以调阅原始研究资料，并组织对申请人进行与产品研制、生产有关的质量管理体系核查。

境内第二类、第三类医疗器械注册质量管理体系核查，由省、自治区、直辖市食品药品监督管理部门开展，其中境内第三类医疗器械注册质量管理体系核查，由国家食品药品监督管理总局技术审评机构通知相应省、自治区、直辖市食品药品监督管理部门开展核查，必要时参与核查。省、自治区、直辖市食品药品监督管理部门应当在30个工作日内根据相关要求完成体系核查。

国家食品药品监督管理总局技术审评机构在对进口第二类、第三类医疗器械开展技术审评时，认为有必要进行质量管理体系核查的，通知国家食品药品监督管理总局质量管理体系检查技术机构根据相关要求开展核查，必要时技术审评机构参与核查。

质量管理体系核查的时间不计算在审评时限内。

第三十五条　技术审评过程中需要申请人补正资料的，技术审评机构应当一次告知需要补正的全部内容。申请人应当在 1 年内按照补正通知的要求一次提供补充资料；技术审评机构应当自收到补充资料之日起60个工作日内完成技术审评。申请人补充资料的时间不计算在审评时限内。

申请人对补正资料通知内容有异议的，可以向相应的技术审评机构提出书面意见，说明理由并提供相应的技术支持资料。

申请人逾期未提交补充资料的，由技术审评机构终止技术审评，提出不予注册的建议，由食品药品监督管理部门核准后作出不予注册的决定。

第三十六条　受理注册申请的食品药品监督管理部门应当在技术审评结束后20个工作日内作出决定。对符合安全、有效要求的，准予注册，自作出审批决定之日起10个工作日内发给医疗器械注册证，经过核准的产品技术要求以附件形式发给申请人。对不予注册的，应当书面说明理由,并同时告知申请人享有申请复审和依法申请行政复议或者提起行政诉讼的权利。

医疗器械注册证有效期为5年。

第三十七条　医疗器械注册事项包括许可事项和登记事项。许可事项包括产品名称、型号、规格、结构及组成、适用范围、产品技术要求、进口医疗器械的生产地址等；登记事项包括注册人名称和住所、代理人名称和住所、境内医疗器械的生产地址等。

第三十八条　对用于治疗罕见疾病以及应对突发公共卫生事件急需的医疗器械，食品药品监督管理部门可以在批准该医疗器械注册时要求申请人在产品上市后进一步完成相关工作，并将要求载明于医疗器械注册证中。

第三十九条　对于已受理的注册申请，有下列情形之一的，食品药品监督管理部门作出不予注册的决定，并告知申请人：

（一）申请人对拟上市销售医疗器械的安全性、有效性进行的研究及其结果无法证明产品安全、有效的；

（二）注册申报资料虚假的；

（三）注册申报资料内容混乱、矛盾的；

（四）注册申报资料的内容与申报项目明显不符的；

（五）不予注册的其他情形。

第四十条　对于已受理的注册申请，申请人可以在行政许可决定作出前，向受理该申请的食品药品监督管理部门申请撤回注册申请及相关资料，并说明理由。

第四十一条　对于已受理的注册申请，有证据表明注册申报资料可能虚假的，食品药品监督管理部门可以中止审批。经核实后，根据核实结论继续审查或者作出不予注册的决定。

第四十二条　申请人对食品药品监督管理部门作出的不予注册决定有异议的，可以自收到不予注册决定通知之日起20个工作日内，向作出审批决定的食品药品监督管理部门提出复审申请。复审申请的内容仅限于原申请事项和原申报资料。

第四十三条　食品药品监督管理部门应当自受理复审申请之日起30个工作日内作出复审决定，并书面通知申请人。维持原决定的，食品药品监督管理部门不再受理申请人再次提出的复审申请。

第四十四条　申请人对食品药品监督管理部门作出的不予注册的决定有异议，且已申请行政复议或者提起行政诉讼的，食品药品监督管理部门不受理其复审申请。

第四十五条　医疗器械注册证遗失的，注册人应当立即在原发证机关指定的媒体上登载遗失声明。自登载遗失声明之日起满1个月后，向原发证机关申请补发，原发证机关在20个工作日内予以补发。

第四十六条　医疗器械注册申请直接涉及申请人与他人之间重大利益关系的，食品药品监督管理部门应当告知申请人、利害关系人可以依照法律、法规以及国家食品药品监督管理总局的其他规定享有申请听证的权利；对医疗器械注册申请进行审查时，食品药品监督管理部门认为属于涉及公共利益的重大许可事项，应当向社会公告，并举行听证。

第四十七条　对新研制的尚未列入分类目录的医疗器械，申请人可以直接申请第三类医疗器械产品注册，也可以依据分类规则判断产品类别并向国家食品药品监督管理总局申请类别确认后，申请产品注册或者办理产品备案。

直接申请第三类医疗器械注册的，国家食品药品监督管理总局按照风险程度确定类别。境内医疗器械确定为第二类的，国家食品药品监督管理总局将申报资料转申请人所在地省、自治区、直辖市食品药品监督管理部门审评审批；境内医疗器械确定为第一类的，国家食品药品监督管理总局将申报资料转申请人所在地设区的市级食品药品监督管理部门备案。

第四十八条　注册申请审查过程中及批准后发生专利权纠纷的，应当按照有关法律、法规的规定处理。

## 第六章　注册变更

第四十九条　已注册的第二类、第三类医疗器械，医疗器械注册证及其附件载明的内容发生变化，注册人应当向原注册部门申请注册变更，并按照相关要求提交申报资料。

产品名称、型号、规格、结构及组成、适用范围、产品技术要求、进口医疗器械生产地址等发生变化的，注册人应当向原注册部门申请许可事项变更。

注册人名称和住所、代理人名称和住所发生变化的，注册人应当向原注册部门申请登记事项变更；境内医疗器械生产地址变更的，注册人应当在相应的生产许可变更后办理注册登记事项变更。

第五十条　登记事项变更资料符合要求的，食品药品监督管理部门应当在10个工作日内发给医疗器械注册变更文件。登记事项变更资料不齐全或者不符合形式审查要求的，食品药品监督管理部门应当一次告知需要补正的全部内容。

第五十一条　对于许可事项变更，技术审评机构应当重点针对变化部分进行审评，对变化后产品是否安全、有效作出评价。

受理许可事项变更申请的食品药品监督管理部门应当按照本办法第五章规定的时限组织技术审评。

第五十二条　医疗器械注册变更文件与原医疗器械注册证合并使用，其有效期与该注册证相同。取得注册变更文件后，注册人应当根据变更内容自行修改产品技术要求、说明书和标签。

第五十三条　许可事项变更申请的受理与审批程序，本章未作规定的，适用本办法第五章的相关规定。

## 第七章　延续注册

第五十四条　医疗器械注册证有效期届满需要延续注册的，注册人应当在医疗器械注册证有效期届满6个月前，向食品药品监督管理部门申请延续注册，并按照相关要求提交申报资料。

除有本办法第五十五条规定情形外，接到延续注册申请的食品药品监督管理部门应当在医疗器械注册证有效期届满前作出准予延续的决定。逾期未作决定的，视为准予延续。

第五十五条　有下列情形之一的，不予延续注册：

（一）注册人未在规定期限内提出延续注册申请的；

（二）医疗器械强制性标准已经修订，该医疗器械不能达到新要求的；

（三）对用于治疗罕见疾病以及应对突发公共卫生事件急需的医疗器械，批准注册部门在批准上市时提出要求，注册人未在规定期限内完成医疗器械注册证载明事项的。

第五十六条　医疗器械延续注册申请的受理与审批程序，本章未作规定的，适用本办法第五章的相关规定。

## 第八章　产品备案

第五十七条　第一类医疗器械生产前，应当办理产品备案。

第五十八条　办理医疗器械备案，备案人应当按照《医疗器械监督管理条例》第九条的规定提交备案资料。

备案资料符合要求的，食品药品监督管理部门应当当场备案；备案资料不齐全或者不符合规定形式的，应当一次告知需要补正的全部内容，由备案人补正后备案。

对备案的医疗器械，食品药品监督管理部门应当按照相关要求的格式制作备案凭证，并将备案信息表中登载的信息在其网站上予以公布。

第五十九条　已备案的医疗器械，备案信息表中登载内容及备案的产品技术要求发生变化的，备案人应当提交变化情况的说明及相关证明文件，向原备案部门提出变更备案信息。备案资料符合形式要求的，食品药品监督管理部门应当将变更情况登载于变更信息中，将备案资料存档。

第六十条　已备案的医疗器械管理类别调整的，备案人应当主动向食品药品监督管理部门提出取消原备案；管理类别调整为第二类或者第三类医疗器械的，按照本办法规定申请注册。

## 第九章　监督管理

第六十一条　国家食品药品监督管理总局负责全国医疗器械注册与备案的监督管理工作，对地方食品药品监督管理部门医疗器械注册与备案工作进行监督和指导。

第六十二条　省、自治区、直辖市食品药品监督管理部门负责本行政区域的医疗器械注册与备案的监督管理工作，组织开展监督检查，并将有关情况及时报送国家食品药品监督管理总局。

第六十三条　省、自治区、直辖市食品药品监督管理部门按照属地管理原则，对进口医疗器械代理人注册与备案相关工作实施日常监督管理。

第六十四条　设区的市级食品药品监督管理部门应当定期对备案工作开展检查，并及时向省、自治区、直辖市食品药品监督管理部门报送相关信息。

第六十五条　已注册的医疗器械有法律、法规规定应当注销的情形，或者注册证有效期未满但注册人主动提出注销的，食品药品监督管理部门应当依法注销，并向社会公布。

第六十六条　已注册的医疗器械，其管理类别由高类别调整为低类别的，在有效期内的医疗器械注册证继续有效。如需延续的，注册人应当在医疗器械注册证有效期届满6个月前，按照改变后的类别向食品药品监督管理部门申请延续注册或者办理备案。

医疗器械管理类别由低类别调整为高类别的，注册人应当依照本办法第五章的规定，按照改变后的类别向食品药品监督管理部门申请注册。国家食品药品监督管理总局在管理类别调整通知中应当对完成调整的时限作出规定。

第六十七条　省、自治区、直辖市食品药品监督管理部门违反本办法规定实施医疗器械注册的，由国家食品药品监督管理总局责令限期改正；逾期不改正的，国家食品药品监督管理总局可以直接公告撤销该医疗器械注册证。

第六十八条　食品药品监督管理部门、相关技术机构及其工作人员，对申请人或者备案人提交的试验数据和技术秘密负有保密义务。

## 第十章　法律责任

第六十九条　提供虚假资料或者采取其他欺骗手段取得医疗器械注册证的，按照《医疗器械监督管理条例》第六十四条第一款的规定予以处罚。

备案时提供虚假资料的，按照《医疗器械监督管理条例》第六十五条第二款的规定予以处罚。

第七十条　伪造、变造、买卖、出租、出借医疗器械注册证的，按照《医疗器械监督管理条例》第六十四条第二款的规定予以处罚。

第七十一条　违反本办法规定，未依法办理第一类医疗器械变更备案或者第二类、第三类医疗器械注册登记事项变更的，按照《医疗器械监督管理条例》有关未备案的情形予以处罚。

第七十二条　违反本办法规定，未依法办理医疗器械注册许可事项变更的，按照《医疗器械监督管理条例》有关未取得医疗器械注册证的情形予以处罚。

第七十三条　申请人未按照《医疗器械监督管理条例》和本办法规定开展临床试验的，由县级以上食品药品监督管理部门责令改正，可以处3万元以下罚款；情节严重的，应当立即停止临床试验，已取得临床试验批准文件的，予以注销。

## 第十一章　附　则

第七十四条　医疗器械注册或者备案单元原则上以产品的技术原理、结构组成、性能指标和适用范围为划分依据。

第七十五条　医疗器械注册证中“结构及组成”栏内所载明的组合部件，以更换耗材、售后服务、维修等为目的，用于原注册产品的，可以单独销售。

第七十六条　医疗器械注册证格式由国家食品药品监督管理总局统一制定。

注册证编号的编排方式为：

×1械注×2××××3×4××5××××6。其中：

×1为注册审批部门所在地的简称：

境内第三类医疗器械、进口第二类、第三类医疗器械为“国”字；

境内第二类医疗器械为注册审批部门所在地省、自治区、直辖市简称；

×2为注册形式：

“准”字适用于境内医疗器械；

“进”字适用于进口医疗器械；

“许”字适用于香港、澳门、台湾地区的医疗器械；

××××3为首次注册年份；

×4为产品管理类别；

××5为产品分类编码；

××××6为首次注册流水号。

延续注册的，××××3和××××6数字不变。产品管理类别调整的，应当重新编号。

第七十七条　第一类医疗器械备案凭证编号的编排方式为：

×1械备××××2××××3号。

其中：

×1为备案部门所在地的简称：

进口第一类医疗器械为“国”字；

境内第一类医疗器械为备案部门所在地省、自治区、直辖市简称加所在地设区的市级行政区域的简称（无相应设区的市级行政区域时，仅为省、自治区、直辖市的简称）；

××××2为备案年份；

××××3为备案流水号。

第七十八条　按医疗器械管理的体外诊断试剂的注册与备案适用《体外诊断试剂注册管理办法》。

第七十九条　医疗器械应急审批程序和创新医疗器械特别审批程序由国家食品药品监督管理总局另行制定。

第八十条　根据工作需要，国家食品药品监督管理总局可以委托省、自治区、直辖市食品药品监督管理部门或者技术机构、相关社会组织承担医疗器械注册有关的具体工作。

第八十一条　医疗器械产品注册收费项目、收费标准按照国务院财政、价格主管部门的有关规定执行。

第八十二条　本办法自2014年10月1日起施行。2004年8月9日公布的《医疗器械注册管理办法》（原国家食品药品监督管理局令第16号）同时废止。

国家食品药品监督管理总局公告

2014年　第58号

# 关于施行医疗器械经营质量管理规范的公告

为加强医疗器械经营质量管理，规范医疗器械经营管理行为，保证公众用械安全，国家食品药品监督管理总局根据相关法规规章规定，制定了《医疗器械经营质量管理规范》，现予公布，自公布之日起施行。

特此公告。

附件：医疗器械经营质量管理规范

国家食品药品监督管理总局

2014年12月12日

附件

# 医疗器械经营质量管理规范

## 第一章　总　则

第一条　为加强医疗器械经营质量管理，规范医疗器械经营管理行为，保证医疗器械安全、有效，根据《医疗器械监督管理条例》和《医疗器械经营监督管理办法》等法规规章规定，制定本规范。

第二条　本规范是医疗器械经营质量管理的基本要求,适用于所有从事医疗器械经营活动的经营者。

医疗器械经营企业（以下简称企业）应当在医疗器械采购、验收、贮存、销售、运输、售后服务等环节采取有效的质量控制措施，保障经营过程中产品的质量安全。

第三条　企业应当按照所经营医疗器械的风险类别实行风险管理，并采取相应的质量管理措施。

第四条　企业应当诚实守信，依法经营。禁止任何虚假、欺骗行为。

第二章　职责与制度

第五条　企业法定代表人或者负责人是医疗器械经营质量的主要责任人，全面负责企业日常管理，应当提供必要的条件，保证质量管理机构或者质量管理人员有效履行职责，确保企业按照本规范要求经营医疗器械。

第六条　企业质量负责人负责医疗器械质量管理工作，应当独立履行职责，在企业内部对医疗器械质量管理具有裁决权，承担相应的质量管理责任。

第七条　企业质量管理机构或者质量管理人员应当履行以下职责：

（一）组织制订质量管理制度，指导、监督制度的执行，并对质量管理制度的执行情况进行检查、纠正和持续改进；

（二）负责收集与医疗器械经营相关的法律、法规等有关规定，实施动态管理；

（三）督促相关部门和岗位人员执行医疗器械的法规规章及本规范；

（四）负责对医疗器械供货者、产品、购货者资质的审核；

（五）负责不合格医疗器械的确认，对不合格医疗器械的处理过程实施监督；

（六）负责医疗器械质量投诉和质量事故的调查、处理及报告；

（七）组织验证、校准相关设施设备；

（八）组织医疗器械不良事件的收集与报告；

（九）负责医疗器械召回的管理；

（十）组织对受托运输的承运方运输条件和质量保障能力的审核；

（十一）组织或者协助开展质量管理培训；

（十二）其他应当由质量管理机构或者质量管理人员履行的职责。

第八条　企业应当依据本规范建立覆盖医疗器械经营全过程的质量管理制度，并保存相关记录或者档案，包括以下内容：

（一）质量管理机构或者质量管理人员的职责；

（二）质量管理的规定；

（三）采购、收货、验收的规定（包括采购记录、验收记录、随货同行单等）；

（四）供货者资格审核的规定（包括供货者及产品合法性审核的相关证明文件等）；

（五）库房贮存、出入库管理的规定（包括温度记录、入库记录、定期检查记录、出库记录等）；

（六）销售和售后服务的规定（包括销售人员授权书、购货者档案、销售记录等）；

（七）不合格医疗器械管理的规定（包括销毁记录等）；

（八）医疗器械退、换货的规定；

（九）医疗器械不良事件监测和报告规定（包括停止经营和通知记录等）；

（十）医疗器械召回规定（包括医疗器械召回记录等）；

（十一）设施设备维护及验证和校准的规定（包括设施设备相关记录和档案等）；

（十二）卫生和人员健康状况的规定（包括员工健康档案等）；

（十三）质量管理培训及考核的规定（包括培训记录等）；

（十四）医疗器械质量投诉、事故调查和处理报告的规定（包括质量投诉、事故调查和处理报告相应的记录及档案等）；

从事第二类、第三类医疗器械批发业务和第三类医疗器械零售业务的企业还应当制定购货者资格审核、医疗器械追踪溯源、质量管理制度执行情况考核的规定。

第三类医疗器械经营企业应当建立质量管理自查制度，于每年年底前向所在地设区的市级食品药品监督管理部门提交年度自查报告。

第九条　企业应当根据经营范围和经营规模建立相应的质量管理记录制度。

企业应当建立并执行进货查验记录制度。从事第二类、第三类医疗器械批发业务以及第三类医疗器械零售业务的经营企业应当建立销售记录制度。进货查验记录(包括采购记录、验收记录)和销售记录信息应当真实、准确、完整。从事医疗器械批发业务的企业，其购进、贮存、销售等记录应当符合可追溯要求。鼓励企业采用信息化等先进技术手段进行记录。

进货查验记录和销售记录应当保存至医疗器械有效期后2年；无有效期的，不得少于5年。植入类医疗器械进货查验记录和销售记录应当永久保存。

鼓励其他医疗器械经营企业建立销售记录制度。

## 第三章　人员与培训

第十条　企业法定代表人、负责人、质量管理人员应当熟悉医疗器械监督管理的法律法规、规章规范和所经营医疗器械的相关知识，并符合有关法律法规及本规范规定的资格要求，不得有相关法律法规禁止从业的情形。

第十一条　企业应当具有与经营范围和经营规模相适应的质量管理机构或者质量管理人员，质量管理人员应当具有国家认可的相关专业学历或者职称。

第三类医疗器械经营企业质量负责人应当具备医疗器械相关专业（相关专业指医疗器械、生物医学工程、机械、电子、医学、生物工程、化学、药学、护理学、康复、检验学、管理等专业，下同）大专以上学历或者中级以上专业技术职称，同时应当具有3年以上医疗器械经营质量管理工作经历。

第十二条　企业应当设置或者配备与经营范围和经营规模相适应的，并符合相关资格要求的质量管理、经营等关键岗位人员。第三类医疗器械经营企业从事质量管理工作的人员应当在职在岗。

（一）从事体外诊断试剂的质量管理人员中，应当有1人为主管检验师，或具有检验学相关专业大学以上学历并从事检验相关工作3年以上工作经历。从事体外诊断试剂验收和售后服务工作的人员，应当具有检验学相关专业中专以上学历或者具有检验师初级以上专业技术职称。

（二）从事植入和介入类医疗器械经营人员中，应当配备医学相关专业大专以上学历，并经过生产企业或者供应商培训的人员。

（三）从事角膜接触镜、助听器等其他有特殊要求的医疗器械经营人员中，应当配备具有相关专业或者职业资格的人员。

第十三条　企业应当配备与经营范围和经营规模相适应的售后服务人员和售后服务条件，也可以约定由生产企业或者第三方提供售后服务支持。售后服务人员应当经过生产企业或者其他第三方的技术培训并取得企业售后服务上岗证。

第十四条　企业应当对质量负责人及各岗位人员进行与其职责和工作内容相关的岗前培训和继续培训，建立培训记录，并经考核合格后方可上岗。培训内容应当包括相关法律法规、医疗器械专业知识及技能、质量管理制度、职责及岗位操作规程等。

第十五条　企业应当建立员工健康档案，质量管理、验收、库房管理等直接接触医疗器械岗位的人员，应当至少每年进行一次健康检查。身体条件不符合相应岗位特定要求的，不得从事相关工作。

## 第四章　设施与设备

第十六条　企业应当具有与经营范围和经营规模相适应的经营场所和库房，经营场所和库房的面积应当满足经营要求。经营场所和库房不得设在居民住宅内、军事管理区（不含可租赁区）以及其他不适合经营的场所。经营场所应当整洁、卫生。

第十七条　库房的选址、设计、布局、建造、改造和维护应当符合医疗器械贮存的要求，防止医疗器械的混淆、差错或者被污损，并具有符合医疗器械产品特性要求的贮存设施、设备。

第十八条　有下列经营行为之一的，企业可以不单独设立医疗器械库房：

（一）单一门店零售企业的经营场所陈列条件能符合其所经营医疗器械产品性能要求、经营场所能满足其经营规模及品种陈列需要的；

（二）连锁零售经营医疗器械的；

（三）全部委托为其他医疗器械生产经营企业提供贮存、配送服务的医疗器械经营企业进行存储的；

（四）专营医疗器械软件或者医用磁共振、医用X射线、医用高能射线、医用核素设备等大型医用设备的；

（五）省级食品药品监督管理部门规定的其他可以不单独设立医疗器械库房的情形。

第十九条　在库房贮存医疗器械，应当按质量状态采取控制措施，实行分区管理，包括待验区、合格品区、不合格品区、发货区等，并有明显区分（如可采用色标管理，设置待验区为黄色、合格品区和发货区为绿色、不合格品区为红色），退货产品应当单独存放。

医疗器械贮存作业区、辅助作业区应当与办公区和生活区分开一定距离或者有隔离措施。

第二十条　库房的条件应当符合以下要求：

（一）库房内外环境整洁，无污染源；

（二）库房内墙光洁，地面平整，房屋结构严密；

（三）有防止室外装卸、搬运、接收、发运等作业受异常天气影响的措施；

（四）库房有可靠的安全防护措施，能够对无关人员进入实行可控管理。

第二十一条　库房应当配备与经营范围和经营规模相适应的设施设备，包括：

（一）医疗器械与地面之间有效隔离的设备，包括货架、托盘等；

（二）避光、通风、防潮、防虫、防鼠等设施；

（三）符合安全用电要求的照明设备；

（四）包装物料的存放场所；

（五）有特殊要求的医疗器械应配备的相应设施设备。

第二十二条　库房温度、湿度应当符合所经营医疗器械说明书或者标签标示的要求。对有特殊温湿度贮存要求的医疗器械，应当配备有效调控及监测温湿度的设备或者仪器。

第二十三条　批发需要冷藏、冷冻贮存运输的医疗器械，应当配备以下设施设备：

（一）与其经营规模和经营品种相适应的冷库；

（二）用于冷库温度监测、显示、记录、调控、报警的设备；

（三）能确保制冷设备正常运转的设施（如备用发电机组或者双回路供电系统）；

（四）企业应当根据相应的运输规模和运输环境要求配备冷藏车、保温车，或者冷藏箱、保温箱等设备；

（五）对有特殊温度要求的医疗器械，应当配备符合其贮存要求的设施设备。

第二十四条　医疗器械零售的经营场所应当与其经营范围和经营规模相适应，并符合以下要求：

（一）配备陈列货架和柜台；

（二）相关证照悬挂在醒目位置；

（三）经营需要冷藏、冷冻的医疗器械，应当配备具有温度监测、显示的冷柜；

（四）经营可拆零医疗器械，应当配备医疗器械拆零销售所需的工具、包装用品，拆零的医疗器械标签和说明书应当符合有关规定。

第二十五条　零售的医疗器械陈列应当符合以下要求：

（一）按分类以及贮存要求分区陈列，并设置醒目标志，类别标签字迹清晰、放置准确；

（二）医疗器械的摆放应当整齐有序，避免阳光直射；

（三）需要冷藏、冷冻的医疗器械放置在冷藏、冷冻设备中，应当对温度进行监测和记录；

（四）医疗器械与非医疗器械应当分开陈列，有明显隔离，并有醒目标示。

第二十六条　零售企业应当定期对零售陈列、存放的医疗器械进行检查，重点检查拆零医疗器械和近效期医疗器械。发现有质量疑问的医疗器械应当及时撤柜、停止销售，由质量管理人员确认和处理，并保留相关记录。

第二十七条　企业应当对基础设施及相关设备进行定期检查、清洁和维护，并建立记录和档案。

第二十八条　企业应当按照国家有关规定，对温湿度监测设备等计量器具定期进行校准或者检定，并保存校准或者检定记录。

第二十九条　企业应当对冷库以及冷藏、保温等运输设施设备进行使用前验证、定期验证，并形成验证控制文件，包括验证方案、报告、评价和预防措施等，相关设施设备停用重新使用时应当进行验证。

第三十条　经营第三类医疗器械的企业，应当具有符合医疗器械经营质量管理要求的计算机信息管理系统，保证经营的产品可追溯。计算机信息管理系统应当具有以下功能：

（一）具有实现部门之间、岗位之间信息传输和数据共享的功能；

（二）具有医疗器械经营业务票据生成、打印和管理功能；

（三）具有记录医疗器械产品信息（名称、注册证号或者备案凭证编号、规格型号、生产批号或者序列号、生产日期或者失效日期）和生产企业信息以及实现质量追溯跟踪的功能；

（四）具有包括采购、收货、验收、贮存、检查、销售、出库、复核等各经营环节的质量控制功能，能对各经营环节进行判断、控制，确保各项质量控制功能的实时和有效；

（五）具有供货者、购货者以及购销医疗器械的合法性、有效性审核控制功能；

（六）具有对库存医疗器械的有效期进行自动跟踪和控制功能，有近效期预警及超过有效期自动锁定等功能，防止过期医疗器械销售。

鼓励经营第一类、第二类医疗器械的企业建立符合医疗器械经营质量管理要求的计算机信息管理系统。

第三十一条　企业为其他医疗器械生产经营企业提供贮存、配送服务，还应当符合以下要求：

（一）具备从事现代物流储运业务的条件；

（二）具有与委托方实施实时电子数据交换和实现产品经营全过程可追溯、可追踪管理的计算机信息平台和技术手段；

（三）具有接受食品药品监督管理部门电子监管的数据接口；

（四）食品药品监督管理部门的其他有关要求。

## 第五章　采购、收货与验收

第三十二条　企业在采购前应当审核供货者的合法资格、所购入医疗器械的合法性并获取加盖供货者公章的相关证明文件或者复印件，包括：

（一）营业执照；

（二）医疗器械生产或者经营的许可证或者备案凭证；

（三）医疗器械注册证或者备案凭证；

（四）销售人员身份证复印件，加盖本企业公章的授权书原件。授权书应当载明授权销售的品种、地域、期限，注明销售人员的身份证号码。

必要时，企业可以派员对供货者进行现场核查，对供货者质量管理情况进行评价。

企业发现供货方存在违法违规经营行为时，应当及时向企业所在地食品药品监督管理部门报告。

第三十三条　企业应当与供货者签署采购合同或者协议，明确医疗器械的名称、规格（型号）、注册证号或者备案凭证编号、生产企业、供货者、数量、单价、金额等。

第三十四条　企业应当在采购合同或者协议中，与供货者约定质量责任和售后服务责任，以保证医疗器械售后的安全使用。

第三十五条　企业在采购医疗器械时，应当建立采购记录。记录应当列明医疗器械的名称、规格（型号）、注册证号或者备案凭证编号、单位、数量、单价、金额、供货者、购货日期等。

第三十六条　企业收货人员在接收医疗器械时，应当核实运输方式及产品是否符合要求，并对照相关采购记录和随货同行单与到货的医疗器械进行核对。交货和收货双方应当对交运情况当场签字确认。对不符合要求的货品应当立即报告质量负责人并拒收。

随货同行单应当包括供货者、生产企业及生产企业许可证号（或者备案凭证编号）、医疗器械的名称、规格（型号）、注册证号或者备案凭证编号、生产批号或者序列号、数量、储运条件、收货单位、收货地址、发货日期等内容，并加盖供货者出库印章。

第三十七条　收货人员对符合收货要求的医疗器械，应当按品种特性要求放于相应待验区域，或者设置状态标示，并通知验收人员进行验收。需要冷藏、冷冻的医疗器械应当在冷库内待验。

第三十八条　验收人员应当对医疗器械的外观、包装、标签以及合格证明文件等进行检查、核对，并做好验收记录，包括医疗器械的名称、规格（型号）、注册证号或者备案凭证编号、生产批号或者序列号、生产日期和有效期（或者失效期）、生产企业、供货者、到货数量、到货日期、验收合格数量、验收结果等内容。

验收记录上应当标记验收人员姓名和验收日期。验收不合格的还应当注明不合格事项及处置措施。

第三十九条　对需要冷藏、冷冻的医疗器械进行验收时，应当对其运输方式及运输过程的温度记录、运输时间、到货温度等质量控制状况进行重点检查并记录，不符合温度要求的应当拒收。

第四十条　企业委托为其他医疗器械生产经营企业提供贮存、配送服务的医疗器械经营企业进行收货和验收时，委托方应当承担质量管理责任。委托方应当与受托方签订具有法律效力的书面协议，明确双方的法律责任和义务，并按照协议承担和履行相应的质量责任和义务。

## 第六章　入库、贮存与检查

第四十一条　企业应当建立入库记录，验收合格的医疗器械应当及时入库登记；验收不合格的，应当注明不合格事项，并放置在不合格品区,按照有关规定采取退货、销毁等处置措施。

第四十二条　企业应当根据医疗器械的质量特性进行合理贮存，并符合以下要求：

（一）按说明书或者包装标示的贮存要求贮存医疗器械；

（二）贮存医疗器械应当按照要求采取避光、通风、防潮、防虫、防鼠、防火等措施；

（三）搬运和堆垛医疗器械应当按照包装标示要求规范操作，堆垛高度符合包装图示要求，避免损坏医疗器械包装；

（四）按照医疗器械的贮存要求分库（区）、分类存放，医疗器械与非医疗器械应当分开存放；

（五）医疗器械应当按规格、批号分开存放，医疗器械与库房地面、内墙、顶、灯、温度调控设备及管道等设施间保留有足够空隙；

（六）贮存医疗器械的货架、托盘等设施设备应当保持清洁，无破损；

（七）非作业区工作人员未经批准不得进入贮存作业区，贮存作业区内的工作人员不得有影响医疗器械质量的行为；

（八）医疗器械贮存作业区内不得存放与贮存管理无关的物品。

第四十三条　从事为其他医疗器械生产经营企业提供贮存、配送服务的医疗器械经营企业，其自营医疗器械应当与受托的医疗器械分开存放。

第四十四条　企业应当根据库房条件、外部环境、医疗器械有效期要求等对医疗器械进行定期检查，建立检查记录。内容包括：

（一）检查并改善贮存与作业流程；

（二）检查并改善贮存条件、防护措施、卫生环境；

（三）每天上、下午不少于2次对库房温湿度进行监测记录；

（四）对库存医疗器械的外观、包装、有效期等质量状况进行检查；

（五）对冷库温度自动报警装置进行检查、保养。

第四十五条　企业应当对库存医疗器械有效期进行跟踪和控制，采取近效期预警，超过有效期的医疗器械，应当禁止销售，放置在不合格品区，然后按规定进行销毁，并保存相关记录。

第四十六条　企业应当对库存医疗器械定期进行盘点，做到账、货相符。

## 第七章　销售、出库与运输

第四十七条　企业对其办事机构或者销售人员以本企业名义从事的医疗器械购销行为承担法律责任。企业销售人员销售医疗器械，应当提供加盖本企业公章的授权书。授权书应当载明授权销售的品种、地域、期限，注明销售人员的身份证号码。

从事医疗器械批发业务的企业，应当将医疗器械批发销售给合法的购货者，销售前应当对购货者的证明文件、经营范围进行核实，建立购货者档案，保证医疗器械销售流向真实、合法。

第四十八条　从事第二、第三类医疗器械批发以及第三类医疗器械零售业务的企业应当建立销售记录，销售记录应当至少包括：

（一）医疗器械的名称、规格（型号）、注册证号或者备案凭证编号、数量、单价、金额；

（二）医疗器械的生产批号或者序列号、有效期、销售日期；

（三）生产企业和生产企业许可证号（或者备案凭证编号）。

对于从事医疗器械批发业务的企业，销售记录还应当包括购货者的名称、经营许可证号（或者备案凭证编号）、经营地址、联系方式。

第四十九条　从事医疗器械零售业务的企业，应当给消费者开具销售凭据，记录医疗器械的名称、规格（型号）、生产企业名称、数量、单价、金额、零售单位、经营地址、电话、销售日期等，以方便进行质量追溯。

第五十条　医疗器械出库时，库房保管人员应当对照出库的医疗器械进行核对，发现以下情况不得出库，并报告质量管理机构或者质量管理人员处理：

（一）医疗器械包装出现破损、污染、封口不牢、封条损坏等问题；

（二）标签脱落、字迹模糊不清或者标示内容与实物不符；

（三）医疗器械超过有效期；

（四）存在其他异常情况的医疗器械。

第五十一条　医疗器械出库应当复核并建立记录，复核内容包括购货者、医疗器械的名称、规格（型号）、注册证号或者备案凭证编号、生产批号或者序列号、生产日期和有效期（或者失效期）、生产企业、数量、出库日期等内容。

第五十二条　医疗器械拼箱发货的代用包装箱应当有醒目的发货内容标示。

第五十三条　需要冷藏、冷冻运输的医疗器械装箱、装车作业时，应当由专人负责，并符合以下要求：

（一）车载冷藏箱或者保温箱在使用前应当达到相应的温度要求；

（二）应当在冷藏环境下完成装箱、封箱工作；

（三）装车前应当检查冷藏车辆的启动、运行状态，达到规定温度后方可装车。

第五十四条　企业委托其他机构运输医疗器械，应当对承运方运输医疗器械的质量保障能力进行考核评估，明确运输过程中的质量责任，确保运输过程中的质量安全。

第五十五条　运输需要冷藏、冷冻医疗器械的冷藏车、车载冷藏箱、保温箱应当符合医疗器械运输过程中对温度控制的要求。冷藏车具有显示温度、自动调控温度、报警、存储和读取温度监测数据的功能。

## 第八章　售后服务

第五十六条　企业应当具备与经营的医疗器械相适应的专业指导、技术培训和售后服务的能力，或者约定由相关机构提供技术支持。

企业应当按照采购合同与供货者约定质量责任和售后服务责任，保证医疗器械售后的安全使用。

企业与供货者约定，由供货者负责产品安装、维修、技术培训服务或者由约定的相关机构提供技术支持的，可以不设从事专业指导、技术培训和售后服务的部门或者人员,但应当有相应的管理人员。

企业自行为客户提供安装、维修、技术培训的，应当配备具有专业资格或者经过厂家培训的人员。

第五十七条　企业应当加强对退货的管理，保证退货环节医疗器械的质量和安全，防止混入假劣医疗器械。

第五十八条　企业应当按照质量管理制度的要求，制定售后服务管理操作规程，内容包括投诉渠道及方式、档案记录、调查与评估、处理措施、反馈和事后跟踪等。

第五十九条　企业应当配备专职或者兼职人员负责售后管理，对客户投诉的质量安全问题应当查明原因，采取有效措施及时处理和反馈，并做好记录，必要时应当通知供货者及医疗器械生产企业。

第六十条　企业应当及时将售后服务处理结果等信息记入档案，以便查询和跟踪。

第六十一条　从事医疗器械零售业务的企业应当在营业场所公布食品药品监督管理部门的监督电话，设置顾客意见簿，及时处理顾客对医疗器械质量安全的投诉。

第六十二条　企业应当配备专职或者兼职人员，按照国家有关规定承担医疗器械不良事件监测和报告工作，应当对医疗器械不良事件监测机构、食品药品监督管理部门开展的不良事件调查予以配合。

第六十三条　企业发现其经营的医疗器械有严重质量安全问题，或者不符合强制性标准、经注册或者备案的医疗器械产品技术要求，应当立即停止经营，通知相关生产经营企业、使用单位、购货者，并记录停止经营和通知情况。同时，立即向企业所在地食品药品监督管理部门报告。

第六十四条　企业应当协助医疗器械生产企业履行召回义务，按照召回计划的要求及时传达、反馈医疗器械召回信息，控制和收回存在质量安全隐患的医疗器械，并建立医疗器械召回记录。

## 第九章　附　则

第六十五条　互联网经营医疗器械应当遵守国家食品药品监督管理总局制定的相关监督管理办法。

第六十六条　本规范自发布之日起施行。

国家食品药品监督管理总局公告

2014年　第64号

# 关于发布医疗器械生产质量管理规范的公告

为加强医疗器械生产监督管理，规范医疗器械生产质量管理，根据《医疗器械监督管理条例》（国务院令第650号）、《医疗器械生产监督管理办法》（国家食品药品监督管理总局令第7号），国家食品药品监督管理总局组织修订了《医疗器械生产质量管理规范》，现予以发布。

特此公告。

附件：医疗器械生产质量管理规范

食品药品监管总局

2014年12月29日

附件

# 医疗器械生产质量管理规范

## 第一章　总　则

第一条　为保障医疗器械安全、有效，规范医疗器械生产质量管理，根据《医疗器械监督管理条例》（国务院令第650号）、《医疗器械生产监督管理办法》（国家食品药品监督管理总局令第7号），制定本规范。

第二条　医疗器械生产企业（以下简称企业）在医疗器械设计开发、生产、销售和售后服务等过程中应当遵守本规范的要求。

第三条　企业应当按照本规范的要求，结合产品特点，建立健全与所生产医疗器械相适应的质量管理体系，并保证其有效运行。

第四条　企业应当将风险管理贯穿于设计开发、生产、销售和售后服务等全过程，所采取的措施应当与产品存在的风险相适应。

## 第二章　机构与人员

第五条　企业应当建立与医疗器械生产相适应的管理机构，并有组织机构图，明确各部门的职责和权限，明确质量管理职能。生产管理部门和质量管理部门负责人不得互相兼任。

第六条　企业负责人是医疗器械产品质量的主要责任人，应当履行以下职责：

（一）组织制定企业的质量方针和质量目标；

（二）确保质量管理体系有效运行所需的人力资源、基础设施和工作环境等；

（三）组织实施管理评审，定期对质量管理体系运行情况进行评估，并持续改进；

（四）按照法律、法规和规章的要求组织生产。

第七条　企业负责人应当确定一名管理者代表。管理者代表负责建立、实施并保持质量管理体系，报告质量管理体系的运行情况和改进需求，提高员工满足法规、规章和顾客要求的意识。

第八条　技术、生产和质量管理部门的负责人应当熟悉医疗器械相关法律法规，具有质量管理的实践经验，有能力对生产管理和质量管理中的实际问题作出正确的判断和处理。

第九条　企业应当配备与生产产品相适应的专业技术人员、管理人员和操作人员，具有相应的质量检验机构或者专职检验人员。

第十条　从事影响产品质量工作的人员，应当经过与其岗位要求相适应的培训，具有相关理论知识和实际操作技能。

第十一条　从事影响产品质量工作的人员，企业应当对其健康进行管理，并建立健康档案。

## 第三章　厂房与设施

第十二条　厂房与设施应当符合生产要求，生产、行政和辅助区的总体布局应当合理，不得互相妨碍。

第十三条　厂房与设施应当根据所生产产品的特性、工艺流程及相应的洁净级别要求合理设计、布局和使用。生产环境应当整洁、符合产品质量需要及相关技术标准的要求。产品有特殊要求的，应当确保厂房的外部环境不能对产品质量产生影响，必要时应当进行验证。

第十四条　厂房应当确保生产和贮存产品质量以及相关设备性能不会直接或者间接受到影响，厂房应当有适当的照明、温度、湿度和通风控制条件。

第十五条　厂房与设施的设计和安装应当根据产品特性采取必要的措施，有效防止昆虫或者其他动物进入。对厂房与设施的维护和维修不得影响产品质量。

第十六条　生产区应当有足够的空间，并与其产品生产规模、品种相适应。

第十七条　仓储区应当能够满足原材料、包装材料、中间品、产品等的贮存条件和要求，按照待验、合格、不合格、退货或者召回等情形进行分区存放，便于检查和监控。

第十八条　企业应当配备与产品生产规模、品种、检验要求相适应的检验场所和设施。

## 第四章　设　备

第十九条　企业应当配备与所生产产品和规模相匹配的生产设备、工艺装备等，并确保有效运行。

第二十条　生产设备的设计、选型、安装、维修和维护必须符合预定用途，便于操作、清洁和维护。生产设备应当有明显的状态标识，防止非预期使用。

企业应当建立生产设备使用、清洁、维护和维修的操作规程，并保存相应的操作记录。

第二十一条　企业应当配备与产品检验要求相适应的检验仪器和设备，主要检验仪器和设备应当具有明确的操作规程。

第二十二条　企业应当建立检验仪器和设备的使用记录，记录内容包括使用、校准、维护和维修等情况。

第二十三条　企业应当配备适当的计量器具。计量器具的量程和精度应当满足使用要求，标明其校准有效期，并保存相应记录。

## 第五章　文件管理

第二十四条　企业应当建立健全质量管理体系文件，包括质量方针和质量目标、质量手册、程序文件、技术文件和记录,以及法规要求的其他文件。

质量手册应当对质量管理体系作出规定。

程序文件应当根据产品生产和质量管理过程中需要建立的各种工作程序而制定，包含本规范所规定的各项程序。

技术文件应当包括产品技术要求及相关标准、生产工艺规程、作业指导书、检验和试验操作规程、安装和服务操作规程等相关文件。

第二十五条　企业应当建立文件控制程序，系统地设计、制定、审核、批准和发放质量管理体系文件，至少应当符合以下要求：

（一）文件的起草、修订、审核、批准、替换或者撤销、复制、保管和销毁等应当按照控制程序管理，并有相应的文件分发、替换或者撤销、复制和销毁记录；

（二）文件更新或者修订时，应当按规定评审和批准，能够识别文件的更改和修订状态；

（三）分发和使用的文件应当为适宜的文本，已撤销或者作废的文件应当进行标识，防止误用。

第二十六条　企业应当确定作废的技术文件等必要的质量管理体系文件的保存期限，以满足产品维修和产品质量责任追溯等需要。

第二十七条　企业应当建立记录控制程序，包括记录的标识、保管、检索、保存期限和处置要求等，并满足以下要求：

（一）记录应当保证产品生产、质量控制等活动的可追溯性；

（二）记录应当清晰、完整，易于识别和检索，防止破损和丢失；

（三）记录不得随意涂改或者销毁，更改记录应当签注姓名和日期，并使原有信息仍清晰可辨，必要时，应当说明更改的理由；

（四）记录的保存期限应当至少相当于企业所规定的医疗器械的寿命期，但从放行产品的日期起不少于2年，或者符合相关法规要求，并可追溯。

## 第六章　设计开发

第二十八条　企业应当建立设计控制程序并形成文件，对医疗器械的设计和开发过程实施策划和控制。

第二十九条　在进行设计和开发策划时，应当确定设计和开发的阶段及对各阶段的评审、验证、确认和设计转换等活动，应当识别和确定各个部门设计和开发的活动和接口，明确职责和分工。

第三十条　设计和开发输入应当包括预期用途规定的功能、性能和安全要求、法规要求、风险管理控制措施和其他要求。对设计和开发输入应当进行评审并得到批准，保持相关记录。

第三十一条　设计和开发输出应当满足输入要求，包括采购、生产和服务所需的相关信息、产品技术要求等。设计和开发输出应当得到批准，保持相关记录。

第三十二条　企业应当在设计和开发过程中开展设计和开发到生产的转换活动，以使设计和开发的输出在成为最终产品规范前得以验证，确保设计和开发输出适用于生产。

第三十三条　企业应当在设计和开发的适宜阶段安排评审，保持评审结果及任何必要措施的记录。

第三十四条　企业应当对设计和开发进行验证，以确保设计和开发输出满足输入的要求，并保持验证结果和任何必要措施的记录。

第三十五条　企业应当对设计和开发进行确认，以确保产品满足规定的使用要求或者预期用途的要求，并保持确认结果和任何必要措施的记录。

第三十六条　确认可采用临床评价或者性能评价。进行临床试验时应当符合医疗器械临床试验法规的要求。

第三十七条　企业应当对设计和开发的更改进行识别并保持记录。必要时，应当对设计和开发更改进行评审、验证和确认，并在实施前得到批准。

当选用的材料、零件或者产品功能的改变可能影响到医疗器械产品安全性、有效性时，应当评价因改动可能带来的风险，必要时采取措施将风险降低到可接受水平，同时应当符合相关法规的要求。

第三十八条　企业应当在包括设计和开发在内的产品实现全过程中，制定风险管理的要求并形成文件，保持相关记录。

## 第七章　采　购

第三十九条　企业应当建立采购控制程序，确保采购物品符合规定的要求，且不低于法律法规的相关规定和国家强制性标准的相关要求。

第四十条　企业应当根据采购物品对产品的影响，确定对采购物品实行控制的方式和程度。

第四十一条　企业应当建立供应商审核制度，并应当对供应商进行审核评价。必要时，应当进行现场审核。

第四十二条　企业应当与主要原材料供应商签订质量协议，明确双方所承担的质量责任。

第四十三条　采购时应当明确采购信息，清晰表述采购要求，包括采购物品类别、验收准则、规格型号、规程、图样等内容。应当建立采购记录，包括采购合同、原材料清单、供应商资质证明文件、质量标准、检验报告及验收标准等。采购记录应当满足可追溯要求。

第四十四条　企业应当对采购物品进行检验或者验证，确保满足生产要求。

## 第八章　生产管理

第四十五条　企业应当按照建立的质量管理体系进行生产，以保证产品符合强制性标准和经注册或者备案的产品技术要求。

第四十六条　企业应当编制生产工艺规程、作业指导书等，明确关键工序和特殊过程。

第四十七条　在生产过程中需要对原材料、中间品等进行清洁处理的，应当明确清洁方法和要求，并对清洁效果进行验证。

第四十八条　企业应当根据生产工艺特点对环境进行监测，并保存记录。

第四十九条　企业应当对生产的特殊过程进行确认，并保存记录，包括确认方案、确认方法、操作人员、结果评价、再确认等内容。

生产过程中采用的计算机软件对产品质量有影响的，应当进行验证或者确认。

第五十条　每批（台）产品均应当有生产记录，并满足可追溯的要求。

生产记录包括产品名称、规格型号、原材料批号、生产批号或者产品编号、生产日期、数量、主要设备、工艺参数、操作人员等内容。

第五十一条　企业应当建立产品标识控制程序，用适宜的方法对产品进行标识，以便识别，防止混用和错用。

第五十二条　企业应当在生产过程中标识产品的检验状态，防止不合格中间产品流向下道工序。

第五十三条　企业应当建立产品的可追溯性程序，规定产品追溯范围、程度、标识和必要的记录。

第五十四条　产品的说明书、标签应当符合相关法律法规及标准要求。

第五十五条　企业应当建立产品防护程序，规定产品及其组成部分的防护要求，包括污染防护、静电防护、粉尘防护、腐蚀防护、运输防护等要求。防护应当包括标识、搬运、包装、贮存和保护等。

## 第九章　质量控制

第五十六条　企业应当建立质量控制程序，规定产品检验部门、人员、操作等要求，并规定检验仪器和设备的使用、校准等要求，以及产品放行的程序。

第五十七条　检验仪器和设备的管理使用应当符合以下要求：

（一）定期对检验仪器和设备进行校准或者检定，并予以标识；

（二）规定检验仪器和设备在搬运、维护、贮存期间的防护要求，防止检验结果失准；

（三）发现检验仪器和设备不符合要求时，应当对以往检验结果进行评价，并保存验证记录；

（四）对用于检验的计算机软件，应当确认。

第五十八条　企业应当根据强制性标准以及经注册或者备案的产品技术要求制定产品的检验规程，并出具相应的检验报告或者证书。

需要常规控制的进货检验、过程检验和成品检验项目原则上不得进行委托检验。对于检验条件和设备要求较高，确需委托检验的项目，可委托具有资质的机构进行检验，以证明产品符合强制性标准和经注册或者备案的产品技术要求。

第五十九条　每批（台）产品均应当有检验记录，并满足可追溯的要求。检验记录应当包括进货检验、过程检验和成品检验的检验记录、检验报告或者证书等。

第六十条　企业应当规定产品放行程序、条件和放行批准要求。放行的产品应当附有合格证明。

第六十一条　企业应当根据产品和工艺特点制定留样管理规定，按规定进行留样，并保持留样观察记录。

## 第十章　销售和售后服务

第六十二条　企业应当建立产品销售记录，并满足可追溯的要求。销售记录至少包括医疗器械的名称、规格、型号、数量；生产批号、有效期、销售日期、购货单位名称、地址、联系方式等内容。

第六十三条　直接销售自产产品或者选择医疗器械经营企业，应当符合医疗器械相关法规和规范要求。发现医疗器械经营企业存在违法违规经营行为时，应当及时向当地食品药品监督管理部门报告。

第六十四条　企业应当具备与所生产产品相适应的售后服务能力，建立健全售后服务制度。应当规定售后服务的要求并建立售后服务记录，并满足可追溯的要求。

第六十五条　需要由企业安装的医疗器械，应当确定安装要求和安装验证的接收标准，建立安装和验收记录。

由使用单位或者其他企业进行安装、维修的，应当提供安装要求、标准和维修零部件、资料、密码等，并进行指导。

第六十六条　企业应当建立顾客反馈处理程序，对顾客反馈信息进行跟踪分析。

## 第十一章　不合格品控制

第六十七条　企业应当建立不合格品控制程序，规定不合格品控制的部门和人员的职责与权限。

第六十八条　企业应当对不合格品进行标识、记录、隔离、评审，根据评审结果，对不合格品采取相应的处置措施。

第六十九条　在产品销售后发现产品不合格时，企业应当及时采取相应措施，如召回、销毁等。

第七十条　不合格品可以返工的，企业应当编制返工控制文件。返工控制文件包括作业指导书、重新检验和重新验证等内容。不能返工的，应当建立相关处置制度。

## 第十二章　不良事件监测、分析和改进

第七十一条　企业应当指定相关部门负责接收、调查、评价和处理顾客投诉，并保持相关记录。

第七十二条　企业应当按照有关法规的要求建立医疗器械不良事件监测制度，开展不良事件监测和再评价工作，并保持相关记录。

第七十三条　企业应当建立数据分析程序，收集分析与产品质量、不良事件、顾客反馈和质量管理体系运行有关的数据，验证产品安全性和有效性，并保持相关记录。

第七十四条　企业应当建立纠正措施程序，确定产生问题的原因，采取有效措施，防止相关问题再次发生。

应当建立预防措施程序，确定潜在问题的原因，采取有效措施，防止问题发生。

第七十五条　对于存在安全隐患的医疗器械，企业应当按照有关法规要求采取召回等措施，并按规定向有关部门报告。

第七十六条　企业应当建立产品信息告知程序，及时将产品变动、使用等补充信息通知使用单位、相关企业或者消费者。

第七十七条　企业应当建立质量管理体系内部审核程序，规定审核的准则、范围、频次、参加人员、方法、记录要求、纠正预防措施有效性的评定等内容，以确保质量管理体系符合本规范的要求。

第七十八条　企业应当定期开展管理评审，对质量管理体系进行评价和审核，以确保其持续的适宜性、充分性和有效性。

## 第十三章　附　则

第七十九条　医疗器械注册申请人或备案人在进行产品研制时，也应当遵守本规范的相关要求。

第八十条　国家食品药品监督管理总局针对不同类别医疗器械生产的特殊要求，制定细化的具体规定。

第八十一条　企业可根据所生产医疗器械的特点，确定不适用本规范的条款，并说明不适用的合理性。

第八十二条　本规范下列用语的含义是：

验证：通过提供客观证据对规定要求已得到满足的认定。

确认：通过提供客观证据对特定的预期用途或者应用要求已得到满足的认定。

关键工序：指对产品质量起决定性作用的工序。

特殊过程：指通过检验和试验难以准确评定其质量的过程。

第八十三条　本规范由国家食品药品监督管理总局负责解释。

第八十四条　本规范自2015年3月1日起施行。原国家食品药品监督管理局于2009年12月16日发布的《医疗器械生产质量管理规范（试行）》（国食药监械〔2009〕833号）同时废止。

# 食品药品监管总局办公厅关于印发医疗器械生产日常监督现场检查工作指南的通知

食药监办械监〔2014〕7号

各省、自治区、直辖市食品药品监督管理局：

为指导和规范医疗器械生产企业日常监督现场检查工作，统一和细化现场检查工作要求和方法，国家食品药品监督管理总局组织制定了《医疗器械生产日常监督现场检查工作指南》，现予印发，请参照执行。

国家食品药品监督管理总局办公厅

2014年1月13日日

# 医疗器械生产日常监督现场检查工作指南

**一、适用范围**

本指南依据现行《医疗器械监督管理条例》及相关法规、规章、标准及规范性文件编写,适用于各级食品药品监督理部门医疗器械生产监管人员对已取得《医疗器械生产企业许可证》或已按照有关规定办理备案的医疗器械生产企业进行的日常监督现场检查，指导和规范医疗器械生产企业日常监督现场检查工作。

**二、检查职责和人员要求**

（一）日常监督现场检查实行检查组长负责制。检查组长对具体检查工作负总责，检查员对所承担的检查项目和检查内容负责。检查组应至少由2名执法人员组成。

（二）检查人员应符合以下要求：

检查人员应遵纪守法、廉洁正派、坚持原则、实事求是；应熟悉掌握国家有关医疗器械监督管理的法律、法规和有关要求；了解所检查产品的有关技术知识，熟悉相关产品标准；具有较强的沟通能力和理解能力，在检查中能够正确表述检查要求，能够正确理解对方所表达的意见；具有较强的分析能力和判断能力，对检查中出现的问题能够客观分析，并作出正确判断。检查人员应对检查过程中所涉及的被检查企业技术资料和商业秘密保密。

检查组长作为现场检查工作第一责任人，除应具备检查员的基本条件外，还应具有较强的组织协调能力，能够合理安排检查分工，控制检查进度，按照计划组织完成检查任务。

**三、检查准备**

（一）根据既往检查和企业报送资料的情况，了解企业近期生产经营状况，主要包括：

1.企业相应证照取得或变化情况（如营业执照、医疗器械生产许可证、医疗器械产品注册证）及质量管理体系认证情况；

2.企业质量管理人员变动情况；

3.企业生产工艺、生产检验设备、主要原材料变化情况；

4.产品生产、销售情况；

5.既往检查发现问题及整改情况；

6.企业产品及市场上同类产品不良事件发生情况;

7.医疗器械质量监督抽验情况等。

（二）根据对影响产品质量因素（人员、设备、物料、制度、环境）的变化情况及既往检查情况，确定本次检查产品范围（可以是某类产品或某类中的部分产品）和检查方式（事先通知或突击性检查）。

（三）结合《医疗器械生产质量管理规范》的要求，确定本次检查重点内容（如证照情况、原材料控制、洁净车间管理、出厂检验控制、销售、售后服务等部分或全部项目）。对无菌、植入性医疗器械和体外诊断试剂生产企业，应严格按照相应实施细则和检查评定标准进行检查。总局无特殊规定的医疗器械可参照医疗器械生产质量管理规范检查评定标准进行检查，但不作为处罚依据。

（四）查阅拟检查产品相关资料，如产品标准、管理标准等（如YY/T0316、GB9706、GB16886、YY0033）,分析企业产品及生产过程的关键风险点。

（五）确定检查时间、检查分工、检查进度。当检查项目互有交叉重叠时，一般由与检查内容关系最直接的检查人员负责检查。

（六）检查组编制现场检查方案（应包括检查目的、检查方式、检查范围、检查时间、检查进度、检查内容、检查分工等）。现场检查方案必要时应经检查派出机构审核。

（七）联系被检查企业，通知检查相关事宜（突击检查方式不适用）。

（八）准备监督检查需要的相关检查文书。必要时，准备照相机、摄像机等现场记录设备。

**四、检查步骤**

（一）进入企业现场后，向企业出示执法证明；告知企业本次检查的目的、依据、流程及纪律。依据《医疗器械生产质量管理规范》实施的检查，应按规定召开首（末）次会议。

（二）与企业相关人员进行交流，了解近期生产、经营状况及质量管理体系运行、人员变化情况。

（三）在企业相关人员陪同下，分别对企业保存的文字资料、生产现场进行检查。

（四）检查工作应主要围绕检查方案中设定的检查内容开展。对于检查的内容，尤其是发现的问题应及时记录，并与企业相关人员进行确认。必要时，可进行产品抽样或对有关情况进行证据留存或固定（如资料复印、照相、摄像及现场查封等）。

（五）检查组长可选择适当时机召集检查员汇总检查情况，核对检查中发现的问题，讨论确定检查意见。遇到特殊情况时，应及时向检查派出机构主管领导汇报。

（六）与企业负责人沟通，通报检查情况，核实发现的问题，告知整改意见。

（七）填写监督检查情况记录文书，检查记录应全面、真实、客观地反映现场检查情况，并具有可追溯性（符合规定的项目与不符合规定的项目均应记录）；检查结果和意见应明确，并要求企业负责人在检查记录上签字确认。监督检查情况记录文书应一式两份，检查单位和企业各留存一份。

（八）企业人员拒绝签字或由于企业原因而无法实施检查的，应由2名以上（含2名）检查人员注明情况并签字确认。

**五、检查内容**

检查人员可对企业有效证照、法规及标准，组织机构与管理文件，厂区、厂房，设计开发，采购控制，过程控制，产品检验，不合格品控制，销售与售后，分析改进，包装标识、说明书等方面进行检查。日常监督现场检查频次、标准和具体检查内容应按照国家相关文件规定执行，各地区可结合行政区域实际情况及现场具体情况，有针对性地选择检查项目、调整检查内容，并制定相应的实施方案。

**六、检查方式**

（一）语言交流

1.检查人员应积极与企业管理层沟通，通过了解企业发展历史、质量管理体系近期运行状况和产品市场情况，分析判断企业运行中是否存在问题、存在哪方面问题、当前急需解决哪些问题等。

2.与企业中层和特殊岗位人员的沟通，可采取面对面交流的方式。通过谈话来判断人员能否承担该岗位赋予的相应职责。对于不了解、不熟悉、不能行使职权的或由他人代答的，应视企业整体情况提出人员调整要求。

3.对于现场检查中发现的问题，应耐心、认真地与企业沟通交流，协商整改要求和时限。一般情况下，在与企业取得一致意见后，应根据确定的检查意见客观、详细地进行如实记录。

（二）资料检查

资料检查可以从以下五方面入手：

1.检查文件中涵盖的质量管理体系过程，判断质量管理体系的全过程是否都已被识别。结合关键风险点的分析及企业的风险管理报告，判断企业是否已准确识别全部的关键过程和特殊过程。

2.检查对识别出的过程是否都已形成控制文件，判断文件内容是否覆盖了过程的全部，关键过程和特殊过程的控制文件是否与过程确认的结果相一致。

3.检查文件规定的内容，判断是否与现场观察的实际情况相一致。

4.检查文件间的关联性，判断文件要求是否能够满足企业和产品的特点，重点关注关键过程和特殊过程的执行情况。以及企业风险管理报告中所列举的各项风险控制措施是否已在生产全过程予以实施。

5.检查各项记录间的可追溯性，判断能否根据各项记录的相互关系完成产品生产过程的追溯。

在资料检查中，对于记录样本的选取可关注以下六个方面：

1. 在较短时间内，通过现场检查对企业质量管理体系运行状况作出整体评价有一定难度，所以在检查质量记录时，应充分考虑企业生产周期、近期运行状况和本次检查目的、已查内容。一般情况下，应选取相似条件下的两份以上同种质量记录。

2. 现场监督检查是抽样式检查，为如实反映当时的客观情况，文字记录应尽量选择与检查时间距离较近的进行抽样。一般可选取现场检查前一季度内的记录，或选取现场检查前最近一个生产周期的记录。

3. 确定检查产品范围时，应覆盖企业所有已取得医疗器械注册证书的产品；在检查时间有限的情况下，一般应选取企业生产量较大或者产品安全性要求较高的一个或多个产品进行检查。

4. 当同次检查中涉及一个产品的多个过程记录时，还应充分考虑记录的可追溯性和真实性，围绕同一产品序列号（或批号）展开检查。根据文字记录的索引关系，判断产品质量全过程的追溯能否实现。

5. 检查文字记录的内容与质量控制要求的一致性，记录中的数据应与根据记录判定的结论一致。记录内容应能详细、如实反映质量控制过程的原始状态，必要时可要求实际操作。

6. 检查文字记录时，如发现两份相似条件下的同种记录存在数据差别较大的情况，应补充选择相似条件下的同种记录进行确认，同时询问出现差别的原因。对于已能清晰反映检查结果的，一般不扩大记录样本的选取数量。

（三）现场观察

根据产品工艺的不同，现场观察可包括前处理、粗加工、组装、安装、老化、包装现场，原材料、半成品、成品检验现场，原料库、中转库、成品库现场等。

1.根据生产流程查看生产现场布局是否合理，有无反复交叉、往复的情况。生产场地的整体规划与生产情况（生产量和销售量）是否匹配。

2.正常生产车间是否整洁、条理，设备、场地实际状况与记录或文件是否一致。注意现场中有无刻意遮挡、破乱不堪的角落。生产废料、办公垃圾堆积的地方是否会对产品质量造成影响。

3.观察生产人员、检验人员操作是否熟练，生产能力与实际生产、销售情况是否匹配。可以适时地询问员工操作要求，判断是否与文件规定一致，是否与现场操作一致。

**七、对问题的处理**

（一）如企业出现的问题性质轻微，能立即纠正的，检查人员可根据现场情况，对企业提出整改要求，并在现场监督企业立即纠正；如企业出现的问题性质严重，直接对产品质量造成重大影响，需要立即整改的，检查人员应要求企业立即开始整改；其他需要企业限期整改或需要经复查合格后方可继续开展生产等情况，检查人员应根据现场情况，制作检查情况记录和检查意见，书面明确整改要求及整改期限;如现场发现涉嫌违法行为，应按照规定及时移交稽查部门。

（二）如果检查中发现的问题涉及企业既往生产的产品，检查员应充分考虑该问题对既往产品的影响，并视情况采取监督抽验、对企业产品实施先行登记保存等措施；如果出现的问题较为复杂，或企业出现的违法违规情况涉及或可能涉及到企业在审项目，检查单位应及时将相关情况通报相关审查单位。

（三）现场检查结束后，对于检查中发现的问题，检查单位视现场情况、企业整改情况以及对企业既往的监管情况，在后续监督检查中可综合采取以下措施：

1.对企业整改情况进行现场复查或资料审查；

2.要求企业加强产品自检、要求企业将产品送食品药品监管部门认可的第三方检测机构检测；

3.列为重点监管企业、加强日常监督检查、增加监督检查（突击检查）频次、列入重点抽验计划；

4.要求企业定期汇报质量管理情况；

5.约谈法定代表人（企业负责人）或对企业负责人进行诫勉谈话；

6.视情形在一定范围内通报（通过监管工作会发布情况通报或通过电视台、电台或网站等媒体发布警示公告）；

7.纳入医疗器械安全“黑名单”；

8.建议企业主动召回或责令召回；

9.移交稽查部门处理。

（九）对于在现场检查中发现的问题，应书面告知本次监督检查的意见，明确整改要求及整改时限。

（十）对于需要进行整改的，通常情况下应在与企业沟通的基础上，确定整改要求和时限，并在规定的时限内督促企业完成整改。跟踪检查需要在现场完成的，应按上述要求和指南（包括检查前准备）安排复查工作。涉嫌违法违规的，按规定移交稽查部门。

（十一）将日常监督现场检查材料、企业整改材料及跟踪检查材料，归入日常监督管理档案，已建立监管信息化系统的，应及时将检查情况录入有关监管信息化系统。

# 食品药品监管总局办公厅关于基因分析仪等3个产品分类界定的通知

食药监办械管〔2014〕8号

各省、自治区、直辖市食品药品监督管理局：

为适应医疗器械监管工作需要，总局组织有关单位和专家对基因分析仪等3个产品的管理类别进行了界定。现通知如下：

**一、作为Ⅲ类医疗器械管理的产品（1个）**

基因分析仪：由移液模块、成像检测模块、数据处理模块及显示控制部分组成，通过对样本中DNA或RNA分析，检测人基因数量和序列的变化。本产品不用于全基因组测序。分类编码6840。

**二、作为Ⅰ类医疗器械管理的产品（1个）**

测序反应通用试剂盒（测序法）：由制备DNA纳米球试剂和联合探针锚定连接（cPAL）测序通用试剂组成，是检测人类基因组DNA文库的一组常用试剂和耗材，基于联合探针锚定连接技术的测序原理，与BGISEQ基因分析仪配合使用，完成高通量测序过程并获取样本序列信息，是该测序反应系统的通用试剂。本产品不用于全基因组测序。分类编码：6840。

**三、需视情况确定类别的产品（1个）**

胎儿染色体非整倍体（T21、T18、T13）基因检测（测序法）Z值计算软件：由表1、表2两部分组成，导入并计算由BGISEQ基因分析仪输出的特定（21、18和13号）染色体上的有效DNA序列数据，获得对应染色体唯一比对比率（UR%），与正常样本比较获得Z值，用于产前染色体非整倍体（T21、T18和T13）基因检测数据计算。如果软件仅使用通用函数计算，不按照医疗器械管理；如果使用企业特有算法，则作为Ⅱ类医疗器械管理。分类编码6870。

国家食品药品监督管理总局办公厅

2014年1月14日

# 食品药品监管总局办公厅关于生物电导扫描仪等11个产品分类界定的通知

食药监办械管〔2014〕10号

各省、自治区、直辖市食品药品监督管理局：

为适应医疗器械监督管理工作的需要，总局组织有关单位和专家对生物电导扫描仪等11个产品的管理类别进行了界定。现通知如下：

**一、作为Ⅲ类医疗器械管理的产品（3个）**

（一）生物电导扫描仪：由主机、数据采集探测器、数据上传模块和软件等组成。用于测试人体皮肤表面多点的电生理特性，通过检测生物电导性诊断肿瘤患者的肺部组织和细胞损伤的大小和类别。分类编码：6821。

（二）角膜接触镜护理仪：由控制电路、紫外线灯、外壳等构成。用于各类角膜接触镜（硬性、软性及塑型镜）的清洗和消毒。分类编码6822。

（三）手术设备集总控制系统：由主机、连接第三方设备的模块、控制模块、连接线和电源线组成。用于集总控制高频电刀等手术室设备，具有控制手术室设备的开启、档位选择等功能。分类编码6854。

**二、作为Ⅱ类医疗器械管理的产品（4个）**

（一）牙科用数字印模系统：由一根与计算机连接的手持式扫描棒、内置有专用的数字化三维影像数据采集、处理和存储软件的计算机和一个与计算机连接的触摸屏显示器组成。用于通过数字化方式获取人口腔内牙齿、齿龈和/或颌骨的三维图像，以记录牙科正畸患者的牙齿结构特征。分类编码6855。

（二）医用微型照明灯：本产品由LED灯（含灯罩）、固定圈、柔性引线、控制开关（含电池、电路板、开关、开关罩）组成。为医生检查耳道、口腔、阴道、肛门等部位提供照明，接触检查部位皮肤和粘膜。分类编码6854。

（三）一次性使用无菌保护罩：用于手术环境中保护手术室设备的显示器和手控器，避免手术中的医生接触上述部位后，再接触手术中的病人伤口部位造成感染。分类编码6854。

（四）呼出CO2采样装置：该产品为一次性使用的无菌耗材，由鼻腔采样管、压力连接管、干燥管、脱水过滤器、三通、调节环、鲁尔圆锥接头、保护帽组成，与监护仪的呼吸系统配套使用，适用于患者气道呼出的CO2采样后获得压力或含量及气道呼吸率来源的装置。分类编码6821。

**三、不作为医疗器械管理的产品（4个）**

（一）电动肌肉振动仪：由主机、振动头、手柄、电源和电源线组成，采用不锈钢与钛金属材料。适用于物理按摩，用于缓解肌肉疼痛，放松肌肉缓解肌肉疲劳。

（二）健康管理软件：由舒适程度、健走伙伴、运动伙伴、食物追踪器、血糖、血压、体重、睡眠体动检测、设置功能模块组成。通过蓝牙、USB与外接测量设备（血压计、血糖仪）连接，自动或者手动导入、存储和整理用户数据，帮助用户进行健康管理。不具有数据采集功能，不用于《医疗器械监督管理条例》第三条所定义的目的。

（三）组织和细胞匀浆仪：用于分子生物学方面的细胞裂解仪器，是DNA、RNA和蛋白质被纯化前的样本处理仪器，适用于人体组织、细胞、血液制品、头发、骨、唾液等不同的生物样本。

（四）呼吸机插管低压套囊稳压器：由活动衡重锤、活动壁、固定施压锤、恒稳压储气囊等4个部分组成。使用时连接在气管插管或气管切开插管低压套囊在患者体外的气压调节接口上，用于调节稳定气管插管或气管切开插管低压套囊内的气压，以避免当气管收缩时由于套囊受到挤压而对气管壁过度压迫而使气管壁受损，又在气管扩张时，可使适当体积的气体补充到套囊内，防止套囊与气管壁之间出现空隙而导致外来微粒落入肺内，减少呼吸机相关肺炎VAP出现的几率。预期在重症监护或急救科室使用，使用时，该产品在患者体外。

国家食品药品监督管理总局

2014年1月21日

# 食品药品监管总局办公厅　国家卫生计生委办公厅关于加强临床使用基因测序相关产品和技术管理的通知

食药监办械管〔2014〕25号

各省、自治区、直辖市食品药品监督管理局、卫生计生委（卫生厅局），新疆生产建设兵团食品药品监督管理局、卫生局：

包括产前基因检测在内的基因测序相关产品和技术属于当代前沿产品和技术研究范畴，涉及伦理、隐私和人类遗传资源保护、生物安全以及医疗机构开展基因诊断服务技术管理、价格、质量监管等问题。目前，基因测序相关产品和技术已由实验室研究演变到临床使用，对此，国务院有关部门高度重视。为保证公众使用基因测序诊断产品的安全、有效，加强医疗技术临床应用管理，经食品药品监管总局和国家卫生计生委调查研究，并组织相关领域专家论证，现就加强临床使用基因测序相关产品和技术管理通知如下：

一、按照《医疗器械监督管理条例》、《医疗器械注册管理办法》、《体外诊断试剂注册管理办法（试行）》等规定，基因测序诊断产品（包括基因测序仪及相关诊断试剂和软件），通过对人体样本进行体外检测，用于疾病的预防、诊断、监护、治疗监测、健康状态评价和遗传性疾病的预测等，符合医疗器械的定义，应作为医疗器械管理，并应按照《医疗器械监督管理条例》及相关产品注册的规定申请产品注册；未获准注册的医疗器械产品，不得生产、进口、销售和使用。

二、自本通知发布之日起，包括产前基因检测在内的所有医疗技术需要应用的检测仪器、诊断试剂和相关医用软件等产品，如用于疾病的预防、诊断、监护、治疗监测、健康状态评价和遗传性疾病的预测，需经食品药品监管部门审批注册，并经卫生计生行政部门批准技术准入方可应用。已经应用的，必须立即停止。

三、上述相关产品应按照《医疗器械监督管理条例》、《医疗器械注册管理办法》、《体外诊断试剂注册管理办法（试行）》的规定申请产品注册。其中，用于临床检测的基因测序仪、诊断软件产品，按照《医疗器械注册管理办法》的相关程序和要求申请注册；相关体外诊断试剂，按照《体外诊断试剂注册管理办法（试行）》的相关程序和要求申请注册。为申请产品注册在医疗机构开展临床试验，应符合《医疗器械临床试验规定》及相关规定的要求。食品药品监管总局鼓励和支持创新医疗器械发展。

四、国家卫生计生委负责基因测序技术的临床应用管理。国家卫生计生委确定的基因测序临床应用试点单位，可以按照医疗技术临床应用管理的相关规定试用基因测序产品，并做好相应技术的验证与评价。

各省、自治区、直辖市卫生计生委（卫生厅局）要加强对基因测序技术的管理。在相关的准入标准、管理规范出台以前，任何医疗机构不得开展基因测序临床应用，已经开展的，要立即停止。通知下发后仍继续开展的，要依法依规予以查处，并将相关情况及时上报国家卫生计生委。

五、各省、自治区、直辖市食品药品监督管理局要依职责加强对相关产品研制、生产、流通和使用环节医疗器械质量的监管。对存在基因测序相关产品未经注册应用于临床的行为，按通知要求监督相关单位整改落实到位。对应当停止但继续开展的，按照《医疗器械监督管理条例》及相关规定依法予以查处，并将相关情况及时上报食品药品监管总局。

国家食品药品监督管理总局办公厅

国家卫生和计划生育委员会办公厅

2014年2月9日

## 食品药品监管总局关于印发创新医疗器械特别审批程序（试行）的通知

食药监械管〔2014〕13号

各省、自治区、直辖市食品药品监督管理局：

为了保障医疗器械的安全、有效，鼓励医疗器械的研究与创新，促进医疗器械新技术的推广和应用，推动医疗器械产业发展，总局组织制定了《创新医疗器械特别审批程序（试行）》，现印发给你们，请遵照执行。

国家食品药品监督管理总局

2014年2月7日

# 创新医疗器械特别审批程序（试行）

第一条　为了保障医疗器械的安全、有效，鼓励医疗器械的研究与创新，促进医疗器械新技术的推广和应用，推动医疗器械产业发展，根据《医疗器械监督管理条例》、《医疗器械注册管理办法》等法规和规章，制定本程序。

第二条　食品药品监督管理部门对同时符合下列情形的医疗器械按本程序实施审评审批：

（一）申请人经过其技术创新活动，在中国依法拥有产品核心技术发明专利权，或者依法通过受让取得在中国发明专利权或其使用权；或者核心技术发明专利的申请已由国务院专利行政部门公开。

（二）产品主要工作原理/作用机理为国内首创，产品性能或者安全性与同类产品比较有根本性改进，技术上处于国际领先水平，并且具有显著的临床应用价值。

（三）申请人已完成产品的前期研究并具有基本定型产品，研究过程真实和受控，研究数据完整和可溯源。

第三条　各级食品药品监督管理部门及相关技术机构，根据各自职责和本程序规定，按照早期介入、专人负责、科学审批的原则，在标准不降低、程序不减少的前提下，对创新医疗器械予以优先办理，并加强与申请人的沟通交流。

第四条　申请人申请创新医疗器械特别审批，应当填写《创新医疗器械特别审批申请表》（见附件1），并提交支持拟申请产品符合本程序第二条要求的资料。资料应当包括：

（一）申请人企业法人资格证明文件。

（二）产品知识产权情况及证明文件。

（三）产品研发过程及结果的综述。

（四）产品技术文件，至少应当包括：

1.产品的预期用途；

2.产品工作原理/作用机理；

3.产品主要技术指标及确定依据，主要原材料、关键元器件的指标要求，主要生产工艺过程及流程图，主要技术指标的检验方法。

（五）产品创新的证明性文件，至少应当包括：

1.信息或者专利检索机构出具的查新报告；

2.核心刊物公开发表的能够充分说明产品临床应用价值的学术论文、专著及文件综述；

3.国内外已上市同类产品应用情况的分析及对比（如有）；

4.产品的创新内容及在临床应用的显著价值。

（六）产品安全风险管理报告。

（七）产品说明书（样稿）。

（八）其他证明产品符合本程序第二条的资料。

（九）境外申请人应当委托中国境内的企业法人作为代理人或者由其在中国境内的办事机构提出申请，并提交以下文件：

1.境外申请人委托代理人或者其在中国境内办事机构办理创新医疗器械特别审批申请的委托书；

2.代理人或者申请人在中国境内办事机构的承诺书;

3.代理人营业执照或者申请人在中国境内办事机构的机构登记证明。

（十）所提交资料真实性的自我保证声明。

申报资料应当使用中文。原文为外文的，应当有中文译本。

第五条　境内申请人应当向其所在地的省级食品药品监督管理部门提出创新医疗器械特别审批申请。省级食品药品监督管理部门对申报项目是否符合本程序第二条要求进行初审，并于20个工作日内出具初审意见。经初审不符合第二条要求的，省级食品药品监督管理部门应当通知申请人；符合第二条要求的，省级食品药品监督管理部门将申报资料和初审意见一并报送国家食品药品监督管理总局（以下简称食品药品监管总局）行政受理服务中心。

境外申请人应当向食品药品监管总局提出创新医疗器械特别审批申请，食品药品监管总局行政受理服务中心对申报资料进行形式审查，对符合本程序第四条规定的形式要求的予以受理。

第六条　食品药品监管总局行政受理服务中心对受理的特别审批申请，给予产品特别审批申请受理编号，受理编号编排方式为:械特××××1-×××2，其中××××1为申请的年份；×××2为产品流水号。

第七条　食品药品监管总局医疗器械技术审评中心设立创新医疗器械审查办公室（以下简称创新医疗器械审查办公室），对创新医疗器械特别审批申请进行审查。

第八条　食品药品监管总局受理创新医疗器械特别审批申请后，由创新医疗器械审查办公室组织专家进行审查，并于受理后40个工作日内出具审查意见。

第九条　经创新医疗器械审查办公室审查，对拟进行特别审批的申请项目，应当在食品药品监管总局医疗器械技术审评中心网站将申请人、产品名称予以公示，公示时间应当不少于10个工作日。对于公示有异议的，应当对相关意见研究后作出最终审查决定。

第十条　创新医疗器械审查办公室作出审查决定后，将审查结果书面通知申请人，对境内企业的申请，同时抄送申请人所在地省级食品药品监督管理部门（格式见附件2）。

第十一条　创新医疗器械审查办公室在审查创新医疗器械特别审批申请时一并对医疗器械管理类别进行界定。对于境内企业申请，如产品被界定为第二类或第一类医疗器械，相应的省级或者设区市级食品药品监督管理部门可参照本程序进行后续工作和审评审批。

第十二条　对于经审查同意按本程序审批的创新医疗器械，申请人所在地食品药品监督管理部门应当指定专人，应申请人的要求及时沟通、提供指导。在接到申请人质量管理体系检查（考核）申请后，应当予以优先办理。

第十三条　对于创新医疗器械，医疗器械检测机构在进行注册检测时，应当及时对生产企业提交的注册产品标准进行预评价，对存在问题的，应当及时向生产企业提出修改建议。

第十四条　医疗器械检测机构应当在接受样品后优先进行医疗器械注册检测，并出具检测报告。经过医疗器械检测机构预评价的注册产品标准和《拟申请注册医疗器械产品标准预评价意见表》应当加盖检测机构印章，随检测报告一同出具。

第十五条　创新医疗器械的临床试验应当按照医疗器械临床试验相关规定的要求进行，食品药品监督管理部门应当根据临床试验的进程进行监督检查。

第十六条　创新医疗器械临床研究工作需重大变更的，如临床试验方案修订，使用方法、规格型号、预期用途、适用范围或人群的调整等，申请人应当评估变更对医疗器械安全性、有效性和质量可控性的影响。产品主要工作原理或作用机理发生变化的创新医疗器械，应当按照本审批程序重新申请。

第十七条　对于创新医疗器械，在产品注册申请受理前以及技术审评过程中，食品药品监管总局医疗器械技术审评中心应当指定专人，应申请人的要求及时沟通、提供指导，共同讨论相关技术问题。

第十八条　对于创新医疗器械，申请人可填写创新医疗器械沟通交流申请表（见附件3），就下列问题向食品药品监管总局医疗器械技术审评中心提出沟通交流申请：

（一）重大技术问题；

（二）重大安全性问题；

（三）临床试验方案；

（四）阶段性临床试验结果的总结与评价；

（五）其他需要沟通交流的重要问题。

第十九条　食品药品监管总局医疗器械技术审评中心应当对申请人提交的沟通交流申请及相关资料及时进行审核，并将审核结果通知申请人（见附件4）。食品药品监管总局医疗器械技术审评中心同意进行沟通交流的，应当明确告知申请人拟讨论的问题，与申请人商定沟通交流的形式、时间、地点、参加人员等，安排与申请人沟通交流。沟通交流应形成记录，记录需经双方签字确认，供该产品的后续研究及审评工作参考。

第二十条　食品药品监管总局受理创新医疗器械注册申请后，应当将该注册申请项目标记为“创新医疗器械”，并及时进行注册申报资料流转。

第二十一条　已受理注册申报的创新医疗器械，食品药品监管总局医疗器械技术审评中心应当优先进行技术审评；技术审评结束后，食品药品监管总局优先进行行政审批。

第二十二条　属于下列情形之一的，食品药品监管总局可终止本程序并告知申请人：

（一）申请人主动要求终止的；

（二）申请人未按规定的时间及要求履行相应义务的；

（三）申请人提供伪造和虚假资料的；

（四）经专家审查会议讨论确定不宜再按照本程序管理的。

第二十三条　食品药品监管总局在实施本程序过程中，应当加强与国务院各有关部门的沟通和交流，及时了解创新医疗器械的研发进展。

第二十四条　突发公共卫生事件应急所需医疗器械，按照《医疗器械应急审批程序》办理。

第二十五条　医疗器械注册管理要求和规定，本程序未涉及的，按照《医疗器械注册管理办法》等相关规定执行。

第二十六条　本程序自2014年3月1日起施行。

附件1

# 创新医疗器械特别审批申请表

## 创新医疗器械特别审批申请表（境内申请人）

受理号：械特××××1-×××2

| 产品名称 | |
|---|---|
| 申请人名称 | |
| 申请人注册地址 | |
| 生产地址 | |
| 规格/型号 | |
| 性能结构及组成 | |
| 主要工作原理/作用机理 | |
| 预期用途 | |
| 联系人：______ 联系电话：______ 传真：______<br>联系地址：______ e-mail：______ 手机：______ | |

<table>
<tr><td>申请资料：<br><br><br>（可附页）</td></tr>
<tr><td>备注：</td></tr>
<tr><td>申请单位（盖章）：____________________<br><br>法定代表人（签字）：____________________　　申请日期：__________</td></tr>
<tr><td>初审意见：<br><br>经初审，该申请符合《创新医疗器械特别审批程序（试行）》相关要求，同意报国家食品药品监督管理总局进一步审查。<br><br>** 食品药品监督管理局<br>（盖章）<br>日期：</td></tr>
</table>

# 创新医疗器械特别审批申请表（境外申请人）

受理号：械特××××1-×××2

| 产品名称 | |
|---|---|
| 申请人名称 | |
| 申请人注册地址 | |
| 生产地址 | |
| 规格/型号 | |
| 性能结构及组成 | |
| 主要工作原理/作用机理 | |
| 预期用途 | |
| 申请人在中国境内的代理人或办事机构名称：__________<br>联系人：_______ 联系电话：_______ 传真：_______<br>联系地址：_______ e-mail：_______ 手机：_______ | |

<table>
<tr><td>申请资料：<br><br>（可附页）</td></tr>
<tr><td>备注：</td></tr>
<tr><td>申请人盖章或签字：<br><br>申请人在中国境内的代理人或办事机构盖章：<br><br>申请人在中国境内的代理人或办事机构负责人（签字）：____________<br><br>申请日期：______</td></tr>
</table>

附件2

# 创新医疗器械特别审批申请审查通知单

（编号：　　　）

____________________：

你单位提出的创新医疗器械特别审批申请（受理号：　　　　　　），

产品名称:

性能结构及组成：

产品管理类别：

主要工作原理/作用机理:

经审查，审查结论为：

□同意按照《创新医疗器械特别审批程序（试行）》进行审批。

□不同意按照《创新医疗器械特别审批程序（试行）》进行审批，理由：________________________。

特此通知。

抄送：　食品药品监督管理局（境内医疗器械）。

国家食品药品监督管理总局

医疗器械技术审评中心

（盖章）

日期：

附件3

# 创新医疗器械沟通交流申请表

<table>
<tr><td colspan="2">申请人名称</td><td colspan="5"></td></tr>
<tr><td colspan="2">境外申请人在中国境内的代理人或办事机构名称</td><td colspan="5"></td></tr>
<tr><td colspan="2">产品名称</td><td colspan="5"></td></tr>
<tr><td colspan="2">创新医疗器械特别审批申请审查通知单编号</td><td colspan="2"></td><td colspan="2">目前工作进展的阶段</td><td></td></tr>
<tr><td colspan="2">拟沟通交流的部门</td><td colspan="5"></td></tr>
<tr><td colspan="2">拟沟通交流的方式</td><td colspan="5"></td></tr>
<tr><td colspan="2">拟沟通交流的议题</td><td colspan="5"></td></tr>
<tr><td colspan="7">沟通交流的相关资料：<br><br>（可附页）</td></tr>
<tr><td rowspan="5">申请参加的人员（可附页）</td><td>姓名</td><td>工作单位</td><td>职称</td><td colspan="2">专业</td><td>研究中负责的工作</td></tr>
<tr><td></td><td></td><td></td><td colspan="2"></td><td></td></tr>
<tr><td></td><td></td><td></td><td colspan="2"></td><td></td></tr>
<tr><td></td><td></td><td></td><td colspan="2"></td><td></td></tr>
<tr><td></td><td></td><td></td><td colspan="2"></td><td></td></tr>
<tr><td>备注</td><td colspan="6"></td></tr>
<tr><td colspan="7">申请单位（盖章）____________ 申请日期_______</td></tr>
<tr><td colspan="7">联系人：_____ 联系电话：_____ 传真：_______<br>联系地址：_______ e-mail：________ 手机：______</td></tr>
</table>

注：申请人提出沟通交流时，对拟讨论问题应有完整的解决方案或合理的解释依据。

附件4

# 创新医疗器械沟通交流申请回复单

<table>
<tr><td>申请人名称</td><td colspan="4"></td></tr>
<tr><td>境外申请人在中国境内的代理人或办事机构名称</td><td colspan="4"></td></tr>
<tr><td>产品名称</td><td colspan="4"></td></tr>
<tr><td>创新医疗器械特别审批通知单编号</td><td colspan="4"></td></tr>
<tr><td>沟通交流<br>申请日期</td><td></td><td>是否<br>同意</td><td colspan="2">□同意交流<br>□不同意交流</td></tr>
<tr><td>同意交流的议题或不同意交流的原因</td><td colspan="4"></td></tr>
<tr><td>会议时间</td><td></td><td>会议地点</td><td colspan="2"></td></tr>
<tr><td>会议资料要求</td><td colspan="4">（可附页）</td></tr>
<tr><td rowspan="6">拟参加部门<br>（可附页）</td><td>单位及部门</td><td>职责范围</td><td>人数</td><td>备注</td></tr>
<tr><td></td><td></td><td></td><td></td></tr>
<tr><td></td><td></td><td></td><td></td></tr>
<tr><td></td><td></td><td></td><td></td></tr>
<tr><td></td><td></td><td></td><td></td></tr>
<tr><td></td><td></td><td></td><td></td></tr>
<tr><td>联系<br>方式</td><td colspan="4">会议联系人：________ 联系电话：________<br>传　真：________ e-mail: ________</td></tr>
<tr><td>备注</td><td colspan="4"></td></tr>
</table>

## 食品药品监管总局关于印发医疗器械“五整治”专项行动方案的通知

食药监械监〔2014〕24号

各省、自治区、直辖市食品药品监督管理局，新疆生产建设兵团食品药品监督管理局：

为加强医疗器械监管，整治医疗器械注册、生产、流通和使用环节存在的突出问题，进一步规范医疗器械市场秩序，严厉打击违法违规行为，总局组织制定了医疗器械“五整治”专项行动方案。现印发给你们，请认真组织实施。

国家食品药品监督管理总局

2014年3月13日

# 医疗器械“五整治”专项行动方案

为加强医疗器械监管，整治医疗器械注册、生产、流通和使用环节存在的突出问题，进一步规范医疗器械市场秩序，严厉打击违法违规行为，特制定本行动方案。

**一、指导思想**

围绕社会关注度高、群众反映强烈的医疗器械热点、难点问题，突出整治重点，落实企业责任，发挥社会监督，严厉打击违法违规行为。加强科普宣传，推动诚信建设，进一步规范市场秩序，促进医疗器械产业健康有序发展。

**二、总体目标**

按照排查、整治、规范相结合的工作模式，采取暗访调查、集中排查、突击检查相结合的检查方式，以重点产品、重点企业、重点案件线索为突破口，着力整治虚假注册申报、违规生产、非法经营、夸大宣传、使用无证产品等五种行为（以下称“五整治”）。通过专项整治，营造严厉打击的高压态势，有效惩处违法违规行为，进一步完善监管制度机制，达到整治一类产品规范一种行为的目的，切实保障公众用械安全。

同时，结合医疗器械质量万里行活动，开展大型调研采访报道活动，宣传典型企业，曝光违法违规行为，抑恶扬善，普及安全用械知识。此次专项行动，突出以点带面、全程监管，实行边整边建、整治与规范并重，注重“四个结合”：即专项行动与日常监管相结合，专项行动与医疗器械质量万里行活动相结合，专项行动与医疗器械安全宣传月活动相结合，专项行动与营造社会共治氛围相结合，努力形成各方参与、公众受益、行业发展的监管新格局。

**三、整治重点**

（一）整治虚假注册申报行为。重点整治第二、三类医疗器械首次注册申请不真实行为，按照规定开展对生产企业提交的第二、三类医疗器械首次注册申请资料（重点是临床试验报告）和样品生产过程的真实性组织核查，对注册环节有因举报进行重点核查。

（二）整治违规生产行为。重点整治一次性使用输注器具、一次性使用导尿管（包）使用不符合标准的原材料生产和未按要求灭菌，避孕套未经备案擅自委托生产，血液透析用浓缩物不按标准出厂检验等行为。

（三）整治非法经营行为。重点整治以体验式方式未经许可擅自销售第二、三类医疗器械，无证经营装饰性彩色平光隐形眼镜、助听器，未按要求贮存和运输体外诊断试剂等行为。

（四）整治夸大宣传行为。重点整治腰腿痛、近视眼、糖尿病和高血压等贴敷类、物理治疗类医疗器械进行违法宣传；未经审批或篡改审批内容擅自发布违法广告，夸大产品功效和适用范围；利用医疗科研院所或以专家、患者名义和形象作功效证明等进行违法广告宣传等行为。

（五）整治使用无证产品行为。重点整治医疗机构使用无证体外诊断试剂的行为。

**四、处罚依据**

为确保打击有力、政策统一，各地要严格执行《医疗器械监督管理条例》、《国务院关于加强食品等产品安全监督管理的特别规定》等法律法规的规定。在此次专项行动中，发现违法违规行为的，一律从快、从严、从重处理，并按法律法规规定的上限予以处罚；情节严重的，一律吊销生产经营者和产品的许可证件；涉嫌犯罪的，一律移送公安机关依法追究刑事责任；对存在安全隐患的产品，一律停止销售、使用，责令企业召回并监督销毁。新修订的《医疗器械监督管理条例》公布后，自实施之日起，严格按照新修订的条例执行。

（一）虚假注册申报行为。依照《中华人民共和国行政许可法》第七十八条、第七十九条和《医疗器械监督管理条例》第四十条进行处罚。

（二）违规生产行为。使用不符合标准的原材料生产一次性使用输注器具和一次性使用导尿管（包）的，未按要求对一次性使用输注器具和一次性使用导尿管（包）进行灭菌的，未经备案擅自委托生产避孕套的，不按标准对血液透析用浓缩物进行出厂检验的，依照《医疗器械生产监督管理办法》第五十七条进行处罚。情节严重或者造成危害后果的，按照《国务院关于加强食品等产品安全监督管理的特别规定》第三条第二款进行处罚。

（三）非法经营行为。以体验式方式未经许可擅自销售第二、三类医疗器械，无证经营装饰性彩色平光隐形眼镜、助听器的，依照《医疗器械监督管理条例》第三十八条进行处罚；未按要求贮存和运输体外诊断试剂的，依照《医疗器械经营企业许可证管理办法》第三十五条进行处罚。

（四）夸大宣传行为。对监测发现的涉及腰腿痛、近视眼、糖尿病和高血压等贴敷类、物理治疗类医疗器械虚假违法广告，一律移送工商部门查处，对违法情节严重广告涉及的产品和企业一律采取公告曝光、行政告诫、撤销广告批准文号、责令暂停产品销售等严厉措施。

（五）使用无证产品行为。医疗机构使用无证体外诊断试剂的，依照《医疗器械监督管理条例》第四十二条进行处罚，并通报同级卫生主管部门。

**五、实施步骤**

本专项行动于2014年3月15日正式开始，8月15日结束，为期5个月。专项行动总体分为准备、启动、整治和规范四个阶段。

（一）准备阶段

1.总局和各省（区、市）食品药品监督管理部门组织媒体记者和有关专家，对“五整治”涉及的重点环节、场所及企业进行暗访调查，收集相关信息，制作相关专题报道。

2.总局组织对部分产品进行监督抽验。

3.总局向有关省（区、市）食品药品监督管理部门交办《重点监督检查的企业和产品名单》。

（二）启动阶段

1.总局召开全系统动员部署视频会议，对专项行动进行全面动员部署。

2.总局印发医疗器械“五整治”专项行动方案。

3.总局召开新闻发布会，介绍医疗器械“五整治”专项行动有关情况。

4.总局和各省（区、市）食品药品监督管理部门开展“开放日”专题活动，组织部分人大代表、政协委员、媒体记者和公众深入医疗器械企业、技术机构参观座谈，直观了解医疗器械生产经营、监督检验及行业发展与监管开展情况。

5.各省（区、市）食品药品监督管理部门制定行政区域内具体实施方案。

6.相关省（区、市）食品药品监督管理部门对总局交办《重点监督检查的企业和产品名单》中的企业组织开展突击检查，对突击检查发现的问题，日常监管手段能解决的，责令其限期整改；构成案件的一律立案查处。总局视情况派员督导。

7.地方各级食品药品监督管理部门要根据日常监管和投诉举报情况梳理重点案件线索进行集中检查，同时组织力量对“五整治”涉及的重点环节、场所及企业进行集中排查，也可结合相关专项整治进行重点排查，对有线索的重点企业和场所深入开展监督检查和整治。

8.对集中检查发现的案件线索，地方各级食品药品监督管理部门要统一协调立案调查，依法查处。要按属地管理的原则，与当地公安机关相互配合，涉嫌刑事犯罪的，一律移送公安机关追究刑事责任。

9.总局和各省（区、市）食品药品监督管理部门通过电视、网络、报刊等国家和地方主流媒体开辟专栏，大张旗鼓地开展医疗器械安全用械科普宣传教育。

（三）整治阶段

1.有关省（区、市）食品药品监督管理部门负责上报总局交办《重点监督检查的企业和产品名单》的监督检查结果。

2.地方各级食品药品监督管理部门在前期工作基础上，抓好企业整改和违法违规行为的立案查处工作。

3.有关省（区、市）食品药品监督管理部门负责对总局交办《重点监督检查的企业和产品名单》涉及的违法违规企业组织进行查处。

4.各省（区、市）食品药品监督管理部门组织对行政区域内开展“五整治”专项行动的情况进行监督检查和督查督办。

5.总局组织督查组对部分省（区、市）开展“五整治”专项行动的情况进行督查。

6.地方各级食品药品监督管理部门要针对整治重点，拓宽案源线索，按照总局关于案件协查、报送等有关规定，加强案件查处工作的组织协调和督查督办，发现重大案件线索立即报告，总局将通过挂牌督办、与公安机关联合挂牌督办，加大案件的查处力度，曝光一批查处的典型案件。

（四）规范阶段

1.地方各级食品药品监督管理部门对专项行动进行阶段性总结，在保持高压态势的同时，完善监管制度机制，巩固专项行动成果。

2.各省（区、市）食品药品监督管理部门可采取不同的形式对专项行动工作进行阶段性总结，要结合行政区域实际完善相关监管制度，将一些好的、有效的做法形成长效机制，总结推广专项行动的好经验，提出需要进一步深入整治的目标。

3.总局组织有关中央主流媒体记者撰写加强医疗器械监管、促进行业健康发展的有关调研报告，客观反映行业存在的问题，提出对策建议。

4.总局组织制定进一步加强医疗器械注册、生产、流通和使用环节监管的措施，建立健全医疗器械监管长效机制。

5.总局召开全系统视频会议，对专项行动工作进行阶段性总结。

**六、工作要求**

（一）加强组织领导。医疗器械“五整治”专项行动在总局的统一领导下、由总局医疗器械监管司牵头负责，医疗器械注册司、稽查局、新闻宣传司和投诉举报中心依职责分工合作。各省（区、市）食品药品监督管理部门要结合行政区域实际，成立领导机构，明确职责分工，落实责任部门，制定具体实施方案，确保工作有章可循。

（二）落实工作责任。要落实属地监管职责，加强与公安、卫生计生、工商等部门的沟通协作。对发现违法违规行为要及时处理，该处罚的必须处罚、该曝光的必须曝光、该吊销许可证照的必须吊销、该移送公安工商机关的必须移送。要严肃工作纪律，对于工作不落实、协查不配合、监督检查走过场以及案件查处不力、通风报信、失职渎职的，依纪依规追究相关人员责任。

（三）注重统筹协调。要统筹好当前开展的各项工作，要互为衔接，抓好协调，切实体现整体效果，防止时疏时紧，时严时松。要在行政区域内发挥总协调总调度的作用，保证专项行动持续深入、有始有终，务求取得实效。

（四）强化新闻宣传。总局制定专项行动新闻宣传工作方案，加强舆论宣传，营造良好氛围。各地要按照总局新闻宣传工作方案，严格执行新闻纪律，规范信息发布。专项行动期间，涉及案件查处情况的，由各省（区、市）食品药品监管部门统一发布；涉及重大案件的，发布前报总局批准。同时，各地要认真落实有奖举报制度。

（五）做好信息报送。要及时向总局报送专项行动的工作进展、主要成效、重大案件和工作中遇到的重要问题。2014年3月31日前报送专项行动具体实施方案；自2014年3月31日起，每周一报送上周工作信息；2014年8月12日前报送专项行动阶段性总结。

# 食品药品监管总局办公厅关于加强高风险医疗器械经营使用关键环节监督检查的通知

食药监办械监〔2014〕59号

各省、自治区、直辖市食品药品监督管理局：

为进一步规范医疗器械流通和使用秩序，切实加强高风险医疗器械经营使用关键环节监管，结合医疗器械“五整治”专项行动，总局决定开展高风险医疗器械经营使用关键环节监督检查。现将有关事宜通知如下：

**一、工作目标**

通过加强对高风险医疗器械经营索证索票、储存环节，以及对体外诊断试剂和高值耗材类医疗器械采购、验收环节的监督检查，切实督促医疗器械经营企业和使用单位落实索证索票和进货验收制度，有效遏制经营、使用无合格证明文件、过期、失效、淘汰的医疗器械或者使用未依法注册的医疗器械等违法违规行为。同时，强化医疗器械风险管理和全过程监管，构建有效的风险防控体系，实现医疗器械市场秩序的明显好转。

**二、检查内容**

地方各级食品药品监督管理部门要根据《医疗器械监督管理条例》、《国务院关于加强食品等产品安全监督管理的特别规定》（国务院令第503号）、《体外诊断试剂（医疗器械）经营企业验收标准》（食药监〔2013〕18号）的有关规定，结合本行政区域经营企业检查验收标准和经营使用单位监督检查的具体要求，以一次性无菌医疗器械、植（介）入类医疗器械、体外诊断试剂、高值耗材类医疗器械等为重点产品，组织对本行政区域高风险医疗器械经营使用单位开展全面的监督检查。在监督检查中，要重点检查以下内容：

（一）经营环节。经营场所和储存设施、条件是否符合要求；经营产品质量管理制度是否健全、执行并落实，特别是购销记录是否完整、规范，是否满足可追溯要求；是否建立并执行高风险医疗器械索证索票制度；是否经营未经注册、无合格证明、过期、失效或淘汰的医疗器械等。

（二）使用环节。医疗器械使用单位是否从具有合法资质的医疗器械生产经营企业购进合格的体外诊断试剂和高值耗材类医疗器械；是否建立医疗器械验收管理制度，对采购的医疗器械进行验收，核实储运条件是否符合产品标签及说明书的要求；使用过的一次性无菌医疗器械是否按照规定销毁，并有相关记录等。

**三、工作要求**

（一）提高认识，加强领导。高风险医疗器械经营使用环节监督检查是医疗器械“五整治”专项行动的一个重要内容。地方各级食品药品监督管理部门要充分认识此次监督检查的重要意义，加强领导，精心组织，认真结合本行政区域情况制定切实可行的工作方案，对本行政区域高风险医疗器械经营使用单位开展全面的监督检查。监督检查过程中，地方各级食品药品监督管理部门要层层落实监管责任，切实转变作风，确保监督检查工作取得实效。

（二）突出重点，集中整治。地方各级食品药品监督管理部门要按照此次监督检查的重点内容，针对本行政区域的突出问题和薄弱环节，集中力量，做好监督检查。对监督检查中发现的问题，地方各级食品药品监督管理部门必须要求相关经营使用单位限期整改，并积极开展跟踪检查，督促经营使用单位整改到位。对检查中发现的违法违规问题要及时依法查处；情节严重的，要予以曝光。总局将适时对各地工作开展情况进行监督检查。

（三）标本兼治，综合治理。地方各级食品药品监督管理部门要把监督检查作为突破口，将监督检查与建立健全医疗器械安全监管制度，整合医疗器械安全监管资源结合起来；与探索新的监管思路和管理模式结合起来；与推动产业升级，建立长效机制结合起来。各地要创造性地开展监督检查工作，持续有序地制定一些标本兼治的真招实策，为建立健全最严格的监管制度打好基础。

（四）严格纪律，依法问责。在监督检查中，地方各级食品药品监督管理部门要严格依法行政，文明执法，坚决防止工作方法简单粗暴，坚决杜绝借检查之机乱收费、乱罚款。

省级食品药品监督管理部门要加强监督检查工作信息的收集和报送。从2014年4月起，要在每月30日前将填写完整并加盖公章的《医疗器械经营和使用关键环节监督检查情况统计表》（见附件1和2）电子版和纸质版报送总局医疗器械监管司。监督检查结束后，要形成书面报告，并于2014年7月30日前将报告电子版和纸质版报送总局医疗器械监管司。

联 系 人：赵　彬、杨志强

电话：010-88331431、88331471

传真：010-88331441

电子邮箱：qxjglt@cfda.gov.cn

国家食品药品监督管理总局办公厅

2014年4月4日

# 食品药品监管总局关于认真贯彻实施《医疗器械监督管理条例》的通知

食药监法〔2014〕31号

各省、自治区、直辖市食品药品监督管理局，新疆生产建设兵团食品药品监督管理局，总局机关各司局、各直属单位：

《医疗器械监督管理条例》(以下简称《条例》)已于2014年2月12日经国务院常务会议审议通过，将于2014年6月1日起施行。《条例》的公布实施，对规范医疗器械研制、生产、经营和使用活动，加强医疗器械监督管理，提高我国医疗器械质量和安全整体水平，具有重要意义。为确保《条例》的贯彻实施工作，现将有关要求通知如下：

**一、充分认识《条例》的重要意义**

《条例》体现了党中央国务院关于建立最严格的覆盖全过程的食品药品监管制度、加快政府职能转变和深化行政审批制度改革的精神，建立完善了医疗器械注册与备案制度、生产经营和使用管理制度、不良事件监测和再评价制度等，对于强化医疗器械监督管理，保障公众身体健康和生命安全，将发挥重要作用。

各级食品药品监督管理部门要充分认识《条例》修订的重要意义，把学习宣传贯彻《条例》作为当前和今后一段时间的重要任务，深刻领会、准确把握、全面落实《条例》，扎实推进《条例》实施工作。

**二、积极开展《条例》的学习、宣传和培训**

各级食品药品监督管理部门要加强组织领导，深入开展《条例》学习宣传活动。一是要制定学习培训计划。统筹安排部署，明确学习任务，做到有计划、有执行、有考核，确保培训取得实效。二是要把握学习重点。紧密结合党中央国务院关于加强新时期食品药品安全工作的新理念、新论断和新要求，重点学习《条例》修订的总体思路、基本原则和各项重要制度。三是要创新学习方式。采取当面授课、网络授课、业务交流、专题研讨等多种形式，通过系统的学习和讨论，使监管人员准确领会《条例》的立法原则和精神实质，进一步提高依法行政的能力和水平。同时，要指导和督促本行政区域内的医疗器械研制、生产、经营和使用单位认真学习贯彻《条例》，全面落实企业主体责任，确保医疗器械安全有效。

各省（区、市）食品药品监督管理部门还应当结合本地情况，充分利用报纸、电视、电台和互联网等各种媒体，采取群众喜闻乐见的形式，持续广泛地宣传《条例》，使《条例》的有关要求深入人心，营造良好的宣传氛围。

**三、抓紧制定、完善相关配套规章和制度**

为使《条例》的各项规定有效落实，总局各相关部门要组织力量，抓紧研究、起草和修订医疗器械注册、生产监督、经营监督的管理办法等配套规章及其他规范性文件，部分实践急需的要争取在2014年6月1日前出台。各级食品药品监督管理部门要对现行的与医疗器械监管有关的部门规章、地方性法规、地方政府规章和规范性文件进行清理，依法修订、废止与《条例》不一致的内容。地方各级食品药品监督管理部门要从监管实际出发，加强调研和论证，提出有关制度设计的建议，配合总局开展有关工作；并积极推动地方政府规章和规范性文件的制定和实施。

**四、加强医疗器械监管能力建设**

《条例》进一步强化监管职能，细化重点检查要求，明确了监督检查职权，要求建立统一的医疗器械监督管理信息平台和信用档案，加强医疗器械不良事件监测信息网络建设，强调医疗器械安全的社会共治，倡导行业协会加强自律。各级食品药品监督管理部门要在发挥政府主导作用的同时，鼓励和支持企业、社会组织、公众等社会各界参与管理，形成监管合力，实现政府治理和行业自律的良性互动。

各级食品药品监督管理部门要针对机构改革后人员变动大、岗位新、业务新、情况不熟悉等情况，加大培训力度，加快医疗器械审评员、监督检查员的队伍建设，提高监管人员综合素质和能力；积极争取地方人民政府的支持，加强人员、经费、设备等的保障水平；将信息化建设作为提高医疗器械监管效能的重要手段，切实加强医疗器械监管能力。

**五、以贯彻实施《条例》为重要契机，扎实做好医疗器械专项整治工作**

当前，总局已作出在全国集中开展医疗器械“五整治”专项行动的部署，重点整治虚假注册申报、违规生产、非法经营、夸大宣传、使用无证产品等五种行为。地方各级食品药品监督管理部门要以贯彻实施《条例》为重要契机，强化督促检查，以重点产品、重点企业、重点案件线索为突破口，保持严厉打击的高压态势，有效惩处违法违规行为，切实保障公众用械安全。各级食品药品监督管理部门在案件查办中要严格执行《条例》的有关规定，遵守办案程序，科学准确定性，严管自由裁量，加强行政执法监督，维护社会公平正义。要积极主动和公安、工商、卫生计生等部门协商，进一步强化部门联动、执法衔接等工作。

各地要认真总结学习贯彻《条例》的经验，及时向总局报送相关信息和工作动态。在执行《条例》中遇到问题或者困难，请及时向总局反映。

国家食品药品监督管理总局

2014年4月11日

# 关于收集报送医疗器械“五整治”专项行动相关资料的通知

食药监械监便函〔2014〕41号

各省、自治区、直辖市食品药品监督管理局：

为全面了解各地开展医疗器械“五整治”专项行动的情况，根据《食品药品监管总局关于印发医疗器械“五整治”专项行动方案的通知》（食药监械监〔2014〕24号）（以下简称《通知》）的要求，现就收集报送医疗器械“五整治”专项行动相关资料通知如下：

一、加强相关资料的收集整理。随着医疗器械“五整治”专项行动的深入开展，各地应按照《通知》的要求，结合制定的医疗器械“五整治”专项行动实施方案，在做好相关工作的同时，尽可能收集整理相关音像、图片及配套文字资料，全面准确地反映各地医疗器械“五整治”专项行动工作进展情况。

二、规范相关资料的收集内容。主要包括各地开展质量万里行、开放日、科普宣传等系列活动，以及专项检查、案件查处、建章立制等相关工作的音像、图片及配套文字资料。专项行动结束后及时将相关资料归档保存。

三、请各省（区、市）食品药品监督管理局于2014年8月15日前,将整理好的相关资料刻录成光盘后，报送总局医疗器械“五整治”专项行动日常事务办公室。

联系人：王健、肖洋

联系电话：010-88331408

传真：010-88331478

邮箱：wzzb@cfda.gov.cn

地址：北京市西城区宣武门西大街26号院2号楼

国家食品药品监督管理总局医疗器械监管司

2014年4月22日

# 食品药品监管总局办公厅关于进一步做好医疗器械召回信息公开工作的通知

食药监办械监〔2014〕107号

各省、自治区、直辖市食品药品监督管理局：

为贯彻实施《医疗器械监督管理条例》和《医疗器械召回管理办法》（以下简称《办法》），规范召回信息发布行为，畅通公众获得医疗器械召回信息渠道，现就有关工作通知如下：

一、各省（区、市）食品药品监督管理部门应监督本行政区域内医疗器械生产企业和进口医疗器械境外制造厂商指定的境内代理人（以下简称境内代理人）按照《办法》的规定及时报告医疗器械召回信息，并要求其在企业官方网站或通过其他有效途径告知相关方面。

医疗器械生产企业以及进口医疗器械境外制造厂商在境内外同时实施医疗器械召回的，生产企业或境内代理人应及时报告所在地省(区、市)食品药品监督管理部门。

二、各省（区、市）食品药品监督管理部门应按照《办法》的规定，加强医疗器械召回监督管理工作，建立和完善医疗器械召回信息通报和公开制度。

各省（区、市）食品药品监督管理部门应在官方网站设置“医疗器械召回”专栏，及时公布本行政区域内责令召回信息和主动召回信息，并通报同级卫生计生部门。“医疗器械召回”专栏应分设“主动召回信息”和“责令召回信息”栏目,发布召回信息的格式及内容见附件。如企业对已报信息进行修正或补充，食品药品监督管理部门应及时更新。

三、各省（区、市）食品药品监督管理部门发布召回信息时应同时将所发布信息的电子版（包括发布信息的链接）报送总局。总局官方网站（www.cfda.gov.cn）设有“医疗器械召回”专栏，对省（区、市）食品药品监督管理部门报送的召回信息予以转发，并发布仅在境外实施医疗器械召回的信息和总局责令召回信息。

总局将加强对各省（区、市）医疗器械召回信息公开工作的监督检查，督促及时公开医疗器械召回信息。

总局医疗器械召回信息网上发布工作联系人：袁东宁

联系电话：010-88330317

报送邮箱：qxzhaohui@cfda.gov.cn

附件：1.医疗器械主动召回信息发布模板

2.医疗器械责令召回信息发布模板

国家食品药品监督管理总局办公厅

2014年5月29日

附件1

# 医疗器械主动召回信息发布模板

标题：（生产企业名称）对（产品名称）主动召回

正文：（中国境内负责单位）报告，由于________等原因，（生产企业名称）对其生产的（产品名称）（注册或备案号：________）主动召回。召回级别为________。涉及产品的型号、规格及批次等详细信息见《医疗器械召回事件报告表》。

附件：医疗器械召回事件报告表（参照《办法》附表1）

备注：请将正文（word格式）、附件（jpg格式，宽度不低于700像素）以及发布信息的链接同时发送到总局医疗器械召回信息报送邮箱。

附件2

# 医疗器械责令召回信息发布模板

标题：食品药品监督管理局对（生产企业名称）
生产的(产品名称)责令召回

正文：由于________等原因，食品药品监督管理局对（生产企业名称）生产的(产品名称)(注册或备案号：________）责令召回。召回级别为________。详细信息见《责令召回通知书》。

附件：责令召回通知书（参照《办法》相关要求）

食品药品监督管理局

备注：请将正文（word格式）、附件（jpg格式，宽度不低于700像素）以及发布信息的链接同时发送到总局医疗器械召回信息报送邮箱。

# 食品药品监管总局办公厅关于角膜治疗仪等12个产品分类界定的通知

食药监办械管〔2014〕103号

各省、自治区、直辖市食品药品监督管理局：

为适应医疗器械监督管理工作的需要，总局组织有关单位和专家对角膜治疗仪等12个产品的管理类别进行了界定。现通知如下：

**一、作为Ⅲ类医疗器械管理的产品（5个）**

（一）角膜治疗仪：由电源控制盒、触控液晶电脑显示器、活动式手臂、UV-A传输系统、医疗级推车、工作托盘组成。利用照射光敏剂核黄素浸润的角膜，核黄素分子被激发产生活性氧族，诱导胶原纤维的氨基（团）之间发生化学交联反应，从而增加了胶原纤维的机械强度和抵抗角膜扩张的能力。用于治疗圆锥角膜手术、角膜溃疡和LASIK（准分子激光原位角膜磨镶术）术后角膜膨胀症。不含光敏剂。分类编码6822。

（二）冷冻减脂仪：由主机、电源线、探头、装水容器、探头插头组成。用于临床对局部脂肪组织进行冷冻，使脂肪细胞凝固、凋亡。分类编码6858。

（三）检查定位系统：由医学影像工作站、电磁跟踪定位装置、体位探测器、定位导线和专用仪器车构成，定位导线为一次性使用无菌产品。该系统依据患者肺部CT数据和定位导线（固定在支气管镜工作通道内）探测的支气管镜头端的信息，引导支气管镜沿着预设路径，准确到达预定病灶部位，提高支气管镜检查或取样活检的诊断成功率。适用于需要辅助支气管镜肺癌诊断、肺癌分期、指导肺癌个性化治疗的人群。分类编码6854。

（四）非侵入式组织间液葡萄糖监测系统：由监测器、绑带、锂电池、充电器、光学表面凝胶、C8应用程序等附件组成。监测器使用拉曼光谱原理监测人体组织间液葡萄糖水平，C8应用程序用于接收并显示监测器测得的葡萄糖数值。用于连续或定时记录和显示Ⅰ型和Ⅱ型糖尿病成人（18周岁以上）患者的组织间液葡萄糖水平。分类编码6821。

（五）毫米波免疫治疗系统：由主机、毫米波照射头、特定电磁波照射器、计算机系统、支架等组成。用于免疫功能低下患者的辅助治疗。分类编码：6826。

**二、作为Ⅱ类医疗器械管理的产品（3个）**

（一）阴茎勃起检测仪：由分析器、一次性电极，以及计算机组成。用于男性阴茎勃起功能障碍记录检查和诊断。适用于有性功能障碍的男性患者。分类编码6821。

（二）头戴式视觉增强设备：由眼镜式支架、微显示器芯片、光学棱镜和图像控制电路组成。微显示器芯片主动发光，大视场角光学棱镜对微显示器芯片发出的光进行曲面反射处理再传送到人眼。立体图像控制电路为微显示器芯片提供各种需要的逻辑控制信号。用于近视、弱视的物理治疗，或青少年近视的预防。分类编码：6826。

（三）气腹机气体管路过滤器：由过滤器、接头和管路组成。与气腹机气体管路连接配合使用，使用时，将其置于气腹机前端部分。利用过滤器中的过滤装置，去除二氧化碳及其他医用气体中的细菌、病毒或其他污染物。一次性无菌产品。分类编码：6866。

**三、不作为医疗器械管理的产品（2个）**

（一）持续正压通气系统用呼吸阀：由呼气阀主体、进气口、排气口、阀盖、阀盖对准凹口、阀盖对准翼片、隔膜、隔膜对准凹口、隔膜对准翼片和压力传感器端口盖组成，接口符合YY1040.1-2003中非金属圆锥接头的要求。与持续正压通气系统一同使用，在低压力时，用户接口端和呼吸管路端中间增加此呼气阀后，可在患者回路中提供连续泄漏通路，从而减少患者对CO2的重复呼吸。使用时一端连接面罩，另一端连接呼吸管路。

（二）压紧圈线：由绑线、把手和袢扣组成。仅与锁定探针一起使用，用于绑束心脏电极近端各组件，以辅助经皮取出心脏电极、留置导管、导管或导丝碎片和其他异物。

**四、需视情况确定类别的产品（2个）**

（一）冲击波治疗仪：由主机和治疗头组成。通过对线圈施加高压脉冲产生时变磁场，利用电磁效应推动金属振膜产生冲击波，利用冲击波对人体病灶进行治疗。若用于辅助治疗肩周炎，缓解肩部疼痛，按照Ⅱ类医疗器械管理；若用于治疗男性功能勃起障碍，按照Ⅲ类医疗器械管理。分类编码6826。

（二）口腔3D摄像机：由可移动尖端探头和手持躯干组成，其中，可移动尖端探头部分包括光学镜和控制电路，手持躯干部分包括光学影像系统以及通过IEEE1394b电线电缆连接于电脑的电子器件。可获取口腔牙齿的三维模拟影像数据，该影像可用于辅助设计制作牙科修复体。从患者口内获取牙齿的三维模拟影像数据，用于辅助设计制作牙科修复体。若是强激光，按照Ⅲ类医疗器械管理；若是弱激光，按照Ⅱ类医疗器械管理。分类编码：6824。

国家食品药品监督管理总局办公厅

2014年5月22日

# 食品药品监管总局关于实施《医疗器械注册管理办法》和《体外诊断试剂注册管理办法》有关事项的通知

食药监械管〔2014〕144号

各省、自治区、直辖市食品药品监督管理局：

《医疗器械注册管理办法》（国家食品药品监督管理总局令第4号）和《体外诊断试剂注册管理办法》（国家食品药品监督管理总局令第5号）（以下统称《办法》）已发布，自2014年10月1日起施行。为做好《办法》实施工作，现将有关事项通知如下：

**一、做好《办法》宣贯和培训工作**

各级食品药品监督管理部门要认真贯彻执行《办法》，加强对《办法》的宣贯和培训，并注意了解《办法》执行过程中遇到的重要情况和问题，及时沟通和向总局反馈。

**二、关于《办法》实施前已获准注册项目的处理**

在2014年10月1日前已获准注册的第二类、第三类医疗器械，注册证在有效期内继续有效，经注册审查的医疗器械说明书和原标签可继续使用。

延续注册时，注册人按照《办法》规定提交申报资料，同时还应当提交原注册产品标准原件、产品技术要求、产品技术要求与原注册产品标准的对比说明,以及最小销售单元的标签设计样稿。经审查予以注册的，发放新格式的医疗器械注册证，并按照《办法》规定的编排格式重新编写注册证编号。

延续注册时，注册人应当按照新修订的《医疗器械说明书和标签管理规定》（国家食品药品监督管理总局令第6号）编写说明书和标签。如说明书与原经注册审查的医疗器械说明书有变化的，应当提供更改情况对比说明等相关文件。

对注册证在有效期内，原注册证载明内容发生变更及体外诊断试剂发生变更事项的，2014年10月1日前，按照原《医疗器械注册管理办法》（原国家食品药品监督管理局令第16号）、《体外诊断试剂注册管理办法（试行）》（国食药监械〔2007〕229号）的规定申请变更或者重新注册；自2014年10月1日起，应当按照《办法》的相应规定申请注册变更，予以变更的，发放新格式的医疗器械注册变更文件，与原医疗器械注册证合并使用，注册证编号不变。

2014年10月1日前已经按原办法申请变更，并于2014年10月1日后作出准予变更决定的，发放新格式的医疗器械注册变更文件，与原医疗器械注册证合并使用，注册证编号不变。

**三、关于《办法》实施前已受理注册申请项目的处理**

《办法》实施前各级食品药品监督管理部门已受理尚未作出审批决定的第二类、第三类医疗器械，按原规定继续审评、审批，予以注册的，按照《办法》规定的格式发放医疗器械注册证，注册证“附件”栏将“产品技术要求”改为“注册产品标准”，并将经复核的注册产品标准加盖标准复核章，作为注册证附件发放。注册证有效期内，经注册审查的医疗器械说明书和原标签可继续使用。

《办法》实施前受理并于《办法》实施后获准注册的，申请延续注册及注册变更时，按照本文件中“二、关于《办法》实施前已获准注册项目的处理”有关规定办理。

**四、关于注册检验**

（一）《办法》实施前已出具注册检验报告项目的处理

《办法》实施前已出具注册检验报告的，申请人申报注册时，可将该注册检验报告和产品标准预评价意见作为注册申报资料，同时按照《办法》的要求提交产品技术要求等其他申报资料。

（二）《办法》实施前已受理注册检验项目的处理

《办法》实施前已受理注册检验但尚未出具注册检验报告的,申请人应当按照《办法》要求向检验机构补充提交产品技术要求等文件，检验机构按照《办法》要求实施检验并出具注册检验报告。

**五、关于延续注册申请时间**

（一）自2015年4月1日起，凡是未在医疗器械注册证有效期届满6个月前提出延续注册申请的，食品药品监督管理部门均不受理延续注册申请。申请人应当按照《医疗器械注册管理办法》第五章、《体外诊断试剂注册管理办法》第六章的规定申请注册。

自2015年4月1日起，注册人应当在医疗器械注册证有效期届满6个月前申请延续注册。受理延续注册的食品药品监督管理部门应当在医疗器械注册证有效期届满前作出决定，逾期未作决定的，视为准予延续。

（二）2015年4月1日前，延续注册和注册变更可以合并申请，按延续注册和注册变更的要求提交申报资料。

自2015年4月1日起，延续注册和注册变更应当分别提出申请，注册变更应当按照《办法》相应要求提交相关资料。

**六、关于医疗器械注册管理相关文件**

（一）《办法》实施后，附件中列出的医疗器械注册管理相关文件同时废止。

（二）《办法》中未涉及的事项，如国家食品药品监督管理总局（包括原国家食品药品监督管理局、原国家药品监督管理局）以前发布的医疗器械注册管理的文件中（包括局发文件、局办公室文件）有明确规定且文件有效的，仍执行原规定。

**七、其他事项**

（一）《办法》实施前后相应内容的衔接

1.《办法》实施前相关医疗器械注册管理文件中涉及对生产企业要求的，《办法》实施后指对申请人、注册人以及备案人的要求。

2.《办法》实施前的文件中涉及临床试验资料的，《办法》实施后以临床评价资料代替。

3.《办法》实施前的文件中涉及注册产品标准的，《办法》实施后以产品技术要求代替。

4.《办法》实施前的文件中要求重新注册时履行的事项，《办法》实施后应当在延续注册时履行。

（二）关于医疗器械产品注册技术审查指导原则

《办法》实施前国家食品药品监督管理总局组织制定并发布的医疗器械产品注册技术审查指导原则，申请人和食品药品监督管理部门可继续将其中的技术内容作为参考，同时注意按照《办法》的要求开展注册相关工作。

（三）关于体外诊断试剂临床试验

1.临床试验机构

在国家食品药品监督管理总局发布医疗器械临床试验机构目录前，申请人应当在省级卫生医疗机构开展体外诊断试剂临床试验。

对于特殊使用目的产品，可以在符合要求的市级以上的疾病控制中心、专科医院或检验检疫所、戒毒中心等机构开展体外诊断试剂临床试验。

2. 临床试验开始时间

《办法》实施后，体外诊断试剂应当在注册检验合格后进行临床试验。如临床试验协议在《办法》实施前已经签署，注册检验前进行的临床试验，其临床试验报告可作为注册申报资料予以提交，并同时提交临床试验协议。

（四）关于进口医疗器械和境内生产的医疗器械

医疗器械注册申请人和备案人应当是依法进行登记的企业。

进口医疗器械，应当由境外申请人（备案人）申请注册或者办理备案；境内生产的医疗器械，应当由境内申请人（备案人）申请注册或者办理备案。

（五）关于不适用的条款

《办法》实施后，《国家食品药品监督管理总局关于部分医疗器械变更审批和质量管理体系检查职责调整有关事宜的通知》（食药监械管〔2013〕28号）第一条第（一）项、第（二）项和第二条不再适用。

国家食品药品监督管理总局

2014年8月1日

# 食品药品监管总局关于实施《医疗器械生产监督管理办法》和《医疗器械经营监督管理办法》有关事项的通知

食药监械监〔2014〕143号

各省、自治区、直辖市食品药品监督管理局：

《医疗器械生产监督管理办法》（国家食品药品监督管理总局令第7号）（以下简称《生产办法》）和《医疗器械经营监督管理办法》（国家食品药品监督管理总局令第8号）（以下简称《经营办法》）已发布，自2014年10月1日起实施。现将有关事项通知如下：

一、各级食品药品监督管理部门要加强对《生产办法》、《经营办法》的宣贯和培训，深刻理解、熟练掌握，并结合本行政区域的工作实际，认真贯彻落实。

二、自2014年10月1日起，新开办医疗器械生产企业的生产许可、备案应当按照《生产办法》有关规定办理。

2014年10月1日前已受理但尚未批准的新开办医疗器械生产企业许可申请，在《生产办法》实施后，应当按照《生产办法》有关规定进行办理。

三、现有《医疗器械生产企业许可证》在有效期内继续有效。《生产办法》实施后，对于医疗器械生产企业申请变更、延续、补发的，应当按照《生产办法》有关要求进行审核，必要时进行现场核查，符合规定条件的，发给新的《医疗器械生产许可证》，有效期自发证之日起计算。

已办理第一类医疗器械生产企业登记的，生产企业应当于2015年3月31日前按照《生产办法》的有关规定，向所在地设区的市级食品药品监督管理部门办理第一类医疗器械生产备案。

四、原已办理第二类、第三类医疗器械委托生产登记备案的，《生产办法》实施后，委托双方任何一方的《医疗器械生产企业许可证》到期或者发生变更、延续、补发时，原委托生产登记备案应当终止，需要继续委托生产的，应当按照《生产办法》的有关规定办理委托生产手续。

原已办理第一类医疗器械委托生产登记备案的，其委托生产登记备案至2015年3月31日终止，需要继续委托生产的，按照《生产办法》有关规定办理委托生产相关手续。

五、医疗器械生产企业的《医疗器械生产企业许可证》涉及跨省设立生产场地的，可生产至《医疗器械生产企业许可证》有效期止。跨省设立的生产场地需要继续生产的，应当按照《生产办法》的有关规定，单独向其所在地省级食品药品监督管理部门申请生产许可。

医疗器械生产企业的《第一类医疗器械生产企业登记表》涉及跨设区的市设立生产场地的，可生产至2015年3月31日止。跨设区市设立的生产场地需要继续生产的，应当按照《生产办法》的有关规定，单独向其所在地设区的市级食品药品监督管理部门办理第一类医疗器械生产备案。

六、出口医疗器械的生产企业应当将出口产品相关信息向所在地设区的市级食品药品监督管理部门备案。相关信息包括出口产品、生产企业、出口企业、销往国家（地区）以及是否境外企业委托生产等内容。

七、自2014年10月1日起，新开办医疗器械经营企业的经营许可、备案应当按照《经营办法》有关规定办理。

2014年10月1日前已受理但尚未批准的新开办医疗器械经营企业许可申请，在《经营办法》实施后，应当按照《经营办法》有关规定进行办理。

八、现有医疗器械经营企业的《医疗器械经营企业许可证》在有效期内继续有效。《经营办法》实施后，对于医疗器械经营企业申请变更、延续、补发的，涉及经营第三类医疗器械，应当按照《经营办法》有关要求进行审核，必要时进行现场核查，符合规定条件的，发给新的《医疗器械经营许可证》，有效期自发证之日起计算；涉及经营第二类医疗器械，应当按照《经营办法》有关要求办理备案。

九、《生产办法》、《经营办法》和本通知中涉及的相关表格见附件。

十、自《生产办法》和《经营办法》实施之日起，凡与本通知要求不一致的，按本通知要求执行，工作中遇到相关问题应当及时反馈总局。

附件：1.医疗器械生产许可证（样本）及制证规格

2.医疗器械生产许可申请表（样表）

3.医疗器械生产许可变更申请表（样表）

4.医疗器械生产许可延续申请表（样表）

5.医疗器械生产许可证补发申请表（样表）

6.医疗器械生产许可注销申请表（样表）

7.第一类医疗器械生产备案表（样表）

8.第一类医疗器械生产备案凭证（样表）

9.第一类医疗器械生产备案变更表（样表）

10.第一类医疗器械生产备案凭证补发表（样表）

11.医疗器械委托生产备案表（样表）

12.医疗器械委托生产备案凭证（样表）

13.医疗器械出口备案表（样表）

14.医疗器械经营许可证（样本）及制证规格

15.医疗器械经营许可申请表（样表）

16.医疗器械经营许可变更申请表（样表）

17.医疗器械经营许可延续申请表（样表）

18.医疗器械经营许可证补发申请表（样表）

19.医疗器械经营许可注销申请表（样表）

20.第二类医疗器械经营备案表（样表）

21.第二类医疗器械经营备案凭证（样表）

22.第二类医疗器械经营备案变更表（样表）

23.第二类医疗器械经营备案凭证补发表（样表）

附件浏览网址：http://www.sda.gov.cn/WS01/CL0845/103801.html

国家食品药品监督管理总局

2014年8月1日

# 食品药品监管总局办公厅关于电子宫腔观察镜等30个产品分类界定的通知

食药监办械管〔2014〕149号

各省、自治区、直辖市食品药品监督管理局:

为适应医疗器械监督管理工作的需要，总局组织有关单位和专家对电子宫腔观察镜等30个产品的管理类别进行了界定。现通知如下：

**一、作为Ⅲ类医疗器械管理的产品（3个）**

（一）眼压持续监测仪：由记录器、传感器、天线、数据线、充电器和软件等组成，其中传感器是一个带有嵌入式芯片的一次性硅胶软性接触镜。用于对青光眼患者进行连续24小时的眼内压监测。分类编码：6822。

（二）气压弹道式体外冲击波治疗仪：由主机（包括空气压缩机和台车）和冲击枪（包括治疗头和控制手柄）组成。将由压缩空气经程序控制产生的脉冲声波转换成弹道式冲击波，利用指定频率，通过治疗头的定位和移动作用于阴茎海绵体。用于治疗勃起功能障碍。分类编码：6826。

（三）麻醉信息管理软件：用于采集和存储手术过程中麻醉机和监护仪等设备生命体征数据，生成标准化电子麻醉记录单，辅助指导医生麻醉用药，同时具有对各项生命体征监测参数报警功能。分类编码：6870。

**二、作为Ⅱ类医疗器械管理的产品（13个）**

（一）多体位分娩装置：由分娩吊架、分娩凳、助产球和胶垫等组成，可独立或根据分娩需要组合使用。用于辅助产妇选择站、坐、跪等不同的分娩体位，使产妇合理用力，顺利自然分娩。分类编码：6854。

（二）光诱导失眠治疗仪：由床体、头罩（包含LED光源）、控制台和控制软件组成。使用时，通过特定频率的光作用于闭合人眼，使大脑产生同步频率的神经元电活动，诱导大脑皮层从紧张、兴奋的状态至放松的状态，并辅以低频振动作用于人体背部。用于治疗由于非器质性原因引起的失眠。分类编码：6821。

（三）全膝关节置换术用软组织应力感应器：由感应板、获取模块、激活标签和显示屏组成。为一次性无菌产品。用于在全膝关节置换术中，为平衡膝关节屈曲间隙提供感应读数以获得最佳的植入效果。分类编码：6821。

（四）根管荡洗器：由针头和手柄（内装电池）组成。在牙髓治疗过程中，采用声波能量驱动，通过声波荡洗来增加回流。用于对根管侧支进行清洗消毒。分类编码：6855。

（五）医用冷敷装置：由主机、适配器、冰桶和冷敷袋组成，其中主机包含直流活塞泵、电磁阀、温度传感器和软性水管。通过冷敷，收缩毛细血管，减轻疼痛及炎症反应，达到消肿止痛的作用。用于四肢急性软组织损伤和关节扭伤的早期疼痛的冷敷。分类编码：6858。

（六）口腔治疗用冲击器：由主机和冲击头组成，其中主机包含马达连接器、冲击头连接器和手柄。使用时，与电动马达连接，在种植体轴向延长线的方向上冲击基台。用于指定型号种植牙基台的就位和放置。分类编码：6855。

（七）激光定位系统：由激光驱动器、数字化定位框和定位框遥控器组成。安装在C型臂X射线机的影像增强器上。用于骨科手术中目标对应点的体表定位。分类编码：6824。

（八）核酸检测管理软件：用于收集指定核酸检测分析系统提供的数据，使操作人员追踪样本，并对混样检测结果和个体检测结果进行对比，根据检验判定规则向各样本赋予结果，发送至实验室信息管理系统，还可生成结果总结资料报告和分析报告。分类编码：6870。

（九）导光鼻塞：由治疗头和光导纤维组成。用于将半导体激光治疗仪发射的激光传输入鼻腔进行治疗。分类编码：6824。

（十）腔内吸引旋切器：由动力主机、带粉碎刀头的操作手柄、负压吸引主机、脚踏开关等组成。用于在医用内窥镜直视下，将胸腹腔手术已切割下来的前列腺体、子宫肌瘤等病变组织在腔内进行粉碎并吸出体外。分类编码：6822。

（十一）抗生素类药物诱导型溶血性贫血检测试剂盒（微柱凝胶法）：由药物诱导型溶血性贫血检测试剂卡、抗体释放液、药物稀释液等组成。用于检测抗生素类药物引起的溶血性贫血药物的鉴别，指导临床合理选择使用药物。分类编码：6840。

（十二）壳多糖酶3样蛋白1 (CHI3L1）检测试剂盒（酶联免疫法）：由CHI3L1微孔酶标板、CHI3L1检测抗体、HRP标记亲和素及稀释液、显色剂等组成。用于体外定量检测人血清样本中的CHI3L1，辅助肝硬化的诊断。分类编码：6840。

（十三）胰岛素样生长因子-I检测试剂：由包被珠、试剂楔、校正品和样本稀释液组成。用于体外定量检测血清或肝素化血浆中胰岛素样生长因子-I(IGF-I)含量。对生长紊乱评估起辅助诊断作用。

**三、作为Ⅰ类医疗器械管理的产品（2个）**

（一）类风湿因子吸附剂：由经过处理的山羊抗人IgG免疫血清组成，仅用于检测特异性IgM抗体前对血清或者血浆样本的预处理。分类编码：6840。

（二）细胞培养基：由1640培养基或RPMI-1640培养基及其他必要的辅助成分组成。仅用于细胞增殖培养，不具备对细胞的选择、诱导、分化功能。培养后的细胞用于体外诊断。

**四、不作为医疗器械管理的产品（11个）**

（一）腹腔镜烟雾过滤系统：由过滤器、管路、滚筒调节夹和鲁尔接头组成。与腹腔穿刺器连接使用。利用过滤器拦截细菌和病毒，同时减少燃烧中产生的气味、挥发性气体和烟雾等副产物。用于清除微创腹腔镜手术过程中视野范围内烟雾。

（二）俯卧支撑枕：用于眼科视网膜脱落手术后患者俯卧时的头部支撑。

（三）医用气泵：由无油气泵、控制器和喷气输出口组成。在电机带动下由隔膜上下移动将空气压缩成有一定流量的气流，为蛋白胶配制雾化器（管）提供动力。

（四）母乳脂肪检测系统：由主机、电源适配器和控制软件组成。采用超声波技术，通过分析超声波通过乳汁时的传播速度和衰减系数，检测乳汁中脂肪含量。用于体外定量检测母乳中脂肪含量。

（五）呼气口：由主体和套筒组成。作为呼吸机用呼吸管路的附件。用于在患者回路中提供持续的漏气通路，从而减少患者对二氧化碳的重复吸入。

（六）支气管镜弯管：由弯管主体、支气管镜接口和压力传感器端口组成。作为指定面罩的附件。在对实施无创呼吸机治疗的患者进行支气管镜检查时，用于替换指定面罩的普通弯管，以不影响患者正常的无创通气治疗。

（七）一次性探头保护膜：由框架、薄膜和铁片组成。为指定三维乳腺超声诊断仪的必备配件。使用时，加装在三维乳腺超声诊断仪探头上。用于保护探头。

（八）一次性治疗罩：为指定微波治疗机的必备配件。治疗时，套在微波治疗手柄上，使人体组织通过负压吸进治疗罩进行治疗，负压由微波治疗机主机提供，同时保护微波治疗手柄，防止交叉感染。

（九）医用微量氧气泵：由储气罐、进气单向阀、减压稳压阀、过滤器、连接管和限流管组成。使用时，在储气罐中充入氧气，把限流管出气孔置于创面边缘并固定后，将医用敷料覆盖在创面，持续向创面释放少量氧气。该产品属于便携式装置，仅用于控制氧气流量，不含氧气和敷料。

（十）淋巴细胞生长因子：主要成分为重组人白细胞介素-12（rhIL-12），使用时加入淋巴细胞培养液，经培养后的淋巴细胞用于染色体核型分析等体外诊断。

（十一）人类间充质干细胞培养试剂盒：由人类间充质干细胞无血清基础培养基、人类间充质干细胞无血清营养添加物等组成。用于人类间充质干细胞体外培养，培养后的间充质干细胞用于科研及临床研究。

**五、需视情况确定类别的产品（1个）**

一次性腹腔穿刺器：由穿刺套管和穿刺针组成。为一次性无菌产品。用于腹腔镜手术中进行腹腔穿刺，以及穿刺后建立内窥镜和手术器械从外界进出腹腔的通道，并可向腹腔内输送气体用。若穿刺针内集成有COMS摄像头和LED冷光源，用于辅助医生通过观察摄像头拍摄的图像准确判断穿刺针穿刺的路径和是否穿刺进入腹腔，作为Ⅲ类医疗器械管理；否则，作为Ⅱ类医疗器械管理。

国家食品药品监督管理总局办公厅

2014年8月1日

# 食品药品监管总局关于印发医疗器械检验机构开展医疗器械产品技术要求预评价工作规定的通知

食药监械管〔2014〕192号

各省、自治区、直辖市食品药品监督管理局：

为做好医疗器械产品注册检验工作，根据《医疗器械注册管理办法》（国家食品药品监督管理总局令第4号）和《体外诊断试剂注册管理办法》（国家食品药品监督管理总局令第5号），总局组织制定了《医疗器械检验机构开展医疗器械产品技术要求预评价工作规定》，现予印发，自2014年10月1日起施行。

国家食品药品监督管理总局

2014年8月21日

# 医疗器械检验机构开展医疗器械产品技术要求预评价工作规定

一、医疗器械检验机构对注册申请人提交的产品技术要求进行预评价，应当主要从以下方面进行评价：

（一）产品技术要求中性能指标的完整性与适用性；检验方法是否可具有可操作性和可重复性，是否与检验要求相适应。

（二）依据现行强制性或推荐性国家标准、行业标准检验的，所用强制性国家标准、行业标准的完整性，所用标准与产品的适宜性，所用条款的适用性。

（三）如检验内容涉及引用中国药典的相关内容，其引用的完整性、适宜性和适用性。

二、医疗器械检验机构应当将预评价中发现的产品技术要求中存在的问题及其他相关问题记录在《医疗器械产品技术要求预评价意见》（见附件）中，并将预评价意见向注册申请人反馈。

三、医疗器械检验机构在填写预评价意见时，应当根据评价内容的不同，分别在对应的栏目中填写，并出具综合评价意见。对于在注册检验过程中发现的产品技术要求的问题，如检验机构认为有必要，可在预评价意见中予以说明。

四、经过预评价的产品技术要求和预评价意见应当加盖与医疗器械检验报告相同印章，随检验报告一同出具给注册申请人。

附件：医疗器械产品技术要求预评价意见

附件浏览网址：http://www.sda.gov.cn/WS01/CL0845/105194.html

## 食品药品监管总局关于印发境内第二类医疗器械注册审批操作规范的通知

食药监械管〔2014〕209号

各省、自治区、直辖市食品药品监督管理局：

为规范境内第二类医疗器械注册审批工作，根据《医疗器械监督管理条例》（国务院令第650号）、《医疗器械注册管理办法》（国家食品药品监督管理总局令第4号）和《体外诊断试剂注册管理办法》（国家食品药品监督管理总局令第5号），总局组织制定了《境内第二类医疗器械注册审批操作规范》，现予印发，自2014年10月1日起施行。

国家食品药品监督管理总局

2014年9月11日

# 境内第二类医疗器械注册审批操作规范

境内第二类医疗器械注册审批（指产品注册、许可事项变更注册和延续注册）包括受理、技术审评、行政审批和批件制作四个环节，登记事项变更包括受理和文件制作两个环节。

各省、自治区、直辖市食品药品监督管理部门可参照本规范的要求，结合各地实际情况作出具体规定。

体外诊断试剂相关受理、审评、审批程序及规定参照本规范执行。

**一、境内第二类医疗器械注册审批**

（一）受理

1.受理的申报资料格式应当符合下列要求

（1）申报资料应有所提交资料目录。

（2）申报资料应当按目录顺序排列并装订成册。

（3）申报资料一式一份，其中产品技术要求一式两份，应当使用A4规格纸张打印，内容完整、清楚，不得涂改，政府部门及其他机构出具的文件按原件尺寸提供。凡装订成册的，不得自行拆分。

（4）申报资料使用复印件的，复印件应当清晰并与原件一致。

（5）各项申报资料中的申请内容应当具有一致性。

（6）申报资料均应加盖申请人公章。

（7）注册申报资料还需同时提交以下电子文档：

申请表。

产品技术要求。应为word文档，并且可编辑、修改。同时还应提交单独的仅包含技术要求性能指标部分的电子文档。

综述资料、研究资料概述以及体外诊断试剂产品的说明书。应为word文档。体外诊断试剂综述资料电子文档内容应当包括产品预期用途、与预期用途相关的临床适应症背景情况、相关的临床或实验室诊断方法、产品描述、有关生物安全性方面的说明、产品主要研究结果的总结和评价、同类产品在国内外批准上市情况以及申报产品需要说明的其他情况等。

2.岗位职责

（1）负责对境内第二类医疗器械注册申报资料的完整性和规范性进行形式审查。

（2）申请事项属于本部门职权范围，申报资料齐全、符合形式审查要求，或者申请人按照要求提交全部补充资料的，应当予以受理，填写《受理通知书》，加盖专用章并注明受理日期。

（3）申报资料存在可以当场更正的错误的，应当允许申请人当场更正。

（4）申报资料不齐全或者不符合形式审查要求的，应当在5个工作日内一次告知申请人需要补正的全部内容，并出具《补正材料通知书》，逾期不告知的，自收到申报资料之日起即为受理。

（5）对申报事项依法不属于本部门职权范围的，应当即时告知申请人不予受理，填写《不予受理通知书》，加盖专用章并注明日期。

（6）自受理申请之日起3个工作日内将申报资料转交医疗器械技术审评机构。

（二）技术审评(60个工作日)

技术审评机构对境内第二类医疗器械安全性、有效性研究和结果进行系统评价，提出结论性意见，并对技术审评阶段出具的审评意见负责。

1.主审

（1）责任人：技术审评机构技术审评人员。

（2）主审要求和职责：按照相关法律法规、法定程序和技术审评要求，根据申请人的申请，对其拟上市销售产品的安全性和有效性研究及其结果进行系统评价；对医疗器械许可事项变更注册内容进行审查，确定变更注册内容是否符合许可事项变更注册的相关规定；对延续注册内容进行审查，确定是否符合延续注册的相关规定，出具审评意见。

2.复核

（1）责任人：技术审评机构部门负责人。

（2）复核要求和职责：对审评意见进行审查，必要时复核注册申报资料，确定审评意见的完整性、规范性和准确性，并提出复核意见。确定审评过程符合有关审评程序的规定，做到审评尺度一致。

3.签发

（1）责任人：技术审评机构负责人。

（2）签发要求和职责：对审评意见和复核意见进行审核，确认审评结论，签发审评报告。

4. 其他要求

（1）技术审评过程中，必要时可调阅原始研究资料。

（2）需要进行专家审评咨询的事项，专家审评时间不计算在规定的审评时限内。

（3）需要补正资料的，技术审评机构应当一次告知申请人需要补正的全部内容。申请人应当在1年内按照补正通知的要求一次提供补充资料；技术审评机构应当自收到补充资料之日起60个工作日内完成技术审评。申请人补充资料的时间不计算在审评时限内。

（4）应当依法进行注册质量管理体系核查的，依据有关规定启动。

（三）行政审批（20个工作日）

对受理、技术审评的审查内容和审评过程进行行政复核，并根据技术审评结论作出批准注册或不予行政许可的决定。

1.审核

（1）责任人

省级食品药品监督管理部门注册处室审核人员。

（2）审核要求

确定本次申请属于本部门审批职责范围；审评程序是否符合相关法规和工作程序的规定；技术审评报告是否完整和规范;技术审评结论是否明确。

（3）职责

根据审核要求，提出审核意见，填写审查记录后将技术审评报告、审查记录报送核准人员。

2.核准

（1）责任人

省级食品药品监督管理部门注册处室负责人。

（2）核准要求

对审核人员出具的审核意见进行审查；确定本次申请注册的产品是否注册。

（3）岗位职责

对符合核准要求的境内第二类医疗器械注册申请项目，提出核准意见，填写审查记录后将审评材料和审查记录报送审定人员；对不符合核准要求的，提出核准意见，填写审查记录后将技术审评报告、审查记录退回审核人员。

3.审定

（1）责任人

省级食品药品监督管理部门主管局领导。

（2）审定要求

对核准人员出具的核准意见进行审查；最终批准本次申请注册的产品是否注册。

（3）岗位职责

对境内第二类医疗器械注册申请项目，符合审定要求的作出批准注册或不予行政许可的决定，签发相关文件。

（四）批件制作和送达（10个工作日）

制证人员应当按照行政审批结论制作批件。

1.批件制作要求

（1）制作的《医疗器械注册证》或《医疗器械注册变更文件》内容完整、准确、无误，加盖的医疗器械注册专用章准确、无误。

（2）制作的《不予行政许可决定书》中须写明不予行政许可的理由，并注明申请人依法享有申请行政复议或者提起行政诉讼的权利以及投诉渠道。

（3）其他许可文书等应当符合公文的相关要求。

2.岗位职责

对准予许可的，制作《医疗器械注册证》或《医疗器械注册变更文件》，加盖医疗器械注册专用章。

对不予许可的，制作《不予行政许可决定书》，加盖医疗器械注册专用章。

**二、登记事项变更**

对境内第二类医疗器械注册人名称和住所、生产地址等登记事项变更申报资料的完整性和规范性进行形式审查。

（一）申报资料格式要求

应当符合本规范第一项受理中所提申报资料格式要求。

（二）岗位职责

1.申请事项属于本部门职权范围，申报资料齐全、符合形式审查要求的，将申报资料转制证部门。

2.申报资料不齐全或者不符合规定形式的，应当一次告知备案人需要补正的全部内容。

3.对不属于本部门职权范围的，不予接收，同时告知申请人并说明理由。

（三）工作时限

即时。

（四）文件制作

制证人员按照申请表中的变更内容制作《医疗器械注册变更文件》。

1.文件制作要求

制作的《医疗器械注册变更文件》内容完整、准确、无误，加盖的专用章准确、无误。

2.岗位职责

制作《医疗器械注册变更文件》，加盖专用章。

3.工作时限：10个工作日。

**三、其他要求**

（一）延续注册相关要求

《医疗器械注册证》有效期届满需要延续注册的，注册人应

当在《医疗器械注册证》有效期届满6个月前，向省级食品药品监督管理部门申请延续注册。省级食品药品监督管理部门应当在《医疗器械注册证》有效期届满前作出准予延续的决定；逾期未作决定的，视为准予延续。省级食品药品监督管理部门发出补正资料通知和召开专家会议通知等行为，不属于《医疗器械监督管理条例》第十五条中逾期未作决定的情形。

（二）《医疗器械注册证》附件发放相关要求

省级食品药品监督管理部门应当将经审查核准的产品技术要求进行编号并加盖医疗器械注册专用章，作为《医疗器械注册证》附件发给申请人。产品技术要求的标题为“×××（产品名称）产品技术要求”，编号即为相应的注册证编号。产品技术要求中性能指标的内容，应当与《医疗器械注册证》其他内容一并在省级食品药品监督管理部门政府网站上予以公布。

对于体外诊断试剂注册，省级食品药品监督管理部门还应当将经审查核准的说明书，加盖医疗器械注册专用章，随《医疗器械注册证（体外诊断试剂）》一并发给申请人。

变更产品技术要求的，省级食品药品监督管理部门应当将经审查的产品技术要求变化对比表，加盖医疗器械注册专用章，

随变更文件一并发给申请人。

（三）《医疗器械注册证》等文件制作的相关要求

1.《医疗器械注册证》

《医疗器械注册证》栏内填写内容较多的，可采用附件形式。不适用的栏目，应当标注“不适用”。

《医疗器械注册证》及附件所列内容为注册限定内容。省级食品药品监督管理部门经注册审查，认为《医疗器械注册证》中除已明确规定需载明的内容外仍有其他内容需要载明，应在注册证“其他内容”栏目中列出，内容较多可采用附件形式。

2.《医疗器械注册变更文件》

《医疗器械注册变更文件》中“变更内容”栏的填写：变更内容在省级食品药品监督管理部门政府网站上予以公布的，填写变更后内容，例如“注册人名称变更为×××”；变更内容不在省级食品药品监管局政府网站上予以公布的，填写变更项目，例如“产品技术要求中检验方法变更”。

3.补发《医疗器械注册证》

补发《医疗器械注册证》的，在备注栏加注“××××年××月××日补发”，其他内容不变。

4.《医疗器械注册证》和《医疗器械注册变更文件》等用A4纸打印。

附件：境内第二类医疗器械注册技术审评报告（格式）

**附件**

受理号：　　　　　　　　　　受理日期：

# 境内第二类医疗器械注册

# 技术审评报告（格式）

产品名称：

规格型号：

申请人：

XXXXXXXXXXXXX（技术审评单位名称）

# 技术审评报告

<table>
<tr><td>注册形式</td><td>□注册申请<br>□许可事项变更注册申请<br>□延续注册申请</td></tr>
<tr><td>产品名称</td><td></td></tr>
<tr><td>申请人</td><td></td></tr>
<tr><td>生产地址</td><td></td></tr>
<tr><td colspan="2">技术审查内容</td></tr>
<tr><td colspan="2">1. 产品概述</td></tr>
<tr><td colspan="2">2. 同类产品及该产品既往注册情况</td></tr>
</table>

| 3. 有关产品安全性、有效性主要评价内容<br>[如原理、材料、电气安全、辐射防护、传染和微生物污染防护、机械防护、生物安全性、临床试验等] |
|---|
| 4. 企业提供的证据<br>[技术资料提供的证明方法、方法依据及相关客观数据] |

| 5. 存在问题及主要补正意见 |
| --- |
| 6. 企业针对“存在问题及主要补正意见”提供的证据或修改的内容 |

<table>
<tr><td>综合意见（提出相关处理建议）<br>备选项：[符合技术审评要求，建议准予注册。<br>申报资料不符合技术审评要求，建议不予行政许可。<br>同意企业申请，建议准予撤回。]<br><br>主审：　年　月　日</td></tr>
<tr><td>复核：　年　月　日</td></tr>
<tr><td>签发：　年　月　日</td></tr>
</table>

# 食品药品监管总局关于印发境内第三类和进口医疗器械注册审批操作规范的通知

食药监械管〔2014〕208号

各省、自治区、直辖市食品药品监督管理局：

为规范境内第三类和进口医疗器械注册审批工作，根据《医疗器械监督管理条例》（国务院令第650号）、《医疗器械注册管理办法》（国家食品药品监督管理总局令第4号）和《体外诊断试剂注册管理办法》（国家食品药品监督管理总局令第5号），总局组织制定了《境内第三类和进口医疗器械注册审批操作规范》，现予印发，自2014年10月1日起施行。

国家食品药品监督管理总局

2014年9月11日

# 境内第三类和进口医疗器械注册审批操作规范

境内第三类和进口第二类、第三类医疗器械注册审批（指产品注册、许可事项变更注册和延续注册）包括受理、技术审评、行政审批和批件制作四个环节，登记事项变更包括受理和文件制作两个环节。

受理和批件制作、登记事项变更由国家食品药品监督管理总局行政事项受理服务和投诉举报中心负责；技术审评由国家食品药品监督管理总局医疗器械技术审评中心负责；行政审批由国家食品药品监督管理总局负责。

体外诊断试剂相关受理、审评、审批程序及规定，参照本规范执行。

**一、境内第三类和进口医疗器械注册审批**

（一）受理

1.受理的申报资料格式要求

（1）申报资料应有所提交资料目录，包括申报资料的一级和二级标题。每项二级标题对应的资料应当单独编制页码。

（2）申报资料应当按目录顺序排列并装订成册。

（3）申报资料一式一份，其中产品技术要求一式两份，应当使用A4规格纸张打印，内容完整、清楚，不得涂改，政府部门及其他机构出具的文件按照原件尺寸提供。凡装订成册的，不得自行拆分。

（4）申报资料使用复印件的，复印件应当清晰并与原件一致。

（5）各项申报资料中的申请内容应当具有一致性。

（6）各项文件除证明性文件外，均应当以中文形式提供，如证明性文件为外文形式，还应当提供中文译本并由代理人签章。根据外文资料翻译的申报资料，应当同时提供原文。

（7）境内产品申报资料如无特殊说明的，应当由申请人签章。“签章”是指：申请人盖公章，或者其法定代表人、负责人签名加盖公章。

（8）进口产品申报资料如无特别说明，原文资料均应由申请人签章，中文资料由代理人签章。原文资料“签章”是指：申请人的法定代表人或者负责人签名，或者签名并加盖组织机构印章，并且应当提交由申请人所在地公证机构出具的公证件；中文资料“签章”是指：代理人盖公章，或者其法定代表人、负责人签名并加盖公章。

（9）注册申报资料还需同时提交以下电子文档：

申请表。

产品技术要求。应为word文档，并且可编辑、修改。同时还应提交单独的仅包含技术要求性能指标部分的电子文档。

综述资料、研究资料概述以及体外诊断试剂产品的说明书。应为word文档。体外诊断试剂综述资料电子文档内容应当包括产品预期用途、与预期用途相关的临床适应症背景情况、相关的临床或实验室诊断方法、产品描述、有关生物安全性方面的说明、产品主要研究结果的总结和评价、同类产品在国内外批准上市情况以及申报产品需要说明的其他情况等。

2.岗位职责

（1）负责对境内第三类和进口第二类、第三类医疗器械注册申报资料的完整性和规范性进行形式审查。

（2）申请事项属于本部门职权范围，申报资料齐全、符合形式审查要求，或者申请人按照要求提交全部补充资料的，予以受理，填写《受理通知书》，加盖专用章并注明日期。

（3）申报资料存在可以当场更正的错误的，应当允许申请人当场更正。

（4）申报资料不齐全或者不符合形式审查要求的，应当在5个工作日内一次告知申请人需要补正的全部内容，并出具《补正材料通知书》，逾期不告知的，自收到申报资料之日起即为受理。

（5）对申报事项依法不属于本部门职权范围的，应当即时告知申请人不予受理，填写《不予受理通知书》，加盖专用章并注明日期。

（6）自受理申请之日起3个工作日内将申报资料转交国家食品药品监督管理总局医疗器械技术审评中心。

（二）技术审评（60/90个工作日）

国家食品药品监督管理总局医疗器械技术审评中心对境内第三类医疗器械及进口第二类、第三类医疗器械安全性、有效性研究和结果进行系统评价，提出结论性意见，并对技术审评阶段出具的审评意见负责。

1.主审

（1）责任人：国家食品药品监督管理总局医疗器械技术审评中心技术审评人员。

（2）主审要求和职责：按照相关法律法规、法定程序和技术审评要求，根据申请人的申请，对其拟上市销售产品的安全性和有效性研究及其结果进行系统评价；对医疗器械许可事项变更注册内容进行审查，确定变更注册内容是否符合许可事项变更注册的相关规定；对延续注册内容进行审查，确定是否符合延续注册的相关规定，出具审评意见。

2.复核

（1）责任人：国家食品药品监督管理总局医疗器械技术审评中心各审评处处长或其委托的人员。

（2）复核要求和职责：对审评意见进行审查，必要时复核注册申报资料，确定审评意见的完整性、规范性和准确性，并提出复核意见。确定审评过程符合有关审评程序的规定，做到审评尺度一致。

3.签发

（1）责任人：国家食品药品监督管理总局医疗器械技术审评中心主任或其委托的人员。

（2）签发要求和职责：对审评意见和复核意见进行审核，确认审评结论，签发审评报告。

4. 其他要求

（1）技术审评过程中，必要时可调阅原始研究资料。

（2）需要进行专家审评咨询的事项，专家审评时间不计算在规定的审评时限内。

（3）需要补正资料的，国家食品药品监督管理总局医疗器械技术审评中心应当一次告知申请人需要补正的全部内容。申请人应当在1年内按照补正通知的要求一次提供补充资料；国家食品药品监督管理总局医疗器械技术审评中心应当自收到补充资料之日起60个工作日内完成技术审评。申请人补充资料的时间不计算在审评时限内。

（4）应当依法进行注册质量管理体系核查的，依据有关规定启动。

（三）行政审批（20个工作日）

对受理、技术审评的审查内容和审评过程进行行政复核，并根据技术审评结论作出批准注册或不予行政许可的决定。

1.审核

（1）责任人

国家食品药品监督管理总局医疗器械注册管理司注册处审核人员。

（2）审核要求

确定本次申请属于本部门审批职责范围；审评程序是否符合相关法规和工作程序的规定；技术审评报告是否完整和规范;技术审评结论是否明确。

（3）职责

根据审核要求，提出审核意见，填写审查记录后将技术审评报告、审查记录报送核准人员。

2.核准

（1）责任人

国家食品药品监督管理总局医疗器械注册管理司处负责人或司负责人。

（2）核准要求

对审核人员出具的审核意见进行审查；确定本次申请注册的产品是否注册。

（3）岗位职责

对符合核准要求的境内第三类和进口医疗器械注册延续注册、许可事项变更注册申请和进口第二类医疗器械注册申请项目，由处负责人提出核准意见，填写审查记录后将审评材料和审查记录报送司负责人。

对符合核准要求的境内和进口第三类医疗器械注册申请项目，由处和司负责人提出核准意见，填写审查记录后将审评材料和审查记录报送主管局领导。

对不符合核准要求的，提出核准意见，填写审查记录后将技术审评报告、审查记录退回审核人员。

3.审定

（1）责任人

国家食品药品监督管理总局医疗器械注册管理司负责人或国家食品药品监督管理总局主管局领导。

（2）审定要求

对核准人员出具的核准意见进行审查；最终批准本次申请注册的产品是否注册。

（3）岗位职责

国家食品药品监督管理总局医疗器械注册管理司负责人负责对境内第三类和进口医疗器械延续注册、许可事项变更注册和进口第二类医疗器械注册申请项目，符合审定要求的作出批准注册或不予行政许可的决定，签发相关文件。

国家食品药品监督管理总局主管局领导负责对境内和进口第三类医疗器械注册申请项目，符合审定要求的作出批准注册或不予行政许可的决定，签发相关文件。

（四）批件制作和送达（10个工作日）

制证人员应当按照行政审批结论制作批件。

1.批件制作要求

（1）制作的《医疗器械注册证》、《医疗器械注册变更文件》内容完整、准确无误，加盖的医疗器械注册专用章准确、无误。

（2）制作的《不予行政许可决定书》中须写明不予行政许可的理由，并注明申请人依法享有申请行政复议或者提起行政诉讼的权利以及投诉渠道。

（3）其他许可文书等应当符合公文的相关要求。

2.岗位职责

对准予许可的，制作《医疗器械注册证》或《医疗器械注册变更文件》，加盖医疗器械注册专用章。

对不予许可的，制作《不予行政许可决定书》，加盖医疗器械注册专用章。

**二、登记事项变更**

对境内第三类注册人名称和住所、生产地址以及进口第二类、第三类医疗器械注册人名称和住所、代理人名称和住所等登记事项变更申报资料的完整性和规范性进行形式审查。

（一）申报资料格式要求

应当符合本规范第一项受理中所提申报资料格式要求。

（二）岗位职责

1.申请事项属于本部门职权范围，申报资料齐全、符合形式审查要求的，将申报资料转制证部门。

2.申报资料不齐全或者不符合规定形式的，应当一次告知备案人需要补正的全部内容。

3.对不属于本部门职权范围的，不予接收，同时告知申请人并说明理由。

（三）工作时限

即时。

（四）文件制作

制证人员按照申请表中的变更内容制作《医疗器械注册变更文件》。

1.文件制作要求

制作的《医疗器械注册变更文件》内容完整、准确无误，加盖的专用章准确、无误。

2.岗位职责

制作《医疗器械注册变更文件》，加盖专用章。

3.工作时限

10个工作日。

**三、其他要求**

（一）延续注册相关要求

《医疗器械注册证》有效期届满需要延续注册的，注册人应当在《医疗器械注册证》有效期届满6个月前，向国家食品药品监督管理总局申请延续注册。国家食品药品监督管理总局应当在《医疗器械注册证》有效期届满前作出准予延续的决定；逾期未作决定的，视为准予延续。国家食品药品监督管理总局发出补正资料通知和召开专家会议通知等行为，不属于《医疗器械监督管理条例》第十五条中逾期未作决定的情形。

（二）《医疗器械注册证》附件发放相关要求

国家食品药品监督管理总局应将经审查核准的产品技术要求进行编号并加盖医疗器械注册专用章，作为注册证附件发给申请人。产品技术要求的标题为“×××（产品名称）产品技术要求”，编号即为相应的注册证编号。产品技术要求中性能指标的内容，应当与《医疗器械注册证》其他内容一并在国家食品药品监督管理总局政府网站上予以公布。

对于体外诊断试剂注册，国家食品药品监督管理总局还应当将经审查核准的说明书，加盖医疗器械注册专用章，随《医疗器械注册证（体外诊断试剂）》一并发给申请人。

变更产品技术要求的，国家食品药品监督管理总局应当将经审查的产品技术要求变化对比表，加盖医疗器械注册专用章，随变更文件一并发给申请人。

（三）《医疗器械注册证》等文件制作的相关要求

1.《医疗器械注册证》

《医疗器械注册证》栏内填写内容较多的，可采用附件形式。不适用的栏目，应当标注“不适用”。

《医疗器械注册证》及附件所列内容为注册限定内容。如国家食品药品监督管理总局经注册审查，认为《医疗器械注册证》中除已明确规定需载明的内容外仍有其他内容需要载明，应在《医疗器械注册证》“其他内容”栏目中列出，内容较多可采用附件形式。

进口医疗器械《医疗器械注册证》中产品名称栏应使用中文，可附加英文或原文，注册人名称、住所和生产地址可使用中文、英文或原文。

2.《医疗器械注册变更文件》

《医疗器械注册变更文件》中“变更内容”栏的填写：变更内容在国家食品药品监督管理总局政府网站上予以公布的，填写变更后内容，例如“注册人名称变更为×××”、“代理人住所变更为×××”；变更内容不在国家食品药品监督管理总局政府网站上予以公布的，填写变更项目，例如“产品技术要求中检验方法变更”。

3.补发《医疗器械注册证》

补发《医疗器械注册证》的，在备注栏加注“××××年××月××日补发”，其他内容不变。

4.《医疗器械注册证》和《医疗器械注册变更文件》等用A4纸打印。

# 食品药品监管总局办公厅关于实施第一类医疗器械备案有关事项的通知

食药监办械管〔2014〕174号

各省、自治区、直辖市食品药品监督管理局：

为做好第一类医疗器械备案工作，根据总局《关于第一类医疗器械备案有关事项的公告》（2014年第26号，以下简称26号公告）、《关于发布第一类医疗器械产品目录的通告》（2014年第8号）的有关规定，现就有关事项通知如下：

**一、关于第一类医疗器械备案产品范围**

列入第一类医疗器械产品目录的医疗器械及体外诊断试剂分类子目录中的第一类体外诊断试剂，或经分类界定属于第一类医疗器械产品的，均应按26号公告的规定进行产品备案。

**二、关于第一类医疗器械备案形式审查中应注意的问题**

26号公告明确规定了第一类医疗器械备案资料的要求、备案操作规范等内容，承担备案的食品药品监督管理部门应按照备案资料形式审查的要求和备案操作规范的程序进行形式审查。在形式审查中对第一类医疗器械产品目录及体外诊断试剂分类子目录的使用，应注意以下问题：

（一）关于第一类医疗器械产品目录的品名举例、产品描述和预期用途等相关内容

1.实施备案的医疗器械，应首先根据其“产品描述”和“预期用途”的实际情况，通过与目录中“产品描述”和“预期用途”的内容综合判定产品的归属类别，包括所属子目录、一级及二级类别。

2.根据所属类别，应直接使用目录中“品名举例”所列举的名称，“预期用途”的基本内容应与目录中的相应内容一致，通常情况下对产品进行具体描述的，不应超出目录中“产品描述”相关内容的范围。

（二）关于目录中“除外”的和不属于第一类产品的情形

1.目录中有“除外”和特别注明的情形。如6820、6822中，“检查用光源”和“医用放大器具”类别项下明确“LED光源除外”，是指这两个类别的产品如使用LED光源则不属于第一类医疗器械产品；“产品描述”中特别注明“无源产品”、“手动”等，是对该类别下属于第一类产品的限定。对于上述情形，企业在备案的产品描述中应予以说明。

2.2002版分类目录及有关分类界定文件中明确为第一类医疗器械的，若以无菌形式提供，包括可重复使用的，不属于备案的第一类医疗器械，应按第二类医疗器械管理。属于第一类医疗器械备案的，产品描述中应说明以非无菌形式提供。

3.含消毒剂的卫生材料，如以往分类界定文件中曾明确按第一类医疗器械管理，使用酒精、碘酊或碘伏为消毒剂，且仅用于注射、输液前对完整皮肤消毒使用的医疗器械，应按第二类医疗器械管理。除上述情形之外的，按药械组合产品及消毒剂的有关规定执行。

4.有关手术器械如为在内窥镜下完成夹取、切割等手术操作的，且在2002版分类目录及以后发布的分类界定文件中界定为第一类医疗器械的，应按第二类医疗器械管理。

5.使用过程中与椎间隙直接接触的矫形外科（骨科）手术器械，因在脊柱手术中有损伤椎管的风险，应按第二类医疗器械管理。属于备案的第一类矫形外科（骨科）手术器械，用于脊柱手术的，应在产品预期用途中说明该产品不与椎间隙直接接触。

（三）关于组合包类产品

由需配合使用从而实现某一预期用途的一种以上医疗器械组合而成的产品，若组合中所有产品均为第一类医疗器械（不得含有任何形式的非医疗器械产品），且组合后不改变各组成器械的预期用途，可按照第一类医疗器械备案。其产品名称应体现组合特性，原则上按其主要临床预期用途命名，名称的组成内容应在所属相关目录“产品类别（一级或者二级）”、所含各产品的“预期用途”范围内，如上肢内固定手术器械（包）、膝关节手术器械（包）等。同时，“产品描述”应包含所有组成的医疗器械，并说明各组成医疗器械的“产品描述”和“预期用途”，且其基本内容均应与目录中的相应内容一致。

（四）关于第一类体外诊断试剂

1.列入《体外诊断试剂分类子目录》中的第一类体外诊断试剂，备案时使用目录中的“产品分类名称”。其中，染色液类产品44项，不用于微生物鉴别和药敏鉴别的微生物培养基14项，其余样本处理用产品26项。

2.除《体外诊断试剂分类子目录》中列入的染色液类和微生物培养基类产品外，其他所有染色液类产品、不用于微生物鉴别和药敏鉴别的微生物培养基均属于第一类体外诊断试剂。该类产品备案，产品名称应为“XX染色液”或“XX培养基”，并根据产品实际情况，参照目录中的相关产品描述其预期用途（其中微生物培养基类产品应不具有微生物鉴别和药敏鉴别的作用）。

3.《体外诊断试剂分类子目录》中未包含细胞培养基类产品。根据《食品药品监管总局办公厅关于电子宫腔观察镜等30个产品分类界定的通知》（食药监办械管〔2014〕149号）的有关规定，仅用于细胞增殖培养，不具备对细胞的选择、诱导、分化功能，培养后的细胞用于体外诊断的细胞培养基属于第一类体外诊断试剂。细胞培养基类产品备案，产品名称应为“XX培养基”，并根据产品实际情况，参照目录中的培养基产品描述其预期用途，预期用途中应包含“仅用于细胞增殖培养，不具备对细胞的选择、诱导、分化功能，培养后的细胞用于体外诊断”的内容。

**三、关于第一类医疗器械产品分类界定的申请**

申请分类界定的，按照《国家食品药品监督管理局办公室关于进一步做好医疗器械产品分类界定工作的通知》（食药监办械〔2013〕36号）规定的程序进行。确认为第一类产品的，告知内容应包括产品类别、分类代码、产品名称、产品描述和预期用途。备案人可根据确认结果依照有关规定办理备案。

国家食品药品监督管理总局办公厅<br>2014年9月15日

# 食品药品监管总局办公厅关于启用医疗器械生产经营许可备案信息系统的通知

食药监办械监函〔2014〕476号

各省、自治区、直辖市食品药品监督管理局:

《医疗器械生产监督管理办法》和《医疗器械经营监督管理办法》已经总局颁布，于2014年10月1日起施行。为做好医疗器械生产经营许可备案信息化工作，提升监管效能，总局组织开发了“医疗器械生产经营许可备案信息系统”，现将有关事项通知如下：

一、该系统于2014年10月1日起正式启用。办理医疗器械生产经营许可备案、延续、变更、补发和注销等业务时，相关监管人员和企业有关人员可从国家食品药品监督管理总局网站首页（http://www.sfda.gov.cn/WS01/CL0001/）“网上办事”栏目中的“医疗器械生产经营许可备案信息系统”点击进入。使用手册和演示视频可从系统中下载。

二、各地要加强组织领导，明确系统管理的职责分工，确定系统管理员，分配系统使用权限，确保系统按时启用，确保医疗器械生产经营许可备案相关数据统一、权威。

三、各地医疗器械生产经营监管部门应作为本行政区域内该系统管理的牵头协调部门，负责组织相关宣贯培训和推广应用。

四、2014年10月1日后，有关省（区、市）局、设区的市级局仍需使用自行开发的系统进行医疗器械生产经营许可备案的，应当按照总局有关要求，于2014年底前做好与该系统的数据对接，确保该系统数据完整准确、及时更新，实现全国医疗器械监管信息的共享和互联互通。

系统咨询电话：010–88331479（生产监管）

010–88331471（经营监管）

系统咨询邮箱：cfda_qa@163.com

国家食品药品监督管理总局办公厅

2014年9月26日

# 食品药品监管总局关于印发医疗器械生产企业分类分级监督管理规定的通知

食药监械监〔2014〕234号

各省、自治区、直辖市食品药品监督管理局：

为提高医疗器械生产监管的科学化水平，明确各级食品药品监督管理部门的监管责任，根据《医疗器械监督管理条　例》（国务院令第650号）和《医疗器械生产监督管理办法》（国家食品药品监督管理总局令第7号），总局组织制定了《医疗器械生产企业分类分级监督管理规定》，现印发给你们，请遵照执行。

附件：医疗器械生产企业分类分级监督管理规定

国家食品药品监督管理总局总局

2014年9月30日

附件

# 医疗器械生产企业分类分级监督管理规定

## 第一章　总则

第一条　为提高医疗器械生产企业监督管理科学化水平，明确各级食品药品监督管理部门的监管责任，提高监管效能，依法保障医疗器械安全有效，根据《医疗器械监督管理条例》及《医疗器械生产监督管理办法》等，特制定本规定。

第二条　本规定中的分类分级监督管理，是指根据医疗器械的风险程度、医疗器械生产企业的质量管理水平，并结合医疗器械不良事件、企业监管信用及产品投诉状况等因素，将医疗器械生产企业分为不同的类别，并按照属地监管原则，实施分级动态管理的活动。

第三条　本规定适用于各级食品药品监督管理部门对医疗器械生产企业分类分级监督管理活动的全过程。

第四条　国家食品药品监督管理总局负责制定《国家重点监管医疗器械目录》，指导和检查全国医疗器械生产企业分类分级监督管理工作。

省级食品药品监督管理部门负责制定《省级重点监管医疗器械目录》，并根据《国家重点监管医疗器械目录》、《省级重点监管医疗器械目录》和本行政区域内生产企业的质量管理水平，确定生产企业的监管级别，组织实施分类分级监督管理工作。

设区的市及以下食品药品监督管理部门负责本行政区域内医疗器械生产企业分类分级监督管理的具体工作。

## 第二章　生产企业的分类分级

第五条　医疗器械生产企业分为四个监管级别。

四级监管是对《国家重点监管医疗器械目录》涉及的生产企业和质量管理体系运行状况差、存在较大产品质量安全隐患的生产企业进行的监管活动。

三级监管是对《省级重点监管医疗器械目录》涉及的生产企业和质量管理体系运行状况较差、存在产品质量安全隐患的生产企业进行的监管活动。

二级监管是对除《国家重点监管医疗器械目录》和《省级重点监管医疗器械目录》以外的第二类医疗器械涉及的生产企业进行的监管活动。

一级监管是对除《国家重点监管医疗器械目录》和《省级重点监管医疗器械目录》以外的第一类医疗器械涉及的生产企业进行的监管活动。

医疗器械生产企业涉及多个监管级别的，按最高级别对其进行监管。

第六条　重点监管医疗器械目录的制定应当重点考虑以下因素：

产品的风险程度；

同类产品的注册数量与生产情况；

产品的市场占有率；

产品的监督抽验情况；

产品不良事件监测及召回情况；

产品质量投诉情况。

第七条　国家食品药品监督管理总局根据产品风险程度和监管工作实际，并根据风险较高的部分第三类产品，以及不良事件监测、风险监测和监督抽验等发现普遍存在严重问题的产品，制定《国家重点监管医疗器械目录》。

省级食品药品监督管理部门根据除《国家重点监管医疗器械目录》以外的其他第三类产品和部分第二类产品，以及不良事件监测、风险监测和监督抽验发现存在较严重问题的产品，制定《省级重点监管医疗器械目录》。

第八条　省级食品药品监督管理部门依据上述原则对本行政区域内医疗器械生产企业进行评估，并确定监管级别。

医疗器械生产企业监管级别评定工作按年度进行，对于企业出现重大质量事故或新增高风险产品等情况可即时评定并调整企业监管级别。各级食品药品监督管理部门按照评定的级别进行相应的监督管理。

## 第三章　监管措施

第九条　省级食品药品监督管理部门应当编制本行政区域的医疗器械生产企业监督检查计划，确定医疗器械监管的重点、检查频次和覆盖率，并监督实施。

第十条　各级食品药品监督管理部门对医疗器械生产企业按照监管级别确定监督检查的层级、方式、频次和其他管理措施，并综合运用全项目检查、飞行检查、日常检查、跟踪检查和监督抽验等多种形式强化监督管理。

第十一条　实施四级监管的医疗器械生产企业，各级食品药品监督管理部门应当采取特别严格的措施，加强监管。省级食品药品监督管理部门确定本行政区域内四级监管企业的检查频次，实施重点监管，每年对每家企业的全项目检查不少于一次。

第十二条　实施三级监管的医疗器械生产企业，各级食品药品监督管理部门应当采取严格的措施，防控风险。省级食品药品监督管理部门确定本行政区域内三级监管企业的检查频次，每两年对每家企业的全项目检查不少于一次。

第十三条　实施二级监管的医疗器械生产企业，由设区的市级食品药品监督管理部门确定本行政区域内二级监管企业的检查频次，每四年对每家企业的全项目检查不少于一次。

第十四条　实施一级监管的医疗器械生产企业，设区的市级食品药品监督管理部门在第一类产品生产企业备案后三个月内须组织开展一次全项目检查，并每年安排对本行政区域内一定比例的一级监管企业进行抽查。

第十五条　地方各级食品药品监督管理部门对于监管中发现的共性问题、突出问题或企业质量管理薄弱环节，要结合本行政区域的监管实际，制定加强监管的措施并组织实施。涉及重大问题的，应当及时向上一级食品药品监督管理部门报告。

第十六条　对于处于停产状态的生产企业，食品药品监督管理部门应当根据实际情况约谈企业负责人了解相关情况，以便开展后续监管工作。

第十七条　各级食品药品监督管理部门应当督促医疗器械生产企业加强风险管理，做好风险评估和风险控制，预防系统性风险，防止发生重大医疗器械质量事故。

第十八条　对于生产企业发生产品重大质量事故并造成严重后果的，省级食品药品监督管理部门应当及时组织检查，检查结果上报国家食品药品监督管理总局。一般质量事故由设区的市级食品药品监督管理部门组织检查。

第十九条　对于未按医疗器械产品技术要求组织生产，生产质量管理体系运行状况差，擅自降低生产条件，不能执行医疗器械相关法律法规的医疗器械生产企业，可视其情节依法责令其整改、限期整改、停产整改，直至吊销医疗器械生产许可证。

第二十条　地方各级食品药品监督管理部门应当建立本行政区域内医疗器械生产企业分类监督管理档案。监督管理档案应当包括医疗器械生产企业产品注册和备案、生产许可和备案、委托生产、监督检查、监督抽验、不良事件监测、产品召回、处罚情况、不良行为记录和投诉举报等信息，同时应当录入医疗器械生产企业监管信息系统并定期更新，确保相关信息及时、准确。

## 第四章　附则

第二十一条　各级食品药品监督管理部门对医疗器械生产企业实施的监督检查主要包括全项目检查、飞行检查、日常检查和跟踪检查等。

全项目检查是指按照医疗器械生产质量管理规范逐条开展的检查。

飞行检查是指根据监管工作需要，对医疗器械生产企业开展的突击性有因检查。

日常检查是指对医疗器械生产企业开展的一般性监督检查或有侧重的单项监督检查。

跟踪检查是指对医疗器械生产企业有关问题的整改措施与整改效果的复核性检查。

第二十二条　本规定自发布之日起施行。原国家食品药品监督管理局《关于印发〈医疗器械生产日常监督管理规定〉的通知》（国食药监械〔2006〕19号）同时废止。

# 食品药品监管总局关于印发国家重点监管医疗器械目录的通知

食药监械监〔2014〕235号

各省、自治区、直辖市食品药品监督管理局：

为加强医疗器械生产监管，根据《医疗器械生产监督管理办法》（国家食品药品监督管理总局令第7号）和《医疗器械生产企业分类分级监督管理规定》（食药监械监〔2014〕234号），总局组织修订了《国家重点监管医疗器械目录》（以下简称《目录》），现印发给你们，请按照《医疗器械生产企业分类分级监督管理规定》对《目录》中所列品种的生产实施重点监管。

原国家食品药品监督管理局发布的《关于印发国家重点监管医疗器械目录（2009年版）的通知》（国食药监械〔2009〕395号）即行废止。

附件：国家重点监管医疗器械目录

国家食品药品监督管理总局

2014年9月30日

**附件**

## 国家重点监管医疗器械目录

**一、一次性使用输血、输液、注射用医疗器械**

1. 一次性使用无菌注射器（含自毁式、胰岛素注射、高压造影用）；
2. 一次性使用无菌注射针（含牙科、注射笔用）；
3. 一次性使用输液器（含精密、避光、压力输液等各型式）；
4. 一次性使用静脉输液针；
5. 一次性使用静脉留置针；
6. 一次性使用真空采血器；
7. 一次性使用输血器；
8. 一次性使用塑料血袋；
9. 一次性使用麻醉穿刺包。

**二、植入材料和人工器官类医疗器械**

1. 普通骨科植入物（含金属、无机、聚合物等材料的板、钉、针、棒、丝、填充、修复材料等）；
2. 脊柱内固定器材；
3. 人工关节；
4. 人工晶体；

5. 血管支架（含动静脉及颅内等中枢及外周血管用支架）；
6. 心脏缺损修补/封堵器械；
7. 人工心脏瓣膜；
8. 血管吻合器械（含血管吻合器、动脉瘤夹）；
9. 组织填充材料（含乳房、整形及眼科填充等）。

**三、同种异体医疗器械**

**四、动物源医疗器械**

**五、计划生育用医疗器械**

1. 宫内节育器；
2. 避孕套（含天然胶乳橡胶和人工合成材料）。

**六、体外循环及血液处理医疗器械**

1. 人工心肺设备辅助装置（含接触血液的管路、滤器等）；
2. 血液净化用器具（含接触血液的管路、过滤/透析/吸附器械）；
3. 透析粉、透析液；
4. 氧合器；
5. 人工心肺设备；
6. 血液净化用设备。

**七、循环系统介入医疗器械**

1. 血管内造影导管；
2. 球囊扩张导管；
3. 中心静脉导管；
4. 外周血管套管；
5. 动静脉介入导丝、鞘管；
6. 血管内封堵器械（含封堵器、栓塞栓子、微球）。

**八、高风险体外诊断试剂**

1. 人间传染高致病性病原微生物（第三、四类危害）检测相关的试剂；
2. 与血型、组织配型相关的试剂。

**九、其他**

1. 角膜接触镜（含角膜塑形镜）；
2. 医用可吸收缝线；
3. 婴儿保育设备（含各类培养箱、抢救台）；
4. 麻醉机/麻醉呼吸机；
5. 生命支持用呼吸机；
6. 除颤仪；
7. 心脏起搏器；
8. 医用防护口罩、医用防护服；
9. 一次性使用非电驱动式输注泵；
10. 电驱动式输注泵。

# 关于进一步加强装饰性彩色平光隐形眼镜监督检查的通知

食药监械监便函〔2014〕110号

各省、自治区、直辖市食品药品监督管理局，新疆生产建设兵团食品药品监督管理局：

全国开展医疗器械“五整治”专项行动以来，违法违规经营医疗器械行为得到了有效遏制，查处了一批大案要案，市场秩序明显好转，专项整治取得了阶段性成果。但是，近期一些地方非法经营装饰性彩色平光隐形眼镜行为屡屡出现，10月18日中央电视台“朝闻天下”播出“伤人的美瞳”节目，对个别地区装饰性彩色平光隐形眼镜经营中出现的违法违规行为进行了报道，暴露出一些地方在医疗器械监管方面还存在薄弱环节，各级监管部门必须高度重视，以保障广大群众用械安全的高度责任感，切实采取有效措施，组织专门力量开展监督检查，严厉打击违规经营医疗器械行为，把“五整治”专项行动不断推向深入。现将进一步加强装饰性彩色平光隐形眼镜监督检查的有关事宜通知如下：

**一、检查重点**

重点检查装饰性彩色平光隐形眼镜和护理液等产品的经营企业，以眼镜商城、小商品市场、隐形眼镜经营店、眼镜店、购物商场、学校周边饰品店铺等较集中的场所为重点检查区域，全面排查，不留死角。

**二、检查内容**

（一）经营企业是否取得经营许可证及是否超范围经营装饰性彩色平光隐形眼镜等。

（二）经营的装饰性彩色平光隐形眼镜等是否取得《医疗器械注册证》等相关法定证明文件。

（三）购销渠道是否合法，是否建立进货查验制度，购销记录是否健全、真实和可追溯。

（四）是否销售过期、淘汰、伪劣假冒产品。

**三、工作要求**

（一）提高认识，加强领导。地方各级食品药品监督管理部门要进一步提高开展装饰性彩色平光隐形眼镜监督检查的认识，加强领导，精心组织，制定切实可行的监督检查工作方案。要以更坚定的决心、更有力的措施，对本行政区域内经营装饰性彩色平光隐形眼镜企业开展全面监督检查，不断巩固和扩大已有成果。监督检查过程中，要切实转变作风，层层落实监管责任，确保监督检查取得实效。

（二）突出重点，严肃查处。地方各级食品药品监督管理部门要按照此次监督检查的检查重点和检查内容，集中力量，做好监督检查，由点向面拓展。对监督检查中发现的问题，必须要求相关企业限期整改，并积极开展跟踪检查，督促整改到位；对检查中发现的违法违规问题要及时依法严肃查处，坚持露头就打和“从严、从重、从快”处理的原则，对违法行为始终保持高压态势；涉嫌犯罪的一律移送公安机关依法追究刑事责任。情节严重的，要坚决予以曝光。

（三）标本兼治，综合治理。地方各级食品药品监督管理部门要把监督检查作为突破口，创新监管方式，持续有序地制定一些标本兼治的真招实策，为建立健全最严格的监管制度打好基础。要大力加强科普知识宣传和舆论的正面引导工作，指导消费者正确选购和使用医疗器械。要畅通投诉举报渠道，充分发挥公众的监督作用。要与相关部门、新闻媒体等密切配合，群策群力，着力提升社会共治水平，构建监管长效机制，努力做好医疗器械质量安全监管工作。

（四）严格纪律，依法问责。在监督检查中，地方各级食品药品监督管理部门必须认真落实责任，严格执法，文明执法，坚决防止走过场、摆样子，坚决杜绝借检查之机乱收费、乱罚款，树立食品药品监督管理部门的良好形象。

联 系 人：杨志强

电话：010-88331471

传真：010-88331441

电子邮箱：qxjglt@cfda.gov.cn

国家食品药品监督管理总局医疗器械监管司

2014年10月21日

# 食品药品监管总局办公厅关于腹腔镜手术用内窥镜自动调控定位装置等61个产品分类界定的通知

食药监办械管〔2014〕198号

各省、自治区、直辖市食品药品监督管理局：

为适应医疗器械监督管理工作的需要，总局组织有关单位和专家对腹腔镜手术用内窥镜自动调控定位装置等61个产品的管理类别进行了界定。现通知如下：

**一、作为Ⅲ类医疗器械管理的产品（5个）**

（一）腹腔镜手术用内窥镜自动调控定位装置：主要由主机、聚焦模块、头盖（信号发射用）、脚踏板、显示器组成。通过信号发射头盖和显示器来决定硬镜的活动方向和位置，然后踩脚踏板可将硬镜活动到所需位置和方向，与患者接触。用于在腹腔镜术中协助医生操作硬镜的位置和方向。分类编码：6822。

（二）髓内钉延长系统：由磁手柄、控制面板及电源适配器组成。与特定的可延长髓内钉配合使用，用于控制髓内钉在髓腔里的缩回或伸长。分类编码：6821。

（三）电子交叉配血系统：通过采集献血者血袋及患者的血型和抗体筛查检测结果，对采集数据进行确认，在抗体筛查结果均为阴性的条件下，匹配相同血型的献血者与患者血液。可以独立使用，也可与血液配型设备配合使用。用于指导医疗机构输血前配血工作。分类编码：6870。

（四）数字化X射线透视摄影系统：由高压发生器、X射线管组件、限束器、诊断床、图像处理装置、平板探测器组成。用于对患者的头部、躯干、四肢进行数字X射线摄影、透视和胃肠诊断、数字减影血管造影、体层摄影、泌尿摄影。分类编码：6830。

（五）电子宫腔观察镜：由镜芯(包含CMOS摄像头和LED冷光源)、操作手柄、数据传输线等组成。与一次性镜鞘配套使用，通过阴道进入子宫宫腔进行观察。用于辅助医生观察宫腔内情况。分类编码：6822。

**二、作为Ⅱ类医疗器械管理的产品（30个）**

（一）癫痫发作报警器：由床垫传感器和电路盒组成。床垫传感器可以检测人体的动作信息，从而转化为电信号。用于癫痫患者或小儿惊厥患者睡眠状态下，癫痫发作时即时报警。分类编码：6821。

（二）睑板腺热脉动治疗仪：由主机以及一次性使用无菌眼睑治疗头（包含眼杯和眼睑加热器等）组成。通过为眼睑内表面的睑板腺附近提供受控的热量，促进囊性睑板腺排出脂质，形成泪液的表层，防止泪液过度蒸发。用于对慢性眼皮囊性症状的成人患者眼部加热和加压治疗。分类编码：6826。

（三）曲臂照明灯：主要由灯头（包含LED光源）、导光光纤、折射镜、手柄、电池组成。用于口腔和咽喉部的检查照明。分类编码：6822。

（四）皮肤病变组织放大观察镜：主要由灯头（包含LED光源）、放大镜、物镜、手柄、电池组成。用于对患者皮肤的病变组织进行放大观察。分类编码：6822。

（五）照明式鼻镜：主要由灯头（包含LED光源）、放大镜、手柄、电池组成。用于鼻腔检查。分类编码：6822。

（六）照明式压舌板夹持器：主要由灯头（包含LED光源）、手柄、电池组成。通过夹持压舌板，用于口腔和咽部的检查。分类编码：6822。

（七）电激光生发仪：由头盔（包含二极管激光器和发光二极管）、控制器、电源和连线组成。通过发出波长约655nm的激光照射头皮，为弱激光治疗设备。用于促进男性雄激素源性脱发患者头发生长。分类编码：6824。

（八）眼科冷冻治疗仪：主要由主机、探针、电源线、气体软管及脚踏开关组成。采用冷冻探针暂时接触患者的病变部位，通过操作脚踏开关控制冻融循环。用于眼科手术中对患者眼部疾病的冷冻治疗。分类编码：6858。

（九）医用臭氧灭菌器：主要由柜体（包括灭菌室）、真空系统、臭氧发生注入系统、活化（加湿）系统、臭氧分解系统和控制系统组成。通过臭氧发生器产生臭氧。用于对医疗器械进行灭菌。分类编码：6857。

（十）视功能检查仪：主要由液晶显示屏、遥控器、电源适配器、电源线、壁挂套件（用于挂壁式安装时支撑机器）、3D偏振眼镜组成。被检查者通过观察显示屏上的不同视标并通过遥控器进行应答来确定其视力情况。用于自主视力测试、色盲色弱检查、散光测试、双眼平衡检查和立体视觉检查。分类编码6820。

（十一）皮肤毛发观察仪：由摄像头、LED光源、电脑、打印机及软件组成。利用高像素摄像头对皮肤表面和毛发进行拍摄，将图像保存，并可回放。用于对人皮肤、毛发的病变组织进行拍照和观察。分类编码：6822。

（十二）便携式电子皮肤镜：主要由镜头模块、光电转换模块、主控模块组成。用于观察病变皮肤的表皮和真皮及病变毛囊，并可采集影像图片用于诊断。分类编码：6822。

（十三）乳腺触诊诊断仪：主要由主机、探头、适配器组成。使用由压力传感元件组成的手持式探头接触人体，产生压力图像，对组织弹性参数或硬度进行成像或量化。分类编码：6821。

（十四）饲管定位系统：由带导丝发射头的导丝、监视器、接收器、电缆和支架组成。在饲管置入过程中显示并追踪饲管的路径，协助操作者将特定的饲管置入需要肠道营养患者的胃部或小肠，用于在开始进行肠内营养前确认饲管置管位置。分类编码：6821。

（十五）喷粉器：由喷粉器主体、可拆卸式喷头、可更换式喷粉瓶和电池组成，用于将口腔成像用喷粉喷覆至牙齿、牙龈及相邻组织等需要成像扫描区域。分类编码：6855。

（十六）激光显微切割系统：主要由显微镜、荧光光源、控制装置和软件组成。用于在显微镜下通过激光对非均一性样品进行特定分选、收集，所得样品不用于辅助生育等高风险领域。分类编码：6841。

（十七）空气微尘粒子阻隔器：由主机（含高效微粒空气过滤器）和一次性空气过滤喷嘴(含软管)组成。通过对手术部位产生经过滤的非湍流空气，减少手术过程中手术现场的直径大于特定尺寸的所有微粒，降低手术过程中患者感染风险。分类编码：6854。

（十八）医用胶片数字化扫描仪：通过读取X射线胶片上的图像信息，获取X射线数字图像，将X射线胶片上的信息保存到电脑，用于医生阅片及诊断。分类编码：6831。

（十九）接触式等离子体灭菌笔：主要由陶瓷等离子体发生笔头、笔身外壳（内含电源）和电源适配器组成。在陶瓷等离子体发生笔头与皮肤表面接触时，在皮肤表面便形成微等离子体。用于皮肤表面感染部位的杀菌消毒。分类编码：6821。

（二十）种植体定位器: 由传感器、保护盖、LED指示灯、手柄(含电池盖)及标记探针(含探针头和探针柄)组成。通过感应到金属种植体，由指示灯提示，确定种植体的位置。用于探测并定位包埋在牙龈下方的种植体位置。分类编码：6855。

（二十一）生物反馈胃肠动力仪：主要由主机、电极片、主板、电源和打印机组成。通过粘附在人体胃肠起搏点的电极片实时采集人体的胃肠电信号，作为胃肠功能的指标。用于辅助临床诊断和疗效评价。分类编码：6826。

（二十二）麻醉咽喉镜：主要由窥视片、手柄及电池组成。将窥视片插入喉部使用。用于在麻醉条件下进行喉部检查。分类编码：6822。

（二十三）低周波治疗仪：由外部刺激装置、吸附装置和电极组成。通过吸附装置吸附于体表，对体表至患部肌肉及神经进行电刺激。用于经皮镇痛或改善肌肉萎缩。分类编码：6826。

（二十四）支撑喉镜成套手术器械：主要由喉镜持针器、喉钳、喉剪、喉钩、喉刀及吸引管组成。用作对病人声带息肉、声带小结摘除手术中的辅助器械。分类编码：6805。

（二十五）口腔胶片读取器：以特殊波长光源照射胶片，转化为数字信号后传输给工作站。用于读取胶片中的病人牙齿X射线拍摄图像，输出到工作站中还原为数字图像后供医生诊断用。分类编码：6831。

（二十六）热塑笔：主要由热塑笔杆、切割头、熨烫头组成。在手术过程中进行骨组织加工，通过切割头和熨烫头加热材料来切割和塑形骨板的残端和边缘。用于进行颅骨切开术骨瓣回复固定和颅颌面创伤手术的骨骼重建手术。包含一次性无菌组件。分类编码：6810。

（二十七）医学影像图文存储介质：用于医疗机构内医学影像、胃镜检查图文报告等的分发、保存、备份和使用，同时内置DICOM浏览器，可在普通电脑上浏览患者DICOM检查图像。用于医学影像、报告的存储和医生阅片、诊断。分类编码：6821。

（二十八）新生儿蓝光治疗仪：由蓝光灯箱和支架等组成，用于新生儿高胆红素血症的治疗。分类编码：6826。

（二十九）体外用电动骨组织加工装置：由骨研磨机、一次性无菌粉碎组件和控制台等组成，其中粉碎组件包含切割圆盘、活塞和收骨屉。在骨科植入手术过程中进行骨组织加工，于无菌区内将移植用骨材料加工成尺寸适宜的骨颗粒。包含一次性无菌组件。分类编码：6810。

（三十）基质金属蛋白酶3（NMP-3）测定试剂盒（免疫比浊法）：由特异性检测试剂及其辅助试剂组成，检测人体样本中的基质金属蛋白酶3。用于风湿性关节炎的辅助诊断。分类编码：6840。

**三、不作为医疗器械管理的产品（25个）**

（一）外部数据导入部件：由用于数据输入的模块、打开和关闭数据输入的控制盒、摄像头控制单元和电缆连接组成。用于辅助将数据从外部设备导入并显示在眼科手术显微镜的目镜视野下。

（二）CO2测定用管路：由气道转接头，采样管和接口组成。与特定监护类设备联合使用，将气体从呼吸管道传输至监护设备，对微流CO2进行测定。

（三）左/右角度控制旋钮：内部轮廓与左/右弯角手轮相嵌合，安装在内窥镜左/右弯角手轮上，通过对其操作可带动左/右弯角手轮，控制弯曲部的方向。

（四）一次性使用玻切头连管：用于在眼科玻璃体切割手术中连接特定的玻切头与玻璃体切割器，建立一个玻切头与玻璃体切割器之间的密闭通道，玻璃体切割器产生的气体和负压通过该连管传输到玻切头。

（五）管道系统：由管道、接头、分离柱、容积袋等组成，作为细胞分选系统的组成部件。

（六）血液辐照指示标签：包含辐照感光胶片，通过铯或钴放射源的辐照机或X射线辐照机的辐照，感光胶片在高能量放射线曝光下改变颜色。用于显示在输血前是否对血液成分进行辐照。

（七）剂量测量暗盒：仅用于将辐射感光胶片安装在其中。辐射感光胶片被血液辐照及照射后，再使用软件进行分析可以检测血液辐照机的辐照性能（剂量分布）。

（八）艾灸床：主要由床面（有开洞）、箱体、控制器和脚轮组成，不含艾条。由人躺在床面上使用，配合艾条使用，用于人体穴位艾灸。

（九）高频皮肤美容仪：主要由主机、高频发射头、电源线、触笔组成。采用射频技术作用于人体，达到胶原纤维的收缩和新生胶原纤维沉积，并增加胶原纤维弹性的目的。用于紧致松弛皮肤，减少皮肤皱纹和褶皱，改善皮肤外观。

（十）软式内镜一次性使用按钮：由一次性无菌的吸引按钮，送水、送气按钮，活检管道开口阀及活检阀管道开口阀冲洗器组成。与内镜配合使用。

（十一）放射剂量数据存储软件：通过网络与医学影像存储和传输系统（PACS/RIS）连接，收集PACS/RIS扫描系统的检查设定参数和X射线放射剂量以及其他信息，存储并显示基于设备和基于患者的累积剂量记录，对所收集的放射量数据进行分析，对方案进行管理，同时管理设备使用情况并显示结果。所收集的数据和分析结果不用于患者诊断或治疗目的。

（十二）射线束剂量测量系统：该系统是三维圆柱形探测器阵列，用于测量辐射剂量分布，以便在同一模体几何条件下，比较模拟剂量分布与治疗计划系统（TPS）所计算出来的剂量分布。治疗计划不使用该射线束剂量测量系统比较结果进行修改。

（十三）自动拔盖机：由试管架和拔盖机主机组成。用于医院检验科或医学实验室，用于代替由人工完成的真空采血管试管盖子拔除。不含生物安全柜模块。

（十四）溶血、脂血、黄疸样本检查液：主要成分为0.9%氯化钠溶液，在专用分析仪上在不同波长下半定量测定样本中的溶血、脂血、黄疸。用于检测前样本状态的评估。

（十五）脉搏血样饱和度探头延长线：由仪器端连接器、电缆、探头连接插头组成。与血样探头配套使用，用于采集和传递人体血氧、脉搏等生理信号。

（十六）闭孔器：与双极电手术系统配套使用，作为旋转外鞘的内芯，可闭塞旋转外鞘喙部的窗口，辅助旋转外鞘进入宫腔。

（十七）无线数据传输终端：与特定的植入式心脏起搏器/除颤器配合使用，用于建立植入式心脏起搏器/除颤器与程控仪的数据交换，以遥感方式从植入式心脏起搏器/除颤器中读取或输入数据（读取或输入的数据发送到或来源于配套用程控仪）。不干扰或处理从植入式心脏起搏器/除颤器中接受的数据，仅用于数据传输。

（十八）柔性气管切开转接头：由阳连接器接口、管路、阴连接器接口组成。与呼吸机配合使用，连接呼吸管路和气切套管。

（十九）滚动台车：主要由扳手、标准设备支架、关节臂、通道盖、延长设备支架和遥控器座组成，不含电源。用于支撑和移动特定的设备。

（二十）吸引调节器及配件：由压力表、调节钮、接头、安全瓶、硅胶连接管、污秽瓶组成。借助医疗中央气体吸引系统的负压源，协助调整吸引系统的终端达到所需的负压值，并提供适当及持续性的抽吸压力。用于医疗中作为负压吸引的负压调节装置。

（二十一）标本摄影系统：主要由推车、箱式X射线系统（含高压发生器、X射线管、非晶硒数字探测器、曝光计时器）、采集工作站、标本托架组成。用于各解剖部位手术和组织芯活检标本的数字X射线成像，不作为诊断依据。

（二十二）医用流量计及配件：由医用流量计本体、接口、流量管、湿润杯、透明鼻管（或流量计塑料接头）组成。可设置于医院病房中每张病床边的墙上，也可以被安装在氧气压力调节器上。用于为患者提供气体时的流量控制。

（二十三）送水管：作为内镜送水泵的附件，一头连接水瓶，一头连接副送水管，与带有副送水口的内镜配合，用于送水过程使用。

（二十四）纳米晶片微粒按摩头：由纳米晶片和塑料按摩手柄组成。与按摩仪配合使用。

（二十五）透析器预冲装置：由控制系统、蠕动泵、预冲水路和透析器固定支架等组成。利用透析用反渗水来填充透析器、排除透析器中的空气，是供透析前对透析器进行预冲以排除透析器中的消毒液或空气的设备，以达到节约生理盐水的目的。用于血液透析前对透析器进行预冲处理，以排除透析器中的消毒液或空气。

**四、需视情况确定类别的产品（1个）**

医用胶片数字化扫描仪：通过读取X射线胶片上的图像信息，获取X射线数字图像，将X射线胶片上的信息转换为常用的DICOM、JPEG、BMP的文件形式保存到电脑里。若扫描所得影像用于诊断，作为II类医疗器械管理，分类编码：6821；否则不作为医疗器械管理。

自本文件发布之日起，管理类别调整为高类的，对已经获准注册的医疗器械产品，应向相应食品药品监管部门申报注册，在此注册审批决定做出之前，原医疗器械注册证书在有效期内可以继续使用；已受理但尚未作出审批决定的医疗器械产品，原受理部门可按照原管理类别及相应法规要求开展技术审评、行政审批，予以批准注册的，按照原管理类别发放医疗器械注册证书，产品获得注册证书后应向相应食品药品监管部门申报注册。

对于不作为医疗器械管理的，如已受理尚未完成注册审批的，食品药品监管部门应按规定不予注册，相关注册申请资料予以存档。尚在有效期内的医疗器械注册证书不得继续使用。

国家食品药品监督管理总局办公厅

2014年11月24日

# 二、行业标准

## YY/T 0090-2014《子宫刮匙》等120项推荐性医疗器械行业标准

YY/T 0090-2014《子宫刮匙》等120项推荐性医疗器械行业标准已经审定通过，现予以公布,自2015年7月1日起实施。其标准编号、名称及适用范围见附件。

国家食品药品监督管理总局

2014年6月17日

**附件**

# YY/T 0090-2014《子宫刮匙》等120项推荐性医疗器械行业标准编号、名称及适用范围

1.YY/T 0090-2014《子宫刮匙》

本标准适用于刮子宫内壁用的子宫刮匙。本标准规定了子宫刮匙的结构型式与材料、要求、试验方法、检验规则、标志、包装、运输、贮存等内容。

2.YY/T 0119.1-2014《脊柱植入物 脊柱内固定系统部件 第1部分：通用要求》

本标准适用于脊柱内固定系统中使用的单个部件。本标准规定了用以描述脊柱内固定系统部件尺寸和其他物理特征的通用术语，及脊柱内固定系统部件的材料、制造、灭菌、包装和制造商提供的信息等要求。

3.YY/T 0119.2-2014《脊柱植入物 脊柱内固定系统部件 第2部分：金属脊柱螺钉》

本标准适用于脊柱内固定植入物中的锚固元件金属脊柱螺钉。本标准规定了金属脊柱螺钉的分类、材料及性能要求。

4.YY/T 0119.3-2014《脊柱植入物 脊柱内固定系统部件 第3部分：金属脊柱板》

本标准适用于脊柱内固定植入物中的纵向元件金属脊柱板。本标准规定了金属脊柱板的分类、材料及性能要求。

5.YY/T 0119.4-2014《脊柱植入物 脊柱内固定系统部件 第4部分：金属脊柱棒》

本标准适用于脊柱内固定植入物中的纵向元件金属脊柱棒。本标准规定了金属脊柱棒的分类、材料及性能要求。

6.YY/T 0119.5-2014《脊柱植入物 脊柱内固定系统部件 第5部分：金属脊柱螺钉静态和疲劳弯曲强度测定试验方法》

本标准适用于脊柱内固定植入物中的锚固元件金属脊柱螺钉。本标准规定了测定金属脊柱螺钉静态和动态弯曲性能的试验方法。

7.YY/T 0127.3-2014《口腔医疗器械生物学评价 第3部分：根管内应用试验》

本标准适用于评价根尖区牙髓断端组织及根尖周组织对根管内材料的生物相容性。材料在临床应用

中所必需的操作过程亦包含在此评价中。本标准规定了口腔材料根管内应用试验方法。

8.YY/T 0127.5-2014《口腔医疗器械生物学评价 第5部分：吸入毒性试验》

本标准适用于评价在室温或在应用条件下具有明显挥发性的口腔医疗器械或其成分的吸入毒性。本标准规定了口腔医疗器械的吸入毒性试验方法。

9.YY/T 0127.11-2014《口腔医疗器械生物学评价 第11部分：盖髓试验》

本标准适用于评价盖髓材料与牙髓的生物相容性。材料在临床应用中所需的操作方法和过程亦包含在此评价中。本标准规定了口腔材料盖髓试验方法。

10.YY/T 0127.17-2014《口腔医疗器械生物学评价 第17部分：小鼠淋巴瘤细胞（TK）基因突变试验》

本标准适用于测定口腔医疗器械的致突变性。本标准规定了口腔医疗器械小鼠淋巴瘤细胞（TK）基因突变试验方法，包括操作步骤，数据处理和结果判定。

11.YY/T 0172-2014《子宫探针》

本标准适用于子宫探针，供妇产科探测子宫颈方向和深度用。本标准规定了子宫探针的结构形式、要求、试验方法、检验规则、标志、包装、运输和贮存等内容。本标准不适用于一次性使用子宫探针。

12.YY/T 0184-2014《输精管结扎用钳》

本标准适用于输精管直视钳穿和注射粘堵手术时分离阴囊皮肤的分离钳和在阴囊皮肤外作夹持、固定输精管或提取裸露的输精管的皮外固定钳。本标准规定了输精管结扎用钳的分类、结构与材料、要求、试验方法、检验规则、标志、包装、运输、贮存等内容。

13.YY/T 0313-2014《医用高分子产品 包装和制造商提供信息的要求》

本标准适用于医用高分子产品的包装和标识。本标准规定了医用高分子产品的包装和制造商提供信息的要求。

14.YY/T 0345.2-2014《外科植入物 金属骨针 第2部分：斯氏针 尺寸》

本标准适用于斯氏针。本标准规定了斯氏针的长度、直径尺寸要求，并推荐了几种尖端型式，根据插入方式、插入部位(例如，皮质骨或松质骨)的不同，骨针的尖端可以设计成不同的型式。

15.YY/T 0345.3-2014《外科植入物 金属骨针 第3部分：克氏针》

本标准适用于克氏针。本标准规定了克氏针的长度、直径尺寸要求，以及锥刃形尖端的平面间夹角要求，并在附录中列举了可能使用的不同的尖端和钝端。

16.YY/T 0456.1-2014《血液分析仪用试剂 第1部分 清洗液》

本标准适用于血液分析仪用清洗液。本标准规定了血液分析仪用清洗液的要求、试验方法、标志、标签和使用说明书、包装、运输和贮存等内容。

17.YY/T 0456.2-2014《血液分析仪用试剂 第2部分 溶血剂》

本标准适用于血液分析仪用溶血剂。本标准规定了血液分析仪用溶血剂的要求、试验方法、标志、标签和使用说明书、包装、运输和贮存等内容。

18.YY/T 0456.3-2014《血液分析仪用试剂 第3部分 稀释剂》

本标准适用于血液分析仪用稀释液。本标准规定了血液分析仪用稀释液的要求、试验方法、标志、标签和使用说明书、包装、运输和贮存等内容。

19.YY/T 0456.4-2014《血液分析仪用试剂 第4部分 有核红细胞检测试剂》

本标准适用于血液分析仪用有核红细胞检测试剂。本标准规定了血液分析仪用有核红细胞检测试剂的分类、要求、试验方法、标志、标签和使用说明书、包装、运输和贮存等内容。

20.YY/T 0456.5-2014《血液分析仪用试剂 第5部分 网织红细胞检测试剂》

本标准适用于血液分析仪用网织红细胞检测试剂。本标准规定了血液分析仪用网织红细胞检测试剂的分类、要求、试验方法、标志、标签和使用说明书、包装、运输和贮存等内容。

21.YY/T 0458-2014《超声多普勒仿血流体模的技术要求》

本标准适用于由超声仿组织材料、嵌埋于材料中的管道和在管道中作稳态流动的仿血液组成的超声多普勒仿血流体模，该装置主要用于超声多普勒血流诊断设备的性能检测和评价。本标准规定了超声多普勒仿血流体模的技术要求和测量方法。

22.YY/T 0501-2014《尿液分析质控物》

本标准适用于尿液干化学分析质控物。本标准规定了尿液干化学分析质控物的要求、试验方法、标志、标签和使用说明书、包装、运输和贮存等内容。

23.YY/T 0506.7-2014《病人、医护人员和器械用手术单、手术衣和洁净服 第7部分：洁净度-微生物试验方法》

本标准适用于重复性使用手术单、手术衣和洁净服和原材料的微生物负载评价。本标准规定了手术单、手术衣和洁净服产品上微生物的评价的试验方法。

24.YY/T 0606.14-2014《组织工程医疗产品 第14部分 评价基质及支架免疫反应的实验方法——ELISA法》

本标准适用于组织工程医疗产品基质或支架的生物学评价。本标准规定了评价组织工程医疗产品基质或支架所致哺乳动物体液免疫反应的试验方法：ELISA法。

25.YY/T 0606.15-2014《组织工程医疗产品 第15部分 评价基质及支架免疫反应的实验方法——淋巴细胞增殖试验》

本标准适用于组织工程医疗产品基质或支架的生物学评价。本标准规定了评价组织工程医疗产品基质或支架所致哺乳动物细胞免疫反应的试验方法：淋巴细胞增殖试验。

26.YY/T 0606.20-2014《组织工程医疗产品 第20部分：评价基质及支架免疫反应的试验方法：细胞迁移试验》

本标准适用于组织工程医疗产品基质或支架的生物学评价。本标准规定了评价组织工程医疗产品基质或支架所致哺乳动物细胞免疫反应的试验方法：细胞迁移试验。

27.YY/T 0606.25-2014《组织工程医疗产品 第25部分 动物源性生物材料DNA残留量测定法：荧光染色法》

本标准适用于动物源性生物材料及其衍生物的终产品或中间产品、组织工程医疗产品基质或支架的动物源性支架材料。本标准所述试验方法用于动物源性生物材料的残留DNA定量检测。待检测样品的DNA残留量在本标准所述方法的检测灵敏度之内的检测结果有效。针对每一特定的样品，试验条件的设定是否合理需要有适当的方法学验证。除本标准所选方法外，可采纳其他等效方法。实施本标准的使用者应建立相应的安全和健康条例，并规定管理条例的适用性。

28.YY/T 0642-2014《超声声场特性 确定医用诊断超声热场和机械指数的试验方法》

本标准适用于医用诊断超声场和特定非热效应的辐照参数的确定方法。本标准规定了有关诊断超声场热和非热的参数；理论组织-等效模型中，由超声吸收引起的，与温升相关的辐照参数的确定方法。

29.YY/T 0663.1-2014《心血管植入物 血管内装置 第1部分：血管内假体》

本标准适用于治疗动脉瘤、动脉狭窄或其他血管畸形的血管内假体及作为血管内假体释放组成部分的输送系统。本标准规定了血管内假体的预期性能、设计属性、材料、设计评价、制造、灭菌包装及制造商提供的信息方面的要求。本标准不适用于血管内系统（见标准中定义）置入之前的程序和器械，如球囊血管成形术器械；同样也不适用于血管内封堵器，当对侧髂动脉封堵器作为主动脉-单侧髂动脉器械组成部件使用时除外,其余不适用产品见YY/T 0640-2008《无源外科植入物 通用要求》。

30.YY/T 0681.11-2014《无菌医疗器械包装试验方法 第11部分：目力检测医用包装密封完整性》

本标准适用于至少一面透明最终灭菌的软材料包装和硬材料包装。本标准规定了能够以60%～100%的概率，确定75μm以上宽度通道的试验方法。

31.YY/T 0681.12-2014《无菌医疗器械包装试验方法 第12部分：软性屏障膜抗揉搓性》

本标准适用于以针孔形成作为测定破损与否的评判标准的最终灭菌包装。本标准规定了测定软性屏障膜抗揉搓性的试验方法。

32.YY/T 0681.13-2014《无菌医疗器械包装试验方法 第13部分：软性屏障膜和复合膜抗慢速戳穿性》

本标准适用于测定软性屏障膜和复合膜抗驱动测头的戳穿性。本标准规定了在室温下以恒定的试验速率对材料施加双轴应力，直到戳穿发生，测定穿孔前的力、能量和伸长的试验方法。

33.YY/T 0805.2-2014《牙科学 金刚石旋转器械 第2部分：切盘》

本标准适用于29种形状的牙科金刚石旋转器械。本部分标准规定了牙科治疗中常用的扁平状金刚石切盘的特征，并选择了5种形状的切盘对其尺寸给予了明确规定。其他类型的切盘将遵循此原则谨慎选择。

34.YY/T 0809.10-2014《外科植入物 半髋和全髋关节假体 第10部分：组合式股骨头抗静载力测定》

本标准适用于部分或全髋关节置换中的组合式股骨头结构（例如：一个股骨头/股骨颈的锥形连接），并适用于金属和非金属材料制成的假体部件。本标准规定了在特定的试验条件下导致股骨头失效（解体或断裂）的静态力测量试验方法。

35.YY/T 0870.4-2014《医疗器械遗传毒性试验 第4部分：哺乳动物骨髓红细胞微核试验》

本标准适用于医疗器械/材料诱导骨髓染色体畸变的检验。本标准规定了哺乳动物骨髓红细胞微核形成试验方法。

36.YY/T 0870.5-2014《医疗器械遗传毒性试验 第5部分 哺乳动物骨髓染色体畸变试验》

本标准适用于医疗器械/材料诱导骨髓红细胞微核畸变的检验。本标准规定了哺乳动物骨髓染色体畸变试验方法。

37.YY/T 0873.2-2014《牙科 旋转器械的数字编码系统 第2部分：形状》

本标准适用于各种类型的牙科旋转器械，包括与其连接的附件。本标准规定了全部牙科旋转器械及用于与其连接的系列配件形状的编码数字。描述形状的这三位数字构成了全部五组共15位数字中的第三组的三位数字，在YY/T 0873.1-2013部分中对全部15位数字编码的原则予以说明。

38.YY/T 0873.3-2014《牙科 旋转器械的数字编码系统 第3部分：车针和刃具的特征》

本标准适用于牙科旋转器械的车针、抛光车针、刃具和外科器械。本标准规定了车针、抛光车针、刃具和外科器械的特征编码，这些编码指的是器械工作部位的齿形类型。这三位数字出现在15位数字编码系统的第10到12位，并在共15位数字的编码内形成第四组三位数。编码原则在YY/T 0873.1–2013和YY/T 0873.2–2014中已予以说明。

39.YY/T 0873.4–2014《牙科 旋转器械的数字编码系统 第4部分：金刚石器械的特征》

本标准适用于牙科专用的金刚石旋转器械和金刚石涂层切盘。本标准规定了牙科专用的金刚石旋转器械和金刚石涂层切盘的特征编码数字。本标准的三位数字即为YY/T 0873.1–2013和YY/T 0873.2–2014阐述的15位数字编码系统中的第四组三位数字。本标准也规定了15位编码数字以外的一个三位数编号。此三位数编号可用于提供金刚石旋转器械和金刚石涂层切盘的附加信息。这些附加信息由牙科器械制造商自行决定是否采用。

40.YY/T 0873.5–2014《牙科 旋转器械的数字编码系统 第5部分：牙根管器械的特征》

本标准适用于牙科专用的根管器械。本标准规定了根管器械特征的编码数字。此三位数字位于15位全数组中的第10、11、12位，构成了15位全数组中的第四组三位数字，编码原则在YY/T 0873.1–2013和YY/T 0873.2–2014中已予以说明。

41.YY/T 0873.7–2014《牙科 旋转器械的数字编码系统 第7部分：心轴和专用器械的特征》

本标准适用于牙科专用的心轴和专用器械。本标准规定了心轴和专用器械如切骨钻、种植钻、环钻、刮蜡器和抛光器械的特征编码数字。这三位数字构成了15位全数组编码数字的第四组的三位数字，编码原则在YY/T 0873.1–2013和YY/T 0873.2–2014中已予以说明。

42.YY/T 0911–2014《牙科学 聚合物基代型材料》

本标准适用于以聚合物基质为主要组成的代型材料。聚合物基代型材料是技工在牙科技工室制作代型的聚合物基材料。本标准规定了应用于牙科的聚合物基代型材料的组成、性能、使用说明、包装、标识以及测试要求。

43.YY/T 0916.1–2014《医用液体和气体用小孔径连接件 第1部分：通用要求》

本标准适用预期用于患者的医疗器械或附件中的小孔径连接件。本标准规定了在医疗应用领域中输送液体或气体的小孔径连接件的通用要求。

44.YY/T 0917–2014《神经外科植入物 可塑型预制颅骨板》

本标准适用于用来覆盖颅骨缺损部位的可塑型预制金属颅骨板。本标准规定了可塑型预制颅骨板的材料、尺寸和公差、表面处理和标记、包装和标签的要求。

45.YY/T 0918–2014《药液过滤膜、药液过滤器细菌截留试验方法》

本标准适用于对标称孔径不超过0.22μm的医疗器械用除菌级药液过滤膜或药液过滤器的细菌截留能力进行评价。本标准规定了药液过滤膜、药液过滤器细菌截留试验方法。

46.YY/T 0919–2014《无源外科植入物 关节置换植入物 膝关节置换植入物的专用要求》

本标准适用于膝关节置换植入物。本标准规定了膝关节置换植入物的预期性能、设计属性、材料、设计评估、制造、灭菌、包装和制造商提供信息及试验方法的要求。

47.YY/T 0920–2014《无源外科植入物 关节置换植入物 髋关节置换植入物的专用要求》

本标准适用于髋关节置换植入物。本标准规定了髋关节置换植入物的预期性能、设计属性、材料、设计评估、制造、灭菌、包装和制造商提供信息及试验方法的要求。

48.YY/T 0922-2014《医用内窥镜 内窥镜附件 镜桥》

本标准适用于医疗目的内窥镜导入用镜桥。本标准规定了镜桥的术语和定义、要求、试验方法。

49.YY/T 0923-2014《液路 血路无针接口 微生物侵入试验方法》

本标准适用于用制造商提供的消毒方法对液路、血路无针接口抗微生物侵入性的评价。本标准规定了液路、血路无针接口微生物侵入试验的方法。

50.YY/T 0924.1-2014《外科植入物 部分和全膝关节假体股骨和胫骨部件 第1部分：分类、定义和尺寸标注》

本标准适用于部分和全膝关节假体部件。本标准规定了膝的一个或多个间室的支撑面置换的膝关节假体的股骨、胫骨和髌骨部件的分类、定义和尺寸标注。

51.YY/T 0924.2-2014《外科植入物 部分和全膝关节假体部件 第2部分：金属、陶瓷和塑料关节面》

本标准适用于金属、陶瓷或塑料的股骨部件和胫骨部件。本标准规定了部分和全膝关节假体关节面表面粗糙度的要求。

52.YY/T 0925-2014《会阴剪》

本标准适用于供剪切会阴组织用的会阴剪。本标准规定了会阴剪的结构型式和材料、要求、试验方法、检验规则、标志、包装、运输、贮存等内容。

53.YY/T 0926-2014《医用聚氯乙烯医疗器械中邻苯二甲酸二（2-乙基己基）酯(DEHP)的定量分析》

本标准适用于使用DEHP为增塑剂的医用聚氯乙烯制造的医疗器械中DEHP含量的测定。本标准规定了聚氯乙烯医疗器械中DEHP含量测定的方法。先采用薄层色谱法进行定性，再采用紫外分光光度法进行定量。

54.YY/T 0927-2014《聚氯乙烯医疗器械中邻苯二甲酸二（2-乙基己基）酯（DEHP）溶出量测定指南》

本标准适用于DEHP为增塑剂的医用聚氯乙烯制造的医疗器械在使用中DEHP溶出量的测定。本标准规定了在模拟实际使用条件下，以聚氯乙烯（PVC）为原料制成的医疗器械与临床使用液体接触后，增塑剂DEHP溶出量测定的化学分析方法。

55.YY/T 0928-2014《神经外科植入物 预制颅骨板》

本标准适用于无需再塑形即可覆盖颅骨缺损的预制金属颅骨板。本标准规定了材料、尺寸和公差、表面处理和标记、包装和标签，但不包括材料的生物相容性和毒性要求。

56.YY/T 0929.1-2014《输液用除菌级过滤器 第1部分：药液过滤器完整性试验》

本标准适用于输液器具用滤膜标称孔径不超过0.22μm的药液过滤器的完整性评价。本标准规定了输液器具用滤膜标称孔径不超过0.22μm的药液过滤器完整性试验方法。

57.YY/T 0930-2014《医用内窥镜 内窥镜器械 细胞刷》

本标准适用于内窥镜手术所使用的可作为独立产品的细胞刷。本标准规定了细胞刷的术语和定义、要求、试验方法。

58.YY/T 0931-2014《医用内窥镜 内窥镜器械 圈形套扎装置》

本标准适用于内窥镜手术所使用的可作为独立产品的圈形套扎装置。本标准规定了圈形套扎装置的术语和定义、要求、试验方法。

59.YY/T 0932–2014《医用照明光源 医用额戴式照明灯》

本标准适用于临床上戴在医生头上用于对患者进行诊断检查照明的医用额戴式照明灯。本标准规定了医用额戴式照明灯的要求和试验方法。

60.YY/T 0933–2014《医用普通摄影数字化X射线影像探测器》

本标准适用于具有单次曝光成像功能的探测器，包括但不限于非晶硅探测器、非晶硒探测器、CCD探测器、CMOS探测器等。本标准规定了医用普通摄影数字化X射线影像探测器的术语和定义、分类和组成、要求、试验方法、检验规则、标志、标签、使用说明书、包装、运输和贮存等内容。本标准不适用于乳腺摄影用探测器和牙科摄影用探测器、计算机体层摄影用探测器、动态成像用探测器。

61.YY/T 0934–2014《医用动态数字化X射线影像探测器》

本标准适用于医用动态数字化X射线影像探测器。本标准规定了医用动态数字化X射线影像探测器的术语和定义、组成、要求、试验方法、检验规则、标志、标签、说明书和包装、运输和贮存等内容。本标准不适用于乳腺摄影用探测器和牙科摄影用探测器、计算机体层摄影用探测器、仅具有单次曝光成像功能的探测器、影像增强器成像系统。

62.YY/T 0935–2014《CT造影注射装置专用技术条件》

本标准适用于CT（X射线计算机体层摄影）造影注射装置（以下简称注射装置）。本标准规定了注射装置的术语和定义、分类和组成、要求和试验方法。本标准不涉及注射装置专用的一次性针筒等附件。

63.YY/T 0936–2014《泌尿X射线机专用技术条件》

本标准适用于制造商声明专用于泌尿系统的影像诊断及微创手术的X射线设备。本标准规定了泌尿X射线机的术语和定义、分类和组成、要求和试验方法。

64. YY/T 0937–2014《超声仿组织体模的技术要求》

本标准适用于由超声仿组织材料和其内嵌埋的固定式靶标组成的超声体模，该装置主要用于B型超声诊断设备整机和超声多普勒彩色血流成像系统中灰阶成像部分的性能特性检测评价。本标准规定了超声仿组织体模的技术要求和测量方法。

65.YY/T 0938–2014《B型超声诊断设备核查指南》

本标准适用于协助医学从业人员、生物医学工程师、医学物理师、医疗器械维护人员、专业测试人员、检验机构或制造商等核查B型超声诊断设备的性能。本标准规定了医疗机构的B型超声诊断设备接收检验、每周检验和年度检验的要求和试验方法。

66.YY/T 0939–2014《超声骨密度仪 宽带超声衰减（BUA）的试验方法》

本标准适用于超声骨密度仪宽带超声衰减(BUA)的测量与验证。本标准规定了超声骨密度仪宽带超声衰减(BUA)的试验方法。

67.YY/T 0940–2014《医用内窥镜 内窥镜器械 抓取钳》

本标准适用于内窥镜手术所使用的抓取钳。本标准规定了抓取钳的范围、术语和定义、要求、试验方法。

68.YY/T 0941–2014《医用内窥镜 内窥镜器械 咬切钳》

本标准适用于内窥镜手术所使用的咬切钳。本标准规定了咬切钳的范围、术语和定义、要求、试验方法。

69.YY/T 0942–2014《眼科光学 人工晶状体植入系统》

本标准适用于一体式（预装式）或分离式人工晶状体植入系统（以下简称植入系统：包含推注器、导入头等部件）。植入系统用于在白内障摘除后或在眼屈光手术中将可折叠人工晶状体折叠并注入晶状体囊袋内或睫状沟内。本标准规定了人工晶状体植入系统的适用范围、要求、试验方法、标志和使用说明书、包装、运输和贮存等内容。

70.YY/T 0943–2014《医用内窥镜 内窥镜器械 持针钳》

本标准适用于内窥镜手术所使用的持针钳。本标准规定了持针钳的范围、术语和定义、要求、试验方法。

71.YY/T 0944–2014《医用内窥镜 内窥镜器械 分离钳》

本标准适用于内窥镜手术所使用的分离钳。本标准规定了分离钳的范围、术语和定义、要求、试验方法。

72.YY/T 0946–2014《心脏除颤器 植入式心脏除颤器用DF - 1连接器组件 尺寸和试验要求》

本标准适用于将植入式心脏除颤电极导线与最大输出不超过1kV/50A的植入式心脏除颤脉冲发生器进行连接时使用的DF–1单极连接器组件。本标准规定了组件间配合的基本尺寸、性能要求和相应的试验方法。本标准不适用于不同的植入式除颤电极导线与植入式心脏除颤脉冲发生器配合使用的功能兼容性、系统性能可靠性。

73.YY/T 0947–2014《心肺转流系统术语》

本标准适用于与心肺转流系统有关的科研、设计、生产、使用、维修、管理、教学单位使用。本标准规定了心肺转流系统有关的术语。

74.YY/T 0955–2014《医用内窥镜 内窥镜手术设备 刨削器》

本标准适用于微创内窥镜手术所使用的，其刨削头由内旋转部分与带窗口的外固定部分构成的旋转式刨削器。其他工作方式的刨削器可按适用性选择采用。本标准规定了旋转式医用内窥镜用刨削器的要求、试验方法。

75.YY/T 0956–2014《外科植入物 矫形用U型钉 通用要求》

本标准适用于矫形外科用U形钉。本标准规定了矫形外科用U形钉的设计、尺寸标注、公差、材料、表面、包装及标记等要求。

76.YY/T 0957.1–2014《矫形工具 拧动接头 第1部分：内六角螺钉用扳手》

本标准适用于内六角螺钉用扳手。本标准规定了用于旋入或旋出外科植入用内六角金属接骨螺钉的扳手工作端部的尺寸、公差、力学属性和性能要求。本标准所规定的扳手适用于符合ISO 5835要求的螺钉。

77.YY/T 0957.2–2014《矫形工具 拧动接头 第2部分：一字槽、十字槽和十字槽头螺钉用螺丝刀》

本标准适用于一字槽、十字槽和十字槽头螺钉用螺丝刀。本标准规定了用于旋入和旋出外科植入用一字槽、十字槽或十字槽头接骨螺钉的螺丝刀的技术要求。本标准所规定的螺丝刀适用于符合ISO 9268要求的螺钉。

78.YY/T 0958.1–2014《矫形用钻类器械 第1部分 钻头、丝锥和沉头铣刀》

本标准适用于采用不锈钢材料制造的骨科手术用钻头、丝锥和沉头铣刀。本标准规定了骨科手术用钻头、丝锥和沉头铣刀的材料、力学性能、尺寸和标记等要求。

79.YY/T 0959–2014《脊柱植入物 椎间融合器力学性能试验方法》

本标准适用于椎间融合器力学性能的对比。本标准规定了用于促进某一特定脊柱节段融合的椎间融合器的静态和动态试验，包括试验所用材料和方法以及静态和动态试验装置，具体规定了载荷类型和加载方法。本标准不适用于椎间融合器的脱出试验，某些椎间融合器可能不适用标准中的所有试验方法。

80.YY/T 0960–2014《脊柱植入物 椎间融合器静态轴向压缩沉陷试验方法》

本标准适用于椎间融合器。本标准规定了用于促进某一特定脊柱节段融合的非生物椎间融合器轴向压缩沉陷试验所采用的材料和方法。

81.YY/T 0961–2014《脊柱植入物 脊柱内固定系统 组件及连接装置的静态及疲劳性能评价方法》

本标准适用于脊柱内固定系统。本标准规定了脊柱内固定系统单轴静态及疲劳强度以及组件连接装置抗松动性的试验方法。

82.YY/T 0962–2014《整形手术用交联透明质酸钠凝胶》

本标准适用于整形手术用交联透明质酸钠凝胶。本标准规定了整形手术用交联透明质酸钠凝胶的要求、检验规则、标志、包装和由制造者提供的信息。本标准适用的产品用于面部皮肤真皮层的填充。

83.YY/T 0963–2014《关节置换植入物 肩关节假体》

本标准适用于由关节盂部件和肱骨部件组成并提供功能性关节作用的部分或全肩关节假体和组合式假体。本标准规定了肩关节假体的分类、材料、设计评价、制造、灭菌、包装机制造商提供信息的要求。本标准不适用于定制型假体。

84.YY/T 0964–2014《外科植入物 生物玻璃和玻璃陶瓷材料》

本标准适用于外科植入物用生物玻璃和玻璃陶瓷材料。本标准规定了外科植入物用生物玻璃和玻璃陶瓷的材料要求和测试技术。本标准所述材料可用于多孔状和粉末状外科植入物，也可用于外科器械的涂层，但不包括药物输送系统。本标准不适用于合成羟基磷灰石、羟基磷灰石涂层，氧化铝陶瓷，α–和β–磷酸三钙以及白磷钙石。

85.YY/T 0965–2014《无源外科植入物 人工韧带专用要求》

本标准适用于临床使用的纺织型人工韧带植入物（或称为韧带植入物、韧带植入体）。本标准规定了纺织型人工韧带的技术要求和检验方法。对产品预期性能、设计属性、材料、设计评价、制造、灭菌、包装和由制造商提供的信息等作出具体说明。本标准不适用于非纺织型人工韧带，但这些类型的人工韧带的试验方法可适当参考本标准进行。

86.YY/T 0966–2014《外科植入物 金属材料 纯钽》

本标准适用于外科植入物用纯钽板材、带材、棒材、丝材。本标准规定了外科植入物用纯钽的化学成分、显微组织、力学性能及相应试验方法。

87.YY/T 0968.1–2014《医用光辐射防护镜的评价方法 第1部分：光辐射危害降低程度》

本标准适用于投射于眼表面的辐射强度接近于均匀的辐射源下的常规配戴医用光辐射防护镜。本标准规定了医用光辐射防护镜的光辐射危害降低程度评价方法。本标准不适用于激光和光束直径小于眼瞳孔类的光源下的医用光辐射防护镜。

88.YY/T 0968.2–2014《医用光辐射防护镜 评价方法 第2部分：视明觉和色觉》

本标准适用于常规配戴的医用光辐射防护镜。本标准规定了医用光辐射防护镜的视明觉和色觉的评价方法。

89.YY/T 1011-2014《牙科 旋转器械-公称直径和标号》

本标准适用于牙科旋转器械。本标准规定了例如车针、技工室车针、研磨器械、金刚石器械、心轴等牙科旋转器械工作部分的公称直径以及相应的标号。本标准不适用于根管治疗器械。

90.YY/T 1025-2014《流产吸引管》

本标准适用于装在流产吸引器上，供早期妊娠的孕妇施行人工流产手术用的金属材料制的流产吸引管。本标准规定了流产吸引管的结构型式与材料、要求、试验方法、检验规则、标志、包装、运输和贮存等内容。

91.YY/T 1222-2014《总三碘甲状腺原氨酸定量标记免疫分析试剂盒》

本标准适用于以竞争法为原理定量测定总三碘甲状腺原氨酸（TT3）的试剂盒，包括以酶标记、（电）化学发光标记、（时间分辨）荧光标记等标记方法，微孔板、管、磁颗粒、微珠和塑料珠等作为载体的定量测定TT3的免疫分析试剂盒。本标准规定了总三碘甲状腺原氨酸定量标记免疫分析试剂盒的定义、组成、要求、试验方法、标识、标签、使用说明书、包装、运输和贮存等内容。

92.YY/T 1223-2014《总甲状腺素定量标记免疫分析试剂盒》

本标准适用于以竞争法为原理定量测定总甲状腺素（TT4）的试剂盒，包括以酶标记、（电）化学发光标记、（时间分辨）荧光标记等标记方法，微孔板、管、磁颗粒、微珠和塑料珠等作为载体的定量测定TT4的免疫分析试剂盒。本标准规定了总甲状腺素定量标记免疫分析试剂盒的定义、组成、要求、试验方法、标识、标签、使用说明书、包装、运输和贮存等内容。

93.YY/T 1224-2014《膀胱癌细胞相关染色体及基因异常检测试剂盒（荧光原位杂交法）》

本标准适用于由CSP3、CSP7、CSP17、GLP9相应位点4种荧光原位杂交探针和复染剂组成，通过检测样本（通常是尿液脱落细胞涂片）上3号、7号、17号染色体非整倍体增加和9号染色体P16基因位点缺失，从而辅助诊断膀胱癌的试剂盒。本标准规定了膀胱癌细胞相关染色体及基因异常检测试剂盒（荧光原位杂交法）的定义、组成、要求、试验方法、标识、标签、使用说明书、包装、运输和贮存等内容。本标准不适用于以免疫组织化学染色诊断方法为基本原理，用于膀胱癌辅助诊断的试剂盒，本标准不适用于以酶联免疫吸附分析等标记免疫分析为基本原理，用于膀胱癌辅助诊断的试剂盒。

94.YY/T 1225-2014《肺炎支原体抗体检测试剂盒》

本标准适用于胶体金法、酶联免疫法定性测定人血清、血浆和全血中的肺炎支原体IgG、IgM抗体的检测试剂盒。本标准规定了肺炎支原体抗体检测试剂盒的产品分类、要求、检验方法、检验规则、标识、标签、包装、运输和贮存等内容。

95.YY/T 1226-2014《人乳头瘤病毒核酸（分型）检测试剂（盒）》

本标准适用于人乳头瘤病毒核酸（分型）检测试剂（盒），采用的技术方法有实时PCR荧光法、PCR-反向杂交法、表面等离子谐振法、杂交捕获-化学发光法、酶切信号放大法、基因芯片法等。本标准规定了人乳头瘤病毒核酸（分型）检测试剂（盒）的术语和定义、技术要求、试验方法、标识、标签和说明书、包装、运输和贮存等内容。

96.YY/T 1227-2014《临床化学体外诊断试剂（盒）命名》

本标准适用于采用分光光度法，利用全自动生化分析仪、半自动生化分析仪或分光光度计，在医学实验室进行定量检测的临床化学体外诊断试剂(盒)产品。本标准规定了临床化学体外诊断试剂盒命名应遵循的原则，并对部分项目制定了具体命名实例。本标准不适用于校准品、质控品。

97.YY/T 1228-2014《白蛋白测定试剂（盒）》

本标准适用于使用溴甲酚绿法、溴甲酚紫法对血清、血浆等体液中白蛋白进行定量检测的白蛋白测定试剂（盒）。本标准规定了白蛋白测定试剂（盒）的要求、试验方法、标签、使用说明书、包装、运输和贮存等内容。

98.YY/T 1229-2014《钙测定试剂（盒）》

本标准适用于使用偶氮砷Ⅲ法、邻甲酚酞络合铜法、甲基麝香草酚蓝法对血清、血浆等体液中钙进行定量检测的钙测定试剂（盒），包括手工试剂和在半自动、全自动生化分析仪上使用的试剂。本标准规定了钙测定试剂（盒）的要求、试验方法、标签、使用说明书、包装、运输和贮存等内容。本标准不适用于干式化学测定试剂。

99.YY/T 1230-2014《胱抑素C测定试剂（盒）》

本标准适用于使用颗粒增强型透射免疫比浊法对人血清或血浆中的胱抑素C进行定量检测的试剂（盒），包括手工试剂和在半自动、全自动生化分析仪上使用的试剂。本标准规定了胱抑素C测定试剂（盒）的要求、试验方法、标签、使用说明书、包装、运输和贮存等内容。

100.YY/T 1231-2014《肌酐测定试剂（盒）（肌氨酸氧化酶法）》

本标准适用于使用肌氨酸氧化酶法对血清、血浆、尿液中肌酐浓度进行定量检测的肌酐测定试剂（盒），包括手工试剂和在半自动、全自动生化分析仪上使用的试剂。本标准规定了肌酐测定试剂（盒）（肌氨酸氧化酶法）的技术要求、试验方法、标签、使用说明书、包装、运输和贮存等内容。本标准不适用于苦味酸法的肌酐测定试剂（盒）。本标准不适用于干式肌酐测定试剂（盒）。

101.YY/T 1232-2014《γ-谷氨酰基转移酶测定试剂（盒）（GPNA底物法）》

本标准适用于以L-γ-谷氨酰-3-羧基-对硝基苯胺底物法对血清或血浆中γ-谷氨酰基转移酶活性进行定量检测的γ-谷氨酰基转移酶测定试剂（盒），包括手工试剂和在半自动、全自动生化分析仪上使用的试剂。本标准规定了γ-谷氨酰基转移酶测定试剂（盒）（GPNA底物法）的技术要求、试验方法、标签、使用说明书、包装、运输和贮存等内容。本标准不适用于干式γ-谷氨酰基转移酶测定试剂（盒）。

102.YY/T 1233-2014《心肌肌钙蛋白-Ⅰ测定试剂（盒）(化学发光免疫分析法)》

本标准适用于以化学发光免疫分析法为原理定量测定人心肌肌钙蛋白-I(cTnI)的试剂（盒），包括以微孔板、管、磁颗粒等为载体的酶促及非酶促化学发光免疫分析测定试剂（盒）。本标准规定了心肌肌钙蛋白-I定量测定试剂（盒）（化学发光免疫分析法）的术语和定义、分类、要求、试验方法、标识、标签、使用说明书、包装、运输和贮存等内容。本标准不适用于对试剂盒中的校准品和质控品的要求。

103.YY/T 1234-2014《碱性磷酸酶测定试剂（盒）（NPP底物-AMP缓冲液法）》

本标准适用于使用AMP缓冲液对血清或血浆中碱性磷酸酶活性进行定量检测的碱性磷酸酶测定试剂（盒），包括手工试剂和在半自动、全自动生化分析仪上使用的试剂。本标准规定了碱性磷酸酶测定试剂（盒）的技术要求、试验方法、标签、使用说明书、包装、运输和贮存等内容。本标准不适用于干式碱性磷酸酶测定试剂（盒）。

104.YY/T 1235-2014《风疹病毒IgG/IgM抗体检测试剂（盒）》

本标准适用于定性检测人体血清/血浆中风疹病毒IgG/IgM抗体检测试剂（盒）（酶联免疫法）、风疹病毒IgG/IgM抗体检测试剂（盒）（化学发光法）、风疹病毒IgG/IgM抗体检测试剂（盒）（免疫荧光法）、风疹病毒IgG/IgM抗体检测试剂（盒）（免疫印迹法）等。本标准规定了风疹病毒IgG/IgM抗体检测试剂（盒）的技术要求、试验方法、标识、标签和说明书、包装、运输和贮存等内容。

105.YY/T 1236–2014《巨细胞病毒IgG/IgM抗体检测试剂（盒）》

本标准适用于定性检测人体血清/血浆中巨细胞病毒IgG/IgM抗体检测试剂（盒）（酶联免疫法）、巨细胞病毒IgG/IgM抗体检测试剂（盒）（化学发光法）、巨细胞病毒IgG/IgM抗体检测试剂（盒）（免疫荧光法）、巨细胞病毒IgG/IgM抗体检测试剂（盒）（免疫印迹法）等。本标准规定了巨细胞病毒IgG/IgM抗体检测试剂（盒）的技术要求、试验方法、标识、标签和说明书、包装、运输和贮存等内容。

106.YY/T 1237–2014《弓形虫IgG抗体检测试剂(盒)（酶联免疫法）》

本标准适用于酶联免疫法定性检测人血清、血浆中弓形虫IgG 抗体的检测试剂（盒）。本标准规定了弓形虫IgG 抗体检测试剂盒（酶联免疫法）的分类、要求、试验方法、标识、标签、使用说明书、包装、贮存等内容。

107.YY/T 1238–2014《RhD（IgM)血型定型试剂（单克隆抗体）》

本标准适用于RhD（IgM)血型定型试剂（单克隆抗体）。本标准规定了RhD（IgM)血型定型试剂（单克隆抗体）的测试项目和要求。

108.YY/T 1239–2014《琼脂平板培养基》

本标准适用于微生物实验室常规检验用各种固态琼脂平板培养基产品，包括基础营养培养基、选择性培养基、鉴别培养基、药敏试验琼脂培养基（Mueller–Hinton agar,MH培养基）等。本标准规定了琼脂平板培养基的术语和定义、要求、试验方法、标志、标签、包装、运输和贮存等内容。本标准不适用于干粉培养基的要求。

109.YY/T 1240–2014《D–二聚体定量检测试剂（盒）》

本标准适用于实验室检验用的免疫比浊法D–二聚体定量检测试剂(盒)产品。本标准规定了D–二聚体定量检测试剂(盒)的术语、定义、要求、试验方法、标志、标签、使用说明书、包装、运输和贮存等内容。

110.YY/T 1241–2014《乳酸脱氢酶测定试剂（盒）》

本标准适用于以乳酸盐为底物，采用连续监测法对血清或血浆中乳酸脱氢酶活性进行定量检测的乳酸脱氢酶测定试剂（盒），包括手工试剂和在半自动、全自动生化分析仪上使用的试剂。本标准规定了乳酸脱氢酶测定试剂（盒）的术语和定义、要求、试验方法、标签、使用说明书、包装、运输和贮存等内容。本标准不适用于干式乳酸脱氢酶测定试剂（盒）。

111.YY/T 1242–2014《α–羟丁酸脱氢酶测定试剂（盒）》

本标准适用于使用连续监测法对血清或血浆中α–羟丁酸脱氢酶活性进行定量检测的α–羟丁酸脱氢酶测定试剂（盒），包括手工试剂和在半自动、全自动生化分析仪上使用的试剂。本标准规定了α–羟丁酸脱氢酶测定试剂（盒）的术语和定义、要求、试验方法、标签、使用说明书、包装、运输和贮存等内容。本标准不适用于干式α–羟丁酸脱氢酶测定试剂（盒）。

112.YY/T 1243–2014《肌酸激酶测定试剂（盒）》

本标准适用于使用连续监测法对血清或血浆中肌酸激酶活性进行定量检测的肌酸激酶测定试剂（盒），包括手工试剂和在半自动、全自动生化分析仪上使用的试剂。本标准规定了肌酸激酶测定试剂（盒）的术语和定义、要求、试验方法、标签、使用说明书、包装、运输和贮存等内容。本标准不适用于干式肌酸激酶测定试剂（盒）。

113.YY/T 1244–2014《体外诊断试剂用纯化水》

本标准适用于体外诊断试剂生产，医学实验室一般试剂配制，仪器及器械清洗等用的纯化水。试剂生产有特殊要求时，参照相关标准或制定特殊要求（例如血细胞计数试剂对颗粒的特殊要求；分子生物学试剂对DNA酶、RNA酶、蛋白酶的特殊要求等）。本标准规定了体外诊断试剂用纯化水的术语和定义、要求和试验方法。

114.YY/T 1245–2014《自动血型分析仪》

本标准适用于对人类红细胞血型定型、抗体筛查试验等的柱凝集法、微孔板法自动血型分析仪。本标准规定了自动血型分析仪的要求、试验方法、标签和使用说明、包装、运输和贮存等内容。

115.YY/T 1246–2014《糖化血红蛋白分析仪》

本标准适用于对人类血液中糖化血红蛋白（HbA1c）浓度进行检测的仪器；适用于检测项目中包含糖化血红蛋白（HbA1c）项目的仪器，评价该仪器糖化血红蛋白检测模块。本标准规定了糖化血红蛋白分析仪的要求、试验方法、标志、标签、使用说明书、包装、运输和贮存等内容。本标准不适用于非专业人员使用、非实验室使用的对人类血液中糖化血红蛋白（HbA1c）浓度进行检测的仪器。

116.YY/T 1247–2014《乙型肝炎病毒表面抗原测定试剂（盒）（化学发光免疫分析法）》

本标准适用于利用化学发光分析技术，采用双抗体夹心法原理定性或定量测定人血清、血浆中乙型肝炎病毒表面抗原的试剂（盒），包括化学发光、电化学发光和时间分辨荧光等方法。本标准规定了乙型肝炎病毒表面抗原测定试剂（盒）（化学发光免疫分析法）的技术要求、试验方法、标识、标签、使用说明书、包装、运输和贮存等内容。

117.YY/T 1248–2014《乙型肝炎病毒表面抗体测定试剂（盒）（化学发光免疫分析法）》

本标准适用于利用化学发光分析技术，采用双抗原夹心法原理定性或定量测定人血清、血浆中乙型肝炎病毒表面抗体的试剂（盒），包括化学发光、电化学发光和时间分辨荧光等方法。本标准规定了乙型肝炎病毒表面抗体测定试剂（盒）（化学发光免疫分析法）的技术要求、试验方法、标识、标签、使用说明书、包装、运输和贮存等内容。本标准不适用于单独销售的乙型肝炎病毒表面抗体校准品和乙型肝炎病毒表面抗体质控品；不适用于以化学发光免疫分析为原理的生物芯片。

118.YY/T 1249–2014《游离前列腺特异性抗原定量标记免疫分析试剂盒》

本标准适用于以双抗体夹心法为原理定量测定游离前列腺特异性抗原（fPSA）的试剂盒（以下简称：fPSA试剂盒）。包括以酶标记、（电）化学发光标记、（时间分辨）荧光标记等标记方法为捕获抗体，以微孔板、管、磁颗粒、微珠和塑料珠等载体为包被抗体，定量测定fPSA的免疫分析试剂盒。本标准规定了游离前列腺特异性抗原定量标记免疫分析试剂盒的分类、要求、试验方法、标识、标签、使用说明书、包装、运输和贮存等内容。本标准不适用于胶体金或其他方法标记的定性或半定量测定fPSA的试剂（如：试纸条等）；用125I等放射性同位素标记的各类fPSA 放射免疫或免疫放射试剂盒。

119.YY/T 1250–2014《胰岛素定量标记免疫分析试剂盒》

本标准适用于以双抗体夹心法为原理定量测定人胰岛素（h-INS）的试剂盒，包括以酶标记、（电）化学发光标记、（时间分辨）荧光标记等标记方法为捕获抗体，以微孔板、管、磁颗粒、微珠和塑料珠等载体为包被抗体，定量测定人胰岛素的免疫分析试剂盒。本标准规定了胰岛素定量标记免疫分析试剂盒的分类、要求、试验方法、标识、标签、使用说明书、包装、运输和贮存等内容。本标准不适用于：用胶体金或其他方法标记的定性或半定量测定人胰岛素的试剂（如：试纸条等）；用125I等放射性同位素标记的各类人胰岛素放射免疫或免疫放射试剂盒。

120.YY/T 1251-2014《红细胞沉降率测定仪》

本标准适用于采用垂直沉降法检验红细胞沉降率的红细胞沉降率测定仪。本标准规定了红细胞沉降率测定仪的要求、试验方法、标志、标签和使用说明书、包装、运输和贮存等内容。

# YY0006-2013《金属双翼阴道扩张器》等104项医疗器械行业标准

YY0006-2013《金属双翼阴道扩张器》等104项医疗器械行业标准已经审定通过，现予以公布，其标准编号、名称、适用范围如下：

## 一、强制性行业标准（共31项）

### (一)YY0006-2013《金属双翼阴道扩张器》

本标准适用于金属双翼阴道扩张器，该产品供妇产科扩张阴道、检查子宫颈、冲洗阴道和一般手术用。本标准规定了金属双翼阴道扩张器的结构型式、要求、试验方法、检验规则、标志、包装、运输和贮存。本标准不适用于一次性使用的阴道扩张器。

### (二)YY0045-2013《普通产床》

本标准适用于普通产床，该产品供一般妇产科手术、检查用。本标准规定了普通产床的型式与基本尺寸、要求、试验方法、检验规则、标志、使用说明书、包装、运输和贮存。

### (三)YY0091-2013《子宫颈扩张器》

本标准适用于子宫颈扩张器，该产品供妇产科扩张子宫颈口用。本标准规定了子宫颈扩张器的结构型式与材料、技术要求、试验方法、检验规则、标志、包装、运输和贮存。本标准不适用于一次性子宫颈扩张器。

### (四)YY0092-2013《子宫颈活体取样钳》

本标准适用于供咬切宫颈组织作病理切片用的子宫颈活体取样钳。本标准规定了子宫颈活体取样钳的结构型式与材料、要求、试验方法、检验规则、标志、包装、运输和贮存。

### (五)YY0109-2013《医用超声雾化器》

本标准适用于利用超声波对液态药物进行雾化的医用超声雾化器，该产品主要供吸入治疗，也可用于环境的空气加湿。本标准规定了医用超声雾化器的技术要求、试验方法、检验规则、标志和使用说明书。

### (六)YY0154-2013《压力蒸汽灭菌设备用弹簧全启式安全阀》

本标准适用于整定压力不大于0.4MPa，公称通径大于或等于8mm的压力蒸汽灭菌设备用弹簧全启式安全阀。该安全阀供设计压力不大于0.4MPa，灭菌温度在115℃～150℃范围内的压力蒸汽灭菌设备使用。本标准规定了压力蒸汽灭菌设备用弹簧全启式安全阀的术语和定义、分类和标记、要求、试验方法、检验规则、标志、使用说明书、包装、运输、贮存和供货。

### (七)YY0336-2013《一次性使用无菌阴道扩张器》

本标准适用于一次性使用的无菌阴道扩张器，该产品供妇产科检查用。本标准不适用于手术用的阴道扩张器。本标准规定了一次性使用无菌阴道扩张器产品的结构型式与基本尺寸、要求、试验方法、检验规则、标志、包装、使用说明书、运输、贮存和灭菌失效期的要求。

(八)YY0570-2013《医用电气设备第2部分：手术台安全专用要求》

本标准规定了用于常规、外科/医疗过程的患者支撑台即手术台的安全要求。无论这种手术台是否具有电气部件，包括传动装置。传动装置是指在载有或不载有患者的情况下，预期用于移动手术台面的运动装置。手术台面可相对于手术台底座（或基座）运动，也可连同底座一起运动。这种传动装置用于带有可拆卸台面的手术台的台面相对于手术台底部（或基座）的传动。本标准不适用于患者牙科椅、检查椅和沙发、诊断和治疗设备的患者支撑系统、手术台加热毯、患者转移设备、输送台和床、病床、野外手术台。

(九)YY0571-2013《医用电气设备第2部分：医院电动床安全专用要求》

本标准规定了预期用于医疗监护下成年患者的诊断、治疗或监护的医院电动床及附件的安全要求。本标准不适用于患者牙科椅、检查椅和沙发、诊断和治疗设备的患者支撑系统、手术台加热毯、患者转移设备、输送台和床、病床、野外手术台。

(十)YY0600.4-2013《医用呼吸机基本安全和主要性能专用要求第4部分人工复苏器》

本标准规定了适用于所有年龄段的便携式的人工复苏器（通常称为简易呼吸器、简易呼吸球）的专用要求，用于为呼吸不充分人员提供肺通气。对于婴儿、儿童用人工复苏器则根据体重范围和其对应的大致年龄来标识。本标准不适用于电动复苏器、气动复苏器。

(十一)YY0635.1-2013《吸入式麻醉系统第1部分：麻醉呼吸系统》

本标准适用于由制造商提供或组装的，或由用户在制造商的指导下装配的麻醉呼吸系统，也包含对循环吸收组件、排气阀、吸入和呼出阀的要求，及在一些设计中组成吸入式麻醉系统的麻醉呼吸系统部件的要求。

(十二)YY0637-2013《医用电气设备放射治疗计划系统的安全要求》

本标准适用于放射治疗计划系统的设计、制造、安装和使用等方面。

(十三)YY0875-2013《直线型吻合器及组件》

本标准适用于消化道重建、脏器切除手术中缝合组织器官的残端和切口的直线型吻合器及组件。

(十四)YY0876-2013《直线型切割吻合器及组件》

本标准适用于消化道重建、脏器切除手术中吻合、离断和切除组织器官的直线型切割吻合器及组件。

(十五)YY0877-2013《荷包缝合针》

本标准适用于供消化道手术或痔疮手术时作荷包成型用的荷包缝合针。

(十六)YY0881-2013《一次性使用植入式给药装置专用针》

本标准规定了一次性使用植入式给药装置专用针(包括输液针和注射针)的要求，以保证与植入式给药装置和输注装置相适应。本标准为专用针所用材料的性能及其质量规范提供了指南。本标准不涉及专用针防针刺安全要求。本标准的第3章至第8章中8.1和8.3给出了专用针的质量规范。

(十七)YY0885-2013《医用电气设备第2部分：动态心电图系统安全和基本性能专用要求》

本标准规定了适用于由动态记录仪和回放设备组成（两者均可包括分析功能）的动态心电图系统的专用安全要求。能连续分析心电图、提供连续或者部分记录的设备或系统，均适用于本标准的安全要求。无论设备或系统是否具有完整的重新分析功能，记录单元和分析单元是否独立，记录和分析是否能够同时进行，设备后系统采用何种存储媒介，均在本标准的范围内。由GB10793-2000《医用电气设备第2部分：心电图机安全专用要求》和GB9706.25-2005《医用电气设备第2-27部分：心电监护设备安全专用要求》所覆盖的医用电气设备以及不能对心电图进行连续记录和分析的设备不在本标准的范围内。

(十八)YY0893-2013《医用气体混合器独立气体混合器》

本标准规定了预期连接到医用气体供应系统的医用独立气体混合器的要求。

(十九)YY0896-2013《医用电气设备第2部分：肌电及诱发反应设备安全专用要求》

本标准规定了用于侦测和分析与神经和肌肉活动(该神经和肌肉活动可能是自发的，也可能由电或其他刺激激发)相关的生物电势的医用电气设备的安全专用要求;规定了用于侦测和分析诱发刺激(刺激可能是电击、触碰、听觉、视觉、嗅觉等)产生的生物电势的医用电气设备的安全专用要求。

(二十)YY0897-2013《耳鼻喉射频消融设备》

本标准适用于包括相关附件在内，预期利用耳鼻喉射频消融电极将频率为200kHz ~ 5MHz的射频能量传递到耳鼻喉部位的粘膜下靶组织，对其进行消融治疗的耳鼻喉射频消融设备。本标准不适用于高频电灼设备。

(二十一)YY0898-2013《毫米波治疗设备》

本标准适用于利用30GHz ~ 300GHz（波长1mm ~ 10mm）频段的电磁波，通过辐射照射方式，以非热效应治疗疾病的毫米波治疗设备。

(二十二)YY0899-2013《医用微波设备附件的通用要求》

本标准适用于为完成治疗目的，与医用微波设备配合使用的附件，通常包括输出线缆、转接器、辐射器、热凝器、穿刺测温针等。

(二十三)YY0900-2013《减重步行训练台》

本标准适用于由减重吊架和步行训练台组成的医用电力传动康复设备。减重吊架用于辅助患者减轻部分体重的装置，主要由悬吊带和支架组成；步行训练台为患者进行步行训练的辅助装置，通常由电力驱动工作。

(二十四)YY0901-2013《紫外治疗设备》

本标准适用于在医疗实践中利用有效波长在200nm ~ 400nm的紫外线〔通常情况下，紫外线分为以下三个波段：UVA（400nm ~ 320nm）、UVB（320nm ~ 275nm）、UVC（275nm ~ 200nm）〕对人体进行照射治疗的紫外治疗设备。本标准不适用于仅用于照射器械和材料的紫外消毒或杀菌设备、光固化机、紫外激光设备、紫外光敏治疗设备、紫外血液内照射设备。

(二十五)YY0902-2013《接触式远红外理疗设备》

本标准适用于将波长在3μm ~ 25μm的红外光谱区的能量，通过工作面对患者相关病症进行物理治疗的设备。本标准不适用于辐照方式治疗的远红外设备。

(二十六)YY0903-2013《脑电生物反馈仪》

本标准适用于脑电生物反馈仪，该产品为由视听信息刺激和激发患者产生脑波信息，并依据脑波信息产生新的视听信息刺激患者，如此循环，以调节改善患者的大脑机能达到辅助治疗目的的仪器

(二十七)YY0904-2013《电池供电骨组织手术设备》

本标准适用于由电池供电，提供机械动力实施骨组织手术的医疗器械。本标准不适用于气动装置的骨组织手术设备、网电源供电的骨组织手术设备、牙科的同类设备。

(二十八)YY0970-2013《含动物源材料的一次性使用医疗器械的灭菌液体灭菌剂灭菌的确认与常规控制》

本标准规定了使用液体化学灭菌剂对全部或部分含有动物源性材料的一次性使用医疗器械灭菌的开发、确认、过程控制和监视的要求。本标准不适用于人体来源的材料。本标准不涉及用于控制整个生产阶段的质量保证体系、病毒灭活确认的方法。本标准不包括医疗器械中灭菌剂残留量的水平。

(二十九)YY1023-2013《子宫颈钳》

本标准适用于子宫颈钳，该产品供妇产科手术时牵拉固定子宫颈用。本标准规定了子宫颈钳的结构型式、技术要求、试验方法、检验规则、标志、包装、运输和贮存等要求。

(三十)YY1024-2013《输卵管提取钩》

本标准适用于供妇科施行结扎输卵管手术时作提取输卵管用的输卵管提取钩。本标准规定了输卵管提取钩的结构型式及材料、要求、试验方法、检验规则、标志、包装、运输和贮存。

(三十一)YY1139-2013《心电诊断设备》

本标准适用于以下心电诊断设备：（1）直接记录的心电图机；（2）用在其他医疗设备（如患者监护仪、除颤仪、压力测试设备）中的心电图机，只要这些设备具有心电图诊断功能；（3）心电图机能通过电缆、电话、遥测或存储媒介显示远程的患者信号，只要这些设备具有心电图诊断功能。这些设备遵守整个系统的输出-输入关系的功能方面的性能要求。

## 二、推荐性行业标准（共73项）

(一)YY/T0073-2013《泪囊牵开器》

本标准适用于泪囊手术时牵开切口软组织暴露泪囊用的泪囊牵开器。本标准规定了泪囊牵开器的型式和材料、要求、试验方法、标志、包装、运输和贮存等要求。

(二)YY/T0077-2013《喉钳通用技术条件》

本标准适用于喉部钳取、咬切组织或异物用的喉钳类产品。

(三)YY/T0093-2013《医用诊断X射线影像增强器》

本标准适用于标称入射视野为15cm（6in）、23cm（9in）、30cm（12in）、33cm（13in）和40cm（16in）的装有图像缩小型X射线影像增强管的增强器，包括单视野及多重视野。该类产品主要用于与医用诊断X射线设备的配套使用，实现图像的转换。本标准规定了医用诊断X射线影像增强器的要求、试验方法、检验规则、标志、使用说明书、包装、运输和贮存。本标准不适用于平板型或其他类型的增强器。

### (四)YY/T0094-2013《医用诊断X射线透视荧光屏》

本标准适用于将医用X射线转换成可见光的荧光屏。本标准规定了医用诊断X射线透视荧光屏的术语、要求、试验方法、检验规则、标志、标签、使用说明书、包装、运输和贮存。

### (五)YY/T0095-2013《钨酸钙中速医用增感屏》

本标准适用于X射线摄影中使用的增感屏。本标准规定了钨酸钙中速医用增感屏的术语、要求、试验方法、检验规则、标志、标签、使用说明书、包装、运输和贮存。

### (六)YY/T0157-2013《压力蒸汽设备用弹簧式放气阀》

本标准适用于设定压力不大于0.4MPa，公称通径大于或等于8mm的压力蒸汽灭菌设备用弹簧式放汽阀，该放汽阀供设计压力不大于0.4MPa，灭菌温度在115℃～150℃范围内的蒸汽灭菌设备使用。本标准规定了压力蒸汽灭菌设备用弹簧式放汽阀的分类和标记、要求、试验方法、检验规则、标志、使用说明书、包装、运输和贮存。

### (七)YY/T0158-2013《压力蒸汽灭菌设备用密封垫圈》

本标准适用于设计压力不大于0.4MPa，设计温度在115℃～150℃范围内的压力蒸汽灭菌设备用密封垫圈。本标准规定了压力蒸汽灭菌设备用密封垫圈的分类、要求、试验方法、检验规则、标志、使用说明书、包装、运输和贮存。

### (八)YY/T0180-2013《眼睑拉钩》

本标准适用于眼科检查时作拉开眼睑之用的眼睑拉钩。本标准规定了眼睑拉钩的型式和材料、要求、试验方法、标志、包装、运输和贮存等要求。

### (九)YY/T0181-2013《输卵管提取板》

本标准适用于供妇产科施行结扎手术时作提取输卵管用的输卵管提取板。本标准规定了输卵管提取板的结构形式与材料、要求、试验方法、检验规则、标志、包装、运输和贮存。

### (十)YY/T0182-2013《宫内节育器取出钩》

本标准适用于宫内节育器取出钩，该产品供妇产科取出宫内节育器（环）之用。本标准规定了宫内节育器取出钩的结构型式、要求、试验方法、检验规则、标志、使用说明书、包装、运输和贮存等要求。

### (十一)YY/T0183-2013《宫内节育器放置叉》

本标准适用于宫内节育器放置叉，该产品供妇产科放置O形、宫腔形及类似的宫内节育器和校正节育器位置之用。本标准规定了宫内节育器放置叉的结构形式、要求、试验方法、检验规则、标志、使用说明书、包装、运输和贮存。本标准不适用于一次性宫内节育器放置叉。

### (十二)YY/T0296-2013《一次性使用注射针识别色标》

本标准规定了公称外径从0.3mm～3.4mm的一次性使用注射针识别用色标，适用于正常壁、薄壁和超薄壁的针以及不透明颜色和半透明颜色。

### (十三)YY/T0567.1-2013《医疗保健产品的无菌加工第1部分：通用要求》

本标准规定了关于经过无菌加工的医疗保健产品的制造过程的开发、确认和日常控制的流程、程序和执行步骤的一般要求以及指南。本标准涵盖关于整个无菌加工的总体要求和指南。其他部分则规定了关于过滤、冻干、在线清洗、在线灭菌和隔离系统的各种专用/专门流程和方法的特定要求及准则。

**(十四)YY/T0608-2013《医用X射线影像增强器电视系统通用技术条件》**

本标准适用于采用医用X射线影像增强器的用于X射线透视的医用X射线影像增强器电视系统。本标准规定了医用X射线影像增强器电视系统有关的术语和定义、要求及试验方法。

**(十五)YY/T0865.3-2013《超声水听器第3部分：40MHz以下超声场用水听器的特性》**

本标准适用于采用压电敏感元件，设计用于测量超声设备产生的脉冲和连续波超声场的水听器、用于在水中进行测量的水听器、配接或未配接前置放大器的水听器。本标准规定了相关的水听器特性要求。

**(十六)YY/T0869-2013《医疗器械不良事件类型和原因的编码结构》**

本标准规定了描述医疗器械不良事件的编码结构的要求。本编码预期为医疗器械用户、制造商和管理当局使用。

**(十七)YY/T0870.1-2013《医疗器械遗传毒性试验第1部分：细菌回复突变试验》**

本标准规定了医疗器械/材料细菌回复突变试验方法。本标准推荐使用平板掺入法。

**(十八)YY/T0870.2-2013《医疗器械遗传毒性试验第2部分：体外哺乳动物染色体畸变试验》**

本标准规定了医疗器械/材料体外哺乳动物细胞染色体畸变试验方法。

**(十九)YY/T0870.3-2013《医疗器械遗传毒性试验第3部分：用小鼠淋巴瘤细胞进行的体外哺乳动物细胞基因突变试验》**

本标准规定了使用小鼠淋巴瘤细胞株（L5178YTK+/-3.7.2C）进行医疗器械/材料体外哺乳动物细胞基因突变试验的方法。本标准推荐的试验方法为微孔板法。

**(二十)YY/T0871-2013《眼科光学接触镜多患者试戴接触镜的卫生处理》**

本标准为接触镜制造商提供了指南，以便制造商撰写相关信息并提供给眼睛护理专业人员对多患者试戴的软性和硬性透气性（RGP）接触镜进行卫生处理。

**(二十一)YY/T0872-2013《输尿管支架试验方法》**

本标准规定了评价其两端带固定装置的一次性使用输尿管支架特性的仲裁试验方法，这些支架为短期应用于将尿液从肾脏引流至膀胱。这类支架的直径通常为3.7Fr ~ 14.0Fr，长度为8cm ~ 30cm，由硅橡胶、聚氨酯和其他聚合物制成，分非无菌供应医院灭菌后使用，和无菌供应一次性使用两种供应形式。该产品会有长期留置（超过30天）的情况，但并不常见，本标准不适用于长期留置的输尿管支架，也不适用于非输尿管应用（如肾造口术和回肠造口术）的输尿管支架。由于医院的灭菌设备、灭菌过程对支架特性产生的影响存在差异性，所以本标准也不适用于非无菌输尿管支架。

**(二十二)YY/T0873.1-2013《牙科旋转器械的数字编码系统第1部分：一般特征》**

本标准用于阐明牙科旋转器械及其附件的数字编码系统，并就其解释和用法给予说明。

**(二十三)YY/T0874-2013《牙科学旋转器械试验方法》**

本标准规定了牙科旋转器械例如车针、切盘、抛光器械、金刚石器械和研磨器械的尺寸特征、颈部强度以及表面粗糙度的测量方法。本标准未包括牙科用旋转器械所使用材料特性的测试方法，本标准不适用于牙根管器械。

**(二十四)YY/T0878.1-2013《医疗器械补体激活试验第1部分血清全补体激活》**

本标准给出了医疗器械体外全补体激活作用的试验方法，本方法适用于固态样品。本标准中，“血清”和“补体”可通用，意指将血清用作补体来源。本标准中未涉及单一补体成分的功能、修饰或消耗以及来源于血浆的补体。

**(二十五)YY/T0879.1-2013《医疗器械致敏反应试验第1部分小鼠局部淋巴结试验(LLNA)放射性同位素掺入法》**

本标准给出了医疗器械/材料致敏试验的检测方法。本标准预期为豚鼠致敏试验提供一个替代性方法，尤其适用于只接触完好皮肤的医疗器械/材料。然而，当评定金属材料或用于深部组织或损伤表面医疗器械产品/材料的致敏反应时，仍然推荐使用豚鼠致敏试验。本标准只适用于能浸入皮肤的低分子量化学物，该吸收的化学物或代谢物可结合于大分子物质，如蛋白质以形成免疫原性复合物。

**(二十六)YY/T0880-2013《一次性使用乳腺定位丝及其导引针》**

本标准规定了一次性使用乳腺定位丝及其导引针的要求。本标准不适用于可自动操作的乳腺定位装置以及可以重新收回和重新定位的乳腺定位丝。

**(二十七)YY/T0882-2013《麻醉和呼吸设备与氧气的兼容性》**

本标准适用于麻醉和呼吸设备，如医用气体管道系统、减压器、终端、医用供应单元、挠性连接、流量计装置、麻醉工作站和呼吸机。

**(二十八)YY/T0883-2013《蒸汽渗透测试用过程挑战装置及指示物系统》**

本标准规定了带有真空阶段（预真空）的蒸汽灭菌器进行蒸汽渗透测试用的过程挑战装置及指示物系统的技术要求，并规定了与技术要求相对应的试验方法。本标准所指的蒸汽渗透测试是基于GB8599-2008和YY0646-2008的规定。本标准适用的过程挑战装置及指示物系统包括多孔负载过程挑战装置及指示物系统和空腔负载过程挑战装置及指示物系统。

**(二十九)YY/T0884-2013《适用于辐射灭菌的医疗保健产品的材料评价》**

本标准提供了评价医疗保健产品（包括包装）的组成材料，包括高分子材料、金属、陶瓷/玻璃及其他材料对辐射灭菌加工的适宜性的程序和信息，为选择和鉴定医疗保健产品和包装的材料提供指南。

**(三十)YY/T0886-2013《一次性使用宫内节育器放置器通用要求》**

本标准适用于含铜宫内节育器配套使用的放置器。本标准规定了宫内节育器放置器的术语与定义、结构型式、要求、试验方法、检验规则、包装和标志。本标准不适用于校正宫内节育器的位置或其他用途或型式的宫内节育器放置器。

**(三十一)YY/T0887-2013《放射性粒籽植入治疗计划系统剂量计算要求和试验方法》**

本标准适用于放射性粒籽植入治疗计划系统的剂量计算。本标准规定了放射性粒籽植入治疗计划系统的剂量计算要求和试验方法。

**(三十二)YY/T0888-2013《放射治疗设备中X射线图像引导装置的成像剂量》**

本标准适用于放射治疗设备中X射线图像引导装置。本标准规定了放射治疗设备中X射线图像引导装置的成像剂量试验方法和对随机文件的要求。

(三十三)YY/T0889-2013《调强放射治疗计划系统性能和试验方法》

本标准适用于具有高能X射束剂量计算功能的调强放射治疗计划系统。该系统用于设计患者的调强放射治疗计划。本标准规定了调强放射治疗计划系统的术语、定义、性能要求和试验方法。如果系统具有调强放射治疗外其他放射治疗技术的计划设计功能，还应符合相应的标准。

(三十四)YY/T0890-2013《放射治疗中电子射野成像装置性能和试验方法》

本标准适用于放射治疗中以医用电子加速器的辐射束作为辐射源的电子射野成像装置。本标准规定了电子射野成像装置的性能要求和试验方法。

(三十五)YY/T0891-2013《血管造影高压注射装置专用技术条件》

本标准适用于血管造影高压注射装置。本标准规定了血管造影高压注射装置术语与定义、组成、要求和试验方法。

(三十六)YY/T0892-2013《医用诊断X射线管组件泄漏辐射测试方法》

本标准适用于非电容放电式高压发生装置中管组件加载状态下泄漏辐射的测试。本标准规定了医用诊断X射线管组件泄漏辐射测试的术语和定义、测试方法。

(三十七)YY/T0894-2013《医用电气设备近距离放射治疗用剂量仪器基于井型电离室的仪器》

本标准规定了井型电离室及配套测量组件的性能和某些结构要求，用于测定一个量，如对给定类型的源进行适当校准后，用于近距离放射治疗光子的辐射场中的空气比释动能率强度或参考空气比释动能率，或者光子和β辐射场中在某一深度处水吸收剂量。

(三十八)YY/T0895-2013《放射治疗计划系统的调试典型外照射治疗技术的测试》

本标准适用于放射治疗计划系统(以下简称RTPS)在投入临床使用前对外照射高能光子束治疗技术的调试测试。本标准规定了RTPS调试中典型的外照射治疗技术的测试方法。

(三十九)YY/T0905.2-2013《牙科学场地设备第2部分：压缩机系统》

本标准适用于牙科空气压缩机系统。本标准给出了用于向牙科治疗机、牙科器械和牙科技工室提供压缩空气源的压缩机单元的性能和试验方法。压缩机单元包括压缩机头、空气储气罐、空气干燥器系统、冷凝水阀门、压力开关、阀门、管道、配件。本标准还给出牙科用空气、配件、管路和阀门等压缩机单元的使用环境规范管理指南。本标准仅适用于压缩空气主管路连接点以前的部分。

(四十)YY/T0906-2013《B型超声诊断设备性能试验方法配接腔内探头》

本标准适用于超声标称频率在1.5MHz~15.0MHz范围内，配接腔内探头的B型超声诊断设备。本标准规定了配接腔内探头B型超声诊断设备的术语和定义、测试条件以及试验方法。

(四十一)YY/T0907-2013《医用无针注射器-要求与试验方法》

本标准适用于在临床和相关医疗环境下的患者个人使用的一次或多次使用的无针注射器的安全、性能和试验要求。

(四十二)YY/T0908-2013《一次性使用注射用过滤器》

本标准适用于一次性使用注射用过滤器（以下简称过滤器），过滤器与注射器具配套使用，应用于临床治疗中肌肉注射、静脉注射药物，以及向液体瓶内添加药物等，用于过滤药液中的不溶性微粒。本标准规定了一次性使用注射用过滤器的分类和标记、材料、物理要求、化学要求、生物要求、标志和包装。

(四十三)YY/T0909-2013《一次性使用低阻力注射器》

本标准适用于麻醉穿刺包的器械配套使用或高黏度药物注射的手动注射器。本标准规定了一次性使用低阻力注射器的定义、术语、要求、试验方法、包装、标识。

(四十四)YY/T0910.1-2013《医用电气设备医用影像显示系统第1部分：评价方法》

本标准适用于可以以灰阶值在彩色或灰阶影像显示系统〔如阴极射线管（CRT）显示器、平板显示器、投影系统〕上显示单色影像信息的医用影像显示系统。本标准适用于用于诊断（为做出临床诊断进行的医学影像解释）或观察（出于医学目的观察医学影像而不是提供医学影像解释）目的的医用影像显示系统，因此对影像质量有特殊的要求。本标准描述了用于测试医用影像显示系统的试验方法。本标准的范围单指可以用目视判断或者使用普通试验设备的试验方法。借助这些设备可以进行的更先进的或者更量化的影像显示系统测量方法超出了本标准的范围。头部固定的影像显示系统和用于确定定位的影像显示系统及用于操作这些系统的影像显示系统不包含在本标准范围内。本标准不包括定义验收试验及稳定性试验的要求或者稳定性试验频率的要求。

(四十五)YY/T0969-2013《一次性使用医用口罩》

本标准适用于覆盖使用者的口、鼻及下颌，用于普通医疗环境中佩戴、阻隔口腔和鼻腔呼出或喷出污染物的一次性使用口罩。本标准不适用于医用防护口罩、医用外科口罩。本标准规定了一次性使用医用口罩的技术要求、试验方法、标志、使用说明书、包装、运输和贮存。

(四十六)YY/T1014-2013《牙探针》

本标准规定了牙探针的尺寸、性能要求和试验方法。

(四十七)YY/T1142-2013《医用超声设备与探头频率特性的测试方法》

本标准适用于工作在连续波、准连续波或脉冲波状态的各类医用超声设备与探头。本标准规定了频率范围在0.5MHz～15MHz内的医用超声设备与探头频率特性的测试方法与相关参数的计算方法。

(四十八)YY/T1196-2013《氯测定试剂盒（酶法）》

本标准适用于氯（CL）测定试剂盒（酶法）的质量控制。本标准规定了试剂盒的技术要求，包括方法学原理、要求、试验方法、标签、使用说明、包装、运输和贮存。

(四十九)YY/T1197-2013《丙氨酸氨基转移酶（ALT)测定试剂盒（IFCC法）》

本标准适用于丙氨酸氨基转移酶（ALT）测定试剂盒（IFCC法）的质量控制，该产品用于体外定量测定人体血清或血浆中丙氨酸氨基转移酶的活性。本标准适用于医学实验室进行丙氨酸氨基转移酶（ALT）项目定量检验所使用的体外诊断试剂(盒)。本标准规定了试剂盒的技术要求，包括术语和定义、分类和命名、要求、试验方法、标签、使用说明、包装、运输和贮存。

(五十)YY/T1198-2013《天门冬氨酸氨基转移酶测定试剂盒(IFCC法）》

本标准适用于天门冬氨酸氨基转移酶（AST）测定试剂盒（IFCC法）的质量控制，该产品用于体外定量测定人体血清或血浆中天门冬氨酸氨基转移酶的活性。本标准适用于医学实验室进行天门冬氨酸氨基转移酶（AST）项目定量检验所使用的体外诊断试剂(盒)。本标准规定了试剂盒的技术要求，包括术语和定义、分类和命名、要求、试验方法、标签、使用说明、包装、运输和贮存。

(五十一)YY/T1199-2013《甘油三酯测定试剂盒（酶法）》

本标准适用于甘油三酯(TG)试剂盒（酶法）的质量控制，该产品用于体外定量测定人体血清或血浆中甘油三酯(TG)的活性。本标准适用于医学实验室进行甘油三酯(TG)试剂盒项目定量检验所使用的体外诊断试剂(盒)。本标准规定了试剂盒的技术要求，包括术语和定义、分类和命名、要求、试验方法、标签、使用说明、包装、运输和贮存。

(五十二)YY/T1200-2013《葡萄糖测定试剂盒(酶法）》

本标准适用于葡萄糖试剂盒（酶法），该试剂盒在临床检验中用于定量分析血清、血浆、尿液、脑脊液等体液中的葡萄糖浓度。本标准规定了试剂盒的技术要求，包括术语和定义、分类和命名、要求、试验方法、标签、使用说明、包装、运输和贮存。

(五十三)YY/T1201-2013《尿素测定试剂盒(酶偶联监测法）》

本标准适用于尿素氮（BUN）测定试剂盒（酶偶联监测法）的质量控制。本标准规定了试剂盒的技术要求。

(五十四)YY/T1202-2013《钾测定试剂盒(酶法）》

本标准适用于钾（K）测定试剂盒（酶法）的质量控制，该产品用于体外定量测定人体血清或血浆中钾的活性。本标准适用于医学实验室进行钾项目定量检验所使用的体外诊断试剂(盒)。本标准规定了试剂盒的技术要求，包括术语和定义、分类和命名、要求、试验方法、标签、使用说明、包装、运输和贮存。

(五十五)YY/T1203-2013《钠测定试剂盒(酶法）》

本标准适用于钠（Na）测定试剂盒（酶法）的质量控制。本标准规定了试剂盒的技术要求，包括方法学原理、要求、试验方法、标签、使用说明、包装、运输和贮存。

(五十六)YY/T1204-2013《总胆汁酸测定试剂盒(酶循环法）》

本标准适用于总胆汁酸测定试剂盒（酶循环法）的质量控制，该产品用于体外定量测定人体血清或血浆中总胆汁酸量。本标准适用于医学实验室进行总胆汁酸项目定量检验所使用的体外诊断试剂(盒)。本标准规定了试剂盒的技术要求，包括术语和定义、分类和命名、要求、试验方法、标签、使用说明、包装、运输和贮存。

(五十七)YY/T1205-2013《总胆红素测定试剂盒（钒酸盐氧化法）》

本标准规定了总胆红素试剂盒（钒酸盐氧化法）的技术要求，包括方法学原理、要求、试验方法、标签、使用说明、包装、运输和贮存。本标准适用于总胆红素试剂盒（钒酸盐氧化法）的质量控制。

(五十八)YY/T1206-2013《总胆固醇测定试剂盒（氧化酶法）》

本标准规定了总胆固醇测定试剂盒（氧化酶法）的技术要求，包括术语和定义、分类和命名、要求、试验方法、标签、使用说明、包装、运输和贮存。本标准适用于医学实验室定量检验所使用的单试剂或双试剂的液体型总胆固醇测定试剂盒（氧化酶法）的质量控制，该产品用于体外定量测定人体血清或血浆中总胆固醇的量。

(五十九)YY/T1207-2013《尿酸测定试剂盒(尿酸酶过氧化物酶偶联法)》

本标准规定了尿酸测定试剂盒（尿酸酶过氧化物酶偶联法）的技术要求，包括要求、试验方法、标签、使用说明、包装、运输和贮存。本标准适用于尿酸测定试剂盒（尿酸酶过氧化物酶偶联法）的质量控制，该产品用于体外定量测定人体血清中的尿酸含量。

(六十)YY/T1208-2013《硫代硫酸盐-柠檬酸盐-胆盐-蔗糖（TCBS）琼脂培养基》

本标准规定了TCBS琼脂培养基的质量指标、检验方法、使用说明、标志、标签、包装、运输和贮存。本标准适用于TCBS琼脂培养基，用于弧菌的分离。

(六十一)YY/T1209-2013《BCYE琼脂培养基》

本标准规定了BCYE琼脂培养基的质量指标、检验方法、使用说明、标志、标签、包装、运输和贮存。本标准适用于BCYE琼脂培养基，用于军团菌属细菌的分离培养。

(六十二)YY/T1210-2013《麦康凯山梨醇琼脂培养基》

本标准规定了麦康凯山梨醇琼脂培养基的质量指标、检验方法、使用说明、标志、标签、包装、运输和贮存。本标准适用于麦康凯山梨醇琼脂培养基，用于肠出血性大肠埃希菌（EHEC）O157：H7的分离。

(六十三)YY/T1211-2013《甘露醇高盐琼脂培养基》

本标准规定了甘露醇高盐琼脂培养基的质量指标、检验方法、使用说明、标志、标签、包装、运输和贮存。本标准适用于甘露醇高盐琼脂培养基，主要用于金黄色葡萄球菌的分离。

(六十四)YY/T1212-2013《庆大霉素琼脂基础培养基》

本标准规定了庆大霉素琼脂基础培养基的质量指标、检验方法、使用说明、标志、标签、包装、运输和贮存。本标准适用于庆大霉素琼脂基础培养基，用于霍乱弧菌的分离。

(六十五)YY/T1213-2013《促卵泡生成素定量标记免疫分析试剂盒》

本标准适用于促卵泡生成素定量标记免疫分析试剂盒，包括酶标记、化学发光标记、时间分辨荧光标记等。

(六十六)YY/T1214-2013《人绒毛膜促性腺激素定量标记免疫分析试剂盒》

本标准适用于人绒毛膜促性腺激素定量标记免疫分析试剂盒，包括酶标记、化学发光标记、时间分辨荧光标记等。

(六十七)YY/T1215-2013《丙型肝炎病毒（HCV)抗体检测试剂盒（胶体金法）》

本标准适用于丙型肝炎病毒（HCV）抗体检测试剂盒（胶体金法、胶体硒法、胶乳法等快速检测试纸条试剂盒）。该试剂盒用于定性检测人全血、血清或血浆中的丙型肝炎病毒（HCV）抗体，临床上用于辅助诊断丙型肝炎病毒感染。

(六十八)YY/T1216-2013《甲胎蛋白定量标记免疫分析试剂盒》

本标准适用于进行甲胎蛋白定量测定的标记免疫分析试剂盒，包括以酶标记、化学发光标记、时间分辨荧光标记等标记方法为捕获抗体，以微孔板、管、磁颗粒、微珠和塑料珠等为载体包被抗体，定量测定甲胎蛋白的免疫分析测定试剂盒。

**(六十九)YY/T1217-2013《促黄体生成素定量标记免疫分析试剂盒》**

本标准适用于促黄体生成素定量标记免疫分析试剂盒，包括酶标记、化学发光标记、时间分辨荧光标记等。

**(七十)YY/T1218-2013《促甲状腺素定量标记免疫分析试剂盒》**

本标准适用于促甲状腺素定量标记免疫分析试剂盒，包括酶标记、化学发光标记、时间分辨荧光标记等。

**(七十一)YY/T1219-2013《胰酪胨大豆肉汤培养基》**

本标准规定了胰酪胨大豆肉汤培养基的配方、要求、试验方法、标识、标签、使用说明书、包装、运输和贮存。本标准适用于胰酪胨大豆肉汤培养基，用于普通需氧菌、苛养菌和真菌的培养。

**(七十二)YY/T1220-2013《肌酸激酶同工酶(CK-MB)诊断试剂(盒)(胶体金法)》**

本标准规定了肌酸激酶同工酶（CK-MB）诊断试剂(盒)（胶体金法）的术语和定义、技术要求、试验方法、检验和判定、标识、标签、使用说明书、包装、运输和贮存。本标准适用于肌酸激酶同工酶（CK-MB）诊断试剂(盒)（胶体金法）。该试剂用于体外定性检测人血清或血浆中肌酸激酶同工酶（CK-MB）的活性。

**(七十三)YY/T1221-2013《心肌肌钙蛋白I诊断试剂(盒)(胶体金法)》**

本标准规定了心肌肌钙蛋白I（cTnI）诊断试剂（盒）（胶体金法）的术语和定义、技术要求、试验方法、检验和判定、标识、标签、使用说明书、包装、运输和贮存。本标准适用于心肌肌钙蛋白I(cTnI)诊断试剂（盒）（胶体金法）。该试剂用于定性检测人血清或血浆中的cTnI，临床上用于急性心肌梗塞（AMI）和不稳定心绞痛（UA）等病情监测和治疗预后的辅助诊断。

以上医疗器械行业标准自2014年10月1日起实施。

# YY 0270.1-2011《牙科学 基托聚合物 第一部分：义齿基托聚合物》等96项医疗器械行业标准

YY 0270.1-2011《牙科学 基托聚合物 第1部分：义齿基托聚合物》等96项医疗器械行业标准已经审定通过，现予以发布。其标准编号、名称及实施日期如下：

**一、强制性行业标准（共43项）：**

1.YY 0270.1-2011《牙科学 基托聚合物 第1部分：义齿基托聚合物》

2.YY 0307-2011《连续波掺钕钇铝石榴石激光治疗机》

3.YY 0332-2011《植入式给药装置》

4.YY 0455-2011《医用电气设备 第2部分：婴儿辐射保暖台安全专用要求》

5.YY 0469-2011《医用外科口罩》

6.YY 0485-2011《一次性使用心脏停跳液灌注器》

7.YY 0493-2011《牙科学 弹性体印模材料》

8.YY 0569-2011《Ⅱ级 生物安全柜》

9.YY 0580-2011《心血管植入物及人工器官 心肺转流系统 动脉管路血液过滤器》

10.YY 0581.1-2011《输液连接件 第1部分：穿刺式连接件（肝素帽）》

11.YY 0581.2-2011《输液连接件 第2部分：无针连接件》

12.YY 0600.5-2011《医用呼吸机 基本安全和主要性能专用要求 第5部分：气动急救复苏器》

13.YY 0671.2-2011《睡眠呼吸暂停治疗 第2部分：面罩和应用附件》

14.YY 0672.2-2011《内镜器械 第2部分：腹腔镜用剪》

15.YY 0719.7-2011《眼科光学 接触镜和接触镜护理产品 第7部分：生物学评价试验方法》

16.YY 0793.2-2011《血液透析和相关治疗用水处理设备技术要求 第2部分：用于单床透析》

17.YY 0827-2011《医用电气设备 第2部分：转运培养箱安全专用要求》

18.YY 0828-2011《心电监护仪电缆和导联线》

19.YY 0830-2011《浅表组织超声治疗设备》

20.YY 0831.1-2011《γ射束立体定向放射治疗系统 第1部分：头部多源γ射束立体定向放射治疗系统》

21.YY 0832.1-2011《X射线放射治疗立体定向及计划系统 第1部分：头部X射线放射治疗立体定向及计划系统》

22.YY 0833-2011《肢体加压理疗设备》

23.YY 0834-2011《医用电气设备 第二部分：医用电热毯、电热垫和电热床垫 安全专用要求》

24.YY 0835-2011《牙科学 银汞合金分离器》

25.YY 0836-2011《牙科手机 牙科低压电动马达》

26.YY 0837-2011《牙科手机 牙科气动马达》

27.YY 0838-2011《微波热凝设备》

28.YY 0839-2011《微波热疗设备》

29.YY 0843-2011《医用内窥镜 内窥镜功能供给装置 气腹机》

30.YY 0844-2011《激光治疗设备 脉冲二氧化碳激光治疗机》

31.YY 0845-2011《激光治疗设备 半导体激光光动力治疗机》

32.YY 0846-2011《激光治疗设备 掺钬钇铝石榴石激光治疗机》

33.YY 0847-2011《医用内窥镜 内窥镜器械 取石网篮》

34.YY 0849-2011《眼科高频超声诊断仪》

35.YY 0852-2011《一次性使用无菌手术膜》

36.YY 0854.1-2011《全棉非织造布外科敷料性能要求 第1部分：敷料生产用非织造布》

37.YY 0854.2-2011《全棉非织造布外科敷料性能要求 第2部分：成品敷料》

38.YY 0860-2011《心脏射频消融治疗设备》

39.YY 0861-2011《眼科光学 眼用粘弹剂》

40.YY 0862-2011《眼科光学 眼内填充物》

41.YY 0868-2011《神经和肌肉刺激器用电极》

42.YY 1042-2011《牙科学 聚合物基修复材料》

43.YY 1081-2011《医用内窥镜 内窥镜功能供给装置 冷光源》

**二、推荐性行业标准（共53项）：**

1.YY/T 0019.1-2011《外科植入物 髓内钉系统 第1部分：横截面为三叶形或V形髓内钉》

2.YY/T 0019.2-2011《外科植入物 髓内钉系统 第2部分：髓内针》

3.YY/T 0170-2011《牙挺》

4.YY/T 0176.9-2011《眼用剪》

5.YY/T 0191-2011《腹腔吸引管》

6.YY/T 0270.2-2011《牙科学 基托聚合物 第2部分：正畸基托聚合物》

7.YY/T 0274-2011《刮牙器》

8.YY/T 0275-2011《牙用充填器》

9.YY/T 0345.1-2011《外科植入物 金属骨针 第1部分：材料和力学性能要求》

10.YY/T 0463-2011《牙科学 铸造包埋材料和耐火代型材料》

11.YY/T 0475-2011《干化学尿液分析仪》

12.YY/T 0478-2011《尿液分析试纸条》

13.YY/T 0567.3-2011《医疗保健产品的无菌加工 第3部分：冻干法》

14.YY/T 0567.4-2011《医疗保健产品的无菌加工 第4部分：在线清洗技术》

15.YY/T 0567.5-2011《医疗保健产品的无菌加工 第5部分：在线灭菌》

16.YY/T 0567.6-2011《医疗保健产品的无菌加工 第6部分：隔离器系统》

17.YY/T 0590.3-2011《医用电气设备 数字X射线成像装置特性 第1-3部分：量子探测效率的测定 动态成像用探测器》

18.YY/T 0591-2011《骨接合植入物 金属带锁髓内钉》

19.YY/T 0681.10-2011《无菌医疗器械包装试验方法 第10部分：透气包装材料微生物屏障分等试验》

20.YY/T 0681.6-2011《无菌医疗器械包装试验方法 第6部分：软包装材料上印墨和涂层抗化学性评价》

21.YY/T 0681.7-2011《无菌医疗器械包装试验方法 第7部分：用胶带评价软包装材料上印墨或涂层附着性》

22.YY/T 0681.8-2011《无菌医疗器械包装试验方法 第8部分：涂胶层重量的测定》

23.YY/T 0681.9-2011《无菌医疗器械包装试验方法 第9部分：约束板内部气压法软包装密封胀破试验》

24.YY/T 0698.1-2011《最终灭菌医疗器械包装材料 第1部分：吸塑包装共挤塑料膜 要求和试验方法》

25.YY/T 0822-2011《灭菌用环氧乙烷液化气体》

26.YY/T 0823-2011《牙科氟化物防龋材料》

27.YY/T 0824-2011《牙科氢氧化钙盖髓、垫底材料》

28.YY/T 0825-2011《牙科学 牙齿外漂白产品》

29.YY/T 0826-2011《牙科临时聚合物基冠桥材料》

30.YY/T 0829-2011《正电子发射及X射线计算机断层成像系统性能和试验方法》

31.YY/T 0840-2011《医用电气设备 放射性核素校准仪 描述性能的专用方法》

32.YY/T 0841-2011《医用电气设备 医用电气设备周期性测试和修理后测试》

33.YY/T 0842-2011《医用内窥镜 内窥镜附件 镜鞘》

34.YY/T 0848-2011《血液辐照仪》

35.YY/T 0850-2011《超声诊断和监护设备声输出参数测量不确定度评定指南》

36.YY/T 0851-2011《医用防血栓袜》

37.YY/T 0853-2011《医用静脉曲张压缩袜》

38.YY/T 0855.1-2011《手术单和/或病人防护覆盖物抗激光试验方法和分类 第1部分：初级点燃和穿透》

39.YY/T 0855.2-2011《手术单和/或病人防护覆盖物抗激光试验方法和分类 第2部分：次级点燃》

40.YY/T 0856-2011《骨接合植入物 金属角度固定器》

41.YY/T 0857-2011《椎体切除模型中脊柱植入物试验方法》

42.YY/T 0858-2011《球囊扩张血管支架和支架系统三点弯曲试验方法》

43.YY/T 0859-2011《均匀径向载荷下金属血管支架有限元分析方法指南》

44.YY/T 0863-2011《医用内窥镜 内窥镜功能供给装置 滚压式冲洗吸引器》

45.YY/T 0864-2011《医用内窥镜 内窥镜功能供给装置 液体膨宫泵》

46.YY/T 0865-2011《超声 水听器 第一部分：40MHz 以下医用超声场的测量和特征描绘》

47.YY/T 0866-2011《医用防护口罩总泄漏率测试方法》

48.YY/T 0867-2011《非织造布静电衰减时间的测试方法》

49.YY/T 1191-2011《抗菌剂药敏纸片》

50.YY/T 1192-2011《人绒毛膜促性腺激素(HCG)定量测定试剂盒（化学发光免疫分析法）》

51.YY/T 1193-2011《促卵泡生成激素（FSH）定量测定试剂盒（化学发光免疫分析法）》

52.YY/T 1194-2011《α-淀粉酶测定试剂（盒）（连续监测法）》

53.YY/T 1195-2011《血清总蛋白参考测量程序》

以上医疗器械行业标准自2013年6月1日起实施。

国家食品药品监督管理局

二〇一一年十二月三十一日

# YY 0054-2010《血液透析设备》等96项医疗器械行业标准

YY 0054-2010《血液透析设备》等96项医疗器械行业标准已经审定通过，现予以发布。其标准编号、名称及实施日期如下：

**一、强制性行业标准（共34项）**

1.YY 0054-2010《血液透析设备》（代替YY 0054-2003）

2.YY 0290.9-2010《眼科光学 人工晶状体 第9部分：多焦人工晶状体》

3.YY 0302.1-2010《牙科旋转器械 车针 第1部分：钢质和硬质合金车针》（代替YY 0302-1998）

4.YY 0333-2010《软组织扩张器》（代替YY 0333-2002）

5.YY 0451-2010《一次性使用便携式输注泵 非电驱动》（代替YY 0451-2003）

6.YY 0573.4-2010《一次性使用无菌注射器 第4部分：防止重复使用注射器》

7.YY 0719.6-2010《眼科光学 接触镜护理产品 第6部分：有效期测定指南》

8.YY 0773-2010《眼科B型超声诊断仪通用技术条件》

9.YY 0774-2010《超声骨密度仪》

10.YY 0775-2010《远距离放射治疗计划系统 高能X(γ）射束剂量计算准确性要求和试验方法》

11.YY 0776-2010《肝脏射频消融治疗设备》

12.YY 0777-2010《射频热疗设备》

13.YY 0778-2010《射频消融导管》

14.YY 0780-2010《电针治疗仪》

15.YY 0781-2010《血压传感器》

16.YY 0782-2010《医用电气设备 第2-51部分：记录和分析型单道和多道心电图机安全和基本性能专用要求》

17.YY 0783-2010《医用电气设备 第2-34部分：有创血压监测设备的安全和基本性能专用要求》

18.YY 0784-2010《医用电气设备——医用脉搏血氧仪设备基本安全和主要性能专用要求》

19.YY 0785-2010《临床体温计——连续测量的电子体温计性能要求》

20.YY 0786-2010《医用呼吸道湿化器 呼吸湿化系统的专用要求》

21.YY 0787-2010《眼科仪器 角膜地形图仪》

22.YY 0788-2010《眼科仪器 微型角膜刀》

23.YY 0789-2010《Q开关Nd：YAG激光眼科治疗机》

24.YY 0790-2010《血液灌流设备》

25.YY 0791-2010《医用蒸汽发生器》

26.YY 0792.2-2010《眼科仪器 眼内照明器 第2部分：光辐射安全的基本要求和试验方法》

27.YY 0793.1-2010《血液透析和相关治疗用水处理设备技术要求 第1部分：用于多床透析》

28.YY 0801.1-2010《医用气体管道系统终端 第1部分：用于压缩医用气体和真空的终端》

29.YY 0801.2-2010《医用气体管道系统终端 第2部分：用于麻醉气体净化系统的终端》

30.YY 0803.1-2010《牙科学 根管器械 第1部分：通用要求和试验方法》

31.YY 0804-2010《药液转移器 要求和试验方法》

32.YY 1007-2010《立式蒸汽灭菌器》（代替YY 1007-2005）

33.YY 1045.2-2010《牙科手机 第2部分：直手机和弯手机》

34.YY 1116-2010《可吸收性外科缝线》（代替YY 1116-2002）

**二、推荐性行业标准（共62项）**

1. YY/T 0072-2010《眼用刀通用技术条件》(代替YY 0072-1992)

2. YY/T 0173-2010《手术器械　鳃轴、螺钉和铆钉》（代替YY/T 0173.1,2,3，10,11,12-94）

3. YY/T 0178-2010《直肠、乙状结肠活体取样钳》（代替YY/T 0178-1994）

4. YY/T 0246-2010《鼻咽活体取样钳》（代替YY/T 0246-1996）

5. YY/T 0482-2010《医疗成像磁共振设备 主要图像质量参数的测定》（代替YY/T 0482-2004）

6. YY/T 0487-2010《一次性使用无菌脑积水分流器及其组件》（代替YY 0487-2004）

7. YY/T 0590.2-2010《医用电气设备 数字X射线成像装置特性 第1-2部分：量子探测效率的测定 乳腺X射线摄影用探测器》

8. YY/T 0681.2-2010《无菌医疗器械包装试验方法 第2部分：软性屏障材料的密封强度》

9. YY/T 0681.3-2010《无菌医疗器械包装试验方法 第3部分：无约束包装抗内压破坏》

10. YY/T 0681.4-2010《无菌医疗器械包装试验方法 第4部分：染色液穿透法测定透气包装的密封泄漏》

11. YY/T 0681.5-2010《无菌医疗器械包装试验方法 第5部分：内压法检测粗大泄漏（气泡法）》

12. YY/T 0688.2-2010《临床实验室检测和体外诊断系统-感染病原体敏感性试验与抗菌剂敏感性试验设备的性能评价 第2部分：抗菌剂敏感性试验设备的性能评价》

13. YY/T 0735.2-2010《麻醉和呼吸设备 用于加湿人体呼吸气体的热湿交换器（HMEs）第2部分：用于气管切开术患者的250ml以上潮气量的HMEs》

14. YY/T 0794-2010《X射线摄影用影像板成像装置专用技术条件》

15. YY/T 0795-2010《口腔X射线数字化体层摄影设备专用技术条件》

16. YY/T 0796.1-2010《医用电气设备 数字X射线成像系统的曝光指数 第1部分：普通X射线摄影的定义和要求》

17. YY/T 0797-2010《超声 输出试验 超声理疗设备维护指南》

18. YY/T 0798-2010《放射治疗计划系统 质量保证指南》

19. YY/T 0799-2010《医用气体低压软管组件》

20. YY/T 0802-2010《医疗器械的灭菌 制造商提供的处理可重复灭菌医疗器械的信息》

21. YY/T 0803.2-2010《牙科学 根管器械 第2部分：扩大器》

22. YY/T 0805.3-2010《牙科学　金刚石旋转器械 第3部分：颗粒尺寸、命名和颜色代码》

23. YY/T 0806-2010《医用输液、输血、注射及其他医疗器械用聚碳酸酯专用料》

24. YY/T 0807-2010《预装在输送系统上的球囊扩张血管支架稳固性能标准测试方法》

25. YY/T 0808-2010《血管支架体外脉动耐久性标准测试方法》

26. YY/T 0809.1-2010《外科植入物 部分和全髋关节假体 第1部分：分类和尺寸标注》

27. YY/T 0809.2–2010《外科植入物 部分和全髋关节假体 第2部分：金属、陶瓷及塑料关节面》

28. YY/T 0809.4–2010《外科植入物 部分和全髋关节假体 第4部分：带柄股骨部件疲劳性能的测定》

29. YY/T 0809.6–2010《外科植入物 部分和全髋关节假体 第6部分：带柄股骨部件头部和颈部疲劳性能的测定》

30. YY/T 0809.8–2010《外科植入物 部分和全髋关节假体 第8部分：有扭矩作用的带柄股骨部件疲劳性能》

31. YY/T 0810.1–2010《外科植入物 全膝关节假体 第1部分：胫骨托疲劳性能的测定》

32. YY/T 0811–2010《外科植入物用大剂量辐射交联超高分子量聚乙烯制品标准要求》

33. YY/T 0812–2010《外科植入物 金属缆线和缆索》

34. YY/T 0813–2010《交联超高分子量聚乙烯（UHMWPE）分子网状结构参数的原位测定标准方法》

35. YY/T 0814–2010《红外光谱法评价外科植入物用辐射后超高分子量聚乙烯制品中反式亚乙烯基含量的标准测试方法》

36. YY/T 0815–2010《差示扫描量热法测定超高分子量聚乙烯熔化焓、结晶度和熔点》

37. YY/T 0816–2010《外科植入物 缝合及其他外科用柔性金属丝》

38. YY/T 0817–2010《带定位球囊的肠营养导管物理性能要求及试验方法》

39. YY/T 0818.1–2010《医用有机硅弹性体、凝胶、泡沫标准指南 第1部分：组成和未固化材料》

40. YY/T 0818.2–2010《医用有机硅弹性体、凝胶、泡沫标准指南 第2部分：交联和制作》

41. YY/T 0819–2010《眼科镊》（代替YY 0074–1992、YY/T 0295.6,7,8,9,10,11–1997）

42. YY/T 0820–2010《牙科筒式注射器》

43. YY/T 0821–2010《一次性使用配药用注射器》

44. YY/T 1172–2010《医学实验室质量管理术语》

45. YY/T 1173–2010《聚合酶链反应分析仪》

46. YY/T 1174–2010《半自动化学发光免疫分析仪》

47. YY/T 1175–2010《肿瘤标志物定量测定试剂（盒）（化学发光免疫分析法）》

48. YY/T 1176–2010《癌抗原CA15–3定量测定试剂（盒）（化学发光免疫分析法）》

49. YY/T 1177–2010《癌抗原CA72–4定量测定试剂（盒）（化学发光免疫分析法）》

50. YY/T 1178–2010《糖类抗原CA19–9定量测定试剂（盒）（化学发光免疫分析法）》

51. YY/T 1179–2010《糖类抗原CA50定量试剂（盒）（化学发光免疫分析法）》

52. YY/T 1180–2010《人类白细胞抗原（HLA）基因分型试剂盒（SSP法）》

53. YY/T 1181–2010《免疫组织化学试剂盒》

54. YY/T 1182–2010《核酸扩增检测用试剂（盒）》

55. YY/T 1183–2010《酶联免疫吸附法检测试剂（盒）》

56. YY/T 1184–2010《流式细胞仪用单克隆抗体试剂》

57. YY/T 1185–2010《脑心浸液培养基》

58. YY/T 1186–2010《MH肉汤培养基》

59. YY/T 1187-2010《营养肉汤培养基》

60. YY/T 1188-2010《曙红亚甲蓝琼脂培养基》

61. YY/T 1189-2010《中国蓝琼脂培养基》

62. YY/T 1190-2010《乳糖胆盐发酵培养基》

以上医疗器械行业标准自2012年6月1日起实施。

国家食品药品监督管理局

二〇一〇年十二月二十七日

# YY 0068.4-2009《医用内窥镜硬性内窥镜 第4部分：基本要求》等80项医疗器械行业

YY 0068.4-2009《医用内窥镜 硬性内窥镜 第4部分：基本要求》等80项医疗器械行业标准已经审定通过，自2011年6月1日起施行。其标准编号、名称如下：

**一、强制性行业标准（20项）**

1. YY 0068.4-2009《医用内窥镜 硬性内窥镜 第4部分：基本要求》（部分代替YY 0068-92）
2. YY 0069-2009《硬性气管内窥镜专用要求》（代替YY 0069-92）
3. YY 0304-2009《等离子喷涂羟基磷灰石涂层 钛基牙种植体》（代替YY 0304-1998）
4. YY 0322-2009《高频电灼治疗仪》（代替YY 0322-2000）
5. YY 0341 -2009《骨接合用无源外科金属植入物通用技术条件》（代替YY 0341-2002）
6. YY 0585.4-2009《压力输液设备用一次性使用液路及附件 第4部分：防回流阀》
7. YY 0601-2009《医用电气设备 呼吸气体监护仪的基本安全和主要性能专用要求》（代替 YY 0601-2007）
8. YY 0761.1 -2009《牙科旋转器械 金刚砂车针 第1部分：尺寸、要求、标记和包装》
9. YY 0762-2009《眼科光学 囊袋张力环》
10. YY 0763-2009《医用内窥镜 照明用光缆》
11. YY 0764-2009《眼科仪器 视力表投影仪》
12. YY 0765.1-2009《一次性使用血液及血液成分病毒灭活器材 第1部分：亚甲蓝病毒灭活器材》
13. YY 0766-2009《眼科晶状体超声摘除和玻璃体切除设备》
14. YY 0767-2009《超声彩色血流成像系统》
15. YY 0768-2009《牙科学 义齿基托聚合物 冲击强度试验》
16. YY 0769-2009《牙科用磷酸酸蚀剂》
17. YY 0770.1-2009《医用输、注器具用过滤材料 第1部分：药液过滤材料》
18. YY 0770.2-2009《医用输、注器具用过滤材料 第2部分：空气过滤材料》
19. YY 1026-2009《牙科学 汞及银合金粉》（代替YY 1026-1999）
20. YY 1080-2009《眼科仪器 直接检眼镜》（代替YY 91080-1999）

**二、推荐性行业标准（60项）**

1. YY/T 0127.4-2009《口腔医疗器械生物学评价 第2单元: 试验方法 骨埋植试验》（代替YY/T 0127.4-1998）
2. YY/T 0127.9-2009《口腔医疗器械生物学评价 第2单元: 试验方法 细胞毒性试验：琼脂扩散法及滤膜扩散法》（代替YY/T 0127.9 -2001）
3. YY/T 0127.15-2009《口腔医疗器械生物学评价 第2单元：试验方法 亚急性和亚慢性全身毒性试验：经口途径》

4. YY/T 0127.16-2009《口腔医疗器械生物学评价 第2单元：试验方法 哺乳动物细胞体外染色体畸变试验》

5. YY/T 0269-2009《牙科正畸托槽粘接材料》（代替YY 0269-1995）

6. YY/T 0340-2009《外科植入物 基本原则》（代替YY/T 0340-2002）

7. YY/T 0495-2009《牙根管充填尖》（代替YY 0495-2004）

8. YY/T 0507-2009《医用弹性绷带 基本性能参数表征及试验方法》

9. YY/T 0508-2009《外固定支架专用要求》

10. YY/T 0509-2009《生物可吸收内固定板和螺钉的标准要求和测试方法》

11. YY/T 0510-2009《外科植入物用无定形聚丙交酯树脂和丙交酯-乙交酯共聚树脂》

12. YY/T 0511-2009《多孔生物陶瓷体内降解和成骨性能评价试验方法》

13. YY/T 0512-2009《外科植入物 金属材料 $\alpha+\beta$ 钛合金棒材显微组织的分类》

14. YY/T 0513.1-2009《同种异体骨修复材料 第1部分 骨组织库基本要求》

15. YY/T 0513.2-2009《同种异体骨修复材料 第2部分：深低温冷冻骨和冷冻干燥骨》

16. YY/T 0513.3-2009《同种异体骨修复材料 第3部分：脱矿骨》

17. YY/T 0514-2009《牙科手机 软管连接件》

18. YY/T 0515-2009《牙科学 银汞合金的腐蚀试验》

19. YY/T 0516-2009《牙科EDTA根管润滑/清洗剂》

20. YY/T 0517-2009《牙科预成根管桩》

21. YY/T 0518-2009《牙科修复体用聚合物基粘结剂》

22. YY/T 0519-2009《牙科材料 与牙齿结构粘接的测试》

23. YY/T 0520-2009《钛及钛合金材质牙种植体附件》

24. YY/T 0521-2009《牙科学 骨内牙种植体动态疲劳试验》

25. YY/T 0522-2009《牙科学 牙种植体系统临床前评价 动物试验方法》

26. YY/T 0523-2009《牙科学 牙种植体开发指南》

27. YY/T 0524-2009《牙科学 牙种植体系统技术文件内容》

28. YY/T 0525-2009《牙科学 口腔颌面外科用骨填充及骨增加植入性材料 技术文件内容》

29. YY/T 0526-2009《牙科学 口腔颌面外科用组织再生引导膜材料 技术文件内容》

30. YY/T 0527-2009《牙科学 复制材料》

31. YY/T 0528-2009《牙科金属材料 腐蚀试验方法》

32. YY/T 0756-2009《光学和光学仪器 激光和激光相关设备 激光光束功率（能量）密度分布的试验方法》

33. YY/T 0771.1-2009《动物源医疗器械 第1部分 风险管理应用》

34. YY/T 0771.2-2009《动物源医疗器械 第2部分：来源、收集与处置的控制》

35. YY/T 0771.3-2009《动物源医疗器械 第3部分：病毒和传播性海绵状脑病（TSE）因子去除与灭活的确认》

36. YY/T 0772.3 -2009《外科植入物 超高分子量聚乙烯 第3部分：加速老化方法》

37. YY/T 0772.4 -2009《外科植入物 超高分子量聚乙烯 第4部分：氧化指数测试方法》

38. YY/T 0772.5 -2009《外科植入物 超高分子量聚乙烯 第5部分：形态评价方法》
39. YY/T 1150-2009《血红蛋白干化学检测系统通用技术要求》
40. YY/T 1151-2009《体外诊断用蛋白质微阵列芯片》
41. YY/T 1152-2009《生物芯片用醛基基片》
42. YY/T 1153-2009《体外诊断用DNA微阵列芯片》
43. YY/T 1154-2009《激光共聚焦扫描仪》
44. YY/T 1155-2009《全自动发光免疫分析仪》
45. YY/T 1156-2009《凝血酶时间检测试剂（盒）》
46. YY/T 1157-2009《活化部分凝血活酶时间检测试剂（盒）》
47. YY/T 1158-2009《凝血酶原时间检测试剂（盒）》
48. YY/T 1159-2009《纤维蛋白原检测试剂（盒）》
49. YY/T 1160-2009《癌胚抗原（CEA）定量测定试剂（盒）（化学发光免疫分析法）》
50. YY/T 1161-2009《肿瘤相关抗原CA125定量测定试剂（盒）（化学发光免疫分析法）》
51. YY/T 1162-2009《甲胎蛋白（AFP）定量测定试剂（盒）（化学发光免疫分析法）》
52. YY/T 1163-2009《总前列腺特异性抗原（t-PSA）定量测定试剂（盒）（化学发光免疫分析法）》
53. YY/T 1164-2009《人绒毛膜促性腺激素（HCG）检测试纸（胶体金免疫层析法）》
54. YY/T 1165-2009《沙保弱琼脂培养基》
55. YY/T 1166-2009《淋球菌琼脂基础培养基》
56. YY/T 1167-2009《厌氧血琼脂基础培养基》
57. YY/T 1168-2009《巧克力琼脂基础培养基》
58. YY/T 1169 -2009《麦康凯琼脂培养基》
59. YY/T 1170-2009《碱性蛋白胨水培养基》
60. YY/T 1171-2009《改良罗氏基础培养基》

特此公告。

国家食品药品监督管理局

二○○九年十二月三十日

# YY 0055.2-2009《牙科-光固化机 第2部分：发光二极管（LED）灯》等42项医疗器械行业

YY0055.2-2009《牙科-光固化机 第2部分：发光二极管（LED）灯》等42项医疗器械行业标准已经审定通过，现予以发布。其标准编号、名称及实施日期如下：

**一、强制性行业标准**

1.YY 0055.2-2009《牙科-光固化机 第2部分：发光二极管（LED）灯》

2.YY 0448-2009《超声多普勒胎儿心率仪》（代替YY 0448-2003）

3.YY 0449-2009《超声多普勒胎儿监护仪》（代替YY 0449-2003）

4.YY 0460-2009《超声洁牙设备》（代替YY 0460-2003）

5.YY 0709-2009《医用电气设备 第1－8部分：安全通用要求 并列标准：通用要求 医用电气设备和医用电气系统中报警系统的测试和指南》（代替YY 0574.1-2005，YY 0574.2-2005，YY 0574.3-2005）

6.YY 0755-2009《麻醉蒸发器 麻醉剂专用灌充系统》

7.YY 1090-2009《超声理疗设备》(代替YY/T 1090-2004)

**二、推荐性行业标准**

1.YY/T 0110-2009《医用超声压电陶瓷材料》（代替YY/T 0110-1993）

2.YY/T 0162.1-2009《医用超声设备档次系列 第一部分： B型超声诊断设备》（代替YY/T 0162.1-1994）

3.YY/T 0273-2009《齿科银汞调合器》（代替YY/T 0273-1995）

4.YY/T 0466.1-2009《医疗器械 用于医疗器械标签、标记和提供信息的符号 第一部分：通用要求》（代替YY 0466-2003）

5.YY/T 0708-2009《医用电气设备 第1－4部分：安全通用要求 并列标准：可编程医用电气系统》

6.YY/T 0727.1-2009《外科植入物 金属髓内钉系统 第1部分：髓内钉》

7.YY/T 0727.2-2009《外科植入物 金属髓内钉系统 第2部分：锁定部件》

8.YY/T 0727.3-2009《外科植入物 金属髓内钉系统 第3部分：连接器械及髓腔扩大器直径的测量》

9.YY/T 0734.1-2009《清洗消毒器 第1部分：通用要求、术语定义和试验》

10.YY/T 0734.2-2009《清洗消毒器 第2部分：对外科和麻醉器械等进行湿热消毒的清洗消毒器 要求和试验》

11.YY/T 0734.3-2009《清洗消毒器 第3部分：对人体废弃物容器进行湿热消毒的清洗消毒器 要求和试验》

12.YY/T 0735.1-2009《麻醉和呼吸设备 湿化人体呼吸气体的热湿交换器(HME) 第1部分：用于最小潮气量为250mL的HME》

13.YY/T 0736-2009《医用电气设备 DICOM在放射治疗中的应用指南》

14.YY/T 0737-2009《医用X射线摄影床专用技术条件》

15.YY/T 0738-2009《医用X射线导管床专用技术条件》

16.YY/T 0739-2009《医用X射线立式摄影架专用技术条件》

17.YY/T 0740-2009《医用血管造影X射线机专用技术条件》

18.YY/T 0741-2009《数字化医用X射线摄影系统专用技术条件》

19.YY/T 0742-2009《胃肠X射线机专用技术条件》

20.YY/T 0743-2009《X射线胃肠诊断床专用技术条件》

21.YY/T 0744-2009《移动式C形臂X射线机专用技术条件》

22.YY/T 0745-2009《遥控透视X射线机专用技术条件》

23.YY/T 0746-2009《车载X射线机专用技术条件》

24.YY/T 0747-2009《XZ1-4/250治疗用X射线管》

25.YY/T 0748.1-2009《超声脉冲回波扫描仪 第一部分：校准空间测量系统和系统点扩展函数响应测量的技术方法》

26.YY/T 0749-2009《超声 手持探头式多普勒胎儿心率检测仪 性能要求及测量和报告方法》

27.YY/T 0750-2009《超声理疗设备 0.5MHZ－5MHZ频率范围内声场要求和测量方法》

28.YY/T 0751-2009《超声洁牙设备 输出特性的测量和公布》

29.YY/T 0752-2009《电动骨组织手术设备》

30.YY/T 0753.1-2009《麻醉和呼吸用呼吸系统过滤器 第1部分：评价过滤性能的盐试验方法》

31.YY/T 0753.2-2009《麻醉和呼吸用呼吸系统过滤器 第2部分：非过滤方面》

32.YY/T 0754-2009《有创血压监护设备用血压传输管路安全和性能专用要求》

33.YY/T 0757-2009《人体安全使用激光束的指南》

34.YY/T 0758-2009《治疗用激光光纤通用要求》

35.YY/T 1120-2009《牙科学 口腔灯》（代替YY 1120-1999）

以上医疗器械行业标准自2010年12月1日起实施。

特此公告。

国家食品药品监督管理局

二〇〇九年十一月二十五日

# YY 0055.1-2009《牙科-光固化机 第1部分：石英卤钨素灯》等75项医疗器械行业标准

YY 0055.1-2009《牙科-光固化机 第1部分：石英钨卤素灯》等75项医疗器械行业标准已经审查通过，现予以发布。其标准编号、名称及实施日期如下：

**一、强制性医疗器械行业标准**

1. YY 0055.1-2009《牙科-光固化机 第1部分：石英钨卤素灯》（代替YY 0055-2002）

2. YY 0096-2009《钴-60远距离治疗机》（代替YY 0096-1992）

3. YY 0271.1-2009《牙科水基水门汀 第1部分：粉/液酸基水门汀》（代替YY 0271-1995）

4. YY 0271.2-2009《牙科水基水门汀 第2部分：光固化水门汀》

5. YY 0272-2009《牙科学 氧化锌/丁香酚水门汀和不含丁香酚的氧化锌水门汀》（代替YY 0272-1995）

6. YY 0286.6-2009《专用输液器 第6部分：一次性使用流量设定微调式输液器》

7. YY 0290.2-2009《眼科光学 人工晶状体 第2部分：光学性能及试验方法》(代替 YY 0290.2-1997)

8. YY 0290.6-2009《眼科光学 人工晶状体 第6部分：有效期和运输稳定性》（代替 YY 0290.6-1997）

9. YY 0290.10-2009《眼科光学 人工晶状体 第10部分：有晶体眼人工晶状体》

10. YY 0300-2009《牙科学 修复用人工牙》（代替YY 0300-1998,YY 0301-1998）

11. YY 0321.1-2009《一次性使用麻醉穿刺包》（代替YY 0321.1-2000）

12. YY 0321.2-2009《一次性使用麻醉用针》（代替YY 0321.2-2000）

13. YY 0321.3-2009《一次性使用麻醉用过滤器》（代替YY 0321.3-2000）

14. YY 0329-2009《一次性使用去白细胞滤器》（代替 YY 0329-2002）

15. YY 0339-2009《呼吸道用吸引导管》（代替YY 0339-2002）

16. YY 0464-2009《一次性使用血液灌流器》（代替YY 0464-2003）

17. YY 0465-2009《一次性使用空心纤维血浆分离器》（代替YY 0465-2003）

18. YY 0635.2-2009《吸入式麻醉系统 第2部分：麻醉气体净化系统 传递和收集系统》

19. YY 0635.3-2009《吸入式麻醉系统 第3部分：麻醉气体输送装置》

20. YY 0635.4-2009《吸入式麻醉系统 第4部分：麻醉呼吸机》

21. YY 0671.1-2009《睡眠呼吸暂停治疗 第1部分：睡眠呼吸暂停治疗设备》

22. YY 0710-2009《牙科学 聚合物基冠桥材料》

23. YY 0711-2009《牙科吸潮纸尖》

24. YY 0712-2009《牙科硅酸乙酯结合剂铸造包埋材料》

25. YY 0713-2009《牙科石膏结合剂铸造包埋材料》

26. YY 0714.1-2009《牙科学 活动义齿软衬材料 第1部分：短期使用材料》

27. YY 0714.2-2009《牙科学 活动义齿软衬材料 第2 部分：长期使用材料》

28. YY 0715-2009《牙科学 银汞合金胶囊》

29. YY 0716-2009《牙科陶瓷》

30. YY 0717-2009《牙科根管封闭材料》

31. YY 0718-2009《眼科仪器 检影镜》

32. YY 0719.1-2009《眼科光学 接触镜护理产品 第1部分：术语》

33. YY 0719.2-2009《眼科光学 接触镜护理产品 第2部分：基本要求》

34. YY 0719.3-2009《眼科光学 接触镜护理产品 第3部分：微生物要求和试验方法及接触镜护理系统》

35. YY 0719.4-2009《眼科光学 接触镜护理产品 第4部分：抗微生物防腐有效性试验及测定抛弃日期指南》

36. YY 0719.5-2009《眼科光学 接触镜护理产品 第5部分：接触镜和接触镜护理产品物理相容性的测定》

37.YY 0721-2009《医用电气设备 放射治疗记录与验证系统的安全》

38. YY 0731-2009《大型蒸汽灭菌器 手动控制型》（代替YY 91008-1999,YY 91009-1999）

39. YY 0732-2009《医用氧气浓缩器 安全要求》

40. YY 1045.1-2009《牙科手机 第1部分：高速气涡轮手机》（代替YY 91045-1999）

**二、推荐性医疗器械行业标准**

1. YY/T 0084.1-2009《圆形压力蒸汽灭菌器主要受压元件强度计算及其有关规定》（代替YY/T 0084.1-92）

2. YY/T 0084.2-2009《矩形压力蒸汽灭菌器主要受压元件强度计算及其有关规定》（代替YY/T 0084.2-92）

3. YY/T 0127.2-2009《口腔医疗器械生物学评价 第2单元：试验方法 急性全身毒性试验：静脉途径》（代替YY/T 0127.2-1993）

4. YY/T 0127.10-2009《口腔医疗器械生物学评价 第2单元：试验方法 鼠伤寒沙门氏杆菌回复突变试验（Ames试验）》（代替YY/T 0127.10-2001）

5. YY/T 0127.13-2009《口腔医疗器械生物学评价 第2单元：试验方法 口腔粘膜刺激试验》（代替YY/T 0279-1995）

6. YY/T 0127.14-2009《口腔医疗器械生物学评价 第2单元：试验方法 急性经口全身毒性试验》

7. YY/T 0202-2009《医用诊断X射线体层摄影装置技术条件》（代替YY/T 0202-2004）

8. YY/T 0282-2009《注射针》（代替YY/T 0282-1995, YY 91018～91020-1999，YY/T 91140-1999）

9. YY/T 0347-2009《微型医用诊断X射线机专用技术条件》（代替YY/T 0347-2002）

10. YY/T 0506.2-2009《病人、医护人员和器械用手术单、手术衣和洁净服 第2部分：性能要求和性能水平》

11. YY/T 0506.5-2009《病人、医护人员和器械用手术单、手术衣和洁净服 第5部分：阻干态微生物穿透试验方法》

12. YY/T 0506.6-2009《病人、医护人员和器械用手术单、手术衣和洁净服 第6部分：阻湿态微生物

穿透试验方法》

13. YY/T 0681.1-2009《无菌医疗器械包装试验方法 第1部分：加速老化试验指南》

14. YY/T 0698.2-2009《最终灭菌医疗器械包装材料 第2部分：灭菌包裹材料 要求和试验方法》

15. YY/T 0698.3-2009《最终灭菌医疗器械包装材料 第3部分：纸袋（YY/T 0698.4所规定）、组合袋和卷材（YY/T 0698.5所规定）生产用纸 要求和试验方法》

16. YY/T 0698.4-2009《最终灭菌医疗器械包装材料 第4部分：纸袋 要求和试验方法》

17. YY/T 0698.5-2009《最终灭菌医疗器械包装材料 第5部分：透气材料与塑料膜组成的可密封组合袋和卷材 要求和试验方法》

18. YY/T 0698.6-2009《最终灭菌医疗器械包装材料 第6部分：用于低温灭菌过程或辐射灭菌的无菌屏障系统生产用纸 要求和试验方法》

19. YY/T 0698.7-2009《最终灭菌医疗器械包装材料 第7部分：环氧乙烷或辐射灭菌无菌屏障系统生产用可密封涂胶纸 要求和试验方法》

20. YY/T 0698.8-2009《最终灭菌医疗器械包装材料 第8部分：蒸汽灭菌器用重复性使用灭菌容器 要求和试验方法》

21. YY/T 0698.9-2009《最终灭菌医疗器械包装材料 第9部分：可密封组合袋、卷材和盖材生产用无涂胶聚烯烃非织造布材料 要求和试验方法》

22. YY/T 0698.10-2009《最终灭菌医疗器械包装材料 第10部分：可密封组合袋、卷材和盖材生产用涂胶聚烯烃非织造布材料 要求和试验方法》

23. YY/T 0720-2009《一次性使用产包 自然分娩用》

24. YY/T 0722-2009《医用电气设备 在诊断放射学中用于X-射线管电压非接入式测量的剂量学仪器》

25. YY/T 0723-2009《医用电气设备 医学数字影像和通讯（DICOM）-放射治疗对象》

26. YY/T 0724-2009《双能X射线骨密度仪专用技术条件》

27. YY/T 0725-2009《牙科设备 给排管路的连接》

28. YY/T 0726-2009《与无源外科植入物联用的器械 通用要求》

29. YY/T 0728-2009《外科植入物 术语“外翻”和“内翻”在矫形外科中的用法》

30. YY/T 0729.1-2009《组织粘合剂粘接性能试验方法 第1部分：搭接-剪切拉伸承载强度》

31. YY/T 0729.2-2009《组织粘合剂粘接性能试验方法 第2部分：T-剥离拉伸承载强度》

32. YY/T 0729.3-2009《组织粘合剂粘接性能试验方法 第3部分：拉伸强度》

33. YY/T 0729.4-2009《组织粘合剂粘接性能试验方法 第4部分：伤口闭合强度》

34. YY/T 0730-2009《心血管外科植入物和人工器官 心肺旁路和体外膜肺氧合（ECMO）使用的一次性使用管道套包的要求》

35. YY/T 1148-2009《腰椎穿刺针》（代替YY/T 91148-1999）

以上医疗器械行业标准自2010年12月1日起实施。

特此公告。

国家食品药品监督管理局

二〇〇九年六月十六日

# YY 0001－2008《体外引发碎石设备技术要求》等73项医疗器械行业标准

YY 0001－2008《体外引发碎石设备技术要求》等73项医疗器械行业标准已经审定通过，现予以发布。其标准编号、名称及实施日期如下：

**一、强制性行业标准**

1. YY 0001－2008《体外引发碎石设备技术要求》（代替 YY 0001－1990）
2. YY 0053–2008《心血管植入物和人工器官 血液透析器、血液透析滤过器、血液滤过器和血液浓缩器》（代替 YY 0053–1991）
3. YY 0068.1–2008《医用内窥镜 硬性内窥镜 第1部分：光学性能及测试方法》（部分代替YY 0068–1992）
4. YY 0070–2008《食管窥镜》（代替YY 0070–1992）
5. YY 0071–2008《直肠、乙状结肠窥镜》（代替YY 0071–1992）
6. YY 0267–2008《心血管植入物和人工器官 血液净化装置的体外循环血路》（代替YY 0267–1995）
7. YY 0286.5–2008《专用输液器 第5部分：一次性使用吊瓶式和袋式输液器》
8. YY 0315–2008《钛及钛合金人工牙种植体》（代替YY 0315–1999）
9. YY 0319－2008《医用电气设备 第2部分: 医疗诊断用磁共振设备安全专用要求》（代替 YY 0319–2000）
10. YY 0620–2008《牙科学 铸造金合金》
11. YY 0621–2008《牙科金属 烤瓷修复体系》
12. YY 0622–2008《牙科树脂基窝沟封闭剂》
13. YY 0623–2008《牙科材料可溶出氟的测定方法》
14. YY 0624–2008《牙科学 正畸产品：正畸弹性体附件》
15. YY 0625–2008《牙科学 正畸产品：正畸丝》
16. YY 0626–2008《贵金属含量25%–75%的牙科铸造合金》
17. YY 0627–2008《医用电气设备 第2部分：手术无影灯和诊断用照明灯安全专用要求》（代替YY 0102～0103–1993、YY 0568–2005）
18. YY 0633–2008《眼科仪器 间接检眼镜》
19. YY 0634–2008《眼科仪器 眼底照相机》
20. YY 0635.1–2008《吸入式麻醉系统 第1部分：成人麻醉呼吸系统》
21. YY 0636.1–2008《医用吸引设备 第1部分：电动吸引设备 安全要求》（代替 YY 0099～0100–1993）
22. YY 0636.2–2008《医用吸引设备 第2部分：人工驱动吸引设备》（代替YY 0101–1993）

23. YY 0636.3–2008《医用吸引设备 第3部分：以负压或压力源为动力的吸引设备》

24. YY 0637–2008《医用电气设备 放射治疗计划系统的安全要求》

25. YY 0645–2008《连续性血液净化设备》

26. YY 0646–2008《小型蒸汽灭菌器 自动控制型》

27. YY 0647–2008《无源外科植入物 乳房植入物的专用要求》

28. YY 0648–2008《测量、控制和试验室用电气设备的安全要求 第2–101部分：体外诊断（IVD）医用设备的专用要求》

29. YY 0649–2008《高电位治疗设备》

30. YY 0650–2008《妇科射频治疗仪》

31. YY 1070–2008《牙科基托/模型蜡》（代替YY 91070–1999）

32. YY 1079 – 2008《心电监护仪》（代替 YY 91079 – 1999）

33. YY 1105 – 2008《电动洗胃机》（代替 YY 91105 – 1999）

以上医疗器械强制性行业标准自2009年12月1日起实施。

# YY 0017-2008《骨接合植入物金属接骨板》等64项医疗器械行业标准

YY 0017-2008《骨接合植入物 金属接骨板》等64项医疗器械行业标准已经审定通过，现予以发布。其标准编号、名称及实施日期如下：

**一、强制性行业标准**

1. YY 0017-2008《骨接合植入物 金属接骨板》（代替0017-2002）

2. YY 0018-2008《骨接合植入物 金属接骨螺钉》（代替0018-2002）

3. YY 0068.2-2008《医用内窥镜 硬性内窥镜 第2部分：机械性能及测试方法》（部分代替YY 0068-1992）

4. YY 0068.3-2008《医用内窥镜 硬性内窥镜 第3部分：标签和随附资料》（部分代替YY 0068-1992）

5. YY 0215-2008《医用臭氧消毒柜》（代替YY 0215.2-1995）

6. YY 0290.1-2008《眼科光学 人工晶状体 第1部分：术语》（代替 YY 0290.1-1997）

7. YY 0290.3-2008《眼科光学 人工晶状体 第3部分：机械性能及测试方法》（代替 YY 0290.3-1997）

8. YY 0290.4-2008《眼科光学 人工晶状体 第4部分：标签和资料》（代替 YY 0290.4-1997）

9. YY 0290.5-2008《眼科光学 人工晶状体 第5部分：生物相容性》（代替 YY 0290.5-1997）

10. YY 0290.8-2008《眼科光学 人工晶状体 第8部分：基本要求》（代替 YY 0290.8-1997）

11. YY 0299-2008《医用超声耦合剂》（代替YY 0299-1998）

12. YY 0306-2008《热辐射类治疗设备安全专用要求》（代替YY 0306-1998）

13. YY 0323-2008《红外治疗设备安全专用要求》（代替YY 0323-2000）

14. YY 0324-2008《红外乳腺检查仪》（代替YY 0324-2000）

15. YY 0666-2008《针尖锋利度和强度试验方法》

16. YY 0667-2008《医用电气设备 第2部分:自动循环无创血压监护设备的安全和基本性能专用要求》

17. YY 0668-2008《医用电气设备 第2部分：多参数患者监护设备安全专用要求》

18. YY 0669-2008《医用电气设备 第2部分：婴儿光治疗设备安全专用要求》

19. YY 0670-2008《无创自动测量血压计》

20. YY 0672.1-2008《内镜器械 第1部分：腹腔镜用穿刺器》

21. YY 0673-2008《眼科仪器 验光仪》

22. YY 0674-2008《眼科仪器 验光头》

23. YY 0675-2008《眼科仪器 同视机》

24. YY 0676-2008《眼科仪器 视野计》

25. YY 0677-2008《液氮冷冻外科治疗设备》

26. YY 0678-2008《医用冷冻外科治疗设备性能和安全》

27. YY 0679-2008《医用低温蒸汽甲醛灭菌器》

28. YY 0697-2008《电动牵引床》

29. YY 1028－2008《纤维上消化道内窥镜》（代替YY 91028－1999）

30. YY 1040.2-2008《麻醉和呼吸设备 圆锥接头 第2部分：螺纹承重接头》

以上医疗器械强制性行业标准自2010年6月1日起实施。

**二、推荐性行业标准**

1. YY/T 0010-2008《口腔X射线机专用技术条件》（代替YY/T 0010-2002）

2. YY/T 0031-2008《输液、输血用硅橡胶管路及弹性件》（代替 YY 0031-1990）

3. YY/T 0106-2008《医用诊断X射线机通用技术条件》（代替YY/T 0106-2004）

4. YY/T 0114-2008《医用输液、输血、注射器具用聚乙烯专用料》（代替YY 0114-1993）

5. YY/T 0171-2008《外科器械 包装、标志和使用说明书》（代替 YY/T 0171-1994）

6. YY/T 0189-2008《鼻镜》（代替 YY/T 0189-1994）

7. YY/T 0190-2008《肛门镜》（代替 YY/T 0190-1994）

8. YY/T 0454-2008《无菌塑柄手术刀》（代替 YY/T 0454-2003）

9. YY/T 0682-2008《外科植入物　外科植入物用最小资料群》

10. YY/T 0683-2008《外科植入物用β-磷酸三钙》

11. YY/T 0684-2008《神经外科植入物　植入式神经刺激器的标识和包装》

12. YY/T 0685-2008《神经外科植入物　自闭合颅内动脉瘤夹》

13. YY/T 0686-2008《医用镊》（代替YY 0004-1990、YY/T 0295.2～0295.5-1997、YY/T 0295.12-1997、YY/T0295.13-1997）

14.YY/T 0687-2008《外科器械　非切割铰接器械　通用技术条件》（代替 YY/T 0453-2003、YY/T 1030-2003、TT/T 91067-1999）

15. YY/T 0688.1-2008《临床实验室检测和体外诊断系统　感染病原体敏感性试验与抗菌剂敏感性试验设备的性能评价 第1部分：抗菌剂对感染性疾病相关的快速生长需氧菌的体外活性检测的参考方法》

16. YY/T 0689-2008《血液和体液防护装备　防护服材料抗血液传播病原体穿透性能测试　Phi－X174噬菌体试验方法》

17. YY/T 0690-2008《临床实验室测试和体外医疗器械　口服抗凝药治疗自测体外监测系统的要求》

18. YY/T 0691-2008《传染性病原体防护装备　医用面罩抗合成血穿透性试验方法（固定体积、水平喷射）》

19. YY/T 0692-2008《生物芯片基本术语》

20. YY/T 0693-2008《血管支架尺寸特性的表征》

21. YY/T 0694-2008《球囊扩张支架弹性回缩的标准测试方法》

22. YY/T 0695-2008《小型植入器械腐蚀敏感性的循环动电位极化标准测试方法》

23. YY/T 0696-2008《神经和肌肉刺激器输出特性的测量》

24. YY/T 0699-2008《液态化学品防护装备 防护服材料抗加压液体穿透性能测试方法》

25. YY/T 0700-2008《血液和体液防护装备 防护服材料抗血液和体液穿透性能测试 合成血试验方法》

26. YY/T 0701-2008《血细胞分析仪用校准物（品）》

27. YY/T 0702-2008《血细胞分析仪用质控物（品）》

28. YY/T 0703-2008《超声实时脉冲回波系统性能试验方法》

29. YY/T 0704-2008《超声脉冲多普勒诊断系统性能试验方法》

30. YY/T 0705-2008《超声连续波多普勒系统试验方法》

31. YY/T 0706-2008《乳腺X射线机专用技术条件》

32. YY/T 0707-2008《移动式摄影X射线机专用技术条件》

33. YY/T 1119-2008《医用高分子制品术语》（代替 YY/T 1119-1999）

34. YY/T 1135-2008《骨剪》（代替 YY 91135-1999）

以上医疗器械推荐性行业标准自2010年1月1日起实施。

# YY0042-2007《高频喷射呼吸机》等46项医疗器械行业标准

YY0042-2007《高频喷射呼吸机》等46项医疗器械行业标准已经审定通过，现予以发布。其标准编号、名称及实施日期如下：

**一、强制性行业标准**

1. YY0042-2007《高频喷射呼吸机》（代替YY0042-1991）
2. YY0065-2007《眼科仪器裂隙灯显微镜》（代替YY0065-1992）
3. YY0067-2007《微循环显微镜》（代替YY0067-1992）
4. YY0599-2007《准分子激光角膜屈光治疗机》
5. YY0600.1-2007《医用呼吸机基本安全和主要性能专用要求第1部分：家用呼吸支持设备》
6. YY0600.2-2007《医用呼吸机基本安全和主要性能专用要求第2部分：依赖呼吸机患者使用的家用呼吸机》
7. YY0600.3-2007《医用呼吸机基本安全和主要性能专用要求第3部分：急救和转运用呼吸机》
8. YY0601-2007《麻醉气体监护仪》
9. YY0602-2007《测量、控制和试验室用电气设备的安全使用热空气或惰性气体处理医用材料及供试验室用的干热灭菌器的特殊要求》
10. YY0603-2007《心血管植入物及人工器官心脏手术硬壳贮血器/静脉贮血器系统（带或不带过滤器）和静脉贮血软袋》
11. YY0604-2007《心血管植入物及人工器官血气交换器（氧合器）》（代替GB12261-1990，GB12262-1990）
12. YY0605.9-2007《外科植入物金属材料第9部分：锻造高氮不锈钢》
13. YY0605.12-2007《外科植入物金属材料第12部分：锻造钴-铬-钼合金》
14. YY0607-2007《医用电气设备第二部分：神经和肌肉刺激器安全专用要求》（代替YY0016-1993，YY91093-1999，YY91094-1999）
15. YY1048-2007《人工心肺机体外循环管道》（代替YY91048-1999）

以上医疗器械强制性行业标准自2008年2月1日起实施。

**二、推荐性行业标准**

1. YY/T0011-2007《X射线摄影暗盒》（代替YY0011-1990）
2. YY/T0061-2007《特定电磁波治疗器》（代替YY0061-1991）
3. YY/T0063-2007《医用电气设备医用诊断X射线管组件焦点特性》（代替YY/T0063-2000）
4. YY/T0129-2007《医用诊断X射线可变限束器通用技术条件》（代替YY/T0129-1993）
5. YY/T0165-2007《热垫式治疗仪》（代替YY0165-1994）
6. YY/T0197.1-2007《医用诊断X射线管XD1-3/100固定阳极X射线管》（代替YY0197.1-1995）
7. YY/T0197.2-2007《医用诊断X射线管XD2-1/85固定阳极X射线管》（代替YY0197.2-1995）

8. YY/T0197.3-2007《医用诊断X射线管XD3-3.5/100固定阳极X射线管》 （代替YY0197.3-1995）

9. YY/T0197.4-2007《医用诊断X射线管XD4-2、9/100固定阳极X射线管》 （代替YY0197.4-1995）

10. YY/T0197.5-2007《医用诊断X射线管XD51-20、40/100和XD51-20、40/125旋转阳极X射线管》（代替YY0197.5-1995）

11. YY/T0291-2007《医用X射线设备环境要求及试验方法》 （代替YY/T0291-1997）

12. YY/T0317-2007《医用治疗X射线机通用技术条件》 （代替YY0317-2000）

13. YY/T0605.5-2007《外科植入物金属材料第5部分：锻造钴-铬-钨-镍合金》

14. YY/T0605.6-2007《外科植入物金属材料第6部分：锻造钴-镍-铬-钼合金》

15. YY/T0605.7-2007《外科植入物金属材料第7部分：可锻和冷加工的钴-铬-镍-钼-铁合金》

16. YY/T0605.8-2007《外科植入物金属材料第8部分：锻造钴-镍-铬-钼-钨-铁合金》

17. YY/T0606.3-2007《组织工程医疗产品第3部分：通用分类》

18. YY/T0606.4-2007《组织工程医疗产品第4部分：皮肤替代品（物）的术语和分类》

19. YY/T0606.5-2007《组织工程医疗产品第5部分：基质及支架的性能和测试》

20. YY/T0606.9-2007《组织工程医疗产品第9部分：透明质酸钠》

21. YY/T0606.12-2007《组织工程医疗产品第12部分：细胞、组织、器官的加工处理指南》

22. YY/T0608-2007《医用X射线影像增强器电视系统通用技术条件》

23. YY/T0609-2007《医用诊断X射线管组件通用技术条件》 （代替GB11756-1989）

24. YY/T0610-2007《医学影像照片观察装置通用技术条件》

25. YY/T1099-2007《医用X射线设备包装、运输和贮存》 （代替YY91099-1999）

26. YY/T1084-2007《医用超声诊断设备声输出功率的测量方法》（代替YY/T91084-1999）

27. YY/T1085-2007《毫瓦级超声源》 （代替YY/T91085-1999）

28. YY/T1088-2007《在0.5MHz至15MHz频率范围内采用水听器测量与表征医用超声设备声场特性的导则》 （代替YY/T91088-1999）

29. YY/T1089-2007《单元式脉冲回波超声换能器的基本电声特性和测量方法》 （代替YY/T91089-1999）

30. YY/T1095-2007《肌电生物反馈仪》 （代替YY91095-1999）

31. YY/T1096-2007《温度生物反馈仪》 （代替YY91096-1999）

以上医疗器械推荐性行业标准自2008年1月1日起实施。

# YY/T 0079-2006《外科植入物 金属夹》等7项医疗器械行业标准

YY/T 0079-2006《外科植入物 金属夹》等7项医疗器械行业标准已经审定通过，现予以发布。具体如下：

1.YY/T 0079-2006《外科植入物 金属夹》（代替YY 0079.1-92）

2.YY/T 0149-2006《不锈钢医用器械 耐腐蚀性能试验方法》（代替YY/T 0149-93）

3.YY/T 0176-2006《医用剪 通用技术条件》（代替YY/T 0176-94）

4.YY/T 0595-2006《医疗器械 质量管理体系 YY/T 0287-2003应用指南》

5.YY/T 0596-2006《医用剪》（代替YY/T 0176.2～0176.8-1997，YY/T 0176.11～0176.12-1997）

6.YY/T 0597-2006《施夹钳》（代替YY 0079.3-92）

7.YY/T 1127-2006《咬骨钳》（代替YY 91127～91131-1999）

以上标准自2007年5月1日起实施。

# YY0107-2005《眼科A型超声测量仪》等41项医疗器械行业标准

YY0107-2005《眼科A型超声测量仪》等41项医疗器械行业标准已经审定通过，现予以发布。该行业标准的编号、名称及实施日期如下：

一. 强制性行业标准

1. YY0107-2005《眼科A型超声测量仪》（代替YY0107-1993）
2. YY0117.1-2005《外科植入物--骨关节假体锻、铸件Ti6Al4V钛合金锻件》（代替YY0117.1-1993）
3. YY0117.2-2005《外科植入物--骨关节假体锻、铸件ZTi6Al4V钛合金铸件》（代替YY0117.2-1993）
4. YY0117.3-2005《外科植入物--骨关节假体锻、铸件钴铬钼合金铸件》（代替YY0117.3-1993）
5. YY0118-2005《髋关节假体》（代替YY0118-1993）
6. YY0310-2005《X射线计算机体层摄影设备通用技术条件》（代替YY0310-1998）
7. YY0326.3-2005《一次性使用离心式血浆分离器第3部分：血浆袋》
8. YY0497-2005《一次性使用无菌胰岛素注射器》
9. YY0502-2005《膝关节假体》
10. YY0574.1-2005《麻醉和呼吸护理报警信号第1部分：视觉报警信号》
11. YY0574.2-2005《麻醉和呼吸护理报警信号第2部分：听觉报警信号》
12. YY0574.3-2005《麻醉和呼吸护理报警信号第3部分：报警应用指南》
13. YY0579-2005《角膜曲率计》
14. YY0580-2005《心血管植入物及人工器官—心肺转流系统—动脉管路血液过滤器》
15. YY0581-2005《输液用肝素帽》
16. YY0583-2005《一次性使用胸腔引流装置水封式》
17. YY0584-2005《一次性使用离心杯式血液成分分离器》
18. YY0585.1-2005《压力输液设备用一次性使用液路及附件第1部分：液路》
19. YY0585.2-2005《压力输液设备用一次性使用液路及附件第2部分：附件》
20. YY0585.3-2005《压力输液设备用一次性使用液路及附件第3部分：过滤器》
21. YY0587-2005《一次性使用无菌牙科注射针》
22. YY0591-2005《骨接合植入物金属带锁髓内钉》
23. YY0592-2005《高强度聚焦超声（HIFU）治疗系统》
24. YY0593-2005《超声经颅多普勒血流分析仪》
25. YY1007-2005《立式压力蒸汽灭菌器》（代替YY91007-1999）
26. YY1122-2005《咬骨钳（剪）通用技术条件》（代替YY91122-1999，YY91134-1999）

27. YY1137-2005《骨锯通用技术条件》（代替YY91137-1999）

## 二. 推荐性行业标准

1. YY/T0014-2005《半自动生化分析仪》（代替YY0014-1990）
2. YY/T0111-2005《超声多普勒换能器技术要求和试验方法》（代替YY/T0111-1993）
3. YY/T0163-2005《医用超声测量水听器特性和校准》（代替YY/T0163-1994）
4. YY/T0196-2005《一次性使用心电电极》（代替YY/T0196-94）
5. YY/T0575-2005《硫乙醇酸盐流体培养基》
6. YY/T0576-2005《哥伦比亚血琼脂基础培养基》
7. YY/T0577-2005《营养琼脂培养基》
8. YY/T0578-2005《沙门.志贺菌属琼脂培养基》
9. YY/T0582.1-2005《输液瓶悬挂装置第1部分：一次性使用悬挂装置》
10. YY/T0582.2-2005《输液瓶悬挂装置第2部分：多用悬挂装置》
11. YY/T0586-2005《医用高分子制品X射线不透性试验方法》
12. YY/T0588-2005《流式细胞仪》
13. YY/T0589-2005《电解质分析仪》
14. YY/T0590.1-2005《医用电气设备数字X射线成像装置特性第1部分：量子探测效率的测定》

以上标准自2006年12月1日起实施。

# YY0043－2005《医用缝合针》等18项医疗器械行业标准

YY0043－2005《医用缝合针》等18项医疗器械行业标准已经审定通过，现予以发布。该行业标准的编号、名称及实施日期如下：

一、强制性行业标准

1. YY0043－2005《医用缝合针》 （替代YY0043－1991）
2. YY0075－2005《泪道探针》 （替代YY0075－1992）
3. YY0167－2005《非吸收性外科缝线》 （替代YY0167－1998）
4. YY0174－2005《手术刀片》 （替代YY／T0174－1994，YY0293－1997）
5. YY0175－2005《手术刀柄》 （代替YY／T0175－1994）
6. YY0569－2005《生物安全柜》
7. YY0570－2005《医用电气设备第二部分：手术台安全专用要求》
8. YY0571－2005《医用电气设备第二部分：医院电动床安全专用要求》
9. YY0572－2005《血液透析和相关治疗用水》
10. YY0573．3－2005《一次性使用无菌注射器第3部分：自毁型固定剂量疫苗注射器》

二、推荐性行业标准

1. YY／T0177－2005《组织钳》 （替代YY／T0177－1994）
2. YY／T0173．4－2005《手术器械唇头钩唇头齿锁止牙蛋形指圈》 （替代YY／T0173．4－1994，YY／T0173．5－1994，YY／T0173．6－1994，YY／T0173．8－1994）
3. YY／T0179－2005《丁字式开口器》 （替代YY／T0179－1994）
4. YY／T0249．1－2005《外科器械金属材料第1部分：不锈钢》 （替代YY／T0294．1－1997）
5. YY／T0295．1－2005《医用镊通用技术条件》 （替代YY／T0295．1－1997）
6. YY／T1000．1－2005《医疗器械行业标准的制定第1部分：阶段划分、代码和程序》
7. YY／T1000．2－2005《医疗器械行业标准的制定第2部分：工作指南》
8. YY／T1021－2005《拔牙钳》 （替代YY91021－1999，YY91022－1999）

以上标准自2006年6月1日起实施。

# YY0334-2002《硅橡胶外科植入物通用要求》等两项医疗器械行业标准第1号修改单的公告

YY0334-2002《硅橡胶外科植入物通用要求》和YY0314-2007《一次性使用人体静脉血样采集容器》两项医疗器械行业标准第1号修改单已经审查通过，现予以公布。修改单自公布之日起实施。

特此公告。

附件：1.YY0334-2002《硅橡胶外科植入物通用要求》行业标准第1号修改单

2.YY0314-2007《一次性使用人体静脉血样采集容器》行业标准第1号修改单

国家食品药品监督管理总局

2013年10月8日

附件1

## YY0334-2002《硅橡胶外科植入物通用要求》行业标准第1号修改单

5.4.5紫外吸收

当按附录F试验时，在220nm~340nm波长范围吸收值不超过0.4。

条文下增加注释：

注：本条款不适用于配方中含芳香族取代基的硅橡胶外科植入物，比如乳房植入体所用硅橡胶。但建议对该类产品应进行芳香族取代物溶出性能的安全性评价。

附件2

## YY0314-2007《一次性使用人体静脉血样采集容器》行业标准第1号修改单

一、9.2条增加条注：

注：在当前技术水平下，真空采血管在使用中容器内部与病人血流之间有直接接触的可能。

二、附录NA（资料性附录）

公式NA.1中的98修改为102。

# 三、重要会议及专家视野

# 第二十六届国际医疗仪器设备展览会

## 综述

2014 年3 月23 日，第二十六届国际医疗仪器设备展览会（CHINA MED 2014）在国家会议中心圆满闭幕。

毫无疑问，本届展会是一次成功的盛会，无论在展出面积、参展商数量、专业观众人数、新产品和新技术发布数量，都再创CHINA MED 历史新高。

## 新品

CHINA MED 2014 一大看点就是包罗万象的新产品、新技术的发布活动。其中50 家参展企业带来了他们最新的168 款新品，GE、西门子、飞利浦、东芝、美中互利、奥林巴斯、福田、德尔格、医科达、宽腾、深圳迈瑞、欧洁恩、索诺声、乐普、波科等公司皆在此列，新产品和新技术包括 CT/MR/X 线产品、乳腺机、分子影像、造影设备、放射治疗设备、医用超声仪器及有关设备、临床检验分析仪器、医用电子设备、物理治疗及护理设备、医用耗材、手术室、急救室、诊疗室设备及器具等领域的最新产品和最新技术。

展览会组委会秉承“创新办展”的理念，力争在本届展会上为与会者提供一个名副其实的最新产品展示、与最新产品亲密接触的平台。

## 学术会议

第二十六届国际医疗仪器设备展览会期间，组委会与多家军队和地方学术组织共同组织召开28 场会议，医学影像类4 场、医疗卫生类3 场、临床技术4 场、招标采购7 场、参展商用户会11 场。授课专家300 余人，其中包括来自美国、加拿大、英国、德国、以色列等国的15 名国外知名专家和19 名国内知名专家，以及4 名院士。

## 展商

本届展会共吸引了来自22 个国家的545 家企业参展，包括161 家国际展商。

观众有来自40 个国家和地区的29，500 名专业观众来到CHINA MED 2014，含来自6 个VIP 参观团的1584 人和网上预登记观众7069 人。其中参加同期论坛及研讨会的人数为5,000 余人。

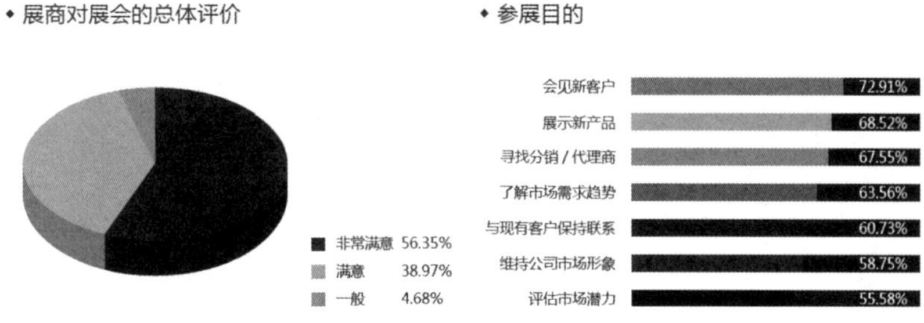


第二十七届国际医疗仪器设备展览会将于2015年3月26-28日在北京·国家会议中心举办，展会网址：www.chinamed.net.cn

# 2014年全国卫生计生规划信息工作会议

2014年4月14日—15日，全国卫生计生规划信息工作会议在京召开。会议深入学习贯彻党的十八大、十八届三中全会及2014年全国卫生计生工作会议精神，总结交流各地规划信息工作，认真分析当前形势，研究部署2014年重点任务。

国家卫生计生委副主任、党组副书记，国务院医改办主任孙志刚出席会议并讲话。孙志刚在讲话中指出，经济社会发展以及深化医改、卫生计生事业科学发展都对规划信息工作提出了一系列新的要求，规划信息工作也是改革的重要组成部分。要深刻认识医改的形势和任务，进一步增强做好规划信息工作、服务全局的责任感和使命感。要树立发展必须紧紧依靠改革的意识，准确把握改革的深刻内涵和重点任务，坚定正确的医改方向，认真梳理与之相关的重点难点问题，切实抓住关键环节，协同推动医改在新的起点上实现新跨越。

孙志刚指出，要明确职能定位，突出重点，扎实做好卫生计生规划信息工作。新组建的国家卫生计生委突出强调加强规划信息职能，是贯彻落实中央加快转变政府职能的最鲜明体现。规划信息部门要增强服务大局、推动改革的自觉，主动将政府职能逐步从微观向宏观、从直接指示向间接指导、从具体管理向规划管理转变。紧紧围绕继续深化医改和调整完善生育政策两大中心任务，认真履行战略研究、规划统筹、资源配置、建设监管、信息支撑等重要职责。2014年要突出抓好四项工作：一是加强规划的顶层设计和统筹协调，二是协调推进各项规划任务的落实，三是继续加强服务体系建设，四是全面加快人口健康信息化建设。

孙志刚强调，规划信息业务多是打基础、利长远、服务全局的工作，责任重、政策性强、覆盖面广、涉及部门多，组织协调难度大。孙志刚要求，规划信息部门要加强理论学习，深入调查研究，勇于改革创新，加强廉政建设，夯实规划信息改革发展的基础。

国家卫生计生委规划与信息司司长侯岩主持会议并作会议总结。委规划与信息司齐贵新副司长、张锋副司长、王玉洵副巡视员分别介绍了有关工作情况。会议组织考察了北京市朝阳区卫生信息化建设情况。各省（区、市）卫生计生委（卫生厅局、人口计生委），各计划单列市及新疆生产建设兵团卫生局、人口计生委分管规划信息工作的负责同志和相关处室负责人，委部分直属联系单位负责同志参加会议。

# 中国医学装备协会第二十三届学术年会

2014年7月26日，中国医学装备协会第二十三届学术年会暨中国医学装备发展研讨会在郑州隆重召开。原卫生部副部长、中国医学装备协会理事长朱庆生教授，中国优生优育协会会长秦新华，国家食品药品监督管理总局医疗器械监管司巡视员、中国医学装备协会副理事长王宝亭，解放军总后勤部卫生部药品器材局局长、中国医学装备协会副理事长 纪春雷，国家卫生计生委规划与信息司副司长赵多仙，国家卫生计生委体改司副司长、国务院医改办公立医院改革组负责人刘殿奎，国家卫生计生委药物政策与基本药物制度司副巡视员朱洪彪，中国医学装备协会常务副理事长赵自林，河南省卫生计生委副主任周学山，首都医科大学校长、中国医学装备协会副理事长吕兆丰，中国医学装备协会副理事长王东升，首都医科大学附属北京天坛医院原院长、国家卫生计生委大型医用设备管理咨询专家委员会主任委员、中国医学装备协会副理事长戴建平，中国医学装备协会副理事长兼秘书长白知朋，广东省卫生经济学会会长张寿生，河南省卫生经济协会会长李么丁以及来自《健康报》、《中国医药报》等媒体的朋友和联影、奥林巴斯、西门子、GE、飞利浦、安科瑞、新华医疗、迈瑞、新产业等企业界的同仁出席了本届年会。

本届年会暨中国医学装备发展研讨会贯彻“十八届三中全会”精神，以《国务院关于促进健康服务业发展的若干意见》为指导，以“提高医学装备技术水平，推动产业升级与发展”为主题，根据《意见》提出的总体要求和主要任务，分析发展趋势，交流相关信息，推广适宜技术。本次主题峰会主要内容是解读《国务院关于促进健康服务业发展的若干意见》、医学装备全生命周期的监督与管理、扶持国产医学装备发展的相关政策。主题峰会后还举办了县医院能力建设与医学装备配置、民营医院装备配置与发展、县乡一体化医疗服务模式装备配置的解决方案、数字化医院与医学装备信息化以及协会各分支机构相关学科共20 余场的学术活动，分别由协会和各专业委员会及企业组织交流当前医学装备的最新技术和应用经验。这些会议学术气氛浓厚，注重研讨交流的质量。参加本届年会的会员、理事、专家、企业代表及专业观众共计2400 余人。

中国医学装备协会理事长朱庆生在年会上致辞，国家卫生计生委规划与信息司副司长赵多仙、国家卫生计生委体改司副司长刘殿奎、国家卫生计生委药物政策与基本药物制度司副巡视员朱洪彪、国家食品药品监督管理总局医疗器械监管司巡视员王宝亭、国家卫计委规划与信息司基建装备处副处长李军、河南省卫生计生委副主任周学山等分别在年会上发表了讲话。

# 中国医学装备协会医用耗材专业委员会成立大会

2014年5月24日，中国医学装备协会医用耗材专业委员会成立大会在北京协和医院学术会堂正式召开。原卫生部副部长、现中国医学装备协会理事长朱庆生，北京协和医院外科学系主任、中国工程院院士邱贵兴院士，中国医学装备协会常务副理事长赵自林主持会议，骨科、心内科、口腔科等领域的约120位专家学者参与第一届委员会讨论及投票。

专委会筹备组组长邱贵兴院士通报了前期筹备情况及《中国医学装备协会医用耗材专业委员会工作规程》内容简介。第一部分，简要说明了成立医用耗材专业委员会的必要性及目的和意义。必要性主要体现在，高值医用耗材和一次性医用耗材在临床也得到了广泛的应用，其费用在患者就医总费用及医院运行成本中所占有比重也呈逐年递增之势。医用耗材领域仍然存在着技术创新能力较低，产品质量和安全新亟待提升等问题。成立专委会的目的在于构筑医用耗材的专业交流、合作的新格局，积极推动技术创新。通过加强专业标准与产品技术规范建设，建立科学、完善专业管理体系，促进医用耗材的科研、生产与应用专业水平的提升。通过监督机制建设与行业自律引导、宣传，树立公平、公正、公开的行业氛围，促进医用耗材行业的有序、健康发展。第二部分，介绍了专委会筹备的过程。2013年中旬开始，历时约半年，由北京协和医院发起。按照国务院《社会团体登记管理条例》的要求、民政部《社会团体章程示范文本》的标准格式，完成了本委员会工作规程（草案）第一稿，并于2013年6月和8月，在北京分别举办了两次正式筹备会议。通过筹备会议，讨论并确定工作规程。学术分组等相关内容。

参照有关专业委员会、分会对委员、常务委员的分配原则及推荐方法，对委员会的组织结构和人选进行了认真的协商与推荐，确定了本委员会第一届委员会委员总数为41名，人员组织结构包括主任委员、副主任委员、秘书、常务委员及委员。

中国医学装备协会理事长朱庆生在会上指出，中国医学装备协会自1990年成立以来，一直致力于团结和组织全国医学装备工作者共同推进医学装备技术和人才队伍建设，促进我国医学科学技术进步，为人民健康服务；在各分会和专业委员会的共同努力下逐渐发展成为医学装备领域政、产、学、研、用的权威服务平台。协会于2013年初委托邱贵兴院士组织相关医学专家、优秀产业代表筹备组建医用耗材专业委员会，经过一年多的筹备，在邱院士和各委员专家、代表的共同努力下，筹备工作进展顺利，协会于2014年3月18日对专委会进行了同意成立的批复。协会将对医用耗材专业委员会成立后工作的开展提供全方面的支持！

中国医学装备协会常务副理事长赵自林随后指出，医用耗材，特别是高值医用耗材直接作用于人体、对技术和安全性都要严格的要求，临床使用量大、价格相对较高，对医疗技术的发展和医疗费用都有较大的影像。为了更加有效地整合医用耗材领域的专业资源，提升全行业创新能力，促进医用耗材产业的整体发展。经协会理事长办公会研究决定成立中国医学装备协会医用耗材专业委员会，并拟定成立以邱贵兴院士为组长的专业委员会筹备组。在邱院士的带领下，经过1年多的筹备，专委会筹备组明确了指导思想，制定了工作规程，搭建了专委会基本工作框架，各项筹备工作有序进行。

在选举环节中，中国医学装备协会副秘书长任健为监票人，负责监票工作。参会代表在41位候选人名单中进行投票选举，邱贵兴教授当选为主任委员，邱贵兴主委随后为杨跃进教授、裴福兴教授等多位专家颁发了副主委证书，副主委为常委和委员们颁发了相关证书。

附：

## 中国医学装备协会医用耗材专业委员会第一届常务委员候选人名单

（以下姓名按姓氏拼音排序）

| | | | | | |
|---|---|---|---|---|---|
| 敖英芳 | 白玉兴 | 陈安民 | 陈仲强 | 葛均波 | 郭　卫 |
| 韩雅玲 | 姜保国 | 姜建元 | 金大地 | 林建华 | 林　野 |
| 刘洪臣 | 刘忠军 | 吕树铮 | 马信龙 | 裴福兴 | 邱贵兴 |
| 沈慧勇 | 唐佩福 | 田　文 | 王　炯 | 王满宜 | 王以朋 |
| 卫小春 | 翁习生 | 邬　波 | 肖德明 | 严世贵 | 杨惠林 |
| 杨跃进 | 袁　文 | 袁　征 | 张华威 | 张抒扬 | 张先龙 |
| 张英泽 | 张志愿 | 赵依民 | 赵毅武 | 周东生 | |

会议现场

现场投票选举

# 中国医学装备协会现场快速检测（POCT）装备技术专业委员会成立大会

为推动现场快速检测POCT技术的健 康发展，促进POCT行业相关标准的建立，培养POCT技术人才，充分发挥POCT“小型便携、操作简单、使用方便、即时报告”的技术特点，实现医疗检测由实验室、床旁、家庭、现场检测等多种模式的互为有效补充，中国医学装备协会批准成立“现场快速检测（POCT）装备技术专业委员会”。

由中国医学装备协会主办，在广州万孚、北京热景生物、倍肯集团、北京康思润业、深圳理邦、雅培、雷度米特、南京基蛋、武汉佰奥达、武汉明德、阳普医疗、三诺生物 、桂林优利特、上海奥普、北京松上等单位的支持下，“现场快速检测（POCT）装备技术专业委员会成立大会暨2014中国POCT年会”于2014年6月6日－7日在河南省洛阳大酒店圆满落幕。

2014年6月6日晚，来自全国各地的临床专家、 科研单位、企业代表、媒体等委员代表进行主委、副主委、常务委员的选举。中国医学装备协会赵自林常务副理事长；孟建国、任健、王长收三位副秘书长等领导莅临会议。大会选举本着公平公正的原则，由协会组织宣传部领导任健副秘 书长为监票人，王长收副秘书长为计票人。大会选举聘请郑静晨院士为名誉主任委员，选举产生了以康熙雄教授为主任委员的常务委员会，于学忠 、纪立农、杨瑞馥、董书魁、陈韵岱、姚世平、李文美等当选副主任委员。

6月7 日上午POCT专业委员召开了成立大会并做学术交流；首先由中国医学装备协会赵自林常务副理事长致贺辞，宣布专委会成立并为分会领导颁发聘书。“现场快速检测（POCT）装备技术专业委员会成立”启动仪式在欢乐隆重的音乐中圆满结束。

与会专家北京天坛医院康熙雄教授、解放军二炮总医院董书魁主任、 军事医学科学院杨瑞馥教授、北京协和医院朱华栋教授等分别对“POCT现状及未来展望；POCT临床诊断项目准入批准制度研讨；移动医疗、大数据医疗与POCT；急诊医学与POCT技术应用”等做大会报告。

专家们的精彩演讲和最新学术观点的阐述受到了与会代表的一致赞誉，同时参加到本次会议的业内知名企业广州万孚生物技术公司董事长李文美、北京热景生物技术公 司董事长林长青、深圳理邦首席科学家兼副总裁林朝博士、雅培公司闫辉、南京基蛋公司董事长苏恩本分别对“POCT产业发展；新技术新

产品UPT上转发光技术在生物应急与临床POCT领域中的应用和高新技术企业知识产权保护与管理的 重要意义；基于微型生物化学传感器的高精度POCT系统的研发及其在临床诊断上的应用；雅培床旁血液监护系统（Abbott i-STAT System）；心脏标志物最新进展”等做了详细的阐述，企业代表的报告受到大会专家和参会代表的一致认 可。企业代表为推动行业有序健康发展起到模范带头作用。

大会还由朱华栋教授和杨瑞馥教授成功发布《现场快速检测POCT院内管理办法建议》草案和《现场快速检测（POCT）专家共识》。建议草案提倡建立现场快速检测POCT院内协调员制度并对POCT检测进行规范化管理；《现场快速检测（POCT）的专家共识》在 POCT的定义、特性、应用领域、发展趋势和存在问题、管理建议、中国POCT的发展战略等方面形成权威化系统化的共识。文件通过大会专家的介绍和与会代表间深入交流与互动，为促进行业健康发展献言献策。

中国医学装备协会现场快速检测（POCT）装备技术专业委员会成立大会暨2014中国POCT年会在欢乐祥和满载收获的气氛中圆满落幕。

# 中国医学装备协会康复医学装备技术专业委员会成立大会

中国医学装备协会是经国家民政部批准成立的国家一级协会，其业务主管单位是国家卫生和计划生育委员会。近年来，受国家卫生和计划生育委员会委托，中国医学装备协会承担了如下重要工作：医学装备技术评估选取型推荐工作，为各地卫生和计划生育委员会的集中招标工作提供技术服务;承担医疗机构设备配置标准的制定工作;在卫生部职业技术鉴定中心的指导下，编写医学设备管理师的职业技能标准;协助国家卫生和计划生育委员会和国家劳动和社会保障部做好医疗设备及技术人员资格和上岗的准入工作。中国医学装备协会下设多个专业技术委员会，共同致力于中国医学装备的发展建设。

康复医学设备是现代康复医学发展的重要基石之一，本届世界杯揭幕战上截瘫青年的点球进一步表明未来康复医学的进步将会更受益于康复医学设备的迅猛发展。目前，随着我国康复医疗产业的长足进步，康复医学装备研发、教育、生产、销售和临床应用等各个方面也都获得了不同程度的发展。由此，搭建康复医疗设备全服务链的合作平台成为了一种众望所归!在这一大好形势下，康复医学装备技术专业委员会的成立也成为了一个必然! 经过多方积极努力，尤其是在中国医学装备协会领导的大力关注与支持下，专家与企业的积极帮助下，康复医学装备技术专业委员会筹建组通过半年多的积极筹备，在6月28日，在上海(扬州)国际医学园区举行“中国医学装备协会—康复医学装备技术专业委员会成立大会”。

该技术专业委员会将开展以发展与推广康复医学设备为主旨的各类学术交流与合作、继续教育、基地培训、杂志、网站等一系列的工作;积极开展康复医学装备国际学术交流活动，加强同国外的科学技术团体和科技工作者的友好联系，促进民间科技合作;引用、制定各类康复医学装备的计量检测标准、规程或技术规范，建立并推进运行康复医学装备质量管理体系。在中国医学装备协会的领导下，团结全体会员和广大医学装备专业技术人员与时俱进，抓住机遇、迎接挑战，开创协会工作新局面。

怀揣中国康复医学产业发展使命感与责任感的优秀企业集聚“中国医学装备协会—康复医学装备技术专业委员会成立大会”，首批会员有广州科安贸易有限公司、常州市钱璟康复器材有限公司、广州市三甲医疗信息产业有限公司、南京伟思医疗科技有限责任公司、杭州立鑫医疗器械有限公司等数十位知名厂商参与。

“中国医学装备协会—康复医学装备技术专业委员会成立大会”邀请了国际卫计委、中国医学装备协会总会、国家中医药管理局、扬州市卫生局和扬州市归国华侨联合会的领导到场，国家卫计委医政医管局赵靖处长在会上介绍了我国康复医疗设备的概况，并寄望协会成立能促进会员之间的广泛交流，共同致力于康复装备事业的发展。国家中医药管理局主任黄晖高度评价了协会成立的意义，表示康复装备未来的发展是远大和光明的，对康复医疗事业的发展建设有着不可估量的贡献。中国医学装备协会白知朋副理事长宣读了中国医学装备协会对康复医学装备专业技术委员会预选方案的批复。康复医学装备专业技术委员会筹备组组长，第一届康复医学装备专业技术委员会主任委员吕忠生同志就康复医学装备专业技委员会筹建工作情况以及康复医学装备专业技术委员会职责与工作任务做了工作报告，其表示2013年12月5日，以吕忠生同志为组长、边江同志为副组长的12人筹建组获中国医学装备协会批准，经过不断认真的调研、讨论、并经过相关组织审查、同意，形成了以全国高等医药院校、科研院所、医疗卫生机构、中央及地方政府行业主管部门以及相关企业单位和个人的中国医学装备协会康复医学装备技术专业委员会第一届委员会组成，该委员会作为中国医学装备协会的分支机构，是专业从事康复医学装备技术科研、生产和应用的理论研究、学术交流和实践探索的专业学术团体。

会议现场进行首届专业委员会的选举工作，成功选举了汇丰嘉润医院投资管理(中国)有限公司总裁张建利、北京北大方正软件技术学院卫生分院院长边江、北京蝶和医疗科技有限公司总裁陈巨府、北京三捷欧技医疗器械有限公司总经理禹杰、北京大学国际医院研究员殷宏为副主任委员、北大医疗康复医院管理有限公司副主任医师徐军，北京大学医学部设备处副处长孙品阳、北京协和医院教授陈丽霞、北京君乐宝医疗设备有限责任公司董事长章鲁生、山东泽普科技发展有限公司董事长吴少军、北京海德润商贸有限公司总经理郭堤等二十多位委员。中国医学装备协会白知朋副理事长对中国医学装备协会康复医学装备技术专业委员会成立表示了祝贺，对成功选举的各委员表达了日后工作的寄望，希望大家共同为康复医学装备的发展尽心尽力尽责。

会议同期还举办了“中国康复设备发展新征程”研讨会，邀请汇丰嘉润医院投资管理(中国)有限公司、北京蝶和医疗科技有限公司、北大医疗康复医院管理有限公司、北京三捷欧技医疗器械有限公司、上海交通大学医学院附属瑞金医院原康复科主任陆廷仁、北京大学国际医院等企事业单位代表共同探讨“规范与引导康复医学市场，搭建平台，促进合作，康复医学设备协会的职能与作用，医学设备提升康复科室建设，康复技术的普及与运用”等相关议题，与会现场气氛热烈。会后，与会人员集体参观了上海(扬州)经济技术开发区，据了解，园区为“一城一区四园”，即临港新城，出口加工区和绿色光电产业园、装备制造产业园、高端轻工产业园、港口物流产业园。(达岸)

# 2014年全国医学计量学术年会

2014年7月16日至17日，中国计量测试学会医学计量分会和中国医学装备协会医学装备计量测试专委会(以下简称“两委会”)联合举办的医学计量学术年会在宁夏石嘴山市隆重召开。国家食品药品监督管理总局医疗器械监管司童敏司长、宁夏回族自治区食品药品监督管理局董忠副局长、宁夏回族自治区石嘴山市张伟副市长、解放军第五医院田原院长出席会议并致词。中国医学装备协会医学装备计量测试专委会孙喜文主任委员主持开幕式，中国计量测试学会医学计量分会主任委员、总后卫生部药品仪器检验所张炯所长向大会作工作报告。来自全国质监、药监、卫生系统的318 名代表参加了会议。开幕式上还为新疆、甘肃、宁夏、青海、陕西等西部五省区医院赠送了“两委会”《中国医学装备计量资讯》合集和《医疗设备质量控制检测技术》系列丛书，以期通过这次年会推动西部地区医学计量工作的开展，促进医疗器械质量安全使用。

国家食药监总局医疗器械监管司童敏司长在开幕式上作重要讲话。童敏司长首先概括介绍了我国医疗器械行业的基本情况、存在问题和发展机遇；随后权威解读了国务院刚刚发布的《医疗器械监督管理条例》，明确了对医疗机构在用医疗器械的监管要求；结合医疗器械五整治专项活动，详细分析了我国在用医疗器械质量安全监管形势；最后童司长强调，医学计量是医疗器械监管的重要技术支撑，希望“两委会”能够充分发挥自身的技术优势，组织各方面的专家，与政府监管部门密切结合，成为国家一支医疗器械监管的主力军。

张炯所长在工作报告中回顾了一年来“两委会”在承担国家任务、参与标准制定、开展技术培训、扩大学会影响等方面的主要工作；阐述了“两委会”对当前食品药品医疗器械质量安全监管形势和要求的认识，强调在各项工作中贯彻落实新版条例；强调“两委会”要建好“四个平台”，即贯彻落实国家医疗器械政策法规的宣传平台，积极参与国家医疗器械监管工作的技术支撑平台，持续做好支援西部建设工作的推广平台和加强“两委会”机构建设的基础平台，确保学术组织又好又快可持续发展。

应医疗器械监管司要求，会议期间还组织召开了在用医疗器械监管工作座谈会，会议由张炯所长主持，童敏司长全程参加，40 余名代表踊跃发言，就我国在用医疗器械质量状况、临床需求、监管模式、技术能力、存在不足，以及体制机制等问题热烈讨论，提出了很好的意见和建议。根据目前医疗机构医疗器械质量管理和检测技术的实际需求，大会还组织了16 场专题报告和17 个项目的检测技术培训，内容涉及国内外医疗设备质控管理动态、医院医疗设备管理体系及信息化建设、眼科光学设备发展及溯源保障现状，以及医用直线加速器、伽玛刀、射波刀、TOMO 等大型肿瘤放射治疗设设备的质量控制检测技术。

# 中国医学装备协会音乐医学与技术装备分会成立大会

2014年7月25日中国医学装备协会音乐医学与技术装备分会成立大会暨第一届会员代表大会在河南郑州召开，中国医学装备协会音乐医学与技术装备分会倡议人、发起单位、大会筹备委员会和专家委员会代表及新闻媒体代表等两百余人参加了会议。本次大会由中国医学装备协会秘书长白知朋主持，原卫生部副部长朱庆生同志、中国优生优育协会秦新华同志到会祝贺并讲话。大会选举吴慎同志担任中国医学装备协会音乐医学与技术装备分会会长。同时召开中国医学装备协会第23届学术年会暨中国医学装备发展研讨会、举行“首届中国音乐医学临床应用与发展论坛，并举办“生命之乐”健康音乐会。

音乐医学与技术装备分会，是国家卫生与计划生育委员会主管的中国医学装备协会的分支机构，由国内外“中医”、“西医”、“音乐”三大领域的学者、专家，由中西医科研院所、中国优生优育协会、世界音乐医学研究会、中华医学会、中华预防医学会、中国疾病预防控制中心、中国妇幼保健中心、美国夏威夷大学医学院、马来西亚大学等医学科研、教学、临床应用、管理等工作者及相关的企、事业单位自愿组成的学术性、公益性、非营利的全国组织。

音乐医学是二十一世纪联合国世界卫生组织(WHO)提出的以预防医学为主的绿色医疗，该组织(WHO)早已向世界公告：音乐医疗在临床疗效中是药物的4～8倍!音乐医学具有无碳、无污染;无痛、无创伤、无后遗症;最安全、最有效、最经济;并且在环境保护上也发挥着巨大作用。中国音乐医学与技术装备分会将结合专业特点，致力于促进音乐医学在临床应用中的研究、技术与装备的研发与应用;倡导非药物疗法安全医疗手段，提高音乐医学临床使用技术水平;加强科学管理，制定行业标准，人才队伍建设，为“音乐治疗师”的认证做准备;强化音乐医学应用、管理机构与企业之间的交流与合作;为会员—音乐医学与技术装备工作者服务，推进全行业规范有序健康发展。

中国医学装备协会音乐医学与技术装备分会将以“十八大”精神为指导，紧紧围绕我国卫生事业发展和改革的大局，根据音乐医学与技术装备专业学科的特点，积极开展专业理论研究和实践探索，为不断提高我国音乐医学技术装备科研、生产与应用、管理水平，落实党和政府联系广大委员及业界各方人士的桥梁和纽带作用，努力推进我国音乐医学技术装备产业和装备技术的健康发展贡献力量。

# 中国医学装备协会医学实验室装备与技术分会第十一届学术年会

2014年7月26日，在中国医学装备协会第二十三届学术年会期间，医学实验室装备与技术分会在郑州召开了第二届第三次全体理事会议暨第十一届学术年会，并举行了分会成立十周年纪念活动（组织专家和相关人员编撰印制和发行了纪念册）。吕兆丰理事长主持了会议。李建民副理事长兼秘书长作题为："把握现在，开创未来"总结报告。回溯十年来的历程大家感到欣慰，也感到不足和差距。展望未来的十年、二十年，更感到肩负的责任和信心。全会同仁将在第三届理事会的带领下以学科建设为基础构建学术框架，探索并确定我会未来所依托的核心学科和涵盖的主要行业领域，以学术创新支撑和引领行业可持续发展。努力探索管理新思路、服务新理念、工作新方法，寻求自我管理、自我发展之路，创新协会文化，把分会建设成为广大会员的和睦、和谐之家。

总会原常务副理事长李泮岭应邀莅临会议祝贺并发表了热情洋溢的讲话。对此，吕兆丰理事长和与会同志表示衷心的感谢。徐善东副理事长主持了学术年会。本届学术年会的主题是："深化改革，推进医学实验的发展"。国家卫生与计划生育委员会科技教育司实验室处处长贺晓慧医学博士作题为："实验室生物安全与管理"主题报告。全面阐述我国实验室生物按安全监督管理的组织架构和责任分工；实验室生物安全管理的目的、政策法规；高校实验室生物安全工作的主要特点和存在的问题，并对解决这些问题的措施和要求。报告强调了实验室安全的重要性对进一步加强我国医学实验室装备与技术管理工作具有重要意义。沈阳军区总医院全军肿瘤诊治中心医学实验科主任马东初教授作题为："免疫细胞治疗技术实验室建设面临的挑战与应对"的学术报告。从转化医学的高度详细阐述了当前免疫细胞治疗技术的临床应与实验室建设的情况，在医学实验室装备与技术的学术研究和实践探索开辟了新的领域。分会副理事长北京脑泰科技发展有限公司董事长王旻博士作题为："中国医学实验室设备的现状与发展"的学术报告。从产、学、研、用、商融合的视角全面地介绍了我国目前医学实验室装备与技术的现状和发展，并提出了"产品自主研发要加强"、"产品研制要符合临床需求"、"产品质量要优良""高端产品竞争力强"，的未来医学实验室装备与技术的发展趋势，以及"安全（Safe）、智能（Smart）、易用（Simple）、可追溯（Searchable）"的4S 理念。岛津公司京都科学应邀在会上系统的交流了其新产品医学教学模型的新技术等。服务与管理、装备质量与效益以及安全技术作为我会学术研究与交流合作的永恒主题，在本届学术年会上注入了新的内涵，体现了系统医学和转化医学的思路。主题鲜明、内容丰富、理论联系实际、具有创新性，会议取得了较好的效果，再次体现了我会的活力。

# 中国“医疗设备使用评价及售后维保规范化管理”座谈会

中国医学装备协会管理专业委员会在装备协会第二十三届学术年会上举办“医疗设备使用评价及售后维保规范化管理”座谈会，会议邀请到中国医学装备协会常务副理事长赵自林、国家卫生计生委规划与信息司李军处长、北京市卫生计生委药械司王喆出席，会议由北京医院器材处蔡葵处长主持。

国家卫生计生委李军处长首先致辞，对管理专业委员会近一年的工作予以肯定，感谢管理专业委员会参与了卫生计生委在医疗器械管理方面的多项工作。李军处长表示，近年来医疗设备的价格较前几年有所下降，但售后服务费用有所上升，此次研讨会搭建了一个平台，让医疗机构之间、医疗机构与企业之间进行沟通交流，让售后服务合同尽量使医疗机构的要求和生产企业的实际情况结合起来。

中国医学装备协会常务副理事长赵自林对管理专业委员会的工作做出指示，今年有两项工作要做，一是售后服务满意度调查，建议由管理专业委员会和保障专业委员会合作进行；二是最受医疗机构欢迎的产品推荐。北京市卫生计生委王喆老师结合今年医疗行业形势，对国家的医疗器械相关政策进行解读。首先，新的医疗器械管理条例已出台，医疗机构要结合新条例调整原有管理工作；其次，国家鼓励国产医疗器械行业的发展，医疗计划在不影响临床患者使用的前提下，要购置一定比例的国产设备；第三，国家要求对大型医疗设备、医用高值耗材集中采购，会邀请相关专家制定实施细则。蔡葵处长对管理委员会工作进行总结。管理专业委员会配合国家卫生计生委进行维修保养合同模板的制定、大型医疗设备使用评价及国产设备遴选推荐工作。配合国家食品药品监督总局完成医疗器械管理条例的制定及相关教材的编撰工作。北京大学人民医院设备处沈晨阳处长做《医疗设备维修保养合同解读》讲座。沈晨阳处长结合实际工作中遇到的情况，逐条分项的对维修保养合同模板进行分析。德尔格医疗设备（上海）有限公司的应卫东总监在会议上做《保修合同规范性》讲座。应为东总监作为乙方代表，从不同的角度对维修保养合同进行解读。上海第六人民医院医学装备处杨海处长做《医疗机构医用耗材循证管理》讲座。杨海处长从一个全新的视角提出了一种新的医用耗材管理模式，将循证医学管理感念引入高值耗材的管理，为医疗机构医疗设备的管理拓宽了思路。最后，管理专业委员会主任委员韩春雷对会议进行总结。韩春雷处长首先感谢协会领导对管理专业委员会工作的信任，并将明年委员会改选事宜提上工作日程。

# 2014年中国病理科现状及展望座谈会

2014年7月27日，中国医学装备协会病理专委会在郑州国际会议中心召开病理科现状及展望座谈会。原卫生部副部长、中国医学装备协会理事长朱庆生参加了会议并致辞。中国医学装备协会副理事长王东升、副秘书长任健参加了会议。病理专委会主任委员陈杰院长致欢迎辞并以《中国病理科装备现状及展望》为题作了报告。北京安贞医院王伟、优纳科技邱文兰、山西省肿瘤医院王晋芬、赛默飞杜江、复旦大学肿瘤医院杜祥、徕卡邓一平、北京协和医院王德田、益利马小囡分别就《现代病理科建设与病理设备》、《病理全息诊断与自动化建设》、《山西病理科现状与未来设想》、《病理科整体流程解决方案》、《病理技术进步促进病理的发展》、《Leica病理系统—全力打造您的需求》、《病理科及实验室的装备技术理念》、《益利公司标准化、规范化产品介绍》为题作了报告。

座谈会到会嘉宾共约80 人，交流气氛热烈。与会代表围绕病理装备的现状，以及未来如何借助病理装备专委会实现规范，推动行业的整体发展展开了激烈的讨论。专家代表及厂家代表各抒己见，一致认同中国医学装备协会病理装备技术专业委员会存在的重要意义和价值。同时也分析了病理技术装备发展存在的问题。病理诊断设备存在的问题是当前多数医院的病理诊断设备为显微镜，应用软件为单机版图文病理报告软件。病理技术室设备包括自动脱水机、包埋机、染色机、封片机、石蜡切片机、冷冻切片机、离心机或专用的细胞离心机、液基薄层细胞涂涂片机、原位杂交及PCR 等分子病理学用仪器、大体标本摄影装置等；还包括一般设备病理，例如切片漂烘仪、烤箱等。存在的问题：在中西部不发达地区，地市级或以下基层医院管理者和临床医师对病理诊断的重要性认识不足，仪器设备等基本条件普遍较差。

由于对病理科的作用认识不到位，重视不够，缺乏投入，病理科在医院地位普遍不高，病理诊断收费低廉等多种原因，国内病理技术相对比较落后。病理切片的制作水平和质不能满足临床诊断和研究的需要，在研究方法方面，基本停留在单纯的形态学检查方面，新的技术和诊断方法的应用率很低。

# 2014年中国医用车辆发展座谈会

2014年7月26日，医用机动车辆装备技术专业委员会在郑州圣菲特花园酒店会议室召开了2014年年会暨医用车辆发展座谈会。来自全国40多个单位的医用车辆研究、生产、销售、应用管理等领域的专家和领导50余名代表参加了会议。会议由谭树林同志主持。中国医学装备协会白知朋副理事长兼秘书长出席会议并讲话。希望医用机动车辆装备技术专业委员会能严格按协会章程办会，广泛充实会员结构，积极开展专委会活动，增强专委会权威性，起到行业领军作用。

医用机动车辆装备技术专业委员会孙景工主任做“专委会近两年工作回顾及明年工作计划”报告。专委会近两年不断加强专委会自身建设，积极参加装备协会组织的学术交流活动，完善了“中国医用车辆网”建设，与各委员单位积极合作，完成了一系列医用技术车辆技术研究工作。明年将以“中国医用车辆网”平台，进一步搞好信息交流服务，企业借力推动市场营销，加强医用车辆技术标准制定与宣贯工作。北京市急救中心王铁民做“救护车改装与设计的探讨”报告；上海市医疗急救中心钱文雄做“公共卫生突发事件院前应急救援特种车辆配置”报告；卫生装备研究所赵秀国做“移动手术舱室洁净度控制”报告；江铃改装车公司刘存宾做“浅谈救护车车辆健康的远程管理”报告；北京谊安医疗系统股份有限公司高雪峰做“浅谈手术急救类医用车辆技术与发展”报告；重庆耐德工业股份有限公司田祥林做“移动急救医院研究及应用”报告；卫生装备研究所刘亚军做“重症监护型救护车空气净化系统设计与运行效果评价研究”报告。

大会组织全体参会代表参观了郑州宇通专用车公司。

# 2014年全国食品药品医疗器械检验工作座谈会

2014年7月31日–8月1日，全国食品药品医疗器械检验工作座谈会在吉林省吉林市召开。国家食品药品监督管理总局党组成员、药品安全总监孙咸泽出席会议并讲话。中国食品药品检定研究院党委书记李波及领导班子成员出席会议。各省级（含副省级）食品、药品、医疗器械、药用包材及辅料检验所（院），总后、武警药检所，以及通过国家总局资格认可的各有关医疗器械检验机构负责人参加会议。

孙咸泽在讲话中指出，总局对此次会议高度重视，并转达了张勇局长对此次会议的关注和期望，同时要求食品药品检验检测系统要充分认识形势的发展，切实转变工作思路，主动适应变革，紧跟食品药品监管体制机制改革的步伐；要在各级食品药品监管部门领导下逐步调整功能定位，加快推进食品药品检验检测体系建设；要以满足监管要求和产业发展为着力点，在优化整合现有检验检测资源基础上，全面提升食品药品检验检测能力；要适应国家加大政府购买服务力度，公平对待社会检验检测力量的改革新举措，进一步强化主体功能意识，打造成一个优势集中、技术过硬、实力雄厚的检验检测集团军。

孙咸泽强调，在全面深化改革背景下，下一步食品药品检验检测系统要树立服务意识、源头风险防控意识、责任意识、大局意识、信息化战略意识等，抓紧建立起中央机构为龙头、省级机构为骨干、市县两级机构为依托、第三方检测机构为补充的食品药品检验检测体系。要注重资源整合，统筹各种信息平台建设，加强关键技术、快检技术和高新技术的攻关研究，加强质量管理体系、实验室管理、重点学科建设，强化应急检验工作机制，提升检验检测体系能力和水平。

中检院党委书记李波在总结讲话中指出，检验检测系统要做好检验数据的挖掘利用，构建学术交流平台，当好行政监管的风向标；在技术监管关口不断前移下，加强对企业检验人员培训，大力开展对公众的科普宣传，做好能力验证工作；充分发挥系统整体力量，形成合力。他要求认真落实会议精神，一是及时调整工作思路，紧跟监管改革步伐，逐步调整功能定位，加快推进工作规划布局，充分发挥现有资源效能，加强和充实检验检测力量。二是抓好工作落实，提高自身能力。要根据工作计划，把各项工作执行到位。同时强化自身建设，着力强化实验室质量管理、人才队伍建设，全面提升食品药品检验检测能力。三是努力践行科学检验精神，树立中国食品药品检验整体形象，加强系统的协同性、整体性，朝着打造优势集中、技术过硬、实力雄厚的检验检测集团军方向努力奋斗。

会议期间，国家总局食品三司于军司长就加强食品安全风险监测及抽验检测有关问题，人社部梁江处长就事业单位改革政策，中检院原院长、党委书记李云龙就科学检验精神要点，中检院王军志副院长就WHO疫苗再评估及其意义，王云鹤副院长就医疗器械标准及检验能力建设，王佑春副院长就推进食品检验体系建设、提升检验能力等作了专题讲座。

中检院质管处、综合业务处就实验室比对促进检验能力提高和系统培训相关工作进行了专题报告。北京市医疗器械检验所、河北省食品检验研究院、辽宁省药品检验检测院、吉林省药品检验所、湖南药用辅料检验检测中心、四川省成都市食品药品检测中心作大会交流发言。与会代表就食品、药品和医疗器械检验工作相关议题分4组进行了讨论。

# 第六届中国PACS大会

2014年8月16日，由中国医学装备协会、中国卫生信息学会卫生管理统计专业委员会、e医疗共同主办，锐珂亚太投资管理（上海）有限公司协办的“第六届中国PACS大会”在北京国家会议中心召开。出席会议的领导和嘉宾有原卫生部副部长、中国医学装备协会理事长朱庆生，中国医学装备协会常务副理事长赵自林，北京市卫计委副主任雷海潮，全军后勤信息中心主任刘运成，e医疗主编陈钧等。

大会以“走向新医学影像时代——多影像融合与信息集成”为主题，包括中国医学装备协会的领导、医学影像学专家、临床专家和医疗信息化专家在内的13位演讲者，围绕医学影像技术的发展趋势、医学影像数据中心、医学影像三维重建在临床中的应用、多设备影像数据融合及应用、IHE标准化建设、PACS技术发展趋势等热点话题做了精彩演讲。

来自全国医疗卫生机构的专家和用户500余人次参会，锐珂、富士胶片、爱普生、华海盈泰、西门子、飞利浦和爱克发医疗等公司分享并展示了各自的新产品或技术方案。

赵自林在开幕致辞中首先对嘉宾的到来表示欢迎，他说：“‘第六届中国PACS大会’的召开，一是为卫生行政部门、医疗卫生机构和企业搭建技术交流的平台；二是让各位嘉宾了解我国医疗装备影像系统的现状和发展趋势；三是通过IHE给医疗机构提供各类数字医学装备、医学信息系统技术的思考方向，并协助相关厂商的产品与国际最先进最规范的产品接轨。”

**学术报告精彩纷呈**

雷海潮的发言题目是“医药卫生体制改革的基本问题与信息化支撑”，他认为，医疗卫生信息化工作应该做思路上的调整和转变：一、从以前以科室和机构为单位推进信息化建设转到区域水平上；二、从大中城市向农村和基层机构转移；三、从之前主要服务医护人员，逐步转变为服务社会、决策者、居民家庭和患者；四、从单一的封闭系统向综合开放的平台转变；五、从信息化科室、医院或疾控中心单独建设向政府、企业、社会多方共同参与转变。

天坛医院信息中心主任王韬的发言题目叫“影像数据与临床信息集成”，他对临床信息化建设的背景和影像数据临床的共享模式进行了分享。在对未来的展望中，王韬认为：影像共享的手段和渠道将会千变万化，更人性化、更直观的3D打印技术将逐步应用到临床中去；以服务于患者为导向的掌上应用和微信平台的扩展应用会层出不穷；借助大数据应用的强大力量更迅速地确诊与制定治疗计划。

作为此次大会的协办单位，锐珂亚太投资管理（上海）有限公司在2014年推出了Vue VNA临床档案中心，可以帮助医疗机构实现全面的临床数据共享，以患者为中心实现临床数据整合，支持医院的临床及管理决策。该产品具有的优势有：更快捷、更全面的数据访问，更低的总体拥有成本以及更安全、更可信的数据。

爱普生（中国）有限公司营业开发部新业务方案策划科经理周健介绍了“OPS打印合约服务”，OPS是根据用户的预算、打印量、具体打印需求等情况量身定制的打印方案，既能满足个性化需求，又能减轻医院资产压力。

西京医院数字信息中心主任蒋昆的发言题目是“PACS的应用与发展”，对PACS发展现状、挑战及前景进行了梳理，他认为，院间异构系统的数据共享可用便携式患者光盘实现。该院采用华海盈泰的

PACS系统，实现了无胶片化、无库存管理，全院影像资源共享，工作流程优化，影像诊断水平得到了提高。

西门子（中国）有限公司产品经理张俊华介绍了“面向大数据时代的影像产品和集成平台”，西门子syngo.plaza调阅图像速度可达 200 图像/秒，可实现DICOM 图像接收、存储和管理，遵从HL7标准，可实现统一的报告和图像发布以及非DICOM图像的接收和存储。

**三维影像热度持续**

三维影像中心是本次大会的重要内容之一，在这方面国内领跑者上海长征医院和华西医院的专家分享了各自的经验。

上海长征医院医学影像科副主任萧毅对医院三维后处理中心的情况进行了介绍。飞利浦星云3D影像数据中心上线后，临床科室和影像科的互动明显增多，对于项目带来的好处，萧毅总结：搭建了多学科交流的平台、锻炼了团队人员的教学科研能力、提高了人员后处理能力及诊断水平……下一步，他们计划构建一个手术设计实验室，可以为临床提供麻醉、手术方式、预后判断等相关的数据。

华西医院三维影像中心副主任吴文韬的发言题目是“多模态高级影像后处理临床应用价值”。他介绍，在美国，临床医生和影像医生的联系非常紧密，后者甚至会在手术室里为前者提供支持。他认为，开展高级影像后处理项目需要包括以下要素：高效智能化的云计算平台、全面深入的多模态高级影像后处理技术、跨专业的医技护一体化团队、标准化的影像引导诊疗流程和临床应用、跨学科的医疗和产学研合作。

湘雅医院神经外科副教授李学军对医院合作研发的“E-3D数字化医疗三维设计系统”进行了介绍，该系统拥有方便的医学影像处理功能，能对多模态影像数据进行融合，构建精细的三维数字化模型，清晰显示复杂解剖结构、病变和畸形特征、毗邻结构的空间关系，直接进行个化性三维解剖测量和手术方案设计，模拟术后效果。结合先进的3D打印技术，系统能导出和制作高精度的医学组织三维实体模型，为临床手术规划、手术演练、医学培训和教育等提供强有力的技术支持。

富士胶片的产品应用专家王成的报告题目是“富士Synapse 3D影像后处理解决方案在临床诊断及治疗中的应用”，对Synapse 3D产品进行了介绍，它包括基础分析工具、影像诊断高级分析工具、心脏分析工具和手术模拟模块等四大分析工具。

**离临床更近一点**

近两年，“中国PACS大会”一直在尝试转型，希望能与临床离得更近一些。以本届大会为例，除了来自医疗IT界的专家，上海长征医院、华西医院和云南二院的医学影像专家，主办方还请来了湘雅医院、北京积水潭医院的临床专家做分享。据统计，参会人员中影像科医生和临床医生的占比达41.46%。

萧毅在演讲中说：“大会把顶层设计、日常管理、设备创新和一线使用等所有人员都聚集在了一起，搭建了一个非常好的交流平台。”一位来自上海某企业的PACS研发人员向大会反馈：“本次大会涉及内容较广，且具有一定的深度，相信会对我们今后的工作产生良好的指导作用。”从与会者的反馈来看，这种转型取得了很好的效果。

大会的另一个亮点是3D打印机。大会与北京天坛医院合作，把该院神经外科的一台3D打印机“请”到会场进行展示，吸引了众多参会者驻足观看、咨询。

在会议的最后，大会对2014年IHE-C测试的情况进行了介绍。2014年的IHE-C测试于2014年6月4日在北京举行，参加测试会的20家企业共申报了254个功能角色，其中120个功能角色通过了测试，通过率为47.24%。通过IHE-C测试的厂家领取了证书，其中爱克发公司整体通过了PACS产品的功能测试。

# 推进国产医疗设备发展应用大会

2014年8月16日，国家卫生计生委、工业和信息化部在京联合召开推进国产医疗设备发展应用会议。国家卫生计生委主任李斌、工业和信息化部部长苗圩出席并讲话。会议由国家卫生计生委副主任陈啸宏主持。

李斌指出，推动国产医疗设备发展应用，是深化医药卫生体制改革，降低医疗成本的迫切要求，是促进健康服务业发展，支持医药实体经济的有力举措，也是实施创新驱动战略，实现产业跨越式发展的内在需求。加快国产医疗设备发展，推进普及应用，发挥国内企业比较优势，降低医疗成本，有效遏制就医费用不合理增长，切实减轻患者负担。医疗设备产业是健康服务业的重要组成部分，涉及领域广、产业链长，拉动经济和吸纳就业的作用非常显著。深化医药卫生体制改革启动以来，中央财政累计投入1600多亿元，加强卫生计生服务体系建设，医疗设备需求和市场不断扩大，国产医疗设备企业，要紧紧抓住历史机遇，做大做强企业，推进健康服务业快速发展。

李斌强调，国家卫生计生委要始终把推广应用国产设备，降低医疗成本作为重点工作来抓紧抓实。卫生计生部门要同工业和信息化等部门密切协作，更多更好地采用规划、标准等手段，加快破解制约国产医疗设备发展应用的障碍，创造良好的社会环境和政策环境。要建立完善部门协同配合的工作机制，优化顶层设计，加强统筹协调，建立健全发展应用的激励机制。要加强研发与使用需求的对接，搭建产学研医深度协作的高起点平台，探索建立高水平医疗机构参与国产医疗设备研发、创新和应用机制。要大力倡导卫生计生机构使用国产医疗设备，重点推动三级甲等医院应用国产医疗设备。要发挥市场竞争机制促进国产医疗设备产业水平整体提升，不断提高产品性能。

苗圩指出，30多年来，我国医疗设备产业持续快速发展，企业数量、资产规模、利润总额、工业产值等各个方面不断跨越提升，目前已初步形成了专业门类齐全、产业链条完整、产品结构不断优化的产业体系。到2013年底，规模以上企业总销售收入达到3287亿元，“十一五”以来年均增长27%，临床应用面广、使用量大的常规医疗设备都实现了国产化，一些高端医疗设备研发生产也取得了突破。国家支持建立的一批重点实验室、工程技术研究中心和企业技术中心发挥作用，一批综合实力强的企业研发体系逐步与国际接轨。近年工业和信息化部通过政策引导、资金扶持等方式，积极推进国产医疗设备产业转型升级。

苗圩强调，进一步推进国产医疗设备产业转型升级，需要从供给和需求共同努力，一手抓创新突破，以企业为创新主体，打造产学研医协同创新平台，建立制造商+用户的合作模式，突破一批关键医疗设备和核心部件，显著提升国产医疗设备的产业化能力和质量水平。一手抓推广应用。发展医疗服务新模式，破除体制机制障碍和市场壁垒，搭建产需对接平台，加强宣传推广，引导激励医疗卫生机构使用国产创新产品，解决不好用和不愿用的问题，提升国产医疗设备的市场比重和配套水平。苗圩指出，要加强组织领导和顶层设计，建立工业和信息化、卫生计生两部门之间的工作会商机制，加强沟通协调，研究解决重大问题，制定出台推进国产医疗设备行业发展的专项行动计划，明确发展目标和重点支持领域，落实政策措施。要围绕医疗卫生事业重大需求，突破一批关键医疗设备及核心部件。要强化企业质量主体责任，严格生产流通环节质量监管，推动自主品牌创建和培育。要进一步推进产需对接，充分发挥市场在资源配置中的决定性作用，努力改变产学研医脱节的情况。

国家卫生计生委、工业和信息化部相关司局、各省（自治区、直辖市）卫生计生委、经济和信息化委、国家卫生计生委预算管理医院、全国公立医院改革试点城市、县和试点医院相关负责同志，以及部分国内重点企业代表参加会议。

# 2014中国医疗器械高峰论坛

9月16-18日，苏州生物纳米科技园将首度携手新华社《财经国家周刊》，并联合美敦力、奥博资本、科律、通和资本、千骥创投、巴德等知名企业与风投机构，举办2014中国医疗器械高峰论坛(DC2014)，在技术层面之外，科技园也将吸引更多的政府与企业高层、研究机构专家学者等各界人士融入到峰会中来。

中国医疗器械高峰论坛已成功举办三届，广受业界好评。今年峰会延续了往届对行业趋势、市场分析、法律法规、心血管医疗器械等方面的关注之外，更是结合时下的业界热点话题，设置了新法规解读、个性化医疗、医疗大数据等专题，陈全生、汪建、施晨阳、王国玮、赵毅新、姜峰等业界知名人士将亲临现场为产业建言献策。智囊的聚会必将为产业发展带来更强劲的头脑风暴。

医疗器械新政是今年无法回避的热门话题，本届峰会的主论坛上，国务院参事陈全生将与大家详谈“民族医疗器械产业的升级发展”；同时，由华大基因总裁汪建、威高集团总裁张华威等众位行业专家坐镇的“中国医疗器械行业发展全方位观察”主题讨论会，将进一步探讨如何促进我国医疗器械产业优化组合，提升我国医疗器械产品的国际竞争力。

本届峰会的主办方苏州生物纳米园(BioBAY)是苏州工业园区发展生物医药新兴产业的创新科技载体，已聚集了400余家高科技研发企业，形成了新药创制、医疗器械(含体外诊断)、生物技术、纳米技术等产业集群，并成为近8000名高层次研发人才集聚、交流、合作的创新社区。其中，医疗器械及其上下游企业120余家，在植入介入器械、医用设备、医用耗材、诊断试剂等四个领域已初步形成了互动合作的产业生态圈。

# 第72届中国国际医疗器械(秋季)博览会

2014年10月23日—26日，由国药励展展览有限责任公司主办，纯市场化专业化运作的第72届中国国际医疗器械(秋季)博览会（CMEF）暨第19届中国国际医疗器械设计与制造技术（秋季）展览会(ICMD）（以下简称“医博会”）在重庆国际博览中心隆重举办。本届医博会以“创新科技智领医疗”为主题，来自全球26个国家和地区的2800多家企业参展，集中展示了医疗科技领域的最新技术成果和创新产品，实现了现场签单交易380亿元。中国医药集团董事长郭建新、重庆市人民政府副市长刘伟、中华医学会副会长戴建平、中国医科大学副校长郭启勇、国药励展董事长邓金栋、国药励展总经理胡昆萍、中国医学装备协会常务副理事长赵自林以及重庆市相关部门负责人出席了活动并参观了展会现场。本届展会主要呈现六大特点。

一、展出规模创历史新高。作为亚太地区最大的医疗器械及相关服务展览会，本届医博会展出面积13万平方米，展出内容涵盖了医用影像、体外诊断、医用电子、医用光学、手术室及急救、康复治疗、医疗信息技术、医用耗材、骨科、医院设备及外包服务等。共计40多个大类，上万种产品集中展示，刷新了历届医博会记录。

二、新技术成果现场发布。本届展会参展企业超2800家，展位数量超6000个。包括GE、西门子、飞利浦、新华、迈瑞、东软、华润万东、锐珂、鱼跃、安科等医疗行业知名企业带来了600多项最新医疗技术或产品在现场对外发布，吸引了业界的广泛关注。

三、国际化程度全面提升。本届展会上，美国、英国、德国、法国、日本、韩国等26个国家和中国香港、中国台湾等地区共2800多家企业参展。其中境外客商占30%以上。国际企业的直接参展大大提升展览的国际化水平，同时也将国际上的先进医疗技术与最新产品带进国内市场，为国内医疗产业的进步做出贡献。

四、配套活动亮点纷呈。本届医博会共举办了60余场高端学术论坛，为参会者提供了一个思想碰撞，提升技能，洞悉市场趋势的交流平台。 其中2014中国老年健康与智能化养老产业大会暨第三届全国智能化养老战略研讨会，得到了全国老龄办、民政部、国家卫生计生委、科技部火炬中心、重庆市老龄办和中科院微电子研究所的大力支持；第六届中国医学影像融合战略研究高峰论坛（CSSI）以“精准医疗”为主题，搭建起了医学影像交流互动的新平台；第19届中国国际医疗器械设计与制造技术展览会（ICMD 2014 Autumn）展出规模超过5000平方米，为医疗器械生产商的零部件选择和采购提供了更广阔的平台；医疗器械制造定制服务技术创新论坛为医疗器械生产商和OEM供应商提供深度互动交流的平台，为推动医疗器械制造产业创新发展提供技术支持。

五、外来消费拉动明显。据有关部门监测，展会期间来渝客商超过20万人，按照人均1200元/天的消费水平计算，短短4天，直接消费达10亿元左右。重庆主城区各大酒店入住率达90%以上，市内及周边也迎来了旅游小高峰。

六、政务服务井然有序。市商委、市经信委、市交委、市市政委、市卫计委、市公安局（消防）、市工商局、市质监局、市安监局、市食药监局、市通讯局、市运管局、渝北区政府和轻轨集团、公交集团在成功保障全国糖酒会举办的基础上，细化措施，优化方案，严密组织，为本届博览会的成功举办提供了安保、交通、宣传、能源、食品安全等保障。

# 首届中国医疗设备民族工业发展大会

2014年11月8日至9日，由《中国医疗设备》杂志社和健康报社等多家单位联合主办的“中国医疗设备民族工业发展大会”在北京隆重召开。大会以“创新”为主题，从国家战略解读、行业领袖视野、售后服务创新、数字医疗展望和产业服务升级五大板块全面阐释中国医疗设备行业的发展之路。业内近300名精英参加大会，并联名呼吁“医疗设备售后服务要反垄断”，提出以“建立公平开放自由竞争市场”策略来振兴民族工业发展。

本届大会权威发布了国家卫计委主管部门领导、国家食品药品监督管理总局、国家科技部等部委领导对医疗设备行业发展趋势的深刻分析和研判；联影、飞依诺等众多知名自主研发企业的负责人们，在国产医疗设备企业发展之路沙龙上回顾了国产设备的发展历程，展望未来发展之路，并分享了优秀企业成功经验。

公立医院的改革、建设，与医疗设备产业发展休戚相关。会上，国家卫生计生委体制改革司副司长刘殿奎做了题为“中国公立医院改革”的主题演讲。他从公立医院既提供“基本医疗服务”又提供“高端医疗等非基本医疗服务”这个现实二重性入手，剖析了如何在公共卫生服务体系与医疗服务体系之间建立合理分工协调机制，构建科学的医疗服务体系。刘殿奎明确指出，改革要明确政府与市场的关系，有序推动城市公立医院改制，依托医疗联合体等平台推动优质资源下沉基层，同时支持鼓励民营医疗资源发展。

医疗设备的科技创新如何脱颖而出、开枝散叶？本届大会尝试了一种新的举措。大会主办联合清华大学、北京大学、香港理工大学、北京航空航天大学、山东大学、北京理工大学、第四军医大学、首都医科大学、华中科技大学、北京工业大学共同发起中国医疗设备创新大奖评选启动仪式，中国工程院程京院士领衔组建了阵容强大的评审团，并广泛邀请临床医生、高校知名教授、企业研发人员等共同担任评审委员，希望通过大浪淘沙始见金的遴选，找出具有世界竞争力的国产品牌创新产品和凝聚国人工业智慧的创意作品。为了让这些创新和创意能够转化为切实的生产力，评选活动还邀请了产业园区和医疗投资机构参与其中，确保获奖作品能够快速落地。

在健康服务业长足发展的大环境下，医疗设备产业势必迎来新的春天。此次大会旨在推动民族医疗设备工业快速发展，提升民族医疗设备的国内外影响力和创新力度，为民族医疗设备在未来市场竞争中奠定基础。大会的行业领袖论道环节举行国产医疗设备企业发展之路沙龙，在资深医学影像专家、空军总院医技教研室主任张挽时教授的主持下，TCL医疗集团董事长陈治、联影总裁张强、奥泰医疗系统营销副总裁肖勇、美时医疗董事长马启元、飞依诺公司创始人、总裁奚水、安科副总裁曲远文等嘉宾对中国医疗设备30年发展历程进行了回顾和展望，并对于历史性节点，如产品开发模式的变更、产品结构变化、产业聚集区的形成发表了自己的观点。并结合各自企业现状，畅谈了民族企业的自由创新模式，并对行业走向进行了预测。

会上专家指出，中国医疗设备民族工业目前正深陷外资企业售后服务垄断的“十面埋伏”。售后服务的庞大利润可以让外资品牌通过几乎毫发无损的价格战来迅速打垮一个刚刚形成竞争力的国有产品，同时趁势扩大市场占有率，增加装机量，再通过售后服务继续扩大利润。面对这样的发展困境，《中国医疗设备》杂志社联合健康报社及医药报联合发起“打破医疗设备售后服务垄断 建立公平开放自由竞争市场”的行动，得到了全国上百所医院的盖章支持。《中国医疗设备》杂志社社长、中国医疗设备维修联盟发起人、中国医疗设备企业家俱乐部创办人金东在会上力陈外资品牌为垄断中国售后维修市场的种种不公平商业手段，并呼吁打破中国医疗设备售后服务垄断坚冰，建立公平开放自由竞争的市场。对医院的临床医学工程师，开放维修技术，提供同等的维修培训；开放维修配件及配套软件，公开销售；不得人为设置维修障碍及维修密码；提供配套的维修电路图及维修手册。结束售后服务垄断，开创自由竞争格局。同时，建议国家相关部门出台相应的法律法规，严禁售后服务的垄断行为；尽快建立、健全中国医疗设备的各种行业标准；建立与医生同等的“临床医学工程师”职称体系；系统化开展和加强临床医学工程师的继续教育。得到与会的医院代表、厂产企业代表以及第三方维修机构的全力支持和肯定。

本次会议还就数字医疗展开了深入探讨，来自阿里巴巴的未来医院项目负责人施惠与大家分享了如何实现医疗O2O闭环的精彩演讲；作为可穿戴医疗设备生产企业的代表，益体康总经理周钷畅谈了移动互联如何改变传统家庭医疗器械；来自北京天坛医院信息中心的王韬主任则对远程医疗与云医院发表了观点。在产业服务升级版块，中国软银合伙人刘缨与参会的民族企业交流了投资机构关注的医疗器械行业细分领域，对于企业投融资发展壮大提供了助力；香港交易所北京代表处代表黄兴玲则分析了香港证券市场的最新发展以及内地企业赴港上市优势，对中小企业上市提供了详细的帮助。

# 全国统一的医疗器械采购公共服务平台建设项目签约仪式

2014年12月2日，中国医学装备协会与中世贸发投资有限公司在北京举行了全国统一的医疗器械采购公共服务平台建设项目签约仪式。中国医学装备协会理事长朱庆生，常务副理事长赵自林，副理事长王东升，副理事长兼秘书长白知朋，中世贸发投资有限公司董事长林初宝、总经理金家华、副总经理冯跃、策划总监秦方出席了签字仪式。赵自林常务副理事长、林初宝董事长签署了协约，全国统一的医疗器械采购公共服务平台建设项目正式启动。

我国卫生事业的快速发展，促成了医疗器械市场的繁荣兴盛，2013年销售总额已达到3287亿元，未来几年有望达到1.3万亿。

目前，我国除大型甲类医用设备由国家卫生计生委组织集中采购与管理外，其他医用设备和材料由省、市或医院自行采购，信息不畅通、价格不透明、采购成本高。因此，建立全国统一的医疗器械采购公共服务平台，实现生产经营企业和医疗卫生机构在社会监督下阳光采购交易，对规范医疗器械市场，降低采购成本，提升医疗卫生机构服务能力，减轻病人的费用负担有着重要意义。

中国医疗器械采购公共服务平台是为各级卫生行政主管部门和医疗卫生机构实现医疗器械电子化采购提供交易平台和技术服务的全国性电子网络系统，其服务范围包括国家及地方各级卫生行政主管部门、医疗卫生机构、民营医院以及国内外医疗器械生产和经营企业。平台建设遵循政府主导、企业投资和市场化运作的原则，以实现公共利益和公共政策目标为首要任务，为国内外相关的医疗卫生机构与生产和经营企业提供专业的第三方市场化服务。通过现代信息技术统一流程标准、规范交易行为、平抑设备价格、降低医疗成本，为我国医疗器械市场的健康发展作出贡献。

# 第二十三届学术年会暨中国医学装备发展研讨会上的致辞-朱庆生

今天我们在华夏文明的重要发源地、中国八大古都之一的郑州召开中国医学装备协会第二十三届学术年会。三伏天大家来到河南郑州，郑州是经济大省、农业大省、人口大省、历史文化大省。首先我代表中国医学装备协会，向参加会议的各位代表表示热烈的欢迎，向莅临本届年会的国家卫生和计划生育委员会、国家食品药品监督管理总局的各位领导，和给予本次会议大力支持的河南省卫生和计划生育委员会，表示衷心的感谢！

本届年会暨中国医学装备发展研讨会贯彻“十八届三中全会”精神，以《国务院关于促进健康服务业发展的若干意见》为指导，以“提高医学装备技术水平，推动产业升级与发展”为主题，根据《意见》提出的总体要求和主要任务，分析发展趋势，交流相关信息，推广适宜技术。本次主题峰会主要内容是解读《国务院关于促进健康服务业发展的若干意见》、医学装备全生命周期的监督与管理、扶持国产医学装备发展的相关政策。主题峰会后还将举办县医院能力建设与医学装备配置、民营医院装备配置与发展、县乡一体化医疗服务模式装备配置的解决方案、数字化医院与医学装备信息化以及协会各分支机构相关学科共20余场的学术活动。本届年会本着求真务实、改革创新的精神，不但内容丰富，而且立意高远。开好本届年会，对于准确把握和贯彻落实我国“十八届三中全会”深化医药卫生体制改革这一部署的内涵和要求，理清发展思路，规范管理措施，从而对进一步加强我国医学装备的水平和科学管理，促进我国医学装备产业的科学发展都有着重要的意义。

医学装备是医疗卫生体系建设的重要基础和支撑，具有高度战略性、带动性和指导性，是21世纪极具挑战和十分活跃的经济增长领域，其战略地位受到了世界各国的普遍重视，已经成为一个国家国民经济现代化水平和卫生事业发展的重要标志。近年来我们医学装备行业虽然取得了长足进步，但研发能力和生产规模与发达国家相比尚有较大差距。2014年是全面贯彻落实党的十八届三中全会精神、深化改革的开局之年，也是全面实施“十二五”医药卫生体制改革的关键之年，医学装备的产业发展和配置管理也面临新的机遇和挑战。为推进国产医疗设备发展应用，受国家卫生计生委规划与信息司委托，中国医学装备协会今年开展了优秀国产医疗设备产品遴选工作，并制订优秀产品目录，旨在遴选出一批符合临床需要、产品质量优良、具有市场竞争力和发展潜力的国产医疗设备，形成优秀产品目录，逐步建立健全医疗设备应用科学评估体系，为全国卫生计生机构装备工作提供参考。除此之外，国家卫生计生委也相继制订了加强医学装备管理一系列规章制度。国家发改委、国家食品药品监督管理总局、国家科技部等有关部门也相继出台了一些政策措施，鼓励和扶持我国具有自主知识产权的医疗器械产业发展。中国医学装备协会作为政府主管部门的参谋助手和企业与医疗机构的桥梁纽带，将着实发挥服务职能，全力配合政府、企业和医疗机构落实各项政策措施。今天我们在郑州召开年会，围绕当前我国医学装备的技术管理和产业发展的形势和任务等重要问题进行交流和研讨，目的就是要在国家战略规划和方针政策的指导下，统一思想、明确目标、理清思路，谋划方略，破解难题。希望大家充分利用这个平台，集中精力开好这次年会，认真贯彻“十八届三中全会”精神，以《国务院关于促进健康服务业发展的若干意见》为指导，紧紧围绕我国卫生事业发展和卫生改革的大局，充分发挥各位专家的专长和聪明才智，积极出谋划策，为促进我国医学装备产业发展和科学管理水平的不断提升做出新的贡献。

中国医学装备协会作为我国医学装备领域唯一的国家一级协会，坚持以服务为己任，求真务实，开拓创新，扎实开展工作，得到了政府主管部门的大力支持和各位会员的充分信任。本届年会无论从内容、形式和规模上来看，都比往届年会有所突破和发展，这说明大家对医学装备事业的重视程度有了很大提高，也说明协会的凝聚力和影响力有了进一步增强。希望各位会员、理事振奋精神，再接再厉，扎实工作，在政府主管部门领导和各位理事、会员及业界广大同仁的热情支持下，把协会的各项工作做得更实、更高、更好，努力开创中国医学装备协会工作的新局面。

本届年会在郑州召开，郑州不但是历史文化名城，而且是全国文明城市、全国最佳会展经营城市。我们有幸来到郑州，将亲身感受郑州悠久的历史和深厚的文化积淀，感受郑州作为特大型大都会和主要经济中心之一的活力和改革创新精神，这也是我们本届年会的又一个可喜成果。让我们再次以热烈的掌声，对河南省卫生和计划生育委员会的大力支持表示衷心感谢，祝中国医学装备协会第二十三届学术年会圆满成功！

2014.7.26

# 国家公立医院改革试点进展情况

国家卫生计生委体改司副司长–刘殿奎

在我们国家的医疗卫生服务体系中，公立医院是重要的组成部分，起到了主导作用。在我们的服务体系中，处于主体地位，是广大人民群众看病的主要场所，接近90%的诊疗人次和90%的门诊都是由政府主办的公立医院提供的。公立医院的改革应该说对其他领域的改革起到重要的支撑作用，是重中之重，也是难中之难。公立医院改革在宏观层面上讲，也是适应社会主义市场经济体制，转变发展方式，转变政府职能，加强公共服务，建设人民满意的服务型人民政府的必然要求。

谈到公立医院改革，首先要回答的问题是为什么要改革。从我们国家的医疗服务体系构成来看，现在政府主办的公立医院占了主导地位，社会资本举办的医疗资源比较弱，公立医院在现阶段不仅承担了基本医疗服务的职责，在多元化、高端服务方面特别是政府主办的三级甲等医院，也有很高的垄断地位，这和商业医疗保险以及其他补充保险尚处在初级阶段也有密切关系。就我们的医疗资源总体上来讲，如果除了基本医疗之外的多元化高端的医疗资源，我们的医疗资源是不足的，尤其是高端资源是严重短缺的。同时政府主办的公立医院布局不合理，配置不均衡。大家都知道，大城市集中的大医院，为广大民众提供基本医疗服务的县级医院以及乡镇医院水平低、能力差，也可以说政府主办的公立医院在提供基本医疗服务方面，特别是在基层，与人民群众的需求还有很大差距，这也是导致看病难、看病不方便等问题的重要原因。和基层能力比较弱相对应的是城市公立医院在发展规模上，大家都知道越来越大，尤其是床位规模、建筑规模都是巨大的，同时公立医院在服务体系、内部结构机制上，没有建立一个科学合理的分级诊疗制度，导致基层提供服务不足，病人大量地、集中地涌入城市三级甲等医院。除了看病难之外，还有一个问题是看病贵。因为医疗费用应该是一个合理的增长，但是现在面临的问题是医疗费用增长过快，有不合理的增长因素。基本医保制度对公立医院的引导与制约作用还没有建立起来，可以说看病贵这个问题恶化了医患关系。在分析医药费用上涨过快的因素中，我们认为以药养医的弊端不断出现，大家都知道药品加成按照合理规定是加价15%，这是从计划经济时代一直延续到现在市场经济条件下的一种补偿政策，在新的市场经济条件下，以药养医这种政策带来了许多弊端，并且日益严重，公立医院的公益性将被弱化，因为公立医院的补偿机制问题带来了医生行为也发生了一些变化，包括大处方、大检查、大检验等现象日益严重。同时，随着我们国家经济社会发展水平快速地提高，公立医院的管理特别是去行政化的科学化管理，和整个社会的发展水平是不相适应的。

当然，公立医院改革是为了解决问题，更是为了让公立医院能够更加健康运行，能够让公立医院确确实实是政府主办的公立医院，使它的发展建设更加科学。同时，也是为了医务人员更加体面工作与生活，得到应有的社会尊重与地位，让我们的医务人员能够全心全意不被经济利益所困扰。关于我们国家的公立医院改革问题，2009年中共中央国务院关于深化医药卫生体制改革的意见中，明确把基本医疗卫生制度作为公共产品向全体人民提供，要坚持公立医院在医疗服务体系中的主导地位，我个人认为在新阶段不要指望社会资本提供基本医疗服务。同时，在医改“十二五”规划中也明确要求，要坚持公立医院公益性质，按照“四个分开”的要求，以破除“以药补医”机制为关键环节，以县级医院为重点，统筹推进综合改革，到2015年及县级公立医院改革取得阶段性进展，城市公立医院改革有序开展。我们现在在公立医院改革方面仅仅是试点，并且在“十二五”期间是以县级公立医院改革试点为重点，城市公立医院改革试点启动于2010年，但是它的顺序是在县级公立医院改革试点全面推开之后，再重点推进城市公立医院改革。可能有人会质疑，为什么问题出在大医院，改革要从县级医院开始。大家多知道，中国的经济体制改革，包括政府体制改革，应该都是由易到难，循序渐进，从基层逐步往高层推进。我们的医改也是这样，先进行基层改革，然后再推进城市医院改革。

关于公立医院改革，2010年，国务院常务会议通过了关于公立医院改革试点的指导意见，明确了公立医院改革的根本方向，就是坚持公立医院的公益性质和主导地位。也提出了比较系统完整的公立医院改革试点政策框架，一个目标、三个领域和九项任务。一个目标是维护公立医院公益性，调动医务人员积极性，为群众提供安全、有效、方便、价廉的医疗卫生服务体系。三大领域是完善服务体系、创新体制机制和加强内部管理。九项任务是完善公立医院服务体系，改革公立医院管理体制、法人治理机制、内部运行机制、补偿机制、监管机制，加强公立医院管理，建立住院医师规范化培训制度和加快推进多元化格局。在这个意见中，也提出了比较可行的策略，就是坚持总体设计、有序推进、重点突破、系统总结，强调中央制定方向和原则，鼓励地方大胆探索创新。提出了一系列重大带有方向性、原则性的改革内容。如提出建立公立医院与基层医疗卫生机构的分工协作机制，明确提出建立住院医师规范化培训制度等。2010年2月，确定了辽宁省鞍山市、上海市等16个公立医院改革国家联系试点城市，公立医院改革试点工作正式启动。2012年6月国务院印发《关于县级公立医院改革试点的意见》，选择311个试点县，启动了县级公立医院综合改革试点工作，以破除以药补医机制为关键环节，以改革补偿机制和落实医院自主经营权为切入点，统筹推进医疗改革。党的十八届三中全会通过的《中共中央关于全面深化改革若干重大问题的决定》中，明确深深化医疗卫生体制改革，加快公立医院改革，落实政府责任，建立科学的医疗绩效评价机制和适应行业特点的人才培养、人事薪酬制度，完善合理分级诊疗模式。今年3月份，经国务院同意，国家卫生计生委、财政部等5部门联合印发了《关于推进县级公立医院综合改革的意见》，4月国家确定了第二批700个试点县，占到全国县市总数的50%。同时，4月份也召开了电视电话会议，李克强总理作出批示，延东副总理也作了讲话。今年4月份，同时确定了天津市等17个公立医院改革第二批国家联系试点城市，加上第一批总共有34个，覆盖了除西藏之外所有的省区都有试点城市。

通过一些改革试点，我们也深刻认识到公立医院改革面临一些困难和问题。医疗资源总量不足，分布不合理，政府的办医使责任尚未落实，公立医院基本建设、设备购置、重点学科发展、符合国家规定的离退休人员费用、政策性亏损补贴、承担的公共卫生服务专项补助等方面的投入政策未落实到位，医务人员积极性还需进一步提高。我们也充分认识到，要有力推进公立医院改革试点工作，首先要提高认识，在为什么、怎么改方面大家要达成共识。特别是在明确政府在公立医院改革中应该承担什么责任。同时，要加大对公立医院的投入，不能让公立医院盖房子、买设备还要跟过去一样依靠从病人身上挣钱，而是说政府要拿钱盖好房子、买好设备。同时，还要优化资源配置，对完善区域卫生规划和医疗机构设置规划，建立国家医疗中心和省级医疗中心，明确功能定位。然后要夯实技术基础，提升管理水平方面也有很多工作要做。公立医院要体现一定的公益性，要切实履行公共服务职能，满足群众基本医疗服务。为群众提供安全、有效、方便、价廉的卫生服务。

在下一步推动公立医院改革试点方面，我们认为首先要落实管理责任，政府的责任之一就是规划责任，要明确公立医院的结构布局、功能定位，奥落实政府的投入责任、补偿责任和相关管理责任，要完善院长负责制，建立健全政府管理公立医院的相关机制。要解决看病难或者是缓解看病难，首先是加强医疗服务体系建设。除了在基层建设能力提升方面，还要加强区域医学中心龙头建设，发挥县级医院枢纽作用，进一步完善三级医疗服务体系。进一步建立健全住院医师规范化培训制度和全科医生制度，扩充优质医疗资源总供给，还要合理规划布局医疗卫生资源。要通过经济、行政以及其他手段还推动分级诊疗制度建设。然后关键是要建立科学的补偿机制。要取消药品加成，公立医院补偿由服务收费、药品加成收入和政府补助三个渠道改为服务收费和政府补助两个渠道，同时财政、价格、医保联动，构建综合补偿机制，调整医疗服务价格，体现医务人员技术劳务价值，财政对公立医院运行给予一定补助，医疗服务价格扣除财政补偿后的部分，即为公立医院实际价格，与医保基金支付水平相衔接，群众可负担，根据基本医保筹资水平，合理确定补偿范围和支付标准，将筹资水平提高与保障水平提升相结合。要建立适应行业特点的人事薪酬制度，特别是要完善激励性的分配制度，将医务人员的工资收入与医疗服务的数量、质量、技术难度、成本控制、群众满意度等挂钩，不得与医药药品、耗材、检验等收入挂钩，做到多劳多得，优绩优酬，薪酬水平为事业单位平均工资的2–3倍，适当提高体现岗位特点的固定薪酬所占比重，保障医务人员享受法定假期和休息时间。医疗服务行业的特点就是技术复杂、风险高、信息不对称，在这种情况下如果病人不能信任医生，就会产生一系列问题。同时，要整肃药品购销领域不正之风，要进一步完善药品耗材集中招标采购机制，坚持质量优先、价格合理的原则，建立健全药品（含高值医用耗材）集中招标采购机制。大力发展现代医药物流，减少和规范流通环节，降低配送成本。要完善药品定价机制，只要我们下定决心，还是可以有所作为的。福建省三明市的改革试点应该说是在降低药品费用方面取得了明显成效，首先就是降低药品价格，采取的是两票制，把中间的流通环节取消了，医药代表在中间不能发挥任何多少。在降低药品价格同时，通过加强监管控制了药品使用数量，如果这两个方面都采取措施，药品价格一定会得到改善。同时要保障药品供应，建立严格的诚信记录和市场清退制度。推进基本医保支付方式改革，药品从利润中心转向成本中心，推动医院加强对医生处方行为的管理。加强对医生医疗行为的监管，加强信息化建设，开展对医生行为的在线实时监控，坚决查处红包、回扣等行为，情节严重的吊销执照并追究法律责任。还要建立现代医院管理机制，合理划分与公立医院的责任与权力，建立激励约束机制。同时，要加强监管机构建设，加强医疗全行业监管，完善监督与监管体系，完善监管手段与方式，建立和完善医改考核评价体系，现在的监管方式、监管理念、监管手段都是滞后于监管需要的，在监管方面应该说政府的监管力量也是有限的。我想在这里说明的是，政府对社会资本主办的医疗机构的有效建立也是支持科学发展的一种手段，现在人民群众对这种医院的认可度、它的发展水平及规模都还不高，和我们的需要特别是在提供非基本医疗服务方面还有很大的差距。当然，可能一提到监管就会质疑对公立医院的监管有所弱化，其实现在我们的监管在工作推进方面还是要更加紧迫。

公立医院改革大家都知道，是医改之中的重中之重，也是难中之难，现在处在试点阶段。但是中央领导已经明确提出来，到2015年要全面铺开县级公立医院的改革，到2017年要基本铺开城市公立医院改革，也就是说尽管现在是试点阶段，到2017年公立医院改革要有一个阶段性进展成效。我相信，随着新一轮医改的推进，随着服务体系特别是社会资本主办的医疗机构的发展，公立医院的改革一定会取得可以预见的成效。当然，在改革同时我们还要加强持续的改进便民惠民服务，这是日常的管理工作。

# 医学科学技术进步与医学影像装备发展趋势

国家卫生计生委大型医用设备管理咨询专家委员会主任委员戴建平

我想谈一下有关于医学科学技术进步与医学影像装备发展趋势。大家都知道，作为医学科学技术来讲，医学是一门科学，医学又包括基础医学、临床医学、预防医学等等。同时医学也是一门技术，包括医疗手段、医疗工艺，还有一些医疗手艺。医疗是一门科学，同时也是一项实践，渗透在实验研究、临床诊治、卫生保健等各个方面的实践活动，它是一门应用科学，实践性是它的突出特点。如果回顾过去的医疗设备发展，包括某一个螺丝钉可能都在某一个公司当中专门设计，但是从现在的医疗设备来讲，有很多科研工作现在已经走到了应用方面，结合医学需求在科研、教学、研究和预防当中来适应社会需求。

在这里我特别想提一下的是现在的一些核心技术或者新技术，往往都结合了医学需求。我们回顾一下CT，多层螺旋CT实际上是GE和大学共同研究和开发，也就是说它满足了大学教授所提出的需求，就出现了多层螺旋CT。这就说明在今天我们谈知识产权和创新，不能没有应用。再举一个例子，如果今天为磁共振功能图像非常受感动，或者说也感叹它的技术先进，这是西门子公司多年来和哈佛大学麻省总院建立的研究中心共同的成果。因此如果我们今天谈医学科学技术，谈医疗产业，谈医药产业的发展，谈核心技术的发展，我们不能不考虑到应用的需求。同样，我们更需要怎么样把产学研结合起来，从另一方面来讲，医学科学技术的发展在现阶段是一个以医疗产业，特别是医疗器械产业、医药产业到健康服务业的过渡，健康服务业囊括了从生到死之间整个的全过程，所以这个市场是非常大的。作为医学来讲，应该说可以改变了过去的传统概念，也就是说我们能不能更早地去看一些病。同样，我们能不能够做预防的医学，我们能不能依据个体化医疗来进行一些试点，最后我们还是要唤起社会参与，比如云技术、自我教育的普及，还有营养食品配方等等，作为医疗科学技术的发展在今天已经不是一个单纯的诊断治疗，而且一个健康服务业需求。在今天应该实时和现有的科学技术，特别是一些大型医疗设备要解决精准医疗问题。再接着我们要考虑沾化医学，因为医疗毕竟是科学，但它同样又是实践，所以我们就需要有很多的大数据处理，我们在诊断之后以及在治疗方案探讨之中有很多数据比较，同样还有一些新的方向，所以我们离不开一些实验室，这个时候就需要做循证医学。应该说，在今天谈医疗设备的发展，医疗科学技术需求主要是在健康服务业的需求上，从这一点上来讲，它涉及很多高端的点，同样也离不开对大数据的处理。

作为医学设备的发展趋势来讲，科学技术的迅速发展为健康产业带来结构性创新和有力的推动。国务院发布《关于促进健康服务业发展的若干意见》，首次明确提出，2020年健康服务业总规模达到8万亿以上的发展目标。这将以重塑整个健康产业格局的方式，对传统药品和医疗器械市场产生深远影响。此外，继IT产业之后，健康产业将处于世界经济发展的领航地位，对健康产业时代到来，国家将把健康产业发展的重要性置于房地产之前。健康服务业是以医疗服务为中心的前移和后延，生病不是前提，而需要少生病、生小病、晚生病，消费者福利增加了，这个市场需求弹性相对大，市场机制作用很大。健康服务业已成为现代服务业中的重要组成部分，政府为医疗健康产业的发展给予了明确的政策支持，而人口基数庞大、居民收入增长、老龄化趋势加速等则是我国健康产业增长的内生驱动力。科学技术的迅速发展则为健康产业带来结构性创新和有力的推动。医疗器械的智能化、数字化趋势，如远程医疗、移动医疗和医疗信息化也将给健康产业带来新的市场机会。

我想结合这样一个趋势来谈谈放射基因组学和精准医疗。大家都知道作为精准医疗来讲，过去诊断的时候主要了解病人有什么症状，然后进行一些物理检查。现在我们可能更多做的是一些筛选，同时要考虑治疗的计划以及随诊。这就需要有一些相应的治疗措施，应该说所有的一切都聚集在病灶上，但是它有相应的局限性。总的来讲，医疗的需求是朝着个体化的、精准体内成像方面发展的。比如我们看X片，刚开始我们可以看平片，而后我们使用了一些对比剂，然后我们使用了CT、DSA、DA、US等等。再接下来我们看一下最近的技术发展，要突破形态学的发展，也就是我们现在常说的融合性，出现了PET-CT，我可以在这里说一句话，没有CT之前，PET-CT一分钱都不值，为什么呢？说白了就是我们有精准的CT和MR作为解剖背景，但是不明朗，我们能不能更快呢？换句话说我们使用了PET-CT，也就是我们给了一个对比，这种情况下我们就可以更多地看到一些功能图像，所以融合影像确实是现在的一个发展技术，由于使用了PET-CT，肺癌20%的治愈率比以前有所提高，随后还出现了影像立体定向和机器人。但是最根本上来讲，应该说还是治疗融合，为什么这样讲呢？今后我们希望看到一些小肿瘤，那放疗技术必然要有所改进，所以治疗和影像结合应该是一个发展趋势。影像融合也提供了一个可能性，这种可能性就是做分子医疗，一个方面是基因测序，还有一个是疾病异常基因，也就是说我们提供了放射基因组学、放射组学、影像基因组学和成像基因，对治疗以后的结果也给予一定评价。然后从基因到疾病，在后基因组学时代重新认识基因。然后我们看一下形态表现和基因表现，影像形态学型是单个或多个形态和功能特征以体素间形态测量的一种或多种获取技术，基因型是基因信息（候选基因、全基因组测序或基因表达谱），提供诊断、预后和检出的信息。我们要更新、要创新，作为装备协会讲，特别是在装备协会的支柱器械科来讲，首先要有一个思维意识的更新，才可以建立一个模式的更新。我当了这么多年院长，我对器械科太了解了，如果器械科不转变的话，就谈不上什么效率，所以我觉得科技的发展实际上是对器械科同志的一个挑战。

在这方面我们应该看到有进步的一方面，大家知道美国影星安吉莉娜·朱莉在检测的时候知道可能有发生乳腺癌的可能性，后来她接受了双侧乳腺切除手术，让乳腺癌风险下降至5%以下。“23和我”能否做大做好，还要看其能否吸收业内高人加盟，是否制定并执行好的战略、战术。我觉得更重要的是对疾病的异常基因给予重视，就是GBM、肝癌、乳房癌、非小细胞肺癌、栾川爱、前列腺癌、肾细胞癌等等，截止到现在有上千种的基因可以进行标记，但是事实上大概也就是300多种是热点。然后我们总结一下，现有成像技术有一定局限性，也给现代成像提供了机遇，应该说分子成像是可行的。在这方面有各种各样的挑战，比如先进成像技术获取样品大小有限、图像采集需要统一、图像处理需要统一、基因分析需要统一、人口成像作用。这一切说明了什么呢？应该说我们缺少循证医学，抛开影像来说，这现有技术和服务业发展需求对大数据的处理，我觉得同样是重要的。

我在这里想特别提到的是放射基因组学需要学科整合，那么作为器械科来讲，要意识到要有一个整合的过渡。那GE公司既然有这么好的服务模式，又卖机器，又培养人，能跟上时代的步伐，那能不能做两栖人才的培养、三栖人才的培养，我相信这个可以做到，但是需要一个过程。我们刚才集中谈到了精准医学，在精准医学当中我们谈到了融合技术，然后谈到了影像、治疗，在这方面我们能不能进行更加有效的治疗。作为全基因组的协作研究来讲，现有的文献从2005年到2012年，这不涉及到所有的医院都要做，它也就是一种研究。同样我们可以看到基因的标记物，从2000年到2012年总共发表的文章是139篇，所以我们要实事求是，等相关技术成型了以后再推。

在这里需要特别提一下，精准医学需要标准化、定量化、结构化和自动化，从而为我们今后健康服务业提供有力的支持。另一方面，有发展、有机遇，并不等于没有挑战或问题。我们要知道今天在干什么，但同时我们也必须清醒千万不要跃进，不要被忽悠，一个负责任的公司不要过于渲染市场需求。

# 《医疗器械监督管理条例》新旧版比较

国家食品药品监督管理总局医疗器械监管司巡视员王宝亭

新版《医疗器械监督管理条例》从6月1日起正式实施，这必将对我国医疗器械监督管理、对公众用械安全有效产生重大影响。各级食品药品监督管理部门、医疗器械生产经营企业、乃至医疗器械使用单位都应当认真学习、研究落实新版条例的措施，为新版实施做准备。

旧版条例是1999年12月28日由国务院第28次常务会议通过，2000年1月4日由时任总理朱镕基签发，2000年4月1日起实施，当时我国刚刚实现“基本小康”。它在我国医疗器械监管史上是里程碑式的，由原来没有法规到有法规，由原来没有法规规范到有法规规范，它在我国医疗器械监管工作中和产业发展过程中发挥了非常重要的作用，它的历史贡献是非常大的。新版条例是今年2月12日由国务院第39次常务会议修订工作，2014年3月7日由现任总理李克强同志签发的650号令，2014年6月1日起实施，现在是全国人民正在党中央领导下，为2020年实现“全面小康”而努力，期间相距14年。

新旧条例发布的背景不同。旧版条例发布时，我国医疗器械生产企业不到5000家，年产值约300亿元；而到2013年，我国的医疗器械生产企业已达15900多家，年产值已经超过3000亿元。上午有个专家讲1300亿，那是2012年工信部统计的规模上医疗器械企业的产值，我们的规模上是年产值进入2000万以上的才进入统计，所以那个是规模上企业的统计数据。我这里的3000亿是行业协会根据他们抽样调查得出的结论，当时估计是3300亿–3500亿，为了保守我就用了超过3000亿元。进出口总额已达343.10亿美元，其中出口总额达193.35亿元。2006年到2013年八年之间，我国医疗器械的进出口总额从105.52亿美元增加到343.10亿美元，进口额从36.81亿美元增加到去年的149.75亿美元。再请大家注意，我国的出口医疗器械总额从06年68.71亿美元，增加到去年的193.35亿美元，06年的贸易顺差是31.9亿美元，这说明我们国家生产的产品出口一直在增加，我们这么大个国家，必须有产业发展，第一位原来是广东，这几年江苏发展比较快，现在江苏生产企业个数已经是第一位了，主要集中在苏州、泰州这几个主要城市。第二位是广东2066家，后面是按生产企业类别来分的，然后分别是北京、浙江、山东、上海。

经过14年，我国医疗器械产业有了很大发展，国产医疗器械产品的种类质量，医疗器械产业的规模和技术水平以及可能发生的风险也发生了很大变化。如X光CT装置、磁共振装置、彩色B超、直线加速器、血管支架、人工关节等都已经国产化。比如64排CT，它可以同时进行扫描，同时采集数据，而且X线探测灵敏度越来越高，稳定性越来越好。还有磁共振，国产有40多家，比如超导磁共振，性能也非常好。还有彩色B超过去被几家大公司垄断，迈瑞造的彩超性能就很好。特别是血管支架，2007年之前几乎全部是进口，那时候是4万多一个，现在就是万把块钱，因为国内已经批了14个国产血管支架，各种型号都有，现在正在因此可降解的支架。国内支架生产出来以后，占领国内市场的80%以上，而且大量出口欧美以及拉丁美洲国家。再比如人工关节，现在国内生产人工关节的至少有十家企业以上，而且质量很好。再比如国内近几年研究的重粒子肿瘤治疗装置，上海市人民政府和西门子协议已经在浦东新区安排了第一台，大家知道多少钱吗？25亿，这个东西是干什么呢？大家知道X刀、∑刀杀伤肿瘤，但那个能量有限。这个产品是用质子，还有一种是碳原子核，在磁场里面加速，而且它从发出到一定距离能量急速下降，这就是给肿瘤切片治疗提供了基础，更精细化、更准确，效果更好，就是这么个意思，我们希望它尽快注册，已经派了人在指导他们编制标准。新产品不断出现，高风险医疗器械产品快速增加。过去十几年来，特别是旧版条例颁布以来，中国医疗器械产业是高速发展的，这一点数据就是证据。

过去14年间，旧版条例在规范和促进我国医疗器械产业发展、保障公众用械安全有效方面发挥了重大作用，必须充分肯定。但旧版条例在许多方面已难以适应新情况、新变化。因此，对旧版条例进行修订不仅是必然的，也是非常必要的。　　旧版条例遇到的主要问题，一是分类管理制度不够完善，有些措施没有体现分类的差异，对高风险产品监管不够，对一些低风险产品监管该放开的没有放开，企业负担较重。二是对企业在生产经营方面的要求过于原则，企业不够具体，企业作为第一责任人的责任需要进一步明确，如未明确医疗器械生产经营企业对上市后产品没有做规定。三是监管存在重产品审批、轻过程监管等问题，需要从制度上加大过程监管力度。如对医疗器械生产经营企业过程监管不够。四是存在部门重复监管问题，如旧版条例要求对部分医疗器械实行强制性安全认证（3C认证），造成重复监管。五是对使用环节的医疗器械质量监督管理规定不够明确具体，进行监督管理缺乏具体法律依据和可操作性。六是条例规定的法律责任过于笼统，对近年出现的一些新的违法行为缺乏打击查处力度。如违法处罚罚款少，处罚力度太小，不足以震慑犯罪等等。我们监管人员曾经遇到过这样的案例，企业说不就是罚3000块钱嘛，处罚力度太小。

针对实践中存在的上述问题，2006年原国家食品药品监督管理局决定立项，开展了对条例的修订准备工作，微少实践工作中遇到的问题，确定了30余项产品注册、企业日常监管、不良事件监测、产品召回等调研课题，并组织了深入调查研究，形成了调研报告。在充分调查研究的基础上，原国家食品药品监督管理局医疗器械司会同法规司起草了《医疗器械监督管理条例》修订讨论稿。2008年3月份，原国家食品药品家度管理局局务会通过了修订送审稿，并报送国务院法制办。国务院法制办对条例的修订工作高度重视，先后五此征求有关部门单位意见，并于2010年9月在其网站向社会公开征求意见，有关领导带领人员赴广州、深圳等地调研，走访多家医疗器械生产经营企业，多次召开部门协调会，2012年6月还召开了国际研讨会，专门听取中美欧三方专家及行业协会的意见。在此基础上，国务院法制办会同有关部门又进行了反复研究、修改。去年4月以来，根据国务院机构改革和职能转变方案的经审核有关部门职能调整情况，法制办又会同中编办与有关部门进行多次研究、协调和修改。实事求是地说，新版条例的修订工作，是在国务院法制办领导高度关心领导下开展的，进行了充分调研论证，是民主集中的结果，新版条例是集体智慧的结晶。我举一个例子，国务院在2010年9月网上公开征求意见，最后汇集到我这里来，包括书面、电子版、信箱里的问题，合并完以后还有180多条，有很多部门、单位和专家在提意见。

新版条例的主要特点，一是以分类管理为基础，确定医疗器械研制、生产、经营、使用各环节的具体制度，突出监督管理的科学性。二是以医疗器械风险高低为依据，在保证医疗器械产品安全有效的前提下，管放结合、宽严有别，给高风险生产经营企业“加压”，给低风险产品生产经营企业“松绑”，促进医疗器械生产经营企业健康发展。三是遵循党中央国务院有关推进政府职能转变和深化行政审批制度改革的精神与要求，适当减少了事前许可，重点强化了过程监管和日常监管，以提高监管的有效性。

四是强化了医疗器械使用环节的监督管理，明确了食品药品监管部门对在用医疗器械质量管理的责任，卫生计生部门对在用医疗器械使用行为的管理责任，以及医疗器械生产经营企业售后服务的责任。五是增加了一些新的规定，原有的一些规定更加具体。如增加了医疗器械不良事件的处理与医疗器械召回的规定，对一次性使用的医疗器械规定更加具体。

新旧版里框架篇幅比较，新版体力共分设了八章80条，约13700字，而旧版条例共分设了六章48条，约5900字。我把新版、旧版两个章节拉出来给大家看看，新版条例这八章，第一章是总则，第二章是医疗器械产品注册与备案，第三章是医疗器械生产，第四章是医疗器械经营与使用，第五章是不良事件的处理与医疗器械的召回，第六章是监督检查，第七章是法律责任，第八章是附则。

新旧版条例内容上有一些区别，一是修改的内容主要有，医疗器械的定义（第七十六条）、医疗器械的分类原则（第四条）、鼓励医疗器械的创新（第五条）、一次性使用医疗器械的管理要求（第六条）、加强行业自律（第七条），申报医疗器械注册的资料要求（第九条）、一类医疗器械由原来的注册改为备案（第十条）、临床试验管理的要求（第十一条）、申报医疗器械生产的条件要求（第二十条）、审批程序由原来的生产许可在前改为医疗器械产品注册在前（第九条、第二十条）、医疗器械重新注册改为延续注册（第十五条）、医疗器械生产许可证期满也改为延续（第二十二条）、经营一类医疗器械的企业不需审批或备案、经营二类医疗器械改由设区市局备案、加大了对违法企业的处罚力度等等。

新版增加的内容包括，医疗器械标准管理的要求、对在我国销售医疗器械的外国企业现场检查的要求、部分医疗器械注册免于临床试验目录制度、对医疗器械临床试验与临床试验机构的要求，医疗器械生产企业自查报告制度、医疗器械生产经营质量规范管理的要求、对国内医疗器械生产经营企业进行检查的要求、对医疗器械检测机构的要求、医疗器械监管信息公开制度、不良事件的处理和医疗器械召回的要求、出口医疗器械要符合进口国的要求、在用医疗器械质量监督管理制度、医疗器械注册收费的规定、对监督管理人员监管行为和技术审评百人员的约束制度、与有关部门会同工作制度等等。

然后是减少的内容，减少了事前许可事项7项，分别是一类医疗器械由原来的注册审批改为备案、第一二类医疗器械非实质性变成改为备案，取消了第二类医疗器械临床试验审批、缩减了第三类医疗器械临床试验审批范围、取消旧版条例中有关医疗机构研制医疗器械审批、取消部分第三类医疗器械强制性安全认证等等。

新版条例配套的部门规章制定的计划，计划共有13部，分别为《医疗器械注册（备案》管理办法》（修订）、《体外诊断试剂注册管理办法》、《医疗器械临床试验质量管理规范》、《医疗器械说明书、标签和包装标示管理规定》、《医疗器械标准管理办法、《医疗器械经营监督管理办法》、《医疗器械使用监督管理办法》、《医疗器械不良实践事件监测和再评价管理办法》、《医疗器械广告审查办法》等等。

新版条例的出台，是党中央国务院高度重视公众用械安全有效和医疗器械产业健康发展的直接体现，也是国务院法制办等有关部门努力协作工作的结果。从2006年原国家食品药品监督管理局批准条例立项修订算起，历时八年。从2008年3月向法制办送交条例修订送审稿，也历时六年。其间，许许多多领导、国内外专家为此付出了巨大的心血和努力。实事求是地说，新版里是集体智慧的结晶，必将对公众用械安全有效和医疗器械产业发展产生积极的影响和作用。一是将进一步加强对医疗器械的监督管理，提高监督管理工作效率，更好地保障公共用械安全有效。二是将更好地规范和推动医疗器械产业的发展，加速我国医疗器械行业的科技进步。三是创新医疗器械产品将得到更多支持与鼓励，新产品研发将加快。四是对违法行为处罚力度加大，违法成本也大幅度增加。五是将进一步促使医疗器械使用单位加强管理，提高在用医疗器械质量安全水平。六是医疗器械监管难度将进一步增大，监管执法成本将进一步增加。七是人民群众和各级领导对医疗器械监管部门的要求会进一步提高，监管力量不足的矛盾将进一步突显。八是医疗器械监管法规政策研究工作更加迫切。

# 完善药物政策，保障药品耗材供应

国家卫计委药物政策与基本药物制度司副巡视员朱洪彪

大家知道，建立健全药品供应保障体系是整个医改的重要内容和目标，但是这项工作是涉及众多部门、行业和利益相关方。所以这项工作也是一个非常复杂的系统工程，也是医改的重点和难点，事关人民群众的基本用药、安全用药，事关人人享有基本医疗卫生服务目标的实现。国家卫生计生委组建以来，我们按照国务院医改工作的总体部署和要求，积极会同有关部门，推进改革，完善政策，在重点难点问题上下功夫，推动问题的解决。

一是做好常用低价药品的供应保障工作。做好常用低价药品的供应保障工作利国利民，在今年4月份国家卫生计生委会同有关部门发布了做好常用低价药品供应保障的意见，从低价药品的定价、采购、储备、医保支付、监管等方面保障临床必须药品的生产供应。在价格管理方面，对纳入国家和省级低价药品清单的药品取消政府制订的最高零售指导价，由生产经营者在不超过规定的日均费用标准前提下，根本生产成本和市场供求的状况自主制定具体零售价格。在采购管理方面，我们对凡是纳入低价药品清单的药品直接挂网采购，医疗机构在网上和生产经营企业直接谈判议价，不再进行价格竞争。在储备管理方面，提高中央和地方两级常态短缺药品的供应保障能力，在医保支付方面，推进医保付费方式的改革，提高各级医疗机构和医务人员使用低价药品的积极性。在监管方面，严格执行诚信记录和市场清退制度。这项工作应该说是受到了社会各界的好评，目前按照整个工作计划，在7月份截止到目前，全国除了西藏之外，所有的省市把省管的低价药品清单都已经公布完毕，现在各个省都正在进入挂网采购的阶段，这项工作目前应该说是方方面面给予了很高的评价，下一步我们一定要落实好这个政策，把这个好事一定要落实好。

二是做好儿童用药的供应保障工作。长期以来，儿童用药存在品种少、剂型少的问题，药物的临床试验基础也很薄弱，许多药品说明书对儿童的用法和用量说得很多都是模糊不清，医生大多是凭经验用药。所以在儿童用约方面，不合理用药的问题还是非常突出的。针对这些问题，国家卫生计生委会同有关部门出台了关于保障儿童用药的若干意见，对儿童用药的研发、创制、申报、生产、供应、质量监管和综合评价等环节都提出了明确要求，应该说这个文件是我国关于儿童用药的第一个综合性文件，目前各项工作也都在有计划推进。

三是进一步完善公立医院的药品采购政策。这项工作也是纳入到国务院医改办2014年一项重点工作，目前我们都在抓紧做这方面的工作。总的原则是坚持以省区市为单位的药品集中采购方向不动摇，坚持政府主导与引入市场机制相结合，区别情况，分类采购，提高医疗机构在药品采购供应中的参与度，加强药品采购全过程的综合监管，同时也提出来做好药品集中采购工作，破除以药补医制度，确保药品的安全有效、品质良好、价格合理、供应及时，也切实减轻了群众的用药费用负担。

四是进一步完善公立医院的高值耗材采购工作。我们重点是做好几个方面的工作，第一是按照已经发布的86文件，以高值耗材集中采购工作的规范来积极稳妥开展以省区市为单位的高值医用耗材的网上采购工作，目前有河南、河北、江西、浙江、江苏等15个省市积极推动这项工作。第二是要大力推进高值医用耗材的阳光采购网上交易，县级以上公立医院和医用耗材生产企业都要通过省级集中采购平台开展网上交易，公开透明，为集中采购奠定一个好的基础。第三是在保障质量的前提下，鼓励采购国产的医用耗材。第四是组织有关方面的专家研究高值医用耗材的编码问题和质量评价标准，以及解决价格混乱的问题。第五是要研究部分高值医用耗材相关工作，从去年年底到今年3、4月份，我们在研究高值医用耗材方面已经开始着手，国务院领导批示国务院法制办和国家卫生计生委、国家食品药品监督管理总局再进行研究，最后几个部门商量以后，把这一块工作也专门写到法律里面去，就是实行清单制。

五是要推进用量小、临床必用的药品生产。大家知道有一些药品用量下，企业的生产积极性不高，这时候就需要政府定点统一生产、统一配送，这个工作我们也在加快推进。

六是要进一步巩固和完善国家的基本药物制度。我们要认真总结国家基本药物制度实施五年来的成绩、经验和问题，发挥基本药物制度在建立国家基本药物制度，实现人人享有卫生服务中的托底作用，为实现到2020年基本建立覆盖全体居民的基本卫生服务制度提供强有力的支撑。

七是要加强药师队伍建设，提高药师素质，让药师从后台走向前台，发挥药师在保护人民健康方面的积极作用。

八是要加强药品耗材供应保障信息化建设。药品耗材供应保障涉及药品耗材的生产、采购、供应、使用等环节，加强全过程、全链条的管理，离不开信息化技术支撑，国家卫生计生委已经启动在国家人口健康信息化的大框架下，打造建设国家药品耗材供应保障综合管理的信息平台，形成药品医用高值耗材基础数据库，药品高值医用耗材的采购供应数据库和一些专题数据库，开发药品耗材的供应管理、配送管理、使用管理等七个方面的应用子系统，实现药品耗材管理的科学化、现代化和精细化。

# 做好国产优秀产品目录遴选工作，促进国产医学装备发展

国家卫计委规划与信息司基建装备处副处长李军

整个国产优秀产品目录遴选从5月份司里面正式发布公告以后，据我们了解社会的反响比较大，方方面面的信息也比较多，包括微信、短信，社会上有各式各样的理解，包括相关的一些企业通过各种渠道找我们沟通。

从应用的角度来说，我国医疗设备取得了很大发展， 2012年国内生产企业是15000家，但是能形成一个真正的拳头产品的还是比较少。从国内市场来看，在“十一五”期间医疗设备产值每年有20%以上的增长幅度，超过同期药品增长幅度，特别是随着这些年的发展，尤其是医改以来，各级医疗机构投入大量资金购入医疗设备，在这种情况下国内医疗设备市场不断扩大，我们相信在“十三五”期间，这个市场还会不断扩大。面临这么大的市场，国内医疗设备能怎么发展，希望我们也能做一些工作。我们之前也做了大量调研，大家都反映国内医疗设备到今天取得很大成绩，很多产品达到了同期发达国家的水平。但很多医院院长说这些产品我听说过，但是从来没用过，还有一些是这些产品我没用过，特别是现在的医疗环境、监管环境，如果我用了之后出问题怎么办？他们有这样一个担心。也有一些企业认为，我的产品好，但医院就是不用，对国内产品有歧视。医疗机构和企业之间还是存在沟通的问题，在这种情况下我们为什么想做这么一个事呢，就是想建立一个平台，使大家在这个平台上，让医疗机构知道国内产品是什么样的，企业需要这样一个平台把产品质量通过科学评价体系来展示给医疗机构，我们希望搭建这样一个平台来畅通渠道，在这种考虑之下，我们启动了优秀国产产品目录遴选工作。

我们希望通过几年的时间，逐步建立一个医疗设备应用评价体系，在不同的医疗机构之间，我们希望建立一个科学的评价体系，来遴选出一批符合临床需要，具有市场竞争力和发展潜力的国产医疗设备，形成一个产品目录以后，我们会采取适当的方式向社会公布。这个目录要具备一定的公信力，就是通过科学的手段评估出来以后，设备性能参数是什么，能满足什么样的临床需要，医疗机构应该充分信任我们遴选出来的设备设备。但这个过程也是需要反复推进，需要方方面面结合起来形成一个评价制度。

我们有三个工作原则，一个是公开透明、客观公正，符合条件的国产医疗设备都应该进入遴选的范围，这些医疗设备企业是自愿的，不是说政府强迫你，如果你觉得这个工作和你没什么关系，你可以不参加，然后这个遴选标准都向社会公开，如果涉及相关产品的企业有什么意见，可以在公示期间充分地提意见，我们不希望让你提意见的时候都没意见，结果一公布都有意见，最后是遴选的标准定量化。二是产品质量优良、售后完善，能够得到广大医疗卫生机构的认可，还有生产企业具有完善的售后服务标准。三是点面结合、重点突破，分门别类逐步开展，点面结合，然后重点突破。

在遴选范围方面，包括仪器设备、器械、耗材，这三大类根据评判标准我们会逐步推进。在遴选标准方面有技术参数、使用评价和企业基本情况三个部分组成，技术参数主要是依靠各企业来填报申请。在这里特别强调的是，各个企业在填报技术参数的时候一定要实事求是，我也了解到第一批填报的时候个别企业有填错的情况，这个一定要实事求是。然后是各个企业的基本情况，包括企业的规模等等，而

且这个企业如果太小了，售后服务肯定也会跟不上。

第一批遴选目录不是很广，我们也希望通过第一批遴选工作，来具体看一下这个工作还有哪些需要更加关注和改进的，争取在第二批工作中能够做得更好。同时我们会在国家卫生计生委规划司的网站上挂出一个公告，确定遴选的品录和标准，在公示期间，相关企业如果有什么意见，大家可以主动提。然后会发布一个申报通知，企业自愿申报，在要求时间内提交一个文件，我们的企业如果觉得这项工作有意义，希望参加的话，对这项工作还是要重视。还有一个程序是对资料进行审核并公示，在专家评审过程中，还有企业介绍的情况，参与申报的企业要对产品进行介绍，接受使用方的咨询。然后是专家评审，涉及临床大夫和设备管理方组成专家组，按照既定的遴选标准进行审核。然后是结果公示，就是专家组审定的一个结果，我们也会采取一定方式向社会公布。在公示完了以后，就会发布遴选结果。为了做好这个工作，我们也做了一个申报系统，在这里需要强调的是，整个遴选工作是完全免费的，企业自愿参加，在整个过程中不得向申报企业收取任何费用，如果申报企业说交了费用，请及时向协会和我们反映。

# 科学发展音乐医学

中国医学装备协会秘书长–白知朋

**历史回顾：**

白知朋秘书长曾在30年前撰写的《声音是教学片的有机构成》在第四节全国高等医药院校视听教育工作会议上入选“一等奖”

**音乐在教学片中的作用：**

唤起注意，集中精力

增强记忆，提高学习效率

渲染情绪，激发情感

镜头转换，思绪过渡

陶冶情操，进行美育

**方法：**

对在校学员同年级同专业的进行问卷调查，分成对照组进行测试，统计学处理。

**理论基础：**

1981年诺贝尔奖获得者美国的罗德·斯佩里教授把人类大脑两半球功能的研究推进了一步，与过去盛行的左脑半球为优势半球的看法不同，发现右脑半球有许多较高级的功能。如形象的学习与记忆、图形感觉、几何学的空间感觉等，一般具体思维都是右脑半球的整合功能，而右脑半球的功能又与音乐能力有密切关系。

**积极科学地发展音乐医学：**

那些不可言论的东西，音乐可以说。作用于神经音乐可以净化心灵，祛病健身，养生防病，开发智力潜能，是益智益寿的上医防病疗法。

古往今来，音乐作用于人的神经，被人们不断认识和应用。

**《琵琶行》——白居易：**

轻拢慢捻抹复挑，初为霓裳后六幺。

大弦嘈嘈如急雨，小弦切切如私语。

嘈嘈切切错杂弹，大珠小珠落玉盘。

间关莺语花底滑，幽咽流泉冰下难。

冰泉冷涩弦凝绝，凝绝不通声渐歇。

别有幽愁暗恨生，此时无声胜有声。

银瓶乍破水浆迸，铁骑突出刀枪鸣。

曲终收拨当心划，四弦一声如裂帛。

通过旋律的变化加上和声与配器，对人们的情感神经的作用大不相同：

磅礴雄伟 明亮欢快 优雅华丽 委婉缠绵 如泣如诉 恐惧焦躁

**乐先药后亦乐亦药：**

以共振原理鼓励五脏六腑之气血环，扶其正气以驱除内外诸邪，促其逆转乾坤，解除疾病之苦，达到辅助治疗的作用。

如治疗抑郁症、优生优育的胎教。

加强基础研究，勇于临床实践，做到基础研究与临床实践并重，注重理论提高，努力普及音乐医学知识，做到理论提高与普及相结合。

# 生命之乐 乐先药后

中国医学装备协会音乐医学与技术装备分会会长 吴慎

## 一、亦乐亦药 乐先药后

观察现代的养生之道，目前人们大多只研究如何用五种（酸、甜、苦、辣、辛）吃的食物来营养自己，只知道大吃大喝，用高级营养来大补，导致营养过剩而得病。也因为现代的营养学只涉及五种味觉方面的知识，所以大多数的人还不了解或者不相信五音（音乐）的营养与医疗的重要作用远大于其他营养和大补贴。我们可以从两方面来了解五音（宫、商、角、征、羽）：一是西方的科学研究认为，通过听觉神经可以影响人的交感神经和副交感神经，从而来调节增强人体五脏肌体的免疫功能，免疫功能强壮，人体可自愈疾病，联合国卫生组织早已发布公约“音乐治疗在神经医学临床上早已得出结论：音乐医疗与药物疗法神经医学临床治疗对比效果，它是药物4－－8倍”；二是中国古代文献《黄帝内经》宫廷医学五音疗疾，历代皇宫大臣无不让宫女演奏五音八声乐器，和谐的高雅音乐共鸣，给皇帝与皇宫大臣们带来唯美的食欲，使其获得听觉神经与味觉神经的和谐及最高的乐食营养。也有类似的记载：“始五音皆正音者——故音乐者，所以动荡血脉，通流精神而和正心。”东西方在音乐方面对人体的营养健康、医疗实效上均有大量的科学根据，所以它远比五味的营养更有价值，五音（音乐）所能给予身体与心理的抚慰是任何五味营养所无可比拟的。

《黄帝内经》中“五音对五脏”和《易经》里的“五音八声”揭示了医疗对应关系，“药”字的造字起源更是与“乐”密切相关。

“乐”（乐）上中部为“白”字，本音“药”。五行中白字为金，属商音，对应人体的肺脏，肺主气，藏魄。“乐”（乐）下部为“木”字，属角音，对应人体的肝脏，肝主血，藏魂。《黄帝内经》中明白讲道：“魂魄和合，血气元神旺盛，则心生神明。”“乐”（乐）上部左右两侧合成“丝”字，对应人体的心脏，属征音，是五行中的火。丝制的弦乐能拨动人的心弦，通人体的心经，修复人的心脏，流通精神，人自然因病愈而喜，即是欢乐（乐）。因此“乐”字用于形容喜，是后世引申的喻意。若单从成字结构来看，即可判明“乐”与人体有关，而且是关于治疗疾病的乐器材料。“乐”（乐）字一字多意：（1）“乐”（乐）字表达喜悦、高兴、乐观；（2）“乐”（乐）字表达音乐旋律或乐曲；（3）“乐”（乐）字表达五音音乐相应五脏，有医疗和药用。早期人类在以音乐治病的同时，开始慢慢发现草本植物的五味亦可医疗五脏之疾，于是在“乐”（乐）字上加个草字头，形成后世沿用至今的“药”（药）字，这就是“药”（药）字的由来。“乐先药后”的原理，古乐的医疗文化——结合《易经》与哲学、养生与医学、乐律与数理、五行与五候、天文与历法，可以造福人们的身心健康。

根据《黄帝内经》所述，天有五音：角征宫商羽；地有五行：木火土金水；人有五脏：肝心脾肺肾。五脏所藏：心藏神，肺藏魄，肝藏魂，脾藏意，肾藏志。五音与五脏相应，是音乐治疗疾病的重要原理。人是万物之灵，音是万物之情。人和物都离不开音，音乐与天相通。音乐是调和性情不可缺少的，如鼓的声音，厚重高亢；钟的声音，充实有力；磬的声音，清脆明亮；埙、竽、笙的声音，沉静缓和；管的声音，激昂粗犷；瑟的声音，轻快温良；琴的声音，温柔优美……在诸多乐器中，鼓如同天，埙如同地，磬如同水。

### （一）木音（角声）

木音为古箫、竹笛等乐——入肝胆之经，主理肝脏、胆囊的健康。古箫竹笛的原始之声，抒展、深远、悠扬，飘逸若仙，高而不亢、低而不臃，连绵不断，显示古木带来春天。

木音代表东方苍龙的音意，被称为祛灾避凶的吉祥物。它象征着强大健康向上。在古箫的原始旋律阴阳起伏之声乐中，似乎在召唤东方巨龙从大地上缓缓腾空而起，它应着角声朝着太阳，奔向天空……以木所制的乐器，如木鱼、古箫、竹笛的声波能量可以进入肝、胆之经，疏肝沥胆，保肝养目。

根据《黄帝内经》医典理论：木音为角，对应人体的肝、胆，清凉祛火。所以木音可以疏理肝火胆热的淤疾，平和血压、清血质，夜间休憩时有助于安魂入神，对于容易疑神疑鬼、精神不安的人也有很好的理疗效果；其他如夜晚受到惊吓、盗汗，心中忧郁等，也相当有益。多听木音，可以移转性情、增强精神、安定魂魄、消除失眠，让心身合一，重新找到原始平和的人性。

### （二）火音（征声）

火音为古琴、小提琴等丝弦乐，入心经与小肠经，主理小肠和心脏的健康。丝弦类的古琴之声属于火音。古琴奏鸣了远古的回音，有轰然绵延的背景。音乐突出古琴的清朗感，悠扬舒缓，并逐步加快节奏。接着，出现打击乐清脆的叮咚声，展现出长河落日的远景。一阵过雁的翎声由远而近，由近而远，风生水起，云蒸霞蔚，表现出中国远古文化长河中优美的回音和片断，令人发幽古之情。

火是万物的动力，代表心脏，有热量，丝弦的声音可拨动人的心弦。中医宝典《黄帝内经》讲：火音通心经，疏导小肠经，心藏神——心主神明，丝音调理神志，疏导血脉，平稳血压，疏通小肠，祛除毒伤。聆听火音可以调节心、小肠，处在沉稳和谐的生理状态之中。

### （三）土音（宫声）

土音为古埙、笙竽、葫芦笙等乐，入脾经与胃经，主理脾胃的健康。中国《东巴经》记载人类在远古的形成过程，其中提及“先有佳音，后有佳气”。土音的古埙从遥远的夜空中而来，丝音小提琴声，丝为火，火为灵，火生土，方位在南，随丝音进入宁静混沌的宇宙空间。

地球形成之后，先有各种声音的形成。土音是万物化生成形的元音动力。动植物由单一细胞生化形成，代表新生命即将诞生，佳音在先，佳气随后推动着世间的变迁，如大自然的动植物蜕化。缓缓地，森林深处似乎听到侏罗纪时期各种虫草生物的生命之声；恐龙等原始动物生成，在五行中蕴化、运动、生长，随之万物生成而繁衍。接着，埙声配合着鼓声（鼓声为革音，鼓动先天之真气运化）。鼓声表达了各种生物节律与动物的心脏跳动之声，推动着先天之气，由单一细胞转为多元细胞的分化。一分为二，二分为四，四分为八，直至过渡到原始人类……

十万年前中国山西即有石埙出现，说明当时人类已经懂得使用石埙放松身心。土生万物，通八方，通天通地——加上下为十方，都可以贯通。考古学家已经印证“原始先人吹埙、群民围篝火而听”的传说，可知伏羲氏“造瑟埙调理百病”的历史传说，应不虚假。依实证，古埙、竽音、葫芦笙等土音，可以入脾胃，对脾胃有极佳的理疗养生功能。

### （四）金音（商声）

金音为编钟、磬、锣等乐，入肺经与大肠经，主理肺肠的健康。金音的旋律和曲调，是根据《易经》五行八音的方位性和乐器对应人体五脏所演示而成。

金属、石制品的古乐器如编钟、磬、锣鼓、铃声、长号、三角铁等，发出的混厚清脆之声为金音。

远古的歌声，从中国西部喜马拉雅山与黄土高原以及黄河中下游悠扬唱出华夏文明之乐，声声连绵不断地回荡在天地间，其气势高昂、起伏委婉、震荡心肺，帮助人们扩充肺腑，加大肺活量，吸纳大量的氧气。科学研究认为：人们呼吸量加深，肺活量充足，氧气增多，负离子会随之增多，而研究证实负离子可延续细胞活性功能，促进人体免疫力；再者肺活量加大有助于体内气血运行与代谢功能。

金音旋律和曲调中的编钟、磬声奏出中华炎黄文化气势磅礴的尊贵和威严，编钟声奏响了历史鼎盛时期的辉煌时代。美妙的乐舞声赞颂着天下太平，音乐表达了先辈创造文字、医学、数学、哲学、历法等高度智慧的文明文化，教化人们心平气和，积善事，调魂魄，行爱心，得神明。从而达到强肺强魄，驱逐恶疾与后患，增强生命体质。

### （五）水音（羽声）

水音为鼓、水声等乐，入肾经与膀胱经，主理肾脏与膀胱的健康。水音的旋律结合了地下泉水、溶洞水、小溪河水、百川汇合及海洋之声。天降雨水，雷电交加，天雨为水，天雷为火，水火相济，交响声隆隆，震荡宇空。水是单细胞生物过渡到多细胞生物必不可或缺的原始生命发展条件，生物节律的形成和心脏跳动声，有水，有植物，有爬行动物、脊椎动物，然后人类诞生而繁衍。水是万物之本，水主肾，是生命之根，肾气蒸发，天地能量合成。水音代表生命之源。

水声的声波能强壮肾脏功能，会刺激肾上腺分泌有机物，帮助泌尿系统代谢功能，可以疏导外排下腑疾患与泄毒，从而平衡免疫系统，提高生命质量，这样可以开发智力与志向，发展更高的生活理想。人在和谐的自然之中，像仙人一样享受每一秒美妙的时空。人们敲锣打鼓，乐声喧天，综合了音乐的能量。轩辕鼓、宫廷鼓、手鼓、大小鼓、铃鼓、架子鼓、非洲鼓等十几种鼓声交替振荡，鼓声振发先天肾脏之气，能量延绵不断，疏通肾经，促使泌尿系统与性功能发达。金声将人们带到西北原始的空旷的天山，与美丽的大自然花草树木和谐共舞，不停地吸入苍天赐予人们的清纯氧气。金生水，水多就能壮肾、旺肝，肝木和谐共鸣，水火济济相融，使心志通畅，欢乐体壮。

## 二、声波医疗的现代科学原理

音乐声波是古人用在医疗健康长寿之中的重要法宝，德国科学家实验发现，经过处理的某些声音可以让癌细胞的生长得到减缓。现代科学认为，音乐之所以能治病，在于人体是由许多有规律的振动系统构成。

### （一）声能音乐治疗癌症的科学验证

关于音响与声波具有杀死癌细胞的特殊功效，这一点从最近德国出版的《医师报》的一则报道中已经得到证实。据该报报道，德国科学家实验发现，经过处理的某些声音可以让癌细胞的生长得到减缓，该项研究由德国佛莱堡医学院肿瘤科以及海德堡德国音乐疗法研究中心合作进行。

研究人员将实验室培育的肺癌细胞，暴露在微型扬声器发出的有规律声音下，结果发现癌细胞的生长速度比在正常环境下慢了百分之二十。海德堡德国音乐疗法研究中心主任博来教授说，研究人员还发现，能够抑制癌细胞生长速度的并非一般的音乐，而是有一定音色、音量、速度和时间间隔的声音，这一发现为音乐治疗癌症提供了绝对权威的有说服力的验证。目前德国科学家正考虑进行大规模的实验研究，以声音刺激法来抑制肿瘤生长。

从这则报告反观我从上古智慧中研制的《理疗养生音乐（药）》，可以看到有许多特点不谋而合。这套音乐与心跳的频率基本一致，通过不同乐器演奏出的不断变化的音量、音质和音色，以及一些接近大自然中的背景声音，如海浪、溪流、雨声、鸟鸣、温泉水等声音，在临床中，对晚期癌症止痛有着较高的医疗作用，还可达到强身健体、增强免疫力、延长生命的效果。

### （二）音疗声频影响神经系统，调节身心增强免疫

现代科学认为，音乐之所以能治病，在于人体是由许多有规律的振动系统构成。大脑的电波运动、心脏搏动、肺的收缩、肠胃的蠕动和自律神经活动都有一定的节奏。当一定频率的音乐节奏与人体内部各器官的振动节奏相一致时，就能使躯体发生共振，产生心理快感。人的感受最适宜的节奏是每分钟七十～九十次，这正与心脏的频率相接近。

当人生病时，体内节奏处于异常状态，选择相应的乐曲，借音乐产生的和谐音频，可使人体的各种振频活动更加协调，从而有益于患者恢复健康。一位科学家的生活体验，证明了这一点。

有一段时间，这位科学家下班回到家时，总有一种紧张和烦躁感。一天晚上，她偶尔听了女儿快节奏的迪斯科音乐，觉得这和自己的情绪有点相似，情绪得到放松。这位科学家在无意间，找到了适合自己的音乐疗法。首先用与自己当时情绪相配的音乐类型，然后逐步地改变音乐，使其反映出自己所要获取的某种情绪。

研究发现，音乐是由不同的七个音阶形成的组合，若保持声波在35分贝左右有规律的振荡，则产生一种能量，其传入人体后，会使细胞发生和谐的同步共振，可对细胞产生一种微妙的按摩作用。音乐能调解人体的内部环境，促进内分泌系统释放出多种生理活性物质，增进新陈代谢。音乐还可以提高大脑皮层的兴奋性，使皮层下中枢植物神经产生相应运动，稳定情绪，消除心里紧张状态，协调全身各系统的功能，从而使人消除疲劳、充沛精力，并且加强人体的免疫能力。

### （三）音乐是生命的润滑剂

乐可比作是生活的润滑剂，它虽然只有七个音符，却可以奏出动人的乐章，产生奇妙的效应。

临床医生们发现，高血压的人听小提琴乐曲，血压就可以降下来；孕妇分娩时欣赏优美悦耳的乐曲，可以减少其疼痛；用唱歌的形式来矫正口吃（结巴），效果就突出得多；精神病患者，听到一段美妙的歌声，精神病会得到缓解……越来越多的学科都与音乐疗法结合起来，产生了奇特的效果，它真的成了生活中的润滑剂。

现代生活日趋紧张，而紧张便会导致身心疾病的发生。医学专家们指出，繁忙的现代人，如果能对音乐有选择地加以欣赏，或者自己放开歌喉，引吭高歌，不仅可以得到美的享受，而且还有一定的医疗作用，能有效地缓解机体的紧张状态，提高适应环境的能力，有利于健康，有利于延年益寿。

### （四）声波与音频对人体听觉神经的作用

我们时常碰到雷、电、光、气等自然界的能源，但声音对于我们大多数人来说仍是一个谜。我们只了解声音的一般知识，诸如声音传播比光慢，声音碰到障碍物时会反射，医学研究论证声音太响对耳朵有损害，是极其不卫生的。但是如果要真正说出声音到底是什么概念？它又是如何产生的？我们有可能对其根源和其中的道理了解不是甚多。

许多人不认为声音与声波是一种强大的能源和能量，其实是的。如果你的邻居调大他的音响超过八十分贝以上的话，不仅影响你休息，而且严重影响人体心脏功能有序的跳动。虽然声音不像雷、电、暴风雨那样具有一定破坏性的影响，但是声音对你和周围环境的影响可能是具有破坏性的并且是难以捉摸的。

例如，科学家、音乐家及研究人员与恐怖片导演们发现，听了某种类型的音调能使人感到焦虑和惊恐害怕。大家知道，在一部动作片或恐怖片的紧张关头，你听到一个连续不断的很尖的声音时会有焦虑不安的感觉。

下面是一个关于声音能量的更明显的例子。你有没有看过电影里一个尖音调的人可以把一块玻璃震碎了？发生这种情况是因为尖音调与玻璃的自然谐振频率或自然振动相合了，这个过程叫做“共振”。

共振现象对很大的物体也可能形成破坏作用。例如，保罗·休伊特在他的《概念物理》一书中就讲了这样一个故事：1831年一队步兵出操经过英国曼彻斯特市附近的行人桥上时由于共振，桥梁就坍塌下来。很显然，这是因为士兵步伐的节奏与桥的振荡频率相合，引起了共振，才使桥坝坍塌的。所以现在士兵路过此类桥时，再也不准齐步走了。人们对于声音的工作原理有不少误解。例如有人以为在篮球比赛时，尖声高叫，能使他们的声音以更快的速度到达对方队员或裁判员的耳朵里。可是实际上，每一种声音的传播速度是相同的。声音传播很快（约每小时1200公里），但是它的质量受到风和湿度等因素的影响。

要懂得声音的知识需要花些时间。有些音响器材厂家时常在广告上夸张讲：他们能生产出差90分贝以上的动态范围，频率响应为20HZ到20KHZ等等。音响商店与厂家们会常常说出一些使你感到莫名其妙的技术规格。这些规格对于你来说，也许是重要的，也许是无所谓的。一个音响设备能给你产生出一个很好的频率响应，并不意味着你一定能听到其中所有的频率成分。

### （五）声波能的基本原理与客观规律特性

声音与声波和光电一样，是一种能量的形式。简单地说，声音是由不同物体振动产生的波。当我们说话的时候，喉头的声带振动。在音乐里，你可以通过许多方法产生音波振动，例如可以弹拨古琴与吉他的弦；向唢呐口或小号里吹气；用二胡弓在弦上或用琴弓在小提琴弦上左右拉等等。

声音有两个主要成分：频率和响度，也称为力度。频率和音高直接与物体振动的快慢有关，其衡量单位为赫兹（HZ），表明一秒钟以内振动多少次。例如你把钢琴中的中音C上部的A键按下时，钢琴的琴锤击若干个琴弦，每一个琴弦的振动频率为每秒钟440次，也就是说，你按下A后所发出的音调为440 HZ。低频声音，例如大号和低音吉他，每秒振动的次数少，它们的频率低，所以声音听起来比较低沉。

但要注意的是：频率与音高并不完全是同一个东西。频率是物理参数，而音高仅仅是一个音乐参数；在有些情况下，同一个音高可以有几个不同的频率。

响度或力度用分贝（dB）衡量。d是deci的缩写，表示十分之一；B是电话发明人亚历山大·贝尔（Alexander Graham Bell）姓氏的缩写。dB尺是对数型或指数型的，也就是说，每增加20dB，对应其振幅或响度提高10倍，所以击打一个响度为60dB的响弦小鼓时，其力度比40dB要高10倍，一个响度为80dB的绕拔比分40dB的声音要高100倍。

几乎所有的声音都产生基本的音调。一个基本的音调准确地按一个特定的频率或音调振动。如果你击打一个调音叉，并将其放在耳边，你就会听到一个清楚和纯净的音调。

每一种乐器发出的声音听起来不一样的原因，是每种乐器有加在基本音调上的不同附加成分。这些附加成分谐波串是决定声音的复杂程度。例如，中国的民族乐器琵琶与西方乐器吉他、民乐扬琴与西乐班卓琴或单簧管与洞箫的声音不同，就是因为谐波串不同。一个音乐声音的能量大部分集中在基本频率上，其余能量散布在大小不同的其他谐波串上。

如果你想一想池塘里水波的情况，就可以比较容易理解谐波串与基本成分之间是如何相互作用的。

若将一块石头投到池塘的中央，水波就以圆圈的方式从中心向外传播。然而如果你把一块大的石头和几块小的石头同时投到池塘里，产生的水波就不再是均匀的了。当你把一个基本的音调与一个或若干个谐波音调混合在一起时，也有类似情况：合成后的音调不再是一个纯净的音调，基本音乐与谐波音调合在一起引起了声音的变化。这些因素中包括你产生音波的方法和乐器共振的数量。

### （六）音声波能的形成成分

下面，我们简要地叙述声音波能对人体的听觉神经与生理的神秘感应，声音是如何组成的，以及我们是如何听到声音的，这是声波影响我们的路径之一。

声音是物体振动时产生的一种以波的方式移动的能量形式。当物体振动得快时，它发出比较高的音调；当物体振动得较慢时，它发出比较低的音调。

当乐器奏出一个声音时，一个声音的基本音调与不同的附加音调（即谐波）组合在一起。如果没有附加音调起作用，你听到的所有乐器声音将是一模一样的。其中附加音调的作用过程，可以用记录复杂的波形方法把它体现出来。

波形就是一个信号播放时随着信号的频率和强弱而上下变化的曲线。在许多数字音频的应用程序里设计有各种各样的波形。

外耳：当你演奏乐器的时候，声音的振动经过空气进入耳道，这个耳道被称为外部听道。声音能量碰在耳鼓上引起振动。这些物理反应把空气的振动转成机械波。

中耳：在耳鼓的后面有三块小骨头，即耳锤，或称锤骨、砧骨和镫骨。一旦耳骨开始振动，这几块骨头会把耳朵的振动转移到另外的地方，并使之增强。镫骨把这些振动汇聚到内耳的耳蜗窗开口处。

内耳：内耳充满了液体。当镫骨使耳蜗窗振动起来时，就会在液体里产生波浪。当液体的波浪经过耳蜗里成千上万个微小的毛细胞时，它们就会被充上电。通过这些相互作用，经听觉神经向大脑送去了消息。当消息被收到时，就记录到一个声音。内耳前庭系统用三个充满液体的通道，向脑子送去有关空间位置的信息，才使我们保持平衡。

### （七）听觉、听力与音疗的科学原理

尽管各种音频技术有了很大的进步，但是必须时刻考虑到我们耳朵的很多局限性。人耳可以听到20Hz到200Hz的声波。我们对于1KHz 到4 KHz 范围内的声音比较敏感，一般人们互相对话时就在这个频率范围。20KHz以上的声音称为超声。

许多动物能听到超声波，例如狗能听到高达3KHz至5KHz的声音，这就是为什么当你吹一个狗哨时，你自己什么也听不见，因为狗哨的频率太高了，送到耳朵里以后引不起反应。

在医学领域里超声波得到了广泛的应用，医生们用超声设备检查心脏不正常现象，检查血栓或肿瘤。医生们也用超声设备治疗不灵活的关节，安全地检查未出生的胎儿的情况以确保一切正常。低于20Hz以下的称为亚声波。地震时会自然地产生亚声波。许多生产立体声音响厂家在立体声设备规格表里经常提到声音的动态范围。有的竟夸口说他们设备的动态范围达到90dB以上。因为dB是用对数来衡量的，一个90dB的动态范围意味着比通常的最柔和的声音要响30000倍。当你演奏乐曲的响度从很柔和到很响亮时，动态范围这个特征就很重要了。经典音乐，尤其是交响作品，就是需要有很宽动态范围的实例。随着CD的推广使用，动态范围这个术语使用得越来越频繁了，因为CD与大多数磁带和塑料唱片不同，它的动态范围可以做得相当宽。

当我们没有很好地用防护设备保护耳朵时，听到的声音响度不要超过一定的范围。虽然中耳里面的耳锤和镫骨能够帮助减弱声音的响度，但是对于突然出现的噪声起不了保护作用，例如离你耳朵很近的地方的鞭炮爆炸声。经常听很响的声音会使耳朵受到永久性的损伤，这就是为什么在机场跑道附近工作的人要经常佩戴特殊耳机的缘故，如果不戴此类耳机，飞机的噪音能很快便把他们的耳朵震聋。人类的听觉不错，但是很多动物的听觉更好。人一生中儿童时期的听觉最好，能听到20Hz至20KHz范围内的声音，成年人一般只能听到17KHz以下，甚至更低。

声呐是人类第一次对超声波的应用。声呐是装在船上用来探测水下目标诸如潜艇的设备。它的工作原理是根据发送出去的高频声波和检测到的回波之间的关系。这个过程称为回声定位，与蝙蝠飞行或海豚游泳过程中寻找食物和避免碰撞目标的原理是一样的。

有许多潜在的高分贝声源，虽然你只听到这些声音的一小部分，但是最好避免长时间地听高于90dB以上的声音。短时间的强声音可能伤害你的听觉。例如，突然的气球爆破声可能会和听一晚上吵闹的摇滚乐的伤害程度相同。

### （八）创造一个更具疗愈力的声音环境

现在，我们可以了解，音乐声波是一种对我们影响极深的能量。这种能量如果能正确地运用在医学治疗上，将会对人类的健康有很大的帮助。

世界卫生组织在健康专题会议上，一致推崇经科学验证有效的音乐医疗法，医疗音乐在世界有数百篇以上的临床报告，引起医学界的高度重视和研究。

美国和德国等先进国家，已经大规模地进行音乐治疗的研发和应用。现今欧美有5000多位医疗专业人士参与研究。美国现有十几所音乐医疗学院，每年培养出大批的音乐医疗医师，全国有5万多人已拿到了音乐医疗师合法证书，分别在全美各医院门诊展开医护工作。

音乐治疗除了在西方另类医学已占有一席重要的地位，在科学研究上，则有美国神经学者马克·朱德·崔摩博士在波士顿哈佛医学院的音乐与大脑科学研究所从事的证明音乐与科学可以合作无间的工作。从研究音乐的神经生理学基础这种先进知识，一直到严格评估并认证音乐对于多种疾病的疗效。崔摩在研究中发现，音乐与其他环境中的各种声响能让病人感觉病况好转，音乐和自然音响营造出来的环境令人愉悦，有助于掩盖背景噪音，甚至可能加快疗愈的速度。

基本上，西方医学已经投入了极大的心力，研究音乐对于健康的正面效果。由此可以预见，未来，音乐声波将会成为人们普遍增进健康与治疗疾病的新药方。

**附录1：**曲目《真情》介绍

吴慎教授以自然的心态谱写的《真情》乐曲由木音筒箫、火音二胡及小提琴合奏，主理肝血循环和心脏功能，提高体内免疫，调理身心优化脏腑，目的在于帮助人们亲近大自然，感受和谐人生。

人类生死主要由七情所主，影响终身。人们的性情或情绪所导致身体方面的好与坏及健康与否或病魔致死，主要因素都是由情字而来，它对人们身心影响极为重要。《真情》使用古箫、二胡、小提琴三种乐器来表达世间人类母子之间慈母亲情；夫妻之间纯洁爱情；师生之间互尊之情；医师与患者救死扶伤之深情；朋友以诚相待的友情。没有真情，就会使人烦恼不安，身心挫伤，失去真元之气。人们追求真理，真情为天赐。

《真情》这一乐曲委婉缠绵、蜿蜒起伏、优雅交柔，以交错复杂的音律表达了世间人性的炎凉善恶。它可抚平幼年、中年、老年时期心灵深处的创伤；可减少在现代工作中与生活诸方面巨大的压力，抒发感情、稳定情绪，提高人体免疫功能，使深层脑细胞得以提炼升华，增强体内精气神，健壮生命体魄，改善情志与灵魂，可防止受名利、悲欢离合、生老病死纠缠的烦乱心情而导致精神不安与病魔上身，避免因思想灵魂的损伤而影响身体健康。《真情》的意念是净化大自然，使其返璞归真，为人供真心、伴真情、养真气、返真元（先天），而能获真命，在身心净化中寻找到自己的灵魂与身心的健康。因此，乐曲在一音一韵间，清除和防止灵魂上的杂染，避免他人造成的心灵创伤，并深入帮助听者魂归体内、神情还元，直至走向健康人生。同时，这充满阴阳起伏的旋律，也能陪伴人从黑暗的幽谷中逐步走向光明。

医典说：古箫为木音（八音为木、竹类乐器）入肝经、胆经，疏通肝胆之淤气，可清肝利胆。二胡、小提琴为火音（八音为丝弦类）入心经、小肠经，疏理气血，按摩小肠，理疗心脏与小肠，保持肠道蠕动及下焦气畅通，保持健康。

**附录2：**来自喜马拉雅山的《天音》

《天音》的旋律给人的是一种飞翔的感觉，感觉如在空谷、苍穹、碧霄、白云之间翱翔。浑厚的钟声奏鸣，宛如仙鹤伴着霞光在飞翔，平稳安详。优美的钢琴曲，深情舒缓，仿佛是在承受巨大的痛苦和悲伤之后，得到解脱升华至天堂的欢乐之声。在如此优美深情的乐音里，洋溢着难以言喻的贞洁，令人回味、追思，生命历程中的吉光片羽历历在目，人世间的一切欲望、挣扎、悲愁、忧苦都已得到解脱，是如此轻松、洒脱，仿佛一片无忧的白云自在飘飞。许多在哀伤中挣扎的人听到音乐，流下了喜悦的泪水，这是一段让灵魂得到安宁、重获喜悦的音乐。

喜马拉雅山的雪峰在碧蓝的天空的映衬下渐行渐远，当生命的意识再一次穿越一片混沌的世界时，远处闪现出辽阔的大地和青黛的远山，充满新生气息。

音乐声波律动科学对生命体的八项功能

现代科学已经把音乐作为一门科学，对它的研究，有了重大发展。一六三六年，法国数学家默森发现琴弦调高低的基本规律。

那就是弦振动频率的变化与其张力的平方根成正比，而与其长度和重量的平方成反比。

如果早期的古钢琴制作大师不懂得这个道理的话，那么他们也许会把低音弦做得比高音弦长一百倍。十九世纪德国物理学家赫尔姆霍茨是第一个阐明：「音乐的特质，即音色，是由其泛音（共振）频率来确定的。」他出色地设计了玻璃球分析声音的方法，人们称为赫尔姆霍茨谐振器。这种谐振器对不同的频率有非常灵敏的反应。赫尔姆霍茨使用这种谐振器，合成了人发出来的声音。

现在科学家研究发现其声波频率不仅仅是人们娱乐性的一种活动，它的真正价值是对生物生命体有着良性地促进作用。

例如：

1、音乐声波能可以使牛多产牛奶；

2、音乐声波能会使植物园果子甜美和硕果累累；

3、音乐声波能能够驯服凶猛的野兽；

4、音乐声波能还可以医疗精神病患者；

5、音乐声波能使婴儿优生优育与抑制幼儿多动症和改善不良习 性；

6、音乐声波能是多位大科学家的智慧灵感的金钥匙，可激发大脑创造力和发明及悟性；

7、音乐声波能是古人用在医疗健康长寿之中的重要法宝；

8、科学家研究证明音响与声波能有杀死癌细胞的特殊功效。

此外，音乐疗法也能有效减轻癌症患者的疼痛。

癌症患者要忍受双重折磨，一要忍受药物治疗时的副作用，二要接受由疼痛引起的精神上的忧郁，二者足以影响病患的不舒适感及其生活品质。

作为疼痛处理的辅助治疗，音乐疗法经多数专家的研究，已证明可以减轻患者所感受的痛处，在癌症患者接受侵入性手术及化学药物治疗时，音乐疗法可以分散病痛注意力而引导其进入另一境界中，以减低其接受治疗的痛楚。又经研究，在癌症患者接受在家中和门诊治疗时，亦可发现类似现象，即可以减轻疼痛感受上的层次。

虽然这些研究结果在围绕着音乐治疗的成果上，似有一些问题不太了解其对疼痛减轻的实质性机转，但事实已显，患者都能确实有效地减少其紧 张及焦虑而间接地减轻其疼痛的程度，进而有效地改善患者之生活质量。

音乐，除了以其文艺形式给予人们精神上的欢快、鼓舞和教育外，其独特的心理和生理治疗功能，普遍受到人们的注意。

# 2014年全国食品药品医疗器械检验工作座谈会上的讲话

国家食品药品监督管理总局–孙咸泽

这次全国食品药品医疗器械检验工作座谈会，是全系统深入贯彻落实国家总局中期会议精神，不断适应食品药品监管工作新形势的关键时期召开的一次重要会议，也是中检院领导班子调整后的首次全国性会议。张勇局长在上周召开的全国省级局长年中座谈会上对食品药品检验检测工作专门强调：要重点加强检验检测体系建设和资源整合，大力推进各级食品药品检验机构仪器设备配备和实验室改造，加快形成布局合理、便捷高效、辐射面广的检验检测体系。开好这次会，对我们贯彻落实张勇局长的指示精神、做好下半年以及今后的检验工作具有重要意义。下面，我讲四点意见，供大家参考。

**一、充分肯定上半年工作取得的成效**

上半年，全国各级检验检测机构，扎实工作，开拓进取主动适应新形势需要，有力地保证了各地食品药品安全。

一是全系统继续做好保健食品“打四非”、药品“两打两建”等后续工作，积极为医疗器械“五整治”和医疗器械“质量万里行”提供技术支撑。二是在保证基本任务顺利开展的同时，积极进行食品职能的划转和检验资质的扩项，向当地政府积极争取增加人员编制，落实实验场地，增配实验装备，初步形成了检验能力。三是拓宽对企业的技术指导范围，探索检验关口前移，通过业务咨询、现场指导等方式，用检验检测技术手段帮助企业提升产品质量。四是加强系统内合作，带动区域检验能力提升。中检院先后与吉林、甘肃签署了战略合作协议，先后举办了7期地市级药检所模块化培训，借助中检院的检验和科研能力优势，以及地方的监管和检验工作实践，相互促进，共同提高。五是各地积极试点事业单位改革，探索有效和公平的绩效考评，努力保证机构和人员的稳定。最后，特别值得一提的是，7月4日，中国的疫苗国家监管体系顺利通过世界卫生组织的再评估，中检院负责的批签发和实验室管理两个模块又一次以满分的优异成绩通过，这对我国生产的疫苗走向国际市场具有重大意义。

总体来说，全国药检系统上半年兢兢业业，工作开展的扎实有效，展示了检验检测队伍的良好素质，有力支撑起食品药品监管大局。在此，我代表总局向全国食品药品检验检测机构的全体同志表示衷心的感谢！

**二、清醒认识检验检测工作面临的新形势**

自从去年总局成立以来，在体制改革的大背景下，检验检测机构逐步整合重组。各级政府和监管部门按照因地制宜、科学统筹、合理布局的原则，加快推进了检验检测资源整合的步伐。同时，经过多年对检验检测系统的不断投入，效果逐渐显现，检验机构正在不断适应监管需要、不断发展壮大，已经成为行政监管不可或缺的重要技术支撑，成为保障人民群众食品药品安全的“守护神”。但同时，我们也必须清醒的看到，食品药品检验检测体系建设与当前食品药品监管形势还不相适应，与公众期盼的目标还有较大差距。

（一）食品药品监管工作对检验检测工作提出新要求。随着机构改革和职能转变的不断推进，食品药品监管工作链条加长了，监管品种增多了，监管范围加大了，监管对象和内涵也发生了变化。党中央国务院和全社会都高度重视、广泛关注我们的食品药品监管工作。习近平总书记指出，食品安全关系群众身体健康，关系中华民族的未来，能不能在食品安全上给老百姓一个满意的交代，是对我们执政能力的重大考验；要用最严谨的标准、最严格的监管、最严厉的处罚和最严肃的问责，确保广大人民群众“舌尖上的安全”；要更加注重生产源头治理和产销全过程治理，让人民吃得饱、吃得好、吃得放心。李克强总理也强调，食品安全是天大的事，药品安全是人命关天的事。可以说在两个100年（建党100周年和建国100周年）能不能实现中华民族伟大复兴的中国梦，食品药品安全是一个关键的门槛。张勇局长在上周召开的全国省级局长年中工作座谈会上特别指出：当前，我国食品药品安全形势稳中向好，同时食品药品监管任务在相当一段时期仍然将十分繁重艰巨，在食品药品领域无知、无良和无法行为仍较常见，社会诚信问题、产品质量问题和安全危害问题交织叠加、错综复杂。同面临的形势和任务相比，我们的能力水平还很不适应，“找不到、说不明、斗不过”等问题还没有解决，存在着“本领恐慌”问题。要做好瓷器活，手中就要有“金刚钻”。我们必须重视和把握食品药品监管工作“技术含量高”的行业特征，充分运用风险监测和检验检测技术手段，为监管工作安上科技的“火眼金睛”。我们要把科学技术摆在突出位置，要注重加强检验检测体系建设，加快实验室改造，逐步解决食品药品监管技术装备欠账多、底子薄的局面；要加强业务培训，大力提高检验检测专业队伍的能力；要不断完善检验检测方法，走出一条专业化、精细化的科学监管之路。

（二）检验检测机构的发展面临新趋势。党的十八届三中全会把食品药品监管领域的改革作为全面深化改革的重点领域，纳入了“公共安全体系”中来部署，其中“使市场起决定性作用”和“更好发挥政府作用”的观点对监管和检验检测工作影响深远。《国务院办公厅转发中央编办质检总局关于整合检验检测认证机构实施意见》中明确指出，充分发挥市场在资源配置中的决定性作用，科学界定国有检验检测认证机构功能定位，推动检验检测认证高技术服务业做强做大。近日，国务院又印发了《关于促进市场公平竞争维护市场正常秩序的若干意见》，明确提出放宽市场准入制度，打破地区封锁和行业垄断。可以预见，国家将逐步放开第三方检验机构的市场准入，作为监管工作的重要支撑，检验检测机构的发展将进入了一个全新的时代，未来的检验检测机构将作为提供服务的一方融入高技术服务市场的行列当中，迎接来自于其他检验机构的竞争和挑战。对此，我们对检验检测行业的重新调整应当有足够的研究，对作为食品药品监管技术支撑的检验检测机构定位应当有清醒的认识。

（三）检验检测体系建设面临新任务。当前，现有的食品药品检验检测体系存在的不足主要表现在：检验检测体系层级设置和功能定位不清，缺乏总体规划和监督考核机制；检验检测机构基础设施薄弱、检验能力不足和人才队伍结构矛盾等问题仍很突出；重检验检测轻技术研究，重检品数量轻质量管理，缺少引领检验检测技术突破的科研平台和完善的实验室质量管理体系；信息化建设滞后。特别是在食品检验职能划转过程中，食品检验能力还没有形成预期的合力，各级检验机构普遍面临人员尚未到位、设备不全、资质不足的尴尬局面。这些问题严重制约了我们的工作，必须通过有力改革加以解决。国务院从全面深化改革、转变政府职能出发部署开展了检验检测机构整合工作。做好食品药品医疗器械检验检测整合工作，对于深化食品药品监管体制改革，提升食品药品监管技术支撑能力，具有重要意义。为落实《国务院办公厅转发中央编办质检总局关于整合检验检测认证机构实施意见的通知》，做好食品药品医疗器械检验检测机构整合工作，总局研究制定了《食品药品医疗器械检验检测机构整合工作方案》。方案明确提出要归并总局层面检验检测职能，突出法定检验、仲裁检验等功能定位，完善设施设备等硬件条件，加强检验检测能力建设，用3—5年时间，建设职能定位明确、设施设备先进、能力水平一流、有较强权威性和公信力的国家级食品药品医疗器械检验检测机构。加大对各地食品药品医疗器械检验检测机构整合工作的指导力度，加强布局规划，明确功能定位；推进县级食品药品检验资源整合，鼓励发展区域性食品药品医疗器械检验检测机构；研究能力建设标准，提升检验检测水平；创新体制机制，完善治理结构。到2020年，形成以国家级检验检测机构为龙头，省级或区域性机构为骨干，市县级机构为补充的食品药品医疗器械检验检测体系。同时，总局正在研究起草《食品药品检验检测体系建设指导意见》，近期将发给大家征求意见，希望大家认真研究，多提意见建议，让我们共同做好检验检测体系建设工作。

上述的新形势、新要求、新趋势、新任务对我们提出了新挑战，为了迎接这些挑战，我们应该提前做好准备，一要充分认识形势需要，转变工作思路，主动适应变革，紧跟食品药品监管体制机制改革的步伐；二要在各级监管部门的领导下逐步调整功能定位，加快推进食品药品检验检测体系建设；三要以满足监管和产业需求为着力点，在优化整合现有检验检测资源的基础上，全面提升食品药品检验检测能力。四要适应国家加大政府购买服务力度，公平对待社会检验检测力量的改革新举措，进一步强化主体功能意识。最终打造一个优势集中、技术过硬、实力雄厚的检验检测集团军。

**三、树立五个意识，着力推进检验检测能力建设**

在全面深化改革的大背景下，全系统不仅要扎实进取，努力创新，也应当逐步树立检验服务意识，努力提高服务能力和水平，不断增强核心竞争力，以此促进检验检测能力的提升。

（一）树立服务意识。对检验检测机构来说，树立服务意识，首先是要树立服务监管的职能意识，深刻认识检验检测作为监管技术支撑的重要地位和作用，不断适应监管的需要，为行政监管提供更优质的服务。这不仅包括完成既定的检验任务，还有在职责范围内，注重技术的储备，提高技术能力，引领技术发展的方向，推动检验检测事业的发展。其次要树立服务全社会的意识。多年来，我们不断强调，检验检测工作的根本目的是保证食品药品的安全，其服务的对象不仅仅是监管部门，还应包括生产经营企业和广大公众。我们要树立服务行业发展的意识，更要树立服务公众的意识，在这样的意识驱使下，服务全社会，以此作为检验检测工作前进的动力和发展的基石。

（二）树立源头风险防控意识。经过多年的监管实践，我们确立了企业是第一责任人的监管思路。食品药品生产企业作为产业链的上游，是质量控制的源头。一旦源头出现问题，在信息、物流发达的现在，问题呈发散状迅速蔓延，监管成本巨大，社会影响恶劣。检验检测机构必须树立这种将质量风险控制在源头的意识，在法定职责的范围内，开展对食品药品生产经营企业、医疗机构检验机构和工作人员的业务指导，以科学的手段保证产品质量安全。树立源头风险防控意识，最核心的是转变检验理念，将检验关口和重点前移，通过技术的指导，帮助企业把好出厂这一关。在对企业业务指导这方面，一些省一直在开展，作了很有益的尝试。中检院应该牵头做深入细致的调研分析，借鉴地方经验、摸清各地现状，归纳整理，提出检验检测机构对企业开展业务指导的意见，发挥系统的合力，保证从源头控制产品质量。

（三）树立担当与责任意识。检验检测队伍是保障食品药品监管工作顺利开展、有效开展的重要技术力量，我们肩负确保人民群众饮食用药安全的光荣使命，全系统要深刻认识这一重大责任。当前，食品药品监管改革和工作的重心正在下移，食品药品监管的突出问题多在基层，这也正是我们逐步加强基层监管力量的原因之一。事实告诉我们，问题出在哪里，监管就要到哪里，检验队伍就得跟到哪里。基层的问题虽小，但多发、频发，直接关系群众的生命安危，是我们工作的重中之重，绝不可小视，作为检验检测工作，应加大对基层问题的技术研究，大力发展快检技术，为基层快速、有效处置食品药品安全事件发挥技术支撑作用，切实履行好检验检测工作的重要责任。

（四）树立大局意识。我国地域广阔、情况复杂，地区之间有较大差异，一些地区食品药品安全形势较为严峻，食品药品安全问题多发，食品药品监管的难度高，检验检测队伍面临的压力大。近年来，一些大的食品药品应急事件中，需要检验部门之间密切配合共同来完成应急任务，比如，在铬超标胶囊应急事件中，我们倾全系统的力量完成了检验任务。一些地区性、地域性的食品中毒事件，需要辖区内的检验机构协同作战，一同破解难题，在技术指导方面甚至需要上级的检验机构给予支持。所以，我们必须要有大局意识，树立起全国检验系统的整体观念，加强沟通联系，发现问题要及时上报，由中检院会商复核、诊断。此外，还要逐步探索仪器设备的集中采购等涉及全系统的工作。中检院要切实当好全系统的领头羊、排头兵，带领全系统服务好监管工作大局。

（五）树立信息化的战略意识。今年2月，由习近平任组长，李克强、刘云山任副组长的中央网络安全与信息化领导小组正式成立，习近平成立大会上指出的“没有网络安全，就没有国家安全”、“没有信息化，就没有现代化”。张勇局长强调：“信息化是一个部门的核心竞争力，是科学监管、效能监管的有效手段。”那么，我们检验检测工作作为监管工作的重要技术支撑，必须高度重视信息化建设，树立信息化的战略意识，将信息化作为检验检测能力的核心要素加以重视。中检院作为全系统的领头羊，要将推进检验检测系统的信息化建设作为一项战略任务统筹协调、加快推进，打造一张覆盖全国省市县的食品药品检验网。

在搞好信息化建设的同时，要使用好检验数据。张勇局长指出：“在大数据时代，数据是真正有价值的资产，是信息化的核心要素。谁掌握数据、善用数据，谁就掌握主动、成为赢家”。我们一要确保检验数据科学准确。数据的科学准确是检验检测机构的生命线，离开了科学的数据，我们的工作将大打折扣。检验检测机构所有工作应围绕这个问题开展，让保证数据科学准确贯穿每个环节。二要搭建数据信息化平台。全系统每年产生数量巨大的检验数据，但我们对这些数据的利用远远不足。应急事件中数据的分析、上报、汇总、发布等环节有时并不顺畅，影响事件的处置。在这方面我们应该下大力气予以弥补，充分利用好已有的基本药物信息平台、抽验数据信息平台等，对现有数据进行整理、分析、评估、交流和管理，定期发布质量报告。三要建设信息化实验室。近年来，各级政府和监管部门投入很大，全系统的实验室条件和设备可谓已经进入数字时代，但是，我们对设备的利用还不够，没有互联形成体系。要结合实验室建设，完善LIMS系统，使QC质保体系得到加强，推进传统实验室向信息化实验室的转变。

## 四、对下半年工作的要求

2014年已经过半，但我们的工作任务还十分繁重，全系统应该努力做好以下工作。

（一）统一认识，推动机构改革进一步深化。全系统要从全局的高度，充分认识改革和加强食品药品检验检测机构的重要意义，推动机构改革进一步深化。抓紧建立起以中央机构为龙头、省级机构为骨干、市县两级机构为依托、第三方检测机构为补充的食品药品检验检测体系。今年下半年，中检院的“三定”方案将出台。已经完成改革的省市，要思考工作如何规划布局，最大地发挥现有资源的效能，强化基层技术监管力量，加强技术支撑体系建设；还没有完成的省市要在充分调研的基础上，结合当地的实际，理清思路，找准方向，加强和充实食品药品和医疗器械检验检测力量。

（二）加强检验检测体系能力建设，全力保障各项工作的落实。一要不断推进监管工作的现代化，要从提升检验检测工作效率、服务监管科学决策的高度，在重视信息化基础建设同时，注意资源整合，统筹各种信息平台的建设。二要加强关键技术、快检技术和高新技术的攻关研究，以科技的创新为科学监管提供更有力的技术支撑。三要加强质量管理和实验室管理，利用好自身优势和国际组织的经验，将国际先进管理理念与我国实际相结合。以重点实验室为抓手，强化规范化管理，引入国际认证机制。四要加强重点学科建设，营造深厚的学术氛围，培养领域内有号召力的权威专家。五要强化应急检验工作机制，加快应急检验预案建设，加强培训和演练，加强应急检验案件分析，重点提升“监测预警、快速反应、统筹协调、舆情引导”四项能力。

（三）大力加强干部队伍建设。一要加强职业道德建设。检验检测队伍要坚守职业良知，坚持科学数据神圣不可侵犯；坚定职业信念，坚持依法办事不妥协；坚信职业道义，坚持对公众健康负责不动摇。真正做到不为利所昧，不为欲所惑，不为情所动。二要全面提升队伍的技术能力。要关注人才的个人价值，将个人发展和检验检测事业的发展有机结合。要拓宽人才培养的渠道，营造有利于人才发展的良好氛围，人才能找得到，引得进，留得住。要因地制宜，重视基层检验检测机构的人才培养。三要加强党风廉政建设。各级党组织要坚决贯彻党要管党，要根据中央和总局的决策部署，认真落实好党委在党风廉政建设中的主体责任和纪委在党风廉政建设中的监督责任，坚持不懈抓好“两个责任”制度化、程序化、规范化建设，构建党风廉政建设标本兼治的长效机制。要在党的群众路线教育实践活动的基础上，继续深入开展理想信念、宗旨教育和群众观点教育活动，不断巩固和扩大党的群众路线教育实践活动的成果；要不断加强廉政教育，丰富教育形式，增强教育的实效性，充分发挥教育的防范功能。要认真抓好中央“八项规定”的落实，坚决反对“四风”，努力铲除滋生腐败的土壤和温床；要努力建设一支政治坚定，纪律严明，爱岗敬业，清正廉洁的检验检测队伍，真正成为人民群众饮食用药安全的坚强卫士。

食品药品安全事关大局，牵一发而动全身。我们一定要认真贯彻中央的决策部署，在总局党组的领导下，在中检院牵头下，团结一致，精心谋划，扎实工作，为深入推进食品药品检验检测机构改革，保障公众饮食用药安全做出应有的贡献！

# 推进国产医用设备发展应用会议
# 充分发挥协会作用，促进国产医疗设备产业发展

中国医学装备协会理事长朱庆生

医疗设备是引领医疗技术发展与创新的重要物质基础和技术保证，也是高新技术和卫生事业发展的重要标志。我国医疗设备产业研发生产能力相对较弱，大型设备主要依赖进口。推动国产医疗设备的快速发展，对于提升医疗服务能力、降低服务成本、缓解群众看病贵有着非常重要的意义。

近年来，我国医疗设备产业取得了长足的进步。一是产业整体进入高速增长阶段，医疗设备销售总额从2009年的1442亿元，增长到2013年的3287亿元，年复合增长率达到22%。二是研发能力大幅度提升，新产品新技术不断出现，中低端产品基本满足基层临床需要，并逐步向中高端市场迈进。三是医疗设备企业正向规模化、标准化、系统化和国际化方向发展。在推动国产医疗设备发展应用过程中，中国医学装备协会按照国家卫生计生委的要求，着重做了以下几项工作：

**一、认真做好优秀国产医疗设备产品的遴选工作**

受国家卫生计生委规划与信息司的委托，中国医学装备协会于今年开展了优秀国产医疗设备产品遴选工作，在此基础上制定优秀国产医疗设备产品目录。逐步建立健全医疗设备配置体系，为医疗卫生机构医疗设备选配工作提供参考。

做好优秀国产医疗设备遴选工作意义深远，责任重大，受到了医疗设备行业的广泛关注。在国家卫生计生委规划与信息司的指导下，中国医学装备协会在遴选工作中做好：一是坚持公开透明、客观公正。凡符合条件的国产医疗设备均纳入遴选范围。遴选方法、程序、品目和标准均向社会公布并征询意见。遴选标准实行量化，并具有客观性、科学性和可比性。二是坚持质量第一、服务优良。入选产品需满足临床工作需要、保障医疗质量安全可靠、性能优良，医疗卫生机构认可。医疗设备生产企业应有完善的售后服务体系和严格的售后服务标准。三是点面结合、突出重点。分门别类逐步开展国产医疗设备应用情况摸底调查，重点选择覆盖面广、用量大、有一定市场占有率、对降低医疗成本作用显著的产品，作为优先遴选品目。四是科学分类、动态调整。按照不同医疗卫生机构诊疗服务功能需求，科学划定医疗设备使用范围。加强对纳入优秀国产医疗设备目录产品的监测，并实行动态调整。对技术上不能满足临床应用需要，售后服务不好的产品及时进行淘汰，对新技术、临床应用效果好的新产品定期进行补选，纳入目录。

中国医学装备协会在2014年上半年启动了第一批优秀国产医疗设备产品的遴选，开展了数字化X线机、彩色多普勒超声波诊断仪和全自动生化分析仪三个品目的遴选工作。目前，我们正在组织专家对临床使用效果做进一步的核实评价，近期将形成遴选结果。下半年我们将适时开展第二批优秀国产医疗设备的遴选工作。希望有关企业能够进一步关注。

中国医学装备协会一定要以对医疗机构和广大企业高度负责的态度，认真做好遴选和目录的制定工作。

## 二、搭建临床应用与企业研发的技术合作平台

中国医学装备协会与医疗机构和企业之间有着广泛的联系，按照加强政、产、学、研、用一体化的要求，着实发挥协会的服务职能，努力搭建临床应用专家与研发生产企业的沟通交流平台。一是加强医疗设备现状调研。组织专家对各级医疗机构设备使用情况及临床需求进行实地调研，帮助企业了解医疗机构临床需求，提出技术研发和改进建议；二是对企业新产品、新技术进行论证，帮助企业完善产品质量和性能。通过一系列活动帮助企业提高生产研发能力，提高售后服务水平，提升医疗机构对企业产品的满意度，提升产品质量和企业形象。

## 三、做好新技术新设备的推广工作

中国医学装备协会一直开展新技术新设备的推广工作，把一些安全性高、稳定性强，诊断结果准确，治疗效果明显，技术科技含量高，具有一定的先进性，有利于促进学科发展，提高学科水平的设备推荐给医疗机构。协会根据形势发展和实际工作需要适时举办专题学术交流研讨会、座谈会。迄今为止，已经组织召开X线机类、内镜类、放疗类、妇科设备、医学装备信息化建设等专题技术研讨会，深入探讨装备技术发展现状和装备技术的适宜性，把一些新技术、新设备推广介绍到基层医疗卫生机构。下一步我们将对遴选出的优秀国产医疗设备加强宣传和推广。

## 四、对国产医疗设备产业发展的意见和建议

1、制定扶持政策，引领国产企业发展。

建议政府相关部门制定扶持国产医疗设备产业发展的政策和具体措施，特别是在资金投入、研发生产、产品注册、推广应用、税收优惠等方面制定出切实可行的办法，鼓励和引领企业创新发展。

2、完善相关措施，鼓励使用国产设备。

有关部门要完善医疗机构设备配置标准及使用国产医疗设备的相关措施，按照医疗机构的功能定位和临床工作需要，鼓励医疗机构使用优秀国产医疗设备，凡是国产设备能够满足临床需要的，应配置国产设备。基层医疗机构应以配置国产医疗设备为主。

3、加大研发投入，提高创新能力。

国产医疗设备生产企业要加大研发投入力度，培养和引进优秀人才，做好有关创新要素的组合，学科集成，优势互补，形成技术创新合力，突破关键技术难关，形成自主品牌和生产规模，逐步使我国由医疗设备的使用大国变成研发生产强国。

4、提高产品质量，完善售后服务。

质量是产品的生命，也是产品的核心竞争力。医疗设备作为一种特殊产品，涉及疾病的诊断、预防、监护、治疗，比一般的工业产品更为直接地影响着人体生命安全和身体健康。国产医疗设备生产企业必须下大力气提高产品的安全性、诊断的准确性、治疗的有效性。

良好的售后服务，是企业建立良好信誉和市场竞争力的必要条件。国产医疗设备生产企业要切实增强服务意识，建立完善的售后服务体系，主动及时地做好服务工作，降低服务价格，提高服务质量，在良好的服务中促进企业的可持续发展，提升企业竞争力。

国产医疗设备产业的发展任重道远，我们要认真贯彻十八届三中全会精神，以《国务院关于促进健康服务业发展的若干意见》为指导，紧紧围绕我国卫生事业发展和改革的大局，充分发挥协会的职能作用，协助政府有关部门积极做好工作，为促进我国医疗设备产业实现跨越式发展做出贡献。

2014.8.16

# 医疗器械临床使用安全保障及信息化管理

卫计委北京医院 蔡 葵

1、医院内相关组织机构的建立

名　称：医疗器械临床使用安全管理委员会

人员构成：医院领导、医疗行政管理、临床医学及护理、医院感染管理、医疗器械保障管理等人员组成。

工作任务：指导医疗器械临床安全管理的相关工作。

2、建立健全医疗器械管理规章制度

（1）临床使用科室及器械保障管理部门工作管理制度

（2）医疗设备采购管理制度

（3）医疗设备安装验收制度

（4）医疗设备固定资产管理制度

（5）医疗设备档案管理制度

（6）医疗设备库房管理制度

（7）医疗设备应用质量控制制度

（8）维修与预防行维护管理制度

（9）计量器具管理制度、特种设备管理制度、射线装置管理制度

（10）放射源安全管理制度

（11）医疗设备报废管理制度

（12）大型医疗设备配置与应用管理制度

（13）突发事件应急管理制度

（14）风险评估管理制度

（15）科研教学及人才培养制度

（16）医疗设备“应用分析”工作制度

（17）医疗耗材、器械采购管理制度

（18）医疗耗材、器械到货验收制度

（19）医疗耗材、器械库房管理制度

（20）医疗耗材、器械财务管理制度

（21）医疗耗材、器械档案管理制度

（22）医疗耗材、器械临床科室临时储备库管理制度

（23）高值耗材管理制度

（24）医用耗材、器械临床科室临时储备库监督管理制度

（25）一次性使用医用耗材废物处理管理制度

（26）医疗器械安全事件上报制度

3、医疗器械临床使用安全事件监测

（1）建立医疗器械安全事件监测与报告制度、应急预案 和监督管理小组。

（2）发生医疗器械临床使用安全事件或者医疗器械出现故障的，应当立即停止使用，并通知临床（医学）工程部门按规定检修，形成记录。

（3）对各临床科室进行医疗器械安全事件培训，提高临床工作人员的医疗器械安全风险意识。

（4）负责收集、分析医疗器械安全事件并及时做出处置，同时上报至上级主管部门。

4、医疗器械临床使用安全相关人员资质考评及培训

（1）医院医疗器械管理人员必须具备相关专业学历、技术职称，取得相应资质；

（2）开展医疗器械临床使用过程中的操作规程等相关培训定期检查评价，并作相应记录。

（3）建立医疗器械临床工程技术人员的培训、考核、评价等人才培养制度。

（4）临床工程技术人员必须进行在岗培训。要制定培训计划，熟练掌握专业知识，科室业务学习每月至少一次并做定期考核及记录。

5、医疗器械应急预案及建立应急调配机制

（1）建立生命支持设备应急管理制度和应急备用方案，以应对突发事件的发生。

(2) 定期检查应急备用方案落实情况，并加以记录。

（3）以呼吸机、监护仪、除颤起搏器、输注泵等各类待调配应急医疗设备应当合理分布，并了解其设备状态，保证能够及时使用。

6、医疗器械临床使用监督机制

（1）成立相应的监督机构。由医疗行政管理、临床医学及护理、医院感染管理、医疗器械保障管理等相关人员组成。

（2）监督机构定期检查相关制度的落实情况，并作记录。

（3）监督机构定期检查医疗器械信息档案，包括器械唯一性标识、使用记录和保障记录等，并作检查情况记录。

（4）针对检查中出现的问题，要制定相应的整改措施，并记录整改情况。

7、医院对医疗器械厂家的需求

医院对医疗器械需求的特殊性；选择高质量、技术领先的知名品牌；有效提高临床医疗工作；及时有效、长期稳定的售后保障；广泛的医学、科学领域地合作。

8、医院对医疗器械厂家的期望

为医院提供最安全、最先进的产品；先进技术是医学发展的基础；有效的管理经验；医疗器械在临床安全使用基础是安全稳定的产品；医疗器械的安全使用又是临床医疗安全的基础。

9、什么是医疗器械的质量控制

医疗器械质量控制的目的旨在确保患者的安全，确保医疗质量，同时提高医院综合效益，包括：确定控制对象；制定控制标准；编制控制方法；明确检验办法；实施质量控制。

10、医疗器械质量控制：

包括三大方面：采购质量控制；临床应用质量控制；医学工程保障质量控制

11、医疗器械质量直接关系到医疗质量

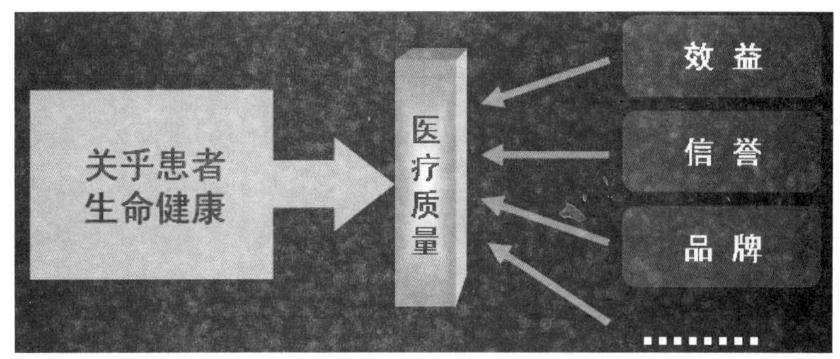


医疗质量，是整个医院管理的出发点，也是各项管理工作的最终结果。医疗质量是医院社会价值的体现，是生存的关键。

12、医疗质量的三维内涵

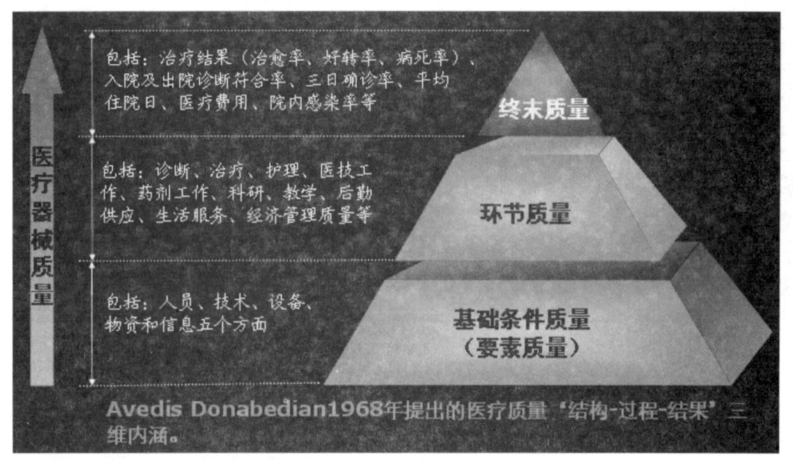


13、医疗器械质量是医疗质量链的重要一环

医疗器械质量：是医疗质量链的重要一环，直接关乎患者的生命健康！

14、国外：医疗器械质量管理有关情况

以美国为例：1976年，国会推出了《医疗器械修正案》，授权 FDA管理医疗设备安全和质量。1990年，正式颁布了著名的《医疗器械安全法令》，从法律上强制要求开展医疗设备质量控制。1998年，JCAHO（医院评审联合会）国际部制定了"JCI医院评审标准"，该标准的"FMS.7"部分要求："医疗机构要计划和实施一项程序，以检查、测试和维护医疗设备并记录结果。"其核心要求包括：定期检查医疗设备；测试医疗设备以与其用途和规定相适应；进行预防性维护维修。

比较：欧美有完善的质量控制体系

欧美等国：行业有法规；医院有制度；从业人员有资质（考核、认证、继续教育）；医疗器械质控有标准（操作、检测标准）；资金有投入（人、财、物）。已建立起完整成熟的医疗器械质量控制体系。

国内：医疗器械质量管理有关情况

2000年国家药监局颁布《医疗器械监督管理条例》；2002年，出台《医疗事故处理条例》，

规定医疗责任事故 “举证倒置”；2004年，颁布《器械不良事件管理办法》；2006年，印发了《全国医疗器械专项整治工作方案》；2008年，国家食品药品监督管理局并入国家卫生部；2009年，成立医疗服务监管司；2010年，颁布了《医疗器械临床使用安全管理规范》（试行》；2012年，北京市卫生局《北京市医疗机构医疗器械管理制度（试行）》。

比较：国内在医疗器械质控方面是空白，医疗器械临床准入标准没有建立；医疗器械质量控制的管理标准和技术标准均未建立；医疗器械临床工程师准入制度尚未建立；医疗器械操作人员资格认证制度还没有建立；医疗器械引发的不良事件没有得到广大医务工作者和管理工作者的重视。

15、医疗器械质量问题：

以常见设备一些问题为例：除颤仪、呼吸机、CT&MRI

◆除颤仪：常见问题：

—输出能量偏低

—没有能量输出

—充电时间太长

—同步延迟过长

| 技术指标 | 要求 |
|---|---|
| 输出能量允差 | ± 15% |
| 最大能量充电时间 | 15s |
| 充电次数 | 4次/min |
| 内部放电时间 | 60s |
| 同步时间延迟 | <30ms |

常见问题：

日期没有正确设置；患者姓名没有及时更新；打印的心电信息、除颤记录将被存入病历，但其中患者姓名、日期时间不对

综合问题：

以呼吸机安全为例。应用风险高：个性化治疗、参数设置、消毒与交叉感染等。主要参数失准；压力上限，不准或失灵；触发灵敏度，不准或误触发；吸气压力水平，不平稳、不准确；气源缺失不报警；潮气量偏离设定值；潜在危害大：造成气压伤、氧中毒或低氧血症、 CO2储留、无法脱机，甚至死亡。

查找问题，凸显“三无”。临床医疗器械操作人员无“规范化培训” 和“资质准入”；医疗器械临床保障无“周期预防性维护”；临床工程师无“认证准入”。

16、医疗器械质量控制工作是

医疗质量保障工作的基础；是有益于确保患者安全的一项举措；是有益于提高医疗质量的重要一环。

17、开展医疗器械质量控制工作的条件

①领导支持：从医院质量管理的全局把握医疗器械质量控制的重大现实意义，切实将医疗器械的质量管理纳入医疗质量管理的范畴。

②健全组织：建立由医院领导牵头，医疗器械管理门、医疗行政管理部门等为核心的管理委员会。负责组织实施医疗器械的临床使用管理，从使用者、被使用者、医疗器械管理维护人员等的全程管理。

③明确任务：围绕医疗器械管理的全流程，从论证、引进、安装、培训、使用、维护、维修、检测、退役各环节入手，抓好医疗器械的质量安全控制。

④配备人员：以建立业务过硬的医疗器械质量管理与技术人员队伍为目标，保证医学工程人员的编制与素质。

⑤资金到位：将医疗器械质量控制的成本纳入医院经营成本，投入必要的资金保证质控工作的开展。

⑥企业合作：生产企业所提供高质量产品，提供高质量维护。

18、医疗器械质控专业委员会的核心任务

管理层面：必须认真领会国家医疗器械质控法规、标准与规范；收集医疗器械使用中存在的问题，为上级管理部门决策提供依据；制定医疗器械临床准入标准；开展教育培训和资格认证工作。

技术层面：制定医疗器械操作规范、检测标准；收集、整理、分析和挖掘质控数据；为医疗机构提供信息和共享数据。

19、完善医疗器械质量控制体系

①研究建立准入制度，加强人员和装备管理。临床操作人员资质准入；医疗器械临床准入；临床工程师认证准入。

②完善相关规范、制度和技术指标体系，研究医疗器械质量控制的方法和技术指标，建立重点医疗器械的质量控制规范。

12类医疗器械质量控制规范包括用前检查要求、日常维护规范、质量检测规范。

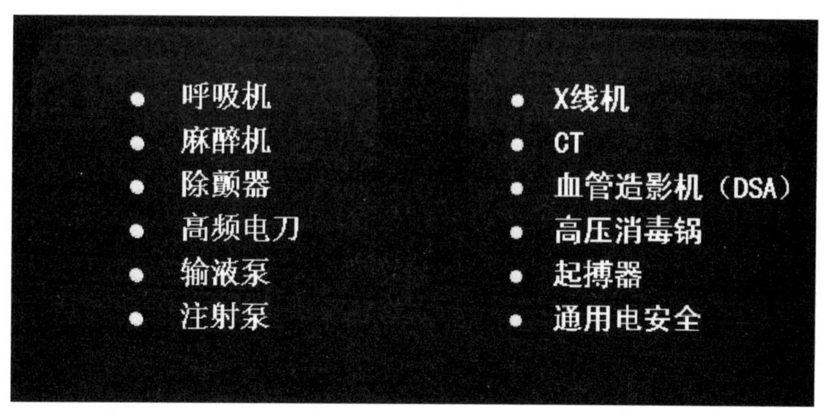


20、展望

医疗器械的质量控制是提高医疗质量的基础。必须尊重医疗客观规律，提高研究问题和解决问题的能力，才能把这项工作做得有益于医疗事业的发展。希望在医疗器械生产厂家的支持下、在每一位医务工作者的共同努力下；大力推动医疗器械质量控制工作，提高医疗服务质量，更好地为临床医疗工作服务！

# 四、医学装备配置使用状况

## 第一节 大型医用设备

### （一）甲类大型设备

为了保障大型医用设备采购质量和采购价格合理，控制卫生费用过快增长，促进卫生事业的健康发展，近年来，国家卫生计生委先后制定了《大型医用设备配置与使用管理办法》、《甲类大型医用设备集中采购工作规范（试行）》等相关文件，将资金投入量大、运行成本高、使用技术复杂、对卫生费用增长影响大的大型医用设备定为甲类大型医用设备。

#### 1、甲类大型设备品目

国家卫生和计划生育委员会（原卫生部）分别在2004、2009和2013年分别对甲类大型医用设备品目进行了编制和更新。甲类大型设备品目具体如下：

**甲类大型设备品目**

| | |
|---|---|
| 2004 | X线———正电子发射型电子计算机断层扫描仪(PET—CT,包括正电子发射型断层仪即PET) |
| | 伽玛射线立体定位治疗系统(γ刀) |
| | 医用电子回旋加速治疗系统(MM50) |
| | 质子治疗系统 |
| | 其他未列入管理品目、区域内首次配置的单价在500万元以上的医用设备 |
| 2009 | X线立体定向放射治疗系统（英文名为CyberKnife） |
| | 断层放射治疗系统（英文名为Tomo Therapy） |
| | 306道脑磁图 |
| | 内窥镜手术器械控制系统（英文名为da Vnici S） |
| 2013 | 正电子发射磁共振成像设备（英文简称PET-MR,包括一体化和分体式两种类型） |
| | TrueBeam、TrueBeam STX型医用直线加速器 |
| | Axesse型医用直线加速器 |

数据来源：国家卫生和计划生育委员会

#### 2、甲类大型医用设备集中采购工作成效

为切实并规定由国家卫生和计划生育委员会统一组织实施集中采购，取得了明显成效。

2008年11月至2013年12月，国家卫生计生委累计为74家医疗机构集中采购了120台甲类大型医用设备，采购金额达到25,416万美元。从采购效果来看，一是充分发挥了集中采购的量价优势，与既往医疗机构分散采购相比，采购价格明显降低，为医疗机构节省了28%的采购预算资金。二是保证了机型先进、功能齐全、售后服务完备，基本达到了“质量优先、价格合理、性价比适宜”的工作目标。三是规范了采购行为，对集中采购工作实施全程监督，有效防范了分散采购中可能发生的腐败行为，对防止医药购销领域商业贿赂产生了积极作用。

### (二)乙类大型设备

#### 1、X线电子计算机断层扫描装置（CT）

任何一种技术，都在实际应用中不断克服缺点，逐步改进。任何的发展，都要以满足临床诊疗过程

中的需求为目的。近几年CT临床应用范围不断扩大，相信随着球管探测器技术进步，X低剂量技术的推广，结合时间分辨率、空间分辨率、密度分辨的提高，将使CT 在安全、低剂量的条件下，实现在更加清晰的图像上更加快速显示疾病，使疾病更加早期、更加明确得到诊断。

截至2013年，CT全国拥有量为16014台。但是在我国由于地区经济差异以及医疗设备配置不均衡的问题，各省市CT配置中都存在一定量的二手设备，这部分设备约占总量的11%。

**表1 X线电子计算机断层扫描装置（CT）**

| 序号 | 地区 | 配置数量 | 人口数（万人） | 百万人拥有设备量 | 序号 | 地区 | 配置数量 | 人口数（万人） | 百万人拥有设备量 |
|---|---|---|---|---|---|---|---|---|---|
| 1 | 北京 | 415 | 1961 | 21.0 | 16 | 河南 | 1008 | 9402 | 10.6 |
| 2 | 天津 | 140 | 1294 | 10.7 | 17 | 湖北 | 525 | 5724 | 9.1 |
| 3 | 河北 | 926 | 7185 | 12.8 | 18 | 湖南 | 535 | 6568 | 8.0 |
| 4 | 山西 | 379 | 3571 | 10.5 | 19 | 广东 | 2186 | 10430 | 20.9 |
| 5 | 内蒙古 | 384 | 2471 | 15.4 | 20 | 广西 | 371 | 4603 | 8.0 |
| 6 | 辽宁 | 704 | 4375 | 16.0 | 21 | 海南 | 68 | 867 | 7.7 |
| 7 | 吉林 | 476 | 2746 | 17.2 | 22 | 重庆 | 217 | 2885 | 7.4 |
| 8 | 黑龙江 | 579 | 3831 | 15.0 | 23 | 四川 | 708 | 8042 | 8.7 |
| 9 | 上海 | 258 | 2302 | 11.1 | 24 | 贵州 | 291 | 3475 | 8.3 |
| 10 | 江苏 | 1018 | 7866 | 12.8 | 25 | 云南 | 663 | 4597 | 14.3 |
| 11 | 浙江 | 813 | 5443 | 14.8 | 27 | 陕西 | 504 | 3733 | 13.4 |
| 12 | 安徽 | 630 | 5950 | 10.5 | 28 | 甘肃 | 252 | 2558 | 9.7 |
| 13 | 福建 | 268 | 3689 | 7.2 | 29 | 青海 | 64 | 563 | 11.3 |
| 14 | 江西 | 432 | 4457 | 9.6 | 30 | 宁夏 | 106 | 630 | 16.8 |
| 15 | 山东 | 831 | 9579 | 8.6 | 31 | 新疆 | 265 | 2181 | 12.1 |

数据来源：中国医学装备协会

### 2、磁共振成像（MRI）

2008-2013年，我国MRI的市场保有量由2235台增加到6400台，年均复合增长率达18.9%。根据统计，截止到2010年底，2000年以前购买的设备约占9%，2000至2004年购买的设备约占26%，2005年以后年购买的设备约占65%，约占总量10%的设备为二手设备。

随着MRI装机量的增加，我国每百万人口MRI的拥有量由2008年的1.77台增加到2013年的4.8台，人均拥有量逐年提高。

**表2 磁共振成像（MRI）**

| 序号 | 地区 | 配置 数量 | 人口数（万人） | 百万人拥有设备量 | 序号 | 地区 | 配置 数量 | 人口数（万人） | 百万人拥有设备量 |
|---|---|---|---|---|---|---|---|---|---|
| 1 | 北京 | 228 | 1961 | 11.1 | 16 | 河南 | 409 | 9402 | 3.9 |
| 2 | 天津 | 84 | 1294 | 6.0 | 17 | 湖北 | 245 | 5724 | 3.8 |
| 3 | 河北 | 476 | 7185 | 6.1 | 18 | 湖南 | 184 | 6568 | 2.3 |
| 4 | 山西 | 117 | 3571 | 2.8 | 19 | 广东 | 1011 | 10430 | 9.2 |

（续表）

| 序号 | 地区 | 配置 数量 | 人口数（万人） | 百万人拥有设备量 | 序号 | 地区 | 配置 数量 | 人口数（万人） | 百万人拥有设备量 |
|---|---|---|---|---|---|---|---|---|---|
| 5 | 内蒙古 | 131 | 2471 | 4.8 | 20 | 广西 | 100 | 4603 | 1.7 |
| 6 | 辽宁 | 228 | 4375 | 4.7 | 21 | 海南 | 17 | 867 | 1.5 |
| 7 | 吉林 | 145 | 2746 | 4.8 | 22 | 重庆 | 80 | 2885 | 2.3 |
| 8 | 黑龙江 | 201 | 3831 | 4.7 | 23 | 四川 | 218 | 8042 | 2.2 |
| 9 | 上海 | 157 | 2302 | 6.3 | 24 | 贵州 | 76 | 3475 | 1.7 |
| 10 | 江苏 | 340 | 7866 | 3.8 | 25 | 云南 | 218 | 4597 | 4.2 |
| 11 | 浙江 | 385 | 5443 | 6.6 | 27 | 陕西 | 191 | 3733 | 4.6 |
| 12 | 安徽 | 335 | 5950 | 5.1 | 28 | 甘肃 | 70 | 2558 | 2.2 |
| 13 | 福建 | 113 | 3689 | 2.6 | 29 | 青海 | 11 | 562 | 1.5 |
| 14 | 江西 | 107 | 4457 | 1.9 | 30 | 宁夏 | 31 | 630 | 4.4 |
| 15 | 山东 | 392 | 9579 | 3.6 | 31 | 新疆 | 101 | 2181 | 4.1 |
| | | | | | | 合计 | 6400 | | |

数据来源：中国医学装备协会

### 3、数字减影血管造影（DSA）

医疗服务市场竞争日趋激烈，各级医疗机构均投入大量资金来购置先进的诊疗设备以协助医疗工作更客观、更精确、更及时。综合性大医院年设备投入均以千万计，医院医疗设备固定资产均以亿计，这给DSA市场带来了极大的空间。

截止到2013年我国DSA的保有量为3950台。按照国家卫生和计划生育委员会（原卫生部）的规划，到2015年底，全国 DSA配置要控制在 4478台（不包括部队医院）。但在实际市场发展中，我们预计到 2015年的全国配置量要高于卫生部的规划。

**表3 数字减影血管造影（DSA）**

| 序号 | 地区 | 配置 数量 | 人口数（万人） | 百万人拥有设备量 | 序号 | 地区 | 配置 数量 | 人口数（万人） | 百万人拥有设备量 |
|---|---|---|---|---|---|---|---|---|---|
| 1 | 北京 | 221 | 1961 | 11.1 | 16 | 河南 | 177 | 9402 | 1.7 |
| 2 | 天津 | 88 | 1294 | 6.6 | 17 | 湖北 | 142 | 5724 | 2.3 |
| 3 | 河北 | 295 | 7185 | 3.9 | 18 | 湖南 | 101 | 6568 | 1.3 |
| 4 | 山西 | 46 | 3571 | 1.1 | 19 | 广东 | 648 | 10430 | 6.0 |
| 5 | 内蒙古 | 67 | 2471 | 2.5 | 20 | 广西 | 82 | 4603 | 1.6 |
| 6 | 辽宁 | 168 | 4375 | 3.6 | 21 | 海南 | 19 | 867 | 2.0 |
| 7 | 吉林 | 101 | 2746 | 3.5 | 22 | 重庆 | 53 | 2885 | 1.6 |
| 8 | 黑龙江 | 110 | 3831 | 2.7 | 23 | 四川 | 147 | 8042 | 1.6 |
| 9 | 上海 | 154 | 2302 | 6.5 | 24 | 贵州 | 36 | 3475 | 0.8 |
| 10 | 江苏 | 247 | 7866 | 2.9 | 25 | 云南 | 61 | 4597 | 1.1 |

（续表）

| 序号 | 地区 | 配置 数量 | 人口数（万人） | 百万人拥有设备量 | 序号 | 地区 | 配置 数量 | 人口数（万人） | 百万人拥有设备量 |
|---|---|---|---|---|---|---|---|---|---|
| 11 | 浙江 | 229 | 5443 | 4.0 | 27 | 陕西 | 128 | 3733 | 3.2 |
| 12 | 安徽 | 114 | 5950 | 1.7 | 28 | 甘肃 | 47 | 2558 | 1.6 |
| 13 | 福建 | 54 | 3689 | 1.3 | 29 | 青海 | 8 | 562.7 | 1.2 |
| 14 | 江西 | 57 | 4457 | 1.1 | 30 | 宁夏 | 18 | 630 | 2.7 |
| 15 | 山东 | 215 | 9579 | 2.0 | 31 | 新疆 | 104 | 2181 | 4.6 |
| | | | | | | 合计 | 3950 | | |

数据来源：中国医学装备协会

## 4、医用直线加速器（LA）

医用直线加速器（以下简称加速器）是用于癌症放射治疗的大型医疗设备，它通过产生X射线和电子线，对病人体内的肿瘤进行直接照射，从而达到消除或减小肿瘤的目的。人们利用放射线对各种组织器官的正常细胞群和肿瘤细胞群的不同影响和损伤，以及它们恢复能力的差别，使放射治疗成为治疗肿瘤的主要手段之一。

随着更多专科肿瘤医院的成立，大型综合医院增添放疗科的大背景，医用直线加速器的保有量2010年的1200台增加到2013年的1905台，百万人口拥有量达到了1.4台。

**表4 直线加速器（LA）**

| 序号 | 地区 | 配置 数量 | 人口数（万人） | 百万人拥有设备量 | 序号 | 地区 | 配置 数量 | 人口数（万人） | 百万人拥有设备量 |
|---|---|---|---|---|---|---|---|---|---|
| 1 | 北京 | 71 | 1961 | 3.5 | 16 | 河南 | 124 | 9402 | 1.2 |
| 2 | 天津 | 20 | 1294 | 1.4 | 17 | 湖北 | 89 | 5724 | 1.5 |
| 3 | 河北 | 89 | 7185 | 1.1 | 18 | 湖南 | 69 | 6568 | 0.9 |
| 4 | 山西 | 33 | 3571 | 0.8 | 19 | 广东 | 300 | 10430 | 2.8 |
| 5 | 内蒙古 | 35 | 2471 | 1.3 | 20 | 广西 | 47 | 4603 | 0.9 |
| 6 | 辽宁 | 83 | 4375 | 1.8 | 21 | 海南 | 7 | 867 | 0.7 |
| 7 | 吉林 | 46 | 2746 | 1.6 | 22 | 重庆 | 22 | 2885 | 0.7 |
| 8 | 黑龙江 | 52 | 3831 | 1.3 | 23 | 四川 | 76 | 8042 | 0.8 |
| 9 | 上海 | 53 | 2302 | 2.2 | 24 | 贵州 | 17 | 3475 | 0.4 |
| 10 | 江苏 | 143 | 7866 | 1.7 | 25 | 云南 | 46 | 4597 | 0.9 |
| 11 | 浙江 | 81 | 5443 | 1.4 | 27 | 陕西 | 35 | 3733 | 0.8 |
| 12 | 安徽 | 61 | 5950 | 0.9 | 28 | 甘肃 | 23 | 2558 | 0.8 |
| 13 | 福建 | 24 | 3689 | 0.6 | 29 | 青海 | 2 | 563 | 0.3 |
| 14 | 江西 | 38 | 4457 | 0.8 | 30 | 宁夏 | 7 | 630 | 0.9 |
| 15 | 山东 | 185 | 9579 | 1.8 | 31 | 新疆 | 28 | 2181 | 1.2 |
| | | | | | | 合计 | 1905 | | |

数据来源：中国医学装备协会

## 5、SPECT

由于核医学图像存在固有的特点，在影像技术激烈竞争中，SPECT仍具强大的活力，此项技术在世界范围内将继续不断发展创新。预计今后10年，更好的新探测器将投入批量生产。SPECT整机性能会有更大变化，灵敏度和空间分辨率将有大幅度提高，病人的给药量将大幅度降低。软件将达到更高水平，能给出医生非常满意的三维图像。SPECT将给出更多的量化信息，将成为真正的能给出一整套定量结果的成像仪器。也许不久会出现一种自动融合XCT、MRI及ECT图像功能的新仪器，能合成一种从未见过的图像，既有极高的分辨率又完全反映器官各种静态及动态功能变化。

表5 SPECT

| | 地区 | 配置 数量 | 人口数（万人） | 百万人拥有设备量 | 序号 | 地区 | 配置 数量 | 人口数（万人） | 百万人拥有设备量 |
|---|---|---|---|---|---|---|---|---|---|
| 1 | 北京 | 76 | 1961 | 3.8 | 16 | 河南 | 28 | 9402 | 0.2 |
| 2 | 天津 | 13 | 1294 | 0.9 | 17 | 湖北 | 31 | 5724 | 0.4 |
| 3 | 河北 | 48 | 7185 | 0.6 | 18 | 湖南 | 22 | 6568 | 0.2 |
| 4 | 山西 | 21 | 3571 | 0.5 | 19 | 广东 | 155 | 10430 | 1.4 |
| 5 | 内蒙古 | 15 | 2471 | 0.5 | 20 | 广西 | 21 | 4603 | 0.3 |
| 6 | 辽宁 | 1 | 4375 | –0.1 | 21 | 海南 | 5 | 867 | 0.4 |
| 7 | 吉林 | 24 | 2746 | 0.8 | 22 | 重庆 | 13 | 2885 | 0.3 |
| 8 | 黑龙江 | 17 | 3831 | 0.4 | 23 | 四川 | 36 | 8042 | 0.3 |
| 9 | 上海 | 54 | 2302 | 2.2 | 24 | 贵州 | 7 | 3475 | 0.1 |
| 10 | 江苏 | 64 | 7866 | 0.7 | 25 | 云南 | 28 | 4597 | 0.5 |
| 11 | 浙江 | 46 | 5443 | 0.7 | 27 | 陕西 | 17 | 3733 | 0.4 |
| 12 | 安徽 | 15 | 5950 | 0.2 | 28 | 甘肃 | 9 | 2558 | 0.3 |
| 13 | 福建 | 18 | 3689 | 0.4 | 29 | 青海 | 2 | 563 | 0.3 |
| 14 | 江西 | 9 | 4457 | 0.1 | 30 | 宁夏 | 2 | 630 | 0.3 |
| 15 | 山东 | 40 | 9579 | 0.3 | 31 | 新疆 | 13 | 2181 | 0.5 |
| | | | | | | 合计 | 850 | | |

数据来源：中国医学装备协会

## 第二节 万元以上设备

伴随着深化医药卫生体制改革的工作的进程，继续支持基层医疗卫生机构建设，卫生机构数量的增加以及服务能力的提升，都是是医疗设备发展的主要动力。

全国万元以上设备数平稳快速增长，2008年全国卫生机构万元以上设备配置数量为231万台，2012年全国卫生机构万元以上设备配置数量359万台，相比于2011年全国卫生机构万元以上设备配置13.2%，

图 102008–2012年万元以上设备总量

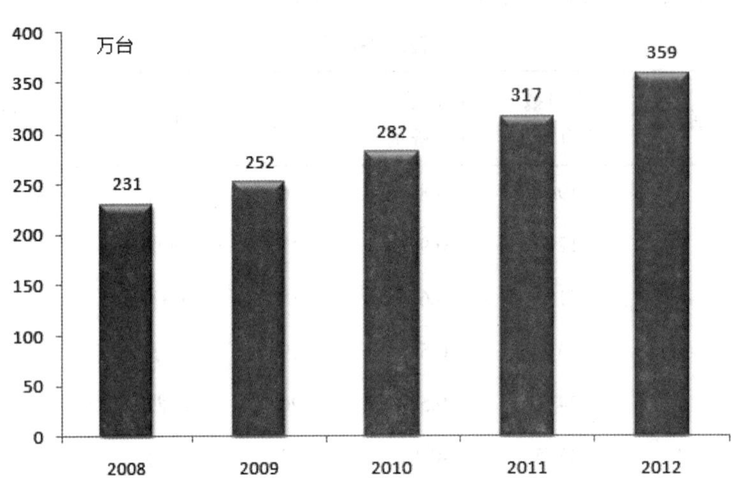


数据来源：中国医学装备协会

2012年全国万元以上医学装备总价值为5241亿元，较上一年增加了788亿。从医疗机构分类来看，医院依然是万元以上设备主要拥有机构，占总数的83.9%，基层卫生医疗机构仅占总数的6.4%。50万元以下设备医院占75.6%，50–99万元设备医院占总数83%，100万元以上设备医院占总数90%。

表 6 全国万元以上医学装备总价值

| 机构分类 | 万元以上设备总价值（万元） | 万元以上设备台数 | | | |
|---|---|---|---|---|---|
| | | 合计 | 50万元以下 | 50–99万元 | 100万元及以上 |
| 总　计 | 52415999 | 3586935 | 3416555 | 96464 | 73916 |
| 一、医院 | 44005792 | 2726508 | 25798858 | 80079 | 66571 |
| 综合医院 | 34161152 | 2057108 | 1943902 | 61082 | 52124 |
| 中医医院 | 4677379 | 328327 | 312068 | 9015 | 7244 |
| 中西医结合医院 | 515998 | 33745 | 32067 | 988 | 690 |
| 民族医院 | 87738 | 5327 | 5036 | 187 | 104 |
| 专科医院 | 4555819 | 301090 | 285898 | 8790 | 6402 |
| 二、基层医疗卫生机构 | 3344176 | 439640 | 431354 | 6530 | 1756 |
| 三、社区卫生服务中心(站) | 993493 | 126440 | 123716 | 2181 | 543 |
| 四、卫生院 | 2349679 | 313198 | 307636 | 4349 | 1213 |
| 五、急救中心(站) | 125203 | 12753 | 12318 | 357 | 60 |
| 六、妇幼保健院(所、站) | 2040954 | 162074 | 155335 | 3833 | 2906 |

| 机构分类 | 万元以上设备总价值（万元） | 万元以上设备台数 | | | |
|---|---|---|---|---|---|
| | | 合计 | 50万元以下 | 50-99万元 | 100万元及以上 |
| 七、专科疾病防治院(所、站) | 84853 | 8755 | 8473 | 202 | 80 |
| 八、疾病预防控制中心 | 1297823 | 111340 | 108026 | 2603 | 711 |
| 九、卫生监督所(所) | 114007 | 22175 | 22175 | | |
| 十、医学科学研究机构 | 225784 | 17440 | 16645 | 491 | 304 |
| 十一、医学在职培训机构 | 81936 | 12840 | 12658 | 122 | 60 |
| 十二、健康教育所(站、中心) | 6192 | 917 | 908 | 4 | 5 |

数据来源：国家卫生和计划生育委员会

## 第三节　各类医院医学装备配置情况

### (一) 综合医院

与2012年相比，2013年全国综合医院万元以上设备配置量及其价值总额分别增加了16.6%和14.1.%。50万元以下设备配置量增长率为14.2%，50~99万元设备配置量增长率为15.7%，百万元以上设备配置量增长率为20%。

**表7　全国综合医院设备拥有量情况**

| 设备名称 | 设备总量（台） | 平均拥有量 |
|---|---|---|
| CT | 11491 | 0.85 |
| DSA | 2437 | 0.18 |
| MRI | 4341 | 0.32 |
| 直线加速器 | 2256 | 0.16 |
| 超声诊断仪 | 104499 | 7.65 |
| 呼吸机 | 98640 | 7.22 |
| 麻醉机 | 62672 | 4.59 |
| 内窥镜 | 6858 | 0.50 |
| 透析机 | 45048 | 4.16 |
| 生化分析仪 | 26861 | 1.97 |
| 监护仪 | 63523 | 4.66 |
| 医用X线诊断仪 | 53022 | 3.89 |
| 牙科综合治疗椅 | 46795 | 3.42 |
| 救护车 | 39773 | 2.91 |

数据来源：中国医学装备协会

### (二)中西医结合医院

与2012年相比，2013年全国中西医结合医院万元以上设备配置量及其价值总额分别增加了29.1%和26.8%。50万元以下设备配置量增长率为26.5%，50~99万元设备配置量增长率为36%，百万元以上设备配置量增长率为28%。

表 8 全国中西医结合医院设备拥有量情况

| 设备名称 | 设备总量（台） | 平均拥有量 |
|---|---|---|
| CT | 161 | 0.64 |
| DSA | 17 | 0.07 |
| MRI | 54 | 0.22 |
| 直线加速器 | 17 | 0.07 |
| 超声诊断仪 | 991 | 3.96 |
| 呼吸机 | 607 | 2.43 |
| 麻醉机 | 281 | 1.12 |
| 内窥镜 | 30 | 0.12 |
| 透析机 | 620 | 2.48 |
| 生化分析仪 | 365 | 1.46 |
| 监护仪 | 269 | 1.08 |
| 医用X线诊断仪 | 600 | 2.40 |
| 牙科综合治疗椅 | 640 | 2.56 |
| 救护车 | 359 | 1.44 |

数据来源：中国医学装备协会

### (三)中医医院

与2012年相比，2013年全国中医医院万元以上设备配置量及其价值总额分别增加了21.1%和22%。50万元以下设备配置量增长率为22%，50~99万元设备配置量增长率为17%，百万元以上设备配置量增长率为26%。

表9 全国中医医院设备拥有量情况

| 设备名称 | 设备总量（台） | 平均拥有量 |
|---|---|---|
| CT | 2647 | 0.96 |
| DSA | 190 | 0.07 |
| MRI | 414 | 0.15 |
| 直线加速器 | 150 | 0.06 |
| 超声诊断仪 | 16889 | 6.10 |
| 呼吸机 | 9409 | 3.40 |
| 麻醉机 | 14807 | 5.35 |
| 内窥镜 | 957 | 0.34 |
| 透析机 | 4614 | 1.66 |
| 生化分析仪 | 4914 | 1.77 |

（续表）

| 设备名称 | 设备总量（台） | 平均拥有量 |
|---|---|---|
| 监护仪 | 6373 | 2.30 |
| 医用X线诊断仪 | 8370 | 3.02 |
| 牙科综合治疗椅 | 5919 | 2.14 |
| 救护车 | 6698 | 2.42 |

数据来源：中国医学装备协会

### (四)专科医院

与2012年相比，2013年全国专科医院万元以上设备配置量及其价值总额分别增加了20%和14%。50万元以下设备配置量增长率为13%，50~99万元设备配置量增长率为16%，百万元以上设备配置量增长率为19%。

**表10 全国专科医院设备拥有量情况**

| 设备名称 | 设备总量（台） | 平均拥有量 |
|---|---|---|
| CT | 1895 | 0.47 |
| DSA | 399 | 0.10 |
| MRI | 398 | 0.10 |
| 直线加速器 | 362 | 0.08 |
| 超声诊断仪 | 16248 | 4.08 |
| 呼吸机 | 12315 | 3.09 |
| 麻醉机 | 14103 | 3.53 |
| 内窥镜 | 1251 | 0.31 |
| 透析机 | 3104 | 0.77 |
| 生化分析仪 | 4327 | 1.09 |
| 监护仪 | 11105 | 2.78 |
| 医用X线诊断仪 | 7365 | 1.85 |
| 牙科综合治疗椅 | 25861 | 6.49 |
| 救护车 | 4448 | 1.11 |

数据来源：中国医学装备协会

### (五)社区卫生服务中心(站)

与2012年相比，2013年全国社区卫生服务中心万元以上设备配置量及其价值总额分别增加了15%和11%。50万元以下设备配置量增长率为11%，50~99万元设备配置量增长率为16%，百万元以上设备配置量增长率为19%。

表 11 全国社区卫生服务中心设备拥有量情况

| 设备名称 | 设备总量（台） | 平均拥有量 |
|---|---|---|
| CT | 564 | 0.08 |
| DSA | -- | -- |
| MRI | 163 | 0.02 |
| 直线加速器 | -- | -- |
| 超声诊断仪 | 13354 | 1.09 |
| 呼吸机 | 6008 | 0.08 |
| 麻醉机 | 4951 | 0.73 |
| 内窥镜 | 490 | 0.07 |
| 透析机 | 1787 | 0.26 |
| 生化分析仪 | 3978 | 0.58 |
| 监护仪 | 4722 | 0.69 |
| 医用X线诊断仪 | 4541 | 0.67 |
| 牙科综合治疗椅 | 3357 | 0.49 |
| 救护车 | 2087 | 0.31 |

数据来源：中国医学装备协会

## (六)妇幼保健院

与2012年相比，2013年全国妇幼保健院万元以上设备配置量及其价值总额分别增加了35%和21%。50万元以下设备配置量增长率为20%，50~99万元设备配置量增长率为23%，百万元以上设备配置量增长率为39%。

表12 全国妇幼保健院设备拥有量情况

| 设备名称 | 设备总量（台） | 平均拥有量 |
|---|---|---|
| CT | 249 | 0.09 |
| DSA | 38 | 0.01 |
| MRI | 43 | 0.01 |
| 直线加速器 | 38 | 0.01 |
| 超声诊断仪 | 11561 | 4.36 |
| 呼吸机 | 2980 | 1.02 |
| 麻醉机 | 3937 | 1.35 |
| 内窥镜 | 411 | 0.15 |
| 透析机 | 510 | 0.17 |
| 生化分析仪 | 2102 | 0.72 |
| 监护仪 | 2441 | 0.84 |

（续表）

| 设备名称 | 设备总量（台） | 平均拥有量 |
|---|---|---|
| 医用X线诊断仪 | 1728 | 0.60 |
| 牙科综合治疗椅 | 1502 | 0.51 |
| 救护车 | 4663 | 1.61 |

数据来源：中国医学装备协会

### (七)卫生院

与2012年相比，2013年全国卫生院万元以上设备配置量及其价值总额分别增加了14%和7%。50万元以下设备配置量增长率为7%，50~99万元设备配置量增长率为14%，百万元以上设备配置量增长率为16%。

表13 全国卫生院设备拥有量情况

| 设备名称 | 设备总量（台） | 平均拥有量 |
|---|---|---|
| CT | 1101 | 0.03 |
| DSA | -- | -- |
| MRI | -- | -- |
| 直线加速器 | -- | -- |
| 超声诊断仪 | 78085 | 2.05 |
| 呼吸机 | 12694 | 0.34 |
| 麻醉机 | 11485 | 0.30 |
| 内窥镜 | 959 | 0.02 |
| 透析机 | 2279 | 0.06 |
| 生化分析仪 | 37736 | 1.00 |
| 监护仪 | 31594 | 0.83 |
| 医用X线诊断仪 | 47387 | 1.25 |
| 牙科综合治疗椅 | 6236 | 0.17 |
| 救护车 | 25566 | 0.67 |

数据来源：中国医学装备协会

# 五、中国医学装备产业发展状况

## 第一节 2014年中国医疗器械行业发展综述

### 一、2014中国医疗器械10件焦点事件

#### 1、《医疗器械监督管理条例》实施

6月1日，新修订的《医疗器械监督管理条例》正式实施，被认为是行业“母法”，此前的旧条例已经运行了14年。新修订的《条例》共八章80条，体现了风险管理、全程治理、社会共治、责任治理、效能治理的基本原则，完善了分类管理、产品和生产经营企业注册备案、使用环节监管、上市后管理等制度，健全了有奖举报、信息公开、部门协同等机制。

#### 2、医疗器械“五整治”专项行动

3月15日，国家食品药品监督管理局正式启动医疗器械“五整治”专项行动，重点整治医疗器械虚假注册申报、违规生产、非法经营、夸大宣传、使用无证产品等五种行为，整个行动持续5个月。

#### 3、习近平考察上海联影医疗

5月24日，中共中央总书记、国家主席、中央军委主席习近平在上海考察调研了上海联影医疗科技有限公司，并倡导使用国产医疗设备。

#### 4、商务部决定对欧日进口血液透析机进行反倾销调查

6月13日，商务部发布2014年第42号公告，决定即日起对原产于欧盟和日本的进口血液透析机进行反倾销立案调查。此次反倾销调查涉及的产品英文名称为Hemodialysis Equipment，归在《中华人民共和国进出口税则》：90189040。该税则号项下血液透析机以外的其他产品不在本次调查产品范围之内。

#### 5、CFDA颁布120项医疗器械行业标准

6月30日，国家食品药品监督管理总局以“2014年第30号公告”形式颁布了《子宫刮匙》等120项推荐性医疗器械行业标准。标准的正式颁布将推动医疗器械监督管理，对保障医疗器械安全有效、促进医疗器械产业健康发展起到了积极作用。

#### 6、CFDA公布查处的10起重大医疗器械典型案件

7月8日，国家食品药品监督管理总局公布了被查处的10起重大医疗器械典型案件，包括：湖南省查处“4·23”非法制售避孕套医疗器械案；江苏省查处的“6.10”非法制售软性亲水接触镜(美瞳)案；江苏省查处的“6.26”非法生产、销售贴敷类产品案；北京市查处的史密斯公司非法经营美国进口无证医疗器械案；.黑龙江省查处的跨省产销假医疗器械案；江苏省查处的卞某非法生产、销售无注册证书医疗器械案；广东省查处的广州安仁公司非法经营无证医疗器械案；浙江省查处的非法经营无证药械、销售假药案；山西省查处的三个义齿加工黑窝点案；广西区查处的张某非法生产销售义齿案。

#### 7、《医疗器械注册管理办法》等五部规章同期发布

为配合新版《医疗器械监督管理条例》的实施，在深入调研、多次论证、广泛征求各方意见的基础上，国家食品药品监督管理总局制修订了《医疗器械注册管理办法》、《体外诊断试剂注册管理办法》、《医疗器械说明书和标签管理规定》、《医疗器械生产监督管理办法》、《医疗器械经营监督管理办法》等五部规章。五部规章已于6月27日经总局局务会议审议通过，7月30日分别以总局令4、5、6、7、8号公布，于2014年10月1日施行。

### 8、中美就医疗器械进口与注册问题达成共识

12月16-18日，第25届中美商贸联委会在美国芝加哥成功召开。中美就医疗器械进口与注册等问题达成共识。双方均同意凡是涉及药品和医疗器械的法律法规草案，按照世界贸易组织有关规则需要通报的，提供不少于60天的征求意见期。中方按照《医疗器械监督管理条例》开展医疗器械临床试验相关管理。将根据监管实际需要，进一步加快调整、扩充免于进行临床试验的目录产品，扩大免于在中国境内开展临床试验的医疗器械范围，减少开展医疗器械临床试验的数量，提高进口医疗器械在中国上市的效率。

### 9、东盟10亿美元订单投给国产医疗器械

东盟国际贸易促进委员会2014年9月与中国医药物资协会医疗器械分会达成一致意见，从2015年起，东盟将从中国进口10亿美元的医药器械。订单中，有B超机及各种透析用的高分子管、X光胶片、X射线乳腺机等。

### 10、鱼跃科技11亿入主华润万东

据华润万东9月16日晚间公告，公司控股股东北药集团当日与江苏鱼跃科技发展有限公司签署了股份转让协议，鱼跃科技受让华润万东11150.1万股股份，占公司总股本的51.51%。交易价格为10.2441元/股，交易总价114222.74万元。

## 二、2014中国医疗器械行业发展统计

### 1、2014中国医疗器械市场销售规模分析

过去13年来，中国医疗器械市场销售规模由2001年的179亿元增长到2013年的2120亿元，剔除物价因素影响，13年间增长了11.84倍。

据中国医药物资协会医疗器械分会抽样调查统计，2014全年全国医疗器械销售规模约2556亿元，比上年度的2120亿元增长了436亿元，增长率为20.06%。

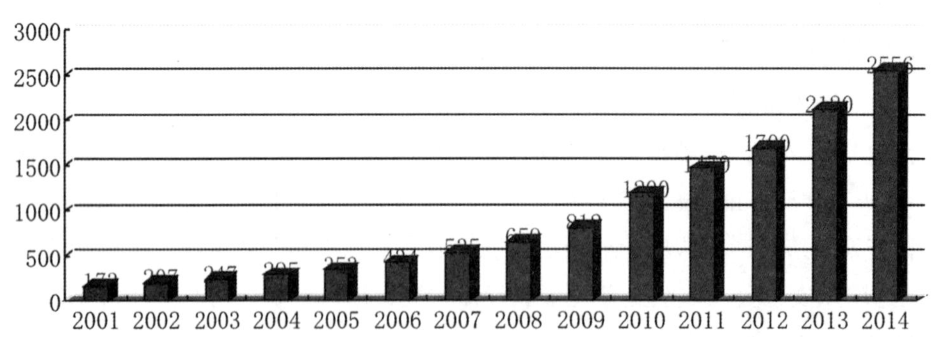


图1：2001－2014中国医疗器械市场销售规模统计（单位：亿元）

### 2、医疗器械市场集中度分析

国内的医疗器械市场不管在生产还是在销售领域，集中度相对都比较低。2014年，20家上市公司全年销售收入预估为372亿元，占到行业总销售的14.55%，而在医疗器械零售市场上，目前还没有一家上市企业。

统计显示，世界排名前10位的医疗器械企业分别是强生、西门子、GE医疗、美敦力、百特医疗、飞

利浦医疗、波士顿科学、碧迪、史赛克、贝朗医疗。

2014，中国本土医疗器械企业中，迈瑞医疗、鱼跃医疗、威尔科技、九安医疗、东软股份、乐普医疗、威高股份、微创医疗、阳普医疗、长峰股份、威达医用、新华医疗、万杰高科、中国医疗、上海医疗等是相对领先的企业品牌。

全球医药和医疗器械的消费比例约为1：0.7,而欧美日等发达国家已达到1∶1.02,全球医疗器械市场规模已占据国际医药市场总规模的42%,并有扩大之势。我国医疗器械市场总规模2014年约为2556亿元，医药市场总规模预计为13326亿元，医药和医疗消费比为1：0.19。比2013年的1：0.2还略低一点。可以判断，医疗器械仍然还有较广阔的成长空间。

中国医械产业呈现‘多、小、高、弱’的特点。第一是生产企业多，截至2013年底，全国共有医疗器械生产企业15698家；第二是企业规模小，2013年医疗器械产业市场总产值为2120亿元，平均每个企业产值约1350万元，比上一年度增加了150万元；第三是产品集中度高，医疗器械产品种类3500多种，平均每种产品十多个注册证。

从地域分布来看， 我国医疗器械行业集中在东、南部沿海地区。市场占有率居前六位的省份占全国市场80% 的份额，显示了医疗器械行业较高的地域集中度。以上海、江苏为代表的长江三角地区和以北京为代表的渤海湾地区主要是招商引资，以外资企业为主体而形成的优势产业集群。长江三角地区以一次性注射和输液器等产品在全国占绝对优势；北京地区以 GE 公司为代表的 CT 机占绝对优势；深圳的医疗器械产业从无到有，在短短的 10 余年内，已发展成为我国高端医疗器械产业重要的制造加工基地，如医用影像、血液分析仪、病人监护仪等产品在国际市场上也占有一席之地，发展势头强劲。

### 3、2014中国医疗器械终端销售渠道分析

在国内销售医疗器械的主要渠道是医院、药店及专业的医疗器械店。2014年我国的医疗器械终端销售渠道中，零售销售渠道分散的情况出现了很大的转变。就血糖监测市场来看，在2014年出现了首个血糖监测产品单品类销售额过亿的企业“康复之家”，其销售业绩为其后三个渠道的总和。很大的打破了医疗器械零售终端区域性强，销售过于分散的特点，做到国内首家全国性医疗器械零售商的全国性的渠道布局。

在2014年我国医疗器械约为2556的市场销售规模中，医院市场约为1944亿元，占76.09%；零售市场约为612亿元，占23.91%。在零售市场中，传统零售业销售额约为454亿元，占74.18%；电商渠道销售约为158亿元，占25.82%。

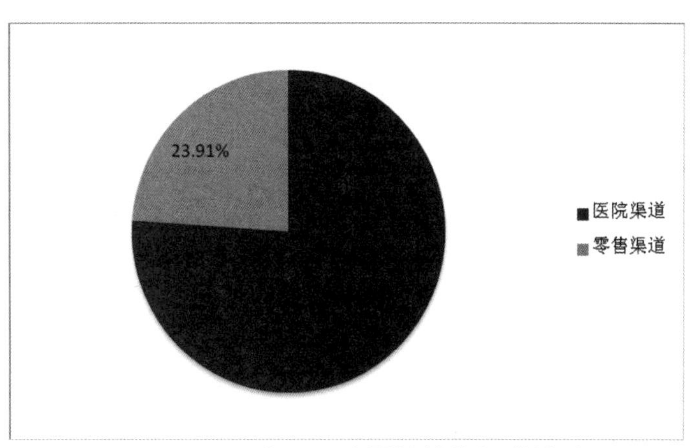


图2：2014中国医疗器械销售渠道统计

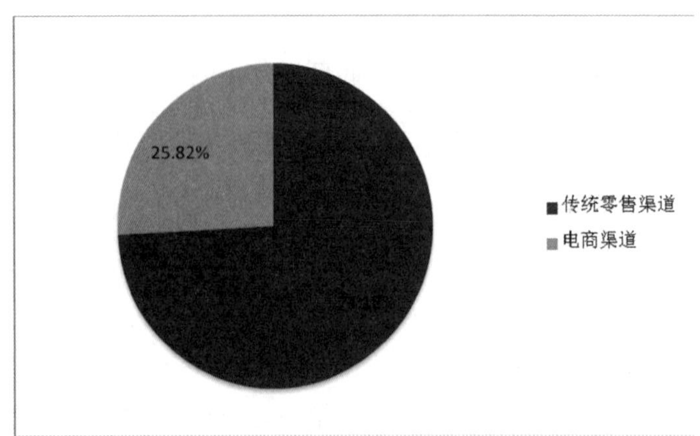


**图3：2014中国医疗器械零售渠道统计**

2014年是医疗器械电子商务快速发展的一年，互联网药品经营牌照的数量比过去翻了一番还多，传统零售门店的销售额在2014年几乎没有增长，整个家用医疗器械零售市场的增量几乎全部被电商占据。

依据天猫医药馆发布的数据，仅2014年双11当天，天猫医药馆前10名门店的销售额就高达1.3亿元。按照淘宝数据魔方的算法统计，2014年天猫医药馆全年的销售额在75-80亿人民币左右，占据了医疗器械电子商务的半壁江山。

鱼跃医疗在2014年实现线上交易额2亿元，这一数字在2013年仅为3000万。欧姆龙、罗氏、强生等跨国公司也在2014年成立独立线上部门，发力电子商务。另据资料显示，目前通过互联网进行销售的助听器，在销售数量上达20万台，占到了行业的20%；制氧机方面，江航医疗的制氧机业务从2010年的40台成长到2014年的近16万台，其中传统的电视广告和媒体渠道只占到总量的20%，线下经销商渠道占到40%，而电商平台已经占到40%。

医疗器械生产企业利润率约20%，传统零售企业的利润率约22%，电商企业由于市场竞争激烈，已几乎没有利润。电子商务的发展也在一定程度上冲击了实体店的获利能力，特别是在电子血压计、血糖仪等互联网优势品类上，实体店的利润率已被腰斩。

### 4、中国医疗器械注册：Ⅰ类、Ⅱ类再注册陡增，竞争压力大

截至2013年12月，国内持有医疗器械生产许可证的企业1.57万家，其中在国内外上市的医疗器械公司超过35家。国内取得医疗器械的注册证的医疗器械品种93592种，同比基本持平，取得医疗器械注册证的进口医疗器械34655种。

我国对医疗器械实行注册制，国家食品药品监督管理总局今年11月公布的2013年度“药监统计”，当年Ⅰ类、Ⅱ类医疗器械再注册数量增幅惊人。其中，Ⅰ类再注册数量为3738个，比上一年度的2739个增长了36.47%；Ⅱ类再注册达到了5801个，比上一年的3300个增长了75.79%。

该统计对医疗器械产品的首次注册情况和再注册情况进行统计，并对这些注册的器械分为Ⅰ类、Ⅱ类、Ⅲ类、港澳台和进口五种情况。中国医药物资协会医疗器械分会结合“药监统计”对2007年－2013年的医疗器械注册数据进行了汇总分析（如表1）。

表2：2007－2013中国医药器械注册统计（数据来源：CFDA）

| | Ⅰ类 | | Ⅱ类 | | Ⅲ类 | | 港澳台 | | 进口 | |
|---|---|---|---|---|---|---|---|---|---|---|
| | 首次 | 再注册 | 首次 | 再注册 | 首次 | 再注册 | 首次 | 再注册 | 首次 | 再注册 |
| 2007 | 3452 | | 3883 | | 1366 | | 52 | | 2221 | |
| 2008 | 2117 | 1583 | 2172 | 2234 | 1485 | | 116 | | 3683 | |
| 2009 | 3156 | 2294 | 2646 | 4473 | 345 | 711 | 39 | 21 | 1441 | 1701 |
| 2010 | 3526 | 2493 | 3251 | 4181 | 374 | 890 | 46 | 39 | 1626 | 1746 |
| 2011 | 3583 | 2095 | 3350 | 3441 | 388 | 701 | 44 | 110 | 1654 | 1336 |
| 2012 | 4331 | 2739 | 3637 | 3300 | 913 | 1628 | 215 | 72 | 3517 | 4181 |
| 2013 | 4252 | 3738 | 4391 | 5801 | 1030 | 1852 | 229 | 66 | 3916 | 3798 |

从统计表可以出，2007年至2013年，我国医疗器械Ⅰ类产品注册总量上升趋势较为明显，由2007年的3452件上升到了2013年的7990件，增幅超过1倍。Ⅱ类在2009年－2012年间注册总量变化不大，总体在每年7000件左右，但2013年首次注册及再注册均有大幅增长，总量达到了10192种，是2007年的2.62倍；Ⅲ类产品注册在2012年有大幅增长后，2013年趋于平稳。港澳台医疗器械的注册增长缓慢；进口医疗器械的首次注册和再注册，2012年均有了大幅度的增长，2013年进口医疗器械首次注册有缓慢增长，但再注册方面，在2012年250%的增速后，2013年已经变成了负增长。

从表2可以看出，Ⅰ类、Ⅱ类医疗器械再注册数量增幅惊人，表明医药企业生产企业在面临新版GMP认证背景下，企业变化、产品变化正在加速，但生产企业数量上并没有发生变化，未来的市场竞争环境将更为激烈。

### 5、中国医疗器械生产经营企业数量分析

据国家食品药品监督管理总局的统计，自2007年以来，我国历年来医疗器械生产企业无论是Ⅰ类、Ⅱ类还是Ⅲ类都在缓慢增长，6年间总量也由1.26万家增长到了近1.57万家。与之相对应的是，持有医疗器械经营许可证的经营企业6年来也在缓慢增长，从2007年的16.10万家增长到了2013年的18.38万家（如表2）。

表3：2007－2013中国医药器械生产经营企业数量变化（数据来源：CFDA）

| | 生产企业 | | | | 经营企业 |
|---|---|---|---|---|---|
| | Ⅰ类 | Ⅱ类 | Ⅲ类 | 总数 | |
| 2007 | 3245 | 7233 | 2123 | 12601 | 160952 |
| 2008 | 3368 | 7533 | 2240 | 13141 | 157364 |
| 2009 | 3696 | 7869 | 2311 | 13876 | 155765 |
| 2010 | 4015 | 7906 | 2416 | 14337 | 165203 |
| 2011 | 4051 | 8174 | 2405 | 14603 | 168596 |
| 2012 | 4095 | 8247 | 2586 | 14928 | 177788 |
| 2013 | 4218 | 8804 | 2676 | 15698 | 183809 |

对比一下，2014年医药市场总规模约为1.33万亿元，生产企业约为4700家，平均每家为2.83亿元；而

医疗器械2014年市场总规模约为2556亿元，但生产企业1.57万家，平均每家才1350万元，仅为药品平均数的4.6%。可见，医疗器械生产领域市场集中度之低，多、小、散、低附加值的情况还是普遍存在。

资料来源于中国医药物资协会医疗器械分会

## 6、拥有注册证最多的100家医疗器械公司

截止2014年12月31日，国产有效医疗器械注册证总数为93582条，分别属于14723家生产企业；拥有有效产品注册证最多的前10家医疗器械公司分别是：上海医疗器械（集团)有限公司手术器械厂、威高集团、深圳迈瑞生物医疗电子股份有限公司、安图生物、四川迈克生物医疗电子有限公司、中生北控生物科技股份有限公司、潍坊市康华生物技术有限公司、科华生物、北京利德曼生化技术有限公司、深圳市新产业生物医学工程有限公司（详见下表）。

涉及诊断试剂、手术器械、医用卫生材料领域的医疗器械公司占据这个排行榜，而上海医疗器械（集团)有限公司手术器械厂缺拥有逆天的1014个有效注册证数量，独占鳌头！

| 排名 | 企业名称 | 有效注册证数量 |
|---|---|---|
| 1 | 上海医疗器械（集团)有限公司手术器械厂 | 1014 |
| 2 | 威高集团 | 632 |
| 3 | 深圳迈瑞生物医疗电子股份有限公司 | 499 |
| 4 | 安图生物 | 434 |
| 5 | 四川迈克生物医疗电子有限公司 | 292 |
| 6 | 中生北控生物科技股份有限公司 | 281 |
| 7 | 潍坊市康华生物技术有限公司 | 265 |
| 8 | 科华生物 | 253 |
| 9 | 北京利德曼生化技术有限公司 | 246 |
| 10 | 深圳市新产业生物医学工程有限公司 | 224 |
| 11 | 山东博科生物产业有限公司 | 214 |
| 12 | 桂林优利特医疗电子有限公司 | 210 |
| 13 | 北京科美生物技术有限公司 | 206 |
| 14 | 上海复星长征医学科学有限公司 | 201 |
| 15 | 上海医疗器械股份有限公司 | 201 |
| 16 | 苏州市康力骨科器械有限公司 | 201 |
| 17 | 上海丰汇医学科技股份有限公司 | 197 |
| 18 | 英科新创(厦门)科技有限公司 | 197 |
| 19 | 武汉生之源生物科技有限公司 | 182 |
| 20 | 上海荣盛生物药业有限公司 | 179 |
| 21 | 圣光医用制品有限公司 | 178 |
| 22 | 长春汇力生物技术有限公司 | 178 |
| 23 | 北京泰格科信生物科技有限公司 | 167 |
| 24 | 浙江康特生物科技有限公司 | 156 |
| 25 | 潍坊三维生物工程集团有限公司 | 153 |

| 排名 | 企业名称 | 有效注册证数量 |
|---|---|---|
| 26 | 北京九强生物技术股份有限公司 | 150 |
| 27 | 艾康生物技术(杭州)有限公司 | 148 |
| 28 | 北京贝尔生物工程有限公司 | 147 |
| 29 | 上海华臣生物试剂有限公司 | 146 |
| 30 | 云南白药集团 | 146 |
| 31 | 北京北方生物技术研究所 | 145 |
| 32 | 上海浦卫医疗器械厂有限公司 | 145 |
| 33 | 长春迪瑞医疗科技股份有限公司 | 145 |
| 34 | 杭州康基医疗器械有限公司 | 144 |
| 35 | 广州万孚生物技术有限公司 | 143 |
| 36 | 北京豪迈生物工程有限公司 | 138 |
| 37 | 浙江伊利康生物技术有限公司 | 138 |
| 38 | 桂林市啄木鸟医疗器械有限公司 | 136 |
| 39 | 上海执诚生物科技股份有限公司 | 136 |
| 40 | 上海三友医疗器械有限公司 | 135 |
| 41 | 张家港市三兴医疗器械有限公司 | 133 |
| 42 | 苏州朗格利医疗器械有限公司 | 132 |
| 43 | 新华医疗 | 131 |
| 44 | 上海康桥齿科医械厂 | 130 |
| 45 | 中山大学达安基因股份有限公司 | 127 |
| 46 | 北京倍爱康生物技术有限公司 | 126 |
| 47 | 天津市人立骨科器械有限公司 | 126 |
| 48 | 上海浦东金环医疗用品有限公司 | 124 |
| 49 | 广州科方生物技术有限公司 | 121 |
| 50 | 北京源德生物医学工程有限公司 | 120 |
| 51 | 郑州博赛生物技术股份有限公司 | 120 |
| 52 | 北京康大泰科医学科技有限公司 | 119 |
| 53 | 北京华宇亿康生物工程技术有限公司 | 118 |
| 54 | 常州市康辉医疗器械有限公司 | 117 |
| 55 | 北京华大吉比爱生物技术有限公司 | 116 |
| 56 | 宁波美康生物科技有限公司 | 116 |
| 57 | 欧姆龙(大连)有限公司 | 116 |
| 58 | 安徽大千生物工程有限公司 | 114 |
| 59 | 上海华氏亚太生物制药有限公司 | 114 |
| 60 | 上海康德莱企业发展集团医疗器械有限公司 | 114 |
| 61 | 宁波瑞源生物科技有限公司 | 113 |
| 62 | 河南飘安集团有限公司 | 111 |
| 63 | 北京倍肯恒业科技发展有限责任公司 | 110 |

| 排名 | 企业名称 | 有效注册证数量 |
|---|---|---|
| 64 | 海昌隐形眼镜有限公司 | 110 |
| 65 | 江苏宏宝集团医疗器械有限公司 | 110 |
| 66 | 上海蓝怡科技有限公司 | 110 |
| 67 | 上海玉兰生物技术有限公司 | 108 |
| 68 | 苏州市施强医疗器械有限公司 | 108 |
| 69 | 湖南永和阳光科技有限责任公司 | 106 |
| 70 | 创生医疗器械(江苏)有限公司 | 105 |
| 71 | 宁波普瑞柏生物技术有限公司 | 105 |
| 72 | 北京北检•新创源生物技术有限公司 | 104 |
| 73 | 上海景源医疗器械有限公司 | 103 |
| 74 | 宿迁市爱眼夫医疗器械有限公司 | 101 |
| 75 | 常州奥斯迈医疗器械有限公司 | 100 |
| 76 | 广州市丰华生物工程有限公司 | 100 |
| 77 | 上海名典生物工程有限公司 | 100 |
| 78 | 威特曼生物科技（南京）有限公司 | 100 |
| 79 | 烟台澳斯邦生物工程有限公司 | 100 |
| 80 | 上海灵涛医疗器械厂 | 99 |
| 81 | 苏州六六视觉科技股份有限公司 | 98 |
| 82 | 江西特康科技有限公司 | 97 |
| 83 | 深圳市蓝韵实业有限公司 | 97 |
| 84 | 深圳市亚辉龙生物科技有限公司 | 97 |
| 85 | 贝克曼库尔特实验系统(苏州)有限公司 | 95 |
| 86 | 河南曙光健士医疗器械集团股份有限公司 | 94 |
| 87 | 绍兴好士德医用品有限公司 | 94 |
| 88 | 常州华森生物科技有限公司 | 93 |
| 89 | 北京万泰生物药业股份有限公司 | 92 |
| 90 | 湖南圣湘生物科技有限公司 | 92 |
| 91 | 北京万泰德瑞诊断技术有限公司 | 91 |
| 92 | 上海北加生化试剂有限公司 | 91 |
| 93 | 苏州新波生物技术有限公司 | 91 |
| 94 | 南京澳林生物科技有限公司 | 90 |
| 95 | 绍兴振德医用敷料有限公司 | 90 |
| 96 | 新乡市华西卫材有限公司 | 90 |
| 97 | 浙江夸克生物科技有限公司 | 90 |
| 98 | 柏定生物工程(北京)有限公司 | 88 |
| 99 | 北京蒙太因医疗器械有限公司 | 88 |
| 100 | 南京神州英诺华医药科技有限公司 | 88 |

## 第二节　中国医疗器械市场发展分析

### 一、行业发展继续保持较快的发展速度

改革开放以来，中国医疗器械产业的发展令世界瞩目。尤其是进入21世纪以来，产业整体步入高速增长阶段，销售总规模从2001年的179亿元，到2014年预计的2556亿元，增长发14.28倍，成为仅次于美国的全球第二大医疗器械市场。

经过多年的持续高速发展，中国医疗器械产业已初步建成了专业门类齐全、产业链条完善、产业基础雄厚的产业体系，成为我国国民经济的基础产业、先导产业和支柱产业。

近六年来，全国医疗机构数目的稳步增长，而且这种趋势的具有一定稳定性，未来几年将带来大量的医疗基础设施投入，医疗器械和器具作为基础设施的一部分，必然会受益于整个行业扩容所带来的利好，医疗器械的生产企业也将显著受益。

虽然我国医疗器械产业整体发展势头迅猛，但仍无法充分满足国内市场需求，大型高端医疗设备主要依赖进口，与世界医疗器械工业强国仍存在不小差距。

### 二、规范发展、政策促进、市场拉动、前景乐观

2014年，是中国医疗器械领域真正的“政策大年”，全年不但完成了行业母法《医疗器械监督管理条例》重新修订，还完成了5部部门规章的发布，以及几十个规范性文件。政策文件将力促行业规范发展，保护遵纪守法的企业公民，虽然可能带来短暂的行业阵痛，但长远来看，无疑将是对行业的极大推动。

国家领导人到医疗器械企业考察调研，并提出支持国产医疗设备。同时，优秀医疗设备遴选工作贯穿全年始终，这样的政策拉动力在历年来都不曾多见。

国务院“十二五”医改规划中提到，到2015年非公立医疗机构的床位数和服务量均要达到医疗机构总数的20%，在医疗保障不断扩大的背景下，民营医疗对医疗器械的添加购置，也将很好地拉动行业的发展。2014年，我国还积极推动社会办医，重点解决社会办医在准入、人才、土地、投融资、服务能力等方面政策落实不到位和支持不足的问题。优先支持社会资本举办非营利性医疗机构，努力形成以非营利性医疗机构为主体、营利性医疗机构为补充的社会办医体系。以往公立医院购买大型医疗设备，需要层层报批，但作为社会资本办医，购买医疗设备无需再进行申报、审批，这将有效刺激医疗设备的应用。

卫计委于2013年发布的《健康中国2020战略研究报告》，提到未来8年将推出涉及金额高达4000亿元的七大医疗体系重大专项一事，当中有1090亿元被明确用在了县医院建设。

县医院建设规划，与全国 “城镇化”也相辅相成。城镇化过程中自然要涉及医疗体系的构建和升级，医疗器械受益在情理之中。

另外，医疗、教育、住房，一直是三大民生话题。而作为构筑医疗体系的重要支撑点，医疗器械行业越来越受到关注。值得注意的是，与全球医疗器械占医药市场总规模的42%相比，我国医疗器械的占比仅19.21%。老龄化趋势对一些特定医疗器械如供氧机、血糖仪等生产企业来说，保证了不断扩张的市场。

### 三、中低端医疗器械放量基层医疗市场

截至2014年11月底，我国基层医疗卫生机构92.2万个，其中社区卫生服务中心(站)3.4 万个，乡镇卫生院3.7 万个，村卫生室64.9万个，诊所(医务室)19.0万个。与2013年11月底比较，社区卫生服务中心（站）

和诊所增加，乡镇卫生院、村卫生室减少。

根据新医改的相关方案,卫生部会同国家发改委将投资1000亿元,支持建设全国约2000所县医院、5000所中心卫生院和2400所社区卫生服务中心,并对基层医疗卫生机构中的装备配置开展医疗器械集中采购工作。

目前，全国有7.1万家政府办乡镇卫生院和社区卫生服务机构，基层医改推动了各级政府把更多的财力、物力投向基层，基层医疗卫生服务体系在健康管理、常见病、多发病诊疗中应发挥主体作用。基层医改的方向是回归公益性、立足保基本，随着医保覆盖面的扩大和基层看病报销比例的提高，基层医疗机构的市场空间将迎来爆发式增长。

在目前国内中低端医疗设备采购中，本土企业高居榜首，这是因为政府在基层医疗市场上优先采购国产医疗器械，而医疗设备8–12年的更新周期，也保证了医疗器械企业的稳定增长。

值得关注的动向是，以前我国中低端基层医疗市场主要是国内企业在做，现在的情况是，外资企业在保证高端医疗设备市场的情况下开始向低端市场渗透，甚至三、四线城市，进入基层医院和民营医院。以飞利浦为例，公司基础医疗业务主要关注二级、县级医院、乡镇医院和民营医院。

**四、家用医疗器械蓬勃兴起，智能化成为趋势**

我国正处在老龄化进程加速阶段，到2020年，60岁以上老年人的数量将突破2.4亿，成为全球老年人比重最高、绝对数最大的国家。

家用医疗保健器械产品实际上是一种普及化的小型医疗保健器械，具有一定预防、诊断、保健、治疗、辅助治疗、康复等作用，老百姓平时所理解的“保健器械”基本属此范畴。适合于家庭及老年人家居使用。这些简单的家用医疗器械操作方便简单、安全可控，方便实用，特别是对于一些有老年慢性病患者的家庭更是不可或缺。

巨大的人口和家庭基数、快速增长的老年人群体和以社区家庭为主的养老模式及老年人常见病、慢性病的社区健康管理的推广，为我国家用医疗器械市场发展提供了广阔空间和巨大的商机。

目前中国是全球最大的家庭医疗保健消费市场，家用老年医疗保健器械需求量以每年两位数的速度增长，近年来约为GDP增长速度的两倍多，家用医疗保健器械行业正成长为最具投资吸引力的市场之一，已经成为继美国和日本之后的世界第三医疗市场，市场规模达到200亿，预计未来仍将以每年20%以上的速度增长。

目前，家用医疗器械中，家用治疗仪、家用检测器械、家庭护理器具、家庭保健器械、健康远程监控预警、家庭医疗康复器具等各种自动、半自动的电子家用医疗器械已经成为普通居民家庭消费的新时尚。

居民收入水平提高后对健康调理的关注度提升，家用康复类健康器械需求量增大是行业得以快速发展的根本原因。除了市场增温以外，行业的发展也离不开政策支持。在去年国务院发布的《关于促进健康服务业发展的若干意见》中明确提出要发展健康服务业，其中就包含医疗器械等产业。今年6月1日，新版《医疗器械监督管理条例》正式实施，家用医疗器械主要集中为第一类和第二类医疗器械，审批流程更加简化。

由于医疗器械产品价格昂贵、使用不方便、占地面积大等原因导致我国医疗器械家庭化的步伐并不是很快。但随着医疗器械产品逐渐向小型化、无人化发展，我国实现医疗器械产品进入普通家庭的梦想已经不那么遥远。目前已有各种各样的医疗器械走进了千家万户，但器械的智能化程度往往停留在单机水平，很少可以联网，即使是能够联网，也缺乏相关服务；家庭化缺乏有资质的组织和机构运作。

目前，发达国家在远程照顾、远程医疗、远程看护、远程病人监测、远程健康、智慧家庭等医疗器械已经比较成熟，有些已经被很多医院广泛采用。伴随着智能硬件朝代的来临，家用医疗器械的智能也必将成为未来市场争夺的热点。

### 五、健康可穿戴设备开启“大元年”时代

中国健康可穿戴设备起步于2013年，但到了2014年才是市场大爆发。2014年全年，健康可穿戴设备在中国医疗互联网融资项目中，每个季度都排在前列，资本对该市场极度追捧。如2014年3月，移动健康创业公司“37健康”首轮融资获千万元，主要与多家血压计厂商合作，研发血压管家APP。同月，咕咚网获得A轮6000万元投资，主要产品则是咕咚运动手环和蓝牙秤等，用户可以用来监测自己的睡眠、运动状况并建立云端个人健康档案。

跟智能手机，平板电脑和PC功能相似所不同的是，可穿戴设备可以覆盖我们身体的不同部分，基于不同的配对设备而完成不同的功能。可穿戴设备首先在医疗健康领域发力乃是顺势而为，心脏起搏器就是最早的可穿戴设备。可穿戴设备对健康数据的收集，被认为是互联网对传统医疗行业的一大颠覆。在国内，基于可穿戴设备的信息采集、传输和分析体系，更被视为未来家庭医生制度的技术基础。

2014年，全球健康可穿戴设备中，作为可穿戴设备的先行者健康手环满足了用户的早期场景需求，而随着市场认知度的提升，目前手环已面临缓慢甚至倒退的增长，市场即将迎来像苹果的AppleWatch这样的智能手表时代。仅凭借手表、手环两类穿戴玩家，想要做到销量持续增长肯定比较难，想要最终引爆穿戴设备市场，还是要看智能眼镜这个后起之秀助力。

目前可穿戴产品是否会对人体健康造成影响还不得而知，主要原因是缺乏长期调查研究。但不管如何，可穿戴设备要比手机更加贴近我们身体，既然目前它们的辐射是否有害尚无定论，那么人们应该对可穿戴设备潜在健康风险引起足够重视。

2014年底发布的《2014智能可穿戴市场白皮书》显示，可穿戴设备在3个月内的流失率高达87%。用户黏性差、难以坚持使用成为目前健康可穿戴设备发展最大的瓶颈。同时由于不同品牌的智能硬件设备所采集的数据不统一、样本量不足，目前尚无法做到真正意义上的大数据分析。

### 六、区域产业集群初具规模

深圳医疗器械产业带。目前，深圳共有600多家医疗器械企业，近2000家经营性企业，拥有专利近3000项，其中发明专利超过1000项。深圳医疗器械企业凭借先进的技术和高质量的产品，全力拓展海内外市场，整个产业保持高速发展。近几年，深圳医疗器械产业年产值保持着20%以上的平均增长幅度，2013年产值达250亿元，涌现出迈瑞、理邦、先健、开立、稳健等优秀企业，其中近40家企业进入“亿元俱乐部”，年产值超亿元。外销市场是深圳医疗器械产品的主攻方向。在迈瑞、蓝韵、开立、理邦等龙头企业的带领下，自主品牌与贴牌加工“双渠道”进军欧美、东盟、拉美、非洲等国际市场。从统计数据来看，深圳医疗器械产品基本覆盖全球，出口额约占总产值的6成。

常州医疗器械产业带。据统计，常州市医疗器械生产企业约为270家，该市武进区医疗器械生产企业已经达到156家，占常州市的58%。目前，常州在医疗器械生产规划上，已经重点打造了西太湖国际医疗产业园的“一城”(常州国际医疗器械城)和“三园”(西太湖医疗产业孵化园、亚邦生命科技园、福隆医疗产业园)。西太湖医疗产业孵化园主要是以骨科器械、外科手术器材、高分子耗材、康复器材等医疗器械研发、孵化及制造为主的产业园区；亚邦生命科技园致力于打造新型医疗器械研发生产基地；福隆医

疗产业园总投资2.5亿美元，主要研发生产种植牙、口腔植入物、生物材料、体外诊断试剂、医用手术器械、胶囊胃镜等产品。目前，常州市医疗器械产业前景良好，发展迅猛，2014全市医疗器械生产企业总产值将突破90亿元，创历史新高。

南昌进贤医疗器械产业带。医疗器械产业是南昌进贤县传统产业、特色产业、支柱产业，生产企业达115家、经营企业527家。进贤医疗器械产业比重占全省的70%，一次性输液器产品占国内市场份额的31%。进贤县发展医疗器械产业的一大核心优势，就是在医疗器械销售环节上占所优势地位，该县遍布全国各地的销售大军达6万余人。

苏州医疗器械产业带。鱼跃医疗、中生北控、法兰克曼、凯迪泰、卡瓦齿科……在江苏省医疗器械产业园内，这些业内的上市公司、行业龙头纷纷进驻。截至目前，已有86家国内外公司投资的项目入驻，注册资金20亿元，总投资60亿。江苏医疗器械科技产业园坐落于苏州科技城内，先后被批准为国家火炬特色产业基地、首批国家创新型产业集群试点、国家“十百千万工程”示范产品基地等，并于2013年获批国家级科技企业孵化器。

此外，江苏丹阳市共有医疗器械生产企业53家，丹阳生产的隐形眼镜、制氧机、血压计、听诊器、轮椅和血糖仪试纸的产量和市场占有率均为国内第一。地处泰州的中国医药城高端医疗器械产业集聚区近期正式推出，已完工的医疗器械一期总投资4亿多元，总用地面积约112亩，可容纳40至50家医疗器械生产企业入驻。

## 七、高端医疗设备融资租赁兴起，风险相伴

融资租赁是指出租人对承租人所选定的租赁物件，进行以融资为目的的购买，以收取租金为条件，将租赁物件中长期出租给承租人使用。商务部、银监会、国家税务总局等部门对开展融资租赁业务的机构有相关资质要求。融资租赁出租方靠收取固定利息获利。医疗机构开展融资租赁业务，其本质是一种贷款融资行为。国家相关政策文件均明确要求公立医疗机构不得贷款购置医疗设备。

国际领先的商业贷款和租赁服务提供商美国CIT集团和上海市租赁行业协会联合发布的《融资租赁：医疗器械销售模式创新的助推器》报告，报告分析认为国内逾70%的医疗器械厂商有意进行销售模式创新，未来计划深入了解融资租赁服务，借助创新金融工具帮助客户缓解高昂设备采购成本带来的资金难题。2013年全国医疗融资租赁业务量已达到510亿元左右，租赁前景广阔。

但是，融资租赁模式与卫计委现行的政策冲突颇多。2014年6月初，卫计委发文严控公立医院规模过快扩张。文件要求，为进一步控制公立医院规模过快扩张，禁止公立医院举债新建医院或举债新购置大型医用设备。在面临资金瓶颈的情况下，一些公立医院正通过医疗器械融资租赁来实现业务扩张。

## 第三节 2014年医疗器械招标分析报告

### 1、医疗器械招标区域分布情况

医疗器械招标区域集中于华南和华东地区，根据图1显示，广东、福建、广西、浙江 、北京、山东、河北、云南、上海、重庆位列前10位。

图1、医疗器械招标区域分布情况

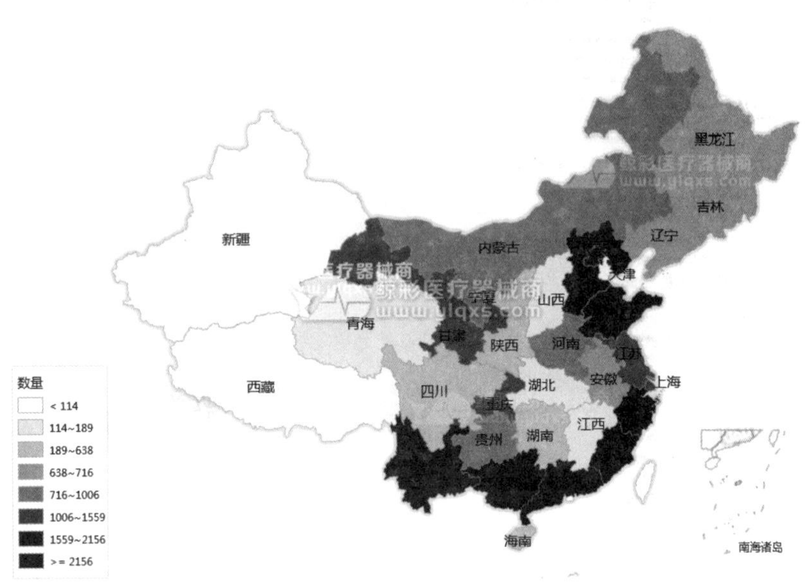


### 2、医疗器械招标产品类别

2014年医疗器械招标主要还是以医疗设备为主，占83%，但医用耗材的比例较2013年上升了4个点（图2）。这是由于2014年，全国各地陆续开始以省为单位的高值医用耗材集中采购工作，如江苏、浙江、辽宁、 福建、安徽等，而在2013年只是开展市为单位的试点；河南省也已在2015年1月1日起开始网上集中采购高值医用耗材，预计2015年，医用耗材的比例会进一步上升。

图2、医疗器械招标产品类别情况

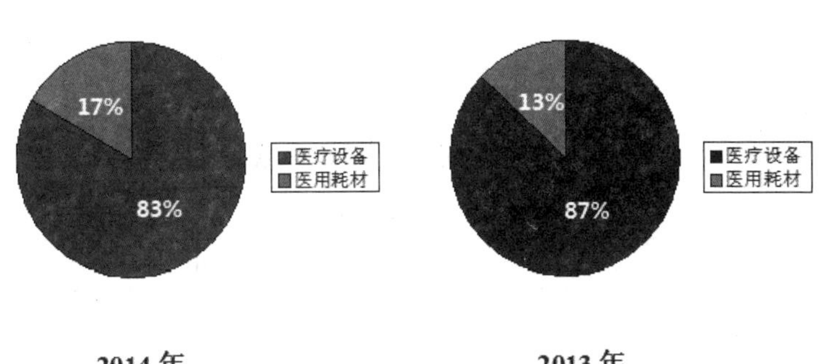


### 3、医疗器械招标主要产品排行

根据2014年医疗器械主要产品的招标频次，我们可以看出彩色多普勒超声诊断仪、DR、病床、全自动生化分析仪、CT、监护仪、口腔设备、呼吸机、血液透析系统、x光机、眼科设备是前十名招标频次最高的产品，但相比较2013年，部分产品招标频次下降明显，比如病床、呼吸机和监护仪。（详见图3）。

## 图3、医疗器械主要产品招标频次排行

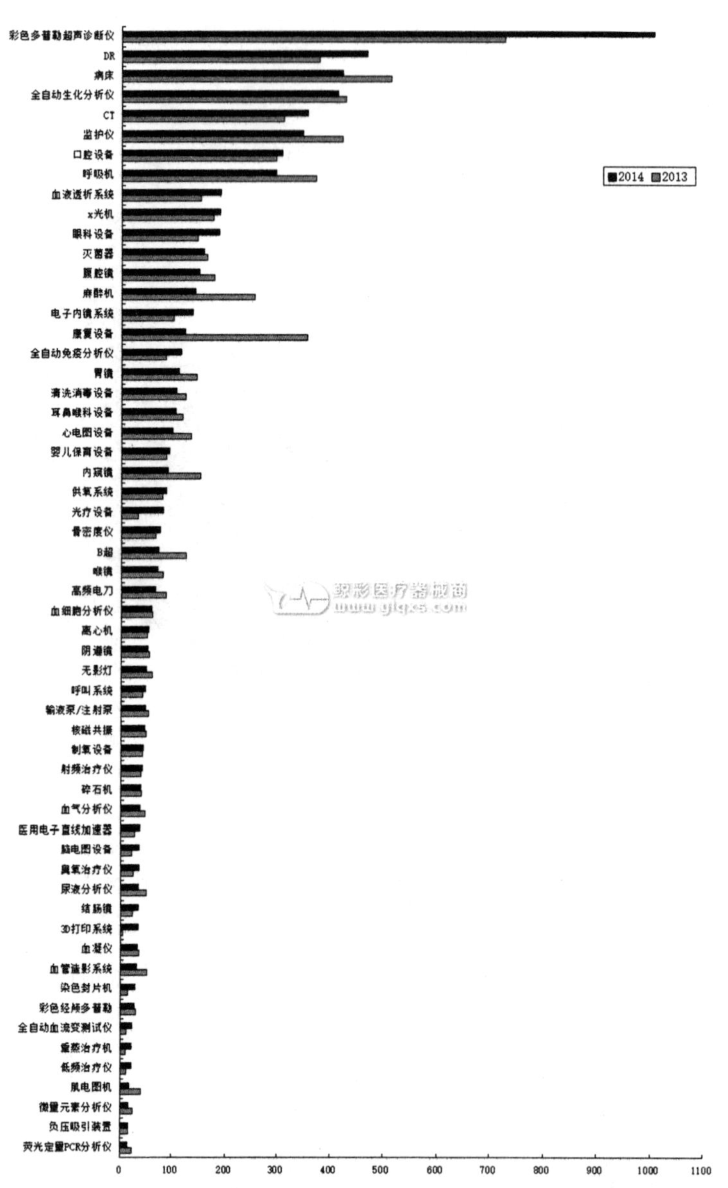


## 表1、2014年医疗器械主要产品招标频次增长率TOP20

| 产品类别 | 招标频次 | | 增长率 |
|---|---|---|---|
| | 2014 | 2013 | |
| 3D打印系统 | 35 | 4 | 775.00% |
| 光疗设备 | 82 | 32 | 156.25% |
| 熏蒸治疗机 | 22 | 10 | 120.00% |
| 全自动血流变测试仪 | 23 | 11 | 109.09% |
| 染色封片机 | 29 | 14 | 107.14% |
| 低频治疗仪 | 21 | 12 | 75.00% |

（续表）

| 产品类别 | 招标频次 | | 增长率 |
|---|---|---|---|
| | 2014 | 2013 | |
| 脑电图设备 | 37 | 22 | 68.18% |
| 结肠镜 | 35 | 23 | 52.17% |
| 臭氧治疗仪 | 36 | 24 | 50.00% |
| 彩色多普勒超声诊断仪 | 1002 | 723 | 38.59% |
| 电子内镜系统 | 139 | 101 | 37.62% |
| 医用电子直线加速器 | 38 | 28 | 35.71% |
| 全自动免疫分析仪 | 117 | 87 | 34.48% |
| 眼科设备 | 188 | 147 | 27.89% |
| DR | 467 | 378 | 23.54% |
| 血液透析系统 | 190 | 154 | 23.38% |
| CT | 355 | 310 | 14.52% |
| 呼叫系统 | 49 | 43 | 13.95% |
| 骨密度仪 | 76 | 68 | 11.76% |
| 射频治疗仪 | 43 | 39 | 10.26% |
| 供氧系统 | 89 | 81 | 9.88% |

根据2014年医疗器械主要产品招标频次增长率TOP20（表1），我们评点下招标频次增长率TOP3品种。

### 3D打印系统异军突起

2014年3D打印技术在医学领域的应用正变得越来越普遍，北医三院完成世界首例3D打印椎体植入术、北医三院完成世界首例3D打印枢椎椎体置换手术、江苏省人民医院成功利用3D打印辅助先天马蹄足矫治手术、湖南首家3D打印临床应用研究所在湘雅医院成立...2014年医疗机构对3D打印技术的科研需求和临床运用大为增加，这也导致2014年3D打印系统的招标频次较2013年增长近8倍！

随着《国家增材制造产业发展推进计划（2014~2016年）》也已出台，工信部积极与国家卫生计生委、国家食药监总局配合将推动3D打印应用到医用领域，预计2015年3D打印技术的招标频次将继续迅猛增长。

### 光疗设备方兴未艾

2014年光疗设备的招标频次增长率位列第二，光疗设备即利用光线的辐射能治疗疾病的理疗设备。光疗主要有紫外线疗法、可见光疗法、红外线疗法和激光疗法。光疗设备由于其安全有效，逐渐受到医疗机构皮肤科、妇科、外科等科室的青睐。

### 中医医院纷纷引进熏蒸治疗机

熏蒸治疗机是根据中医理论，利用中药与熏蒸器的结合，产生并输送热药蒸汽，借热力和药力的双向作用实现“皮肤吃药”的治疗设备,临床上常用于外科、皮肤科、妇科、理疗科以及肛肠科疾病的辅助治疗。熏蒸设备主要分熏蒸治疗机和熏蒸床两类。作为中医药特色设备，熏蒸治疗机被广泛中医医院引进，2014年的招标频次超过2013年的2倍！

这里要补充的是，原本被看好的新生儿设备市场在2014年没有亮点，仅增长不到7%，这也符合“二胎市场一头热”的市场实际情况。

**表2、2014年医疗器械主要产品招标频次负增长率TOP10**

| 产品类别 | 招标频次 | | 增长率 |
|---|---|---|---|
| | 2014 | 2013 | |
| 康复设备 | 124 | 356 | -65.17% |
| 肌电图机 | 17 | 41 | -58.54% |
| 麻醉机 | 144 | 253 | -43.08% |
| B超 | 74 | 127 | -41.73% |
| 微量元素分析仪 | 15 | 25 | -40.00% |
| 内窥镜 | 92 | 153 | -39.87% |
| 血管造影系统 | 32 | 53 | -39.62% |
| 荧光定量PCR分析仪 | 14 | 23 | -39.13% |
| 尿液分析仪 | 35 | 52 | -32.69% |
| 心电图设备 | 100 | 136 | -26.47% |

从表2看出，康复设备（含训练设备）经过2013年的招标高峰后，增长降幅最大，但也趋于合理，多的便携化、智能化康复设备趋向家庭化。

## 4、部分医疗器械投标价格

| 标号 | 设备名称 | 数量 | 品牌 | 型号 | 拟中标单位 | 投标总价 |
|---|---|---|---|---|---|---|
| 002 | 射频消融肿瘤治疗系统 | 1 | ANGIODYNAMICS | 1500X | 华东医药股份有限公司器材化剂分公司 | 1250000 |
| 003 | 颅内压监护仪 | 1 | 强生 | 826635 | 杭州科仁思科技有限公司 | 80000 |
| 004 | 细菌内毒素分析仪 | 1 | Lab Kinetics Ltd | LKM-02-32 | 华东医药股份有限公司器材化剂分公司 | 490000 |
| 006 | 体外冲击波治疗仪 | 1 | Neuromechanical Innovations,LLC: | Impulse IQ | 杭州来可医疗器械有限公司 | 97500 |
| 007 | 舌面脉信息采集体质辨识系统 | 1 | 道生 | DS01-A | 浙江省医疗器械有限公司 | 380000 |
| 008 | 乳腺真空辅助旋切系统 | 1 | 麦默通 | EX | 杭州君康科技有限公司 | 250000 |
| 009 | 颅内压监护仪 | 1 | 强生 | 826635 | 杭州青鼎科技有限公司 | 80000 |
| 010 | 实时无标记细胞功能分析仪 | 1 | ACEA | iCELLigence | 杭州普天生物技术有限公司 | 127800 |
| 011 | 低温冰箱 | 1 | 松下三洋 | MDF-U5412 | 杭州科学器材有限公司 | 29600 |
| 012 | 台式离心机 | 1 | eppendorf | 5430 | 杭州纽因兰科技有限公司 | 49100 |
| 013 | -86度超低温冰箱 | 1 | Forma | 991 | 杭州纽因兰科技有限公司 | 74900 |
| 014 | 冷冻离心机 | 1 | Heraeus | Multifuge X1R | 杭州纽因兰科技有限公司 | 73700 |
| 015 | 动脉硬化检测仪 | 1 | 欧姆龙 | BP-203RPEIII | 杭州东兰贸易有限公司 | 258500 |

（续表）

| 标号 | 设备名称 | 数量 | 品牌 | 型号 | 拟中标单位 | 投标总价 |
|---|---|---|---|---|---|---|
| 017 | 电子支气管镜（介入用） | 1 | 奥林巴斯 | BF–P180 | 杭州好德医疗器械有限公司 | 230000 |
| 018 | 电子胃镜 | 1 | 奥林巴斯 | GIF–Q180 | 杭州好德医疗器械有限公司 | 240000 |
| 019 | 电子十二指肠镜 | 1 | 奥林巴斯 | TJF–160R | 杭州好德医疗器械有限公司 | 320000 |
| 020 | 无创呼吸机（大无创） | 1 | 飞利浦伟康 | V60 | 杭州韵润科技有限公司 | 164000 |
| 041 | 电子阴道镜 | 1 | 华莱士WALLACH | TriStar–906140TC | 杭州群科贸易有限公司 | 149500 |
| 043 | 清洗消毒机 | 1 | Steelco | DS500 | 杭州蓝鸟贸易公司 | 199000 |
| 044 | 动态心电分析系统 | 1 | GE | MARS | 杭州富辰电子贸易有限公司 | 128000 |
| 046 | 生物刺激反馈仪 | 1 | TT | SA9800 | 杭州卓昌贸易有限公司 | 186000 |
| 047 | 便携式彩色B超 | 1 | 美国SonoSite | M–Turbo | 上海和康医疗器械有限公司 | 546000 |
| 049 | 光子治疗仪 | 1 | 普门 | Carnation–22 | 浙江佳仕豪科技有限公司 | 63000 |
| 050 | 高清电子胃、肠镜 | 1 | 奥林巴斯 | CV–260SL | 杭州铭鑫医疗器械有限公司 | 1986000 |
| 053 | B2单人全排生物安全柜 | 1 | BAKER | BCG401 | 珠海市造鑫企业有限公司 | 98000 |
| 054 | A2单人半排生物安全柜 | 4 | BAKER | SG403A–HE | 珠海市造鑫企业有限公司 | 258000 |
| 056 | A2双人半排生物安全柜 | 2 | BAKER | SG603AHE | 珠海市造鑫企业有限公司 | 139000 |

## 5、部分医疗器械中标价格

| 产品名称 | 中标价格（元/台、套） | 招标医院 |
|---|---|---|
| TCD 带颈部彩超仪 | 660000 | 江苏省中医院 |
| 尿沉渣分析仪 | 448000 | 江苏省中医院 |
| 半导体激光治疗仪 | 54000 | 上海邮电医院 |
| 电子内镜系统 | 560000 | 上海邮电医院 |
| 婴儿培养箱 | 996000 | 广东省广州市妇女儿童医疗中心 |
| 免疫组化染色仪 | 1089500 | 广东省广州市妇女儿童医疗中心 |
| 小儿呼吸机 | 3700000 | 广东省潮州市中心医院 |
| 全数字化彩色多普勒超声诊断系统 | 7900000 | 广东省潮州市中心医院 |
| 全数字化全身型便携式彩色多普勒超声诊断系统 | 8500000 | 广东省广州市南沙区第六人民医院 |
| 全数字化全身型便携式彩色多普勒超声诊断系统 | 3950000 | 浙江省温州市鹿城区卫生局 |
| 高档彩色多普勒超声诊断仪 | 1982000 | 上海市奉贤区中医医院 |
| 神经射频治疗仪 | 4000000 | 广东省广州市南沙区第六人民医院 |
| 高级多参数监护仪 | 3200000 | 广东省广州市南沙区第六人民医院 |
| 生物组织智能自动脱水机 | 1000000 | 广东省广州市南沙区第六人民医院 |
| 单板数字化平板X线摄影系统（DR） | 7380000 | 浙江省温州市鹿城区卫生局 |
| 移动DR | 2500000 | 北京肿瘤医院 |
| 医用全自动电子血压计 | 21800 | 浙江省温州市鹿城区卫生局 |

（续表）

| 产品名称 | 中标价格（元/台、套） | 招标医院 |
|---|---|---|
| 自动顶空进样器 | 275000 | 浙江省温州市鹿城区卫生局 |
| 移动式C臂X光机 | 1497000 | 福建省闽侯县第二医院 |
| 胎儿监护系统 | 657000 | 福建省闽侯县第二医院 |
| 肝功能剪切波量化超声诊断仪 | 2600000 | 广东省英德市人民医院 |
| 多导睡眠记录仪 | 120000 | 广东省妇幼保健院 |
| 电子鼻咽喉镜系统 | 380000 | 广东省妇幼保健院 |
| 呼吸机 | 220000 | 广东省妇幼保健院 |
| 点式直线偏振光疼痛治疗仪 | 280000 | 广东省妇幼保健院 |
| 心脏型彩色超声诊断仪 | 2285000 | 福建省闽侯县医院 |
| 口腔X射线计算机体层摄影系统 | 796000 | 福建省闽侯县医院 |
| 电子胃镜系统 | 1775600 | 福建省闽侯县医院 |
| 体外冲击波碎石机 | 797200 | 福建省闽侯县医院 |
| 全自动单剂量片剂摆药机 | 750000 | 河北省第六人民医院 |
| 自动染色机、封片机 | 955000 | 北京医院病理科 |
| 冰冻切片机 | 486000 | 北京医院病理科 |
| 自体血液回收机 | 190000 | 石家庄市第四医院 |
| 肺功能仪 | 1700000 | 上海市一医院宝山分院 |
| 高能超声聚焦肿瘤治疗仪 | 2300000 | 首都医科大学附属北京中医医院 |
| 婴儿辐射台 | 22900 | 山西省晋中市第二人民医院 |
| 密闭煎药机 | 14000 | 山西省晋中市第二人民医院 |
| 骨髓图像系统分析仪 | 38000 | 山西省晋中市第二人民医院 |
| 麻醉工作站 | 950000 | 浙江省温州市卫生局 |
| 吊塔 | 850000 | 浙江省温州市卫生局 |
| 超声外科手术吸引系统 | 1150000 | 浙江省温州市卫生局 |
| 手术显微镜 | 1998900 | 浙江省温州市卫生局 |
| 肝纤维化诊断系统 | 1620000 | 浙江省温州市卫生局 |
| 无创呼吸机 | 180000 | 福建省立金山医院（筹建） |
| BiPAP呼吸机 | 68000 | 福建省立金山医院（筹建） |
| 心肺复苏机 | 260000 | 福建省立金山医院（筹建） |
| 压力抗拴泵 | 45000 | 福建省立金山医院（筹建） |
| 视网膜激光治疗仪 | 295000 | 山东省日照市人民医院 |
| 除颤仪 | 45000 | 山东省日照市人民医院 |
| 十二道自动分析心电图机 | 40000 | 山东省日照市人民医院 |
| 麻醉机 | 135000 | 山东省日照市人民医院 |
| C型臂X线透视机 | 882000 | 山东省青岛市卫生局 |

数据来自：鲸彩医疗器械商www.ylqxs.com

## 第四节　2014年医疗器械进出口贸易情况

### 2014年医疗器械进口贸易情况

中国医药保健品进出口商会根据中国海关数据统计，2014年我国医疗器械贸易总额达到357.94亿美元，同比增长4.32%，比2013年下降9.8个百分点。其中，进口额为157.71亿美元，同比增长5.32%，但是增幅同比下降了14.75个百分点。

医保商会分析认为，去年我国医疗器械进口贸易有以下特点：一是医疗器械进口增幅为近3年来最低；二是在华三资企业成为我国医疗器械进口主力，相关进口额占比达到40%；三是诊疗设备类产品进口额占比超过70%，远远高于其他类别产品；四是三资企业的加工贸易下降。

#### 欧洲是最大进口来源市场

2014年，我国从200多个国家和地区进口了医疗器械，欧洲是我国医疗器械最大进口来源市场，相关进口额在我国医疗器械进口总额中占39.12%；北美洲为第二大进口来源市场，进口额占比为32.26%；亚洲排在第三位，进口额占比为24.64%。这三大洲进口额占比合计达到96.02%。美国、德国、日本、爱尔兰和瑞士为前五大进口来源国，进口额占比合计为68.18%。

#### 诊疗设备进口额占七成多

2014年，在我国医疗器械进口产品中，进口额超过 1 亿美元的有35个品种，主要为通用诊疗设备、彩色超声波诊断仪、弥补生理缺陷的康复用具、X射线断层检查仪、内窥镜、医用导管、核磁共振成像装置等。其中，诊疗设备类产品进口总额高达113.94亿美元，同比增长6.66%，在我国医疗器械进口总额中占72.25%。

#### 三资企业为进口主力

从进口企业构成分析，民营企业数量占比为52.49%，进口额为54.18亿美元，进口额占比为34.35%；三资企业数量占比为38.83%，进口额及其占比为67.79亿美元、42.98%；国有企业数量占比为8.68%，进口额及其占比为35.49亿美元、22.5%。

#### 上海进口额保持首位

2014年，我国医疗器械进口额排在前10位的省（区、市），进口额合计占比达到92.26%，比2013年提高了1.41个百分点。其中，上海医疗器械进口额仍然保持第一位，进口额为63.57亿美元，同比增长10.97%，进口额占比为40.31%；排在第二位的是北京，进口额为37.58亿美元，同比增长4.05个百分点，进口额占比为23.83%；第三位是广东，进口额为16.86亿美元，同比增长16.37个百分点，进口额占比为10.69%。

（数据来源：中国医保商会根据中国海关数据整理）

### 2014年医疗器械出口贸易情况

2014年，我国医疗器械对外贸易是“阴”是“晴”？，随着年度医疗器械外贸统计结果的“出炉”，这一问题的答案终于水落石出。据中国医药保健品进出口商会统计分析，随着世界经济体的分化趋势，以及我国经济增速放缓，医疗器械行业进入转型升级、结构调整阶段，我国医疗器械对外贸易的增长模式有所转变，体现在2014年，我国医疗器械出口额虽然超过200亿美元大关，但是增幅为近3年最低水平。不过，积极的因素仍然存在，在增长放缓的背后，是竞争核心正在向新的方向发展，这个方向就是更均衡、更高质、更持久。

中国医保商会根据中国海关数据统计，2014年，我国医疗器械贸易总额达到357.94亿美元，同比增长4.32%，增幅同比下降了9.8个百分点。其中，出口额为200.23亿美元，同比增长3.56%，增幅同比下降了6.36个百分点，是近3年增幅最小的一年。全年贸易顺差为42.52亿美元，同比下降2.49%。医用敷料类、保健康复用品类、口腔设材类产品贸易继续保持顺差；诊疗设备类产品贸易继续保持逆差，但逐渐收窄。

### 三大洲占86%份额

2014年，亚洲、欧洲和北美洲仍然是我国医疗器械主要出口市场，对应的出口额分别是66.32亿美元、53.44亿美元和54.01亿美元，出口额合计占比为86.79%。我国对亚洲中东市场的医疗器械出口额同比增长11.78%，增幅同比下降了2.26个百分点。美国、日本、德国、中国香港和英国仍然是我国医疗器械的前五大出口市场，相关出口额所占比重合计为48.78%。

### 43个产品出口额过亿

2014年，我国出口额超过1亿美元的医疗器械产品有43个，超过千万美元的有41个。其中，牙科粘固剂及其他牙科填料、骨骼粘固剂、输血设备、用于造口术的用具等类别产品出口额增幅超过3位数。

### 三资企业出口额过百亿

从我国医疗器械出口企业构成分析，民营企业数量占比76.26%，出口额合计84.20亿美元，出口额合计占比42.05%，与2013年基本持平；三资企业数量占比17.74%，出口额合计为100.46亿美元，出口额合计占比为50.17%，与2013年相比提高了0.57个百分点；国有企业数量占比为6.00%，出口额合计为15.35亿美元，出口额合计占比为7.67%，比2013年下降了0.04个百分点。

### 广东出口列首位

2014年，医疗器械出口额排在前十位的省（区、市）合计占91.3%的出口额，与去年基本持平。其中，广东省医疗器械出口额名列首位，为51.73亿美元，同比增长10.16%；江苏列第二位，为34.99亿美元，同比增长7.49%；上海名列第三，为29.11亿美元，同比增长8.82%。从同比增幅来看，内蒙古医疗器械出口额同比增幅达到三位数，主要原因是往年医疗器械出口额基数较低；宁夏、青海、湖南、广西等省（区、市）的医疗器械出口额同比增幅较高，分别为85.18%、77.58%、45.54%、37.36%。

### 分析预测，出口增长动力转变

据中国医保商会分析，2014年，我国GDP增速达到7.4%。这是我国克服全球经济体分化、生产要素不断上涨、企业用工成本逐年攀升、人民币汇率升值情况下获得的成绩。然而，2014年是我国医疗器械出口增幅为近3年最低的一年。这与现阶段我国医疗器械产业转型升级、兼并重组、规模化与集群化发展，以及当下世界经济体分化走势都有关联。不过，2014年很可能成为我国医疗器械产业向注重“质量把控”与“均一性”转型的关键年。很多企业不断增强知识产权保护意识、加大对新品研发的投入，并且对一线技术骨干更加重视。一些优势企业和资本继续通过资本纽带方式进行兼并重组。这些转变对于拉升我国医疗器械行业的整体竞争力起到了极大的促进作用。可以看到，一些细分领域的龙头企业进一步规范经营，向“规模化”、“国际化”发展，不断优化国内外市场竞争力。

## 2015年进出口额可望增长5%

中国医保商会分析认为，2015年，我国医疗器械行业需要进一步克服汇率波动、生产要素攀升等不利情况，企业则需要进一步开拓与我国签署自贸区协定的新兴市场，如金砖国家、新兴国家（墨西哥、土耳其、印度尼西亚、尼日利亚等），以及“一带一路”战略构想的辐射区域（俄语区、中东、东南亚等），以形成新的贸易倍增渠道，并引导我国西北区域（新疆、青海、甘肃、陕西、宁夏等）、西南区域（重庆、四川、广西、云南等）、关联区域（内蒙古、黑龙江、辽宁、河南、湖北、山东等）和21世纪海上丝绸之路区域（江苏、浙江、福建、广东、海南等）的企业积极参与相关贸易活动，推动技术、产业、资本输出和升级调整，实现区域联动和软着陆，以进一步摆脱对欧、美、日等传统出口市场的依赖。

2015年，我国医疗器械产业还面临来自不同国家和地区的挑战，行业需要借助互联网强化设备和管理的网络化，实现信息垂直化，以尽可能地消除信息不对称；同时，需要利用互联网金融为企业解决资金来源、支付方式等方面的问题，考虑通过“医界贷”和“医购贷”等完成小额融资和设备融资；国家和各省（区、市）需要加紧建设分级健康信息应用体系；移动健康模式下的大数据将对可穿戴设备及远程诊疗的应用和普及产生巨大影响；细分领域的龙头企业与资本将继续演绎兼并重组，进一步促进行业的规模化、集群化和国际化。

随着中国经济增幅转入“新常态”，我国医疗器械产业将把更多的精力集中到产品质量控制方面，从而引导产业结构调整和市场结构优化，使我国企业参与全球价值链的专业化水平有所提升。与此同时，WTO推进贸易便利化将为“质优可信”的中国产品进一步被推向国际市场带来便利。中国医保商会预计，2015年全年医疗器械贸易额接近380亿美元，同比增幅可能达到5%，但是贸易额跨越400亿美元大关尚需时日。

**表1 2014年我国医疗器械贸易统计**

| 分类 | 出口情况 | | | 进出口情况 | | |
|---|---|---|---|---|---|---|
| | 出口额（亿美元） | 同比% | 占比% | 进出口额（亿美元） | 同比% | 占比% |
| 诊疗设备 | 89.55 | 5.58 | 44.73 | 203.5 | 6.19 | 56.85 |
| 医用耗材 | 32.03 | −12.63 | 16 | 54.35 | −9.84 | 15.18 |
| 医用敷料 | 26.29 | 10.46 | 13.13 | 29.69 | 11.82 | 8.3 |
| 康复用品 | 45.82 | 9.52 | 22.88 | 59.19 | 9.9 | 16.54 |
| 口腔设材 | 6.53 | 4.72 | 3.26 | 11.22 | 4.09 | 3.13 |
| 合计 | 200.23 | 3.56 | 100 | 357.94 | 4.32 | 100 |

**表2 2014年我国医疗器械产品主要出口目的地**

| 目的地 | | 出口额（亿美元） | 同比% | 占比% |
|---|---|---|---|---|
| 全球 | | 200.23 | 3.56 | 100 |
| 1 | 美国 | 51.38 | 6.5 | 25.66 |
| 2 | 日本 | 15.65 | 3.67 | 7.82 |

（续表）

| 目的地 | | 出口额（亿美元） | 同比% | 占比% |
|---|---|---|---|---|
| 3 | 德国 | 11.86 | 4.76 | 5.92 |
| 4 | 中国香港 | 11.54 | 1.46 | 5.77 |
| 5 | 英国 | 7.22 | 8.65 | 3.61 |
| 6 | 荷兰 | 5.62 | 6.68 | 2.81 |
| 7 | 俄罗斯联邦 | 4.67 | −12.68 | 2.33 |
| 8 | 澳大利亚 | 4.38 | 9.39 | 2.19 |
| 9 | 法国 | 4.33 | 0.21 | 2.16 |
| 10 | 印度 | 4.28 | 1.57 | 2.14 |

**表3 2014年我国主要医疗器械出口产品情况**

| 序号 | 商品名称 | 出口额（亿美元） | 同比% | 占比% |
|---|---|---|---|---|
| 1 | 按摩器具 | 17.27 | 9.75 | 8.62 |
| 2 | 其他矫正视力、保护眼睛或其他用途的眼睛、挡风镜及类似品 | 11.85 | 3.83 | 5.92 |
| 3 | 注射器、针、导管、插管及类似品 | 11.2 | 9.07 | 5.6 |
| 4 | 药棉、纱布、绷带 | 9.03 | 1.15 | 4.51 |
| 5 | 化纤制一次性或医用无纺织物服装 | 7.91 | 10.91 | 3.95 |
| 6 | 钢铁制卫生器具，包括零件 | 6.95 | −3.71 | 3.47 |
| 7 | 注射器，不论是否装有针头 | 5.98 | 23.6 | 2.99 |
| 8 | 不锈钢制洗涤槽及脸盆的卫生器具 | 5.61 | −3.88 | 2.8 |
| 9 | X光检查造影剂：用于病人的诊断试剂 | 5.16 | 9.73 | 2.58 |
| 10 | 彩色超声波诊断仪 | 5.14 | 7.66 | 2.57 |
| | 合计 | 86.1 | --- | 43.01 |

**表4 2014年我国部分省医疗器械出口情况**

| 序号 | 地区 | 出口额（亿美元） | 同比% | 占比% |
|---|---|---|---|---|
| 1 | 广东 | 51.73 | 10.16 | 25.83 |
| 2 | 江苏 | 34.99 | 7.49 | 17.47 |
| 3 | 上海 | 29.11 | 8.82 | 14.54 |
| 4 | 浙江 | 27.03 | 1.79 | 13.5 |
| 5 | 北京 | 10.15 | −2.72 | 5.07 |
| 6 | 福建 | 9.42 | −24.96 | 4.7 |
| 7 | 湖北 | 6.32 | 8.82 | 3.16 |
| 8 | 山东 | 4.96 | −3.74 | 2.81 |
| 9 | 辽宁 | 3.48 | −14.67 | 2.48 |
| 10 | 安徽 | | 3.63 | 1.74 |
| | 合计 | 182.81 | ---- | 91.3 |

（本文数据为中国医保商会根据中国海关数据整理）

## 第五节 2014年医疗器械行业薪酬分析报告

### 医药行业薪酬发展趋势

2014年医药行业整体薪酬水平较2013年增长9.3%，较全行业平均薪酬涨幅高1个百分点，较2013年医药行业的薪酬涨幅高0.9个百分点。受大健康产业的日益被重视及医疗健康产业投资力度加强的影响，医药行业整体平均薪酬涨幅保持平稳的增长。

在医药行业中，基本的医药销售专员须具备2~4年的工作经验，月薪在5000~13000元之间。而药房渠道业务经理一般需要5~8年工作经验，其月薪在1万~2万元。区域业务经理需要8~10年经验，月薪可达1.5万~2.5万元。另外，在临床研究方面，临床研究助理多需要对口的专业和1~2年工作经验，月薪为6000~13000元。而做到临床研究经理级别，至少需要5年以上工作经验，月薪可达3万~5.5万元。

2013年下半年到2014年上半年由于医药大企业的负面事件，使得医药就业市场受到影响。不过，这波影响在2014年年中之后已逐渐消除，各大医药相关公司的招聘态势走高。预计2015年医药行业企业将会增加用人数量的需求。

2015年医药行业77%的受访企业预期将会增加员工人数，同比去年增加2个百分点。13%的受访企业预期减少员工人数，与去年维持不变，10%的受访企业表示将维持不变，比去年减少2个百分点。

随着医药市场需求旺盛，销售类人才成为2015年医药行业重点增员岗位，调查显示，65%的医药行业企业预计在2015年增加销售人员。其次，为了提高医药制造的技术水平，提高市场竞争力，36%的受访企业表示会增加药品研发类岗位的人才招聘。另外，随着网售处方药政策的放开，传统药店大佬们蜂拥至医药电商，药企的加速“触网”必然带动网络人才的需求，大量药企也增加了网络运营人才的招聘力度，17%的药企2015年预计增加网络运营人才的招聘，同比去年增长2个百分点。

### 医疗器械行业薪酬涨幅走高

目前，我国医疗器械产业市场规模约4000亿元，并以每年20%速度递增，是名副其实的朝阳产业。2014年，我国医疗器械行业迎来了政策密集推进期，这些政策覆盖了从研发、审批、生产、销售到使用的每一个环节，国产医疗器械自主创新的步伐正在加快，一些高科技成果不断出现，提升了国产医疗设备的国际竞争力，而我国医疗器械产业也将迎来高速发展时期。

2014年医疗器械行业整体薪酬水平较2013年的增长幅度为12.5%，超过全行业平均薪酬涨幅1.7个百分点，超过2013年医疗器械行业的薪酬涨幅1.8个百分点。2014年医疗器械行业薪酬涨幅为近几年来的最高点，预计今年行业薪酬涨幅仍将保持高位，涨幅将达到12.7%。

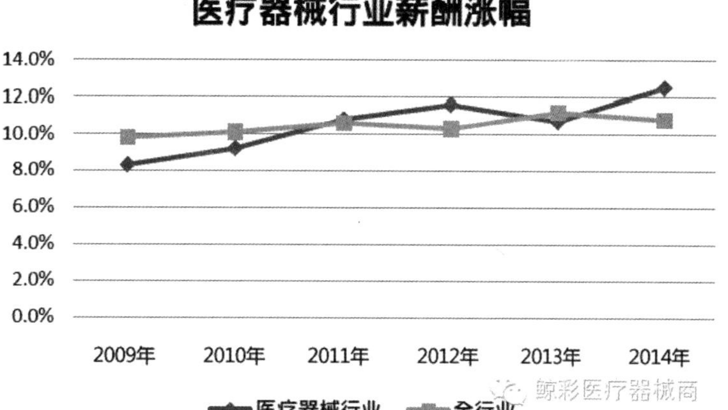

医疗器械行业的薪酬增长加速，一方面是由于城镇化、人口老龄化等外部因素造成行业市场需求的持续扩张，这种扩张也同时增加了行业对于人才的需求，使人才供需平衡持续向人才供给方偏移，结果就是人才的增值。而另一方面，国内医疗器械企业正在努力构建自身人才培育的进程，这种努力无疑也增加了企业的人力资源成本。日趋激烈的国内外竞争环境迫使企业加速发掘自身的核心竞争力，人才则理所当然的纳入考量，不同的只是外部招聘和内部培养所产生的分歧。

随着我国医疗器械行业的急速发展，国内外企业对人才的渴求程度也日益激烈，这也让医疗器械企业想方设法通过创新的途径选拔优秀人才。

**中层薪酬前景看好**

从医疗器械行业各个层级来看行业薪酬水平，2014年的数据显示，专业经理层的薪酬涨幅最大，达到了16.7%，超过行业整体薪酬增长幅度4.2个百分点，医疗器械行业专业经理层员工薪酬的中位值为141,666元。部门经理层和主管层员工的薪酬涨幅同样超过行业的整体薪酬涨幅水平，增长幅度分别达到了13.2%和14.4%。而总监层员工的薪酬涨幅则基本与行业平均涨薪幅度持平。专员层以低于行业整体薪酬涨幅1.6个百分点的涨幅处在行业涨薪的末位。

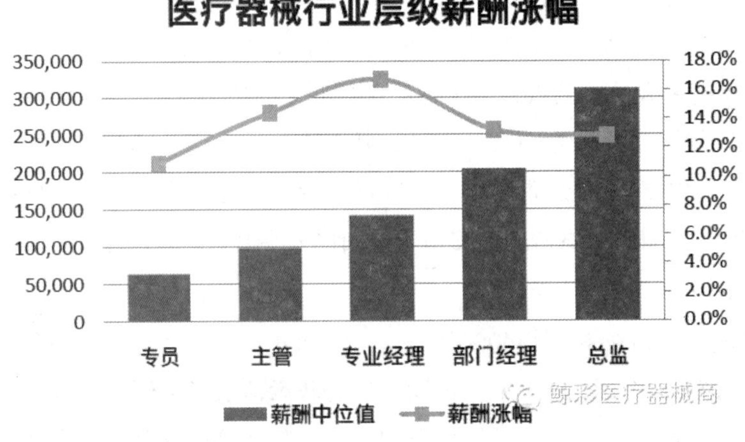



医疗器械行业的人才紧缺问题主要集中在人才数量、人才培养供给和人才获得性紧缺三个维度。从具体的人才紧缺岗位上看，项目经理、中高级工程师、人力资源经理、研发经理等中级管理岗位缺口最大，这也是企业中级管理层涨薪幅度最大的主要原因。

这并不是说医疗器械企业其他层级的人才缺口不大，只是在当前的发展阶段，中级岗位骨干的功能得到更彻底地发挥，为企业创造更多的价值。

尽管医疗器械行业也存在着相当程度的人员流失，与其他机械制造行业类似的，这种流失在基层表现得尤为严重。但大多数企业认为流动性稀缺并不是当前人才紧缺性问题的核心，企业的当务之急还是优先构建起业务的核心骨干团队。”

在154家接受调查的医疗器械企业中，医疗器械各细分行业的薪金构成基本相同。30%–35%的企业采用的主要激励政策是提高薪酬和奖金；约20%的企业采用提供职位晋升和培训机会的方式；少数企业提供特别的激励方式，如国外培训和旅游、内部员工奖励等。不同职位工作人员的流动性从大到小依次为：销售人员>注册人员>市场人才>生产人员。销售人员在一家公司的平均工作年限只有1.8年；生产人员的平均工作年限在5年左右，从调查的结果不难看出我国医疗器械行业人才需求正面临着严峻挑战。

## 2014年医疗器械行业主要岗位薪酬

### 【销售代表】

职位行情：

医疗器械行业对于销售代表的需求一直很迫切，销售代表成了绝大多数的医疗器械行业的企业常年在招的职位。可即使这样，仍然不能满足企业的需求。从医疗器械销售代表的任职资格来看，相关专业毕业，会实地操作各种医疗设备成为医疗器械销售代表的门槛。医疗器械行业销售代表成为时下行业最紧缺人才类型之一。

薪资水平：

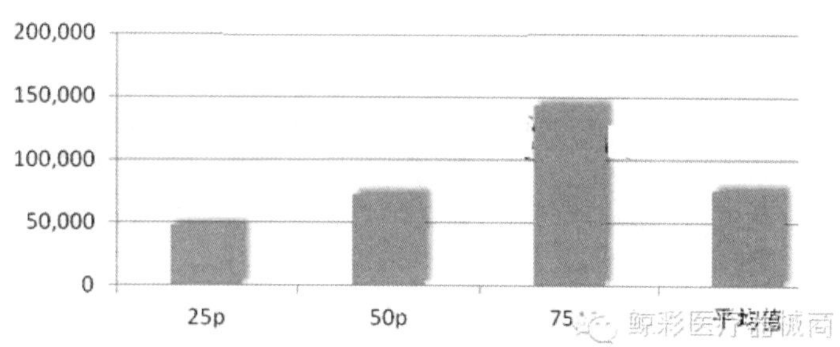


销售代表薪酬具有较大的上升空间。目前市场上75分位值为143,236元人民币。中分位值为72,232元人民币，平均值为75,454元。

通用入职要求：

专科及以上学历；1年以上销售工作经验，有医疗器械销售经验者优先；有医院销售经验；具有较强的独立工作能力和社交技巧，较好的沟通能力、协调能力和团队合作能力；具有独立分析和解决问题的能力。

### 【招商经理】

职位行情：

国内医疗器械行业的快速崛起，使本来就不甚充足的营销人才更是捉襟见肘。首先，医疗器械行业客户经理需要专业教育背景，其次，工作经验是制约医疗器械行业人才获取的重要原因。不可避免的，招商经理的供不应求直接导致了招商经理的薪酬水涨船高。

薪资水平：

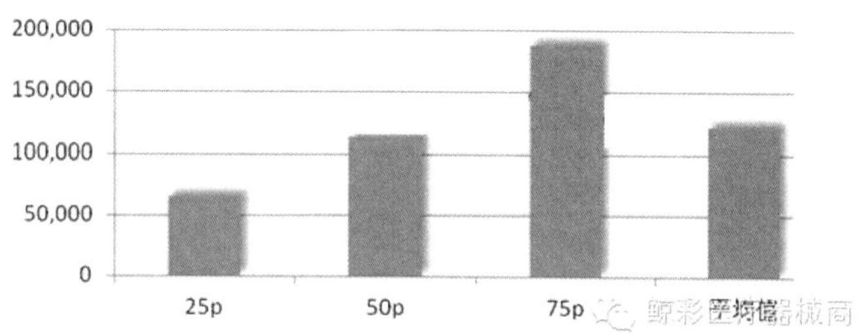


招商经理薪酬的75分位为187,677元人民币。平均值为12万元，50分位为112,245元人民币。

通用入职要求：

医学、药学、市场营销相关专业本科以上学历；从事销售工作5年以上；善于沟通，有较强的敬业精神和团队协作能力；熟悉医院流程，在行业内有广泛的人脉资源者优先。

**【人力资源经理】**

职位行情：

一个企业能否健康发展，在很大程度上取决于员工素质的高低与否，取决于人力资源管理在企业管理中的受重视程度。随着医疗器械行业的不断发展，对于优化人力资源管理的需求日益迫切，优秀的人力资源经理人变得愈加抢手。

薪资水平：

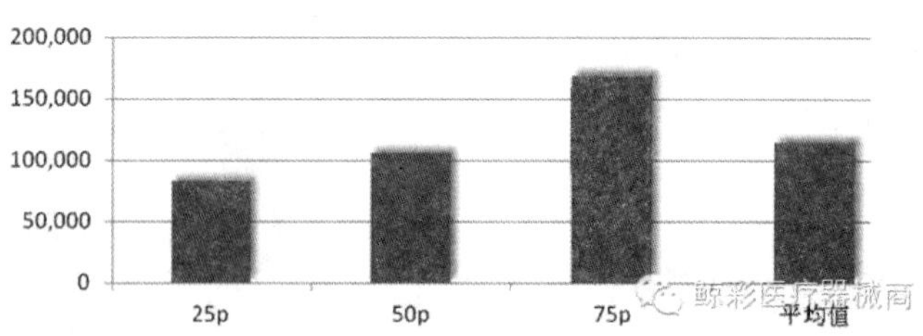


医疗器械行业人力资源经理的薪酬平均值为114,232元人民币，中位值年薪为105,343元。高分位值可达168,677元。

通用入职要求：

人力资源管理或相关专业本科以上学历；受过战略管理、战略人力资源管理、组织变革管理、管理能力开发培训；5年以上人力资源主管工作经验；对现代人力资源管理有深入研究；熟悉薪酬制度、用人机制、保险福利等；有很强的计划性和实施执行能力；较强的激励、沟通、协调水平。

**【质量管理经理】**

职位行情：

商品质量是企业的生命,是企业发展长远的根本。随着人们生活水平的不断提高,消费者对于商品质量的要求也在提高。作为质量管理经理要带领团队抓好医疗器械的质量的控制，创造一定的社会效益，为企业赢得声誉，开拓更广阔的市场，质量管理经理的重要作用可见一斑。

薪资水平：

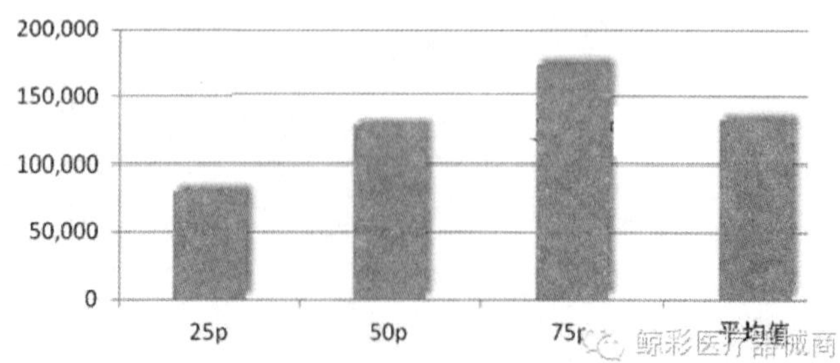


质量管理经理的薪酬平均值为132,456元，高分位值达到17万元。50分位值为128,463元人民币。

通用入职要求：

大学本科以上学历；医药、管理等相关专业；5年以上质量管理相关经验，有医疗器械生产企业工作经验优先；精通ISO9001，ISO13485质量管理体系，精通医疗器械法律法规；有良好的中英文写作能力、人际交往能力和沟通能力。

**2015年医疗器械人才需求调查**

首要择业因素：个人发展前景

调查结果显示，候选人看重的企业竞争力依次是产品、企业文化和发展空间。但是，他们在选择企业的时候将个人好的发展前景作为首要择业因素，地理位置也是候选人选择企业时的重要考虑因素。

高薪资领域：介入和影像

调查结果显示，医疗器械各细分行业的薪金构成基本相同。如销售类职位的薪金构成普遍为“底薪+提成+补助+奖金”；技术支持类职位的薪金构成为“底薪+补助+奖金”；注册类职位的薪金构成为“13个月工资+奖金（2～4个月工资）”。其中，销售类职位奖金部分根据销售特性有所不同，如耗材类产品销售职位季度完成任务有奖金，奖金一般为固定金额（6～10个月工资）；设备类产品销售职位按一定比例（4%～8%）或完成任务情况进行奖励。在国内医疗器械行业各细分专业的全国平均工资中，介入(心外及心内）和影像（大型设备）领域的基本工资相对较高。

主要激励政策：提薪和晋升

激励政策是维持企业活力不可或缺的部分。本次调查对薪酬和奖金、职位晋升、带薪休假等9种员工激励方式进行了调查。结果显示，在154家接受调查的企业中，30%～35%的企业采用的主要激励政策是提高薪酬和奖金；约20%的企业采用提供职位晋升和培训机会的方式；少数企业提供特别的激励方式，如国外培训和旅游、内部员工奖励等。

候选人最看重的激励政策与企业最常提供的方式基本一致，其中提高薪酬和奖金、提供职位晋升及培训机会排在前三位。

在受调查企业中，90%以上的企业采取一年一次的加薪政策，80%以上的外企调薪时间在上半年（多在3～4月），60%以上的国内企业调薪时间在年末。基于企业盈利情况、调薪制度及调薪周期等情况的不同，不同企业的薪酬涨幅有所差异。总体而言，外资企业与国内企业的调薪幅度差距不大，60%左右的企业调薪幅度都在10%～15%之间。15%～20%的调薪水平在总体调薪比例中占24%，提供这一调薪水平的国内企业明显多于外资企业。

提供培训机会同样是激励政策的重点。为了配合企业发展、提升人力绩效和员工素质，大部分企业都将培训重点放在产品、销售技巧等有针对性的培训上，这方面的培训约占整体培训的47%～48%；其次是企业内部培训和外部培训；提供出国培训机会的外企明显较多。

职位晋升是企业留住人才、激励员工的最好方式之一。调查显示，被最广泛运用的晋升模式以人员表现和业绩为基准，具体方法包括：按梯队晋升（如前10%连续两年晋升，后10%淘汰）；考试、评级（如每年进行考评、绩效考核，按成绩晋升）；工作年限优先（在业绩考核相同的情况下，大部分公司优先晋升在该企业工作时间较长的员工）。

员工流失率最高：美资企业

人员流失困扰着几乎所有医疗器械企业。据统计，部分医疗器械企业的人员流动率达到20%～30%，少数控制在15%左右。相对来说，日资企业的员工流失率最低，其次为欧洲和国内企业，美资企业员工流失率相对较高。

本次调查总结出了企业人力资源部门和企业员工认为保持人员稳定的因素。其中，人力资源部门认为保持员工稳定的前三位因素是：企业文化、薪水和发展空间。大部分企业的人力资源部门认为，人员流失最首要的原因是企业文化不够吸引员工；其次是薪金、福利等。但是，企业员工的想法有所不同，1000余名候选者的反馈结果显示：63%的候选人将产品的好坏作为第一要素（人力资源将此项排在末尾）；企业文化和发展空间则分列第二位、第三位；而人力资源部门所看重的薪水在候选人眼中排在第四位。

最多离职原因：待遇

调查显示，虽然员工在选择企业时更多是从发展空间上考虑，但是，员工最多的离职原因还是待遇问题（44%左右的受访者选择该项）；个人发展空间排在第二位（40%左右）；部分员工由于家庭、生育、户籍、创业等个人原因选择离职（9.33%）。

本次调查对不同职位的受访者在一家公司工作的基本年限做了统计分析，结果显示，不同职位工作人员的流动性从大到小依次为：销售人员>注册人员>市场人才>生产人员。销售人员在一家公司的平均工作年限只有1.8年；生产人员的平均工作年限在5年左右。

本次调查还对相关职位从业人员的年龄进行了统计。调查显示，各类职位的高低与年龄成正比：临床应用类职位从业人员的平均年龄为30岁；培训类职位从业人员的平均年龄为36岁；售后类职位从业人员平均年龄为29岁；经理级别受访者的年龄都在30岁以上；总监级别受访者年龄都在40岁以上。应用、培训、售后等专业性职位起点年龄都较高。

医疗器械最缺的两类人才

1.高级销售人才

据调查显示，目前9成以上医疗设备企业都缺高级销售人员，医学专业背景、精通外语、人脉丰富是其从业必备门槛。医疗设备企业的高级销售人员之所以如此缺乏，与行业对销售人员的高要求有相当大的关系。医疗设备销售人员不仅要是医疗行业相关专业毕业，还要精通至少一门外语；此外，要对市场具有敏锐的观察和应对能力，与当地的各大医院及医疗机构有着丰富的人脉关系；另外，销售人员本身还要具备一定的技术能力，会实地操作各种医疗设备。这样高的条件也就令许多销售人员望而却步。譬如英语，因为许多医疗设备都涉及进出口业务，如果不能熟练使用英语，不能阅读英文说明，就更别提给有意购买方提供中文资料、讲解并示范操作过程了。

2.高级研发人才

近年随着医保改革的日益深化，医疗器械行业也迎来发展机遇，因而相关领域对高级研发人才的总体需求也在不断增长。该类人才除了工作经验，还必须能洞察医疗器械最新发展方向，对新品开发有独到见解。该岗位所需要的丰富学识也决定了应聘者必须有高学历的教育经历，且又具有将知识转化为生产力的运作能力。

当前，我国医疗器械正积极进行技术升级，争取内需市场和外部产业转移机遇，相关医疗产品质量、技术结构方面的提升也使得监护、医学影像设备、临床实验室设备和微创介入治疗等领域获取了显著成果。未来，我国医疗器械行业人才需求量将会越来越高，解决人才需求问题将是不少医疗器械企业面临的首要任务。

资料来源：鲸彩医疗器械商

# 六、医学装备相关学术团体与社团介绍

# 中国医学装备协会

**简介：**

中国医学装备协会是经国家民政部批准依法注册登记的服务于医疗卫生行政主管部门、医疗卫生机构和医疗器械产销企业的法人社会团体，是国家卫生计生委主管的医学装备领域唯一的国家一级协会。

中国医学装备协会于1990年成立，原国家卫生部副部长朱庆生任理事长。协会下设《中国医学装备》杂志社、中国医学装备网（www.came-online.org）、《中国医学装备年鉴》编辑部、北京国卫嘉和医学装备技术服务有限公司等直属机构。目前，协会有30家分支机构。

**分支机构名单：**

1、医学实验室装备与技术分会
2、医学装备与技术教育培训分会
3、医学装备信息交互与集成分会
4、音乐医学与技术装备分会
5、急救医学装备专委会
6、生物工程装备与技术专委会
7、医用耗材专委会
8、康复医学装备技术专委会
9、健康管理装备与技术专委会
10、医学装备技术保障专委会
11、药房装备与技术专委会
12、临床检验装备与技术专委会
13、妇幼医学装备与技术专委会
14、医学装备管理专委会
15、CT工程技术专委会
16、医用机动车辆装备技术专委会
17、血液净化装备技术专委会
18、核医学装备与技术专委会
19、放射治疗装备与技术专委会
20、医用辐射装备防护检测专委会
21、医学装备计量测试专委会
22、民营医院装备管理分会
23、磁共振成像装备与技术专委会
24、病理装备技术专委会
25、护理装备与材料分会
26、现场快速检测POCT装备技术专委会
27、超声装备技术分会
28、眼科学装备技术专委会（筹）
29、医用供气装备技术专委会（筹）
30、采购与管理分会(筹)

中国医学装备协会受医疗卫生行政主管部门委托，为其制定相关制度、标准、办法提供信息和技术支持：根据医疗机构的功能定位提出了大型医用装备阶梯配置机型；连续多年编撰出版常用设备市场发展研究报告，开展医学装备市场调查和产业发展趋势研究；受国家卫生计生委委托，制定医疗卫生机构配置国产优质医学装备产品目录，推动国产医学装备产业实现跨越式发展；受原卫生部委托开展医学装备质量控制工作，制定的医学装备的技术检测标准将成为卫生行业标准，以保证医疗卫生机构临床诊断和治疗工作的安全、有效；受国家食品药品监督管理总局委托起草《医疗器械使用监督管理办法》及《医疗器械使用质量管理规范》，加强对医疗器械使用的质量监管，保证医疗器械安全有效使用，维护人体健康和生命安全。

中国医学装备协会努力搭建企业、政府主管部门与医疗卫生机构之间沟通的桥梁，直接向相关政府主管部门反应企业诉求，帮助企业获取政策支持；帮助企业获取药监局、国家卫生计生委、发改委、科技部、财政部、工信部等政府主管部门相关政策、市场信息；帮助企业了解医疗机构市场需求；组织专

家对企业新产品、新技术进行论证、宣传、推广；开展医学装备技术评估，帮助企业开展适宜装备技术推广，并向医疗卫生机构推荐使用；开展医学装备售后服务满意度调查及最受欢迎医学装备产品推荐活动，通过一系列活动提高企业售后服务水平，提升医疗机构对企业产品的满意度，提升企业形象；稳步推进大型医用设备工程技术人员培训和国家级培训项目工作，积极开展继续医学教育培训，努力提高医学装备人员的管理能力和专业技能；组织各类学术会议和专题论坛，为医疗机构从业人员搭建学术交流平台；开展医学装备管理先进集体和先进个人评选活动，激励医学装备管理及技术服务人员的积极性，加强医疗机构医学装备管理，促进医学装备安全与有效利用。

中国医学装备协会愿同全社会一道，为提高我国人民健康水平、促进我国医学装备事业发展做出积极贡献。

**协会领导成员**

理 事 长：朱庆生

副理事长：赵自林（常务）李洪山　王宝亭　王东升　吕兆丰　许树强
戴建平　郭启勇　白知朋

秘 书 长：白知朋（兼）

网 址： www.came-online.org

地址：北京市西城区车公庄大街9号院五栋大楼B3座601室
北京市西城区车公庄大街9号院五栋大楼B2座802室

# 中国医师协会

中国医师协会是经国家民政部登记注册，由执业医师、执业助理医师及单位会员自愿组成的全国性、行业性、非营利性的群众团体，是国家一级协会，是独立的法人社团。本会的宗旨是发挥行业服务、协调、自律、维权、监督、管理作用，团结和组织全国医师遵守国家宪法、法律、法规和政策，弘扬以德为本，救死扶伤人道主义的职业道德，努力提高医疗水平和服务质量，维护医师的合法权益，为我国人民的健康和社会主义建设服务。

1999年5月1日，我国正式颁布实施了《中华人民共和国执业医师法》。这是我国制定的第一部有关医师的大法，这充分体现了党和国家对广大医师的关心和爱护。《医师法》第一章第七条明确规定"医师可以依法组织和参加医师协会"。《医师法》的颁布实施为中国医师协会的成立提供了法律依据。中国医师协会是依法成立的社团组织。

据当前有关部门统计，我国执业医师人数超过200万人。充分显示了中国医师协会具有广泛的群众基础，是广大医师之家。凡具有执业医师或执业助理医师资格的西医、中医、中西医结合医、民族医以及预防、医疗、保健机构中的医务人员、医疗卫生管理人员、医学的协会、学会的管理工作者以及医学科研工作者等，都可以申请加入本协会，成为中国医师协会的会员。

维护医师的合法权益，加强对医师的全方位培训，保证医师队伍建设的健康发展，这是医师协会今后非常重要的一项工作。医师的职业是高强度脑、体力劳动和高风险的职业，只有充分尊重和保护他们的创造性劳动，调动他们的积极性，才能发挥他们的聪明才智和潜力，才能有效地促进医学科学技术水平的提高，更好的为病人服务。

开展业务咨询服务、介绍推广医、药新技术、新成果，为广大医师、专家、医药企业及科研单位之间架设一座桥梁和快速通道，促进科研成果转化。按照市场经济规律和法则，科学求实的推向市场。

中国医师协会是在我国加入WTO和医疗卫生事业深化改革的新形势下应运而生的。这标志着我国医师队伍的管理，将由目前单一的卫生行政管理模式，逐步过渡到卫生行政管理和行业自律协同管理的模式。今后，医师协会将会在行业管理中发挥越来越大的作用，推进我国医师队伍向国际化的管理模式迈出坚实的步伐。

会 长：张雁灵　常务副会长：杨民

办公室:010-64176200　信息部:010-64169647　传 真:010-64176355

网 址：www.cmda.net　邮 箱：cmdamail@vip.sina.com

地 址：北京市东城区东直门外新中街11号

# 中国医院协会

中国医院协会（Chinese Hospital Association ，CHA）是依法获得医疗机构执业许可的各级各类医疗机构（不包括农村卫生院、卫生所、医务室）自愿组成的全国性、行业性、非营利性的群众性团体，是依法成立的社团法人。

中国医院协会的宗旨是：遵守我国法律、法规，执行国家卫生工作方针和政策；依法加强医疗行业管理；维护医院及有关医疗机构合法权益；发挥行业指导、自律、协调、监督作用，提高医疗机构的管理水平，推动医疗机构改革和建设的健康快速发展，为保护人民健康和社会主义现代化建设服务。

中国医院协会的业务主管单位是中华人民共和国国家卫生和计划生育委员会，依法接受其业务指导；本会的登记机关是中华人民共和国民政部，接受其监督管理。

中国医院协会是由中华医院管理学会更名成立的，设有34个分支机构，协会的组织建设在不断完善之中。

中国医院协会是我国医院的行业管理组织，以行业自律和维权为主体开展工作，同时兼有开展学术研究、科技成果转化的职能。协会将坚持科学发展观，研究新情况、解决新问题。积极主动当好政府部门的参谋助手。坚持以人为本，以病人为中心的服务理念。坚持弘扬白求恩精神，强化行业自律文明服务意识。坚持理论与实际相结合，把握医院的公益性。坚持服务医院，调动各个方面的积极性，发挥行业管理的职能。坚持自身建设，扩大海外交流合作。

中国医院协会将团结全体会员，在“开拓创新、团结奋进、严谨求实、诚信服务”会训精神指引下，为全面建设和谐社会的宏伟目标，开创中国医院更加美好的未来而努力奋斗！

名誉会长：韩启德　何鲁丽　曹荣桂

会长：黄洁夫

常务副会长兼秘书长：李洪山

电 话：010-84279277，84279266　　传 真：010-84271474

网 址：www.cha.org.cn　　邮 箱：bgs@cha.org.cn

地 址：北京市朝阳区和平街和平西苑20号楼A座101

# 中国医疗器械行业协会

中国医疗器械行业协会(CAMDI)成立于1991年，是在国家民政部注册的独立社团法人，由全国范围内从事医疗器械生产、经营、科研开发、产品检测及教育培训的单位或个人在自愿的基础上联合组成的行业性、非营利性的社会团体。主管部门是国务院国有资产监督管理委员会，由中国工业经济联合会代管，同时接受民政部、国家食品药品监督管理局等有关部门的业务指导。

中国医疗器械行业协会目前有分会及专业委员会15个，拥有直属会员、分会会员、专业会员及地方协会会员4000余家。

中国医疗器械行业协会的宗旨是：在遵守国家政策法规的基础上，代表会员单位的共同利益，维护会员单位的合法权益，不断提高医疗器械的安全性和有效性，促进中国医疗器械行业健康发展。

协会主要工作

1.向社会各界反映会员的合理要求，维护会员的合法权益，努力消除影响行业发展的障碍；

2.开展有关医疗器械行业发展问题的调查研究，向政府有关部门提供政策和立法等方面的意见和建议；

3.组织制定并监督执行行业政策，规范企业行为，积极参与构建和谐社会，逐步建立诚信体系，公平公正地服务于人民大众，促进行业健康发展；

4.参与国家标准、行业标准、质量规范的制定、修改、宣传和推广，开展行业资质管理工作；

5.接受政府部门委托，参与制定行业规划，对行业内重大技术改造、技术引进、投资与开发项目进行前期论证。接受政府部门授权和委托的其他任务；

6.组织开展国内外经济技术交流与合作，协调国内企业参与国际市场竞争；

7.开展三类产品及进口产品注册咨询及代理，开展相关各类认证、认可及其咨询工作，代理申报医疗器械产品出口证明；

8.组织医疗器械行业相关的法规、质量、技术及职业培训；

9.组织行业内科技成果及产品的鉴定、推广工作，参与知识产权保护，协助会员企业依法申请专利，为会员单位争取相关科研支持及项目资金；

10. 进行行业统计，创办刊物，收集、分析、发布行业信息，开展行业咨询；

11. 参与国内外政府采购及医疗器械的招、投标工作，维护公平竞争的市场秩序，为合法经营的会员企业提供商机

12. 组织国内外展览会，研讨会，开展招商和产品推介等活动；

13. 积极参与行业和社会公益事业。

电话：010-51905376 传 真：010-51905377

网址：www.camdi.org 邮 箱：hangyebu@camdi.org

地 址：北京市西城区西直门南大街2号成铭大厦C603室

# 重庆市医疗设备质量检测管理所

## （重庆市医学装备管理所）

**ChongQingMedicalEquipmentsManagementInstitute**

重庆市医疗设备质量检测管理所(重庆市医学装备管理所) 是重庆市卫生计生委直属独立法人卫生事业管理型单位。简称“装备所”。

机构于1982年成立，现业务用房2660平方米（使用面积2246平方米）；国有固定资产1600多万元。内设办公室、质量科、技术科、设备科、财务科五个管理部门，另设评审部、质控部、保障部、培训部四个业务部门和市卫生计生委批准的“重庆市大型医疗设备应用质量管理办公室”以及重庆市卫生经济学会医学装备管理专业委员会。

主要职能：在市卫生计生委的领导下对全市医疗卫生机构的医学装备开展全过程安全有效技术指导和管理。

主要工作重点：

1、按市卫生计生委的要求，对全市各医疗机构的大型医疗设备装备进行论证、配置评审、验收和登记制证等管理;对全市临床在用大型贵重医疗设备的验收和使用安全及有效性进行评价及监督。

2、按市卫生计生委的要求，对全市各医疗机构的医学装备从论证、审批、采购、质控、报养、维护等全过程开展技术培训、指导和管理。

3、按市财政局和市卫生计生委的要求，遵照市国有资产管理规定，对全市市级公立医疗卫生机构中医学装备的报废处置实施技术评估和鉴定。

4、按市卫生计生委的指令，对政府实施的各医疗卫生项目中涉及的医疗设备仪器提供技术支持和保障。

联系方式：

电 话: 023-67021234 传 真: 023-63852547

网 址: www.cqmeqc.com 邮 箱: cqyxzb@126.com

地 址: 重庆市江北区桥北苑9号 南方·格林空间六楼

# 广东省医学装备学会

广东省医学装备学会(英文名称：GUANGDONG MEDICAL EQUIPMENT INSTITUTE，以下简称“学会”)是2004年8月由广东省民政厅批准注册成立的省级群众性学术组织（粤社证字第0944号），接受业务主管单位广东省科学技术协会和社团登记管理机关广东省民政厅民间组织管理局的业务指导和监督管理。学会履行“交流信息、服务医院、造福患者”的办会宗旨，在政府部门与基层卫生机构之间，生产经营厂家与广大用户之间搭建了技术信息交流平台，起到了桥梁和纽带作用。

学会在2012年9月完成了理事会换届改选工作，产生了第三届理事会，各地区基层医院年富力强的技术骨干进了新一届理事会。新领导班子完善了有关规章制度，进一步明确了理事会领导班子的职责和任务，制定了定期会议以及开展学术活动等制度。内设机构为：办公室、杂志编辑部、网站建设部。

学会的业务范围：

（一）在会员单位和政府之间发挥桥梁纽带作用，协助政府部门进行医疗器械设备管理、应用、维修等专业工作，承担政府有关部门委托的工作。

（二）组织会员进行医疗装备的管理、应用、科学研究、技术培训、维修协作、学术交流、科研公关、技术咨询与出版学术刊物等服务活动。

（三）开展在职人员继续医学教育和职业培训，提高医学装备工作者的专业水平，协助政府主管部门做好从业人员资格考核及认证。

（四）为有关部门及会员单位提供国际国内医疗设备的技术信息。

（五）设立医疗装备技术人员的培训场所，建立医疗器械设备技术信息咨询数据库，创办医疗器械设备维修工程协作网，提供医疗器械设备展览场所。

（六）开展对边远基层医疗单位的设备咨询、论证、管理、维修和技术支持，并创立条件开展技术协作。

（七）贯彻国家医疗器械管理条例，协助有关部门规范医疗器械设备市场，并给主管部门提供国内外医疗设备、器材在我省市场、销售、质量及今后售后服务等信息及相关的工作建议，探讨优质产品，推动广东省医疗装备质量的提高。

广东省医学装备学会一直致力于为省内会员和会员单位提供力所能及的服务，为提高广东省医学装备管理的整体水平而努力奋斗，希望通过学会这个大平台，充分调动广大会员的积极性，不断提高会员的业务和学术水平，促进临床医学工程的技术推广，进一步推动广东省医学装备事业的发展。

**广东省医学装备学会**

理事长：卢启宗

副理事长：（以姓氏笔画为序）

王海林 邓冠华 危瑞林 何彩升 吴先衡 张 宏 李 彤

杨 东 陈汝福 陈群基 罗燕伟 郑理华 唐通军 崔筱平

秘书长：何仕辉

电 话：020-62730600　　传 真：020-62783518

网 址：www.gdmea.org.cn　邮 箱：gdyzxh@126.com

地 址：广州市工业大道中253号珠江医院旧住院部8楼

# 广东省卫生经济学会医学装备专业委员会

广东省卫生经济学会医学装备专业委员会坚持科学发展观、构建和谐社会理念,遵守宪法、法律、法规和国家政策，遵守社会道德风尚，团结和组织全省医学装备工作者，贯彻执行卫生工作方针、政策、法令,促进卫生事业改革与发展；共同推进医学装备技术和人才队伍建设,为人民健康和各级医疗机构服务；加强行业自律，依法维护业界的合法权益，为会员和医学装备工作者服务。

广东省医学装备专业委员会是广东省卫生经济学会所属专业委员会之一。专业委员会在广东省卫生经济学会会员的基础上，吸纳全省医疗机构医学工程技术人员、管理人员、医疗器械厂商和其他相关专业技术人员组成。2012年3月,广东省医学装备专业委员会正式成立并开展工作，设置主委1人，顾问1人，副主委12人，常委38人（其中秘书1人）。

目前，医学装备专业委员会有委员111人,单位涵盖全省75个医疗机构。大部分委员是各单位的医学装备负责人,还有主管副院长。专业委员会正、副主委,其单位在广东省医疗卫生行业都具有较高的代表性，如广东省人民医院、中山大学第二附属医院、广州中药大学第一附属医院、南方医院、珠江医院、广州医学院第一、第二附属医院、广州市人民医院等；或者本人在行业内拥有较高的知名度及影响力。

医学装备专业委员会承担的主要工作和发挥的作用包括：

**一、研讨、咨询**

接受政府主管部门的委托，开展政策性研讨，开展相关项目如大型医用设备配置申请的评价与论证，为政府科学决策提供技术支持；接受企、事业单位委托,开展有关医学装备的应用、管理、研制、开发、营销等评价、论证技术指导和咨询服务。

**二、学术交流**

开展学术交流、传播先进技术和科学管理经验、促进医学装备科学技术的创新开发和合理应用。

**三、培训**

开展在职人员继续教育和岗位培训，普及医学装备科学技术的创新开发和合理利用，设立医学装备管理和工程技术人员的培训网络，提高医学装备工作者的专业技能和管理水平，协助政府主管部门做好新医疗技术装备及技术人员资格和上岗的准入工作。

面临医改新的形势，医学装备专业委员会也必将随着国家政府行政管理部门职能的转变和社会主义市场经济的要求,按照协调服务性社会中介组织 在“服务、协调、监督、咨询”四个方面的职能继续调整和改进专业委员会的工作。在广东省卫生经济学会的领导下，团结全体会员和广大医学装备专业技术人员与时俱进,抓住机遇、迎接挑战,开创专业委员会工作新局面。

联系方式：
唐通军 020-83827812-20292
地址：广州市中山二路106号广东省人民医院设备部

# 湖州市医学装备协会

湖州市医学装备协会，英文名称：HuZhou ASSOCIATION OF MEDICAL EQUIPMENT (英文缩写：HZAME)，其前身是成立与2003年的湖州市生物医学工程学会，于2011年1月更名为“湖州医学装备协会”。本团体是由湖州市医学装备工作者及医学装备产品开发、制造行业中，从事医学装备相关专业的科技工作者自愿结成，并依法登记的学术性的、地方性的、自愿结成和非营利性的团体。

协会坚持科学发展观和构建和谐社会的理念，遵守国家宪法及法律、法规，接受主管业务单位湖州市科协，社团登记管理机关市民政局的业务指导和监督管理，坚持行业自律，团结和组织湖州市医学装备技术和管理工作者，积极开展学术交流和科技创新，不断推进人医疗器械从业人员的人才队伍建设，为繁荣发展我市的科技事业，出成果、出人才作出贡献。另一方面，协会依法保障会员的合法权益，努力维护同业人员的利益，为会员和医学装备工作者服务。

协会积极配合当地卫生行政部门开展医学装备相关的技术工作，如大型医用设备配置的技术评估、采购选型、技术验收和报废检定等。同时，协助还当地食品药品监督管理局建立“湖州市医疗器械安全使用管理平台”，为开展医疗器械使用监督和不良事件的管理提供技术保障。协会的工作也得到上级部门的信任和支持，2011年起，承担浙江省卫生厅“浙江医学装备网”、“浙江医学装备（配置）管理平台”、“医学工程技术论坛”等项目的开发和维护。

协会自成立以来，积极开展医疗器械和医学的科技创新活动和知识产权保护工作，取得了卓有成效的成绩，特别是组织和引导医护人员，通过创新与科研和实际工作的结合方式，利用企业的生产和制造平台，把成果转化为产品，为健康产业和社会服务。

联系方式：
电 话：0572—2210923
网 址：www.hzyxzb.org.cn 邮 箱：hz666swx@163.com
地 址：浙江省湖州市红旗路106号

# 江苏省医院协会医院设备管理专业委员会

江苏省医院协会医院设备管理专业委员会是由江苏省医院协会批准注册成立的专业委员会，是江苏省医院协会下属的分支机构，在协会的统一领导和管理下开展工作。

2013年12月13日，医院设备管理专业委员会换届会议在泰州召开。会议选举产生了由54名委员组成的第六届医院设备管理专业委员会，19人组成的常务委员会。

医院设备管理专业委员会的工作任务是紧密结合医药卫生体制改革发展的需要，积极开展医院设备领域的调查研究与效价评估，组织专业人员的宣传培训、信息收集、交流合作、咨询服务、维护会员和行业的合法权益等工作。

**江苏省医院协会医院设备管理专业委员负责人组成**

名誉主委：全钰平　江苏省人民医院副院长

主任委员：钱　英　江苏省人民医院副院长

副主任委员：孙晓青　徐州医学院附属医院副院长

吴文忠　江苏省中医院副院长

张　勤　江苏省肿瘤医院副院长

张建淮　淮安市第一人民医院副院长

汪宝林　和南京医科大学第二附属医院副院长

秘书：

许迎新　江苏省人民医院临床医学工程处副处长

缪　旭　南通市第一人民医院设备处处长

联系方式：

电话：025-83718836

地址：江苏省南京市广州路300号

# 山东省卫生经济协会医学装备与评价分会

为了加强协会的组织建设，更好地适应医药卫生体制改革发展的需要，经山东省卫生经济协会第三届第一次常务理事会讨论通过，并报省卫生厅同意、省民政厅批准，于2012年9月成立了山东省卫生经济协会医学装备与评价分会。

医学装备与评价分会的工作任务是紧密结合医药卫生体制改革发展的需要，积极开展医学装备领域的调查研究与效价评估，组织专业人员的宣传培训、信息收集、交流合作、咨询服务等工作。

分会设主任委员1人，由山东省医学影像学研究所副所长王涛担任，设常务副主任1人，由山东省地研所原所长、党委书记秦启亮担任。设副主任委员23人，由全省各市卫生局规财科（处）长及部分省直三甲医院设备科(处)长担任。分会拥有45名常务委员，327名委员，设有正副秘书长3人。

2014年10月11日，医学装备与评价分会在济南召开了第二次委员大会暨学术研讨会，医学装备与评价分会全体委员150余人参加了会议。医学装备与评价分会副主任委员兼秘书长马新武主持了会议，省卫生经济协会王天胜会长做了重要讲话，王会长充分肯定了医学装备与评价分会2012年成立以来所做的工作和取得的成绩，并对分会下一步的工作提出了殷切希望和要求。山东省医学影像学研究所所长赵斌教授致辞，山东省卫生经济协会秘书长、山东省立医院总会计师姜民杰主持了医学装备与评价分会新增委员的增补工作，大会增补了部分副主任委员、常务委员和委员，山东省医学影像学研究所副所长、医学装备与评价分会新任主任委员王涛布置了分会下一步的工作。

联系方式：
联系人：秦启亮　王亚群
电 话：0531-88591090　88929833
网 站：www.sdwsjjxh.org　　邮 箱：sdhea@126.com
地 址：山东省济南市燕东新路9-1号

# 上海市医院协会医学装备管理专业委员会

上海市医院协会医学装备管理专业委员会是2013年6月21日由上海市医院协会批准注册成立的专业委员会，是上海市医院协会（以下简称协会）下属的分支机构，在协会的统一领导和管理下开展工作。

委员会设主任委员1人，由上海申康医院发展中心副主任陈方担任，设副主任委员4人，分别由复旦大学附属医院、上海交通大学医学院附属医院、申康直属医院及上海区级医院代表担任。设委员42人，青年委员9人，主要为全市三级甲等医院副院长、设备科(处)长组成。委员会设有由6人组成秘书组，上海申康医院发展中心资产监管部尹远芳担任秘书组组长。

上海市医院协会医学装备管理专业委员会的工作任务是紧密结合医药卫生体制改革发展的需要，积极开展医学装备管理方面的学术活动和继续教育，推广医学装备新知识、新理念、新方法和新成果，开展对医学装备管理队伍的培训，发现和推荐优秀管理人才等，委员会力争团结医学装备管理的专业人员，反映他们的意见、要求和建议，维护会员和行业的合法权益。

**上海市医院协会医学装备管理专业委员会负责人组成**

主任委员 ： 陈方

副主任委员：（以姓氏笔画为序）丁峰 张坚 李斌 钱建国

秘书组组长： 尹远芳

联系方式：

联系人： 尹远芳

电 话： 021-52130011*251 52130029

网 站： www.shyyxh.cn 邮 箱：zcjgshdc@163.com

地 址： 上海市康定路2号

# 云南省医院协会医学装备管理专业委员会

为规范和提高我省医院医学装备管理工作水平，为我省各卫生医疗单位医学装备管理建立一个学术探讨、交流、沟通的平台，传授国内外先进的医学装备管理知识，经省卫生厅同意，于2013年11月1日成立了云南省医院协会医学装备管理专业委员会。

委员会设主任委员1人，由昆明医科大学第一附属医院院长王昆华担任，设副主任委员9人，由昆明医科大学附属一、二、三医院、云南省第一、二、三人民医院及市第一人民医院、市延安医院、成都军区昆明总医院副院长及设备处处长担任，设委员74人，秘书1人。

云南省医院协会医学装备管理专业委员会的工作任务是紧密结合医药卫生体制改革发展的需要，积极开展医学装备管理方面的学术活动和继续教育，推广医学装备新知识、新理念、新方法和新成果，开展对医学装备管理队伍的培训，发现和推荐优秀管理人才等，委员会不仅对今后医院的医学装备管理应用、科学研究、技术培训、维修协作、技术咨询等方面发挥更大的作用，而且也需要专业委员会这个平台来交流分享经验，在平台上团结医学装备界的专家管理者，更好地推动医学工程学科的发展，为医学装备技术乃至卫生事业做贡献。

云南省医院协会医学装备管理专业委员会负责人组成：

主任委员：王昆华

副主任委员：（以姓氏笔画为序）

王振洲 邓毅书 闫东 李汝红 邵庆华 孟强 黄云超 曹海鹰 曾勇

秘书：吴俐群

联系方式：

联系人：吴俐群

电话：0871—65324413 13808791150

邮箱：325865032@qq.com

地址：云南省昆明市西昌路295号

# 安徽省医疗器械行业协会

安徽省医疗器械行业协会是以安徽省内从事医疗器械生产、经营、使用单位、相关院校和个人自愿参加的组织，并经安徽省民政厅批准登记的具有法人代表资格的社会团体行业民间组织。其业务主管部门是安徽省食品药品监督管理局。协会于1995年成立，2005年进行换届改选，2008年进行增补改选，设有名誉会长1名，会长1名，名誉副会长1名，副会长11名，秘书长1名，副秘书长9名，常务理事30家，理事69家，会员200多家；下设秘书处、医院医疗器械管理委员会，医疗器械生产委员会，医疗器械经营委员会，医院医疗器械计量委员会（拟定），医院医学工程委员会（拟定），技术咨询培训部、生产协调部（拟定）、医疗器械展览部，信息宣传部，评审专家库等。协会为中国医疗器械行业协会理事单位。

协会的宗旨是遵守国家法律、法规和对医疗器械的方针政策，遵守社会公德，建立并加强企业、经营，医疗机构自律，规范医疗器械生产、经营企业、医疗机构的行为，搭建平台，增进医疗器械生产、经营、使用单位的交流与合作，维护会员单位合法权利，促进企业发展和医疗机构科技进步，为保障人民使用医疗器械安全、有效服务。

协会的业务范围是向社会各界反映会员单位的合理要求，维护会员单位的合法权益，努力消除影响行业发展的障碍；组织制定和监督执行行规行约，规范行业行为，维护公平竞争，促进行业健康发展；组织与医疗器械行业相关的人才、技术、职业培训，协调参与国际市场竞争；组织开展国内外经济技术交流与合作； 参与组织行业内科技成果和产品的鉴定及推广应用工作，维护会员单位的合法权益，帮助会员单位合法开展营销活动；开展有关医疗器械行业发展问题的调查研究，向政府有关部门提供相关经济政策和立法方面的意见和建议；协助政府主管部门进行行业统计，收集、分析、发布行业信息，开展行业咨询活动；接受政府部门授权和委托，参与制定行业规划，对行业内重大的技术改造、技术引进、投资与开发项目进行前期论证，以及接受政府部门授权和委托其他任务；参与政府招投标工作中的技术参数审定修改和评审工作，参与国家标准、行业标准的宣传贯彻与相应标准的起草制定、修订、推广；对全省医疗器械生产、经营、使用单位提供技术性指导和服务。

协会现已有自己的信息网站，及时为会员单位和社会各界提供医疗器械，医疗保健等行业动态、政策法规、咨询服务、展会信息、办事指南、产品展示，企业推广，行业论坛等服务。

新一届医疗器械行业协会，将以崭新的起点，昂扬的意志，饱满的热情，致力于为广大会员单位服务，为促进我省医疗器械行业发展服务，充分发挥协会的桥梁与纽带作用，在省民政厅关心支持和省食品药品监督管理局领导及中国医疗器械行业协会的业务指导下，与时俱进，开拓创新，为推动我省医疗器械行业的规范有序发展做出积极的贡献。

会 长 李长在 安徽省食品药品监督管理局

常务副会长 张福熙 安徽省立儿童医院

秘 书 长 蒋长顺 安徽医学高等专科学校

**安徽省医疗器械行业协会**

电 话：0551-62880038 传 真：0551-62886916

网 址：www.ahamdi.org 邮 箱：ahylqxhyxh@163.com

地 址：安徽省合肥市芜湖路旭日宾馆东楼704室

# 北京医药行业协会医疗器械分会

北京医药行业协会医疗器械分会成立于2008年，是在北京市民政局注册的独立社团法人--北京市医药行业协会的分支机构，获得北京市民政局的行政许可并备案，由北京市范围内从事医疗器械研发、生产、经营、认证咨询的单位或个人，在自愿的基础上联合组成的行业性、非营利性的社会团体。主管部门是北京市经济和信息化委员会，同时接受北京市民政局、北京市药品监督管理局等有关部门的业务指导。

北京市医药行业协会医疗器械分会的宗旨是：在遵守中华人民共和国宪法、法律、法规和国家政策的基础上，代表会员单位的共同利益，维护会员单位的合法权益，促进中国医疗器械行业健康发展。

**协会主要工作**

1.组织制定并实施北京市医疗器械行规行约，强化行业自律，建立诚信体系，向社会提供安全、有效的医疗器械产品。

2.向各级政府部门反映医疗器械企业发展中的有关问题和合理要求，及时将政府法规与要求传达给会员单位，协调会员单位之间关系，共同维护行业合法权益和市场正常秩序。

3.组织沟通市场、科技动态变化和企业管理经验，为会员单位提供信息及咨询服务，为会员单位争取相关科研支持及项目资金，构建专业交流、合作平台。

4.开展促进医疗器械行业发展方面课题的调查研究，向政府部门提出意见和建议。

5.根据会员要求，开展医疗器械专业知识、法规、标准的培训与研讨，帮助企业改善和提高经营管理水平、增强队伍建设，推进应用现代医疗器械产业管理模式。

6.根据会员要求，发展对外交往，组织与国内外同行企业和协会的互访交流活动，组织开展国内外经济技术交流与合作。

7.接受政府部门委托，组织会员参与制定行业规划，标准制定等工作，接受政府部门授权和委托的其他任务。

会　长：蒋达　北京万东医疗装备股份有限公司
秘书长：钱红
副秘书长：沈学

**北京医药行业协会医疗器械分会**

电 话：010-87683199　　传 真：010-83682588
网 址：www.bppa.org.cn　　邮 箱：mdchapter@sina.cn
地 址：北京市丰台区宋家庄苇子坑148号(北京医药集团教育培训中心院内)

# 福建省医疗器械行业协会

福建省医疗器械行业协会于2013年12月由省民政厅核准登记正式成立，是全省从事医疗器械企业及事业单位组织机构自愿组成的并依法登记成立的行业性、非营利性的社会团体。

学会宗旨主要为：团结和组织全省广大医疗器械行业的单位会员及从业人员，实施科教兴国和可持续发展战略，促进医疗器械科学技术的普及、繁荣与发展，促进医疗器械人才的成长与提高，促进医疗器械科学技术与经济的结合，为构建社会主义和谐社会服务，维护单位会员及医疗器械行业的从业人员合法权益，为单位会员和医疗器械行业的从业人员服务。

2013年12月28日协会在福州召开成立大会。当天，全省医疗器械行业163名会员代表按照规定程序对《协会章程》、《会费管理办法》等进行投票表决，最后选举产生了协会第一届常务理事、秘书长、副会长、常务副会长、会长等。选举产生了赵琛（原福建省食品药品监督局副局长）为会长、法人代表；余美乐为（原福建省食品药品监督局药品注册处处长）秘书长；泰普生物科学（中国）有限公司、厦门大博颖精医疗器械有限公司等为副会长单位，

在医疗器械行业协会第一届会员代表大会上，福建省委常委、常务副省长张志南表示非常关注医疗器械产业的发展，希望协会成立后跟企业多沟通，多为企业提供信息、创新、法律咨询等多方面的服务，推动医疗器械行业的迅速发展。业内人士也表示，协会成立将激发整个医疗器械行业创新、创业的激情。

**福建省医疗器械行业协会**

电 话：0591-87720081　传 真：0591-87837726

网 址：www.fjamdi.com　邮 箱：fjamdi@163.com

地 址：福建省福州市通湖路330号8号楼3层（省药检所院内）

# 重庆市医疗器械行业协会

重庆市医疗器械行业协会（英文名称：ChongQing Association For Medical Instrument Industry，简称：CAMI），成立于2005年9月24日。是由重庆市从事医疗器械生产经营的企业、院校、科研、检验、临床单位和相关社会团体单位和个人，按照“企业家办会”的方针和“自选领导，自聘人员、自筹资金、自理会务”的原则，自愿组成的地方性、非营利性的社会组织，是依法登记成立的行业社会团体法人。是政府决策的参谋，行业管理的助手。本协会是医疗器械企业与政府之间的桥梁纽带，是企业与市场之间的桥梁纽带，是企业之间相互联系的桥梁纽带。是传递政府，市场和企业的声音，促进企业、协会与政府互动的平台。

本协会的宗旨是：遵守国家宪法、法律、法规和政策，践行科学发展观，爱国敬业，公平诚信，加强行业交流，坚持团结立会、互信建会、服务维会、实力办会、自律强会、发展兴会，为推动重庆市医疗器械行业的发展，为把重庆市医疗器械行业做大做强，为造福人民健康做出积极的贡献。

本协会的功能是：提供服务，反映诉求，规范行为，维护权益。努力消除影响医疗器械行业发展的障碍，促进会员企业的发展，促进医疗器械行业的发展。

本协会的理念是：一切为了会员，一切为了发展。使本协会真正成为医疗器械行业企业家们团结之家、服务之家、温暖之家，让企业家们对协会有认同感和归属感，让企业家们真正感到协会离不开、靠得住、有依靠。

本协会接受市发改委的政策指导、市经委的业务指导和社团登记管理机关市民政局的监督管理。

本协会是中国医疗器械行业协会的成员单位，现有会员企业500多家，在重庆医疗器械行业中，真正做得大做得好的重量级的有影响力的具有国内国际竞争力的优势企业，基本上都是重庆市医疗器械行业协会的会员或准会员。

本协会代表重庆医疗器械行业会员单位的共同利益，维护行业会员单位的合法权益，是重庆医疗器械行业企业的合法代言人。

**重庆市医疗器械行业协会**

秘书长：张 平

电话：023-63672876 63675672　　传真：023-63672876

网址：www.cami.com.cn　　邮箱：cqamii@sina.com

地址：重庆市渝中区长江一路58号BI幢 6—5室

# 广东省医疗器械管理学会

广东省医疗器械管理学会成立于2012年，经广东省民政厅注册正式成立，由广东省范围内从事医疗器械相关的研发、生产、经营、使用、维护、检测、审批及教学的企业、医疗机构、事业单位及个人，在自愿的基础上联合组成的行业性非营利性的社会团体。

广东省医疗器械管理学会的宗旨是高举邓小平理论伟大旗帜，全面贯彻“三个代表”重要思想，深入实践科学发展观，贯彻执行党和政府有关质量管理的方针、政策、法规和章程，遵守宪法、法律、法规和国家政策，遵守社会道德风尚。团结和组织全省医疗器械工作者和单位，提高全省医疗器械科学技术理论、管理水平和产品质量；培育和打造知名国内品牌和国际品牌，为监管服务，为产业发展服务，为会员服务。

协会的业务范围是：宣传国家和省有关加强医疗器械自主创新、质量管理、产学研结合的方针、政策、法规、制度及开展医疗器械基础理论研究工作；开展国内外学术交流工作，加强同国内有关的科学技术团体、科学技术工作者的联系与协作，交流成果，开展国际间有关质量工作的友好往来、学术交流与经济合作；建立创新基地（驿站），引导产业自主创新、自主研发，促进产学研结合，建立良性竞争，培育自主品牌；加强对在医疗器械监管政策法规研究，推动我省在用医疗器械监管；开展有关医疗器械行业发展问题的调查研究，向政府有关部门提供政策和立法等方面的意见和建议；参与国家标准、行业标准、质量规范的制定、修改、宣传和推广，开展行业资质管理工作； 接受政府部门委托，参与制定行业规划，对行业内重大技术改造、技术引进、投资与开发项目进行前期论证。接受政府部门授权和委托的其他任务； 组织行业内科技成果及产品的鉴定、推广工作，参与知识产权保护，协助会员企业依法申请专利，为会员单位争取相关科研支持及项目资金； 进行行业统计，创办刊物，收集、分析、发布行业信息，开展行业咨询； 在会员单位与政府部门之间发挥桥梁和纽带作用，反映会员单位的问题和需求，维护会员的正当权益，努力消除影响行业发展的障碍；积极参与行业和社会公益事业。

**秘书长**

唐昭坤　广东省食品药品监督管理局原医疗器械处处长

广东省医疗器械管理学会

电 话：020-66602825　　传 真：020-66602825

网 址：www.gdmdma.org.cn　邮 箱：gdmdma@163.com

地 址：广州市萝岗区科学城光谱西路1号

# 广西医疗器械行业协会

广西医疗器械行业协会成立于1994年，新一届理事会诞生于2013年9月。是由广西境内从事医疗器械产品生产、经营、科研、检测、使用等单位、个人自愿参加，依法成立的全区行业性、非营利性的社团组织。业务主管上级是广西壮族自治区食品药品监督管理局。接受自治区食品药品监督管理局、民政厅的指导和监督管理。是中国医疗器械行业协会理事单位。

目前，本协会有会员近三百个。总会设有行业部、会展部、培训部、财务部。下设经营企业分会、骨科器械分会、口腔器械分会、POCT分会等分支机构。

本协会的业务范围：

1、宣传贯彻国家有关法律、法规、标准；配合政府进行专业政策、法规出台的前期调研论证，提出立法方面的意见和建议；

2、向社会各界反映会员的合理诉求，维护会员的合法权益；参与企业资质审查工作；

3、开展行业基础资料的调查、统计、分析，提出广西医疗器械行业发展的相关建议；

4、参与行业内科技成果鉴定及推广应用工作，组织协作攻关；

5、收集和发布国内外医疗器械技术信息和市场信息；组织修订并监督执行行规行约，协调解决会员之间、行业之间生产经营、技术合作、市场竞争中出现的矛盾和问题，帮助会员企业依法开展营销活动；

6、开展技术咨询、培训，帮助会员单位通过各类质量体系认证和国家强制的产品检测认证；组织举办展览展销活动,搭建交流合作平台，促进我区医疗器械产品更多地进入国内和国际市场。

近年来，我会致力于发挥桥梁纽带作用，与行业主管部门及会员进行有效的协作，不仅自身建设上了台阶，服务功能也得到了进一步展现，同时，与中国医疗器械行业协会、各兄弟省市医疗器械行业协会保持着密切交往。欢迎社会各界一如既往地对我们给予关注支持,开展广泛的交流和合作。

**广西医疗器械行业协会**

电 话：0771-4832769 15507881970 18978966351

传 真：0771-4832769、5858261

网 址：www.gxamdi.com 邮 箱：gxamdi@163.com

地 址：广西南宁市园湖路1号1207、1208室

# 贵州省医疗器械行业协会

贵州省医疗器械行业协会（英文名称：Guizhou Province Medical Device Association,简称：GPMDA），成立于2014年7月8日。是由贵州省内医疗器械生产、经营、使用、管理等行业成员依照国家的有关规定，自愿发起成立的民间社会团体。协会注册管理机关为贵州省民政厅，业务主管部门为贵州省食品药品监督管理局。目前，协会共有注册会员109家；协会将整合行业优势资源，策划规划行业重点发展项目（产业链项目），推进产业集群发展；搭建交流与互动的平台，及时向企业传达政府的声音，向政府反映企业的意见；承担法律法规授权，接受政府授权于政府部门委托，完成好政府部门交办委托的工作，为会员做好维权、自律、服务工作，并开展咨询和各种相关培训，提高从业人员素质，开展投融资、物流、考察、会展等服务。

本协会的宗旨是：遵守国家法律法规，遵守社会主义公共道德。积极开展服务于会员、服务于社会各项社会公益活动；充分发挥行业组织协调自律功能，协助政府有关部门促进行业健康有序发展；充分运用贵州医疗器械行业的自我特色和优势，本着自愿互助、共同发展的原则，通过民间组织渠道沟通信息、交流经验、招商引资、整合资源、协同发展等，推动贵州医疗器械行业的合作与发展。

本协会业务范围：充分发挥桥梁与纽带作用，促进政府与行业、企业之间的沟通；协调发挥本行业整体优势，强化本行业管理；开展道德和法制教育，承担社会责任；推动行业企业、单位的整体协调发展；调解行业会员内部纠纷，客观疏通和反映会员诉求，维护会员合法权益和市场公平竞争秩序；为会员提供自我发展和各种社会诉求服务；兴办本行业福利事业，提高会员素质，丰富会员生活；构建和促进和谐劳动关系，维护社会稳定，促进平安建设；不断健全和完善本协会规章制度，强化内部规范管理；承办政府和有关部门委托的各项社会工作。

会长：张长明

**贵州省医疗器械行业协会**

电 话：0851-86597506　传 真：0851-86597506

网 址：www.gpmda.org　邮 箱：gzsylqxhyxh@163.com

地 址：贵州省贵阳市云岩区中华北路美佳大厦北楼2707

# 河南省医疗器械商会

## 一、商会概况

河南省医疗器械商会，英文名称：Henan Chamber of Commerce For Medical Devices. 英文缩写：HNCCMD。河南省医疗器械商会成立于2013年12月，是省内从事医疗器械科研、临床、生产、经营单位和专家自愿组成的全省性行业性社会团体，在省民管局注册登记，同时接受省药监局监督管理。是省级行业协会组织。会长由河南省政协委员、驼人集团董事长王国胜兼任，秘书长由陈敏担任。商会秘书处为常设机构，秘书处专职工作人员7人。目前，河南省医疗器械商会有分会及专业委员会2个，拥有直属会员、分会会员、180余家。河南省医疗器械商会有分会及专业委员会2个，拥有直属会员、分会会员、200余家。会员单位产品涉及医用输注麻醉器械、医用高分子材料及制品、医用生物材料、医用检测及诊断试剂、医用卫生材料及敷料、医用防护材料及制品、医疗电子仪器及设备、医用护理材料及制品、康复器械和一次性医疗器械共10大类130多个系列的2000多个品种。

## 二、商会职能

1、宣传贯彻国家行业管理的有关方针、政策，制定行业规范、行业标准并监督执行，规范会员企业经营行为，逐步建立行业诚信体系，促进市场公平竞争，引导行业健康发展；

2、向政府有关管理部门谏言献策，反映会员企业发展诉求，维护会员企业的合法权益；

3、进行行业发展信息统计分析，收集整理和传递国内外医疗器械经济技术情报和市场运作信息，为政府进行行业规划和政策制定提供依据，为会员提供信息服务；

4、协助会员企业进行产品注册、认证、制定产品注册标准、开展临床试验；

5、协助会员企业申请和承接国家级、省部级重点科研项目及科研资金；

6、协助会员企业进行知识产权管理，帮助企业申请专利、进行专利检索；

7、开展大宗通用原材料集采活动，降低会员企业采购成本；

8、参与政府采购项目的招、投标工作，为会员企业争取商机；

9、为会员企业搭建融资平台，降低企业融资成本；

10、组织会员企业进行国内外技术考察，加强与各级医学分会、科技单位及各高等院校在产、学、研方面的合作交流，提高会员企业的自主创新水平；

11、为会员企业提供公共技术服务平台、医疗器械交易平台等服务，推动会员企业间横向技术交流与合作；

12、组织会员企业参加国内外医疗器械产品展览会、研讨会，大力推广会员企业的产品及科研成果，提高河南省医疗器械行业的品牌影响力和知名度；

13、组织会员企业参加相关专业的培训活动，开展省局委托的其他培训；

14、积极开展与企业经营活动相关的联谊活动，搭建会员企业与相关部门之间的互动平台；

15、承办政府部门、社会团体或会员单位委托的其他事项。

**河南省医疗器械商会**

电 话：0371-86568081 0371-86568210 传 真0371-86568081

网 址：www.hnylqxsh.com 邮 箱：hnylqxsh@163.com

地 址：郑州市金水路96号河南省食品药品监督管理局13楼1314室

# 湖南省医疗器械行业协会

湖南省医疗器械行业协会（英文：Hunan Association For Medical Devices Industry，英文缩写为：HAMDI）是经湖南省食品药品监督管理局批准，经省民政厅民间组织管理局核准注册登记，于2008年11月15日正式成立，是以湖南省内医疗及相关的企事业单位为主，自愿组建的行业性社团组织，具有独立社团法人资格。设秘书处为协会日常办事机构，下设办公室、会员部、专业委员会、外联部、国际技术交流部、金融服务部和培训部等七个部门；协会的宗旨是：遵守中华人民共和国宪法、法律、法规和国家政策，遵守社会道德风尚，维护会员单位的共同利益和合法权利，为会员单位提供服务，保障行业公平竞争，不断提高医疗器械的安全性和有效性，促进湖南医疗器械行业健康发展。

协会的业务范围是：

（一）向社会各界反映会员的合理要求，维护会员的合法权益，努力消除影响行业发展的障碍；

（二）组织制定和监督执行行规行约，规范行业内企业行为，维护公平竞争，促进行业健康发展；

（三）同政府主管部门配合进行行业统计，收集、分析、发布行业信息，开展行业咨询服务；

（四）组织与行业相关的人才、技术、职业培训，组织开展经济技术交流与合作；

（五）开展有关行业发展问题的调查研究，向政府有关部门提供相关经济政策和立法方面的意见和建议，参与组织经济政府主管部门批准的行业检查、评比；

（六）参与政府采购及医疗器械招、投标工作，维护公平竞争的市场秩序，为合法经营的会员提供商机；

（七）组织举办各种展销会、研讨会，帮助企业多渠道建立营销窗口；

（八）接受政府及有关部门的委托，积极承办各种有利于行业和社会的其他事项，发展行业和社会公益事业。

会　长：宋广征　海凭国际（湖南）医疗器械产业园 董事长

秘书长：崔　蔚　湖南协众药品器械有限公司　副总经理

**湖南省医疗器械行业协会**

电 话：0731-88938700　传 真：0731-88938700

网 址：www.hnyx.org　邮 箱：1149155408@qq.com

地 址：湖南省长沙市麓松路489号海凭国际（湖南）医疗器械产业园聚英楼三楼

# 江苏省医疗器械行业协会

江苏省医疗器械行业协会成立于1998年，是在江苏省民政厅注册的独立社团法人，协会主管单位是江苏省食品药品监督管理局。协会由全省范围内从事医疗器械生产、经营、科研开发的单位或个人在自愿的基础上组成的行业性、非营利性的社会团体，是江苏省内唯一一家省级医疗器械行业协会组织；目前拥有协会会员单位330家，其中理事单位25家，常务理事单位7家，副会长单位10家，协会秘书处设在省医药公司，现有专职工作人员10名。协会的宗旨是：遵守国家政策法规，代表会员单位的共同利益，维护会员单位的合法权益，促进江苏医疗器械行业健康发展。

联系方式：

地址：南京市北京西路6号

邮编：210008

网址：www.jsmic.com

邮箱：jsmic@jsmic.com

电话：025-86632512

传真：025-86635395

# 江西省医疗器械行业协会

江西省医疗器械行业协会成立于2010年3月，是在江西省民政厅注册的独立社团法人，协会业务主管单位是江西省食品药品监督管理局。协会由全省范围内从事医疗器械生产、经营、医疗卫生使用单位及技术支撑机构在自愿参加的基础上组成的行业性、非营利性的社会团体。

协会目前有会员单位390家。其中理事单位142家，常务理事单位58家，副会长单位11家，省市级医院60家。协会秘书处为常设机构，并设有市场部等部门。

协会的宗旨是：遵守中华人民共和国宪法、法律、法规和国家政策，遵守社会道德风尚，代表会员单位的共同利益，维护其合法权益，反映会员单位的愿望和要求，传达贯彻政府的方针、政策和法律法规，加强与政府之间的联系。协会将充分发挥桥梁纽带作用，不断提升服务水平，加强行业自律，遵纪守法促发展，广泛开展内外交流，促进全省医疗器械行业的健康发展。

协会愿与各相关行业和兄弟协会加强联系，相互促进，为努力建设“功能服务型、管理自律型、人才复合型、服务网络化、手段现代化、具有广泛公正代表性”的现代化医疗器械行业协会做出贡献！

会长：浦冠新 （省食品药品监督管理局原副局长）

秘 书 长：伍会灿 （省食品药品检验所原副所长/教授级工程师）

**江西省医疗器械行业协会**

电话：0791-88858630　88858956

网址：www.jxamdi.org　　邮箱：jxamdi@163.com

地址：江西省南昌市省政府大院西二路10号3楼

# 陕西省医疗器械协会

陕西省医疗器械协会（简称陕医械协会）是由陕西省范围内从事医疗器械生产、经营、科研开发、临床使用、产品检测、招标采购和教育培训的单位或个人，在自愿的基础上，联合组成的行业性、非营利性的社会团体。于2006年12月1日经陕西省民政厅批准登记，主管单位是陕西省食品药品监督管理局，为中国医疗器械行业协会的理事单位。现共有会员107个，其中单位会员92个，个人会员15个，另外设医院装备分会一个（全省有221家医院参加）。

本协会的宗旨是：在遵守中华人民共和国宪法、法律、法规和国家政策，遵守社会道德风尚的基础上，代表并维护会员的共同利益和合法权利，加强与政府、企业和社会之间沟通桥梁作用，提高医疗器械的安全性和有效性，促进中国医疗器械行业健康发展。

**陕西省医疗器械协会**

会长：刘锦程

秘书长：王永礼

电话：029-62288209

网址：www.spamd.org.cn　邮箱：spamd@163.com

地址：陕西省西安市高新六路56号 陕西省药监局综合楼五楼

# 上海医疗器械行业协会

上海医疗器械行业协会（英文名称：Shanghai Medical Instrument Trade Association）成立于1987年3月，是全市医疗器械行业企事业单位自愿组成的跨部门、跨所有制的非营利的行业性社会团体法人。

协会现有会员单位722户，会员单位按所有制分国有企业52户，民营企业425户，股份制公司51户，外商投资企业116户，港澳台投资企业41户，集体企业20户，其他性质17户。现有副会长单位46户，常务理事单位128户，理事单位189户，会员代表单位220户。协会下设经营工作委员会、口腔工艺专业委员会、植入介入器材专业委员会、体外诊断系统专业委员会和科技发展部、价格协调部、会展部、培训部、行业部、信息中心等分支机构。

协会的基本宗旨是："服务、中介、协调"。近年来，通过不断探索和实践，已经逐步提升了自律管理和服务的水平与能级。在"科教兴市"方针的指导下，积极推动行业科技进步，在对"行业发展战略目标"的调查研究基础上，提出上海医疗器械行业"十二五"发展规划的建议，为政府决策献计献策。协会配合政府，推进行业政、产、学、研、医的合作，引导企业开展自主创新的科研开发，并为企业和医疗单位培养相应的职业技能人才和医技人员；协会积极推进行业"品牌战略"，通过培育和推荐、评选，行业内已从无到有，形成市名牌产品、市著名商标和行业名优产品共119项；协会将信息服务作为服务核心之一，协会网站信息每日进行更新，已形成特色，受到业内外关注；协会在组织企业参展方面也形成一定影响，每年组织五～六次展销活动，帮助企业贴近市场，开拓营销渠道。此外，协会受政府委托开展价格初审，行业统计，中高级职称申报、评审，专业培训、职业鉴定、进出口公平贸易和行业经济技术纠纷调解等服务工作，努力发挥行业的引领和代表作用，成为政府、社会、行业、企业间的桥梁，为促进行业发展作出应有贡献。协会已连续六次被上海市经济团体联合会、上海市工业经济联合会授予"先进行业协会"称号；在上海市先进社会组织评选中荣获"先进社会组织"称号；2012年，在上海市社会组织规范化建设评估中，被评定为5A级社会组织。

会　长：潘明荣

执行会长：吴汝康

秘书长：蒋建群

**上海医疗器械行业协会**

电 话：021-61248288

网 址：www.smianet.com　　邮 箱：smia88@yahoo.com.cn

地 址：上海市肇嘉浜路446弄2号楼701室

# 深圳市医疗器械行业协会

深圳市医疗器械行业协会是2003年经深圳市民政局注册正式成立，（2005年5月改为深圳市医疗器械行业协会）由深圳市范围内从事医疗器械相关的开发、生产、经营、使用、维护、检测及教学的企业、医疗机构、事业单位及个人，在自愿的基础上联合组成的行业性非营利性的社会团体。协会的主管单位是深圳市行业协会服务署。会长单位为迈瑞生物医疗电子股份有限公司。协会秘书处为日常办事机构，并设有企业组、会展组、咨询中心、专家委员会、办公室等职能部门。

深圳市医疗器械行业协会的宗旨是在遵守中国宪法、法律、法规和国家政策，遵守社会道德风尚的基础上，代表并维护会员单位的共同利益和合法权利，加强会员与政府联系，促进全市医疗器械相关行业的健康发展，确保医疗器械的使用安全有效。

深圳市医疗器械行业协会为政府部门和会员单位提供多方位的服务，协会的业务范围是：贯彻宣传有关法律、法规、各项标准；开展行业调查，研究行业发展，提出政策、立法方面的意见和建议；进行行业统计、收集、分析、发布行业信息，进行市场预测并参与行业规划；参与行业标准制定和质量管理监督工作；参与资质审查；参与组织行业内科技成果和产品鉴定及推广应用工作；开展行业技术咨询、培训，帮助会员单位通过各类认证和国家强制的产品检测认证；组织会展服务，加强国内外交流，帮助企业推介产品服务，开拓国内外市场。

深圳市医疗器械行业协会愿与国内各级协会和港澳台地区、境外协会建立良好的业务交流和合作。在未来的工作中与时俱进,共同发展。

会　　长：李西廷　　深圳迈瑞生物医疗电子股份有限公司

顾　　问：陈思平　　深圳市政协副主席、深圳大学教授

执行副会长：

蔡翘梧　　第三届深圳市医疗器械行业协会执行副会长（法人）

副 会 长：

王 斌　　第三届深圳市医疗器械行业协会副会长兼秘书长

**深圳市医疗器械行业协会**

电 话：0755-26016044 26016027　　传 真：0755-26016032

网 址：www.samd.org.cn　　邮 箱：samd_sz@126.com

地 址：深圳市南山区南海大道3025号南山知识服务大楼212-213室

# 沈阳医疗器械行业协会

沈阳医疗器械行业协会（以下简称本协会）。英文名称为Shenyang Association Of Medical Devices Instrument (缩写SAMD) .本协会是由我市从事医疗器械研制、生产、经营、使用、监督管理的单位或个人，自愿结成的行业性，非营利性的社会团体，具有法人资格，其合法权益受国家法律保护。

沈阳市医疗器械行业协会目前拥有副理事长、常务理事长及理事会员单位200余家。

本协会的宗旨是：在遵守中华人民共和国宪法、法律、法规和国家政策，遵守社会道德风尚的基础上，代表并维护会员单位的共同利益和合法权利，加强会员与政府的联系，保障医疗器械的安全和有效，促进我市医疗器械行业健康发展。

本协会接受业务主管单位沈阳市食品药品监督管理局的业务指导，接受登记机关沈阳市民政局民间组织管理部门的监督管理。

本协会的主要业务范围是：

1. 在政府和会员单位之间发挥桥梁和纽带作用，宣传国家有关医疗器械监督管理法律、法规和政策。向政府及社会各界反映会员的合理要求，维护会员的合法权益，努力消除影响行业发展的障碍;

2. 组织制定和监督执行行规行约，研究行业发展趋势，规范行业内企业行为，协调会员关系，维护公平竞争，促进行业健康发展。为会员提供广泛交流、互相借鉴、共同提高的平台;

3.通过建立会员单位档案，掌握从业人员动态及直接接触医疗器械人员的相关情况，把协会办成会员和会员单位的培训基地，组织医疗器械行业内相关的人员、技术、职业培训，提高企业职工队伍素质，促进会员单位管理水平的提升;

4.组织开展国内外经济技术交流与合作，组织举办医疗器械技术咨询、产品宣传等活动; 组织参加医疗器械产品展览、推荐和宣传活动，发展行业和社会公益事业；

5.参与组织行业内科技成果转让和产品的推广应用工作，保护会员企业的知识产权，帮助会员企业依法开展营销活动，协调参与国际市场竞争;

6.开展有关医疗器械行业发展问题的调查研究，向政府有关部门提供有关经济政策和立法方面的意见和建议;

7.与政府部门配合收集、分析、发布行业信息，构建协会内部的信息网，公布监管动态，开展行业咨询活动;

8.接受沈阳市食品药品监督管理局及有关部门授权和委托，参与制定行业规划，以及接受政府部门授权和委托的其他任务；

9.在协会内部组织开展医疗器械诚信体系建设，每年组织进行一次“医疗器械诚信单位”评比，通报营销优劣单位，评选、表彰优秀会员

**沈阳医疗器械行业协会**

电 话：024-22516161　　传 真：024-22516561

网 址：www.samd.com.cn　邮 箱：syyhx600@126.com

地址：沈阳市和平区总站路119号

# 武汉医疗器械行业协会

武汉医疗器械行业协会是由武汉城市圈范围内从事医疗器械生产、经营的单位在自愿的基础上组成的行业性、非营利性的社会团体，经武汉市经济和信息化委员会审查同意、武汉市民政局批准成立，为社会团体法人。协会目前拥有会员单位130家，其中理事单位47家，常务理事、副会长单位13家。

协会自成立以来，秉承服务政府、服务会员、服务社会的宗旨，认真履行协会《章程》规定的各项职责，做好服务工作。协会通过电话、传真、简报、会议等多种形式，及时向会员单位传递中央、省、市政府相关政策文件及境内外医疗器械行业展览会等信息，多次组团参加国内大型会展。

2008年，武汉国家生物产业办公室（光谷生物城）创立，协会领导以敏锐的目光和对行业发展走势的准确把握，将此作为武汉医疗器械行业难得的发展机遇。协会通过各种形式，向武汉国家生物产业办公室（光谷生物城）领导介绍国际国内、湖北武汉医疗器械行业发展现状与趋势，介绍境内外多家知名企业将发展医疗器械行业作为抵御金融危机避风港的做法，呼吁各级领导高度重视医疗器械行业发展，建议武汉国家生物产业办公室（光谷生物城）将医疗器械行业作为光谷生物城发展的与农药、医药、生物能源并行的“第四条腿”。受到武汉国家生物产业办公室（光谷生物城）领导的高度重视，促成光谷生物城创建了高科医疗器械产业园。产业园建立后，协会吁请各会员单位、医疗器械生产经营单位积极与产业园联系沟通，寻求合作发展。还充分利用协会人脉关系，召开高层恳谈会、组织参加医疗器械大型展会，全面展示光谷生物城的整体风貌，并以园区形式隆重推出高科医疗器械产业园。在国内各种大型医疗器械会展上，生动展示了湖北武汉地区近年来医疗器械行业的快速发展景象，与海内外著名企业同台亮相，吸引了众多客户与观众的关注。以光谷生物城的整体形象参加医博会的创新作法，在业内引起了较大的反响。

为给政府当好参谋，协会先后开展了多种形式的市场调研活动，准确把握全市医疗器械行业现状，经常向政府反映企业问题，为政府决策提供信息和参考。协会积极配合市政府开展“反对商业贿赂，树立行业新风”活动，不仅向各企业发出了反对商业贿赂的倡议书，还深入基层，对医疗器械企业生产经营中遇到的“招标难”等实际问题进行调查研究，将会员的呼声，原原本本向市领导、药监、卫生等部门领导汇报，受到武汉市纪委书记车延高等相关领导与部门的高度重视与肯定。

**武汉医疗器械行业协会**

会长：赵建武　武汉医疗器械工业有限责任公司董事长

电话：027-88873611　　传真：027-88873978

网址：www.whme.cn　　邮箱：office@whme.cn

地址：湖北省武汉市武昌区彭刘杨路52号

# 浙江省医疗器械行业协会

浙江省医疗器械行业协会系浙江省内从事医疗器械的生产、经营企业、院校、科研、检验和临床单位等独立的社会组织和自然人参加的自愿组成并依法登记成立的全省性的行业组织。1993年12月31日经浙江省民政厅批准、并于1994年3月召开了协会成立大会暨第一次会员大会，2010年12月召开了第五次会员代表大会。协会业务主管单位是：浙江省经济和信息化委员会。

协会的宗旨是：遵守中华人民共和国宪法、法律、法规和国家政策，遵守社会道德风尚，不断提高全行业素质和产品的安全性和有效性，增加整体实力，代表并维护会员单位的共同利益和合法权益，为会员单位服务，反映会员单位的愿望和要求，传达贯彻政府的方针、政策和法令，促进全省医疗器械行业健康发展。

协会现共有单位会员和个人会员300余个（2010年底止）。设有办事机构：秘书处和咨询服务部；分支机构：医用高分子器械专业委员会。聘请浙江大学等高等院校、有关单位医疗器械方面的专家、教授为顾问。办有内部刊物《医疗器械通讯》和建有《浙江省医疗器械行业协会网站》。

协会成立10多年来，坚持以维护会员合法权益、为会员提供良好服务，促进本省医疗器械行业的发展壮大为宗旨，加强信息交流、强化信息服务、加强协会自身建设，开展各项服务工作；积极向政府主管部门反映企业的诉求和提出对有关法规、规章、标准的修改意见和建议；对全省医疗器械行业情况开展调查、参与制订全省医疗器械行业发展规划；参与行业内重大技术改造、技术引进、投资和开发项目等的推荐和前期认证；组织科研单位与生产单位、企业之间的技术交流活动，推动新产品、新工艺、新材料、新设备成果的转化和产业化，促进行业技术进步、产品质量提高和品种的增加，促进新品种、新技术研发，提高企业自主创新能力，引导企业积极调整产业结构和产品升级换代；开展“打假治劣”、推进企业诚信等活动，发挥了政府和企业之间的桥梁和纽带作用，沟通了政府和企业之间的联系。

**浙江省医疗器械行业协会**

会长：黑振海 浙江省食品药品监督管理局原副局长

常务副会长：何 涛 浙江省医疗器械检验院院长、教授级高工

秘书长： 刘西平

电话：0571-87043144、87043191 传 真：0571-87043191

网址：www.zamei.org.cn 邮箱：zamei@zamei.org.cn

地址：浙江省杭州市环城东路23号

# 《中国医学装备》

《中国医学装备》杂志是由国家卫生和计划生育委员会主管，中国医学装备协会主办的国家级综合性专业学术期刊，是中国科技论文统计源期刊、中国科技核心期刊。杂志以“开拓学术视野，加强深层服务”为办刊理念；以“坚持学术性、专业性、实用性，强调前瞻性、创造性，达到权威性要求”为办刊方针；以“打造医学装备权威媒体，追求医学装备领域的前沿学术价值，追踪国内外卫生产业发展态势，不断接受新技术、新思想、新挑战，引领中国医学装备行业健康前行，以多年积累与沉淀的行业文化背景和雄厚的专家资源为基础，结合全国卫生系统的读者网络，搭建连接生产与应用的桥梁，成为服务于医学装备产业的优秀品牌”为办刊宗旨。杂志致力于宣传贯彻国家有关政策、法规，报道医疗装备最新动态、管理应用、产品技术评估、系列学术讲座及教育培训的最新信息。杂志面向全国各级各类医疗卫生机构、医学院校、科研单位、生产营销企业及卫生行政管理部门发行。

1 读者对象

全国卫生行政管理部门、医疗卫生机构、院校、科研单位、生产营销企业

领域中从事医学装备管理、科研、教学、应用、维修、生产、营销人员等，以及关心我国医学装备建设和发展的各界人士。

2 栏目设置

主要栏目有：学术论著、科学研究、管理论坛、质量控制、教育培训、临床实践、技术交流、、企业风采、协会动态、专访、专栏、简讯等。

社长（总编）：白知朋　　副社长：陈明清

国 内 发 行：北京市报刊发行局　　邮 发 代 号：80-373

国 外 发 行：中国国际图书贸易总公司

（北京399信箱）　　国外发行邮发代号：M1912

编辑部：010-63028803　　010-63029869

广告部：010-63026627　　010-63022992

发行部：010-63022992　　传 真：010-63023003

网 址：www.zgyxzbzz.org.cn 邮 箱：zgyxzbzztg@163.com

地 址：北京市西城区南纬路27号

# 《中华生物医学工程杂志》

主管单位：中国科协主办单位：中华医学会

承办单位：广州医学院

编辑出版：广州医学院杂志社《中华生物医学工程杂志》编辑部

生物医学工程的发展一直是临床医学进步的动力，而临床医学所需要解决的问题则是生物医学工程创新的源泉。

临床医生、科学家和产业界工程技术人员的紧密合作将为人类创造更美好的健康长寿的新生活。

本杂志的使命：帮助临床医生与时代同步。成为临床医生、科学家和产业界沟通的桥梁。

本杂志办刊宗旨：密切关注并报道生物医学工程学研究的新理论、新方法、新技术，跟踪生物医学工程学在临床中的最新应用成果，服务广大临床医生，促进生物医学工程学的学科发展。

本杂志的特色：这是一本为临床医生而办的生物医学工程杂志。关注科技进步的同时，全面衡量技术与人的身心健康的关系。始终谨记：科技进步的终极目标是让人类拥有身、心、灵和谐美好的生活。

本刊历程：生物医学工程学是一门涉及物理、化学、数学、信息学、计算机、工程学、细胞生物学、分子生物学、基础医学及临床医学等领域的新兴交叉学科。因此在这一领域的学科之间创造一个共享平台，让科学家与临床医生产业界相互交流、共同合作、共享彼此的研究成果是十分必要的。

而在1995年，全国还没有一本反映医学生物工程学新成就与临床应用相结合的学术杂志。因此，根据当时医学生物工程学领域和临床医学的发展趋势，结合广州医学院办学与科研实力增强的情况。在时任院长钟南山院士的倡议与领导下，广州医学院创办了这本杂志。

创刊以来，在主编钟南山院士的领导下，在历届编委会和编辑部人员的共同努力下，杂志就像一颗幼苗，植根于不断飞速发展的医学生物工程学和临床医学的学术土壤，不断成长壮大。在该领域的各学科的基础研究人员、工程技术人员与临床医生之间架起一道桥梁，使生物医学工程领域的研究成果能充分体现其应用价值。而临床医生在交流学习中，也掌握了许多跨学科专业的新知识、新技术，并将其运用至临床实践中，从而推动了生物医学工程学和临床医学的发展。受到了相关领域特别是临床医生读者和作者的欢迎。

为了使杂志有一个更大的发展空间，2007年，本杂志得到中华医学会、新闻出版总署批准加入中华医学会杂志系列。主办单位将由广州医学院变更为中华医学会，广州医学院将作为承办单位继续负责杂志的编辑出版工作。杂志更名为《中华生物医学工程杂志》。本刊希望依托中华医学会深厚的学术资源和承办单位广州医学院学科发展及办刊条件的支持，在中华医学会会长、主编钟南山院士的领导下，将努力地把本刊办成国内学科领域一流的学术刊物。未来随着中国科研实力的发展，使之成为具有一定国际影响力的学术杂志。

电 话：020-81340157；81340554　　传 真：020-81341480

邮 箱：yxswgc@21cn.com

地 址：广州东风西路195号广州医学院杂志社

# 《中国医疗器械信息》

《中国医疗器械信息》杂志是中国医疗器械行业内唯一一本由国家食品药品监督管理总局主管，中国医疗器械行业协会主办的国家级科技期刊。自1995年创刊以来，一直以满足临床医疗诊疗、工程技术管理和设备研发的需要为宗旨，传播国内外最新医疗器械应用与科技、市场及政策法规，以促进我国医疗器械和医疗卫生事业的发展。

《中国医疗器械信息》目前发行量为30000册/期。发行途径包括：（1）读者订阅。（2）中国医疗器械行业协会会员企业免费赠阅。（3）按我刊建立的全国二级以上医院通讯录数据库免费赠送院长、设备应用科室主任及设备购置负责人。　发行范围为：（1）医院读者20000册/期（覆盖了全国二级以上的医院；其中院长占25%,设备应用科室主任及设备购置负责人占45%,各科室占27%,医院阅览室占2%,其他占1%.）（2）企业读者8000册/期（覆盖了医疗器械生产、经销企业80%以上）（3）医疗器械科研机构、医疗器械及卫生主管部门读者1000册/期　（4）全国各地图书馆及国家级数据库500册/期　（5）海外订户及外国住华机构300册/期。（7）其他200册/期。

由中国医疗器械行业协会、《中国医疗器械信息》杂志社、国药励展展览有限责任公司，于2008年发起成立的“中国临床医学工程专家沙龙” 已逐步发展成为国内较有影响的临床工程专家、设备科长的联谊组织。沙龙的主题活动—— “中国医疗器械采购与管理高峰论坛” 也已成为中国国际医疗器械博览会上的品牌论坛之一。论坛为医疗器械供需双方提供了一个面对面交流的机会，令广大参展商受益匪浅。根据行业发展需求，《中国医疗器械信息》杂志还适时地举办了不同领域的专业性论坛，如“乳腺疾病影像诊断技术发展论坛”等。

自2005年以来《中国医疗器械信息》与中国医疗器械行业协会医用高分子分会利用各自的优势共同出版了2005年版、2007年版和2008年版《医用高分子制品》专刊，得到了业内广大专家、读者、企业的关注与鼓励，并一致认为此刊填补了国内医用高分子刊物的空白，为此学科的从业者与企业提供了一个交流、宣传、学习的平台。此外《中国医疗器械信息》还出版了《外科植入物》专刊和《临床检验技术及关键设备》专刊，受到业界人士好评。

中国医疗器械信息杂志收录情况：

近年来，在主管和主办单位的正确领导下，在一批知名专家学者组成的编委会的大力关心和支持下，《中国医疗器械信息》杂志取得了长足的进步，并在激烈的市场竞争中获得了引人注目的成绩。《中国医疗器械信息》被评定为中国学术期刊综合评价数据库（CAJCED）统计源期刊，同时还被中国核心期刊（遴选）数据库、中国期刊全文数据库（CJFD）和中文科技期刊数据库、中文生物医学期刊数据库（CMCC）全文收录。《中国医疗器械信息》已成为医疗器械行业发行量最大、覆盖面最广、读者数量最多的刊物。

编辑部：010-51905309

发行部：010-51905307

广告部：010-51905305/25

投稿邮箱：zhangfang@camdi.org

地 址：北京市西城区西直门南大街2号成铭大厦C座603室

# 《临床医学工程》

《临床医学工程》杂志是经国家新闻出版总署批准（新出报刊〔2008〕946号），由国家医疗保健器具工程技术研究中心（广东省医疗器械研究所）主办的学术类科技期刊，以“服务于临床医务工作者以及医学工程人员”为办刊宗旨。国内统一刊号：CN 44-1655/R，国际标准刊号：ISSN 1674-4659；国内邮发代号：46-130，国外发行代号：M8885。

《临床医学工程》刊名由第十一届全国人大常委会副委员长，九三学社中央主席，中国科学技术协会主席，北京大学医学部主任、教授，中国科学院院士韩启德题写。

《临床医学工程》为“中国学术期刊综合评价数据库统计源期刊”(编号：ZY0849)，中国知网(CNKI)全文收录期刊；“中国核心期刊(遴选)数据库收录期刊”（编号GD084），万方数据-数字化期刊群（Wanfangdata）全文收录期刊；“中文科技期刊数据库(全文版)收录期刊”(编号06－1063)；Airiti Library(台湾华艺线上图书馆)全文收录期刊。目前已被众多科技文献检索系统全文收录或摘要收录。据中国科学技术信息研究所、万方数据股份有限公司编制的《2013中国期刊引证报告》，《临床医学工程》杂志最新影响因子(Impact Factor，IF)为0.526。

主要栏目 述评；论著（临床工程；实验研究；临床研究；护理研究；调查统计）；综述。

刊期 月刊，每月15日出版

投稿方式（任选一种，不要重复）：

①使用我刊投稿系统：lcyxgc.cbpt.cnki.net

②邮件投稿：lcyxgc001@126.com

广东临床医学工程杂志社有限公司

地址：广东省广州市广州大道中1307号

电话：020-87211107

网址：www.lcyxgc.com

# 《医疗卫生装备》

《医疗卫生装备》杂志由中国人民解放军总后勤部军事医学科学院主管、军事医学科学院卫生装备研究所主办，全军唯一以介绍医疗器械、仪器、设备等方面为主要内容、面向国内外公开发行的、国家级全国专业核心期刊。

《医疗卫生装备》杂志“月刊（每月15日出版）”，1980年创刊。采用国际标准大16开本，内文152页铜板，铜板彩色四封及彩插；国内统一刊号：CN 12—1053/R，国际标准刊号：ISSN 1003—8868，邮发代号：6–32。国内定价：20元/本，全年240元（免邮资）；国外定价：20美元/本，全年240美元。

《医疗卫生装备》杂志主要报道在医疗卫生装备研制、医院信息化建设等方面进行的科学研究形成的新理论、应用的新技术、取得的新成果，对医疗卫生装备在管理、使用、维修等方面进行的科学探索、取得的宝贵经验及相关产品信息等。

《医疗卫生装备》杂志 主要栏目有：研究论著、研究报告、医院数字化、医械临床、专题研究、综述、专业论坛、质控与安全、科学管理、使用维修、医学计量、学科与人才、原理与应用、业界要闻、资讯、产品广告等。

《医疗卫生装备》杂志读者对象为军队卫生管理和医疗机构（总医院、中心医院、驻军医院、师医院、疗养院、教学医院、卫生队和机关门诊部等）、各单位医疗仪器检修所、全军医学计量中心、各医学计量站、维修站、军队大型医疗仪器质量检测中心、各单位医疗器材供应站、军队卫生装备零配件供应中心和地方各级卫生局（部）、医院、卫生院以及药械监督机构、科研院所（校）的主管领导，各医疗单位医工（药械）科、检验科、信息科、影像科、手术科、放射科、理疗科、急救科、供氧科、消毒科、防护防疫等临床科室的医护人员，广大从事医疗器械、仪器设备的科研、教学、使用、管理、维修、生产、供销人员。

电话：022–84656750

邮箱：ylwszb@163.com

地址：天津市河东区万东路106号

# 《中国医疗设备》

《中国医疗设备》杂志创刊于1986年，是由国家卫生和计划生育委员会主管的百余种学术杂志之一，中华医学会医学工程学分会唯一会刊，中国科技核心期刊（中国科技论文统计源期刊），现已被中国期刊全文数据库（CJFD）、中国科技论文与引文数据库（CSTPCD）、中国学术期刊综合评价数据库（CAJCED）全文收录，荣获首届《CAJ-CD规范》执行优秀期刊奖。是中国医学工程领域最具影响力的学术期刊之一。

近年来，本刊影响因子逐年提高，在2013年最新《中国科技期刊引证报告》中，本刊影响因子为0.620，高于当年中国科技核心期刊平均影响因子0.493。

读者覆盖医院、行政、科研、教学、厂商等各领域的高端人群。学术影响力覆盖全球，拥有海外编委90余人，国内编委200余人。

《中国医疗设备》杂志创刊人、主编姜远海教授1960年毕业于首都师范大学物理系，1978年组织带领首都医科大学率先在我国创办生物医学工程专业，并积极配合蔡荣业教授成立“中华医学会医学工程学分会”，1993至2003年任中华医学会医学工程学分会第一届和第二届主任委员，2004年后任名誉主任。

姜教授从事医学工程教学、科研和编辑等工作50余年，先后在学术期刊上公开发表学术论文40余篇，为医学工程专业主编、参编和翻译专业著作、教材8部。荣获北京市科技进步三等奖和北京市学术成果奖，享受“国务院政府特殊津贴”。

2013年，《中国医疗设备》杂志有幸邀请严汉民教授出任副主编。严教授1969年毕业于南京大学物理系电子学专业，1988年初调入首都医科大学宣武医院从事生物医学工程专业的技术及科研教学工作，现为教授级高工、教授，研究生导师，首都医科大学宣武医院医学工程处处长，医学装备技术保障专业委员会主任委员。从事大型仪器设备相关工作40余年，专业精深，笔耕不辍。承担国家重点基础研究发展规划项目和北京市科技发展项目研究课题多项，曾获部省级科研成果奖，在国家核心期刊上发表论文数十篇，并参与编写相关著作多部。

目前，杂志社已在全国各省、市、自治区成立了18个“分省委员会”，主要由各地医工组织及知名医院领导组成分省委员会班子，形成了覆盖全国的影响力布局。

截至2013年10月，杂志社行业研究中心已吸引了全国3010名临床医学工程师加入“中国医疗设备行业研究员”的调研队伍，遍及全国2000多家二级以上医院。

# 《医疗装备》

《医疗装备》杂志创刊于1987年，是业内创办时间最早、创办时间最长、业界资历最深的专业期刊；由已故国家卫生部部长陈敏章教授生前亲笔题刊名并亲任编委会主任的专业学术交流期刊；中国工程院院士俞梦孙出任编委会名誉主任；作为全国临床医学工程学会会刊，本刊着力以学术研究的权威性、严谨性为基础，融于信息服务的知识性、趣味性，内容的可读性为一体，力争满足业界各层次读者的不同需求。

医疗装备》杂志已入编《中国期刊网》,是中国核心期刊(遴选)数据库收录期刊;中国学术期刊综合评价数据库统计源期刊;中国学术期刊(光盘版)入编期刊;中文科技期刊数据库来源期刊；中文生物医学期刊文献入编期刊；《万方数据-数字化期刊群》全文上网。

办刊宗旨：沟通信息，促进交流，为医疗卫生的现代化、合理化服务（陈敏章部长亲笔题写）。

内容定位：本刊是为医疗器械及其相关行业的从业人员提供信息服务的专业读物，满足了业内人士的信息需求及阅读需要，包括临床医学工程、医疗装备管理、使用与维修等方面的内容，以高质量的内容增强医疗器械行业间信息的交流。

服务对象：面向国内医械研发、生产、经营机构；面向医院和医学教学科研单位；面向政府和业务代理机构；面向国际研发、生产、营销机构与企业。

发行渠道:国内外公开发行。单期发行总量3万余份，境内读者2万余户，境外机构用户分部10个国家和地区，个人读者分布在25个国家和地区。

读者定位：面向全国近2万家县及县级以上医院和全国400多家大型医院院长、副院长，医院医学装备管理与临床运行部门负责人；国内医械装备研发、生产、经营单位与企业的决策者和管理人士；政府职能机构领导者和相关社会团体机构；跨国生产与营销公司的主要管理者。

杂志刊号：全国统一刊号为CN11-2217/R,国际刊号为ISSN1002-2376，邮发代号为2-965；12元/册，全年定价144元。

电话：010-62016364

邮箱：ylzbzzs@126.com

地址：北京市北三环中路2号

# 《中国医疗器械杂志》

《中国医疗器械杂志》是经科委、卫生部批准，在国内外正式出版发行的国家级技术刊物，已有40余年的历史。《中国医疗器械杂志》是国内首家医疗器械专业杂志，本刊编委会由国内生物医学工程界知名学者、专家等组成，以确保载文质量。本刊主要报导医疗器械和生物医学工程的开发、进展、研制、生产、临床应用和管理、维修等方面的信息。辟有“法规与监管”、“研究与论著”、“学科前瞻”、“临床医学工程”、“医械与临床”、“海外撷新”、“医械进展”、“综合述评”、“医械管理”、“使用、维修、改进”与“消息”等专栏，在开发、研制和生产、应用及各类医院、科研单位、生产企业、高等院校、卫生机构，管理部门和销售等方面均拥有大批读者。质量本刊内容丰富，信息量大，影响广泛，受到好评。



中国医疗器械杂志》编辑部
电话: 021-56637728
传真：021-56637728
邮箱:chjmi@263.net
地址：上海市民和路154号

# 科讯交流有限公司

科讯交流有限公司（TEL）创建于1987年，总部设在香港，另于北京、上海、深圳、大连和兰州分别设立了公司及联络处。

公司的主要经营项目有出版《世界》系列杂志包括《世界医疗器械》(IMD)、世界康复工程与器械》(IRED) 及《世界广播电视丨世界宽带网络》(IBI/IBN)。

《科讯网》tech-ex.com是以《世界》系列杂志为后盾而建立起来的跨行业交流平台，有两个专业网：科讯医疗网md.tech-ex.com及科讯广电网bc.tech-ex.com。亦设了专为年青一代的科讯优网u.tech-ex.com提供在线教育。並设立医疗英文网站www.com2med.com为中国医疗产品提供一个医疗采购网给世界医疗行业买家。

《世界医疗器械》为蓬勃发展的医疗卫生领域介绍适合国情的先进医疗器械产品，在全国地方、军队医院广为发行，并获国家经济贸易委员会医药司、总后勤部卫生部药品器材局等机构支持。

《世界康复工程与器械》于2011年7月創刊，目标为推动中国康复工程事业蓬勃发展的助推器。致力打造康复工程领域界集生产厂商、大专院校、科研单位、医院及用户等五方面于一体的信息交流平台，获国家康复辅具研究中心、中国康复研究中心等机构支持。

科讯网出版电子e刊包括科讯医疗器械e周刊及科讯康复工程e月刊，直接发送，让读者收到最新、最快的行业资讯。

科讯网(Tech-ex.com)是利用科讯集团拥有的印刷与网络杂志、展览及会议、互联网及视频，提供跨行业交流机会的平台，不但提供丰富多样的在线(on-line)及离线(off-line)服务，更发挥传統与新媒体结合的优势。

联系电话：
香港：(852) 2602 6300
上海：(021) 3221 1510
北京：(010) 6802 5060
深圳：(0755) 2518 6600

# 《中国医疗》

《中国医疗》是由香港捷通企业集团有限公司出资创办的，中国医药国际交流中心协办，卫计委国际交流与合作中心具体指导的面向临床医生、卫生管理部门、医疗器械生产单位和经营单位、科研院所的医疗类专业性期刊。创刊十年以来，作为行业领先媒体，一直以来为超过五万的专业读者提供最新的行业动态、市场研究、技术报告等全方位资讯，是您了解医疗器械行业信息，进行产品推广的有效工具。

《中国医疗》主要内容包括：

专家访谈：结合每期的重点，《中国医疗》采访部分权威专家和学者，倾听专家在该领域的最新见解。

神经外科专栏：该栏目主要介绍神经外科行业的新技术新进展。

放射专栏：该栏目主要介绍医学影像行业的新技术新进展。

麻醉专栏：该栏目主要介绍医学麻醉行业的新技术新进展。

医疗器械注册与法规论坛：由业内人士共同交流医疗器械注册和法规的信息及经验。

人力资源管理与企业文化：该栏目主要由业内人士共同交流医疗器械领域人才的信息及管理经验。

应用与交流：由临床医生和企业技术人员共同交流医疗产品在研发和临床使用中的信息。介绍企业色产品、经营管理、经验交流、行业发展等内容。

展会信息：介绍最新展览会及学术会信息。

此外，还设有手术室与急救、政策法规、企业专访等十几个栏目。

《中国医疗》杂志通过每年参加的国内近30个、国外10余个医疗器械专业展览会及学术会，已成为全球医疗领域华人读者所共知的刊物。并与各国使馆商务处，全球医疗器械知名厂商、学会、协会建立了良好的合作关系。

读者范围及构成：

本刊适合中高级医务工作者、医疗器械企业经营管理人员以及行业部门领导阅读。其中临床医生及医院管理者占43%，生产厂商及经营公司占41%，科研院所及大专院校占8%，  政府部门占5%，其他占3%。

出版日期：《中国医疗》每年出版4期。

联系方式：

联系人：李妍

电话：010-82608228  传真：010-82609915

地址：北京市海淀区苏州街18号长远天地大厦B2座12A08-09室

# 中国医学装备网

中国医学装备网（www.came-online.org）是为上级业务主管部门、会员及医疗卫生机构、医学装备产销企业提供信息 交流的平台和对外宣传的窗口。为了贯彻执行“建设行业知名网站”和“打造行业内具有影响力网站”总体目标，面向社会更好地服务会员和用户，促进协会各项工 作科学、健康、和谐地发展。网站于2007年7月3日和2009年3月4日先后进行两次升级改版。升级后的网站除继续承担卫生部医学装备技术评估选型项目的申报、评估、管理、公示工作；协会团体会员征集、服务工作，职业培训和继续教育的远程服务、适宜医学装备技术推广，IHE-C测试、管理，评估选型产品 展示，分类代码修订，会议网上报名，国家相关软课题调研等工作外。同时开通网络讲堂、采购与供应信息交流指南两个栏目，有偿服务广大用户。

多年来，在全国广大医学装备应用、管理、科研教学、生产营销单位和个人的大力支持下，不断向前发展。

中国医学装备网--联系方式

联系人：李路斌

电话：010-88312048

网址：www.came-online.org

邮箱：wgm_413@163.com

地址：北京市西城区车公庄大街九号院五栋大楼 B2座802室

# 中国医疗器械信息网

中国医疗器械信息网（www.cmdi.gov.cn）,始建于1998年10月，由国家食品监督管理总局信息中心主办，经过多年发展，已成为中国医械行业中最为权威和专业的网络平台。

## 简介

CMDI取自china medical device information的缩写。

网站内容涵盖了医疗器械及周边行业的资讯、监管、服务、政策、专业数据查询及网上博览会几大内容，为广大医疗器械生产和经营企业、医疗机构提供权威、专业、及时、准确、详实的资讯信息及专业数据，同时促进医疗器械生产企业、经营企业和医疗机构的商务交流合作。

## 发展历程

国家食品药品监督管理局信息中心成立于1978年，是国家食品药品监督管理局直属事业单位。主要负责食品药品监管信息化建设，开展面向政府决策和科技决策的信息研究，承担国家科研项目，进行国内外药品、医疗器械、保健食品等相关信息的收集、研究分析与服务等工作。

作为从事医药信息的专业机构，国家食品药品监督管理局信息中心有着近30年为政府、企业和社会公众服务的历史，拥有一支年富力强、朝气蓬勃的信息研究团队，凭借人才优势和丰富的经验，开发了大量权威的信息产品，为药品、医疗器械的监管、科研开发、生产经营、临床使用以至整个行业经济发展做出了应有的贡献。

国家食品药品监督管理局信息中心现已成为政府决策信息支持中心、食品药品信息数据分析及发布中心、食品药品监管信息化技术支持中心、食品药品信息的检索和咨询中心。

## 理念

以监督为中心，保安全为目的

## 子频道

资讯：提供热点新闻、技术创新、医院动向、会议展会等综合信息。

监管：各省局和地方局的监管动态和产品质量等信息。

服务：提供专业数据库查询，办事指南，相关部门介绍及行业相关数据资料等服务。

政策：包括国家和地方的法律法规、各部门的规章及规范性文件，政策解读。

网上博览会：为医疗器械生产企业和经营企业提供企业自身的品牌文化展示及产品展示的平台。

## 专业数据库

发布了30万余条厂家、近10余万家医疗机构信息，以及各级政府部门批准的所有医疗器械产品。共包括以下14个数据库：医疗卫生机构库、医疗器械国产产品库、医疗器械进口产品库、医疗器械生产企业库、医疗器械经营企业库、医疗器械国外厂商库、医疗器械出口产品库、医疗器械产品专利库、医疗器械抽检数据库、医疗器械退审数据库、医疗器械标准目录库、医疗器械分类目录库、医疗器械受检目录库、医疗器械分类界定库。

网址：www.cmdi.gov.cn

电话：010-88330123　传真：010-88330123

# 医工之家网（www.bme-home.com）

医工之家网站，不是严格意义上的行业技术论坛，是诸多一线临床医学工程师管理的工作博客，是助力青年医工成长的信息平台，是广大医工们合作与分享的广阔舞台。

医工之家网站的创建是2013武汉全国医工年会时各位活跃青年医工们的共识。医工之家这个名字也是征求了全国众多一线医工的意见而确认，许多资深医工主动提供建议并积极参与筹建。

医工之家网站秉承开门办网站、网聚医工力量的运行理念：医工之家网站不追求实际拥有注册会员的多少，而在于追求对广大医工成长的实用程度。

其中医工资讯版块为广大医工朋友及时提供医工行业新闻、学术会议、论文征稿、展会信息、行业培训的实用信息，为一线医工们提供千里眼、顺风耳；

技术交流版块按等级医院标准医疗器械分类进行分版块讨论各种机型的工作原理和常见故障，不求最全，但求最真；

医工成长版块关注工程师入职资格、职称晋升、资格考试等成长环节，提供晋升政策、资格考试、论文发表、著作出版、专利申请、学历学位与科研成果申报等方面的信息交流与经验指导，助力青年医工快速成长；

技术资料版块提供医工专业PPT课件、教学视频、医工基础知识、原厂技术资料、维修经验交流，本着内容原创、审核严谨、实用高效的原则选题并推荐；

等级评审版块为正在准备评审的医院医工提供规章制度、常用表格、评审经验等实用性内容，以期促进医工们在准备医学装备管理相关条款评审时气道事半功倍的效果；

医工管理版块关注并探讨医学工程学科建设、质控计量环保辐射卫生耗材制度管理、医学工程管理软件，目的在于使得医院医学工程学科及管理快速规范化；

临床工程版块设立原厂技术支持席、第三方服务席、医疗器械维修联盟探讨、医工专业淘宝店讨论区、常见维修配件交流区，建设较为全面售后服务联系方式大数据库，以便最大可能方便医工日常维修工作。

医工之家网站所有版块均鼓励一线医工在实际工作中留下文字和影视资料，注意总结与归纳，多写原创、实用、有指导性的务实帖，拒绝灌水帖，因为那样只能会浪费浏览者的眼神和时间。

医工之家网站管理团队希望一路坚持，在坚持中不断改进，正视广大医工的成长需求，提供实实在在有用的信息，在医工业界拥有一席之地。

医工之家网站创办人牟强善工程师真心希望医工之家网站能伴随全国各地诸位医工一起健康成长，一起见证未来医工行业的荣耀与辉煌。

医工之家，来自医工，服务医工。

# 中国医疗器械采购公共服务平台

医采阳光科技有限公司成立于2014年，公司总部设在中国北京国贸CBD商务核心区，注册资本5600万元人民币。是中世贸发投资有限公司的控股公司，并得到中国医学装备协会与国家信息中心等有关单位的支持与参与。公司致力于打造全国统一的中国医疗器械采购公共服务平台—中国医采网，建设全球医疗器械全产业链生态体系。

中国医学装备协会是我国医疗器械最权威的行业管理部门。是产业发展、行业标准、技术评估、产品评价、企业评选、价格评价、服务评价、采购指数等规则的制定与发布机构，具有可持续的医疗卫生领域的产业资源和专家技术资源。平台公司是获得中国医学装备协会独家授权承担平台建设与履行上述职能的企业，具有权威性、长期性和唯一性。平台及市场服务体系建设方案通过了国家卫生计生委、国家食药总局、国家工信部、国家信息中心等相关部门和行业专家充分论证与肯定，并得到中央和国家有关部委的支持，特别是得到国家信息中心支持与参与。为了确保平台建设工作顺利进行，中国医学装备协会组织成立了“项目管理办公室”与“中国医疗器械采购工作委员会”及为平台建设提供了组织保障与充分有效的市场资源，同时组织成立“中国医疗器械产业发展基金”，为平台供应链融资与产业园区建设提供金融支持。依据行业背景优势，平台经过有关部门的检验测试后，将获得国家食药总局颁发的《互联网药品交易服务资格证书（A）》。公司核心团队在中国政府采购业界与医疗卫生领域具有深厚的影响力，是一支高素质的稳定的职业管理团队，具有成功的项目运作与管理经验以及优秀的资源整合能力，能够快速地整合全国各级医疗卫生机构、集采中心以及国内外医疗器械生产经营企业产业资源，结合创新性的商业运营模式和成熟先进的技术能够确保平台成为中国医疗器械行业唯一最具权威而又有影响力的公共服务平台。

公司的主导项目—中国医疗器械采购公共服务平台的建设，是遵循政府支持、协会主导、企业投资和市场化运作的原则。平台是以互联网为工具、以网站为平台、以平台为载体、以价值服务为主线。以整合医疗器械全产业链资源与资本市场进行高度有机融合的创新性的商业运作模式，改变产业发展疲乏单一、资本市场空心无力的现状，实现产业资产资本化与资本价值最大化。平台将基于政府和社会经济发展的要求，利用电子商务高效、便捷、不受地域、时空限制等优势，通过建立采购管理制度化、交易规则标准化、采购流程规范化、交易信息公开化、产品价格透明化、评估评价专业化等规则。为医疗卫生机构与国内外生产经营企业提供专业的第三方市场化服务，实现生产经营企业和医疗卫生机构无缝对接，实现会员注册、采购申报、审核审批、挂牌交易、交收配送、货款结算、评估评价、售后服务、监督管理等全流程电子化。平台是为各级卫生行政主管部门和医疗卫生机构实现医疗器械电子化采购提供交易平台和技术服务的全国性电子网络系统。是为全国各级医疗卫生机构、集采中心、国内外生产经营企业以及社会有关方面搭建沟通交流平台,促进政、产、学、研、医交流互动。促进医疗器械产业技术进步与结构优化升级，推动我国医疗卫生事业健康发展。

运营单位：医采阳光科技有限公司

电话：010-85715816　传真：010-58715718

网址：http://cyicai.com　邮箱:renlixingzhengbu@zsmf.com.cn

地址：北京市朝阳区朝阳北路237号复星国际中心10层1003

# 七、医学装备新产品、新技术论文选录

# 瓦里安EDGE靶向放射外科创新技术暨肿瘤放射外科的临床新进展

瓦里安医疗系统临床市场部

放射治疗利用高能射线聚焦肿瘤靶区给予癌细胞以损毁性照射，独立或配合外科手术及化疗对恶性肿瘤实施根治性治疗，成为肿瘤治疗的三种主要手段之一。传统的放射治疗方式由于受到照射过程中治疗设备不具备肿瘤追踪能力等物理因素的限制，而采取每天应用较小照射剂量，一个疗程持续几个星期的分割照射方式，这种方式在较好地保护了正常组织的同时也相对降低了肿瘤生物剂量，进而限制了放射治疗疗效的进一步提升空间。作为放射治疗的技术突破，放射外科通过单次大剂量照射颅内病变，起到了代替神经外科手术治疗的作用，获得了良好的临床效果。肿瘤放射外科特指通过单次或3-5次大剂量照射（8-30Gy/次）对肿瘤进行的损毁性消融治疗，包括针对颅内及脊椎病变的立体定向放射外科（SRS），和针对颅外病变的立体定向体部放射治疗（SBRT）技术，SBRT又称为立体定向消融放射治疗（SABR）。相对于照射次数20-35次（分次剂量2Gy）的常规放射治疗，少次大剂量照射对肿瘤细胞的杀伤效应具有明显的生物学优势，可显著提升生物等效剂量，进而提升肿瘤控制率。以伽马刀为代表的放射外科设备通常在临床上专注于对颅内病变的治疗，基于对放射外科发展趋势的深刻理解与思考，瓦里安医疗系统面向市场推出了全新一代的EDGE（速锋刀）靶向放射外科系统，成功地突破了常规放射外科设备临床应用的局限性，全面支持颅内放射外科和体部放射外科治疗，引领着放射外科新技术广泛应用于对颅内，肺癌，肝癌，前列腺癌和胰腺癌等的根治性治疗，成为放射外科系统的巅峰之作。

## 一. 瓦里安EDGE（速锋刀）靶向放射外科系统的技术优势

EDGE基于最高技术标准设计的影像与治疗一体机充分体现了放射外科的技术理念，全面集成的主控系统实时同步操控影像系统，束流生成及投照系统和空间定位系统。EDGE的肿瘤靶向定位系统将Calypso四维电磁追踪技术，KV级靶区追踪成像技术，光学表面追踪技术，3D/4DCBCT技术，大尺寸高速动态EPID成像技术和呼吸门控技术集成为一体，针对不同的临床需求提供全方位四维影像引导和靶区追踪。为满足放射外科对射束精确投照的要求，特别配备针对小病灶颅内放射外科治疗的锥形限光筒，用于全身放射外科的超精细多叶准直器系统（2.5mm叶片宽度），全自动操控精准定位的六自由度治疗床。提供业界最高的剂量率（2400MU/分钟），控制系统响应速度（10ms）和亚毫米系统精度（<0.5mm）。智能操控系统在其敏锐视角的指引下自动实施包绕病灶的精确剂量雕刻投照，通过共面或非共面的RapidArc照射技术，其手术刀般锐利的大剂量高能射束瞬间给予肿瘤损毁性消融照射，同时其物理上陡峭的剂量跌落特性给予周边正常组织更好的保护。其独有的自动质量保证（QA）功能可在10分钟内提供计划实施QA，物理指标QA和影像系统QA的完整解决方案，确保每一次放射外科治疗的高质量。EDGE展示的扩展创新放射外科能力包括；(1) PerfectPitchTM治疗床：这是一个六自由度(6DOF)的机器人操控放射治疗床，可以在靶向系统的引导下支持准确、高精度和灵活的患者体位摆放；调整任意方向定位误差，被设计用于提供脑部和身体其他部位的放射外科治疗，确保准确性和灵活性。(2) 高级运动图像引导放射治疗(IGRT)组件：先进的运动管理组件提供了在放射治疗中应用的多种实时成像选项，

包括透视和四维CBCT成像技术进一步扩展应用，在治疗过程中也可显示肿瘤随时间变化的运动。(3) 颅内放射外科治疗组件：包括一套专门的颅内放射外科计划系统，针对脑肿瘤或功能异常区完成立体定向放射外科治疗。颅内放射治疗组件支持使用多种射束塑形方案完成精确治疗，包括瓦里安的高分辨率多叶光栅系统和放射外科限光筒准直器，可同时兼容有框架和无框架定位方法。(4) Calypso 4D电磁追踪系统，可在放射外科治疗期间自动应对检测到的靶区位移。Calypso 4D跟踪技术会向EDGE控制系统发送即时信号，应用医生设定的阈值对靶区的位移作出反应，自动关闭和重启治疗射束。Calypso 4D跟踪是第一个基于靶区内部位置而不是外部标记物的运动对治疗射束进行门控的实时解决方案；同时，4D跟踪对于直线加速器瞬时启停射束的能力要求极高，目前只有采用栅极电子枪加速系统的直线加速器才可实现此功能。这一技术的自适应治疗床再定位功能可用于患者的重新定位，以便在治疗重新开始之前，将靶区回复到计划的位置。(5)动态射束精准捕捉移动靶区—EDGE针对肺癌和肝癌等移动肿瘤，在 KV 影像靶区实时追踪或 Calypso电磁追踪技术的精确制导下，动态操控束流进行呼吸门控定点照射，或通过多叶准直器追随肿瘤给予追踪照射，实现对移动目标的精准打击。(6) EDGE 同时提供了一套科研开发平台（Developer Mode），用户可以超越系统现有的临床模式访问研发应用模块，在科研模式下研究全新的临床和物理应用：帮助医生和物理学家创造及试验新的治疗和影像技术，包括任意位置 /角度联动的动态治疗技术，多种影像模式的同步 /序贯成像技术，4D 门控治疗方式的研究等。

## 二. 放射外科照射技术的新突破—RapidArc技术+高强模式

开展肿瘤放射外科在物理上需要通过外照射的方式将大剂量的高能射线精准地聚焦于肿瘤靶区给予消融性照射，同时利用剂量分布在靶区外的迅速跌落来保护正常组织。因此能够开展放射外科的技术平台必须具备实施基于靶区精确定位的单次/多次大剂量照射，同时确保靶区外剂量迅速跌落的能力。相比于常规放射治疗技术，放射外科对体位固定，影像引导和靶区追踪，照射方式的优化，实施过程的精准性等方面均提出了更高的要求。颅内放射外科的照射技术包括钴-60治疗机的非共面锥形束照射（GammaKnift为代表），基于加速器的非共面锥形束拉弧照射（锥形限光筒）和调强照射（MLC）等。最新进展为以瓦里安医疗系统推出的RapidArc为代表的容积调强照射技术（VMAT），其通过在360度旋转照射过程中连续调整MLC的位置和速度，剂量率和机架转速，实现了分布最优化和效率最大化的调强治疗。基于一系列的比较研究证明 RapidArc计划取得了最佳的靶区覆盖和对功能器官的最好保护，完全满足颅内放射外科的治疗要求。结合无均整器（FFF）的高强模式（2400MU/分钟），RapidArc用于大剂量的放射外科治疗，可在几分钟内完成照射，确保了治疗的精确性和病人的舒适性。常规IMRT 技术应用于放射外科的一个挑战为大剂量照射带来的照射时间显著增加，从常规治疗的8-15分钟提升到30分钟以上，而体部放射外科的治疗目标如肺癌和肝癌等在长时间照射过程中会有明显的不规则运动，造成瘤体偏离高剂量区域而受到较低剂量的照射，进而显著影响到治疗效果。RapidArc技术凭借其更高的投照效率，可以在2分钟之内完成常规治疗，结合FFF模式，可进一步将体部放射外科的照射时间控制在几分钟之内，有效地避免了潜在的不规则运动对胸腹部肿瘤受照剂量的影响，提升了病人的治疗舒适性和设备的治疗效率。鉴于RapidArc技术具有超越IMRT技术的物理剂量学优势和实施效率优势，结合呼吸门控技术，其在对胸腹部移动肿瘤的放射外科治疗上取得了良好的临床应用。

## 三. 放射外科的临床新进展

面对肺癌和肝癌等高发肿瘤对人类健康带来的挑战，作为非手术切除手段的SABR在近几年来得到了快速发展，放射外科技术采用高剂量的射束在一次或几次治疗中快速完成肿瘤消融，显著提升了肿瘤放射治疗的临床疗效，特别是对不宜或不能手术的恶性肿瘤病人，提供了一种可治愈的根治性治疗方案。在临床上一系列成功的研究结果支持将这种方法实施在颅内、脊柱、胸腹部肿瘤以及前列腺癌的治疗上。国际知名的Radiotherapy&Oncology杂志于2013年发表的一份研究报告表明，3201例一期非小细胞肺癌病人的SABR治疗两年生存率为70%，与之对比2038例一期病人外科手术治疗的两年生存率为68%，两种治疗手段的短期和中期生存结果完全等同，基于此分析得出的结论为SABR可以作为一期非小细胞肺癌外科手术的替代方法。同样在2014版非小细胞肺癌NCCN（美国国立综合癌症网络）临床实践指南中，作为根治性放疗的SABR 被推荐为不宜手术病人的初始治疗方案。在对肝细胞癌（HCC）的治疗上，由Klein 和Dawson发表在国际放射肿瘤学杂志上的对SABR的临床数据进行系统地回顾分析的结果，同样给出了SABR已取得可比拟其他局部治疗手段的结论，推荐其为对患早期肝细胞癌而不宜实施外科手术及其他消融性治疗手段病人的可选择治疗方案，预后分析证明SABR可治愈肝细胞癌。在美国神经外科医师协会(AANS)的2012年度会议上，脊柱放射治疗专家阐述了如何有效使用立体定向放射外科手术而不是有创手术治疗脊柱肿瘤。采用影像引导放射外科治疗良性和恶性脊髓病变的新技术是其中一个专门的神经外科研讨会的重点。神经外科医生杰森•安得鲁•韦弗医学博士表示，立体定向放射外科治疗椎体肿瘤的能力已大大改变了脊柱肿瘤学，我们可以使用其治疗许多脊柱肿瘤，否则就需要进行有创手术；同时，研究表明，这些患者治疗后可以获得有效的长期疾病控制并保持良好的神经功能。韦弗博士进一步表示，肿瘤的所有类型，包括肾细胞癌和其他抗拒常规放射治疗的肿瘤，已被证明对快速高剂量的放射外科治疗具有有效反应。在欧洲放射治疗和肿瘤学大会上，超过500名肿瘤学专家聆听了使用瓦里安先进的放射外科系统的高剂量率能力配合RapidArc放射外科手术技术所完成的突破性治疗。乌福克•阿巴西格鲁博士报告了使用无框架、单次RapidArc放射外科手术完成颅内和中枢神经系统治疗的经验，包括恶性和良性肿瘤，血管畸形和功能障碍。阿巴西格鲁博士表示，无框架、非创伤性的图像引导靶区定位，使我们有可能使用更少的治疗次数处理较大的病变，同时避免将头架附加到患者头骨的创伤性程序。使用瓦里安的超快速高强度模式，影像引导放射外科手术可以在一个标准的15min治疗时段内完成，而不是像传统的放射外科手术那样，通常需要2~5倍的时间才能完成。

由于 EDGE 靶向放射外科系统具备的卓越性能，使得放射外科技术的临床应用得以进一步扩展，使得肿瘤学家无论是在传统的神经外科应用还是肿瘤外科应用上都得心应手。在颅内病变上：基于其精细的MLC设计和独特的锥形束限束装置，在对神经放射外科手术及小肿瘤病变的治疗上，可以比拟伽玛刀；而对于以往放射外科设备而言极具挑战的体积较大肿瘤和复杂血管多处转移灶的治疗上，EDGE 也表现出了优秀的治疗能力。在胸部肿瘤上：对于受到呼吸运动影响的肺癌和间皮瘤等病变，可以通过影像直视追踪技术和 4D 呼吸门控治疗，避免由于不规则呼吸运动带来的照射脱靶，及最大限度地减少靶区外扩边界进而更好地保护正常组织。对于腹部肿瘤：受制于周边功能器官的剂量限制，原先复杂的肝脏和胰腺肿瘤都不太适合进行大剂量可治愈性放射外科治疗。由于 EDGE 的高精度剂量分布特性和影像直视追踪技术的应用，目前临床上已成功开展对肝脏和胰腺肿瘤的放射外科治疗，取得了良好的疗效并对肾脏等器官给予较好的保护。对于盆腔病变：以前列腺癌为代表，剂量学研究和大量的临床实践已经证实放射外科是当今治疗前列腺癌的最佳手段之一，由于前列腺易发生不自主运动，需要快速完成治疗。EDGE因为其优异的治疗速度、定位精度、剂量适形性而成为前列腺癌放疗的首选设备。同时应用度、适形性和均匀，成为前列腺癌放疗的首选设备。同时应用Calypso实时追踪系统，可以进一步将治疗外边界外扩降低至 2-3mm 。２０１０年发表的一项多中心研究表明，使用Calypso系统跟踪前列腺肿瘤，可以让医生更有信心在更小的治疗边界上投照更高的放射剂量。研究人员将一组接受Calypso实时跟踪的进行较小边界治疗的患者与另一组接受传统边界治疗的患者进行了比较，两组患者均在治疗前后分别评价了其生存质量。结果表明，接受了较小靶区边界治疗的患者所显示的与治疗有关的不良反应显著减少，这些不良反应包括大肠与直肠问题，尿路刺激或梗阻，尿失禁，以及性功能障碍等。

EDGE 不但可以满足医院现有的临床需求，更进一步拓宽应用范围。对于病人而言，以往 5–6周的治疗更可以在数日或 1日内完成，缩短治疗时间，增加设备治疗病人的数量，同时减少病人的医疗费用。放射外科的推进对于医院而言无疑是一项明智的选择。

综上所述，EDGE（速锋刀）靶向放射外科系统为临床上成功开展放射外科治疗搭建了一个专业化的平台，为精确，高效和安全地利用无创伤放射外科技术对全身各部位恶性肿瘤及颅内良性病变进行治愈性治疗提供了最佳解决方案，有力地促进了放射外科的发展。

# TomoTherapy螺旋断层放疗系统

Accuray公司

## 中国癌情分析与放疗的价值

2015年国际抗癌联盟推出的世界癌症日主题为“癌症防控目标，实现并不遥远”，倡议通过建立健康的生活方式、早诊早治、保证有效治疗、最大限度提高患者生存治疗等途径，逐步实现对癌症的早发现、早诊断、早治疗。

中国肿瘤发病情况究竟怎样？

这是一个个曾经鲜活的生命：赵丽蓉、罗京、陈晓旭、姚贝娜……

这是一组触目惊心的数字：

据《2012年中国肿瘤登记年报统计》显示，我国每年新增癌症患者312万，约占全球发病的五分之一，平均每分钟有6人被诊断出患癌。每年癌症死亡250万,约占全球癌症死亡人数的四分之一。中国的癌情十分严峻。

伴随着老龄化加剧、生态环境遭受破坏、不健康生活方式及食品安全问题凸现，我国肿瘤发病率、死亡率多年呈持续增长趋势。根据国际癌症研究署预测，如不采取有效措施，我国癌症发病数和死亡数到2020年将上升至400万人和300万人；2030年将上升至500万人和350万人。

我国癌症发病率接近世界水平，但死亡率高于世界水平。这首先有人种和癌谱等客观原因。肿瘤防治专家认为，癌症死亡率居高不下，一个重要原因在于我国癌症发现较多处于中晚期。美国近些年来癌症的发病率有所下降，其5年生存率大约在６０％至７０％，而我国肿瘤患者5年生存率大约在３０％左右。

癌症的高发、高死亡率，增加的不仅仅是患者的伤痛，还给家庭、社会带来沉重的经济负担。全国因肿瘤造成的花费每年达数百亿元，远高于其他慢性病的医疗费用，是卫生总费用上涨的重要因素之一。这已成为一个必须要高度重视的公共卫生问题乃至社会问题。１９７１年，时任美国总统尼克松签署《国家癌症法》，医疗界认为是吹响了向癌症宣战的号角。当前，美国癌症的发生率和死亡率开始下降。谈及我国癌症现状，全国人大常委会副委员长、中科院院士陈竺不久前表示：“中国正面临一场应对癌症的战争！”

中国亟须向肿瘤宣战！

目前癌症治疗依靠的主要手段是：手术、放疗和化疗。近期的数据显示，恶性肿瘤的5年生存率上升达到55%（贡献率：手术27%，放疗22%，化疗及其他6%）或更高。现阶段放射治疗仍是肿瘤治疗的重要手段之一。

65～75%的恶性肿瘤患者在其治疗的某个阶段都需要接受不同形式的放疗，而一些早期癌症患者如鼻咽癌、喉癌、霍奇金氏病等单纯接受放疗即可治愈。目前，在中国，接受放射治疗的患者比例大约30%，放疗还有很大的发展潜力。

最近，张玉蛟教授（University of Texas MD Anderson Cancer Center终身教授，胸部放射肿瘤科和立体定向放射科主任，美国放射学会放射肺癌组主席，同时是中美放射肿瘤协会主席）特别指出：放疗仍是效价比最高的肿瘤疗法。在美国，肿瘤的治愈率大概在60%-70%，一半或者是超过一半的肿瘤的治愈是依靠或者有放射疗法参与的。另外，在美国联邦医疗局的数据显示，在所有肿瘤治疗的开销当中，用于放射治疗的费用小于5%，即放疗界用小于5%的社会资源，治愈/参与治愈了35%的肿瘤病人，更不用提它在其他如姑息减症治疗方面的作用。可以说，在指征符合的情况下，放射治疗是效价比最高的一种治疗方法。

放射治疗实施的主流设备为外照射直线加速器类设备，也是放射治疗患者数目最多的一类设备。从技术的发展来看，直线加速器经历了二维普放，三维适形（3D-CRT），调强放疗（IMRT），图像引导放疗（IGRT）阶段，今后还将发展剂量引导的自适应放疗（DGRT-ART）。IMRT和IGRT技术是现阶段放疗设备提供商研究的重点，也是临床医生研究的热点，同时也是高端放疗设备必不可少的功能。

**螺旋断层放疗系统介绍**

TomoTherapy（简称TOMO）——螺旋断层放疗系统，是从1990年开始由美国威斯康星大学和后来组建TomoTherapy公司(现在为Accuray公司) 的Rockwell Mackie和Paul Reckwerdt一起研发的最新一代放射治疗设备。

TOMO将6MV加速器集成在CT机架里，是一种在CT图像引导下，以调强治疗为主的当代最先进的放疗设备之一。其360度全角度照射概念、单次照射多达数万个子野数目、薄层照射理念，二元气动多叶光栅，实时IGRT影像引导，独创的自适应计划等创新科技及专利技术，被公认为现代影像引导放疗的代表之作（见图1）。

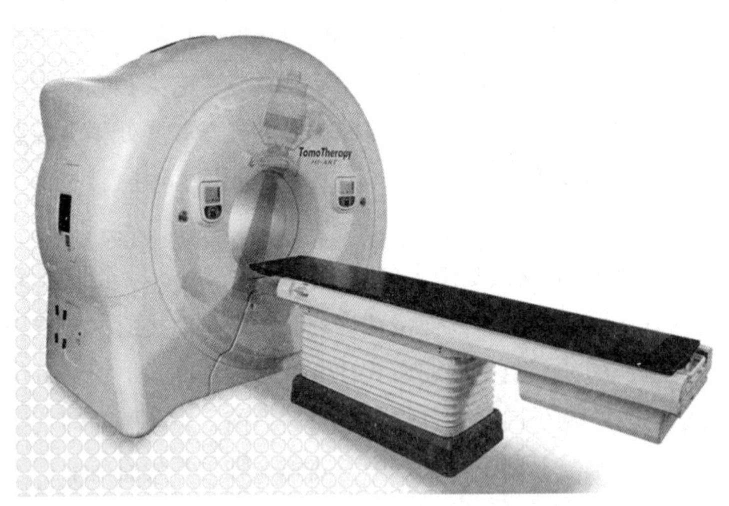


**图1：螺旋断层放疗系统，将6MV加速器集成在CT机架里。**

TOMO的临床应用范围非常广泛，既可以用无创、无框架的立体定向方式精确治疗小到0.6厘米左右的单个或多个颅内外的小肿瘤病灶，也能对60厘米直径的横断面和150厘米长的全身范围内的大肿瘤进行影像引导下的调强治疗（如全脑脊髓和全身骨髓调强照射）。其适应症几乎覆盖所有适合放射治疗的病例、特别是调强治疗的病症（见图2）。TOMO着重强调并解决了当代以及今后精确放射治疗所关注的三大议题：1）逆向调强IMRT，2）影像引导IGRT，3）自适应放疗ART。

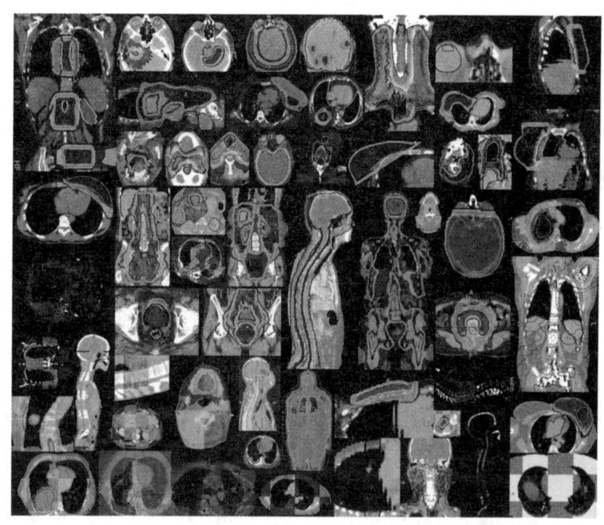

图2：TomoTherapy所能够治疗的各种肿瘤类型。

TOMO突破了传统肿瘤放疗的诸多局限，将当代影像引导逆向调强技术（IG/IMRT）推进到一个新境界。

**医院配置TOMO的理由**

医院在论证配置高端放疗设备的时候，通常会考虑到以下四点：

**第一，差异性（是否买到差别化的产品，质上的差异性？）**

通常大型医院已经安装有多个厂家的加速器，如果再添置传统C型臂式加速器，即使是高端配置机型，外观差不多，也只是执行效率上略为提高了一些，但是能够产生的剂量分布能力，治疗肿瘤的类型、大小和范围等都没有实质性改变。传统加速器的基本技术和构架还是基于70年代的思路。再添加一台传统加速器，对医院、放疗科以及癌症患者而言，影响和印象都只是一个数量上的变化，并无技术上质的变化，与其他医院的治疗手段和水平难有显著的差异性。

TOMO系统，无论从设备外观（见图1）、系统结构、治疗范围、机房屏蔽等角度上，都具有强烈的差异性。

TOMO采用滑环机架式的设计，利用单一的6MV 扇形束X射线，对肿瘤靶区进行360度的螺旋断层照射。专利的二元化气动多叶光栅设计，可以实现每个小子野100级以上的强度调制能力。没有C型臂加速器拥有的许多治疗附件。无机架与病人碰撞可能，无楔形板，无需考量机架角度、准直器角度、治疗床角度，无手控仪，无多叶准直器考量，无多叶准直器马达，无照野大小限制，无光野，无电子线，无电子限光筒等。

TOMO的治疗范围不再受肿瘤大小、肿瘤位置、复杂程度的限制，并且可同时照射多靶区，甚至可以完成最复杂的全身调强治疗（范围长达150厘米，截面直径可达60厘米，为其独有技术），一次照射无需接野。

TOMO系统使用单一6MV的X射线进行治疗，不会产生中子污染。同时，系统自带约14厘米的挡铅实现主束自屏蔽。TOMO的机房屏蔽不需要主束防护，房间的防护以漏散射线防护为主，大大节省了机房的建设成本。

**第二，竞争力（是否具备超越传统加速器的各种能力以及衍生效应？）**

放射治疗的技术进步和水平的提升主要体现在：1）处置剂量分布的能力（设备产生剂量可以根据

临床要求高能高、低要低，而且肿瘤的范围和大小不受限制）。2）设备能够确保每天的计划剂量分布可以精确实施到位。

TOMO和传统加速器的最主要区别就在于TOMO能够产生临床上要求最复杂的剂量分布，比如全身骨髓调强剂量分布、各种大范围，多发转移病灶的剂量要求等。其次，完全不同于传统加速器为实现三维影像引导而弥补性添加的CBCT（锥形束CT），TOMO设计之始就是在螺旋CT构架基础上发展而来，本身就是CT机。其一体化的低剂量CT扫描可以方便地运用到每次治疗前的摆位修正，从而确保优异的剂量分布每次都得以精确实施。再有TOMO一次摆位治疗的范围可以达到150厘米X 60厘米直径体积，而传统加速器最大射野一般限制在40厘米X 40厘米，因此TOMO治疗大范围、多发转移肿瘤的能力是传统加速器无法比拟的，从而在临床上突破了传统加速器的诸多限制，将放射治疗的能力提升了一大步，可以极大提高医院放疗的水平和能力以及对内对外的竞争力。放疗技术水平的提高可以带动医院的科研能力和平台提升，也带动病人治愈率和治疗质量提升，从而进一步加强医院核心竞争力，产生良好的社会效益和经济效益。

TOMO具有高度的集成性，计划完成就可以直接治疗，避免了不同系统间数据传输可能产生的附加错误风险。一体化的质量验证（QA）组件，使得原本复杂的患者及设备质量保证工作变得简单易行。

**第三，前瞻性（技术超前与否，未来5到10年是否落后，是否占据技术制高点？）**

放射治疗技术过去十年来的进步主要体现在IMRT（调强放疗），IGRT（影像引导放疗）和ART（自适应放疗）。而TOMO是所有这些技术的先行者和引导者以及金标准，也是各种传统加速器模仿的对象。特别是近年来传统高端加速器必备的新功能：旋转调强技术就是在效仿TOMO的特点，但由于基本结构不同，尤其是机架结构（CT滑环vs C型臂），多叶光栅（二元气动vs 马达驱动）等关键系统部件的差异，传统高端加速器仍无法达到TOMO的剂量调制能力和治疗范围等。

而TOMO的自适应技术以及最新发展的非螺旋治疗模式、快速计算和快速执行等新功能将TOMO又推动到一个更新的平台，使之成为治疗范围全覆盖，从简单（3D-CRT）到复杂，都可以高效快速完成计划和治疗的一种全功能新平台的放疗设备。就像多年前在放疗界就有人指出的那样：TOMO将取代传统加速器而成为实现影像引导调强放疗的最佳平台。

**第四，成熟稳定性（是否经得住临床检验？是否得到专业机构与人员的认可？）**

到2014年底，全球已经安装了超过500台TOMO，并治疗了数十万名患者。一大批世界知名肿瘤中心相继装备了一台或多台螺旋断层放疗系统。这些顶级医院包括美国M.D. Anderson（Orlando）、加州大学旧金山分校（UCSF）、洛杉矶City of Hope，华盛顿Swedish Medical Center、U.C.DAVIS，德国海德堡/国立癌症研究中心，法国居里研究所（Curie Institute），新加坡国立癌症中心（NCC），韩国国家癌症中心（NCC）、延世大学，台湾台大医院、荣总，印度（Tata Medical Centre）等一大批世界知名医院和肿瘤中心。

有超过1500篇以上的国际临床文献和报道对其技术平台的先进性和临床疗效的优异性予以肯定（见临床文献综述）。全球的众多TOMO治中心还在持续不断开展新的临床应用领域的研究。在放疗领域的顶级期刊上，每年都有十几篇以上的论文发表。

全球范围内TOMO系统的平均开机率在95%以上。

2012年，中国医学装备协会受卫生部委托，对当时国内在用的8台TOMO系统的技术特点和临床疗效进行评估。协会的工作人员通过发放调研表、召开专家座谈会和实施走访医疗机构的方法，直接获取临床医师、医学工程师等专业人员的评价信息。对TOMO的技术优势和临床贡献予以认可。建议按照有序发展，逐步扩大的原则，增加TOMO的配置规划。在这篇文章中，系统的总结了TOMO的临床评价：治疗范围广，治愈率高，缩短治疗疗程，患者不良反应轻。

**TOMO在中国临床应用收获**

目前，国内共有16台TOMO投入临床使用。包括中国医学科学院附属肿瘤医院、北京协和医院、北京解放军总医院（301医院）、北京空军总院、北京军区总院、上海复旦大学附属中山医院、四川省肿瘤医院、成都军区总医院、昆明医科大学附属第一医院、南京八一医院、广州军区总医院、沈阳军区总医院，山东省肿瘤医院、广东中山医学院附属肿瘤医院、浙江省肿瘤医院、南京鼓楼医院、取得了很好的临床效果。

2015年，将会有另外15家以上的大型三甲医院也会相继安装TOMO系统。

从2007年9月第一台TOMO在301医院启用，到2014年底，国内肿瘤治疗中心累计在TOMO系统上治疗的患者已超过一万例。发表在中文学术期刊上的文献超过200篇，英文学术期刊文献数十篇。出版了TOMO专著2本：《TomoTherapy肿瘤断层放射治疗》、《TomoTherapy断层放射治疗临床应用共识》。

以301为例，从2007年9月到2015年3月，在TOMO系统上累计治疗患者已经超过3000例。2014年医院经过充分论证，决定购买第二台TOMO，将于2015年安装并投入使用，这样301医院将成为国内第一家拥有两台TOMO的医院。

截止到2014年底，放疗科的医生和物理师累计发表关于TOMO系统的中文核心期刊文章超过40篇，英文SCI文章5篇，EI文章2篇，Medline文章3篇。并承担了首都医学发展科研基金、国家自然科技资金、解放军总医院苗圃基金、科研扶持基金等多项TOMO相关课题。出版了由马林、王连元、周桂霞主任主编的《TomoTherapy肿瘤断层放射治疗》专著一本。

TOMO在中国的应用有着非常鲜明的特点：

第一，治疗患者数目多。目前，在我国，平均每台设备每天治疗50人次左右，患者最多的治疗中心每天治疗的患者在70人次以上。在国外，以美国为例，平均每台设备每天治疗15至20人次，虽然，我国TOMO引进中国相对较晚，目前在用系统也相对较少，但是在治疗患者的总数及积累的临床病例和经验上，已居世界领先地位。

第二，治疗病种广泛。目前国内TOMO治疗病例统计显示，复杂病例和传统加速器无法完成的病例占多数。治疗肿瘤的尺寸不受限制，从头部很小的垂体瘤，到骨髓移植前的全身全骨髓照射。治疗肿瘤的部位不受限制，包括头颈、食管、肺、肝、胰腺、宫颈、乳腺、前列腺、膀胱等等全身各个部位。在中国，癌症患者以中、晚期病例为多数，其特点是以多发、远端转移为特征。TOMO在治疗此类患者时尤其适合，不仅因为其可以一次治疗150厘米长度范围内的多个肿瘤靶区，提高临床治疗效率，更重要的是它拓展了基于传统C型臂加速器的放疗适应症，使得原来“不可治”的肿瘤变为“可治”，使得原来只能实施“姑息剂量”的放疗变为可以实施“根治剂量”的放疗。对于某些病例，TOMO可以在无创条件下，像外科手术一样对肿瘤进行定点、或多点清除，使得患者长期“带瘤生存”成为可能。

第三，TOMO的治疗水平与发达国家同步，并逐步探索和形成了适合中国高发肿瘤病种的治疗模式。例如，鼻咽癌，肝癌，胰腺癌的研究上目前已取得了良好的成果。

1. 鼻咽癌(NPC)，在世界范围内的平均发病率不到十万分之一，然而在中国的南方，如广东，广西、福建、台湾等地比较常见。尤其是在广东，它的发病率高达十万分之二十五，是世界平均发病率的25倍，所以鼻咽癌在国际上又叫Cantonese Cancer(广东癌)，是唯一一个以地名命名的癌肿。鼻咽癌的肿瘤由于其解剖结构复杂，周围神经、血管丰富，所以手术往往难以施展。同时，鼻咽癌对射线很敏感，所以鼻咽癌的治疗是以放射治疗为首选和主要手段。早期的鼻咽癌，3年的生存率单纯地依靠放疗就可高达90%以上。然而传统的加速器，由于剂量适形度难以很好地满足要求，所以即使对鼻咽癌的局控率和生存率有不错的指标，但是对正常组织，例如腮腺的保护不是很好，患者往往会出现口干的副反应。还有例如吞咽困难，视力下降等。使用TOMO后，在保证生存率不降的前提下，患者口干，吞咽困难等副反应的几率大大降低。在北京301医院以及广州军区总医院都有很好的文章发表，证明了TOMO是最容易达到鼻咽癌临床规范的放疗系统。

2. 肝癌：全球约50%的新发肝癌出现在中国，在肝癌的死亡病例中，中国占到约51%。在中国，肝癌死亡率是所有癌症死亡率中第二高的肿瘤。（据《2012年中国肿瘤登记年报》统计）传统的放疗认为，肝部肿瘤是不适合做放疗的。在上海中山医院，曾昭冲主任在实施原发性肝癌以及转移性肝癌放疗上，积累了丰富的经验。2013年中，曾昭冲主任主编出版了《原发性肝癌放射治疗临床实践》一书，系统的总结了原发性肝癌的放射治疗，填补了在该领域内没有专著的空白，书中90%以上的病例全部在TOMO上进行治疗完成的。

3. 胰腺癌：胰腺癌是一种恶性程度很高，诊断和治疗都很困难的消化道恶性肿瘤，据2012年我国癌症死亡率统计报告，胰腺癌死亡率排在第9位。手术作为胰腺癌首选治疗方法治疗结果遭遇瓶颈，可切除胰腺癌中位生存期为15～19月，5年总生存小于20%。而80%的胰腺癌患者，发现的时候已经无法手术，这些患者的中位生存期大约6个月。2012年，央视报道了韩国利用肿瘤化疗结合TOMO进行放疗，使这部分患者的平均生存期达到21个月。在我国，空军总医院在利用TOMO进行胰腺癌放疗方面做了很多很好的探索，患者的平均生存期大幅提高，接近国外的报道，同时，在对剂量分割模式的探索上也做了很多的工作和贡献。随着使用经验的进一步积累，相信会带来更好的临床疗效。同时在国内，上海中山和南京八一医院都在使用TOMO进行胰腺癌放疗的相关研究。

**TOMO新技术**

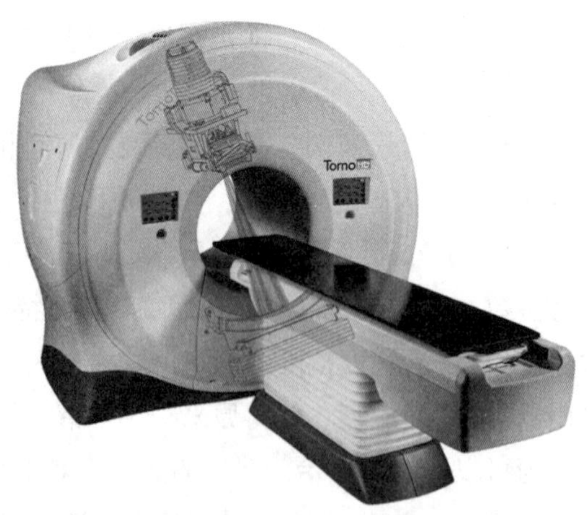

**图3：螺旋断层与径照放射治疗系统（简称TomoHD）**

近年来，TomoTherapy又在原来的螺旋断层放疗HiArt系统的基础上发展出了“断层径照”（TomoDirect™）的新功能，作为标准配置包含在TomoHD的新机型里（螺旋断层与径照放射治疗系统，见图3）。这是在螺旋断层放疗技术的基础上又一项重要突破。这项技术可以通过选择多达12 个固定治疗角度，结合二元气动MLC 对射线快速调制以及治疗床的移动来产生高度适形的剂量分布（见图4）。

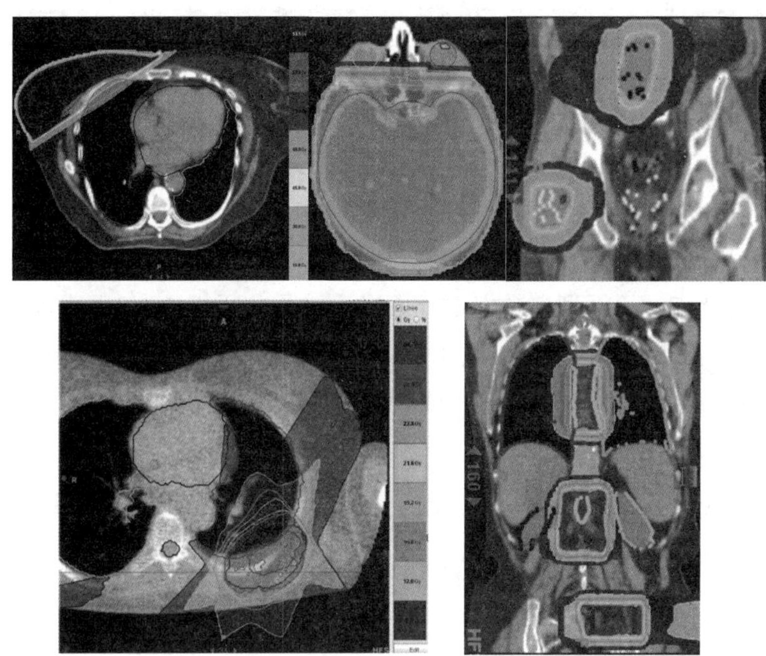

**图4：TomoHD除了螺旋断层治疗模式外，还可以进行非螺旋式治疗。**

美国MD Anderson肿瘤中心的LANGEN博士对用螺旋断层方式和断层径照方式在APBI乳腺癌治疗的计划对比研究中发现，对靶区的适形度上，螺旋断层的剂量分布要更好，但是断层径照对同侧肺的保护上，明显超过螺旋断层方式（ Int. J. Radiation Oncology Biol. Phys., Vol. 70, No. 4, pp. 1272 - 1280, 2008）。

ALYSON MCINTOSH等人在运用断层径照研究乳腺癌治疗上也得出同样或类似的结果，即对肺，心脏等关键器官的保护上，断层径照优势明显（Int. J. Radiation Oncology Biol. Phys., Vol. 71, No. 2, pp. 603 - 610, 2008）。

在威斯康星大学与TomoTherapy公司联合发表的WHITE PAPER里，也对断层径照与传统加速器治疗乳腺癌的剂量分布做了详细的研究和分析，结果是断层径照对健侧乳腺的保护，即使加上每次的MVCT图像引导也显著低于常规加速器对健侧乳腺和肺的剂量。

PierfrancescoFrancoTumori等发表了关于断层径照的临床应用结果（TomoDirect: an efficient means to deliverradiation at static angles with tomotherapy, Tumori, 97: 498–502, 2011）。其结论是在一些不太复杂的病例中（例如：乳腺癌，骨转移等），断层径照可以快速有效对其进行治疗，并且能保证良好的治疗质量和临床效果。

断层径照（TomoDirect）使得计划优化时间和治疗执行时间大大缩短，可以广泛取代常规三维适形和不复杂的IMRT 照射。但对于比较复杂的肿瘤治疗如头颈肿瘤，全身骨髓放疗TMI 等，螺旋断层治疗方式仍将是最佳选择。断层径照将进一步提高TomoTherapy整体的临床应用的能力和效率。

随着中国经济的快速平稳发展，人民对生活质量和医疗水平的要求有了进一步提高。面对中国严峻的癌症形势，经济、安全而高效的放疗手段必将发挥越来越大的作用，中国的放射治疗事业也会由此走上快速稳健发展的道路。毫无疑问，断层放射治疗技术必将造福于每一位中国的癌症患者，同时为医疗卫生保健系统带来良好的社会效益和经济效益。

# 探讨平板型多功能透视摄影系统特点在临床中的应用

周璞，徐帅，杨海峰，许洪翔
（淄博职业学院电子电气工程学院，淄博，255086）

摘要： 目的 本文以山东新华医疗XH-DRF1000型多功能透视摄影系统为例,探讨平板型多功能透视摄影系统在临床用中的特点。平板型多功能透视摄影系统是集平板DR与数字胃肠造影X光机功能与一体，“一机多用”百分百数字化解决方案，真正意义上实现快速诊断和精细诊断的临床特性。。

关键词：多功能透视摄影系统；平板DR；数字胃肠；一机多用

## Operational Principle of Photographic AEC Control and Clinical Application

XU Shuai,YANG Hai-feng,XU Hong-xiang
(Shinva Medical Instrument Co., Ltd, Zibo, 255086)

Abstract： A discussing of operational principle on how to gain superior X-ray film quality by least X ray dose and cognition of various false in the progress of AEC control in clinical application. Based on the above, we list four advices.

Key words: Automatic exposure control system; Operating principle; Important notices

山东新华医疗XH-DRF1000型数字化多功能透视摄影系统超越现有技术，集摄影和透视功能于一体。它具有数字胃肠机所有功能外，还具有DR平板探测器X线摄影的所有功能，在临床具有广泛的应用价值。高效的动态平板探测器作为全新的数字成像载体可以实现高质量的数字摄影和高帧速数字透视，全新人体工程学床体设计让整机结构紧凑，造型优美，具有高效的操控性和安全的使用性，如图1所示数字化多功能透视摄影系统。

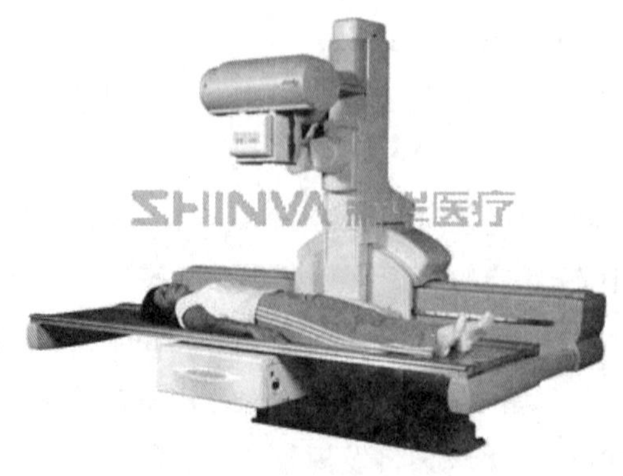


图1 XH-DRF1000型数字化多功能透视摄影系统

## 1 系统特点

该平板型多功能透视摄影系统是集平板DR与数字胃肠造影X光机功能与一体，“一机多用”百分百数字化解决方案，真正意义上实现快速诊断和精细诊断的临床特性。

### 1.1 大尺寸平板探测器

对于数字化透视摄片（DRF）中，X线能量转换成电信号是通过平板探测器（FPD）来实现的，所以平板探测器的特性会对图像质量产生比较大的影响。XH-DRF1000型数字化多功能透视摄影系统采用的是43×43cm大尺寸平板探测器，其作用区域适合对人体任何部位进行检查并可提供比16英寸影响增强器多50%的覆盖尺寸。这种大范围覆盖尺寸的影像接收器增加了针对胸部、骨盆、四肢等的透视范围,如图2所示的平板探测器与影像增强器影像接收范围比较。无论是透视还是摄片，单个探测器的应用可以提供无与伦比的临床应用范围，几乎包含了所有常用的摄影程序，胃肠检查，体层摄影和血管检查。

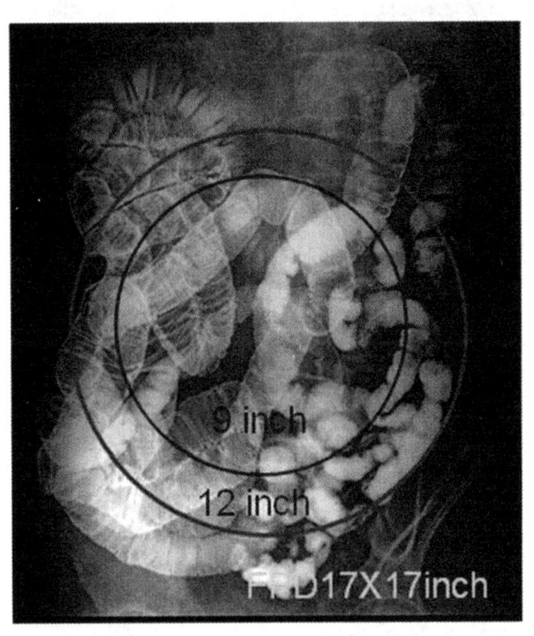


**图2 平板探测器与影像增强器影像接收范围比较**

### 1.2 灵活多功能床

XH-DRF1000多功能检查床台的周围空间广阔，围绕床面触及病人十分容易，便于从两侧开展近台操作。源像距从110cm—180cm可调，能够适应常规数字摄影要求。-90° ~90° 床台旋转，满足临床所有需求，大范围的床台升降能够让老弱病人更方便使用，最小床面高度可以降到60cm，便于病人的传送和定位，尤其便于身材矮小和残疾的病人。

平板Bucky系统可以纵向滑行覆盖病人全身，以及高透过率的透明可见床面使的机器无需横向移动即可从头到脚对患者进行透视和摄影，完全实现四方向接近患者。

大面积的床面尺寸最大载重重量可达284公斤，床面的移动无障碍方便肥胖病人，如图3所示。以及压迫器的在不工作的状态下，自动放置到不影响病人的位置，如图4所示。

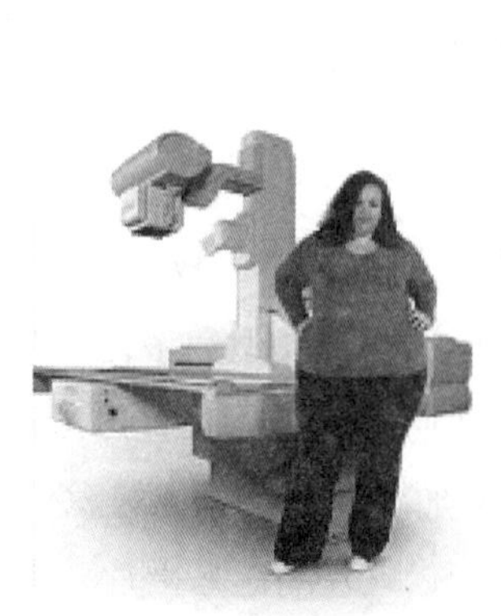

图3 大面积床面

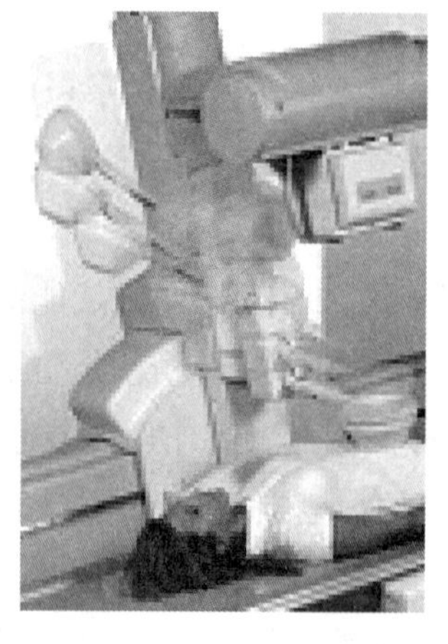

图4 自动压迫器设置

综上，灵活的多功能床提供了高效的可操作性，安全的使用性，非凡的多功能性，是为数字化临床应用完美打造的真正的多功能机。

1. 3 高端技术应用

数字化断层功能是高端数字化多功能机的代表功能，XH-DRF1000配备数字化断层功能，在一次扫描下可获得连续多层面的高清晰断层图像，如图5所示，俗称“冠扫CT”［1］。

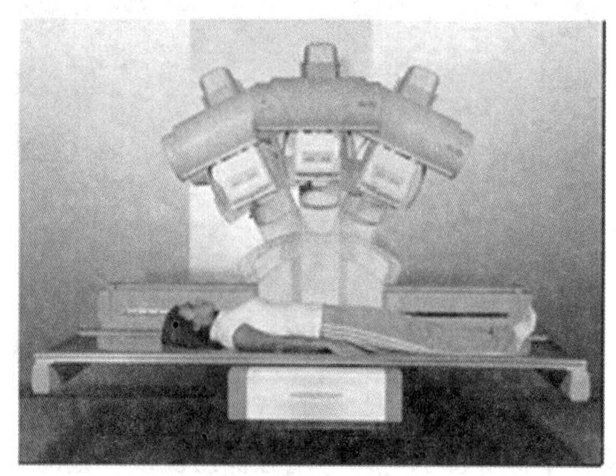

图5 数字化断层扫描

多功能诊断床配备图像拼接工作站可完美实现人体全脊柱的拼接，对当前青少年脊柱侧弯具有很好的临床应用价值，青少年的全脊柱长度约50—80公分左右，而今国内医院最多使用的摄片设备无法一次拍摄出完整的全脊柱X光照片［2］。XH-DRF1000系统可根据预设的采集范围来自动完成成像，并通过拼接工作站处理完美实现无缝拼接，如图6所示。

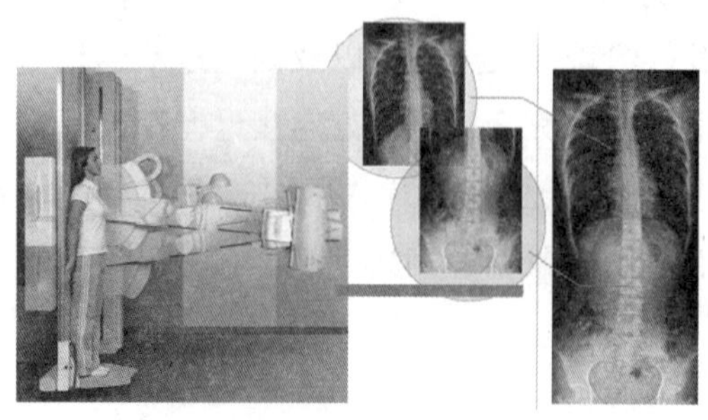

图6 全脊柱拼接技术

## 2 主要临床应用

数字化多功能透视摄影系统集平板DR与数字胃肠造影X光机功能与一体，其主要临床应用范围如表1所示。

表1 临床应用范围

| 临床应用 | 具体应用范围 |
| --- | --- |
| 呼吸系统 | 胸部DR摄影拍片；胸透下全自动DR点片 |
| 骨科 | 高清晰全身骨骼成像，关节部位成像，长轴成像，全脊柱摄影，全下肢摄影 |
| 消化道系统 | 食道钡餐造影，胃十二指肠钡剂造影如图2所示，小肠口服钡剂造影，结肠钡剂灌肠检查如图3所示等 |
| 泌尿系统 | 静脉肾盂造影，可清晰观察泌尿全景 |
| 周边血管 | 血管造影诊断，数字减影血管造影DSA与高压注射器的配合完成各种介入治疗 |
| 特殊检查 | “T”管造影，子宫输软管碘油造影等［3］，实时观察同时抓住关键图像，并可连续采集，电影回放 |
| 神经系统 | 颅体内耳、颞骨、副鼻窦细微成像 |
| 急诊检查 | 快速建立病案，快速DR成像，透视下快速定位点片 |

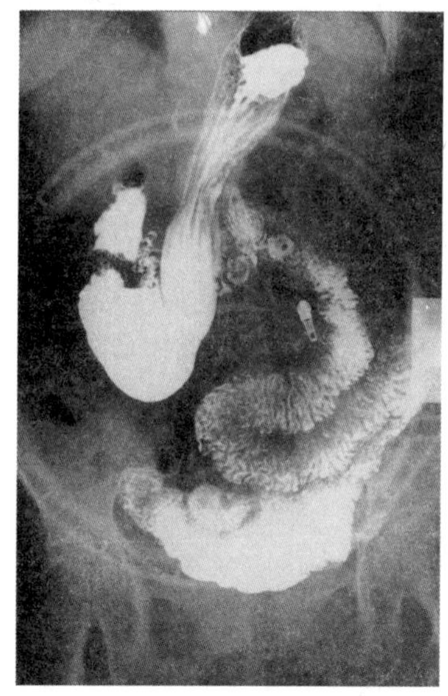

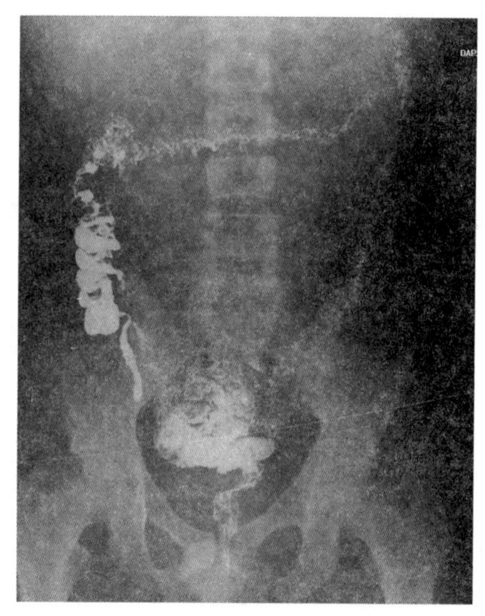

图2 胃十二指肠钡剂造影

图3结肠钡剂灌肠检查

## 3 结论

综上所述，平板型数字胃肠机因多功能性，可操作性，高端技术应用使其在临床应用中优势更加明显。在很大程度上提高了图像的清晰度、动态范围和扩大了视野，并且降低了摄影条件，缩短了透视时间，减少了患者接受的剂量。平板型数字胃肠机代表了数字胃肠机的发展方向，它将使数字胃肠检查走向一个崭新的未来。

**参考文献:**


[1] 刘数伟. 断层影像解剖学的研究现状和前景展望[J].医疗保健器具, 2008(04)

[2] 张新华,邱勇,张冰,等. X线超长规格全脊柱摄影装置的研制与应用[J].中华放射学杂志, 2002,36(1):82283.

[3] 徐晶,夏秀杰. 岛津平板数字X线多功能透视摄影系统应用探讨[A]. 2010中华医学会影像技术分会第十八次全国学术大会论文集[C].2010

作者简介：徐帅（1986—），男，山东淄博人，学士，助理工程师，主要从事医疗器械设计研究，电话：0533-3587779，E-mail：shuaixu_ty@yahoo.cn。

作者单位：255086 山东淄博 山东新华医疗器械股份有限公司（徐帅，杨海峰，许洪翔）；

作者简介：周璞1983年，山东淄博人，硕士，电话：13853301887，实验师。

作者单位：255086 山东淄博 淄博职业学院电子电气工程学院；

# 超声诊断仪在血管斑块分析的最新研究和技术

飞依诺科技（苏州）有限公司

心脑血管疾病是威胁人类健康的头号杀手，长期高胆固醇血症导致的动脉粥样硬化斑块是引起心肌梗死和中风等严重心脑血管疾病的最重要危险因素，血管斑块尤其是易损斑块的及早诊断是预防心脑血管疾病的关键。超声诊断仪是临床上最常用的影像诊断设备，在动脉粥样硬化斑块等血管疾病的临床诊断上有重要价值。

飞依诺科技（苏州）有限公司推出的中高端系列彩超在血管和浅表器官成像方面具有独特的优势，具有高分辨率、高对比度、高帧频的二维图像和高灵敏度的彩色多普勒血流图像、频谱多普勒图像。为了更好的辅助临床医生对血管斑块作出准确而全面的诊断，我们在传统二维图像、彩色多普勒血流图像、频谱多普勒图像的基础上，结合西安交通大学在血管斑块学术研究领域的国际前沿技术，目前正在开发一套针对于血管斑块分析的应用工具，综合分析研究血管壁形态和尺寸、血流动力学和力学特性等多方面信息，对于动脉粥样硬化的早期诊断和易损斑块的有效识别具有重要意义。该工具包含以下功能和优势：

## 1、血管壁内中膜厚度（IMT）自动测量

颈动脉血管壁内中膜厚度是动脉粥样硬化斑块临床诊断的重要指标，目前认为正常IMT值应小于1.0毫米，IMT在1.0至1.2毫米之间为内膜增厚，1.2至1.4毫米之间为斑块形成，IMT大于1.4毫米为颈动脉狭窄。现有IMT测量多由医生手动定点测量，而IMT自动测量则能极大的降低临床医生的工作量和主观性。IMT自动测量依赖于对颈动脉图像感兴趣区域的血管壁内中膜精确分割和识别，尤其对于血管壁伪相较严重的颈动脉图像难度较大，我们采用了先进的散斑去噪技术和图像边界提取算法，只需框出包含血管壁的感兴趣区域即可快速获取高精度的IMT测量结果，包括内中膜厚度均值、最大值、标准差等指标。

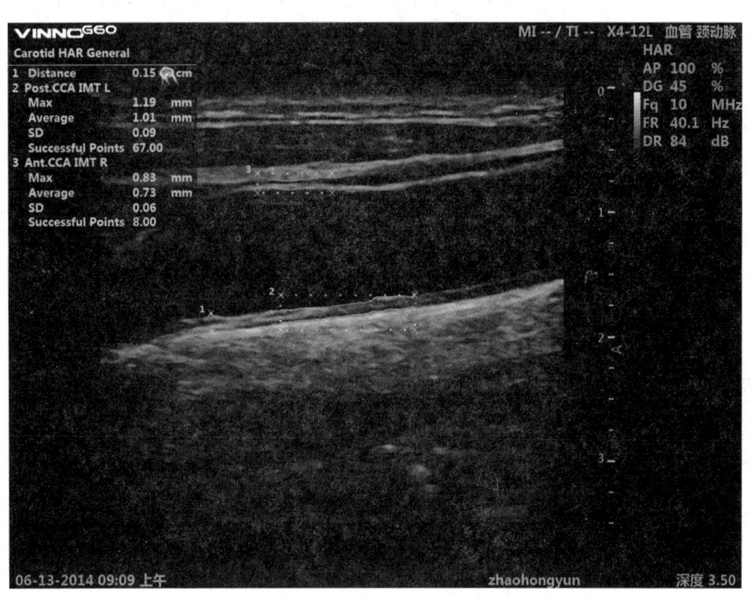

## 2、血管壁局部脉搏波波速（PWV）估计

心脏周期性收缩与舒张使血液射入主动脉并沿动脉血管系统不断向外周血管传播，血液在动脉血管系统的这种规律性振荡传播构成脉搏波，脉搏波沿动脉系统传导速度即为脉搏波波速PWV。PWV是一个与血管壁弹性直接相关的参数，血管弹性减小，脉搏波在动脉系统中的传播速度就变快，是评估动脉粥样硬化程度的一个有力指标。

我们引入超声成像的方法估计局部PWV，通过对高帧率的颈动脉连续帧射频信号进行自相关运算得到相邻帧血管壁之间的相对位移，然后对该位移变化进行积分可得到血管壁随时间变化的膨胀波，将膨胀波二阶导数局部最大值位置（重搏切迹点）作为参考点，计算不同扫描线位置处膨胀波之间的相互时延，最后对各扫描线之间的已知距离与各膨胀波之间的时延进行回归分析，其斜率的倒数就是估计的血管局部PWV，下图一例健康人体颈动脉PWV测量结果是5.9267m/s。

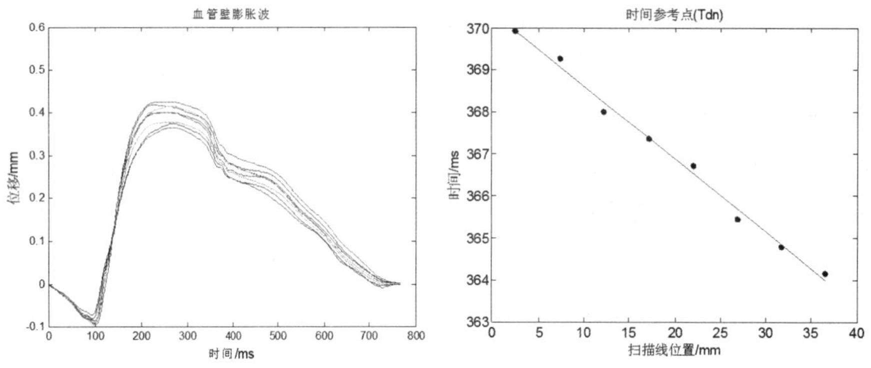


## 3、血管壁硬化程度定量评价

利用上述血管壁膨胀波波形除了能得到脉搏波波速外，结合臂部测量的收缩压和舒张压，还可迭代计算颈动脉血管感兴趣区域的血压以及硬度指数、顺应性、扩张性系数等表征血管硬化程度的指标。通过这些参数的提取，可以实现血管硬化程度的定量评价。硬度指数通常表明动脉血管的硬化程度，当发生动脉硬化时，该数值升高；顺应性表征动脉管内压力与管腔容积之间的关系，定义为收缩期对于给定的压力变化相应的血管直径的绝对变化，当发生动脉硬化时，该数值降低；扩张性系数定义为收缩期对于给定的压力变化相应的血管直径的相对变化，血管越硬扩张性系数越小。下图是从血管壁膨胀波波形求得血管硬度指数、顺应性、扩张性系数等定量参数的具体过程。

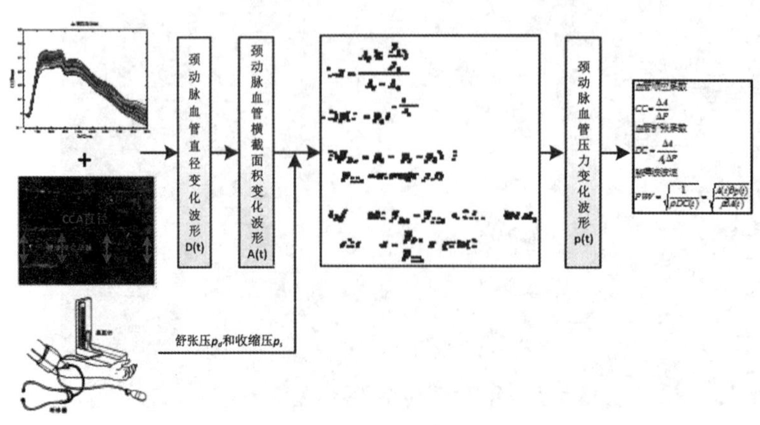

## 4、血管壁实时弹性成像

利用血管壁的自主搏动可以进行实时弹性成像，得到血管壁随时间变化的应变图像，从而观察血管壁弹性的变化。对应变图像进行处理可以进一步得到弹性成像二次参数，比如感兴趣区域一个心动周期内的最大累积轴向应变和应变率曲线峰峰值。其中，应变率曲线的峰峰值可以表征血管壁及斑块瞬时的最大形变，也即在心脏快速收缩期瞬时的受力情况，而最大累积应变可以表征血管壁及斑块在一个心动周期中在血压作用下的最大形变，这两个参数对于评价斑块易损性有重要价值。对于软斑，如果一个心动周期内的轴向累积应变与位移较大，那么就意味着该斑块在血压作用下压缩与扩张的形变量很大，代表斑块破损的风险较高；相反，有些软斑在一个心动周期内无论是瞬时应变还是累积应变都很小，这种软斑被认为是相对较安全的斑块。

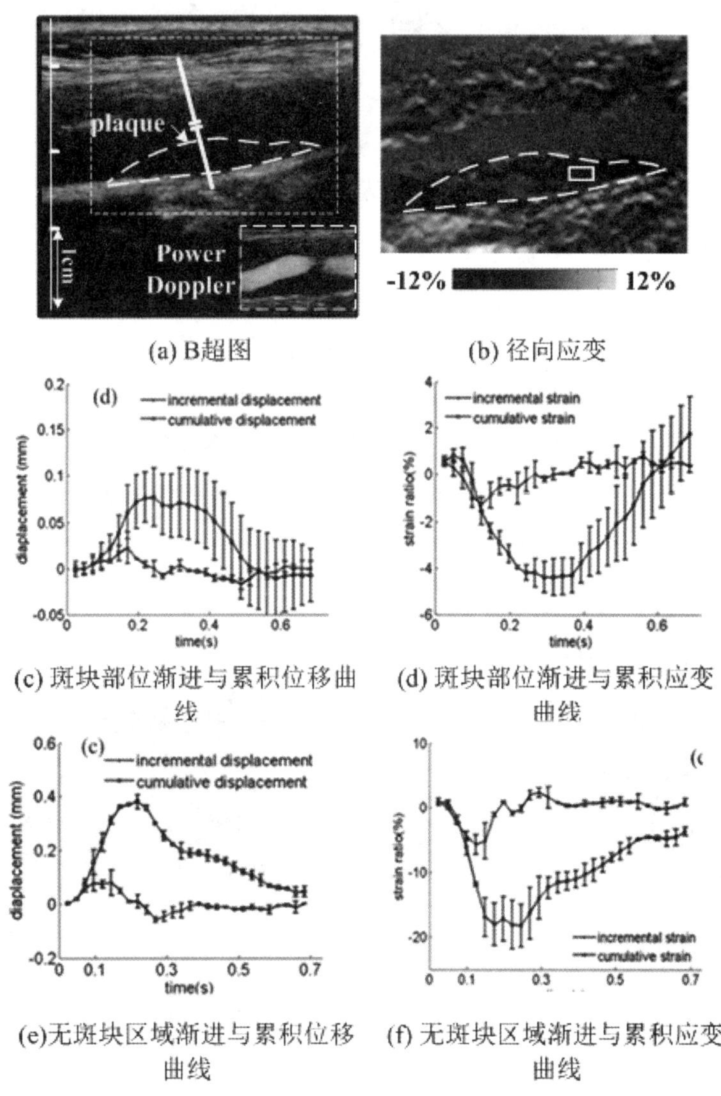


(a) B超图　　(b) 径向应变

(c) 斑块部位渐进与累积位移曲线　　(d) 斑块部位渐进与累积应变曲线

(e)无斑块区域渐进与累积位移曲线　　(f) 无斑块区域渐进与累积应变曲线

飞依诺科技（苏州）有限公司的专利技术基于自相关运算和过零相位拟合的超声信号快速时延估计方法可以得到亚微米级的位移，进而得到高帧频、高精度的应变图像，同时结合精确的二维图像配准技术，实现感兴趣区域的局部血管壁实时应变分析。

## 5、血管壁剪切率（WSR）估计

血管壁剪切力是血流在血管壁内皮细胞表面沿切线方向产生的机械作用力，是动脉粥样硬化发展过程中与斑块的形成、发展、破裂密切相关的一项血流动力学参数。考虑到血管壁剪切力与血管壁剪切率之间的线性关系，可用血管壁剪切率来表示血流与血管壁之间的作用力关系。通过不同深度多普勒谱频宽所对应的流速可以重建血管剖面的血流流速分布，之后对流速分布曲线沿血管径向求导得到血管壁剪切率以及血管壁剪切率随时间的变化曲线。低的血管壁剪切率会刺激斑块正性发展，当狭窄形成后，高的血管壁剪切率会造成纤维帽的破损，最终导致斑块的溃疡与破损。

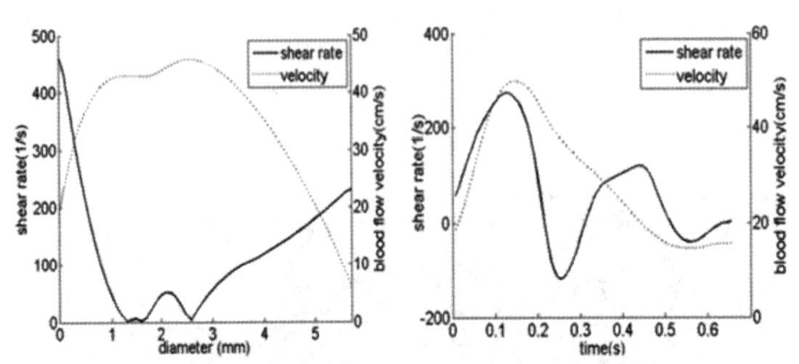


(c)血流及剪切率沿血管内径分布剖面 (d)中心流速与 WSR 随心动周期变化曲线

## 6、血管壁M参量成像

超声探头接收到的背向散射回波信号中包含了大量与组织中散射子的形状、大小以及浓度相关的有用信息。针对斑块中不同成分（纤维化、钙化、脂类以及出血等）在组织特性上的差异，通过对超声散射回波信号的概率密度分布进行建模可以实现对成像组织的定征。Nakagami分布模型被认为能够涵盖各种超声散射情形，而且用于估计该模型参数的运算量相对较小，易于实现。其形状分布参数M与散射子的数目、散射截面以及分辨单元内的散射子间距密切相关，因此常被作为重要参量来对组织进行定性的成像。通过计算回波数据的M参量并成像来实现斑块的组织定征。图中，M参量的大小代表了该区域散射子的数目，大于1为后瑞利散射。

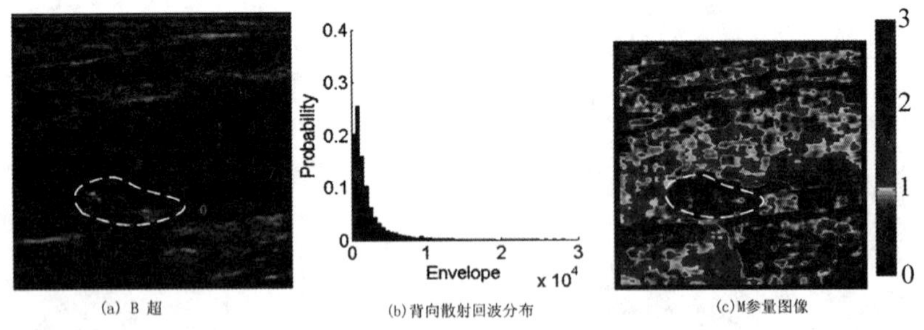


(a) B 超　(b)背向散射回波分布　(c)M参量图像

通过上述血管壁形态和尺寸、血流动力学和力学特性等多种信息的提取，结合传统的二维、彩色血流、频谱多普勒图像，医生可以对血管斑块易损性作出综合诊断甚至对于动脉粥样硬化作出早期预警，具有重要的临床价值。

# 新型防堵管材质留置针在临床输液防血栓形成的效果研究中期汇报

苏州林华医疗器械有限公司

“新型防堵管材质留置针在临床输液防血栓形成的效果研究”在上海市第十人民医院护理部施雁主任、龚美芳副主任的牵头之下在肿瘤科、消化科顺利开展，现将阶段性进展及取得的成果进行汇报如下：

**一、研究设计思路**

1. 文献回顾：检索国内外著名的电子文献数据库，包括Elsevier、MEDLIN、PubMed、CNKI中国知网、维普等数据库，查阅、整理近5年国内外有关静脉留置针的文献，结合具有权威性、最新版的专科书籍获取相关资料。

2. 成立课题小组：在临床护士长带领下，主管护师、本科及以上学历护士组成课题研究小组，保证课题组人才梯队的合理性。

3. 制定受试患者随访表：课题小组广泛查阅文献，全面评估患者的病情、生活环境、经济状况、支持系统等，制定受试患者随访表。

4. 责任护士培训：林华公司相关负责人对所有责任护士进行留置针的操作培训，主要学习新型防堵管材质留置针和普通PU管材质留置针的护理操作流程，并进行考核，考核合格后可以承担责任护士之责。

5. 试验方案设计：按纳入标准与排除标准，在十院肿瘤科与消化科共选择100例患者，分为新型组与普通组，每组50例，新型组使用苏州林华医疗器械有限公司生产的新型防堵管材质的留置针，对照组为使用普通PU管材质的留置针。为了排除年龄、疾病特征等干扰因素，肿瘤科患者作为新型组，消化科患者作为普通组。

6. 效果评价：1）留置针留置时间；2）导管通畅性：单位时间流速（ml/h）；3）血管损伤程度：血栓性静脉炎等不良反应发生率；4）附着物的直径大小。

7. 统计学方法：应用 SPSS 18 . 0软件进行统计学处理，采用（均数 ± 标准差）进行描述性分析；计量资料采用独立样本 t 检验，计数资料采用卡方检验，以 $P < 0.05$ 为差异有统计学意义。

**二、研究结果汇报：见附表.**

1. 普通组和新型组留置针平均留置时间的差异具有统计学意义。

2. 第二天冲管前普通组和新型组留置针流速之间的差异具有显著性统计学意义；

3. 第二天冲管后普通组和新型组留置针流速之间的差异同样具有统计学意义；

（1）新型组第二天冲管前后留置针流速差距比较小；

（2）半数以上留置针流速大于标准值；

（3）新型组第二天冲管前后留置针流速均大于普通组，尤其是冲管前留置针流速。

**三、研究结论**

通过对林华新型防堵管材质留置针与市场上常见的PU型材质留置针进行临床试验对照研究，调查结果显示林华新型防堵管材质留置针可延长静脉留置针留置时间，有效预防留置针使用过程中堵管的发生率，防止血栓形成，降低血栓性静脉炎的发生率，进而也提升了临床护理服务质量和患者满意度，减少了医疗成本和护理成本补偿投入，具有较大的经济效益。

**附表 新型防堵管材质留置针在临床输液防血栓形成的效果研究调查结果报告**

## 一、调查对象基本信息

普通组53例，新型组55例；

普通组：男27例，女26例；年龄（36~89）岁，平均年龄（67.00 ± 11.66）岁；

新型组：男32例，女23例；年龄（18~89）岁，平均年龄（65.13 ± 13.52）岁；

两组患者基本信息之间的差异无统计学意义，具有可比性。

## 二、穿刺部位

| | 手背（例） | 前臂（例） | 上臂（例） |
|---|---|---|---|
| 普通组 | 29 | 21 | 2 |
| 新型组 | 27 | 27 | 1 |

## 三、留置时间段

| | 普通组 | 新型组 |
|---|---|---|
| 平均留置时间（天） | 2.72 ± 0.86 | 3.43 ± 1.12 |
| T值 | –3.70 | |
| P | 0.000 | |

P<0.05表示差异具有统计学意义。

结果：普通组和新型组留置针平均留置时间的差异具有统计学意义。

## 四、意外事件发生率比较

| | 是否脱出 | 是否渗漏 | 是否堵塞 |
|---|---|---|---|
| 普通组 | 2（3.8%） | 11（20.8%） | 44（83.0%） |
| 新型组 | 1（1.8%） | 3（5.5%） | 0 |

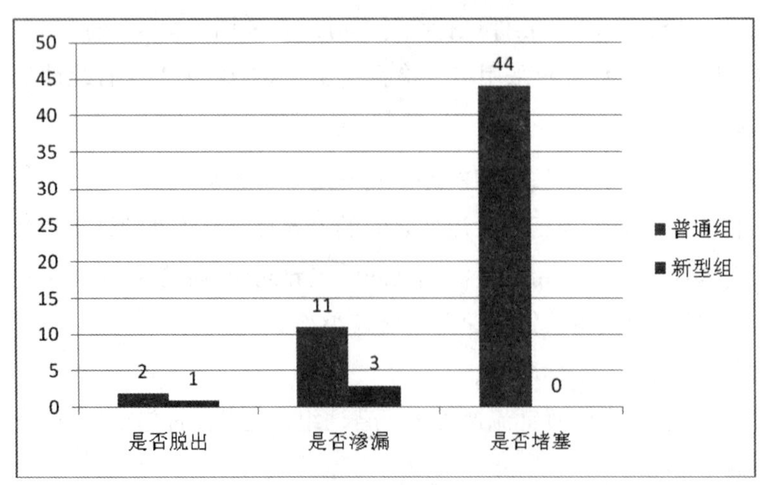

## 五、流速比较

1. 普通组和新型组留置针流速比较

| | 第二天冲管前滴速（d/min） | 第二天冲管后滴速（d/min） | 第二天冲管前流量（ml/h） | 第二天冲管后流量（ml/h） |
|---|---|---|---|---|
| 普通组 | 42.79 ± 80.10 | 294.62 ± 87.07 | 171.17 ± 320.39 | 1178.49 ± 348.27 |
| 新型组 | 293.80 ± 84.84 | 321.95 ± 46.90 | 1175.20 ± 339.34 | 1287.78 ± 187.61 |
| T值 | −15.80 | −2.04 | −15.80 | −2.04 |
| P | 0.000 | 0.04 | 0.000 | 0.04 |

P<0.05表示差异具有统计学意义。

结果：第二天冲管前普通组和新型组留置针流速之间的差异具有显著性统计学意义；

第二天冲管后普通组和新型组留置针流速之间的差异同样具有统计学意义；

2. 新型留置针流速、平均流速与标准流速比较

标准值：1200ml/h

新型留置针第二天冲管前流量≥1200ml/h的例数为40例（72.7%）。

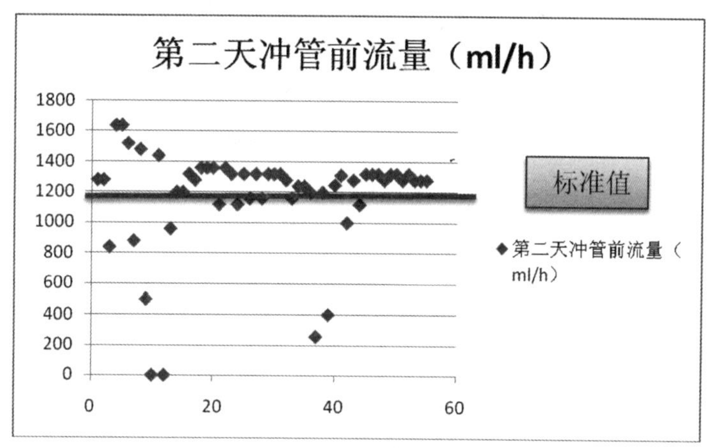


新型留置针第二天冲管后流量≥1200ml/h的例数为44例（80%）。

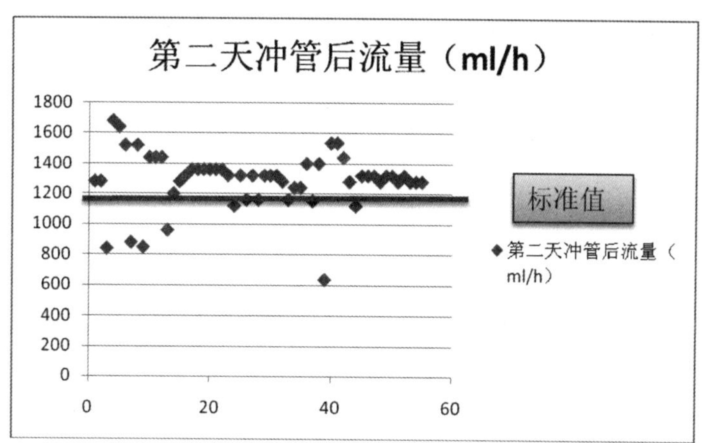


3. 普通型PU留置针流速、平均流速与标准流速比较

标准值：1200ml/h

普通型PU留置针第二天冲管前流量≥1200ml/h的例数为2例（3.77%）。

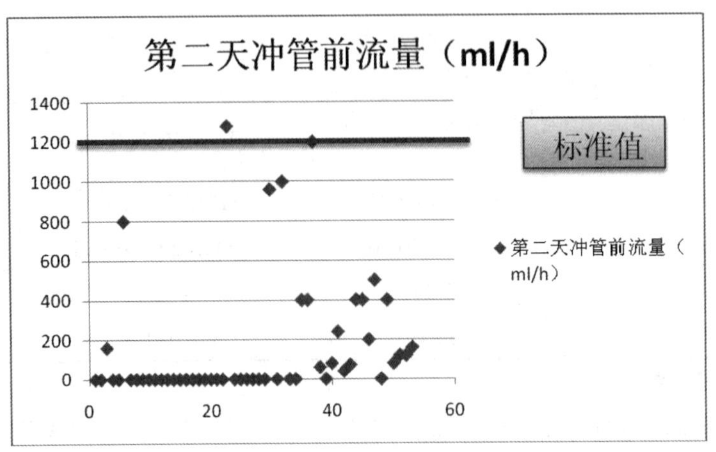


普通型PU留置针第二天冲管后流量≥1200ml/h的例数为35例（66.04%）。

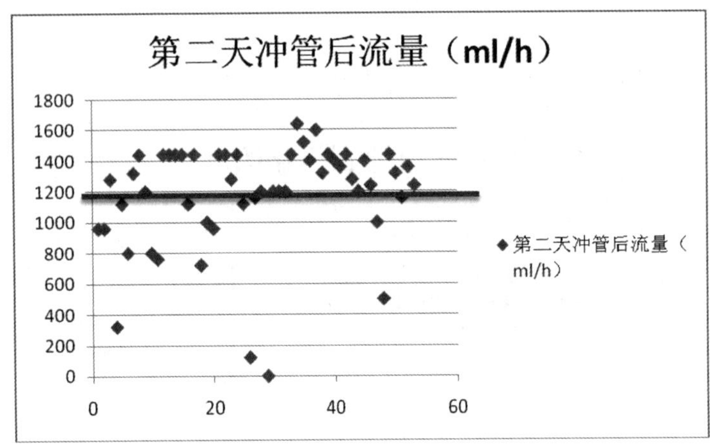


结果：

（1）新型组第二天冲管前后留置针流速差距比较小；

（2）半数以上留置针流速大于标准值；

（3）新型组第二天冲管前后留置针流速均大于普通组，尤其是冲管前留置针流速。

上海市第十人民医院护理部

2014年6月18日

# 0.7T开放式超导术中磁共振系统

深圳市贝斯达医疗器械有限公司

简介：磁共振引导的介入手术，相对于X线成像方法的介入手术而言具有无辐射，无射线伤害，特别适合手术过程较复杂、时间较长的神经外科手术，极大地降低了病人和操作者的X线辐射风险。贝斯达Bstar-070开放式超导磁共振成像系统，采用最新研发超低温冷却技术，实现真正液氦零挥发。除了常规成像功能以外，该系统还配备了介入手术导航系统，是一款真正意义上的术中磁共振。该系统可用于脑神经外科手术、脑内定向穿刺活检等领域，特别是在脑功能区胶质瘤切除、侵袭性垂体瘤切除、帕金森治疗深部刺激电极植入、实时引导精确定位等应用领域，具有其他介入引导方法不可比拟的优势。

## 一、背景介绍

近年来，随着磁体技术不断进步，超导 MRI 系统正朝着更加开放的方向发展，而磁体系统的设计通常首先考虑的是成本，这就要求设计者综合考虑成本及性能，设计出高性价比、通用性强的开放式MRI系统，使患者在舒适轻松的状态下进行检测，降低“幽闭恐惧”发生率，确保得到正确的诊断结果。一般来说，主磁体形式开放度越好，就意味着磁体体积的增大，体积增大的同时就要求超导线圈直径跟着增大，因为这样才能达到成像区对磁场强度和均匀度的要求，可见成本会大大提高。如果将磁极间距减小，能够在很大程度上降低成本，同时设计难度也会降低，但是这样会增加患者的压迫感，不利于诊断。另一方面，目前我国液氦资源主要依赖美国进口，研发、运行成本较高，液氦用量少、液氦零消耗一直以来都是磁共振系统研制的关键。如何平衡好这些设计要求，是我们设计的主要难点，也是我们努力的方向。

深圳市贝斯达医疗器械有限公司着眼于磁共振市场需求及发展趋势，于2012年成立0.7T超导型磁共振成像系统项目组，着手研制0.7T开放式超导磁共振成像系统。在团队的不懈努力和公司的全力支持下，成功完成0.7T开放式超导磁共振成像系统样机试制，于2014年下旬完成型式检验、临床测试并于同年提交产品注册资料。

## 二、公司简介

深圳市贝斯达医疗器械有限公司（以下简称：贝斯达）成立于2000年，是一家集医学影像及放射治疗产品的研发、制造、销售和服务为一体的国家高新技术企业。

贝斯达致力于高端影像研发中心、工程技术研究开发中心、核心技术创新平台、医疗装备产业化平台、客户贴心服务平台的“两个中心，三个平台”的全方面建设，先后与美国ANALOGIC公司、英国牛津仪器分子生物工具有限公司、北京大学、哈尔滨工业大学、电子科技大学等多家著名研究机构和高等学府建立了长期战略合作关系。贝斯达坚持走自主创新发展路线，拥有一大批行业技术精英，拥有一流的研发团队和数百项自主知识产权。

公司产品涵盖医学影像设备和放疗成套设备，产品系列包括：永磁型磁共振系列；超导型磁共振系列；放射影像（X线）系列；全数字便携式、推车式彩色超声系列；核医学（ECT）系列；医用直线加速器放射治疗系列；医疗信息化软件共七大系列。主要产品包括：0.2T磁共振成像系统、0.3T磁共振成像系统、0.35T磁共振成像系统、0.42T磁共振成像系统、0.5T磁共振成像系统、1.2T磁共振成像系统、1.5T磁共振成像系统、BDH-180单光子发射计算机断层装置、BDH-L伽马相机、BTR-640医用诊断X射线系统、BTR-X640数字化医用X射线摄影系统、BTR-X数字化医用X射线摄影系统、BTF-50医用诊断X射线透视摄影系统、BTM-10数字化乳腺X射线摄影系统、BTH-100全数字彩色超声诊断系统、BTH-80全数字彩色超声诊断系统、BTH-50全数字彩色超声诊断系统等。现产品已覆盖全国所有省、市、自治区，并远销欧盟、东欧、中东、非洲、南美、东南亚等三十多个国家和地区。

贝斯达磁共振成像产品介绍：

| | | |
|---|---|---|
| Bstar-120<br>超导磁共振成像系统 | Bstar-150<br>超导磁共振成像系统 | Bstar-070<br>开放式超导磁共振成像系统 |
| Bstar-050<br>开放式超导磁共振成像系统 | BTI-020S磁共振成像系统 | BTI-030磁共振成像系统 |
| BTI-035磁共振成像系统 | BTI-042磁共振成像系统 | BTI-050磁共振成像系统 |

至目前，贝斯达已与多家部件供应商商定了技术协议，技术基础有：英国RI公司谱仪（含底层软件）的接口和二次开发；英国MR SOLUTIONS LTD公司谱仪（含底层软件）的接口和二次开发；美国PCI公司梯度放大器的接口；美国ANALOGIC公司射频放大器的接口；相控阵线圈开发、系统集成与调试、图像后处理技术等。

经过十多年不断创新和发展，贝斯达先后获得了“国家级高新技术企业”及“深圳市高新技术企业”、“深圳市软件企业”、“深圳市科技创新奖”、中国国际高新技术成果交易会“优秀产品奖”等资质和荣誉，成为中国领先的大型医学影像及放射治疗设备研发制造厂商。

贝斯达秉持“专业成就品质品质铸就未来”理念，以“用科技为人类保驾护航”为己任，潜心自主研发和创新，引领中国民族医疗器械产业阔步前行，岿然屹立于世界医疗行业顶尖阵营！

**三、0.7T开放式超导型磁共振成像系统**

因为超导磁体能产生稳定、均匀、高场强的静磁场，因此超导MRI设备的检测速度和成像速度快，成像质量好。所以在永磁型 MRI 的结构基础上，用超导线圈代替永磁体来产生静磁场，既能保留永磁MRI的开放度，避免了传统超导MRI的压抑性，又能提高成像区场强。

0.7T超导型磁共振成像系统可以获得人体的三维解剖方面的断层成像图样，为医院的临床诊断和医学研究提供信息，用于临床MRI图像诊断。主要应用于神经系统、胸腹部脏器、骨骼、肌肉结构解剖等领域。该产品的主要创新点及优势：

1.磁体设计：磁体设计结合磁路和人体工程学，采用双柱型前后开放式设计，产生恒定0.7T均匀静磁场，是系统的核心部件。该产品的设计难点在于既要保证磁路，即满足扫描野范围恒定均匀静磁场，又要充分考虑人体工程学，以保证满足人体全身各部位检查能够进入磁体中心成像范围。

2.诊断床、外观设计：出于对人体工程学的充分考虑，设计简洁，方便检查，外壳拆装方便，外观新颖；

3.系统集成与调试：重点考虑安全性和方便性，采用拼装式屏蔽体的设计且各项性能指标均达到或优于行业标准的要求；

4.0.7T超导型磁共振成像系统拥有丰富的扫描序列和成熟的成像技术，空间分辨率高，成像速度快；

5.无液氦消耗的制冷方式。

该产品具有结构简单紧凑、磁场强度和均匀度高、可操控性好、运行平稳可靠、磁场连续可调、节能、经济、环保等优点，性价比突出。

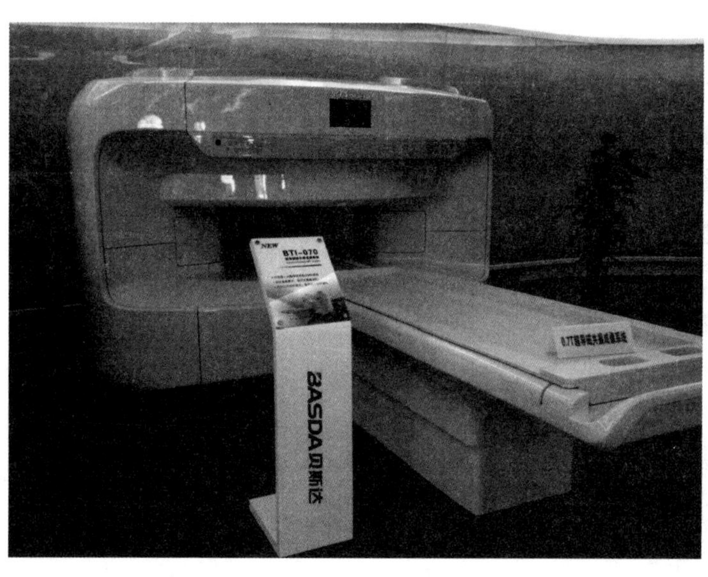

## 四、0.7T超导型磁共振成像系统的应用特点

### （一）中国MRI设备市场规模前景预测

20世纪中叶至今，信息技术和生命科学是发展最活跃的两个领域，专家相信，作为这两者结合物的MRI技术，继续向微观和功能检查上发展，对揭示生命的奥秘将发挥更大的作用。

调查资料显示：当前，美国、日本以及德国等国家MRI设备技术基本趋于成熟，其MRI设备产业在伴随本国经济发展、工业化的过程中形成了完善的产业形态。在这些国家的经济结构中，制造业的比重逐渐下降和转移、基础设施日趋完善、经济增长相对缓慢，形成了需求下降和产业高度竞争的市场格局。而像中国、中东等正在快速发展的医药工业对MRI设备的需求随着经济的发展快速增加。

近年来，国家出台了一系列政策鼓励发展医疗器械产业，中高端医疗器械产品自主研发加强，医疗器械产业发展速度进一步加快，连续多年产值保持增长，产品出口的数量和科技含量也不断提升。

### （二）中国中小型医院磁共振设备缺口

根据中国目前的经济发展水平估计，未来十年，中国中小型医院需要4000台以上磁共振产品，平均每年300-400台。在美国每100万居民拥有的磁共振数量是38台，在中国每100万居民还不到1台，由此可以看出中国市场的潜力十分巨大。而磁共振设备未来的市场很可能集中于中小型企业。目前中国大部分三甲医院都已经有磁共振系统了，中国现有几万家医院，其中三甲医院只有几千家，其余90%都是中小型医院，为了竞争，中小型医院必须走完善设备这条路，这就势必会加大市场对磁共振设备的需求。

### （三）0.7T开放式超导型磁共振成像系统的应用

大量临床试验表明，部分患者因身处狭长的空间和射频线圈所产生的噪音环境中，会产生紧张和不安等幽闭症现象，使得诊断过程无法正常进行或影响诊断结果的准确性，同时，该类型的MRI系统对于部分体型较胖的患者也无法进行医疗诊断。开放式磁共振成像系统具有便于实现介入治疗与治疗一体化的特点，不仅能为介入治疗提供高质量的图像，同时还有助于提高患者的舒适度，扩大适用的患者范围。对于那些不能忍受封闭孔式成像的患者（如肥胖、有幽闭恐惧症患者或儿童），0.7T开放式超导型磁共振成像系统可以提供更加安全舒适的成像手段。

本机无液氦消耗的制冷方式在很大程度上降低了超导磁体对液氦资源的依赖性，降低了生产、运行成本，有效做到节约能源、保护环境，同时也将进一步扩大超导磁体的应用领域。

综上所述，MRI市场前景是非常广阔的，市场需求较大，0.7T开放式超导型磁共振成像系统是市场需求和磁共振技术累积的结合。0.7T开放式超导型磁共振成像系统不仅丰富了贝斯达的产品种类，满足了不同客户的需求，还促进了我国民族品牌在世界磁共振成像（MRI）领域的发展。

# 商品化校准物和新鲜血校准血细胞分析仪的比较

江西特康科技有限公司

[摘要] 目的 通过商品化校准物校准后的TEK-ⅡPLUS血细胞分析仪与新鲜血校准后的KX-21血细胞分析仪测定临床标本，结果是否有差异。方法 用江西特康科技有限公司生产的校准物校准TEK-ⅡPLUS血细胞分析仪与用参考方法定值的新鲜血校准KX-21血细胞分析仪，再用校准后的两台仪器平行测定临床样本。结果 95%的置信度，自由度 = 50，双侧T值=2.009，t测值：WBC=0.843；RBC=1.053；HGB=0.942；HCT=-0.859；MCV=-1.761；PLT=-0.392；P>0.05。结论 商品化的校准物和新鲜血校准均可在血液分析仪上应用。

[关键词] 校准方法 溯源 不确定度

血细胞分析仪早已得到普及，国产化仪器都在基层医院使用，大大提高了工作效率。但是一部分实验室在使用血细胞分析仪时仍存在一些问题，影响了测定结果的准确性。主要表现在一些实验室未用任何方式校准过仪器，一些仪器本身就没有配套的校准物致使使用者不知用何种方法校准仪器。为了说明用新鲜血和商品化校准物校准仪器后测定结果的情况，我们进行了本次实验。结果报告如下。

## 材料和方法

### 1. 实验材料

1.1 仪器与试剂：日本Sysmex生产的Kx-21全自动三分群血细胞分析仪及进口配套试剂；江西特康科技有限公司 制造的TEK-ⅡPlus全自动三分群血细胞分析仪及原厂配套试剂；

1.2 校准品：江西特康科技有限公司 原厂配套商品校准物、1份由参考方法定值的新鲜静脉血。

1.3 实验样本：50份临床血标本，EDTA二甲钾抗凝，1.8~2.2mg/ml。

### 2. 实验方法

2.1 实验环境：工作温度：18℃～22℃，湿度：≤85%。

2.2 仪器的校准

2.2.1 仪器的准备：每台血液分析仪先用清洗剂清洗，以保证管路畅通和清洁，然后做空白计数测定，再用高、低值血做携带污染。

2.2.2 校准物的准备：

a)用参考方法定值的新鲜血；

b)江西特康生产的商品化校准物。

2.2.3 仪器的校准：校准的项目：白细胞（WBC）、红细胞（RBC）、血红蛋白（HGB）、红细胞比积（HCT）、平均红细胞体积（MCV）、血小板（PLT）。

KX-21血细胞分析仪的校准：取定值的新鲜血校准物，连续检测11次，第1次检测结果不用，计算第2～11次结果的均值。

用上述均值与校准物的定值比较校准仪器。

对校准后的仪器另取一份新鲜校准物重新在校准好的仪器上测定，连续检测11次，第1次检测结果不用，计算第2～11次结果的均值。计算出各参数的均值与定值相差的百分数（不计正负号）。

## 结 果

3.1 空白计数和携带污染均符合仪器要求。结果见表1：

**表1**

| 参数<br>仪器 | TEK-Ⅱ Plus | | Kx-21 | |
|---|---|---|---|---|
| | 背景计数 | 携带污染率（%） | 背景计数 | 携带污染率（%） |
| WBC(109/L) | 0.0 | 0 | 0.0 | -1.515 |
| RBC(1012/L) | 0.00 | -0.454 | 0.00 | 0.457 |
| HGB(g/L) | 0 | 0 | 0 | 0.457 |
| HCT(%) | 0.0 | 0.427 | 0.0 | -0.433 |
| MCV(fl) | 0.0 | 0 | 0.0 | 0 |
| PLT(109/L) | 0 | -0.312 | 0 | 0.314 |

3.2 Kx-21仪器校准结果见表2。

**表2**

| 参数<br>仪器 | | WBC | RBC | HGB | HCT | MCV | PLT |
|---|---|---|---|---|---|---|---|
| 新鲜血 | | 6.02 | 4.66 | 145.70 | 41.42 | 92.3 | 208.40 |
| 不确定度 | | 0.265 | 0.073 | 1.2 | 0.91 | 1.02 | 7.4 |
| Kx-21 | 均值 | 6.05 | 4.64 | 146.19 | 41.94 | 92.56 | 211.00 |
| | 偏差 | -0. 03 | 0.02 | -0.49 | -0.52 | -0.26 | 2.6 |

根据表2测试结果判定仪器已经校准好。

3.3 TEK-ⅡPLUS血细胞分析仪校准结果：取1瓶校准物，连续检测11次，第1次检测结果不用，计算第2～11次结果的均值。

用上述均值与校准物的定值比较校准仪器。

对校准后的仪器另取一份新鲜校准物重新在校准好的仪器上测定，连续检测11次，第1次检测结果不用，计算第2～11次结果的均值。计算出各参数的均值与定值相差的百分数（不计正负号）。结果见表3：

**表3**

| 参数<br>仪器 | | WBC | RBC | HGB | HCT | MCV | PLT |
|---|---|---|---|---|---|---|---|
| 新鲜血 | | 4.76 | 3.63 | 123.41 | 33.34 | 91.91 | 148.85 |
| 不确定度 | | 0.280 | 0.090 | 1.76 | 1.00 | 1.00 | 7.99 |
| TEK-Ⅱ Plus | 均值 | 4.72 | 3.67 | 124.33 | 33.31 | 92.02 | 150.00 |
| | 偏差 | -0.04 | -0.92 | 0.03 | -0.11 | -1.15 | 2.6 |

根据表3测试结果判定仪器已经校准好。

3.4 两台血细胞分析仪的比对：用50份临床标本检测，配对t检验，结果见表4：

表4

| 仪器 \ 参数 | | WBC | RBC | HGB | HCT | MCV | PLT |
|---|---|---|---|---|---|---|---|
| 95%的置信度，自由度＝50，t值双侧 | | 2.009 | | | | | |
| TEK-Ⅱ Plus与Kx-21的比对 | t测值 | 0.843 | 1.053 | 0.942 | -0.859 | -1.761 | -0.392 |
| | P值 | $>0.05$ | $>0.05$ | $>0.05$ | $>0.05$ | $>0.05$ | $>0.05$ |

根据测试结果判定仪器无差异。

其中所用的临床标本范围见表5：

表5

| 序号 \ 参数 | WBC (109/L) | RBC (1012/L) | HGB (g/L) | MCV (fl) | PLT (109/L) |
|---|---|---|---|---|---|
| 1~10 | 2.1-9.8 | 2.19-5.17 | 55-152 | 80.6-92.5 | 91-378 |
| 11~20 | 3.7-24.7 | 2.03-4.98 | 57-141 | 81.6-89.6 | 114-341 |
| 21~30 | 4.5-10.7 | 3.01-4.38 | 73-122 | 60.1-94.5 | 93-368 |
| 31~40 | 2.5-13.3 | 2.77-4.73 | 82-133 | 76.1-99.1 | 59-811 |
| 41~50 | 2.9-15.3 | 2.21-4.86 | 66-124 | 75.9-99.4 | 77-433 |

## 讨 论

50例临床标本用参考方法定值后校准的KX-21血细胞分析仪与用江西特康生产的商品化校准物校准的TEK血细胞分析仪测定临床结果无差异，商品化的校准物和新鲜血校准均可在血液分析仪上应用。

表1的数据表明，本次实验所用的2台仪器空白、携带污染率良好，具备了进行仪器校准的前提条件。

根据表2和表3的测试数据，分别用新鲜血和商品化的校准物将2台已仪器校准好。

通过测试临床随机样本，进行配对t检验，表明用新鲜血校准仪器后的测定结果与商品化校准仪器后的测定结果无差异。

故在校准血液分析仪时，有条件的实验室，可用仪器生产厂家推荐使用的配套校准物进行仪器校准，或取新鲜血定值后进行仪器校准，已解决在没有配套校准物时对仪器的校准。

我们相信随着各实验室管理和操作者认识水平的不断提高，血液分析仪测定结果的可比性和可靠性将得到较大提高。

## 参考文献

［1］彭明婷，申子瑜，谷小林.WS/T 245-2005红细胞和白细胞计数参考方法，中华人民共和国卫生部发布.

［2］彭明婷，申子瑜，陆红.WS/T 244-2005血小板计数的参考方法，中华人民共和国卫生部发布.

［3］丛玉隆，邓新立.WS/T 122-1999全血中血红蛋白的测定，中华人民共和国卫生部发布.

［4］丛玉隆，邓新立.WS/T 123-1999红细胞比积的测定，中华人民共和国卫生部发布.

［5］H38-P Calibration and Quality Control of Automated Hematology Analyzers;Proposed Standard,NCCLS,1999 (自动血液分析仪的校准和质量控制).

[6]《卫生部临床检验中心室间质量评价计划》卫生部临床检验中心，2007.
[7] 叶应妩，王毓三，申子瑜.《全国临床检验操作规程》，第三版东南大学出版社，2006.
[8] 杨树勤，周有尚，倪早雨.《卫生统计学》第三版 人民卫生出版社，1999.

特康科技 李南华、欧阳敏勇

# 八、附录

# 中国医学装备协会

医装协发【2015】1号

## 关于发布第一批优秀国产医疗设备产品目录的公告

按照国家卫生计生委规划与信息司关于建立优秀国产医疗设备产品目录的要求，中国医学装备协会开展了数字化 X 线机(平板 DR)、彩色多普勒超声波诊断仪（台式）和全自动生化分析仪三个品目的优秀国产医疗设备遴选工作。三个品目的遴选工作已按照遴选公告的要求程序全部结束，现将遴选结果予以发布。

中国医学装备协会

2015年3月16日

附件：第一批优秀国产医疗设备产品目录

抄报：国家卫生和计划生育委员会 规划与信息司

# 第一批优秀国产医疗设备产品目录

## 500mA型数字化X线机

| 企业名称 | 产品型号 |
|---|---|
| 北京中科美伦医疗股份有限公司 | ZK-DR(A3) |
| 德润特数字影像科技（北京）有限公司 | Flumine36A |
| 华润万东医疗装备股份有限公司 | 新东方1000D-04 |
| 华润万东医疗装备股份有限公司 | 新东方1000C-C |
| 华润万东医疗装备股份有限公司 | 新东方1000M-04 |
| 华润万东医疗装备股份有限公司 | 新东方1000C-B |
| 上海联影医疗科技有限公司 | uDR 770i |
| 上海新黄浦医疗器械有限公司 | KD-3510DR |
| 上海新黄浦医疗器械有限公司 | HY-450DR |
| 深圳安科高技术股份有限公司 | ASR-6650 |
| 深圳安科高技术股份有限公司 | ASR-6250 |
| 深圳迈瑞生物医疗电子股份有限公司 | DigiEye 780 |
| 深圳市安健科技有限公司 | DR50X |
| 深圳市蓝韵实业有限公司 | DR2800F |
| 深圳市蓝韵实业有限公司 | DR2600F |
| 深圳市深图医学影像设备有限公司 | SONTU100-FDR |
| 沈阳东软医疗系统有限公司 | DXRVision |
| 珠海和佳医疗设备股份有限公司 | HGYX-Ⅱ-DR |

## 500mA型数字化X线机

| 企业名称 | 产品型号 |
|---|---|
| 北京中科美伦医疗股份有限公司 | ZK-DR(A3) |
| 德润特数字影像科技（北京）有限公司 | Flumine36A |
| 华润万东医疗装备股份有限公司 | 新东方1000D-04 |

## B型台式彩色多普勒超声波诊断仪

| 企业名称 | 产品型号 |
| --- | --- |
| 汕头市超声仪器研究所有限公司 | Apogee 3500 |
| 汕头市超声仪器研究所有限公司 | Apogee 3300 |
| 汕头市超声仪器研究所有限公司 | Apogee 2700 |
| 汕头市超声仪器研究所有限公司 | Apogee 2900 |
| 汕头市超声仪器研究所有限公司 | Apogee 3800 |
| 深圳迈瑞生物医疗电子股份有限公司 | DC–7T |
| 深圳迈瑞生物医疗电子股份有限公司 | DC–N6T |
| 深圳市恩普电子技术有限公司 | G71、G70 |
| 深圳市开立科技有限公司 | S20 |
| 深圳市开立科技有限公司 | SSI–5000 |
| 深圳市开立科技有限公司 | SSI–8000 |
| 深圳市开立科技有限公司 | SSI–6000 |
| 深圳市开立科技有限公司 | S11 |
| 深圳市蓝韵实业有限公司 | mirror 5 |
| 深圳市蓝韵实业有限公司 | mirror 5 pro |
| 沈阳东软医疗系统有限公司 | N700 |
| 沈阳东软医疗系统有限公司 | FLYING |
| 沈阳东软医疗系统有限公司 | Phoenix |
| 沈阳东软医疗系统有限公司 | N900 |
| 沈阳东软医疗系统有限公司 | N7 |
| 无锡海鹰电子医疗系统有限公司 | HY8000PRO |
| 无锡海鹰电子医疗系统有限公司 | HY–C360 |
| 无锡祥生医学影像有限责任公司 | CHISON iVis 60EXPERT |

## C型台式彩色多普勒超声波诊断仪

| 企业名称 | 产品型号 |
| --- | --- |
| 汕头市超声仪器研究所有限公司 | Apogee 3100 |
| 深圳迈瑞生物医疗电子股份有限公司 | DC–3 |
| 深圳市蓝韵实业有限公司 | Mirror 2 HD |
| 深圳市蓝韵实业有限公司 | mirror 2 PRO |
| 无锡海鹰电子医疗系统有限公司 | HY8000 |
| 无锡海鹰电子医疗系统有限公司 | HY6000 |

### 800速及以上型全自动生化分析仪

| 企业名称 | 产品型号 |
| --- | --- |
| 江苏英诺华医疗技术有限公司 | DI-806 |
| 江西特康科技有限公司 | TC9000 |
| 上海科华实验系统有限公司 | ZY-1280 |
| 上海科华实验系统有限公司 | ZY-1200 |
| 深圳雷杜生命科学股份有限公司 | Chemray 800 |
| 深圳迈瑞生物医疗电子股份有限公司 | BS-2000M |
| 深圳迈瑞生物医疗电子股份有限公司 | BS-820M |
| 深圳迈瑞生物医疗电子股份有限公司 | BS-2000 |
| 深圳迈瑞生物医疗电子股份有限公司 | BS-820 |
| 长春迪瑞医疗科技股份有限公司 | CS-1600 |

### 400速型全自动生化分析仪

| 企业名称 | 产品型号 |
| --- | --- |
| 北京倍肯恒业科技发展有限责任公司 | SC-300 |
| 桂林优利特电子集团有限公司 | URIT-8260 |
| 桂林优利特电子集团有限公司 | URIT-8160 |
| 江苏英诺华医疗技术有限公司 | DI-400 |
| 江西特康科技有限公司 | TC6090 |
| 上海科华实验系统有限公司 | ZY-450 |
| 上海科华实验系统有限公司 | ZY-400 |
| 深圳迈瑞生物医疗电子股份有限公司 | BS-490 |
| 深圳迈瑞生物医疗电子股份有限公司 | BS-420 |
| 深圳市蓝韵实业有限公司 | LW C400 |
| 长春迪瑞医疗科技股份有限公司 | CS-600B |
| 长春迪瑞医疗科技股份有限公司 | CS-600A |
| 长春迪瑞医疗科技股份有限公司 | CS-400B |
| 长春迪瑞医疗科技股份有限公司 | CS-400A |

## 200速型全自动生化分析仪

| 企业名称 | 产品型号 |
|---|---|
| 北京倍肯恒业科技发展有限责任公司 | SC-150 |
| 桂林优利特电子集团有限公司 | URIT-8026 |
| 江苏英诺华医疗技术有限公司 | DF-203 |
| 江西特康科技有限公司 | TC6010 |
| 上海科华实验系统有限公司 | ZY-280 |
| 深圳雷杜生命科学股份有限公司 | Chemray 240 |
| 深圳迈瑞生物医疗电子股份有限公司 | BS-390 |
| 深圳迈瑞生物医疗电子股份有限公司 | BS-350E |
| 深圳迈瑞生物医疗电子股份有限公司 | BS-350 |
| 深圳市蓝韵实业有限公司 | LW C310 |
| 长春迪瑞医疗科技股份有限公司 | CS-380 |
| 长春迪瑞医疗科技股份有限公司 | CS-T240 |
| 长春迪瑞医疗科技股份有限公司 | CS-T300 |

# 2013年度评估选型结果汇总

| 6821医用电子设备 | |
|---|---|
| 心电图机（多道） | |
| 深圳市理邦精密仪器股份有限公司 | SE-1201 |
| 深圳市理邦精密仪器股份有限公司 | SE-601系列 |
| 深圳迈瑞生物医疗电子股份有限公司 | BeneHeart R3/R3A |
| 多参数监护仪 | |
| 飞利浦（中国）投资有限公司 | MX700 |
| 飞利浦（中国）投资有限公司 | MP20 |
| 深圳市金科威实业有限公司 | UT4000Fpro |
| 深圳市金科威实业有限公司 | G40 |
| 飞利浦（中国）投资有限公司 | VM8 |
| 深圳市理邦精密仪器股份有限公司 | iM9 |
| 深圳市金科威实业有限公司 | G30 |
| 深圳市金科威实业有限公司 | UT4000B |
| 深圳市金科威实业有限公司 | UT4000F |
| 飞利浦（中国）投资有限公司 | VM6 |
| 深圳市金科威实业有限公司 | GS10 |
| 深圳市理邦精密仪器股份有限公司 | iM8 |
| 深圳市理邦精密仪器股份有限公司 | iM50 |
| 深圳市金科威实业有限公司 | UT6000A |
| 深圳市金科威实业有限公司 | UT4000Apro |
| 深圳市金科威实业有限公司 | UT4000A |
| 胎儿孕妇监护仪 | |
| 深圳市金科威实业有限公司 | F6/F6Express |
| 深圳市金科威实业有限公司 | UT6000A |
| 深圳理邦精密仪器股份有限公司 | GTG7 |

（续表）

| 6822医用光学仪器 | |
|---|---|
| OCT | |
| 深圳市斯尔顿科技有限公司 | OSE-2000 |
| 视力检测仪 | |
| 深圳市斯尔顿科技有限公司 | VAT-200 |
| 视力筛查仪 | |
| 深圳市斯尔顿科技有限公司 | HAR-880、HAR800 |
| 6823医用超声波仪器及设备 | |
| 全数字灰阶超声波诊断仪(A类) | |
| 日立医疗（广州）有限公司 | Prosound 4 |
| 全数字灰阶超声波诊断仪(C类) | |
| 深圳迈瑞生物医疗电子股份有限公司 | DP-7 |
| 深圳迈瑞生物医疗电子股份有限公司 | DP-5 |
| 深圳迈瑞生物医疗电子股份有限公司 | DP-30 |
| 深圳迈瑞生物医疗电子股份有限公司 | DP-2200 |
| 深圳迈瑞生物医疗电子股份有限公司 | DP-10 |
| 深圳迈瑞生物医疗电子股份有限公司 | DP-4900 |
| 深圳迈瑞生物医疗电子股份有限公司 | DP-20 |
| 深圳迈瑞生物医疗电子股份有限公司 | DP-6900 |
| 深圳迈瑞生物医疗电子股份有限公司 | DP-7700 |
| 深圳迈瑞生物医疗电子股份有限公司 | DP-1100Plus |
| 彩色多普勒超声波诊断仪 | |
| 百胜（中国）有限公司 | MyLab Class C |
| 百胜（中国）有限公司 | MyLab Seven |
| 东芝医疗系统（中国）有限公司 | APLIO 500 TUS-A500 |
| 东芝医疗系统（中国）有限公司 | APLIO ARTIDA SSH-880CV |
| 深圳市开立科技有限公司 | SSI-2000 |
| 东芝医疗系统（中国）有限公司 | APLIO 400 TUS-A400 |
| 东芝医疗系统（中国）有限公司 | APLIO 300 TUS-A300 |

（续表）

| | |
|---|---|
| 日立医疗（广州）有限公司 | HI VISION ASCENDUS |
| 日立医疗（广州）有限公司 | Prosound a6 |
| 日立医疗（广州）有限公司 | Prosound SSD-3500 |
| 东芝医疗系统（中国）有限公司 | NEMIO MX SSA-590A |
| 深圳市迈瑞生物医疗电子股份有限公司 | DC－8 |
| 日立医疗（广州）有限公司 | HI VISION PREIRUS |
| 深圳市迈瑞生物医疗电子股份有限公司 | DC－N6 |
| 沈阳东软医疗系统有限公司 | N900 |
| 深圳市开立科技有限公司 | SSI-3000 |
| 深圳市迈瑞生物医疗电子股份有限公司 | DC－N3 |
| 深圳市开立科技有限公司 | SSI-5000 |
| 深圳市迈瑞生物医疗电子股份有限公司 | Z6 |
| 沈阳东软医疗系统有限公司 | N7 |
| 深圳安科高技术股份有限公司 | ASU-3500 |
| 沈阳东软医疗系统有限公司 | N700 |
| 百胜（中国）有限公司 | MyLab Touch |
| 东芝医疗系统（中国）有限公司 | VIAMO SSA-640A |
| 深圳理邦精密仪器股份有限公司 | U50 |
| 深圳理邦精密仪器股份有限公司 | U2 |
| 北京东方惠尔图像技术有限公司 | 泰圣Taison3000 |
| 6825医用内窥镜 | |
| 电子结肠镜 | |
| 上海澳华光电内窥镜有限公司 | VME-1300 |
| 上海澳华光电内窥镜有限公司 | VME-1300S |
| 电子胃镜 | |
| 上海澳华光电内窥镜有限公司 | VME-98 |
| 上海澳华光电内窥镜有限公司 | VME-98S |
| 电子气管镜 | |
| 上海澳华光电内窥镜有限公司 | VBC-1T30 |

（续表）

| 上海澳华光电内窥镜有限公司 | VRL-1T30 |
|---|---|
| 阴道镜 | |
| 深圳市理邦精密仪器股份有限公司 | C3/C6电子阴道镜系统 |
| 深圳市斯尔顿科技有限公司 | CZ6、CS6E、CS4E |
| 深圳市金科威实业有限公司 | SLC-2000B |
| 徐州市科健高技术有限公司 | AD-2000Y |
| 6826物理治疗、康复及体育治疗仪器设备 | |
| 微波治疗仪 | |
| 徐州市科健高技术有限公司 | KWBZ-1 |
| 天津市顺博医疗设备有限公司 | SW-61A4 |
| 智能牵引床 | |
| 徐州市科健高技术有限公司 | XQC-A/D/E |
| 熏蒸牵引床 | |
| 徐州市科健高技术有限公司 | XQC-B/C |
| 痉挛肌治疗仪 | |
| 徐州市科健高新技术有限公司 | KJ-9100 |
| 脑循环功能治疗仪 | |
| 徐州市科健高新技术有限公司 | KJ-3000 |
| 数码经络导平治疗仪 | |
| 徐州市科健高新技术有限公司 | KJ-9000 |
| 经皮黄疸仪 | |
| 徐州市科健高新技术有限公司 | KJ-8000 |
| 三维立体数字化脑电地形图仪 | |
| 徐州市科健高新技术有限公司 | ND-16 |
| 6829医用X线设备 | |
| 普通X线机 | |
| 上海新黄浦医疗器械有限公司 | HY-450 |
| CR | |
| 锐珂（上海）医疗器材有限公司 | DirectView Max CR |

（续表）

| | |
|---|---|
| 苏州富士胶片映像机器有限公司 | FCR CAPSULA XL |
| 苏州富士胶片映像机器有限公司 | FCR PRIMA T |
| 苏州富士胶片映像机器有限公司 | FCR CAPSULA X |
| 苏州富士胶片映像机器有限公司 | FCR PRIMA |
| 康达医疗器械（上海）有限公司 | MXHF-1500DR |
| 深圳安科高技术股份有限公司 | ASR-6150 |
| 康达医疗器械（上海）有限公司 | MXHF-1500DR |
| 上海新黄浦医疗器械有限公司 | KD-1800DR |
| 深圳安科高技术股份有限公司 | ASR-6250 |
| 沈阳东软医疗系统有限公司 | DXRVision、DXRVision HD |
| 上海新黄浦医疗器械有限公司 | KD-1500DR |
| 深圳安科高技术股份有限公司 | ASR-6650 |
| 深圳迈瑞生物医疗电子股份有限公司 | DigiEye 780 |
| 邦盛医疗装备（天津）股份有限公司 | FS-500DDR 系列 |
| 深圳市贝斯达医疗器械有限公司 | BTR-640医用诊断X射线系统 |
| 深圳迈瑞生物医疗电子股份有限公司 | DigiEye 580 |
| 飞利浦（中国）投资有限公司 | DigitalDiagnost 3 |
| 深圳迈瑞生物医疗电子股份有限公司 | DigiEye 380 |
| 深圳市安健科技有限公司 | Angell-DR-A-F |
| 富士胶片（中国）投资有限公司 | DR CALNEO |
| 飞利浦（中国）投资有限公司 | Essenta DR Compact |
| 飞利浦（中国）投资有限公司 | DuraDiagnost |
| 华润万东医疗装备股份有限公司 | 新东方1000D |
| 嘉恒医疗科技（上海）有限公司 | JHDX50P02-U |
| 嘉恒医疗科技（上海）有限公司 | JHDX50P02-T |
| 华润万东医疗装备股份有限公司 | 新东方1000C |
| 嘉恒医疗科技（上海）有限公司 | JHDX20P04-U |
| 嘉恒医疗科技（上海）有限公司 | JHDX50P04-U |
| 嘉恒医疗科技（上海）有限公司 | JHDX50P03-U |

（续表）

| DR（CCD类） | |
|---|---|
| 北京宝利康医学工程公司 | XPLORE 1800 |
| 北京宝利康医学工程公司 | XPLORE 900 |
| 嘉恒医疗科技（上海）有限公司 | JHDX50D05-U |
| 嘉恒医疗科技（上海）有限公司 | JHDX20D05-U |
| 华润万东医疗装备股份有限公司 | 新东方1000A |
| 数字化平板探测器 | |
| 富士胶片（中国）投资有限公司 | FUJIFILM DR CALNEO C |
| 上海新黄浦医疗器械有限公司 | KD-560 |
| 富士胶片（中国）投资有限公司 | FDR D-EVO |
| 移动C型臂 | |
| 飞利浦（中国）投资有限公司 | BV Pulsera |
| 飞利浦（中国）投资有限公司 | BV Endura |
| 床边移动X线机 | |
| 飞利浦（中国）投资有限公司 | Practix 360 |
| 胃肠X线机 | |
| 上海新黄浦医疗器械有限公司 | HY-650AT2 |
| 邦盛医疗装备（天津）股份有限公司 | DF-625H-1系列 |
| 乳腺X线机 | |
| 富士胶片（中国）投资有限公司 | AMULET f/AMULET s |
| 深圳安科高技术股份有限公司 | ASR-4000 |
| 邦盛医疗装备（天津）股份有限公司 | MO-50DR |
| 富士胶片（中国）投资有限公司 | AMULET |
| 导管X线机 | |
| 飞利浦（中国）投资有限公司 | FD20/20 |
| 大设备类 | |
| CT（临床实用型） | |
| 飞利浦（中国）投资有限公司 | Brilliance 16 CT |
| 飞利浦（中国）投资有限公司 | MX 16 EVO CT |

（续表）

| | |
|---|---|
| 东芝医疗系统(中国)有限公司 | Alexion 16 |
| 东芝医疗系统(中国)有限公司 | Alexion Access |
| CT临床科研型 | |
| 飞利浦（中国）投资有限公司 | Ingenuity CT |
| CT科学研究型 | |
| 东芝医疗系统(中国)有限公司 | Aquilion ONE ViSION(全景电影CT) |
| 超导MRI | |
| 沈阳东软医疗系统有限公司 | NSM-S15 |
| 宁波鑫高益磁材有限公司 | Superscan-1.5T |
| 华润万东医疗装备股份有限公司 | i_Magnate 1.5T |
| 深圳市贝斯达医疗器械有限公司 | Bstar-150磁共振成像系统 |
| 低场MRI | |
| 嘉恒医疗科技有限公司 | JC35P0.35T |
| 华润万东医疗装备股份有限公司 | i_Open 0.4T |
| 深圳安科高技术股份有限公司 | OPENMARK 5000（ASM-050P）0.5T |
| 深圳安科高技术股份有限公司 | OPENMARK IV(ASM-O40P IV)0.4T |
| 江苏美时医疗技术有限公司 | PICA 0.35T |
| 华润万东医疗装备股份有限公司 | i_Open 0.5T |
| 辽宁开普医疗系统有限公司 | Supernova C5,0.35T |
| 嘉恒医疗科技有限公司 | JC40P0.4T |
| 包头市稀宝博为医疗系统有限公司 | Elixbo PM545 / Brivo MR245 / Brivo MR245 GE |
| 深圳市贝斯达医疗器械有限公司 | BTI-030磁共振成像系统 |
| 深圳市贝斯达医疗器械有限公司 | BTI-050磁共振成像系统 |
| 包头市稀宝博为医疗系统有限公司 | MPF3000-Ⅳ/Brivo MR235, |
| 包头市稀宝博为医疗系统有限公司 | Elixbo PM335/Brivo MR235, |
| 6835临床检验设备 | |
| 全自动生化分析仪 | |
| 上海科华实验系统有限公司 | 卓越300 |
| 上海科华实验系统有限公司 | 卓越310 |

（续表）

| | |
|---|---|
| 深圳迈瑞生物医疗电子股份有限公司 | BS-330E |
| 深圳迈瑞生物医疗电子股份有限公司 | BS-330 |
| 深圳迈瑞生物医疗电子股份有限公司 | BS-820 |
| 深圳迈瑞生物医疗电子股份有限公司 | BS-180 |
| 深圳迈瑞生物医疗电子股份有限公司 | BS-490 |
| 深圳迈瑞生物医疗电子股份有限公司 | BS-220 |
| 深圳迈瑞生物医疗电子股份有限公司 | BS-390 |
| 半自动生化分析仪 | |
| 爱威科技股份有限公司 | AVE-854C |
| 爱威科技股份有限公司 | AVE-853 |
| 尿沉渣分析仪 | |
| 苏州惠生电子科技有限公司 | EH-2080 |
| 苏州惠生电子科技有限公司 | EH-2030 |
| 苏州惠生电子科技有限公司 | EH-2050 Plus |
| 酶标仪A类 | |
| 上海科华实验系统有限公司 | ST-360 |
| 酶标洗板机 | |
| 上海科华实验系统有限公司 | ST-36WF |
| 上海科华实验系统有限公司 | ST-96W |
| 上海科华实验系统有限公司 | ST-36W |
| 上海科华实验系统有限公司 | ST-36WT |
| 化学发光免疫分析仪 | |
| 北京大成生物工程有限公司 | AULIA200 |
| 北京大成生物工程有限公司 | SALIA096 |
| 微生物鉴定和药敏仪 | |
| 湖南长沙天地人生物科技有限公司 | TDR-300B |
| 山东鑫科生物科技股份有限公司 | XK型 |
| 湖南长沙天地人生物科技有限公司 | TDR-200C |
| 三分类血细胞分析仪 | |

（续表）

| | |
|---|---|
| 深圳迈瑞生物医疗电子股份有限公司 | BC-1900 |
| 深圳迈瑞生物医疗电子股份有限公司 | BC-2900 |
| 深圳迈瑞生物医疗电子股份有限公司 | BC-3300 |
| 深圳迈瑞生物医疗电子股份有限公司 | BC-3300CT |
| 深圳迈瑞生物医疗电子股份有限公司 | BC-2600 |
| 深圳迈瑞生物医疗电子股份有限公司 | BC-2800 |
| 五分类血细胞分析仪 | |
| 深圳迈瑞生物医疗电子股份有限公司 | BC-5600 |
| 深圳迈瑞生物医疗电子股份有限公司 | BC-6600 |
| 深圳迈瑞生物医疗电子股份有限公司 | BC-5310 |
| 深圳迈瑞生物医疗电子股份有限公司 | BC-5180 |
| 深圳迈瑞生物医疗电子股份有限公司 | BC-5100 |
| 深圳迈瑞生物医疗电子股份有限公司 | BC-5380 |
| 自动血培养仪 | |
| 山东鑫科生物科技股份有限公司 | LABSTAR50 |
| 山东鑫科生物科技股份有限公司 | Labstar100 |
| 湖南长沙天地人生物科技有限公司 | TDR-X060 |
| 6840手术急救设备及器具 | |
| 急救呼吸机 | |
| 北京谊安医疗系统股份有限公司 | Shangrila510 |
| 多功能呼吸机 | |
| 深圳迈瑞生物医疗电子股份有限公司 | SynoVent E5 |
| 深圳迈瑞生物医疗电子股份有限公司 | SynoVent E3 |
| 北京谊安医疗系统股份有限公司 | Shangrila590 |
| 北京谊安医疗系统股份有限公司 | Shangrila580 |
| 北京谊安医疗系统股份有限公司 | Shangrila500 |
| 北京谊安医疗系统股份有限公司 | Shangrila520 |
| 多功能麻醉机 | |
| 深圳迈瑞生物医疗电子股份有限公司 | WATO EX-30 |

（续表）

| 深圳迈瑞生物医疗电子股份有限公司 | WATO EX-55 |
|---|---|
| 深圳迈瑞生物医疗电子股份有限公司 | WATO EX-65 |
| 深圳迈瑞生物医疗电子股份有限公司 | A5 |
| 深圳迈瑞生物医疗电子股份有限公司 | A7 |
| 深圳迈瑞生物医疗电子股份有限公司 | WATO EX-25 |
| 深圳迈瑞生物医疗电子股份有限公司 | WATO EX-20 |
| 深圳迈瑞生物医疗电子股份有限公司 | WATO EX-35 |
| 北京瑞得伊格尔科技有限公司 | RE902-C系列 |
| 北京谊安医疗系统股份有限公司 | Aeon7500A |
| 北京瑞得伊格尔科技有限公司 | ARIES2000系列 |
| 北京谊安医疗系统股份有限公司 | Glory puls |
| 麻醉机工作站 | |
| 北京谊安医疗系统股份有限公司 | Aeon8600A |
| 北京谊安医疗系统股份有限公司 | Aeon7700A |
| 6843 消毒灭菌设备及器具 | |
| 环氧乙烷灭菌器 | |
| 山东新华医疗器械股份有限公司 | XG2.C |
| 软式内窥镜清洗消毒机 | |
| 山东新华医疗器械股份有限公司 | Rider50A、Rider50B、Rider60A、Rider60B |

# 县乡村医疗设备主要装备品目

## 1、县医院基本医疗设备主要装备品目表

| 功能科、室 | 序号 | 设备名称 | 单位 |
|---|---|---|---|
| 1.内科 | 1 | 心电图机 | 台 |
| | 2 | 脑电图机 | 台 |
| | 3 | 心脏除颤器 | 台 |
| | 4 | 床边监护仪 | 台 |
| | 5 | 中心监护系统 | 套 |
| | 6 | 动态心电分析仪 | 台 |
| | 7 | 动态无创血压监护仪 | 台 |
| | 8 | 活动平板机 | 台 |
| | 9 | 肌电诱发电位仪 | 台 |
| | 10 | 超声诊断仪 | 台 |
| | 11 | 内窥镜系统 | 套 |
| | 12 | 血气分析仪 | 台 |
| | 13 | 呼吸机 | 台 |
| | 14 | 肺功能分析仪 | 台 |
| | 15 | 心肺功能测定仪 | 台 |
| | 16 | 血液透析机 | 台 |
| | 17 | 血滤机 | 台 |
| 2.外科 | 18 | 心电图机 | 台 |
| | 19 | 心脏除颤器 | 台 |
| | 20 | 呼吸机 | 台 |
| | 21 | 床边监护仪 | 台 |
| | 22 | 中心监护系统 | 套 |
| | 23 | 电动牵引床 | 张 |

（续表）

| 功能科、室 | 序号 | 设备名称 | 单位 |
|---|---|---|---|
| | 24 | 内窥镜系统 | 套 |
| | 25 | 前列腺电切镜 | 套 |
| | 26 | 胸腔镜 | 套 |
| | 27 | 腹腔镜 | 台 |
| 3.妇产科 | 28 | 妇科检查床 | 张 |
| | 29 | 产床 | 张 |
| | 30 | 产程监护仪 | 台 |
| | 31 | 胎儿监护仪 | 台 |
| | 32 | 床边监护仪 | 台 |
| | 33 | 腹腔镜 | 套 |
| | 34 | 阴道镜 | 台 |
| | 35 | 宫腔镜 | 套 |
| | 36 | 超声诊断仪 | 台 |
| | 37 | 妊娠高血压检测仪 | 台 |
| 4.儿科 | 38 | 心电图机 | 台 |
| | 39 | 新生儿监护仪 | 台 |
| | 40 | 婴儿呼吸机 | 台 |
| | 41 | 新生儿黄疸治疗仪 | 台 |
| | 42 | 婴儿保温箱 | 台 |
| | 43 | 婴儿体重计 | 台 |
| 5.眼科 | 44 | 裂隙灯显微镜 | 台 |
| | 45 | 眼科超声诊断仪 | 台 |
| | 46 | 验光仪 | 台 |
| | 47 | 屈率计 | 台 |
| | 48 | 同视机 | 台 |
| | 49 | 视野计 | 台 |
| | 50 | 眼压计 | 台 |
| | 51 | 眼科手术显微镜 | 台 |

（续表）

| 功能科、室 | 序号 | 设备名称 | 单位 |
|---|---|---|---|
| | 52 | 眼科激光治疗机 | 台 |
| | 53 | 隐斜计 | 台 |
| | 54 | 视觉诱发电位仪 | 台 |
| | 55 | 眼震电图仪 | 台 |
| 6.耳鼻喉科 | 56 | 耳鼻喉治疗台 | 台 |
| | 57 | 电子测听仪 | 台 |
| | 58 | 听觉诱发电位仪 | 台 |
| | 59 | 纤维咽喉镜 | 套 |
| | 60 | 鼻镜 | 台 |
| | 61 | 支气管镜 | 台 |
| | 62 | 支撑喉镜 | 台 |
| 7.口腔科 | 63 | 口腔综合治疗台 | 套 |
| | 64 | 牙科X线机 | 台 |
| | 65 | 超声洁牙机 | 台 |
| | 66 | 光敏固化机 | 台 |
| | 67 | 牙科技工装置 | 套 |
| | 68 | 手机快速消毒柜 | 台 |
| | 69 | 高频离心铸造机 | 台 |
| | 70 | 烤瓷炉 | 台 |
| 8.急诊科/重症医学科 | 71 | 心电图机 | 台 |
| | 72 | 床边监护仪 | 台 |
| | 73 | 中心监护系统 | 套 |
| | 74 | 心脏除颤器 | 台 |
| | 75 | 呼吸机 | 台 |
| | 76 | 儿童用呼吸机 | 台 |
| | 77 | 洗胃机 | 台 |
| | 78 | 输液泵 | 台 |
| | 79 | 注射泵 | 台 |

（续表）

| 功能科、室 | 序号 | 设备名称 | 单位 |
|---|---|---|---|
| | 80 | 急救担架移动床 | 辆 |
| | 81 | 电动吸引器 | 台 |
| | 82 | 血气分析仪 | 台 |
| | 83 | 肠内营养输注泵 | 台 |
| | 84 | 心肺复苏抢救车（配备供成人和儿童使用器材） | 辆 |
| 9.康复科 | 85 | 短波电疗机 | 台 |
| | 86 | 超短波电疗机 | 台 |
| | 87 | 五官超短波电疗机 | 台 |
| | 88 | 紫外线治疗机 | 台 |
| | 89 | 微波电疗机 | 台 |
| | 90 | 肩关节活动器 | 台 |
| | 91 | 膝关节活动器 | 台 |
| 10.麻醉科 | 92 | 麻醉机 | 台 |
| | 93 | 麻醉气体监测仪 | 台 |
| | 94 | 床边监护仪 | 台 |
| | 95 | 呼吸机 | 台 |
| | 96 | 除颤器 | 台 |
| | 97 | 输液泵 | 台 |
| | 98 | 注射泵 | 台 |
| | 99 | 担架推车 | 辆 |
| 11.检验科 | 100 | 生物显微镜 | 台 |
| | 101 | 血球计数仪 | 台 |
| | 102 | 尿液分析仪 | 台 |
| | 103 | 电解质分析仪 | 台 |
| | 104 | 凝血分析仪 | 台 |
| | 105 | 血糖测定仪 | 台 |
| | 106 | 微量血糖测定仪 | 台 |
| | 107 | 血培养分析系统 | 台 |

（续表）

| 功能科、室 | 序号 | 设备名称 | 单位 |
|---|---|---|---|
| | 108 | 血气分析仪 | 台 |
| | 109 | 微量血气分析仪 | 台 |
| | 110 | 生化分析仪 | 台 |
| | 111 | 微生物分析仪 | 台 |
| | 112 | 酶标测试仪 | 台 |
| | 113 | 洗板机 | 台 |
| | 114 | 电泳仪 | 台 |
| | 115 | 血红蛋白测定仪 | 台 |
| | 116 | 血药浓度分析仪 | 台 |
| | 117 | 渗透压计 | 台 |
| | 118 | 电泳扫描光密度计 | 台 |
| | 119 | 免疫化学分析仪 | 台 |
| | 120 | 基因扩增仪 | 台 |
| | 121 | 电子天平 | 台 |
| | 122 | 离心机 | 台 |
| | 123 | 高速冷冻离心机 | 台 |
| | 124 | 大容量冷冻离心机 | 台 |
| | 125 | 超净工作台 | 台 |
| | 126 | 生物安全柜 | 台 |
| | 127 | 冰箱 | 台 |
| | 128 | 低温冰箱 -40℃ ~ -80℃ | 台 |
| | 129 | 血库冰箱 | 台 |
| | 130 | 恒温培养箱 | 台 |
| | 131 | 干燥箱 | 台 |
| | 132 | 紫外可见分光光度计 | 台 |
| 12.病理科 | 133 | 高压消毒锅 | 台 |
| | 134 | 切片机 | 台 |
| | 135 | 磨刀机 | 台 |

（续表）

| 功能科、室 | 序号 | 设备名称 | 单位 |
|---|---|---|---|
| | 136 | 显微镜 | 台 |
| | 137 | 组织包埋机 | 台 |
| | 138 | 组织脱水机 | 台 |
| | 139 | 染色机 | 台 |
| | 140 | 病理图像分析系统 | 套 |
| 13.影像科 | 141 | X线电子计算机断层扫描装置 | 台 |
| | 142 | X线机* | 台 |
| | 143 | 洗片机 | 台 |
| | 144 | 超声诊断仪 | 台 |
| | 145 | 彩色多普勒超声诊断仪 | 台 |
| 14.手术室 | 146 | 手术台 | 台 |
| | 147 | 无影灯 | 台 |
| | 148 | 高频电刀 | 台 |
| | 149 | 手术显微镜 | 台 |
| | 150 | 快速消毒器 | 台 |
| | 151 | 高压灭菌器 | 台 |
| | 152 | 自体血液回输系统 | 台 |
| 15、病房单元 | 153 | 病床 | 张 |
| | 154 | 诊查床 | 张 |
| | 155 | 病历夹车 | 辆 |
| | 156 | 多用车 | 辆 |
| | 157 | 抢救车 | 辆 |
| | 158 | 担架推车 | 辆 |
| | 159 | 轮椅 | 辆 |
| | 160 | 输液泵 | 台 |
| | 161 | 注射泵 | 台 |
| | 162 | 胃肠减压器 | 台 |
| | 163 | 吸引器 | 台 |

（续表）

| 功能科、室 | 序号 | 设备名称 | 单位 |
|---|---|---|---|
| | 164 | 超声雾化器 | 台 |
| | 165 | 心电图机 | 台 |
| | 166 | 冰箱 | 台 |
| | 167 | 观片灯 | 台 |
| | 168 | 器械柜 | 个 |
| | 169 | 药品柜 | 个 |
| | 170 | 敷料柜 | 个 |
| | 171 | 毒麻药柜（箱） | 个 |
| | 172 | 氧气瓶 | 个 |
| | 173 | 氧气瓶推车 | 辆 |
| | 174 | 消毒灭菌器 | 台 |
| 16.储血库 | 175 | 冰箱（血液专用冰箱，低温冰箱） | 台 |
| | 176 | 运血箱 | 台 |
| | 177 | 恒温水浴箱 | 台 |
| | 178 | 融浆机 | 台 |
| | 179 | 离心机 | 台 |
| | 180 | 显微镜 | 台 |
| | 181 | 送血交通工具 | 辆 |
| 17.其他 | 182 | 空气净化设备 | 台 |
| | 183 | 超声波清洗机 | 台 |
| | 184 | 高压灭菌器 | 台 |
| | 185 | 低温灭菌设备 | 台 |
| | 186 | 救护车 | 辆 |

## 2、乡镇卫生院基本医疗设备主要装备品目表

| 功能科、室 | 序号 | 设备名称 | 单位 |
|---|---|---|---|
| 1.预防保健室 | 1 | 电冰箱 | 台 |
| | 2 | 身长体重计 | 台 |
| 2.急诊抢救室 | 3 | 急救箱 | 个 |
| | 4 | 抢救床 | 张 |
| | 5 | 心电图机 | 台 |
| | 6 | 除颤器 | 台 |
| | 7 | 呼吸机 | 台 |
| | 8 | 洗胃机 | 台 |
| | 9 | 吸引器 | 台 |
| | 10 | 担架 | 个 |
| | 11 | 氧气瓶 | 个 |
| | 12 | 氧气瓶推车 | 辆 |
| | 13 | 气管切开包 | 套 |
| | 14 | 静脉切开包 | 套 |
| | 15 | 移动紫外线灯 | 台 |
| | 16 | 地站灯 | 台 |
| | 17 | 药品（器械）柜 | 个 |
| 3.普通诊室 | 18 | 诊床 | 张 |
| | 19 | 观片灯 | 台 |
| 4.外科换药处置室 | 20 | 换药车 | 辆 |
| | 21 | 切开包 | 套 |
| | 22 | 地站灯 | 台 |
| 5.中医科 | 23 | 电针仪 | 台 |
| | 24 | 艾灸仪 | 台 |
| | 25 | 智能通络治疗仪 | 台 |
| | 26 | 颈腰椎牵引设备 | 台 |

（续表）

| 功能科、室 | 序号 | 设备名称 | 单位 |
|---|---|---|---|
| | 27 | 中药熏蒸设备 | 台 |
| | 28 | TDP神灯 | 台 |
| | 29 | 中药雾化吸入设备 | 台 |
| 6.妇产科 | 30 | 妇科检查床 | 张 |
| | 31 | 妇科检查器械 | 套 |
| | 32 | 上取环器械 | 套 |
| | 33 | 人流器械 | 套 |
| | 34 | 人流吸引器 | 台 |
| | 35 | 手术器械台 | 台 |
| 7.五官科 | 36 | 五官科椅 | 把 |
| | 37 | 常用五官科器械 | 套 |
| | 38 | 检眼镜 | 个 |
| | 39 | 视力表灯 | 个 |
| | 40 | 口腔综合治疗台 | 台 |
| | 41 | 药品（器械）柜 | 个 |
| | 42 | 地站灯 | 台 |
| 8.药房 | 43 | 毒麻药品柜 | 个 |
| | 44 | 电冰箱 | 台 |
| | 45 | 药物天平 | 台 |
| 9.中药房 | 46 | 中药饮片柜（药斗) | 个 |
| | 47 | 药架（药品柜） | 个 |
| | 48 | 调剂台 | 个 |
| | 49 | 药戥 | 个 |
| | 50 | 电子秤 | 个 |
| | 51 | 小型粉碎机 | 台 |
| | 52 | 小型切片机 | 台 |
| | 53 | 小型炒药机 | 台 |
| | 54 | 消毒锅 | 个 |

（续表）

| 功能科、室 | 序号 | 设备名称 | 单位 |
| --- | --- | --- | --- |
|  | 55 | 标准筛 | 个 |
|  | 56 | 煎药机 | 台 |
|  | 57 | 包装机 | 台 |
|  | 58 | 冷藏柜 | 个 |
| 10.注射室 | 59 | 注射处置台 | 个 |
|  | 60 | 药品柜 | 个 |
| 11.观察治疗室 | 61 | 观察床 | 张 |
|  | 62 | 输液架 | 个 |
|  | 63 | 治疗车 | 个 |
|  | 64 | 地站灯 | 个 |
| 12.检验科 | 65 | 生化分析仪 | 台 |
|  | 66 | 血球计数器 | 台 |
|  | 67 | 尿分析仪 | 台 |
|  | 68 | 电解质分析仪 | 台 |
|  | 69 | 生物显微镜 | 台 |
|  | 70 | 离心机 | 台 |
|  | 71 | 干燥箱 | 台 |
|  | 72 | 电冰箱 | 台 |
|  | 73 | 电热恒温培养箱 | 台 |
|  | 74 | 分光光度计 | 台 |
|  | 75 | 分析天平 | 台 |
|  | 76 | 水浴箱 | 台 |
|  | 77 | 药品试剂柜 | 个 |
|  | 78 | 净化工作台 | 台 |
| 13.放射科 | 79 | X光机 | 台 |
|  | 80 | 洗片机 | 台 |
|  | 81 | 铅屏风 | 个 |
|  | 82 | 铅围裙 | 条 |

（续表）

| 功能科、室 | 序号 | 设备名称 | 单位 |
| --- | --- | --- | --- |
| | 83 | 铅手套 | 付 |
| | 84 | 看片灯 | 台 |
| 14.病房 | 85 | 超声波诊断仪 | 台 |
| | 86 | 病床 | 张 |
| | 87 | 除颤监护仪 | 台 |
| | 88 | 药品柜 | 个 |
| | 89 | 治疗车 | 辆 |
| | 90 | 病历柜 | 个 |
| | 91 | 担架车 | 辆 |
| | 92 | 看片灯 | 个 |
| | 93 | 氧气瓶 | 个 |
| | 94 | 地站灯 | 个 |
| | 95 | 换药车 | 辆 |
| 15.手术室 | 96 | 手术床 | 张 |
| | 97 | 无影灯 | 个 |
| | 98 | 电动吸引器 | 台 |
| | 99 | 麻醉机 | 台 |
| | 100 | 呼吸机 | 台 |
| | 101 | 氧气瓶 | 个 |
| | 102 | 监护仪 | 台 |
| | 103 | 担架车 | 辆 |
| | 104 | 手术器械台 | 个 |
| | 105 | 器械柜 | 个 |
| | 106 | 剖腹手术器械 | 套 |
| | 107 | 肛门手术器械 | 套 |
| | 108 | 气管切开手术器械 | 套 |
| | 109 | 妇产科手术器械 | 套 |
| | 110 | 基础手术器械 | 套 |

（续表）

| 功能科、室 | 序号 | 设备名称 | 单位 |
|---|---|---|---|
| | 111 | 计划生育手术器械 | 套 |
| | 112 | 地站灯 | 个 |
| | 113 | 紫外线灯 | 个 |
| | 114 | 立式血压计 | 个 |
| | 115 | 药品柜 | 个 |
| 16.产房 | 116 | 产床 | 张 |
| | 117 | 接生包 | 个 |
| | 118 | 氧气瓶 | 个 |
| | 119 | 地站灯 | 台 |
| | 120 | 药品（器械）柜 | 个 |
| | 121 | 器械台 | 个 |
| | 122 | 多普勒胎儿诊断仪 | 台 |
| | 123 | 新生儿床 | 张 |
| | 124 | 常用产科器械 | 套 |
| | 125 | 高压消毒锅 | 台 |
| | 126 | 新生儿体重计 | 台 |
| 17.运输工具 | 127 | 救护车 | 辆 |
| 18.其它 | 128 | 计算机 | 台 |
| | 129 | 一次性器具毁形机 | 台 |

## 3、村卫生室基本医疗设备主要装备品目表

| 序号 | 基本设备 | 序号 | 基本设备 |
|---|---|---|---|
| 1 | 听诊器 | 19 | 电针仪 |
| 2 | 血压计 | 20 | TDP神灯 |
| 3 | 体温计 | 21 | 诊查床 |
| 4 | 吸痰器 | 22 | 观察床 |
| 5 | 简易呼吸器 | 23 | 无菌柜 |
| 6 | 身高体重计 | 24 | 健康档案柜 |
| 7 | 便携式高压消毒锅（带压力表） | 25 | 中、西药品柜 |
| 8 | 清创缝合包 | 26 | 中药饮片柜（药斗） |
| 9 | 出诊箱 | 27 | 桌椅 |
| 10 | 治疗盘 | 28 | 健康宣传版 |
| 11 | 冷藏包（箱） | 29 | 担架 |
| 12 | 至少50支各种规格一次性注射器 | 30 | 处置台 |
| 13 | 医用储槽 | 31 | 有盖污物桶 |
| 14 | 有盖方盘 | 32 | 输液架 |
| 15 | 氧气包 | 33 | 地站灯 |
| 16 | 开口器 | 34 | 手电筒 |
| 17 | 压舌板 | 35 | 应急照明设施 |
| 18 | 止血带 | | |

# 国务院办公厅关于印发深化医药卫生体制改革2014年重点工作任务的通知

国办发〔2014〕24号

各省、自治区、直辖市人民政府，国务院有关部门：

《深化医药卫生体制改革2014年重点工作任务》已经国务院同意，现印发给你们，请结合实际，认真组织实施。

国务院办公厅

2014年5月13日

## 深化医药卫生体制改革2014年重点工作任务

2014年是贯彻落实党的十八届三中全会精神、全面深化改革的开局之年，也是深化医药卫生体制改革的关键之年。要按照今年《政府工作报告》的部署和保基本、强基层、建机制的要求，深入实施“十二五”期间深化医药卫生体制改革规划暨实施方案，坚持以群众反映突出的重大问题为导向，以公立医院改革为重点，深入推进医疗、医保、医药三医联动，巩固完善基本药物制度和基层医疗卫生机构运行新机制，统筹推进相关领域改革，用中国式办法破解医改这个世界性难题。

**一、加快推动公立医院改革**

重点解决公立医院规划布局不合理、公益性不强、管理制度不健全、就医秩序不规范以及综合改革不配套等问题。把县级公立医院综合改革作为公立医院改革的重中之重，系统评估试点经验，梳理总结试点模式并加以推广。启动实施第二批县级公立医院综合改革试点，新增县级公立医院改革试点县（市）700个，使试点县（市）的数量覆盖50%以上的县（市），覆盖农村5亿人口。扩大城市公立医院综合改革试点，研究制订城市公立医院综合改革试点实施方案，2014年每个省份都要有1个改革试点城市。重点任务是：

（一）推进公立医院规划布局调整。编制《全国卫生服务体系规划纲要（2015-2020年）》，各地要按照国家卫生服务体系规划以及卫生资源配置标准，制订区域卫生规划与医疗机构设置规划，并向社会公布。将区域内各级各类医疗机构统一纳入规划，每千常住人口医疗卫生机构床位数达到4张的，原则上不再扩大公立医院规模。进一步明确公立医院保基本的职能，优化结构布局，严格控制公立医院床位规模和建设标准。（卫生计生委、发展改革委、财政部、中医药局负责。排在第一位的部门为牵头部门，分别负责为各部门分别牵头，下同）

（二）建立科学补偿机制。破除以药补医，公立医院取消药品加成减少的合理收入通过调整医疗技术服务价格和增加政府投入，以及医院加强成本控制管理、节约运行成本等多方共担，由各省（区、市）制订具体的补偿办法。落实政府对县级公立医院符合规划和卫生资源配置要求的投入政策。落实对中医医院的投入倾斜政策。充分发挥医疗保险补偿作用，医保基金通过购买服务对医院提供的基本医疗服务予以及时补偿。（卫生计生委、财政部、发展改革委、人力资源社会保障部分别负责，中医药局参与）

（三）理顺医疗服务价格。按照“总量控制、结构调整、有升有降、逐步到位”的原则，综合考虑取消药品加成、医保支付能力、群众就医负担以及当地经济社会发展水平等因素，提高护理、手术、床位、诊疗和中医服务等项目价格，逐步理顺医疗服务比价关系，体现医务人员技术劳务价值。降低药品和高值医用耗材价格，降低大型医用设备检查、治疗价格，已贷款或集资购买的大型设备原则上由政府回购，回购有困难的限期降低价格。价格调整政策要与医保支付政策相衔接。公立医院综合改革试点地区要制订价格调整的具体方案，明确时间表并组织实施。（发展改革委、人力资源社会保障部、卫生计生委、中医药局负责）

（四）建立适应医疗行业特点的人事薪酬制度。研究拟订适应医疗行业特点的公立医院人事薪酬制度政策，建立健全收入分配激励约束机制。严禁向医务人员下达创收指标，严禁将医务人员奖金、工资等收入与药品、医学检查等业务收入挂钩。（人力资源社会保障部、财政部、卫生计生委负责）

（五）完善县级公立医院药品采购机制。县级公立医院使用的药品（不含中药饮片）要依托省级药品集中采购平台，以省（区、市）为单位，采取招采合一、量价挂钩等办法开展集中招标采购，同时允许地方根据实际进行不同形式的探索。进一步增强医疗机构在药品招标采购中的参与度。鼓励跨省联合招标采购，保证药品质量安全，切实降低药品价格，有条件的地区要建立与基层基本药物采购联动的机制。逐步规范集中采购药品的剂型、规格和包装。推进高值医用耗材公开透明、公平竞争网上阳光采购。药品和高值医用耗材采购数据实行部门和区域共享。（卫生计生委、中医药局负责）

（六）建立和完善现代医院管理制度。加快推进政府职能转变，推进管办分开，完善法人治理结构，落实公立医院法人主体地位。合理界定政府和公立医院在人事、资产、财务等方面的责权关系，建立决策、执行、监督相互分工、相互制衡的权力运行机制。完善公立医院院长选拔任用制度，明确院长的任职资格和条件，推进院长职业化、专业化，强化院长任期目标管理，建立问责机制。推动公立医院去行政化，逐步取消公立医院行政级别，到2014年底卫生计生行政部门负责人一律不得兼任公立医院领导职务。严格执行医院财务会计制度和内部控制制度。（卫生计生委、中央编办、人力资源社会保障部、财政部、教育部、中医药局负责）

（七）健全分级诊疗体系。制订分级诊疗办法，综合运用医疗、医保、价格等手段引导患者在基层就医，推动形成基层首诊、分级诊疗、双向转诊的就医秩序。通过技术合作、人才流动、管理支持等多种方式推动建立基层医疗卫生机构、县级医院和城市大医院之间分工协作机制。各省（区、市）要按照分类指导、管理与技术并重的原则，统筹安排本省（区、市）内各项对口支援工作。国家选择部分城市开展基层首诊试点，鼓励有条件的地区开展试点工作。研究完善方便流动人口参保和就医的政策。（卫生计生委、人力资源社会保障部、发展改革委、中医药局负责）

（八）完善中医药事业发展政策和机制。研究完善鼓励中医药服务提供和使用的政策，加强县中医院和县医院中医科基本条件和能力建设，积极引导医疗机构开展成本相对较低、疗效相对较好的中医药诊疗服务。继续实施基层中医药服务能力提升工程。研究制订中医药发展战略规划，提出加快中医药发展的政策措施。（中医药局、发展改革委、卫生计生委、财政部、人力资源社会保障部负责）

**二、积极推动社会办医**

重点解决社会办医在准入、人才、土地、投融资、服务能力等方面政策落实不到位和支持不足的问题。优先支持社会资本举办非营利性医疗机构，努力形成以非营利性医疗机构为主体、营利性医疗机构为补充的社会办医体系。重点任务是：

（九）放宽准入条件。修订中外合资、合作医疗机构管理暂行办法，减少外资在合资合作医疗机构的持股比例限制。按照逐步放开、风险可控的原则，将香港、澳门和台湾地区服务提供者在内地设立独资医院的地域范围扩大到全国市（地）级以上城市，其他具备条件的境外资本可在中国（上海）自由贸易试验区等特定区域设立独资医疗机构，逐步扩大试点。清理社会资本举办医疗机构的相关行政审批事项，进行取消或合并，减少审批环节，公开审批程序和条件，提高审批效率。（卫生计生委、发展改革委、商务部、人力资源社会保障部、中医药局负责）

（十）优化社会办医政策环境。各地要集中清理不合理规定，加快落实对非公立医疗机构和公立医疗机构在市场准入、社会保险定点、重点专科建设、职称评定、学术地位、等级评审、技术准入、科研立项等方面同等对待的政策。研究制订在人才流动、土地、投融资、财税、产业政策等方面进一步支持社会办医政策，并向社会资本举办非营利性医疗机构和投向医疗资源稀缺及满足多元需求服务领域倾斜，放宽对营利性医院的数量、规模、布局以及大型医用设备配置的限制。非公立医疗机构医疗服务价格实行市场调节。完善按照经营性质分类的监管和评价政策，逐步建立符合卫生行业和医务人员执业特点的管理制度。依法加强行业监管。（发展改革委、卫生计生委、财政部、人力资源社会保障部、中医药局负责）

（十一）加快推进医师多点执业。出台推进医师多点执业的意见，进一步简化程序，推动医务人员保障社会化管理，消除阻碍医师有序流动的不合理规定，完善鼓励多点执业的政策措施。（卫生计生委、人力资源社会保障部、发展改革委、中医药局负责）

（十二）推动社会办医联系点和公立医院改制试点工作。创新社会资本办医机制，支持社会办医国家联系点在人才流动、土地、规划和投资补助等政策方面大胆探索创新，率先形成多元办医格局。健全与社会办医国家联系点的沟通联系评价机制，及时总结推广有益经验。推进政府办医院改制试点和国有企业医院改制试点，着力在调整存量、体制机制创新方面取得突破。（发展改革委、卫生计生委分别负责，财政部、人力资源社会保障部、国资委、中医药局参与）

**三、扎实推进全民医保体系建设**

重点解决筹资机制不健全、重特大疾病保障机制不完善、医疗服务监管尚需加强、支付方式改革有待深化等问题，进一步巩固完善全民医保体系。2014年职工基本医疗保险、城镇居民基本医疗保险（以下简称城镇居民医保）和新型农村合作医疗（以下简称新农合）三项基本医保参保（合）率稳定在95%以上，城镇居民医保和新农合人均政府补助标准提高40元，达到320元；个人缴费同步新增20元。城镇居民医保和新农合政策范围内住院费用支付比例分别达到70%以上和75%左右，进一步缩小与实际住院费用支付比例之间的差距。适当提高城镇居民医保和新农合门诊统筹待遇水平。重点任务是：

（十三）推进城乡居民基本医保制度整合和完善筹资机制。指导地方进一步推进城乡居民基本医保制度整合，完善管理服务，确保保障水平不降低。完善政府、单位和个人合理分担的基本医保筹资机制，根据经济社会发展和城乡居民收入水平逐步提高筹资标准，强化个人缴费责任和意识。研究建立稳定可持续、动态调整的筹资机制，在逐步提高整体筹资标准的同时，按照积极稳妥、逐步到位的原则，

逐步提高个人缴费占整体筹资的比重。（人力资源社会保障部、卫生计生委分别负责）

（十四）改革医保支付制度。总结地方开展医保支付制度改革的经验，完善医保付费总额控制，加快推进支付方式改革，建立健全医保对医疗服务行为的激励约束机制。重点配合试点县（市）和试点城市的公立医院改革完善支付制度改革。积极推动建立医保经办机构与医疗机构、药品供应商的谈判机制和购买服务的付费机制。（人力资源社会保障部、卫生计生委分别负责）

（十五）健全重特大疾病保障制度。在全国推行城乡居民大病保险，规范委托商业保险机构承办。完善城镇职工补充医保政策。做好儿童白血病等新农合重大疾病保障向大病保险过渡工作。加强城乡医疗救助、疾病应急救助，各省（区、市）、市（地）政府都要通过财政投入和社会各界捐助等多渠道建立疾病应急救助基金，制订具体的实施方案和操作细则。推动城乡医疗救助制度整合。加快推进重特大疾病医疗救助工作，进一步扩大试点范围。继续提高医疗救助水平，救助对象政策范围内住院自付医疗费用救助比例达到60%。全面推进医疗救助“一站式”即时结算服务，提升信息化管理水平。做好基本医保、城乡居民大病保险、疾病应急救助和医疗救助等制度间的衔接，发挥好各项制度的整体合力。（卫生计生委、人力资源社会保障部、民政部分别负责，财政部、保监会、全国总工会参与）

（十六）推进异地就医结算管理和服务。加快提高基本医保的统筹层次，提高统筹质量，鼓励实行省级统筹。在规范省级异地就医结算平台建设的基础上，启动国家级结算平台建设试点。以异地安置退休人员为重点，积极推进跨省（区、市）异地就医即时结算服务。各统筹地区医保经办机构也可以探索通过自主协商、委托商业保险经办等方式，解决跨省（区、市）异地就医结算问题。（人力资源社会保障部、卫生计生委分别负责，保监会参与）

（十七）发展商业健康保险。研究制订鼓励健康保险发展的指导性文件，推进商业保险机构参与各类医保经办。加快发展医疗责任保险、医疗意外保险，积极开发儿童保险、长期护理保险以及与健康管理、养老等服务相关的商业健康保险产品。（保监会、人力资源社会保障部、卫生计生委负责）

**四、巩固完善基本药物制度和基层运行新机制**

重点解决基层医改政策落实不平衡、部分药物配送不及时和短缺、服务能力不足等问题。全面抓好《国务院办公厅关于巩固完善基本药物制度和基层运行新机制的意见》（国办发〔2013〕14号）的贯彻落实。继续支持村卫生室、乡镇卫生院、社区卫生服务机构建设，加快乡镇卫生院周转宿舍建设。继续为中西部地区招录5000名农村订单定向免费医学生。重点任务是：

（十八）巩固完善基本药物制度。全面实施国家基本药物目录（2012年版），严格规范地方增补药品。政府办的基层医疗卫生机构全部配备使用基本药物，提高二、三级医院基本药物使用比例。完善政策措施，有序推进村卫生室和非政府办基层医疗卫生机构逐步实行基本药物制度。进一步稳固基本药物集中采购机制，把是否通过《药品生产质量管理规范（2010年修订）》（GMP）认证作为质量评价的重要指标。加强基本药物配送和回款管理，严格落实市场清退制度，对配送不及时的企业加大处罚力度，保障基层用药需求。（卫生计生委、食品药品监管总局负责）

（十九）建立短缺药品供应保障机制。对临床必需但用量小、市场供应短缺的药物，通过招标采取定点生产等方式确保供应。完善短缺药品储备制度，重点做好传染病预防、治疗药品和急救药品类基本药物供应保障。（工业和信息化部、卫生计生委负责）

（二十）进一步改革人事分配制度。强化基层医疗卫生机构的法人主体地位，切实落实用人自主权。全面落实聘用制度和岗位管理制度，建立能上能下、能进能出的竞争性用人机制。在平稳实施绩效工资的基础上，适当提高奖励性绩效工资比例，合理拉开收入差距，调动医务人员积极性。完善基层医疗卫生机构绩效考核办法，依托信息化手段加强量化考核和效果考核，鼓励引入第三方考核，考核结果与绩效工资总量、财政补助、医保支付等挂钩，体现多劳多得、优绩优酬。（人力资源社会保障部、卫生计生委分别负责）

（二十一）稳定乡村医生队伍。原则上将40%左右的基本公共卫生服务任务交由村卫生室承担，考核合格后将相应的基本公共卫生服务经费拨付给村卫生室，不得挤占、截留和挪用。加快将符合条件的村卫生室纳入新农合定点，全面实施一般诊疗费政策。基层医疗卫生机构在同等条件下可优先聘用获得执业（助理）医师资格的乡村医生。研究制订提高偏远、艰苦以及少数民族等特殊地区执业乡村医生待遇的相关政策措施。落实乡村医生养老政策，采取多种方式，妥善解决好老年乡村医生的养老保障和生活困难问题，同步建立乡村医生退出机制。适时组织对乡村医生政策落实情况进行专项督查。充分发挥基层计生工作者在普及健康知识、提高公民健康素养中的积极作用。（卫生计生委、人力资源社会保障部负责）

**五、规范药品流通秩序**

重点解决药品流通领域经营不规范、竞争失序、服务效率不高等问题。充分发挥市场机制的作用，建立药品流通新秩序。重点任务是：

（二十二）规范药品流通经营行为。针对药品购销领域中的突出问题，开展专项整治，严厉打击药品生产经营企业挂靠经营、租借证照、销售假劣药品、商业贿赂以及伪造、虚开发票等违法违规行为，严厉打击“医药代表”非法销售药品行为，有效遏制药品流通领域的腐败行为和不正之风。实施医药购销领域商业贿赂不良记录的规定。（食品药品监管总局、卫生计生委分别负责，工业和信息化部、商务部参与）

（二十三）提升药品流通服务水平和效率。加快清理和废止阻碍药品流通行业公平竞争的政策规定，构建全国统一市场。采取多种形式推进医药分开，鼓励零售药店发展和连锁经营，增强基层和边远地区的药品供应保障能力。（商务部、发展改革委、卫生计生委、人力资源社会保障部、食品药品监管总局负责）

（二十四）改革完善药品价格形成机制。健全药品价格信息监测制度，推动建立药品零售价格、采购价格、医保支付标准信息共享机制，加强药品价格信息采集、分析和披露，引导形成药品合理价格。改进药品定价方法。完善进口药品、高值医用耗材的价格管理。（发展改革委、人力资源社会保障部、卫生计生委负责）

六、统筹推进相关改革工作

针对部分公共卫生服务项目效率不高、信息化建设滞后、医疗卫生行业监管能力不强、考核评价机制不健全等问题，加大相关领域改革力度，着力增强改革的整体性、系统性和协同性，形成推进改革的合力。重点任务是：

（二十五）完善公共卫生服务均等化制度。继续实施国家基本公共卫生服务项目，人均基本公共卫生服务经费标准提高到35元，细化、优化服务项目和服务内容。健全专业公共卫生机构与基层医疗卫生机构间的分工协作机制，加强项目绩效考核和日常管理，规范资金管理和使用，注重服务效果。重点做好流动人口以及农村留守儿童和老人的基本公共卫生服务。优化整合妇幼保健和计划生育技术服务资源，推进国家免费孕前优生健康检查项目，进一步强化出生缺陷综合防治。落实国家重大公共卫生服务项目。进一步加强食品安全风险监测能力和重大疾病防治设施建设。适龄儿童国家免疫规划疫苗接种率保持在90%以上，高血压、糖尿病患者规范化管理人数分别达到8000万和2500万以上，严重精神障碍患者管理率达到65%以上。（卫生计生委、财政部、发展改革委、中医药局负责）

（二十六）加强卫生信息化建设。推进医疗卫生信息技术标准化，推行使用居民电子健康档案和电子病历。充分利用现有资源，加强面向基层、偏远地区的远程医疗服务。制订推进远程医疗服务的政策措施。县级公立医院综合改革试点地区要加快推进信息化建设。50%的区域信息平台实现全员人口信息、电子健康档案和电子病历三大数据库资源整合，实现公共卫生、计划生育、医疗服务、医疗保障、药品管理、综合管理等信息资源互联互通。在15个省份、45所大型医院开展示范，逐步建立居民健康医疗信息跨机构、跨区域共享机制。（卫生计生委、发展改革委、工业和信息化部、中医药局负责）

（二十七）建立适应行业特点的人才培养机制。推进住院医师规范化培训制度，加强全科医生培养。政府对按规划建设和设置的培训基地基础设施建设、设备购置、教学实践活动以及面向社会招收和单位委派的培训对象给予必要补助，中央财政通过专项转移支付予以适当支持。各地在医学人才培养中要充分发挥现有资源的作用。继续安排中西部地区乡镇卫生院在职执业医师参加全科医生转岗培训。继续推进全科医生执业方式和服务模式改革试点，启动试点监测评估。重点抓好第一批1000名全科医生特岗计划试点。研究实施县级公立医院专科特设岗位计划，引进急需高层次人才。深化医学教育改革，建立医学人才培养规模和结构与医药卫生事业发展需求有效衔接的调控机制。实施中医药传承与创新人才工程。（卫生计生委、人力资源社会保障部、财政部、教育部、中医药局负责）

（二十八）加强医疗卫生全行业监管。所有医疗卫生机构均由所在地卫生计生行政部门实行统一准入、统一监管。优化监管机制、完善监管制度、创新监管手段，加强医疗卫生综合监督体系顶层设计，提高综合监督能力，加大监督执法力度。进一步整顿医疗秩序，打击非法行医。落实医疗卫生行风建设“九不准”，严格规范诊疗服务行为，纠正诊疗服务中的不正之风，严肃查处收受“红包”、回扣和过度医疗等行为。加快发展医疗纠纷人民调解等第三方调解机制，完善医疗纠纷处理和医疗风险分担机制，依法打击涉医违法犯罪行为，努力构建平等、健康、和谐的医患关系。发挥社会组织作用，建立信息公开、社会多方参与的监管制度，主动接受人民群众和社会各界监督。制订控制医疗费用不合理过快增长的指导性文件。（卫生计生委、发展改革委、工业和信息化部、财政部、人力资源社会保障部、食品药品监管总局、中医药局、保监会负责）

（二十九）建立健全考核评估机制。开展“十二五”期间深化医药卫生体制改革规划暨实施方案中期评估和年度医改监测，抓好医改政策落实。制订县级公立医院综合改革效果评价指标体系，加强对试点地区的监测、评估和指导。研究制订医疗卫生机构绩效评价的指导性文件。（卫生计生委、人力资源社会保障部、财政部、发展改革委、中医药局负责）

（三十）加强科技和产业支撑。开展主要重大慢病防治研究网络的试点示范工作。进一步加大医药产品研发的组织推进力度，重点做好基本药物品质提升和基本医疗器械产品国产化工作。加强医疗卫生科技创新成果在基层的集成应用和示范推广。支持开展医改战略性、方向性、支撑性重大政策研究。制订支持老年人、残疾人专用保健品等自主研发制造和国产化的政策措施，推动一批量大面广、临床价值高的生物技术药物与疫苗、医疗器械提高产业化水平，扩大市场运用。（科技部、发展改革委分别负责，工业和信息化部、卫生计生委、食品药品监管总局、中医药局参与）

（三十一）加强组织领导。国务院医改领导小组与省级医改领导小组、各成员单位要加强统筹协调，共同做好医改各项任务的组织实施工作。加强对医改中重点、难点问题的调查研究，完善政策措施，做好顶层设计。及时评估和总结推广各地好的做法和经验，对成熟的改革举措要总结提炼、适时制订相应的制度法规。加强医改宣传，做好舆情监测，引导群众合理预期，回应社会关切。各地各部门要继续支持军队卫生系统参与深化医改。（卫生计生委、中央宣传部、国研室、法制办、总后勤部卫生部等负责）

附件：部分重点工作任务分工及进度安排表

**附件：**

## 部分重点工作任务分工及进度安排表

| 序号 | 工作任务 | 负责部门 | 时间进度 |
|---|---|---|---|
| 1 | 梳理总结县级公立医院综合改革试点模式 | 卫生计生委、财政部等 | 2014年12月底前完成 |
| 2 | 研究制订城市公立医院综合改革试点实施方案 | 卫生计生委、发展改革委、财政部、人力资源社会保障部、中医药局等 | 2014年9月底前完成 |
| 3 | 编制《全国卫生服务体系规划纲要（2015–2020年）》 | 卫生计生委、发展改革委、财政部、中医药局等 | 2014年9月底前完成 |
| 4 | 制订公立医院药品集中采购指导性文件 | 卫生计生委、中医药局等 | 2014年6月底前完成 |
| 5 | 制订分级诊疗办法 | 卫生计生委、人力资源社会保障部、发展改革委、中医药局等 | 2014年12月底前完成 |
| 6 | 研究制订中医药发展战略规划 | 中医药局、发展改革委、卫生计生委、财政部、人力资源社会保障部等 | 2014年12月底前完成 |
| 7 | 出台推进医师多点执业的意见 | 卫生计生委、人力资源社会保障部、发展改革委、中医药局等 | 2014年9月底前完成 |
| 8 | 制订发展商业健康保险的政策措施 | 保监会、人力资源社会保障部、卫生计生委等 | 2014年6月底前完成 |
| 9 | 启动短缺药品招标定点生产工作 | 工业和信息化部、卫生计生委、发展改革委、中医药局等 | 2014年6月底前完成 |
| 10 | 制订完善药品价格形成机制的文件 | 发展改革委等 | 2014年12月底前完成 |
| 11 | 研究制订县级公立医院专科特设岗位计划 | 卫生计生委、人力资源社会保障部、财政部、教育部、中医药局等 | 2014年9月底前完成 |

| 12 | 制订控制医疗费用不合理过快增长的指导性文件 | 卫生计生委、人力资源社会保障部、发展改革委、中医药局等 | 2014年12月底前完成 |
|---|---|---|---|
| 13 | 制订县级公立医院综合改革效果评价指标体系 | 卫生计生委、人力资源社会保障部、财政部、发展改革委、中医药局等 | 2014年6月底前完成 |
| 14 | 研究制订医疗卫生机构绩效评价的指导性文件 | 卫生计生委、人力资源社会保障部、财政部、中医药局等 | 2014年12月底前完成 |

# 关于印发推进县级公立医院综合改革意见的通知

国卫体改发〔2014〕12号

各省、自治区、直辖市人民政府，新疆生产建设兵团：

卫生计生委、财政部、中央编办、发展改革委和人力资源社会保障部《关于推进县级公立医院综合改革的意见》已经国务院同意，现印发给你们，请结合本地实际认真贯彻落实。

卫生计生委
财 政 部
中 央 编 办
发展改革委
人力资源社会保障部
2014年3月26日

附件：

## 关于推进县级公立医院综合改革的意见

公立医院改革是深化医药卫生体制改革的一项重点任务，县级公立医院（含中医医院，下同）改革是全面推进公立医院改革的重要内容，是解决群众“看病难、看病贵”问题的关键环节。国务院办公厅印发《关于县级公立医院综合改革试点的意见》（国办发〔2012〕33号）以来，经过1年多的试点，改革取得了初步成效，积累了有益经验，同时一些深层次的矛盾和问题逐渐凸显。为贯彻落实中央关于全面深化改革的总体部署，进一步推进医药卫生体制改革，指导各地加快县级公立医院改革步伐，巩固扩大改革成效，现就推进县级公立医院综合改革提出如下意见：

### 一、总体要求

贯彻落实党的十八大和十八届三中全会精神，深入推动实施《中共中央 国务院关于深化医药卫生体制改革的意见》（中发〔2009〕6号）和《国务院关于印发 “十二五”期间深化医药卫生体制改革规划暨实施方案的通知》（国发〔2012〕11号），按照政事分开、管办分开、医药分开、营利性和非营利性分开的要求，坚持保基本、强基层、建机制的基本原则，坚持公立医院公益性质，以破除以药补医机制为关键环节，更加注重改革的系统性、整体性和协同性，更加注重体制机制创新和治理体系与能力建设，更加注重治本与治标、整体推进与重点突破的统一，全面深化县级公立医院管理体制、补偿机制、价格机制、药品采购、人事编制、收入分配、医保制度、监管机制等综合改革，建立起维护公益性、调动积极性、保障可持续的运行新机制；坚持以改革促发展，加强以人才队伍为核心的能力建设，不断提高县级公立医院医疗卫生服务水平。

### 二、改革管理体制

（一）明确功能定位。县级公立医院是公益二类事业单位，是县域内的医疗卫生服务中心、农村三级医疗卫生服务网络的龙头和城乡医疗卫生服务体系的纽带，是政府向县域居民提供基本医疗卫生服务的重要载体。承担县域居民的常见病、多发病诊疗，危急重症抢救与疑难病转诊，农村基层医疗卫生机构人员培训指导，以及部分公共卫生服务、自然灾害和突发公共卫生事件应急处置等工作。

（二）建立和完善法人治理结构。加快推进政府职能转变，积极探索管办分开的有效形式。合理界定政府和公立医院在人事、资产、财务等方面的责权关系，建立决策、执行、监督相互分工、相互制衡的权力运行机制，落实县级公立医院独立法人地位和自主经营管理权。推进县级公立医院去行政化，逐步取消医院的行政级别，县级卫生计生行政部门负责人不得兼任县级公立医院领导职务。

（三）合理配置资源。2014年底前，国家和省（区、市）制定卫生服务体系规划以及卫生资源配置标准，各市（地）要制订区域卫生规划与医疗机构设置规划，并向社会公布。每个县（市）要办好1–2所县级公立医院。按照“填平补齐”原则，继续推进县级医院建设，30万人口以上的县（市）至少有一所医院达到二级甲等水平。采取有效措施，鼓励县级公立医院使用国产设备和器械。研究完善鼓励中医药服务提供和使用的政策，加强县中医院和县医院中医科基本条件和能力建设，积极引导医疗机构开展成本相对较低、疗效相对较好的中医药诊疗服务。严格控制县级公立医院床位规模和建设标准，严禁举债建设和举债购置大型医用设备。对超规模、超标准和举债建设的地方和机构，严肃追究政府和医疗机构负责人的相关责任。研究制定国有企业所办医院的改革政策措施。

**三、建立科学补偿机制**

（一）破除以药补医，完善补偿机制。县级公立医院补偿由服务收费、药品加成收入和政府补助三个渠道改为服务收费和政府补助两个渠道，取消药品加成政策。医院由此减少的合理收入，通过调整医疗技术服务价格和增加政府投入，以及医院加强核算、节约运行成本等多方共担。各省（区、市）制订具体的补偿办法，明确分担比例。中央财政给予补助，地方财政要调整支出结构，切实加大投入，增加的政府投入要纳入财政预算。充分发挥医疗保险补偿作用，医保基金通过购买服务对医院提供的基本医疗服务予以及时补偿，缩小医保基金政策内报销比例与实际报销比例的差距。

（二）理顺医疗服务价格。按照“总量控制、结构调整、有升有降、逐步到位”的原则，体现医务人员技术劳务价值，综合考虑取消药品加成、医保支付能力、群众就医负担以及当地经济社会发展水平等因素合理调整价格，逐步理顺医疗服务比价关系。提高诊疗、手术、护理、床位和中医服务等项目价格。降低药品和高值医用耗材价格，降低大型医用设备检查、治疗价格。鼓励医院通过提供优质服务获得合理收入。已贷款或集资购买的大型设备原则上由政府回购，回购有困难的2015年前限期降低价格。价格调整政策与医保支付政策相互衔接。

（三）落实政府投入责任。县级人民政府是举办县级公立医院的主体，要在严格控制公立医院建设规模、标准的基础上，全面落实政府对县级公立医院符合规划的基本建设及大型设备购置、重点学科发展、人才培养、符合国家规定的离退休人员费用、政策性亏损、承担公共卫生任务和紧急救治、支边、支农公共服务等政府投入政策。中央财政和省级财政给予适当补助。落实对中医的投入倾斜政策。

**四、完善药品供应保障制度**

（一）改革药品集中采购办法。县级公立医院使用的药品，要依托省级药品集中采购平台，以省（区、市）为单位，按照质量优先、价格合理原则，采取招采合一、量价挂钩、双信封制等办法开展集中招标采购，同时允许地方根据实际进行不同方式的探索。进一步增强医疗机构在药品招标采购中的参与度；鼓励跨省联合招标采购，保证药品质量安全，切实降低药品价格，有效遏制药品购销领域的腐败行为和不正之风。对临床必需但用量小、市场供应短缺的药物，可通过招标采取定点生产等方式确保供应。逐步建立基本药物与非基本药物采购衔接机制。县级公立医院要按照规定优先使用基本药物。坚持公开透明、公平竞争，推进高值医用耗材网上阳光采购，县级公立医院和高值医用耗材生产经营企业必须通过省级集中采购平台开展网上交易。在保证质量的前提下，鼓励采购国产高值医用耗材。加强省级药品集中采购平台能力建设，保障药品采购工作的实际需要。提高采购透明度，药品和高值医用耗材采购数据实行部门和区域共享。

（二）保障药品供应。药品配送原则上由中标企业自行委托药品经营企业配送或直接配送，减少流通环节，规范流通秩序。严格采购付款制度，制订具体付款流程和办法。无正当理由未能按时付款的，采购机构要向企业支付违约金。省级卫生计生和财政部门负责监督货款支付情况，严厉查处拖延付款行为。建立全国统一的药品采购供应信息系统，逐步完善低价、短缺药品的供应保障机制。

（三）建立严格的诚信记录和市场清退制度。加强药品集中采购及配送工作的监督管理，建立不良记录。对采购中提供虚假证明文件，蓄意抬高价格或恶意压低价格，中标后拒不签订合同，供应质量不达标药品，未按合同规定及时配送供货，向采购机构、县级公立医院和个人进行贿赂或变相贿赂的，一律记录在案并进行处理，由省级卫生计生行政部门将违法违规企业、法人代表名单及违法违规情况向社会公布，并在公布后1个月内报送国家卫生计生委，由其在政务网站转载，所有省（区、市）在一定期限内不得允许该企业及其法人代表参与药品招标采购或配送。违反相关法律法规的，要依法惩处。

**五、改革医保支付制度**

（一）深化支付方式改革。在开展医保付费总额控制的同时，加快推进按病种、按人头付费等为主的付费方式改革。严格临床路径管理，保证医疗服务质量。科学合理确定付费标准，建立医疗保险经办机构和定点医疗机构之间谈判协商机制和风险分担机制。医保经办机构要根据协议约定按时足额结算并拨付资金。

（二）加强医保对医疗服务的监督和制约。充分发挥各类医疗保险对医疗服务行为和费用的调控引导与监督制约作用。利用信息化手段，逐步健全医保对医务人员用药、检查等医疗服务行为的监督。加强对基本医保目录外药品使用率、药占比、次均费用、参保人员负担水平、住院率、平均住院日、复诊率、人次人头比、转诊转院率、手术和择期手术率等指标的监控。

**六、深化人事、分配制度改革**

（一）合理核定编制。各地可结合实际研究制订县级公立医院人员编制标准，合理核定县级公立医院人员编制总量，并进行动态调整，逐步实行编制备案制。

（二）改革人事制度。落实县级公立医院用人自主权，新进人员实行公开招聘。优化人员结构，按标准合理配置医师、护士、药师和技术人员、管理人员以及必要的后勤保障人员。全面推行聘用制度和岗位管理制度，坚持按需设岗、竞聘上岗、按岗聘用、合同管理，实行定编定岗不固定人员，变身份管理为岗位管理，建立能进能出、能上能下的灵活用人机制。结合实际妥善安置未聘人员。完善县级公立医院医务人员参加社会保险制度，为促进人才合理流动创造条件。

（三）建立适应行业特点的薪酬制度。结合医疗行业特点，建立公立医院薪酬制度，完善收入分配激励约束机制。根据绩效考核结果，做到多劳多得、优绩优酬、同工同酬，重点向临床一线、关键岗位、业务骨干和作出突出贡献的人员倾斜，合理拉开收入差距。严禁给医务人员设定创收指标，严禁将医务人员收入与医院的药品、检查、治疗等收入挂钩。允许公立医院医生通过多点执业获取合规报酬。

（四）建立科学的绩效评价机制。制订县级公立医院绩效考核办法，将医院的公益性质、运行效率、群众满意度等作为考核的重要指标，考核结果与医保支付、财政补助、工资水平等挂钩，并向社会公开。把医务人员提供服务的数量、质量、技术难度和患者满意度等作为重要指标，建立以社会效益、工作效率为核心的人员绩效考核制度。

**七、加强医院管理**

（一）落实院长负责制。完善公立医院院长选拔任用制度，强化院长任期目标管理，建立问责机制。完善院长激励和约束机制，严禁将院长收入与医院的经济收入直接挂钩。加强院长管理能力培训，探索建立院长任职资格管理制度。

（二）优化内部运行管理。健全医院内部决策执行机制。完善以安全、质量和效率为中心的管理制度，加强成本核算，建立健全成本责任制度，强化成本控制意识。严格执行医院财务会计制度，探索实行总会计师制。健全财务分析和报告制度，对医院经济运行和财务活动实施会计监督，加强经济运行分析与监测、国有资产管理等工作。健全内部控制制度，建立健全医院财务审计和医院院长经济责任审计制度。实施院务公开，发挥职工代表大会的作用，加强民主决策，推进民主管理。

（三）规范医疗服务行为。完善公立医院用药管理、处方审核制度，加强抗菌药物临床应用管理，促进合理用药，保障临床用药安全、经济、有效。鼓励探索医药分开的多种形式。鼓励患者自主选择在医院门诊药房或凭处方到零售药店购药。加强临床路径和诊疗规范管理，严格控制高值医用耗材的不合理使用，加大对异常、高额医疗费用的预警和分析。加强医疗行风建设，促进依法执业、廉洁行医。强化问责制，严肃查处工作严重不负责任或失职渎职行为。

**八、提升服务能力**

（一）建立适应行业特点的人才培养制度。建立健全住院医师规范化培训制度，到2020年新进入县级公立医院的医生必须经过住院医师规范化培训。加强县级公立医院骨干医师培训，研究实施专科特设岗位计划，引进急需高层次人才。

（二）推进信息化建设。在国家统一规划下，加快推进县级医药卫生信息资源整合，逐步实现医疗服务、公共卫生、计划生育、医疗保障、药品供应保障和综合管理系统的互联互通、信息共享。加快县级公立医院信息化建设，着重规范医院诊疗行为和提高医务人员绩效考核管理能力。充分利用现有资源，开展远程医疗系统建设试点，推进远程医疗服务。强化信息系统运行安全，保护群众隐私。

（三）落实支持和引导社会资本办医政策。完善社会办医在土地、投融资、财税、价格、产业政策等方面的鼓励政策，优先支持举办非营利性医疗机构，支持社会资本投向资源稀缺及满足多元需求服务领域。放宽社会资本办医准入范围，清理取消不合理的规定，加快落实在市场准入、社会保险定点、重点专科建设、职称评定、学术地位、医院评审、技术准入等方面对非公立医疗机构和公立医疗机构实行同等对待政策。支持社会资本举办的医疗机构提升服务能力。非公立医疗机构医疗服务价格实行市场调节价。研究公立医院资源丰富的县（市）推进公立医院改制政策，鼓励有条件的地方探索多种方式引进社会资本。

**九、加强上下联动**

（一）促进医疗资源纵向流动。以多种方式建立长期稳定的县级公立医院与基层医疗卫生机构、城市医院分工协作机制。县级公立医院要加强对基层医疗卫生机构的技术帮扶指导和人员培训，健全向乡镇卫生院轮换派驻骨干医师制度，建立长效机制。可采取推荐优秀管理人才参加乡镇卫生院选聘等形式，提升乡镇卫生院管理水平。全面落实城市三级医院对口支援县级公立医院制度，提高县级医院技术和管理水平。采取政策支持、授予荣誉等措施，引导城市大医院在职学科带头人、医疗骨干全职或兼职到县级公立医院工作，并为其长期在县级公立医院工作创造条件。鼓励已退休的学科带头人、业务骨干到县级公立医院服务。

（二）完善合理分级诊疗模式。制订分级诊疗的标准和办法，综合运用医疗、医保、价格等手段，逐步建立基层首诊、分级医疗、双向转诊的就医制度。建立县级公立医院与基层医疗卫生机构之间的便捷转诊通道，县级公立医院要为基层转诊患者提供优先就诊、优先检查、优先住院等便利。充分发挥医保的杠杆作用，支付政策进一步向基层倾斜，拉开不同级别定点医疗机构间的报销比例差别。完善县外转诊和备案制度，力争2015年底实现县域内就诊率达到90%左右的目标。

**十、强化服务监管**

（一）严格行业管理。卫生计生行政部门要完善机构、人员、技术、设备的准入和退出机制。加强县级公立医院医疗质量安全、费用控制、财务运行等监管，严格控制医药费用不合理过快增长。做好医疗费用增长情况的监测与控制，加强对高额医疗费用、抗菌药物、贵重药品以及高值医用耗材使用等的回溯检查力度，及时查处为追求经济利益的不合理用药、用材和检查检验等行为。

（二）发挥社会监督和行业自律作用。推进医院信息公开，定期公开财务状况、绩效考核、质量安全等信息。加强医疗行业协会（学会）在县级公立医院自律管理监督中的作用。建立完善医务人员管理信息系统和考核档案，记录医务人员各项基本信息、年度考核结果以及违规情况等。建立社会监督评价体系，充分听取社会各方面意见。改革完善医疗质量、技术、安全和服务评估认证制度。探索建立第三方评价机制，全面、客观地评价医疗质量、服务态度、行风建设等。

（三）促进医患关系和谐。强化医务人员人文素质教育，进一步加强医德医风建设。加强舆论宣传和引导，营造全社会尊医重卫的良好氛围。加强医疗纠纷调处，完善第三方调解机制，保障医患双方的合法权益。依法维护正常的医疗服务秩序，严厉打击伤害医务人员和“医闹”等违法犯罪行为。积极发展医疗责任保险和医疗意外保险，探索建立医疗风险共担机制。

**十一、加强组织实施**

（一）编制行动计划。2014年县级公立医院综合改革试点覆盖50%以上的县（市），2015年全面推开。制定县级公立医院综合改革任务具体分工方案，进一步细化分解改革任务，落实牵头部门和进度安排，明确时间表、路线图，切实抓好组织实施。

（二）落实相关责任。各地、各有关部门要建立工作推进机制，严格落实责任制。县级人民政府是改革实施主体，要落实责任、健全制度，切实做好实施工作。各省（区、市）深化医改领导小组要建立督促检查、考核问责机制，确保综合改革的各项举措落到实处。国务院深化医改领导小组办公室要会同有关部门制订县级公立医院综合改革效果评价指标体系，加强跟踪评估，对县级公立医院改革行动计划进展情况进行专项督查，定期考核，适时通报。考核结果与中央财政补助资金挂钩。

（三）做好宣传培训。开展对各级政府和相关部门领导干部的政策培训，加强政策解读。深入细致做好医务人员的宣传动员，充分发挥其改革主力军作用。大力宣传改革进展成效和典型经验，开展舆情监测，及时解答和回应社会各界关注的热点问题，合理引导社会预期。

# 数字诊疗装备研发重点专项实施方案（征求意见稿）

## 一、意义和必要性

数字诊疗装备是医疗服务体系、公共卫生体系建设中最为重要的基础装备，是引领医学诊疗技术向早期诊断、精确诊断、微创治疗和精准治疗发展的重要支撑，也是催生新一轮健康经济发展的核心引擎，具有高度的战略性、带动性和成长性。

近年来，我国数字诊疗装备平均增速在20%以上。但是，由于技术创新能力不强，产学研用结合不紧密，创新链和产业链不完整，政策措施不配套，应用环境不完善等因素的影响，我国医疗器械特别是高端影像诊断和大型治疗等数字诊疗装备的技术竞争力薄弱，高端数字诊疗装备主要依赖进口，国民健康保障受制于人。

数字诊疗装备的研发及产业化受到了党中央、国务院的高度重视。2009年“新医改”的实施将医疗器械国产化列为重要支撑；2010年，先进医疗设备的研发和产业化列入我国战略性新兴产业的发展重点；2013、2014年国务院发布的健康服务业、养老服务业发展规划也将推进医疗器械产业列为发展重点。习近平总书记2014年明确指出“要加快高端医疗设备国产化进程，降低成本，推动民族品牌企业不断发展”。

根据我国疾病防治的临床需求和医疗器械产业发展的实际需要，在前期工作部署的基础上，科技部会同卫生计生委、工业和信息化部、食药总局、总后卫生部等部门，共同提出“数字诊疗装备研发”重点研发计划项目，通过科技创新，提升我国医疗器械产业自主研发技术水平，促进产业转型升级、培育新的经济增长点。

## 二、国内外现状和发展趋势

国际上数字诊疗装备领域技术创新一直高度活跃，创新产品不断涌现，产业规模不断扩大。近年来逐渐呈现出小型化、集成化、网络化，多源诊断信息一体化融合，早期诊断、生理和功能评价，诊疗一体化，微创、介入、精准治疗集成等新的技术发展趋势。

美国、日本，及部分欧洲国家长期在数字诊疗装备的技术和产业方面占据领先地位。与发达国家相比，我国还存在很大的差距，主要表现为一些核心部件主要依赖进口，产品的功能性能还不能有效满足临床需要，产品的稳定性及可靠性仍有差距，临床医疗机构对国产设备的认可度不足等，亟须采用全链条设计、一体化实施的方式，通过相关科技计划的实施为上述问题的解决提供有力的技术支撑。

## 三、现有工作基础

2011年科技部会同相关部门制定发布了《医疗器械科技产业发展专项规划（2011–2015）》，2012年启动了“医疗器械重点专项”，重点布局了数字化X线机、彩超、磁共振成像、PET–CT等重大战略性产品的开发。2013年，发展改革委、工业和信息化部会同有关部门共同组织实施了“高性能医学诊疗设备专项”，重点支持影像设备、先进治疗设备、体外诊断设备领域的15类产品产业链上下游协同开发。

目前，数字化平板X线机、64排CT、高端彩超、1.5T磁共振成像系统、PET–CT、植入式可充电双侧脑起搏器等一批重大产品成功打破国外垄断实现国产化，一批前沿技术取得先导性突破，医学影像等产业领域整体上呈现出加速向价值链高端演进的发展态势，我国医疗器械领域科技和产业竞争力显著提升。

为加强示范推广，科技部还会同卫生计生委、有关地方政府共同组织实施了“创新医疗器械产品应用示范工程”（简称“十百千万工程”），已在全国7个省市的近千家基层医疗机构示范应用了上万余台（套）价值近5亿元的数字化、智能化、网络化的创新医疗器械产品，在促进国产医疗器械的应用普及和推进医疗器械创新企业发展方面也发挥了积极作用。

以上工作为部署新一轮的数字诊疗装备重点专项打下了坚实组织基础、技术基础、产业基础和人才基础。

**四、目标及主要任务**

（一）总体目标

抓住健康领域新一轮科技革命的契机，促进医疗器械产业“数字化、网络化、智能化”的发展，以早期诊断、精确诊断、微创治疗、精准治疗为方向，以多模态分子成像、新型磁共振成像系统、新型计算机断层成像、低剂量X射线成像、新一代超声成像、复合内窥镜、新型显微成像、大型放疗设备、手术机器人、医用有源植入式装置等十个重大战略性产品为重点，加强核心部件和关键技术攻关，突破一批引领性前沿技术，协同推进检测技术提升、标准体系建设、应用解决方案、示范应用评价等工作，加快推进我国医疗器械领域的国产化和创新转型。

（二）主要任务

按照全链条布局、一体化实施的总体思路，具体分解为重大装备研发、前沿和共性技术研究、解决方案研究、示范应用和评价研究四项任务。

1.重大装备研发

以进口依赖突出的医学影像诊断和先进治疗产品为主攻方向，重点布局多模态分子成像、新型磁共振成像系统、新型计算机断层成像、低剂量X射线成像、新一代超声成像、复合内窥镜、新型显微成像、大型放疗设备、手术机器人、医用有源植入式装置等十类重大战略性产品。着力解决核心部件受制于人等产业发展和市场竞争中的瓶颈问题。加快推进已有一定技术积累的手术机器人、新型显微成像、质子/重离子放疗等重大产品的产品化开发和产业化发展。

2.前沿和共性技术创新

在前沿技术方面，重点开展新型成像前沿技术、先进治疗前沿技术、诊疗一体化前沿技术研究。在共性技术方面，重点突破数字化诊疗装备的质量安全测试、评价与控制技术及规范研究，及其专用检验与测试装备开发；工程化技术，以及可靠性的加速验证方法研究；生物学效应评价及长期生物相容性及安全性快速评价研究。

3.应用解决方案研究

在新型诊疗技术解决方案集成研究方面，建立一批创新医疗器械临床应用研究中心，集成研发重大疾病的集成解决方案，系统加强设备配置标准、临床应用规范、诊疗路径、培训工具等研究。在新服务模式解决方案开发研究方面，重点研究医学影像云服务、放疗计划系统云服务、手术规划云服务等技术应用规范、公共平台和解决方案。

4.应用示范和评价研究

在创新诊疗装备三甲医院应用示范和评价方面，在全国不同区域范围建立一批国产创新产品的临床应用示范和培训中心，系统开展国产创新产品的临床评价和示范应用研究。在创新诊疗装备区域应用示范方面，建立一批区域示范基地，结合区域常见多发病分级分层诊疗体系建设，重点推进国产诊疗装备在基层的普及化推广与应用。

（三）实施年限

总体实施年限为2015年到2020年。

**五、组织实施方式与保障措施**

根据国家科技计划管理改革的有关精神，以及数字诊疗装备发展的实际需求，拟建立部门协同、专家参与、多元投入、分类组织的组织管理体系，保障专项实施。一是建立专项跨部门的组织协调机制，加强对专项整体目标的把握及实施进度的监督，研究完善有针对性政策保障措施，促进创新数字诊疗装备的产业化发展和规模化应用；二是成立总体专家组和任务专家组，协助开展相关课题的组织、论证、检查、评估和验收；三是以中央财政投入为引导，鼓励地方、社会资本、单位自筹等多元化投入参与专项的组织实施。四是围绕数字诊疗装备的创新链条，对不同类型项目进行分类组织，注重瓶颈技术及核心部件的突破，着力提高企业的自主创新能力。

**六、专业机构建议**

按照国家科技计划管理改革的要求，建议由中国生物技术发展中心（以下简称“生物中心”）作为专业机构对专项进行专业化管理。生物中心是具有独立法人资格的科研管理型事业单位，内设机构健全、制度规范，拥有高素质的人员队伍。“十五”计划以来，生物中心始终承担医疗器械相关的863计划、科技支撑计划的管理，拥有丰富的管理经验。特别是“十二五”医疗器械重点专项实施以来，生物中心协助科技部开展了大量课题管理、监督评估、验收总结、战略研究等工作，参与相关项目专员试点，对专项的组织实施发挥了重要作用。

**七、效益与风险分析**

重点专项实施将进一步提高我国医疗器械特别是高端影像诊断和大型治疗等数字诊疗装备的技术竞争力，加快高端医疗设备国产化进程。重点专项的实施具有较好的基础，并在顶层设计、组织协调、保障机制等方面做了大量充分准备，将有力保障重点专项顺利实施。

目前，“数字诊疗装备”重点专项已进入实施方案编制阶段。实施方案主要包括重点专项实施的重要性、发展趋势、现有基础、总体目标、主要任务等。现就重点专项实施方案（征求意见稿，见附件）向社会征求意见和建议，请发电子邮件至sfs_swyyc@most.cn，反馈截止日期为2015年3月5日。

科技部将会同有关部门和专家，认真研究收到的意见和建议，修改完善数字诊疗装备重点专项实施方案。

科技部社会发展科技司

2015年2月28日

# 系统研究和实施医疗器械企业风险管理与产品风险管理

北京国医械华光认证有限公司 刘靖专 卫志刚 张建锋

我国医疗器械产业的发展令世界瞩目，尤其是进入21世纪以来，产业整体步入高速增长阶段，2014全年全国医疗器械销售规模约2556亿元，比上年度的2120亿元增长了436亿元，增长率为20.06%。[1]虽然我国医疗器械产业整体发展势头迅猛，但仍无法充分满足国内市场需求，大型高端医疗设备主要依赖进口，与世界医疗器械工业强国仍存在不小差距。医疗器械是与人的生命安全健康密切相关的特殊产品。医疗器械产品门类繁多，涉及专业知识比较深广，技术进步很快。伴随而来的产品风险也同样具有专业性及多变性的特点。投资医疗器械产业带来的风险主要包括团队风险、技术风险、市场风险、再融资风险及退出风险等，同时医疗器械企业本身面临着运营管理风险。

针对风险问题研究，ISO组织在借鉴国际先进企业管理经验的基础上，不断以质量标准的形式推出医疗器械企业风险管理和医疗器械产品风险管理要求，极大丰富和开拓了我国医疗器械产业界研究、实施和创新风险管理的视野。ISO标准在总结质量管理实践经验的基础上，将国际质量大师朱兰、戴明、费根堡姆等对企业管理的经营理念和质量改进方法以及医疗器械风险管理思想，全面地融合在标准中，给标准注入了更加丰富的内涵。

《ISO31000：2009 风险管理原则和指南》和《ISO14971：2007医疗器械 风险管理对医疗器械的应用》标准为业界广为关注。借鉴这两个标准，做好医疗器械企业的风险管理，首先医疗器械企业保持风险管理改进的原则，其次将医疗器械企业所生产的产品风险控制在可接受水平，对于我们国家医疗器械企业以创造手段提升企业的风险管理能力是必须的。在经营活动中进行风险管理和持续改进企业的医疗器械产品的风险管理应当是医疗器械企业风险管理的关键内容，对于我们医疗器械企业有效实施风险管理和创新发展有着十分重要的意义。

医疗器械认证企业如何不断关注风险管理改进？如何寻求改进机会、保持和追求持续风险管理成功？我们结合ISO标准应用，以企业风险和产品风险的控制为两条主线，来论述医疗器械企业风险管理与医疗器械产品风险的控制。我们在此推荐应用的两个ISO标准，目前均已转化为对应的国家标准《GB/T24353 风险管理 原则与实施指南》[2]和《YY/T0316医疗器械 风险管理对医疗器械的应用》[3]，为医疗器械认证企业在下一步贯标中策划持续开展企业风险管理和产品的风险管理、控制风险、寻找风险管理改进机会、持续追求企业成功提供了条件。

## 一、应用《ISO31000：2009 风险管理原则和指南》标准指导医疗器械企业系统地开展企业风险管理：

在市场经济中，医疗器械企业的经营管理活动始终存在着风险。医疗器械企业总是面临着内部和外部的各种干扰其目标实现的因素影响，这种不确定性对企业目标的影响就是“风险”。企业的风险管理就是针对医疗器械企业风险所开展的指挥、控制和协调活动。医疗器械企业通过识别、分析和评定企业风险，运用风险处理修正风险，来管理风险，以满足企业的风险接收标准。医疗器械企业风险管理是一个过程，企业管理层在战略制定中进行风险管理并贯穿于企业运营中，识别可能会影响企业实现目标的潜在事项，管理风险以使其在企业的风险容量之内，并为企业目标的实现提供合理的保证。

国际大环境促进了风险管理的标准化和国际化。ISO历时四年，于2009年11月13日发布了《ISO31000：2009风险管理原则和指南》。IEC/ISO也于2009年11月01日发布实施《IEC/ISO31010-2009风险管理 风险管理评估技术》。风险管理标准明确了风险管理的原则，介绍了企业风险管理评估技术，为企业开展风险管理提供了理论基础和通用性指南。2009年我国转化并颁布了国家标准《GB/T24353 风险管理 原则与实施指南》。

我国医疗器械制造业医疗器械行业集中度总体偏低，呈现小而散的状态，还没有形成规模发展，绝大多数停留在零散分布、低水平恶性竞争的粗放增长阶段。生产电子监护设备、超声诊断设备、心电生理设备、X射线断层扫描设备、CT等拥有自主品牌的高技术含量产品且收入规模过五亿的企业并不多。低附加值产品虽然拥有一定的国际市场份额，但对行业发展的贡献不大。不少企业已成为海外市场的“制造中心”，赚取低额的制造费用。加上近年国内用工成本在不断提高、企业面临新版《医疗器械生产质量管理规范》实施等原因，医疗器械企业运营成本不断上升，这给不少中小企业的生存发展带来了严峻的挑战，部分中小型医疗器械企业更是面临被淘汰的风险。在国际市场，中国医疗器械企业已经面临中国制造低成本优势逐渐减弱、甚至消失的境地；在国内市场，低成本、低价格的结果是激烈的市场竞争，规模企业的成本优势逐渐得到体现，更多的中小企业面临生存和发展问题。造成国内低附加值产品充斥市场的根本原因在于绝大部分的医疗器械生产企业缺乏技术创新能力，在各高端医疗设备领域，没有技术和实力去超越跨国企业及国内主流企业，只能走仿制的道路，大打价格战。面临医疗器械新的监管法规发布和产品市场竞争的日益激烈，医疗器械企业风险管理的重要性愈加凸显。但一些医疗器械企业风险管理意识和策略缺失，管理被动；缺乏风险管理技术、专业人才和资金；战略上急于求成，应变能力不强，导致个别企业不能有效应对重大风险事件，在发展中承担了很多自身难以承受的风险。

1、医疗器械企业风险管理标准实施的重要性：

ISO31000标准建立了一些使企业风险管理变得有效而需要满足的原则，建议企业制订、实施和持续改进一个将风险管理过程整合到企业各个过程的框架，集企业风险管理与企业整体治理、战略和规划、经营管理、监视报告、价值观和企业文化于一体。标准规定了风险管理原则，明确了风险管理的过程以及风险管理实施要求。

ISO31010：2009标准定义了企业风险评估的相关概念；明确了风险评估过程包括明确企业环境信息、风险识别、风险分析、风险评价、风险应对等过程，提出了企业对风险管理技术的选择，这些对企业改进风险管理、提高企业的风险控制能力十分有益。

（1）风险管理标准实施的目的：

风险管理标准的实施，目的在于通过具有前瞻性的、充分地考虑各类风险的不确定性及对目标的影响，制定行之有效的应对措施，为企业在运营和决策中有效应对各类突发事件和风险提供支持和保障，以使企业能够有效配置资源、优化过程，及时、恰当、有效地应对风险，提高风险应对的效率和效果，更好地实现企业的目标。

（2）风险管理标准实施的意义：

1）提高企业实现目标的可能性；2）鼓励主动性管理；3）在整个企业意识到识别和处理风险的需求；4）改进对机会和威胁的识别；5）遵守相关的法律法规要求及国际规范；6）改进强制性和自愿性报告；7）改善治理结构；8）提高利益相关方的信心和信任；9）为决策和规划建立可靠的根基；10）

加强风险管理控制；11）有效分配和使用风险处理资源；12）提高经营的效果和效率；13）加强健康和安全绩效以及环境保护；14）改善损失预防和事件管理；15）减少损失；16）提高企业的学习能力；17）增强企业的应变能力。

2、企业风险管理原则：

（1）风险管理准则是企业评价风险严重性的依据和标准：

风险准则包括相关的成本及收益、法律法规要求、社会及环境因素、利益相关者的态度、优先次序和在评估过程中的其他因素。风险管理准则也是企业对接受风险作出决定的依据。

（2）风险管理原则：

原则一：风险管理创造并保护价值；

原则二：风险管理嵌入企业的管理过程；

原则三：风险管理支持决策过程；

原则四：明确风险管理涉及的不确定性；

原则五：风险管理是系统的、结构化的、及时的；

原则六：风险管理是基于最可用的信息；

原则七：风险管理是定制的；

原则八：风险管理考虑人文因素；

原则九：风险管理是透明的和包容的；

原则十：风险管理是动态的、迭代的和适应变化的；

原则十一：风险管理有利于企业持续改进。

3、风险管理框架：

（1）风险管理框架含义：

提供在企业内策划、实施、监测、评审和持续改进风险管理的基础和企业安排的要素集合。风险管理框架追求的结果是将风险管理嵌入到企业的战略、运作方针和企业管理实践中。风险管理基础包括企业风险管理方针、目标、指令和承诺；企业安排的风险管理包括企业计划、关系、职责、资源、过程和活动。

（2）风险管理与企业过程的融合：

1）基本的方法论：风险管理过程应是企业过程中的一部分；风险管理应融入企业风险管理方针的建立、业务和战略策划和评审及变革管理过程。

2）融合的要求：以紧密相关的、有效的、有效率的方式将风险管理嵌入至企业所有的实践和过程，融合的载体是企业的《风险管理计划》。

（3）风险管理资源配置：

风险管理的资源配置包括：1）用于风险管理的人员、技能、经验和能力；2）风险管理过程步骤所需的资源；3）企业应用于风险管理的过程、方法和工具；4）文件化的过程和程序；5）信息管理系统；6）培训方案等。

（4）框架的实施：

1）明确责任、建立内部沟通和报告机制；2）针对外部利益相关方建立外部沟通和报告机制的沟通计划；3）确定实施该框架的时间表和策略；4）在过程中应用风险管理方针；5）符合法律法规要求；

6）按照过程输出保证风险管理目标建立、风险管理决策；7）通过培训保证信息来源和敏感性；8）与利益相关方沟通协商确保风险管理框架适宜。

（5）风险管理框架监视评审与改进：

与指标对比、与风险管理计划对照，进行监视；对风险管理框架、风险管理方针、风险管理计划持续适宜性评审；检查风险管理报告、方针执行的程度以及风险管理框架的有效性。

通过风险管理监视评审结果，改进企业风险管理的框架、方针和风险管理计划。保证企业风险管理和风险管理文化的改进。

4、风险管理实施：

风险管理过程是企业按照风险管理方针、程序和惯例对沟通、协商、明确环

境以及识别、分析、评价、处理、监测和评审风险管理活动的系统应用。风险管理过程由明确环境信息、风险评估、风险处理、监测和评审活动组成。风险评估包括风险识别、风险分析、风险评价三个步骤。

（1）明确环境：通过明确环境，组织明确其目标，界定风险管理应该考虑的外部和内部参数，并设置风险管理过程的范围和风险准则。外部环境的信息包括国际、国内、地区及当地的政治、经济、文化、法律、法规、技术、金融以及自然环境和竞争环境；影响企业目标实现的外部关键因素及历史和变化趋势；外部利益相关者及诉求、价值观、风险承受度；外部利益相关者与企业的关系。企业须明确内部环境信息，因为风险可能会影响企业战略、日常经营或项目运营等方面，会影响企业的价值、信用和承诺等；风险管理在企业特定目标和管理条件下进行；具体活动的目标和有关准则应放到企业整体目标的环境中考虑。内部环境包括组织结构、治理结构、作用和责任；方针、目标和战略；基于资源和知识理解的能力；与内部利益相关方的关系，内部利益者的观点和价值观；企业文化；信息系统、信息流和决策过程；企业采用的标准、指南和模式；合同的形式和范围等要素。风险管理益充分考虑满足开展风险管理的资源需求；确定风险的准则。

（2）风险识别：风险识别是通过识别风险源、影响范围、事件及原因和潜在的后果等，生成一个全面的风险列表。识别风险不仅考虑有关事件可能带来的损失，也要考虑其中的机会。风险识别方法包括基于证据的方法，系统性的团队方法，归纳推理技术以及企业可利用各种支持性技术来提高风险识别工作的准确性和完整性。

（3）风险分析：系统地运用相关信息来确认风险的来源，并对风险进行估计。可根据企业风险分析的目的、获得的信息数据和资源，风险分析的方法可以是定性的、半定量的、定量的或以上方法的组合。

（4）风险评估：将估计后风险与给定的风险准则对比，来决定风险严重性的过程。常见的方法是将风险划分为三个等级段，基于“最低合理可行”原则。常用的风险评估技术，具体见ISO/IEC30010《风险管理 风险评估技术》，介绍了德尔菲法、结构化/半结构法访谈、情景分析、头脑风暴法、风险矩阵、FMEA、HAZOP等31种工具及技术。

（5）风险处理：风险处理是包括评价风险处理、确定残留风险程度是否可接受、是否产生新的风险、评价该处理有效性的一个循环修正风险的过程。首先制订和实施风险处理（应对）计划，计划包括预期的收益、绩效指标及考核办法、风险管理人员安排、应对措施及优先次序、报告监督和检查、资源需求、执行时间表等。此计划应与企业的管理过程整合。

（6）监测和评审：这是风险管理过程的组成部分，目的在于确认有关风险的假定是否依然有效、风险评估依据的企业环境是否依然有效、预期结果、风险评估结果是否符合实际经验、风险评估技术能否正确使用、风险处理是否有效。监测和评审主要内容包括分析事件发展趋势、环境变化产生应对措施及优先次序变化、风险处理实施后剩余风险处理、对照风险处理计划纠正偏差、报告风险处理计划进度、实施风险管理绩效评估。监测和评审结果应有记录，可作为企业风险管理框架评审的输入。

上述ISO标准的宣贯和实施，有助于我们医疗器械企业不断探求完善和提升企业的管理能力，值得我们在企业管理中借鉴和思考。我们学习和掌握上述ISO标准，对于已建立质量管理体系企业运用过程管理方法、改进绩效管理和改进风险管理、更好地借鉴ISO质量管理方法提升企业管理能力、实现企业发展战略和保证企业获得改进机会持续成功有着重要的指导意义。

**二、应用ISO14971《医疗器械 风险管理对医疗器械的应用》标准做好医疗器械**

产品风险管理工作。

1、医疗器械产品风险管理标准实施的意义：

随着医疗器械的发展，医疗器械新产品新技术的日新月异和医疗器械需求的迅速增长，医疗器械质量事故不断出现，医疗器械召回事件频频发生，医疗器械风险面临的严酷事实进一步提升人们医疗器械风险意识，促进了医疗器械风险管理理论和实践的发展。国家食品药品监督管理局于2008年4月25日发布行业标准YY/T 0316-2008《医疗器械 风险管理对医疗器械的应用》，2009年6月1日起实施。该标准等同采用国际标准化组织（ISO）2007年发布的风险管理标准，即ISO 14971：2007《医疗器械 风险管理对医疗器械的应用》（Medical Devices- Application of risk management to Medical Devices）。YY/T 0316-2008/ ISO 14971：2007标准进一步总结了各国医疗器械产品风险管理的经验，规定了产品风险管理的要求，阐明了产品风险管理的过程和方法，明确了医疗器械产品风险管理的范围涉及医疗器械的科研、生产、流通、使用的各个领域，强调医疗器械风险管理包括设计开发、生产、安装、使用直至停用和报废处置的医疗器械生命周期的全部过程。标准将风险管理划分为风险分析、风险评价、风险控制、综合剩余风险评价、生产和生产后信息的五个过程，并规定了一系列风险管理活动，是一个内容充实，要求具体，可行性强的标准。风险管理标准的发布和实施对促进我国医疗器械产品风险管理工作的开展，实施有效的医疗器械产品风险管理，提高医疗器械产品风险管理水平，保障医疗器械的安全有效有着重大意义。

2、医疗器械产品风险管理标准的基本思想：

医疗器械企业、医疗器械使用机构、监管部门、检测机构、认证机构以及公众等都从不同的角度重视和关注医疗器械产品风险管理标准。YY/T 0316/ ISO 14971标准指出“由于每个利益相关方对于发生损害的概率及其严重度具有不同的价值观，风险管理是一个复杂的课题”。标准指出产品风险管理的复杂性也就是指出学习贯彻风险管理标准的难点，产品风险管理标准的主要难点有三个。难点之一是产品风险分析，风险分析是产品风险管理的基础，风险分析不到位，基础不扎实，会导致风险管理的不完整，从而不能实现风险管理的目的。产品风险分析主要包括医疗器械预期用途和与安全性有关特征的判定、危害的判定和估计每个危害处境的风险三项活动。要完成以上工作，既要有医疗器械专业知识和经验，又要运用风险管理技术和方法。过低的风险可接受准则不能保证医疗器械的安全有效，过高的风险可接受准则不利于医疗器械的应用和发展。风险分析就要进行定量或定性的系统分析，既要收集分析医疗器械危害的大量可用资料和信息，又要对医疗器械发生损害的概率及其产生严重度进行正确的估计，这正是风险管理的工作的艰巨性和困难之所在。难点之二是可接受性准则问题。产品风险可接受准则是用于医疗器械风险是否可接受的决策的依据，按照风险可接受准则进行判定是一个医疗器械产品的风险和预期用途受益相平衡达到最大优化的反复过程。这对于风险管理过程的最终有效性是至关重要的，因此对于每一类别医疗器械都应制定适宜的风险可接受性准则。由于医疗器械受益者包括制造商、医疗卫生机构、医护人员、操作者、维护者、政府、行业、患者和公众等，还因为受益者的国家、地区、民族、宗教、文化等的不同而引发的价值观有很大区别。受益者的多样性和价值观的区别以及对风险认识的差异就会产生不同的风险可接受准则。因此制定一个适宜的风险可接受准则就成为难点。难点之三，产品风险管理标准要求医疗器械生命周期的全过程都应实施风险管理，虽然医疗器械制造商承担医疗器械风险管理的主要职责，但是医疗器械风险管理还需和医疗器械经营单位、医疗卫生机构、行业、使用者、公众、患者、监管部门等医疗器械受益者密切相关，因此需要统筹协调，相互配合，共同贯彻实施医疗器械风险管理，才能确保医疗器械风险管理的完整性和有效性。学习贯彻风险管理标准还要抓住三个关键点。关键点之一，标准对制造商的最高管理者的风险管理职责规定了具体要求，最高管理者应认真承担风险管理职责，树立和不断强化员工的风险管理意识，领导员工按照标准要求实施风险管理，只有充分发挥领导作用，才能确保风险管理的有效实施。关键点之二，规定了产品风险管理的过程和活动，是实施医疗器械风险管理的大纲，制造商应按此路线图一步一步地实施风险管理，以确保风险管理的符合性。关键点之三，标准反复强调运用系统分析方法和各种风险管理技术实施风险管理，这也是学习贯彻标准的一个关键点，只有运用大量的医疗器械资料和信息，包括法规、标准、科学技术及其最新技术水平、制造、使用、顾客和市场反馈信息，医疗器械不良事件，医疗器械产品召回等，通过系统应用方法和风险管理技术进行科学分析综合判断才能确保风险管理的完整性和有效性。对于一个事物的难点和关键点会有各种不同的看法，而且随着事物的发展，难点和关键点也会发生变化。这里提出标准的难点和关键点是为了有助于学习、理解和贯彻实施医疗器械产品风险管理标准。医疗器械企业在实施风险管理时还要按照标准要求抓住三个重点：一是建立风险管理文件化程序和风险管理文档；二是制订和实施风险管理计划；三是认真进行和完成风险管理报告。

3、医疗器械产品风险管理标准的应用范围

（1）产品风险管理标准为生产企业提供了有效进行风险管理的框架，提出了风险管理的要求。这些要求包含了许多国家医疗器械风险管理的经验和体会。

（2）产品风险管理标准为生产企业规定了风险管理程序，即规定了通用方法和途径。生产企业实施风险管理程序就能够判定和医疗器械及其附件（包括体外诊断医疗器械）有关的危害，估计和评价风险，控制这些风险，并监控控制的有效性。

（3）产品风险管理标准适用于医疗器械寿命周期的所有阶段。这里的所有阶段是泛指的，也就是适用于医疗器械设计开发、制造、流通、使用的各个过程。因此对生产企业在医疗器械产品与顾客有关的过程、设计开发过程、采购过程、生产与提供服务过程、监视与测量过程以及医疗器械产品交付过程和交付后的使用过程中都要实施风险管理。

（4）产品风险管理标准不用于和医疗器械使用有关的临床判断。由于在医疗器械使用中不同程度地存在着风险，因此在临床使用过程中，针对特定人群和个体，是否能接受医疗器械的风险应由医疗部门有资格的医生实施判断。这种判断不是风险管理标准的任务。

（5）产品风险管理标准不规定可接受的风险水平。由于医疗器械风险的多样性和风险可接受水平的复杂性，通过一个标准规定医疗器械每个风险的可接受水平既没有必要也难以做到，因此风险管理标准不规定风险的可接受水平。风险管理的任务是分析风险、评价风险、控制风险，采取措施使风险控制在可接受的水平。。

确保提供安全的医疗器械是医疗器械生产企业义不容辞的责任和义务。安全性就是“免除不可接受的风险”，也就是将医疗器械的风险限制在可接受水平。因此生产企业将提供给社会的医疗器械的风险限制在可接受水平，是实施风险管理的根本任务。虽然，医疗器械的风险的可接受水平是一个复杂的问题，但对每一个特定的医疗器械产品的风险，既可以从技术上进行分析、评价和控制，也可以从应用上进行分析、评价和控制。根据医疗器械使用的实际情况、医疗器械风险正反两方面的历史经验和体会、医疗器械预期的用途，来权衡利弊，提出医疗器械风险可接受的水平，采取风险控制措施，以确保准入市场的医疗器械是安全有效的。

（6）产品风险管理是生产企业质量管理体系的组成部分。不论生产企业采用何种管理体系，产品风险管理可以是管理体系的组成部分。医疗器械质量管理体系标准即YY/T0287–2003 idt ISO13485：2003标准已经包括了风险管理的要求。因此，医疗器械生产企业在贯彻YY/T 0287–2003标准同时也应实施风险管理。

4、医疗器械产品风险管理过程

为指导生产企业实施产品风险管理，标准提出了医疗器械风险管理五个过程和十三个步骤，并以“用于医疗器械风险管理活动的框图”方式表示了医疗器械风险管理的工作流程。

（1）第一过程 风险分析（三个步骤）

第一步预期用途/目的判定特征

第二步判定已知或可预见的危害

第三步估计每种危害的风险

（2）第二过程 风险评价（一个步骤）

第四步风险是否需要降低

（3）第三过程 风险控制（六个步骤）

第五步判定适当的风险控制措施，记录风险控制要求，风险是否可以降低。

第六步实施记录和验证适当的措施

第七步剩余风险可否接受

第八步受益是否超过风险

第九步是否有其他危害产生

第十步是否考虑了所有已判定的危害

（4）第四过程 全部剩余风险评价（一个步骤）

第十一步全部剩余风险是否可以接受

（5）第五过程 生产后信息（二个步骤）

第十二步完成风险管理报告

第十三步生产后信息评审，风险是否需要重新评定

产品风险管理的五个过程和十三个步骤是风险管理必须开展的活动和工作，是医疗器械生产企业必须了解和实施的，是不能随意删除和遗漏的。

产品风险分析完成后才能进行风险评价，风险分析是风险评价的输入，风险评价的输出又是风险控制的输入。风险控制完成才能进入全部剩余风险评价阶段和生产后信息。前一个过程工作未完成就不能进入下一个过程。先后顺序相当明确，一环扣一环，紧密相连。

为了确保医疗器械安全有效，国际标准化组织ISO和国际电工委员会IEC制定了一系列医疗器械有关的通用安全要求标准和医疗器械产品专用安全要求标准。我国已等同转化很多这类医疗器械安全标准。这些标准规定了医疗器械的通用安全要求和专用安全要求，用以指导医疗器械的设计开发、生产、安装和服务，以达到医疗器械安全有效的目的，因此，在按照ISO14971进行风险管理的过程中，应首先考虑充分利用安全标准，去识别、控制和或降低相关的风险。

但医疗器械安全性标准基本上未包含医疗器械故障状态下不安全因素，有些标准仅规定了较少的某些单一故障状态的安全要求，而未考虑在医疗器械各种故障状态下的安全要求。我们必须全面认识医疗器械的安全性问题，也就是说不但要认识医疗器械在正常状态下的安全问题，还要认识医疗器械在故障状态下的安全性问题，即研究和认识医疗器械各种故障发生的概率和各种故障可能造成损害的严重程度而这类医疗器械安全性问题是不能完全通过医疗器械产品安全标准予以控制的。而且医疗器械正常状态下安全性问题也是极其复杂的，医疗器械产品安全性标准也不可能全部包容。因此为了确保医疗器械安全,我们必须研究和认识医疗器械故障状态下的风险，控制这种风险，采取措施将风险降低到可接受水平，这是产品风险管理的任务。

因此，我们必须明确，产品风险管理不仅包括医疗器械故障状态下的风险管理，而且也包括医疗器械正常运行状态下的风险管理。为了确保医疗器械的安全有效，一方面我们必须贯彻实施一系列的医疗器械产品安全性标准，另一方面也必须贯彻风险管理标准。两者既不能相互替代，也缺一不可，是互为补充，相辅相成的关系。医疗器械的生产企业、管理部门、科研部门、使用部门，在贯彻医疗器械产品安全性标准的同时，还需要不断学习、理解并贯彻实施医疗器械风险管理标准。

**三、医疗器械企业实施系统性风险管理**

1、医疗器械企业学习和实践系统性风险管理

在我们医疗器械企业，医疗器械首先应该企业学习系统性风险管理，改进和创新风险管理管理：

（1）学习了解：员工应学习和了解企业系统性风险管理的理念和知识，包括风险管理涉及的企业的产品管理、企业管理的过程和接口、企业的组织结构、企业的管理体系、企业人力资源和企业文化、企业的基础设施、工作环境以及生产技术、企业与相关方的关系。

（2）全员参与：能够鼓励企业员工参与质量管理体系运行和企业系统性风险管理，企业可提供必要的资源，建立企业改进风险管理奖励制度，持续改进。

（3）理清要素：医疗器械风险系统性管理要考虑时机、风险、财务、运营和组织的能力等诸多因素，系统研究融入企业风险管理要求的技术、产品、过程和管理体系。

（4）交流分享：医疗器械企业鼓励员工通过学习交流、分享系统性风险管理收获和进步。领导者带头学习，让企业员工了解企业的使命、愿景及企业的战略，构建企业内部和外部的网络沟通、交流、知识共享平台，鼓励员工的进步和能力的提升。

2、将产品风险管理与企业风险管理理念融合，整体策划实施系统性风险管理

（1）良好沟通：加深产品风险管理人员对公司组织架构的理解，企业管理人员对医疗器械特定产品的了解；企业风险管理人员学会利用企业管理资源，建立部门间良好的沟通关系；

（2）系统思考：学会用系统的思维方法做好风险管理，企业管理人员和产品管理人员应该从大局出发，不要仅仅关心自己面临的什么是错误的，应该换位思考，整体性考虑风险问题，加深和理解结构性问题，互相进行有前瞻性、战略性、主动性的工作交流，培养健康的工作关系，学会用“双语”进行沟通；

（3）组建团队：优秀的质量人员需要理解宏观的组织系统和流程问题、用系统思维方法考虑现实存在的长期成本和隐性风险，企业管理人员需要关注产品及细节问题；产品管理与企业管理人员共同分享风险管理的感受和体会，系统应用自己的知识，打破常规，站在更高层面思考每一个事件对公司产生的怎样实质性影响。提高大家的综合素质，共同组成企业的风险管理团队，寻求富有创造性、与众不同的意见，还要考虑到每个风险缓冲因素的作用、可能性以及有效性，形成企业战略层面上的共识；

（4）整合管理：产品风险管理是企业风险管理的延伸，应该梳理系统，定期进行企业运行质量分析和产品质量定期分析，可以进行互相讨论。我们不是为了质量而作质量管理，也不是为了安全而作安全管理，我们的目标是促进公司的发展。产品风险管理应融入企业风险管理中，企业的风险管理又落脚在产品风险控制之中，整合公司的风险管理流程，系统性做好风险管理，从战略上讨论经营质量管理。

医疗器械产品，作为与人的生命安全健康密切相关的特殊产品，产品的风险必须得到有效控制；医疗器械企业是生产和运营医疗器械这种特殊产品的企业，具有投资要求高、有准入许可、科技含量大、产业发展快、市场竞争激烈的特点，企业面对法规监管、顾客要求以及市场复杂性给运行和管理带来的一系列风险管控要求应该很好地策划。医疗器械企业人员应学习ISO标准的风险管理理念和方法，有效优化风险管理流程，明确部门职能和人员职责，学会交流和沟通，让风险管理成为连接公司各部门力量的重要环节。系统策划和创新实施医疗器械企业的风险管理，将会有助于我国的医疗器械企业健康成长，有助于我国医疗器械产业进一步提升和发展。

[参考文献]

[1]中国医药物资协会医疗器械分会《2014中国医疗器械行业发展蓝皮书》；

[2]《GB/T24353-2009 风险管理 原则与实施指南》；

[3]《YY/T0316-2008 医疗器械 风险管理对医疗器械的应用》。

2015年4月1日

作者介绍：

刘靖专：北京国医械华光认证有限公司副总经理，高级工程师，国家注册高级审核员,电话：13020096635；

卫志刚：北京国医械华光认证有限公司副总经理，高级经济师，国家注册高级审核员,电话：13001128320；

张建锋：清华大学生物医学工程硕士，北京国医械华光认证有限公司高级审核员，电话：13683132508。

作者工作单位为北京国医械华光认证有限公司（CMD），长期从事医疗器械质量管理和全国医疗器械企业审核工作，有丰富的医疗器械企业管理经验和质量管理经验。

# 2014年度全国医疗器械企业通过CMD医疗器械认证名单

**北京市**

北京福田电子医疗仪器有限公司
北京京精医疗设备有限公司
北京源德生物医学工程有限公司
北京中科恒业科技有限公司
北京北辰亚奥科技有限公司
北京天新福医疗器材有限公司
北京医疗设备厂有限责任公司
北京康联医用设备有限公司
北京星辰万有科技有限公司
北京科联升华应用技术研究所
北京蒙太因医疗器械有限公司
航卫通用电气医疗系统有限公司
北京周林频谱科技有限公司
华润万东医疗装备股份有限公司
北京航天长峰股份有限公司
北京波姆医疗器械有限公司
北京超思电子技术股份有限公司
北京拓普分析仪器有限责任公司
北京普朗新技术有限公司
北京威力恒科技股份有限公司
乐普（北京）医疗器械股份有限公司
北京万东高星电子产品有限责任公司
北京高新华康科技有限公司
医科达（北京）医疗器械有限公司
北京优材京航生物科技有限公司
北京安泰生物医用材料有限公司
北京贝林电子有限公司
北京博士伦眼睛护理产品有限公司
北京威高亚华人工关节开发有限公司
北京普利生仪器有限公司
北京木禾雨电子有限公司
北京市春立正达医疗器械股份有限公司
有研亿金新材料有限公司
北京通用电气华伦医疗设备有限公司
北京益而康生物工程开发中心
北京思创贯宇科技开发有限公司
北京康美益寿医疗科技有限公司
北京航天中兴医疗系统有限公司
北京福基阳光科技有限公司
北京天行健医疗科技有限公司
北京市富乐科技开发有限公司
北京易思医疗器械有限责任公司
北京天石天力医疗器械技术开发中心
北京京东科技有限公司
北京拓殖智业科技有限公司
北京万东鼎立医疗设备有限公司
北京昌航精铸技术有限公司
北京库蓝医疗设备有限公司
北京科力建元医疗科技有限公司
北京伏尔特技术有限公司
积水医疗科技（中国）有限公司
北京神鹿医疗器械有限公司
北京泰富瑞泽科技有限公司
北京鑫护神航天医学工程技术有限公司
北京博晖创新光电技术股份有限公司
北京力达康科技有限公司
北京奥吉科技发展有限公司
北京天地和协科技有限公司
正安（北京）医疗设备有限公司
北京康威电子技术有限公司
北京先科创业科技有限公司
北京金恒威科技发展有限公司
北京四维赛洋科技有限公司
北京谊安医疗系统股份有限公司
北京中生金域诊断技术有限公司

北京佰仁医疗科技有限公司
北京倍肯恒业科技发展有限责任公司
北京爱康宜诚医疗器材股份有限公司
北京金嘉信商贸有限公司
中国医疗器械有限公司
北京东华原医疗设备有限责任公司
北京智立医学技术股份有限公司
北京科劳得生物制品技术开发有限公司
北京百利康生化有限公司
北京爱维凯闻技术有限责任公司
北京冠儒医疗器械有限公司
北京天业爱博科贸有限公司
北京诺亚同舟医疗技术有限公司
北京麦邦光电仪器有限公司
北京伟力新世纪科技发展有限公司
北京裕恒佳科技有限公司
北京龙慧珩医疗科技发展有限公司
北京九强生物技术股份有限公司
北京朝阳华洋分析仪器有限公司
北京宏润达科技发展有限公司
北京世帝科学仪器有限责任公司
北京世纪今科医疗器械有限公司
北京巨龙三优科技有限公司
北京理贝尔生物工程研究所有限公司
北京中科健安医用技术有限公司
北京瑞得伊格尔科技有限公司
北京圣玛特科技有限公司
北京市房山区黎明橡胶制品厂
北京圣喻华技术开发有限责任公司
北京速迈医疗科技有限公司
北京六一生物科技有限公司
北京康派特医疗器械有限公司
北京仁和惠康科技有限公司
国药集团联合医疗器械有限公司
北京三顿医疗设备有限公司
北京易世恒电子技术有限责任公司
北京东联哈尔仪器制造有限公司
新博医疗技术有限公司
北京新兴阳升科技有限公司
北京中联科瑞科技发展有限公司
北京太阳电子科技有限公司
北京市奥斯比利克新技术开发有限公司
北京康德威医疗设备有限公司
北京诺士宝牙科手机有限公司
北京皇城股骨头坏死研究所
北京美后科学仪器有限责任公司
北京思达医用装置有限公司
北京宝灵曼阳光科技有限公司
北京怡成生物电子技术股份有限公司
北京豪迈生物工程有限公司
北京京立离心机有限公司
北京冠舟科技有限公司
北京中科新拓仪器有限责任公司
北京康拓医疗仪器有限公司
北京迈淩医疗技术发展有限公司
北京大清生物技术有限公司
北京鼎瑞医疗装备有限责任公司
北京六六视觉科技有限公司
北京北方三友医疗器械有限公司
北京金新兴医疗器械厂
北京首医临床医学科技有限公司
瓦里安医疗设备（中国）有限公司
柏定生物工程（北京）有限公司
北京钰龙惟康科贸有限公司
北京华晟源医疗科技有限公司
北京滨松光子技术股份有限公司
北京贝亿医疗器械有限公司
爱科凯能科技（北京）股份有限公司
北京东方神健医疗器械有限公司
北京联华创展设备安装工程有限公司
北京新网医讯技术有限公司
北京万泰德瑞诊断技术有限公司
北京爱沃斯洁翔云科技有限公司
北京美智医疗科技有限公司

北京益康维德医疗器械有限公司
北京实德隆科技发展有限公司
北京思路高医疗科技有限公司
北京航天宏宇医用设备有限公司
北京盈佳伟业医疗用品有限公司
北京环球精博康复辅具技术有限公司
拓普康（北京）科技发展有限公司
北京乐乐嘉医学技术有限公司
北京宝达华技术有限公司
北京科亚医学影像研究所
北京倍爱康生物技术有限公司
北京华亘安邦科技有限公司
北京爱特普医学技术有限公司
北京捷斯林爱康医疗设备有限公司
北京豪洛捷科技有限公司
北京伟业前程科技有限公司
嘉和美康（北京）科技股份有限公司
北京驰马特图像技术有限公司
北京奔奥新技术有限公司
北京康博伟业医疗科技有限公司
北京市光电子技术应用研究所
北京康达五洲医疗器械中心
海纳医信（北京）软件科技有限责任公司
北京安通塑料制品有限公司
北京国药恒瑞美联信息技术有限公司
北京市开力生物技术公司
洋紫荆牙科器材（北京）有限公司
新奥博为技术有限公司
北京华医康宇医疗科技有限公司
北京身心康科技有限公司
北京神鹿腾飞医疗科技有限公司
松下电气机器(北京)有限公司
富纳德科技（北京）有限公司
北京捷立德口腔医疗设备有限公司
北京川睿科技有限公司
北京冠邦吉祥科技有限公司
北京爱威白口腔科技有限公司
张家口德盛昌科技发展有限公司
北京益康来科技有限公司
北京世纪沃德生物科技有限公司
北京康达和美经贸有限公司
北京航宇浪琴医疗设备有限公司
北京菲友驰医疗设备有限公司
北京佳信昌瑞科技发展有限公司
北京斯坦德利科技有限公司
北京奥精医药科技有限公司
北京耀权科技有限公司
北京龙马负图科技有限公司
北京天智航医疗科技股份有限公司
北京市普标特科技有限公司
北京乐普医疗科技有限责任公司
北京联众泰克科技有限公司
北京翰博泰康莱科技发展有限公司
万瑞飞鸿（北京）医疗器材有限公司
健力普（北京）医疗科技有限公司
北京英杰华科技有限公司
北京大基康明医疗设备有限公司
北京康必盛科技发展有限公司
北京和利康源医疗科技有限公司
博奥生物集团有限公司
北京市格林迪康医疗设备技术有限责任公司
北京万东康源科技开发有限公司
北京脑泰科技发展有限公司
北京爱威白口腔门诊部有限责任公司
北京恒福思特科技发展有限责任公司
北京世纪数影医疗设备有限公司
北京戴博瑞克技术发展有限公司
北京市老同仁光电技术中心
北京华益精点生物技术有限公司
北京市华仁益康科技发展有限公司
北京中成康富科技有限公司
北京鑫悦琦科贸有限责任公司
北京东西分析仪器有限公司
可林法瑞尔（北京）医疗科技有限公司

北京航天震宇医用设备安装有限公司
北京莱顿生物材料有限公司
北京赛尔福知心科技有限公司
北京紫光古汉健身器材有限公司
北京科电微波电子有限公司
北京源诚科仪生物技术有限公司
北京联合易康医疗器械有限公司
北京蓬阳丰业医疗设备有限公司
爱博诺德（北京）医疗科技有限公司
北京鑫德恒瑞科技发展有限公司
北京怡和嘉业医疗科技有限公司
北京龙祥康健科技有限公司
北京华仪泰兴医用设备技术开发有限公司
北京心润心激光医疗设备技术有限公司
莱凯医疗器械（北京）有限公司
国科恒泰（北京）医疗科技有限公司
北京奥美达科技有限公司
北京蝶禾谊安信息技术有限公司
北京耀洋康达医疗仪器有限公司
同方鼎欣信息技术有限公司
北京体健科技发展有限公司
北京汇福康医疗技术有限公司
北京东方逸腾数码医疗设备技术有限公司
北京康菲特尔科技有限公司
北京儒奥医疗科技有限公司
北京东方明康医用设备股份有限公司
北京美冠义齿有限责任公司
天津云中阅美科技有限责任公司
北京康鼎医疗科技有限公司
北京海龙马科技有限公司
北京来时路医用材料有限责任公司
北京视源康医疗器械有限公司
中国医疗器械技术服务有限公司
北京吕氏口腔医学研究院
北京松卡环境技术有限公司
北京方和科技有限责任公司
北京汇智精英科技有限公司
北京纳通医学科技研究院有限公司
北京优美高仪电子科技有限责任公司
北京博隆设备安装有限公司
北京海粒三特电子技术研究所
北京甘甘科技有限公司
北京一统方圆科技有限公司
普迈德（北京）科技有限公司
北京丰拓生物技术有限公司
北京众泰合经贸有限公司
北京华科创智健康科技股份有限公司
北京红辉力上科技有限公司
北京美尔斯通科技发展股份有限公司
北京天助盈通技术有限公司
北京德馨康益生物科技有限公司
北京克迷特技贸公司
北京瑞镱奥科贸有限公司
北京格宁威科技发展有限公司
北京蝶和医疗科技有限公司
乐普（北京）医疗装备有限公司
北京翔宇生保医疗器械有限公司
中国科学器材公司
易生科技（北京）有限公司
北京倍肯华业科技发展有限公司

**天津市**

天津市康利民医疗器械有限公司
天津市索维电子技术有限公司
嘉思特华剑医疗器材（天津）有限公司
天津市同业科技发展有限公司
天津晶明新技术开发有限公司
天津市中亚医疗仪器科技开发有限公司
天津市医疗器械厂有限公司
天津市兰德医疗器械有限公司
天津正天医疗器械有限公司
天津市万木医疗设备技术有限公司
天津市赛盟医疗科技有限公司
天津市顺博医疗设备有限公司

天津市新中医疗器械有限公司
天津迈达医学科技股份有限公司
天津市施耐德医疗设备有限公司
天津和杰医疗器械有限公司
天津市亚坤电子科技发展有限公司
天津博朗科技发展有限公司
邦盛医疗装备（天津）股份有限公司
天津市雷意激光技术有限公司
天津康尔诺科技有限公司
天津市肾友达医疗设备技术开发有限公司
天津市助友传感仪器技术有限公司
天津市金兴达实业有限公司
天津捷希医疗设备有限公司
天津喜来健医疗器械有限公司
天津荣力电子有限公司
天津瑞鹏医疗器械有限公司
天津市金章科技发展有限公司
北京金山川科技发展有限公司
天津福斯特科技股份有限公司
天津市托福医用原子能科技有限公司
天津市唐邦科技有限公司
天津市联大医用设备有限公司
天津市联大医用设备制作所
天津市天大精密科技有限公司
天津康丽医疗器械有限公司
天津美德太平洋科技有限公司
天津世纪金辉医用设备有限公司
天津市兰标电子科技发展有限公司
天津冠裕医疗器械科技有限公司
天津市双利医疗器械有限责任公司
天津市安贝医疗设备技术有限公司
赛诺医疗科学技术有限公司
天津东华医疗系统有限公司
天津市长静康复器具有限公司
天津康乐产业有限公司
天津瑞科美和激光工业有限公司
达而泰（天津）实业有限公司
天津市天兴轮椅进出口有限公司
瑞奇外科器械（中国）有限公司
天津广大纸业有限公司
天津市泰斯特仪器有限公司
天津艾米克斯医疗器械有限公司
天津市康盾宝医用聚氨酯技术有限公司
星愿兰德（天津）企业有限公司
天津富时泰科电子科技有限公司
天津英若华陶瓷有限公司
天津市旭华医疗器械厂
天津灏雅齿科技术有限公司
天津市金冠贝诺尔科技发展有限公司
天津市普瑞仪器有限公司
天津市天坤光电技术有限公司
天津市鑫洋医疗器械有限公司
天津锐马兰盾科技有限公司
源达日化（天津）有限公司
天津冠呈医疗器械有限公司
天津市海正泰克塑胶制品有限公司
天津弘健医疗器械有限公司
天津市东南恒生医用科技有限公司
通用电气医疗系统（天津）有限公司
天津市三吉科工贸有限公司
天津森迪恒生科技发展有限公司
卡尔迪雅（天津）医疗器械有限公司

**河北省**

邯郸医疗器械厂
河北路德医疗器械有限公司
廊坊市爱尔血液净化器材厂
河北紫薇山制药有限责任公司
河北安琪胶业有限公司
石家庄市满友医疗器械实业有限公司
黄骅市思创医疗用品有限公司
河北百强医用设备制造有限公司
沧州市精益医疗器械有限公司
河北省霸州市长城医用设备有限责任公司

康泰医学系统（秦皇岛）股份有限公司
沧州永康医药用品有限公司
霸州市旭华医疗设备制造有限公司
河北金利康科技集团有限公司
西尔欧（中国）医疗设备有限公司
北京众驰伟业科技发展有限公司
廊坊中远享通光电有限公司
任丘市医疗器械厂
河北晓示医疗器械有限公司
沧州复康医药用品有限公司
冀州市佳禾医疗器械有限公司
安平县新政医疗用品厂
石家庄亿生堂医用品有限公司
河北端星气体机械有限公司
北京鑫康辰医学科技发展有限公司
河北欧威医疗设备有限公司
冀州市鼎力医疗器械有限公司
衡水中强医疗器械有限责任公司
衡水康王医疗器械厂
衡水嘉瑞机电安装工程有限公司
霸州市民利康医疗器械有限公司
河北助邦医疗设备有限公司
廊坊市方生医疗器械有限公司
河北奥博科创医疗器械制造有限责任公司
衡水滨湖新区腾达医疗器械厂
冀州市宏光康复器械厂
文安县路安轮椅有限公司
河北浦升安全技术工程有限公司
保定康强医疗器械制造有限公司
石家庄华东医疗科技有限公司
石家庄渡康医疗器械有限公司
邯郸派瑞气体设备有限公司

**山西省**

山西埃尔气体系统工程有限公司
山西亚森实业股份有限公司
山西洁瑞医疗器械有限公司
太原维康鸿业科技有限公司
山西以诺医疗科技有限公司

**内蒙古自治区**

内蒙古爱众医学影像有限公司
包头市稀宝博为医疗系统有限公司
内蒙古东银科技有限公司

**辽宁省**

营口维康医疗器械有限公司
沈阳天航电气设备工程有限公司
沈阳新圳医用电子仪器公司
大连JMS医疗器具有限公司
欧姆龙（大连）有限公司
沈阳沈大内窥镜有限公司
沈阳东软医疗系统有限公司
辽宁爱母医疗科技有限公司
东芝大连有限公司
沈阳市鹏飞卫生材料有限公司
沈阳加华亚马逊医疗器械有限公司
辽宁生物医学材料研发中心有限公司
东洋松蒲乳胶（锦州）有限公司
大连雄伟电子有限公司
大连现代高技术集团有限公司
东软飞利浦医疗设备系统有限责任公司
沈阳丽人医疗科技有限公司
大连大荣魔针有限公司
沈阳宏光医疗器械有限公司
辽宁恒信生物科技有限公司
大连黄伟义齿有限责任公司
丹东市科大仪器有限公司
辽宁汉德科技有限公司
沈阳新航天消毒设备有限公司
沈阳宝康生物工程有限公司
沈阳汇德医疗器械有限公司
中国科学院沈阳计算技术研究所有限公司
沈阳东亚医疗研究所有限公司

东软集团股份有限公司
心医国际数字医疗系统（大连）有限公司
大连七颗星医疗器械有限公司
辽宁浩宏医疗科技股份有限公司
丹东市康嘉仪器设备有限公司
鑫海合星科技（大连）有限公司
沈阳希姆设备制造有限公司
沈阳东软熙康医疗系统有限公司

**吉林省**

长春迪瑞医疗科技股份有限公司
长春光机医疗仪器有限公司
四平市鑫力医疗器械有限公司
吉林邦安宝医用设备有限公司
吉林省亿沓医疗器械有限公司
延吉可喜安医疗器械有限公司
吉林省科英激光技术有限责任公司
长春瑞克医疗科技有限公司
长春圣博玛生物材料有限公司

**黑龙江省**

齐齐哈尔市祥和中医器械有限责任公司
哈尔滨精科奇科技有限责任公司
黑龙江燎原科技有限公司

**上海市**

上海医光仪器有限公司
华润医疗器械（上海）有限公司
上海浦东金环医疗用品股份有限公司
上海医疗器械九厂有限公司
上海卫康光学眼镜有限公司
上海医疗器械（集团）有限公司手术器械厂
上海祁鑫医疗器械厂
上海其胜生物制剂有限公司
上海康德莱企业发展集团股份有限公司
上海华线医用核子仪器有限公司
上海凯乐输液器厂
上海卫生材料厂有限公司
上海宝舜医疗器械有限公司
上海建华精细生物制品有限公司
上海三和医疗器械有限公司
上海二医张江生物材料有限公司
上海曹杨医药用品厂
上海瑞邦生物材料有限公司
上海医用缝合针厂有限公司
上海海神医疗电子仪器有限公司
上海跃进医疗器械有限公司
上海昊海生物科技股份有限公司
上海棱光技术有限公司
上海科华实验系统有限公司
贺利氏古莎齿科有限公司
德赛诊断系统（上海）有限公司
上海信晟医疗制品有限公司
松永福利器具制造（上海）有限公司
上海东月医疗保健用品有限公司
上海莱彼德齿材工业有限公司
上海岱嘉医学信息系统有限公司
上海希格玛高技术有限公司
上海立珂医疗器械有限公司
上海雷恩医疗器械有限公司
上海浦卫医疗器械厂有限公司
上海博迅实业有限公司医疗设备厂
上海索康医用材料有限公司
上海博创医疗设备有限公司
上海贝琼齿材有限公司
上海微创医疗器械（集团）有限公司
上海复升医疗器械有限公司
上海振浦医疗设备有限公司
上海博进电子仪表设备工贸有限公司
上海新世纪齿科材料有限公司
上海博立尔化工有限公司
上海跃进医用光学器械厂
上海四菱医用恒温设备有限公司
上海东湖生物医学有限公司

上海凯利泰医疗科技股份有限公司
上海贝特医疗器械有限公司
上海老港新兴医疗器械厂有限公司
上海昕昌记忆合金科技有限公司
上海百腾医疗装备实业有限公司
上海中科再启医疗设备有限公司
上海申丁实业有限公司
上海浦茂包装材料有限公司
上海天美生化仪器设备工程有限公司
上海玉华医疗器械有限公司
上海宝佳医疗器械有限公司
上海精诚医疗器械有限公司
上海锐植医疗器械有限公司
上海英诺伟医疗器械有限公司
上海双申医疗器械股份有限公司
上海钧康医用设备有限公司
上海柯渡商贸有限公司
上海市青浦区金泽镇社区卫生服务中心
上海利祺医疗器械有限公司
上海瑞柯恩激光技术有限公司
上海百洛普医疗科技有限公司
上海杏翔计算机科技有限公司
上海吉顺医疗器械制造有限公司
上海三申医疗器械有限公司
上海贝西生物科技有限公司
上海米健信息技术有限公司
上海第二医科大学杜行医用器械厂
上海景深电子科技有限公司
上海同安医疗用品制造有限公司
上海康宁医疗用品有限公司

**江苏省**

江苏双羊医疗器械有限公司
苏州六六视觉科技股份有限公司
无锡祥生医学影像有限责任公司
江苏锦源医疗科技有限公司
三维医疗科技江苏股份有限公司
徐州天荣医疗通讯设备有限公司
日进齿科材料（昆山）有限公司
徐州市广科新技术发展有限公司
无锡市天一医疗器材有限公司
贝克曼库尔特实验系统（苏州）有限公司
创生医疗器械（中国）有限公司
江苏华夏医疗器械有限公司
江苏中惠医疗科技股份有限公司
深圳晨伟电子有限公司
通用电气医疗系统（中国）有限公司
徐州市诺万医疗设备有限公司
江苏科凌医疗器械有限公司
江苏蓝韵凯泰医疗设备有限公司
江苏荷普医疗器械有限公司
无锡海鹰电子医疗系统有限公司
扬州康泰医疗器械有限公司
徐州市圣普医疗设备技术有限公司
徐州市科诺医学仪器设备有限公司
南京金陵自动调温床有限公司
海昌隐形眼镜有限公司
江苏瑞祺生命科学仪器有限公司
江苏日新医疗设备有限公司
苏州市锡鑫医疗器械有限公司
常州市康辉医疗器械有限公司
江苏艾迪尔医疗科技股份有限公司
江苏康友医用器械有限公司
徐州市科健高新技术有限公司
南京维京九洲医疗器械研发中心
江苏鸿都医疗科技有限公司
江苏鱼跃医疗设备股份有限公司
丹阳市健陵医疗器械有限公司
张家港市沙工医疗器械科技发展有限公司
常州市延陵电子设备有限公司
南通医疗器械有限公司
苏州欣荣博尔特医疗器械有限公司
无锡市康明医疗器械有限公司
南京普朗医疗设备有限公司

南京普澳医疗设备有限公司
江苏新康医疗器械有限公司
南通爱普医疗器械有限公司
常州奥斯迈医疗器械有限公司
太仓市康辉科技发展有限公司
常州市钱璟康复器材有限公司
常州市武进长城医疗器械有限公司
常州市康迪医用吻合器有限公司
镇江市许布医疗器械有限公司
南京华东电子集团医疗装备有限责任公司
江苏奥迪康医学科技有限公司
丹阳市金晟医用橡塑制品有限公司
常州健力邦德医疗器械有限公司
无锡贝迪生物工程有限公司
无锡华卫德朗仪器有限公司
南通华尔康医疗科技股份有限公司
南京普爱射线影像设备有限公司
苏州惠生电子科技有限公司
江苏英诺华医疗技术有限公司
徐州市宝兴医疗设备有限公司
南通成德乳胶制品有限公司
江苏海明医疗器械有限公司
常州迪恩医疗器械有限公司
徐州市信达医疗电子设备有限公司
南京长城信息系统有限公司
南京侨伟医疗仪器有限公司
江苏佳华电子设备有限公司
常州华森医疗器械有限公司
江苏华诚医用工程有限公司
南通康盛医疗器械有限公司
无锡科美达医疗科技有限公司
苏州市晶乐高分子医疗器械有限公司
徐州市奥瑞电子设备有限公司
阜宁三比医疗器械有限公司
江苏省捷达科技发展有限公司
江苏省捷达软件工程有限公司
常州市海达医疗器械有限公司
张家港市兴鑫医用设备制造有限公司
南京瑞麦科技开发有限公司
海门市恒盛供氧设备有限公司
江苏登冠医疗器械有限公司
江苏省普菲柯医疗器械总厂
南京海波医疗器械有限公司
南通帝博纺织品有限公司
扬州慧科电子有限公司
常州市云源医用卫生材料厂
无锡贝尔森影像技术有限公司
常州亨杰医疗器械有限公司
托博正畸器械(无锡)有限公司
南京杰雄医疗装备有限公司
苏州海欧斯医疗器械有限公司
江苏金鹿集团医疗器械有限公司
波音特生物科技（南京）有限公司
泰州市久信医疗科技有限公司
连云港天诺光学仪器有限公司
苏州视可佳医疗器械有限公司
南京科进实业有限公司
南京威达天宇医疗器械有限公司
佳合医材（苏州）有限公司
江苏瑞京科技发展有限公司
苏州华恒医用器械有限公司
徐州众联医疗器械有限公司
南京普朗生物医学有限公司
江苏海伦隐形眼镜有限公司
连云港长寿医院
江苏德丰医疗设备有限公司
南京欣华恒机械电子有限公司
常州健瑞宝医疗器械有限公司
苏州特立医疗设备科技有限公司
苏州市欣盛医疗器械有限公司
江苏金马扬名信息技术有限公司
无锡市宇寿医疗器械股份有限公司
常州京林医疗器械有限公司
日立仪器（苏州）有限公司

常州康鼎医疗器械有限公司
苏州康迪电子有限公司
南京亚南特种照明电器厂
镇江中天光学仪器有限责任公司
徐州天飞电子设备有限公司
南通市今日高科技材料有限公司
苏州苏南捷迈得医疗器械有限公司
常州永华医疗器械有限公司
江苏医邦医疗器械科技有限公司
江苏治宇医疗器材有限公司
张家港市腾达机械制造有限公司
徐州迈康科技有限公司
常州海尔斯医疗器械科技有限公司
苏州新区明基高分子医疗器械有限公司
南京倍宁医疗器械有限公司
南京道芬电子有限公司
南京迈瑞生物医疗电子有限公司
江苏远燕医疗设备有限公司
无锡市大华激光设备有限公司
江苏瑞安贝医疗器械有限公司
徐州众杰电子科技有限公司
苏州优贝特医疗器械有限公司
苏州奥萨图医疗科技有限公司
江苏同人医疗电子科技有限公司
白寿医疗器械（苏州）有限公司
南通灵康医疗器械有限公司
徐州亚创生物科技有限公司
常州同创医疗器械科技有限公司
江苏奇力康皮肤药业有限公司
江苏人先医疗科技有限公司
徐州市鼎泰电子科技有限公司
常州市振兴医疗器材有限公司
江阴力博医药生物技术有限公司
南京久益电脑控制仪器有限公司
苏州健康在线实业有限公司
张家港市欧思瑞科技有限公司
江苏宏宇医疗设备有限公司
常州市华伟医疗用品有限公司
常熟市平方轮椅有限公司
张家港市新菲乐医疗设备有限公司
南通华恩医疗设备制造有限公司
南京华瑞医疗器械有限公司
南京澳林生物科技有限公司
科迈（常州）电子有限公司
泰州市航宇空调净化有限公司
南京优源医疗设备有限公司
江苏雷奥生物科技有限公司
南京恒瑞医疗科技有限公司
苏州班顺工业气体设备有限公司
南京舒普思达医疗设备有限公司
常州华岳微创医疗器械有限公司
江苏三联生物工程有限公司
宿州市江海医疗器械有限公司
连云港佑源医药设备制造有限公司
常州思雅医疗器械有限公司
南通祥泰医疗器械有限公司
江苏永新医疗设备有限公司
南通亿仕得医疗器械有限公司
南京福怡科技发展有限公司
泰州市中兴医械科技有限公司
江苏康为世纪生物科技有限公司
常州志卓精密机械制造有限公司
爱普科学仪器（江苏）有限公司
南京福中医疗高科有限公司
江苏科韵电子科技有限公司
江苏长泰药业有限公司
达成生物科技（苏州）有限公司
苏州奥芮济医疗科技有限公司
江苏倍隆医疗器械有限公司
徐州立方盛世光电设备有限公司
江苏省伤残人康复中心
江苏泽成生物技术有限公司
徐州贝尔斯电子科技有限公司
徐州市永康电子科技有限公司

江苏安格尔医疗器械有限公司
江苏欧曼电子设备有限公司
无锡蝶和医疗技术有限公司
无锡蝶和科技有限公司
南通市牧井微电科技发展有限公司
江苏邦士医疗科技有限公司
苏州安泰空气技术有限公司
科塞尔医疗科技（苏州）有限公司
镇江富佑康医疗器械有限公司
飞依诺科技（苏州）有限公司
江阴市新盛医疗器材设备有限公司
镇江市人杰医疗器械有限公司

**浙江省**

宁波戴维医疗器械股份有限公司
浙江玉升医疗器械股份有限公司
浙江龙飞实业股份有限公司
浙江康康医疗器械有限公司
杭州龙德医用器械有限公司
仙居药城医疗器械有限公司
杭州好克光电仪器有限公司
杭州嘉伟生物制品有限公司
泰尔茂医疗产品（杭州）有限公司
浙江康德莱医疗器械股份有限公司
杭州万东电子有限公司
杭州奥索医疗器械有限公司
宁波圣迪夫医疗器械有限公司
杭州华威医疗用品有限公司
慈溪市华康供氧设备有限公司
杭州大力神医疗器械有限公司
浙江广慈医疗器械有限公司
杭州市桐庐医疗光学仪器总厂
浙江灵洋医疗器械有限公司
温州市康源电子有限公司
德清县新德意医疗器械有限公司
浙江华福医用器材有限公司
浙江史密斯医学仪器有限公司
宁波骏马医用器械有限公司
杭州健群医疗器械有限公司
鑫高益医疗设备股份有限公司
浙江海圣医疗器械有限公司
宁波慈北医疗器械有限公司
浙江大吉医疗器械有限公司
浙江夸克生物科技有限公司
宁波甬星医疗仪器有限公司
海宁市绿健医疗用品有限公司
杭州桐庐时空候医疗器械有限公司
宁波蓝野医疗器械有限公司
常山康利医疗器械有限公司
金华市康佳医疗器械厂
浙江东瓯诊断产品有限公司
杭州康生医疗器械有限公司
浙江伏尔特医疗器械有限公司
浙江欧健保灵医疗设备有限公司
温州市维日康生物科技有限公司
浙江华健医用工程有限公司
杭州新亚齿科材料有限公司
浙江伊利康生物技术有限公司
浙江省台州市恒泰染织敷料有限公司
杭州富阳医用缝合针线厂
杭州银亚新材料有限公司
杭州龙鑫科技有限公司
天台县双星医疗器械厂
杭州正大医疗器械有限公司
杭州萧山奥得舒医疗器械有限公司
杭州西湖生物材料有限公司
宁波启发医疗科技有限公司
杭州微生物试剂有限公司
宁波美康生物科技股份有限公司
浙江格林蓝德信息技术有限公司
杭州新颖氧舱有限公司
宁波舜宇仪器有限公司
浙江辰和医疗设备有限公司
杭州安诺过滤器材有限公司

宁波奥力医疗仪器有限公司
宁波菲拉尔医疗用品有限公司
浙江省仙居县一洋医业有限公司
宁波博泰生物技术有限公司
杭州协合医疗用品有限公司
余姚市宇峰医疗器械有限公司
浙江科惠医疗器械有限公司
杭州康尔医药科技有限公司
浙江天松医疗器械股份有限公司
杭州精飞光学仪器制造有限公司
宁波赛克生物技术有限公司
深圳市康福特医疗技术有限公司杭州分公司
杭州天创环境科技股份有限公司
杭州康友医疗设备有限公司
宁波佰泰医疗设备有限公司
杭州欧亚流体技术开发有限公司
杭州爱普医疗器械有限公司
嘉恒医疗科技有限公司
富阳市精锐医疗器械有限公司
金华市鑫科医药科技有限公司
嘉兴市正群医疗器械有限公司
杭州迈尔科技有限公司
杭州远志医疗器械有限公司
桐庐康博医用器械有限公司
浙江强盛医用工程有限公司
杭州莱特水处理设备有限公司
乐清市金康特医疗器材有限公司
宁波科艺医疗器械有限公司
杭州三源医疗设备有限公司
杭州盛大高科技机电有限公司
浙江省淳安县人和医疗用品工贸有限公司
宁波普瑞柏生物技术有限公司
杭州万洁水处理设备有限公司
宁波明星科技发展有限公司
宁波康泽医疗器械有限公司
宁波瑞源生物科技有限公司
杭州永洁达净化科技有限公司
浙江好络维医疗技术有限公司
绍兴花为媒医用配套有限公司
宁波登煌医疗器材有限公司
杭州力胜医疗器械有限公司
浙江爱雪制冷电器有限公司
温州市康之本制氧科技有限公司
宁波禾采医疗器械有限公司
杭州优尼克消毒设备有限公司
杭州汇大医疗器械有限公司
浙江莱达信息技术有限公司
杭州立鑫医疗器械有限公司
浙江丽兹医用工程有限公司
杭州鼎岳空分设备有限公司
杭州美美科技有限公司
浙江迈兹袜业科技有限公司
杭州中星医疗设备有限公司
宁波医用缝针有限公司
杭州爱丽思口腔医疗器材有限公司
余姚市久盛硅橡胶制品厂
嘉兴市全崴医疗仪器有限公司
温州欣视界科技有限公司
宁波康和生物科技有限公司
宁波翼龙医疗设备有限公司
杭州百慧医疗设备有限公司
浙江华尔纺织科技有限公司
温州博康医疗科技有限公司
宁波市鸿运医用设备工程有限公司
湖州美科沃华医疗技术有限公司
杭州惠邦净水设备有限公司
杭州创威空分科技有限公司
浙江泰司特生物技术有限公司
宁波吉丽医疗器械有限公司
杭州科腾生物制品有限公司
杭州威德医疗科技有限公司
宁波奉天海供氧净化成套设备有限公司
宁波市科技园区明天医网科技有限公司
蓝柯实业（淳安）有限公司

万马电子医疗有限公司
仙居可邦耐医疗电子有限公司
宁波恒发医用工程有限公司
杭州鲁尔能源科技有限公司
浙江华中医疗设备有限公司
宁波美康盛德生物科技有限公司
慈溪市长利医疗用品厂
杭州富家医疗器械有限公司
宁波奥丽克医疗设备科技有限公司
海宁红狮宝盛科技有限公司
杭州而然科技有限公司
义乌市伊健袜业有限公司
余姚市吉康医疗器械厂
宁波杰视光学仪器有限公司
浙江宏健康复科技发展有限公司
杭州六维齿科医疗技术有限公司
浙江慈瑞德医疗器械有限公司

**安徽省**

安徽中科中佳科学仪器有限公司
安徽英特电子有限公司
安徽养和医疗器械设备有限公司
合肥安恒光电有限公司
合肥大族科瑞达激光设备有限公司
合肥金脑人科技发展有限责任公司
安徽电子科学研究所
安徽泓瑞医用设备工程股份有限公司
合肥广安科技开发有限责任公司
安徽颐诺健电子有限公司
安徽泰阳医疗技术服务有限责任公司
合肥诺和电子科技有限公司
安徽瑞德埃克森医疗设备有限公司
安徽生力轻工制品有限公司
欧普康视科技股份有限公司
合肥美亚光电技术股份有限公司
安徽中科都菱商用电器股份有限公司
安徽省天翔医用工程有限公司
合肥运涛光电科技有限公司
芜湖圣美孚科技有限公司

**福建省**

福州长庚医疗器械有限公司
福建省洪诚生物药业有限公司

**江西省**

江西特康科技有限公司
江西三鑫医疗科技股份有限公司
南昌市赣达医疗器械有限公司
南昌百特生物高新技术股份有限公司
江西精致科技有限公司
江西省容和实业有限责任公司
江西富尔康实业集团有限公司

**山东省**

山东双鹰医疗器械有限公司
烟台冰轮高压氧舱有限公司
山东威高集团医用高分子制品股份有限公司
山东侨牌集团有限公司
烟台宏远氧业有限公司
山东中保康医疗器具有限公司
烟台冰科医疗科技有限公司
山东兰桥医学科技有限公司
烟台澳斯邦生物工程有限公司
青岛中联海诺医疗科技有限公司
山东新华医疗器械股份有限公司
北京维心医疗器械有限公司
山东高密彩虹分析仪器有限公司
新华手术器械有限公司
烟台计生药械有限公司
山东康力医疗器械科技有限公司
山东冠龙医疗用品有限公司
潍坊市康华生物技术有限公司
山东瑞通高分子医疗器械有限公司
青岛海大倍尔信生物科技有限公司

山东威高骨科材料有限公司
济南森蓝科贸有限公司
山东美医林电子仪器有限公司
淄博兴华医用器材有限公司
莱阳亚东生物科技有限公司
济南金浩峰技术有限公司
山东大正医疗器械股份有限公司
青岛海尔特种电器有限公司
威海众恒医疗设备有限公司
烟台亚利朗医疗器械有限公司
德州金约应医疗器械有限公司
山东铭泰医疗器械有限公司
潍坊金苗电子科技有限公司
烟台亚星医疗器械有限公司
山东威高集团康利达医用制品有限公司
长岛县屿珠光学材料有限责任公司
烟台万利医用品有限公司
济南华天恒达科技有限公司
山东育达医疗设备有限公司
蓝孚生物医学工程技术（山东）有限公司
澳柯玛股份有限公司
龙口市康华医疗器械有限公司
烟台朗格高压氧舱有限公司
烟台东科医疗设备有限公司
山东永康医疗器械有限公司
山东鑫科生物科技股份有限公司
山东力文医疗器械有限公司
青岛耐丝克医材有限公司
山东新陆生物科技有限公司
青岛美迪康数字工程有限公司
山东旭日清洁器械有限公司
淄博中讯医疗器械有限公司
山东蓝欧实业有限公司
济南京鲁孝慈医用设备有限公司
山东凯乐普生物工程有限公司
兖州华诺医疗器械有限公司
潍坊华锐医学影像设备有限公司
济南兰洁生物技术有限公司
山东省嘉林电子科技有限公司
山东正基宏景医疗器械有限公司
济南正玉昌口腔技术有限公司
兖州市宇通医疗器械有限公司
烟台汇通佳仁医疗科技有限公司
天津维心医疗器械有限公司
青岛雅康电子医疗设备有限公司
山东佳田医学影像科技有限公司
济宁博联生物科技有限公司
山东凯洋医疗科技有限公司
山东赛克赛斯药业科技有限公司
济南鑫贝西生物技术有限公司
烟台正海生物技术有限公司
济南德胜光电仪器有限公司
济南百博生物技术股份有限公司
曲阜市康尔健医疗科技有限公司
曲阜市圣达医疗器械厂
济南齐力光电技术有限公司
山东大汉医用设备有限公司
泰安康盛医疗器械有限公司
山东瑞安泰医疗技术有限公司
青岛中腾生物技术有限公司
山东泽普医疗科技有限公司
山东玉华电气有限公司
青岛柏恩鸿泰电子科技有限公司

**河南省**

圣光医用制品有限公司
河南飘安集团有限公司
河南宇宙人工晶状体研制有限公司
河南驼人医疗器械集团有限公司
河南曙光健士医疗器械集团股份有限公司
郑州赛福特电子设备有限公司
南阳市久康医疗器械有限公司
河南华南医电科技有限公司
河南新汇科医疗设备制造有限公司

河南省华氏实业有限公司
新乡市畅达医疗器械有限公司
河南驼人贝斯特医疗器械有限公司
河南辉瑞生物医电技术有限公司
新乡市康民卫材开发有限公司
新乡市亚太医疗用品有限公司
河南省奥邦医疗器械有限公司
河南省健琪医疗器械有限公司
河南省盛昌医疗器械有限公司
安阳市翔宇医疗设备有限责任公司
新乡市康尔健医疗用品有限公司
鹤壁飞鹤股份有限公司
郑州人福博赛生物技术有限责任公司
河南省驼人检测医疗器械有限公司
河南慧超医疗器械有限公司

**湖北省**

黄石市恒丰医疗器械有限公司
武汉思创电子有限公司
武汉市江汉医疗制药设备有限公司
武汉奇致激光技术股份有限公司
湖北仙明医疗器械有限公司
武汉丽辉新技术有限公司
武汉市天怡电子有限公司
武汉非凡科技有限责任公司
武汉市王冠医疗器械有限责任公司
武汉华大激光设备有限公司
武汉亚格光电技术有限公司
武汉中旗生物医疗电子有限公司
武汉德骼拜尔外科植入物有限公司
武汉金莱特光电子有限公司
武汉市九头鸟医疗仪器开发有限公司
武汉远光瑞康科技有限公司
武汉国灸科技开发有限公司
武汉佐盈森科技发展有限公司
武汉诺华敏生物科技有限公司
武汉华工激光医疗设备有限公司
武汉康斯泰德科技有限公司
武汉塞力斯生物技术有限公司
武汉凯进医疗技术有限公司
武汉互创科技有限公司
人福医药集团医疗用品有限公司
武汉市长立生物技术有限责任公司
湖北健身医疗器械有限公司
武汉启诚生物技术有限公司
光波光电子（武汉）有限公司
湖北大禹医疗器械有限责任公司
武汉生之源生物科技有限公司
湖北五湖医疗器械有限公司
武汉美观义齿加工厂
湖北德立森科技有限公司
武汉市江北医疗保健器械制造有限公司

**湖南省**

湖南长沙天地人生物科技有限公司
湖南康利来医疗器械有限公司
爱威科技股份有限公司
浏阳市三力医用科技发展有限公司
湖南金博科技有限责任公司
湖南一特电子医用工程股份有限公司
湖南长城医疗科技有限公司
湖南千金医用材料有限公司

**广东省**

深圳市保安医疗用品有限公司
珠海和佳医疗设备股份有限公司
飞利浦金科威（深圳）实业有限公司
湛江市美健医疗器械有限公司
东莞科威医疗器械有限公司
汕头市超声仪器研究所有限公司
广州大明联合橡胶制品有限公司
深圳市威尔德医疗电子有限公司
深圳市恩普电子技术有限公司
广州市万和整形材料有限公司

惠州科美思医用仪器有限公司
广东宝莱特医用科技股份有限公司
深圳迈瑞生物医疗电子股份有限公司
深圳市科瑞康实业有限公司
广州三瑞医疗器械有限公司
广州骏丰医疗器械有限公司
深圳市贝斯达医疗器械有限公司
深圳安科高技术股份有限公司
广东龙心医疗器械有限公司
广东施泰宝医疗科技有限公司
深圳开立生物医疗科技股份有限公司
广州市番禺区华鑫科技有限公司
珠海弘陞生物科技开发有限公司
深圳市理邦精密仪器股份有限公司
深圳邦健生物医疗设备股份有限公司
中山厚福应用技术有限公司
深圳雷杜生命科学股份有限公司
东莞市黄江百绿电子厂
湛江经济技术开发区海滨医疗器械有限公司
广州龙之杰科技有限公司
广东迈科医学科技有限公司
珠海军卫有限公司
深圳市蓝韵实业有限公司
深圳市凯特生物医疗电子科技有限公司
汕头市医用设备厂有限公司
珠海市三狮光学有限公司
深圳市博恩医疗器材有限公司
广州市润杰医疗器械有限公司
封开县培鑫医用材料有限公司
深圳市艾克瑞电气有限公司
深圳市锦瑞电子有限公司
深圳市科曼医疗设备有限公司
珠海市嘉润亚新医用电子科技有限公司
珠海健帆生物科技股份有限公司
深圳市一体医疗科技有限公司
佛山市盛田医疗器械有限公司
广州市正宏医疗器械设备有限公司
珠海迪尔生物工程有限公司
广州科美医疗器械有限公司
深圳市希莱恒医用电子有限公司
佛山市顺康达医疗科技有限公司
广州禾亿硅橡胶有限公司
珠海贝索生物技术有限公司
深圳市越华科技发展有限公司
深圳市中微泽电子有限公司
深圳市纽泰克电子有限公司
深圳市中核海得威生物科技有限公司
珠海森龙生物科技有限公司
深圳市深迈医疗设备有限公司
深圳市埃顿实业有限公司
广东凯普生物科技股份有限公司
深圳市康益医疗器械有限公司
深圳市凯沃尔电子有限公司
中山尚荣美容仪器有限公司
深圳市杰纳瑞医疗仪器股份有限公司
珠海市美瑞华医用科技有限公司
佛山市顺德区康神医疗设备实业有限公司
铃谦医疗仪器（深圳）有限公司
华略电子（深圳）有限公司
深圳市联特实业发展有限公司
中山市创艺生化工程有限公司
广州粤信医疗器械有限公司
佛山市安雅医疗科技有限公司
深圳市普康电子有限公司
广州奥科维电子有限公司
珠海市再鑫仪器有限公司
深圳市美侨医疗科技有限公司
珠海普利德医疗设备有限公司
深圳市尊瑞科技有限公司
珠海保税区和佳医学影像设备有限公司
广州宜诚数字医疗系统有限公司
珠海仁威医疗科技有限公司
珠海市精钰科技设备有限公司
深圳市安健科技有限公司

广州市今健医疗器械有限公司
深圳深超换能器有限公司
珠海市丽拓发展有限公司
深圳市盛信康科技有限公司
伊恩威科技股份有限公司
深圳市奥生科技有限公司
佛山市凯源医疗设备有限公司
珠海市康利莱医疗器械有限公司
广东实联医疗器械有限公司
深圳市奥沃医学新技术发展有限公司
珠海市新依科医疗科技有限公司
广州市丰华生物工程有限公司
佛山市大洋医疗科技有限公司
广州养和生物科技有限公司
珠海黑马医学仪器有限公司
广州中辉医疗器械有限公司
深圳市瑞驰智能系统有限公司
深圳市深图医学影像设备有限公司
广州市暨华医疗器械有限公司
深圳市赛得立实业有限公司
深圳市康立高科技有限公司
深圳市蓝韵网络有限公司
深圳市汇松科技发展有限公司
深圳瑞光康泰科技有限公司
深圳市大汉普众科技有限公司
珠海医凯电子科技有限公司
广州市三甲医疗信息产业有限公司
深圳市威浩康医疗器械有限公司
广州市同声电子科技有限公司
深圳市旭东数字医学影像技术有限公司
深圳中科优瑞医疗科技有限公司
广州科方生物技术有限公司
珠海沃姆电子有限公司
深圳理邦实验生物电子有限公司
深圳嘉瑞电子科技有限公司
广州市贝立医学科技有限公司
深圳市美其医疗器械设计制造有限公司
珠海市迈康科技有限公司
中山标佳生物科技有限公司
深圳中科天悦科技有限公司
深圳普美德电子有限公司
佛山市康宇达医疗器械有限公司
深圳市卫邦科技有限公司
深圳市艾利特电子设备有限公司
广州丰得利实业公司
深圳市汇健医疗工程有限公司
深圳中科强华科技有限公司

**广西壮族自治区**

桂林康兴医疗器械有限公司
桂林优利特电子集团有限公司
桂林市华通医用仪器有限公司
广西威利方舟科技有限公司
南宁市三科医疗器械有限责任公司
南宁一举医疗电子有限公司
南宁市跃龙科技有限公司
桂林吉威医疗器材有限公司

**海南省**

海南新阳光药械有限公司

**重庆市**

重庆医用设备厂有限责任公司
重庆市南桐节育器具厂有限公司
重庆海威康医疗仪器有限公司
重庆华伦医疗器械有限公司
重庆山外山科技有限公司
重庆西山科技有限公司
重庆市国人医疗器械有限公司
重庆蜀水仪器厂
重庆博恩富克医疗设备有限公司
重庆多泰医用设备有限公司
重庆华伦弘力实业有限公司
重庆海坤医用仪器有限公司

重庆文穗医疗器械有限公司
重庆蜀明科技发展有限公司
重庆晶美义齿制作有限公司
重庆创高供氧净化设备有限公司
重庆安碧捷科技股份有限公司
重庆南方数控设备有限责任公司
重庆市澳凯龙医疗器械研究有限公司
重庆大力医疗设备有限公司
重庆顺美吉医疗器械有限公司
重庆信涵光电科技有限公司
重庆科斯迈生物科技有限公司
重庆开奇科技发展有限公司
重庆立见科技发展有限责任公司

**四川省**

成都联帮氧气工程有限公司
成都东方人健康产业有限责任公司
成都维信电子科大新技术有限公司
绵阳索尼克电子有限责任公司
中国核动力研究设计院设备制造厂
成都市新津事丰医疗器械有限公司
绵阳立德电子技术有限公司
绵阳美科电子设备有限责任公司
内江西南医用设备有限公司
四川锦江电子科技有限公司
成都肯格王三氧电器设备有限公司
成都老肯科技股份有限公司
绵阳市富安民医疗器械有限责任公司
四川康宁医用器材有限公司
成都普健医用设备制造有限公司
四川三和医用材料有限公司
成都康宇医用设备工程有限公司
成都美创电子科技有限公司
四川美生科技有限公司
成都市万福实业工程有限公司
四川宇峰科技发展有限公司
成都坤洋实业发展有限公司
成都天田医疗电器科技有限公司
成都市浩瀚医疗设备有限公司
成都科奥达光电技术有限公司
成都恒波医疗器械有限公司
成都华信高科医疗器械有限责任公司
四川省智能电子实业有限公司
成都千里电子设备有限公司
四川港通医疗设备集团股份有限公司
四川昱峰医疗器械有限公司
成都市新兴内窥镜科技有限公司
四川康源医疗设备有限公司
成都威力生生物科技有限公司
四川省航宇电子医疗设备制造有限公司
奥泰医疗系统有限责任公司
成都方拓仿真技术有限责任公司
四川瑞朗医疗器械有限公司
四川西南医用设备有限公司
成都恩普生医疗科技有限公司
成都国雄光电技术有限公司
四川瑞迪医疗科技有限公司
通用电气医疗系统贸易发展（上海）有限公司成都分公司
成都协和生物技术有限责任公司
成都市九九医疗设备有限公司
成都安睿康医用供氧设备安装工程有限公司
成都华域天府数字科技有限公司
声泰特（成都）科技有限公司
四川新奥洁医疗器械有限公司
四川奥特诺拉医疗仪器有限公司
成都江雪医疗器械有限公司

**贵州省**

贵州风雷航空军械有限责任公司
贵州天使医疗器材有限公司

**云南省**

云南德华生物药业有限公司

**陕西省**

陕西秦明医学仪器股份有限公司

西安威美医疗器械有限公司

西安灭菌消毒设备制造公司

西安高氧医疗设备有限公司

西安集智医疗器械科技有限公司

西安天隆科技有限公司

西安翼展电子科技有限公司

陕西昱峰医疗器械有限公司

西北机器有限公司

**甘肃省**

天水市飞鸿医疗电器有限公司

天水庆华电子科技有限公司

天水华圆医疗器械有限公司

**宁夏回族自治区**

中英阿诺康（宁夏）生物科技有限公司

以上资料由CMD提供，CMD累计核发认证证书2816张，2014年度有效认证企业1281家。

公司地址：北京市朝阳区太阳宫中路19号院1号楼
电话：010-84438811　传真：010-84438916

中国科学器材公司
China National Scientific Instruments & Materials Corporation
中国医药集团 SINOPHARM

# 公司简介
TNTRODUCTION

中国科学器材公司（CSIMC，简称国药器材），直属于中国医药集团，是国药集团科学仪器与医疗器械板块的核心企业，在50余年的发展历程中曾为国家“两弹一星”、“863计划”、“973计划”等重点科技项目做出过积极的贡献。“十二五”以来，公司聚焦大健康产业，加快医疗器械经营网络建设，经营规模不断扩大，经营质量不断提高，盈利能力持续增长，截至2014年底公司所属全资、控股、参股公司达50余家，营业收入达到134亿元，在岗员工人数2900名。

**一、战略定位**

通过以贸做大，增值服务两翼协同，助推工业（科研）发展，做中国医疗器械行业的领先者、整合者，打造中国医疗器械行业贸工科全产业链的综合服务商，使国药器材成为国药集团的支柱性板块之一。

**二、经营业绩**

从2010年至2014年间，国药器材主要经济指标以每年超过50%的复合增长率递增。销售收入从2010年到2014年复合增长率达48.53%。利润总额从2010年到2014年复合增长率增长达57.78%。

**三、业态结构**

国药器材积极推进传统经营模式的升级改造，通过内涵式发展与外延式扩张并举，构筑了以科学仪器与医疗器械代理进出口、招标、援外、政府采购、维修服务、融资租赁等业务为核心的资源合理配置、增值业务服务及工业发展平台；建立起覆盖全国24个省、市、自治区，直接服务于终端医疗机构的医疗器械物流与分销配送网络，初步形成了经营网络辐射全国，贸工科及增值服务业务全产业链的战略布局。

**四、行业优势**

国药器材是中国医疗器械行业协会、中国医药保健品进出口商会、中国医学装备协会等16家协会的会员企业。国药器材拥有良好的政府资源，与国家发改委、国家卫生计生委、国家食品药品监督管理总局、国家工业和信息化部、国家科技部等部委及各金融机构保持了长期、良好的关系。国药器材接受政府部门委托，参与拟定行业规划，对行业内重大技术改造、技术引进、投资与开发项目进行前期论证。

**五、社会责任**

国药器材秉承国药集团“关爱生命、呵护健康”的企业理念，在1978年唐山大地震、1998年抗洪抢险、2003年抗击非典、2008年汶川抗震救灾、2008年奥运会等国家重大事件中，国药器材及国药器械积极承担国家公共服务领域重大项目和中央医疗器械储备、调拨和供应任务，为保障人民的生命健康和社会稳定发挥了积极作用。

国药器材将继续致力于提供优质的产品和服务，致力于推动行业的健康持续发展，致力于提升广大民众的健康水平，为国家和民族的进步做出更大的贡献。

**2014版《中国医学装备年鉴》在编辑过程中得到了国家卫生计生委、食药监总局、工信部、发改委等国家部委及地方卫生计生委、行业协会、重点医学装备生产企业的大力支持。**

## 特别鸣谢以下单位

中国科学器材公司

瓦里安医疗器械贸易（北京）有限公司

SHINVA 新华医疗

山东新华医疗器械股份有限公司

江苏新无限医疗设备股份有限公司

北京国医械华光认证有限公司

南宁市康洋科技有限公司

飞依诺科技(苏州)有限公司

苏州林华医疗器械有限公司

恒欣科技（香港）有限公司

江西特康科技有限公司

深圳市贝斯达医疗器械有限公司

上海联影医疗科技有限公司